全国高职高专公共课程规划教材（第二轮）

U0746303

医药信息技术基础

（第2版）

（供医药类各专业使用）

主　编　庞　津

副主编　王建华　刘　胜

编　者（以姓氏笔画为序）

王　伟（四川中医药高等专科学校）

王建华（济南护理职业学院）

权丽丽（安徽医学高等专科学校）

刘　妍（长春医学高等专科学校）

刘　胜（四川中医药高等专科学校）

刘月娟（天津医学高等专科学校）

金　超（长春社区卫生服务中心）

庞　津（天津医学高等专科学校）

夏　潇（长春医学高等专科学校）

葛　兰（长春中医药大学附属医院）

中国健康传媒集团

中国医药科技出版社

内 容 提 要

　　本教材是"全国高职高专公共课程规划教材（第二轮）"之一，是面向高职高专医药院校开展计算机基础教学活动而设计的教材。本教材主要以计算机知识为主，结合当今医药信息技术在计算机中的应用为辅而编写。教材立足培养学生自主学习计算机技术的能力，通过教授计算机基础知识与操作技能，引导学生逐步了解计算机在医药卫生领域中的应用与发展趋势，并将技能的训练与学生思维的启迪相结合，为学生进一步学习计算机技术在方法与内容的选择上提供指导。全书共 8 个项目，内容包括医药信息总论、计算机基础知识、Windows 7 操作系统、文字处理软件 Word 2010、表格处理软件 Excel 2010、演示文稿制作软件 PowerPoint 2010、数据库基础知识、医药信息管理与应用。本教材为书网融合教材，即纸质教材有机融合电子教材，教学配套资源（PPT、微课、视频等），题库系统，数字化教学服务（在线教学、在线作业、在线考试）。

　　本教材可作为高职高专医药院校学生的计算机基础教材，也可作为医药卫生领域科技人员开展信息技术基础培训的教材。

图书在版编目（CIP）数据

医药信息技术基础／庞津主编. —2 版 . —北京：中国医药科技出版社，2019.7

全国高职高专公共课程规划教材（第二轮）

ISBN 978-7-5214-0895-9

Ⅰ.①医…　　Ⅱ.①庞…　　Ⅲ.①计算机应用-医药学-高等职业教育-教材　　Ⅳ.①R319

中国版本图书馆 CIP 数据核字（2019）第 099473 号

美术编辑　　陈君杞

版式设计　　易维鑫

出版　**中国健康传媒集团** | 中国医药科技出版社

地址　北京市海淀区文慧园北路甲 22 号

邮编　100082

电话　发行：010-62227427　邮购：010-62236938

网址　www.cmstp.com

规格　889×1194mm ¹⁄₁₆

印张　25¼

字数　550 千字

初版　2015 年 7 月第 1 版

版次　2019 年 7 月第 2 版

印次　2019 年 7 月第 1 次印刷

印刷　三河市腾飞印务有限公司

经销　全国各地新华书店

书号　ISBN 978-7-5214-0895-9

定价　**68.00 元**

获取新书信息、投稿、为图书纠错，请扫码联系我们。

数字化教材编委会

主　编　庞　津

副主编　王建华　刘　胜

编　者（以姓氏笔画为序）

王　伟（四川中医药高等专科学校）

王建华（济南护理职业学院）

权丽丽（安徽医学高等专科学校）

刘　妍（长春医学高等专科学校）

刘　胜（四川中医药高等专科学校）

刘月娟（天津医学高等专科学校）

金　超（长春社区卫生服务中心）

庞　津（天津医学高等专科学校）

夏　潇（长春医学高等专科学校）

葛　兰（长春中医药大学附属医院）

出版说明

"全国高职高专公共课程规划教材"是与"全国高职高专护理类专业规划教材""全国高职高专药学类专业规划教材"同期建设的,自出版以来得到了各院校的广泛好评。为了进一步提升教材质量、优化教材品种,使教材更好地服务于院校教学,同时为了更好地贯彻落实《国务院关于加快发展现代职业教育的决定》及《现代职业教育体系建设规划(2014—2020年)》等文件精神,在教育部、国家药品监督管理局的领导下,在上一版教材的基础上,中国医药科技出版社组织修订编写"全国高职高专公共课程规划教材(第二轮)"。

本套规划教材(6种),其中5种为新修订教材(第2版),适合医药类所有专业教学使用。本轮教材建设对课程体系进行科学设计,整体优化,对上版教材中不合理的内容框架进行适当调整,内容上吐故纳新。在编写过程中,坚持以高职高专人才培养目标和公共课程教学标准为依据,充分体现高职高专教育特色,力求满足教学需要和社会需要,着力提高学生人文素养和身心健康;坚持"三基""五性""三特定"的原则,并强调教材内容的针对性、实用性、先进性和条理性;坚持理论知识"必需、够用"为度,强调基本技能的培养;突出医药类专业公共课程的特色,适当吸收行业发展的新知识、新技术、新方法,适当拓展知识面,为学生后续发展奠定必要的基础。

在教材中使用形式活泼的编写模块和小栏目,如"学习目标""知识链接""案例""任务情境""目标检测"等,以及尽量增加图表如操作步骤的流程图、示例图,从而更好地适应高职高专学生的认知特点,增强教材的可读性。

为适应当前教育信息化发展的需要,加快推进"互联网+医药教育",本轮教材建设为书网融合教材,即纸质教材与数字教材、配套教学资源、题库系统、数字化教学服务有机融合。通过"一书一码"的强关联,为读者提供全免费增值服务。按教材封底的提示激活教材后,读者可通过PC、手机阅读电子教材和配套课程资源(PPT、微课、视频、动画、图片、文本等),并可在线进行同步练习,实时反馈答案和解析。同时,读者也可以直接扫描书中二维码,阅读与教材内容关联的课程资源("扫码学一学",轻松学习PPT课件;"扫码看一看",即刻浏览微课、视频等教学资源;"扫码练一练",随时做题检测学习效果),从而丰富学习体验,使学习更便捷。教师可通过PC在线创建课程,与学生互动,开展在线课程内容定制、布置和批改作业、在线组织考试、讨论与答疑等教学活动，学生通过 PC、手机均可实现在线作业、在线考试，提升学习效率，使教与学更轻松。此外，平台尚有数据分析、教学诊断等功能，可为教学研究与管理提供技术和数据支撑。

在编写教材过程中，得到了有关专家的悉心指导，以及全国各有关院校领导和编者的大力支持，在此一并表示衷心感谢。希望本套教材的出版，对促进我国高职高专教育教学改革和人才培养做出积极贡献。希望广大师生在教学中积极使用本套教材，并提出宝贵意见，以便修订完善，共同打造精品教材。

中国医药科技出版社

2019 年 6 月

前言 / PREFACE

《医药信息技术基础》是医药卫生相关专业与计算机信息技术相结合的一门公共基础教材。整体框架分三部分，第一部分为总论，包括医药信息及计算机在医药信息中的应用；第二部分为计算机基础操作内容，包括计算机硬件及软件介绍，Office办公软件及数据库应用；第三部分包括医药信息网络资源利用与管理、电子商务及药品信息管理系统的应用。在编写第三部分内容时，我们对医院及医药卫生工作岗位进行了调研，将当前社会所需要最前沿的技术反映到本教材中，为读者提供实践经验。每章中例题以案例为主，在各章后配有习题及实操。

书中的案例以任务驱动的教学方式为例，即主要是本专业学生在未来工作中常用的实际例子。教材中以Office 2010办公软件基本操作为主，医药信息管理系统让读者了解药品信息管理的相关概念，掌握医院的药库、药房管理的业务流程，理解医院药品管理信息系统的基本功能，其内容包括：药品字典、药库管理信息、门诊药房管理信息、住院药房管理信息、药库进药及退药信息管理等；即让读者掌握和了解在工作岗位中接触的一些应用软件的操作，熟悉工作流程。本书编写特色如下。

1. 定位明确，紧扣大纲　本教材侧重于医学院校的医药专业学生，重点阐述医药信息理论与信息技术及网络基础知识的操作，体现"工学结合"，即结合医药信息系统软件了解医药工作人员的工作流程及软件的使用，突出计算机信息技术及网络技术在医药卫生领域的应用。

2. 理论联系实际，突出重点，化解难点　教材给出与医药科学相关的案例，使读者能够将本专业知识与计算机知识相结合，通过案例，理解各个知识点。

3. 注重教材的成熟性、实用性和前瞻性　教材在每章中附有"知识链接""知识拓展"便于读者了解和掌握学科领域最前沿的知识内容，信息时代知识更新很快，本教材可以在未来几年不失其使用价值。此外每章后附实训案例操作及本章习题。

4. 内容编写合理，语言简洁，条理清晰　本教材除适用于医学院校学生，也可作为从事医药工作岗位的人员掌握信息技术相关内容的辅导书。

教学改革既需要在教学观念上变革，也需要在教材编写、教学活动实施中进行更新。我们尝试做了一些工作，但由于水平有限、经验不足和时间仓促，尽管经过了反复修改，书中仍然难免有疏漏和不足之处。感谢所借鉴成果所属的各位学者和研究人员，感谢对本教材第一版提出宝贵意见和建议的所有读者。我们殷切希望广大读者不吝赐教指正，使教材不断得到提高，更好地培养高素质的技能型人才。

编　者

2019 年 6 月

目 录 /CONTENTS

医药信息总论

扫码"学一学"

学习目标

1. 掌握医药信息与医药信息学的概念，信息技术研究的内容，医院信息管理系统的功能及未来信息化管理的标准。
2. 熟悉医药信息学在信息处理的地位，计算机与医药信息学的关系。
3. 了解计算机辅助药物设计，数据挖掘研究的内容。

任务一 医药信息概述

一、医药信息与医药信息学

（一）医药信息及其分类

随着现代计算机技术和互联网的不断普及，医药信息技术是多学科定义整合的结晶，是一个多学科相互交叉的学科，其研究领域涉及医学、药学学科与管理学、信息管理学科等。医药信息分为以下 3 类。

1. 医药公用信息 指不涉及病人隐私权的医药信息和不属于内部管理机构的医药管理信息，包括医药情报、书籍、期刊、医疗卫生档案以及医学决策支持信息、医药卫生年鉴、政府公布医药卫生统计信息等各种文字、图像、音频、视频。

2. 医药临床信息 以病人临床数据为核心的系列临床诊疗信息，包括临床信息，如病人信息、医嘱信息、护理信息以及与治疗有关的信息。

3. 医药管理信息 包括医药卫生机构组织信息、医药技术管理信息、物资与设备管理信息、医药卫生机构经济管理信息、教学科研管理信息、人事人才管理信息、后勤保障服务管理信息等。

（二）医药信息学

1. 定义 医药信息学是应用系统分析工具来研究医药学管理、过程控制、决策和对医药知识科学分析的科学，是计算机科学、信息科学与医学交叉学科，应用性强又不乏自身基础理论的研究。

2. 医药信息学在信息处理中的地位 根据医药信息学的研究对象、方法和范围，医药信息学应包含医学信息学与药学信息学两个部分，这两者既不可分割又自成体系。要设计建立一个较为完整、全面、能反映医药信息学的知识体系全貌的模型，如图1-1所示，用模型结构的三个层次可以清楚地说明医药信息学在信息处理的地位。

图1-1 信息处理结构图

（1）底层 数据层是整个体系的基础，计算机在某一专业领域的应用，总是从简单的数据处理入手，如物流数据管理、一般的分析计算、文献管理等。信息处理的绝大部分工作，如数据录入、输出、规范筛选、加工分类、存储、传输等均在底层进行。这一层需人工干预的成分较大，人的工作量最大具体形式为信息系统的子系统或功能模块，一般在较低档次的单机上即可完成。

（2）中层 信息系统层是医药信息学体系的核心。信息系统是由计算机硬件、应用软件和人的影响所组成。大量的医药信息事务处理在这一层次的系统中完成。与底层数据处理有所区别的是，一般的信息系统是在计算机网络环境或中高档单机、工作站上实现的。中层的信息产出与传输无论从质或从量上都远比底层高得多，但人的干预明显减少。

（3）顶层 决策支持层是医药信息学服务于医药科学、技术领域，为领域专家诊断监控、治疗、科研等提供决策支持，扩展人的智能的最高层次。实现这一目标对计算机硬件的要求较高；如以人工智能为基础的，能实时地监控医生处方、医嘱、合理用药，并进行自动分析的"合理用药监控知识库管理系统"；新药、新剂型研制开发的辅助设计系统，医学专家系统等，要达到能实时进行前瞻性自动处理水平，必须在计算机上方可实现；一旦实现这些目标，对提高和发挥医药信息学在支持医药工作者诊治疾病中的最大效应具有巨大意义。

3. 医药信息学研究的对象 医药信息学主要以医药卫生领域的信息为研究对象，以计算机及通讯网络或自动装置等高新技术为主要研究手段，探索医药卫生领域信息的性质与运动规律，以及医学信息技术应用的原理、技艺和方法，使医药卫生领域中信息处理计算机化、智能化。例如，在医药卫生系统计算机的普及、应用和开发，研究推广医院管理系统、远程医疗系统，医疗器械、仪器仪表的智能化及产品，建立医药卫生信息数据库，开展远程医药教学，建立医药信息网络工程、医药电子商务工程，以及信息开发研究、生物信息处理和生命信息处理等。

医药信息学包括卫生信息学、牙科信息学、护理信息学、生物信息学、生命信息学等主要分支。

二、计算机与医药信息学的关系

（一）计算机与医药信息的获取

信息是由数据推演而来，数据是通过不同方式的观察采集而来。当前，医药数据的采集不断朝着自动化方向迈进；以临床为例，临床观察阶段的任务就是获取数据，更确切地说，是获取能提供相关决策信息的数据，以减少关于病人的不确定性；可用的方法有参考病人的既往史、体格检查、血样分析或生物学信号的记录等；绝大多数情况下，通过使用不同方式与方法得到的数据，就能获得关于病人状况的全貌。

医药信息的自动获取是计算机在医学中应用的一个大课题，如何保证所获信息的正确性，是医药科技工作者与计算机科学工作者深入合作的动力。

（二）计算机与医药信息的处理

医药信息处理的任务是通过对表示信息的数据进行解释加工，确定数据的含义和形式，从中得到有用信息；在医学临床与科学研究过程中，信息处理就是对已收集医药数据集进行存储、检索、统计、分类、传输等操作。医药科技人员最常做的医药信息处理工作就是医药数据分析，医药数据分析的核心环节是数据检索、数据统计、数据挖掘及数据的可视化表达等；将信息正确地显示给用户是理解信息的基本条件，通常专用的医药信息处理软件能让用户以最方便和明确的方式提取相关医药信息；现代计算机技术并不只限于用表格和图形的方式来显示数据，它也可以用多媒体的方式来表示数据，如利用声音和影片等方式。

任务二　信息技术在医药领域中的应用

信息技术研究的内容有微电子、计算机硬件与软件、通讯、数据库、决策支持、人工智能、数据仓库、专家系统、控制技术及电子商务技术等；信息技术在医药领域的应用中，同其他行业一样，首先从管理信息系统应用开始；管理信息系统由五个基本要素组成，如图1-2所示。

输入：处理所需要的数据，规则和条件。

处理：根据需求对输入的内容进行加工和处理

输出：处理得到的结果。

反馈：将输出的一部分内容返回到输入，供控制用。

控制：监督、指挥以上四个元素正常工作。

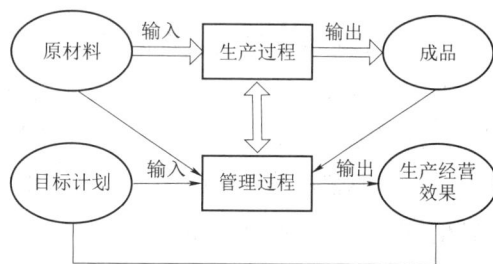

图1-2　管理信息系统流程图

一、管理信息系统

管理信息系统就是利用计算机技术、网络通讯技术和软件技术等开发出来的应用系统，用来实现组织机构的数据采集、处理、传递、展示以及日常管理工作流程的计算机化，从而提高管理效率并提供决策支持。几十年来，管理信息系统广泛应用于医药领域的科研、教育、医疗和生产经营等各个方面，其中较有影响的是医院管理信息系统（Hospital Information System，HIS）和企业资源计划管理系统（Enterprise Resource Planning，ERP）。

（一）医院信息系统

医院信息系统是指利用计算机软、硬件及网络通讯技术，对医院及其所属部门的物流、资金流和信息流进行综合管理，对在医疗活动各阶段中产生的数据进行采集、存储、处理、提取、传输、汇总、加工生成各种信息，从而提高医院的整体运营效率的信息系统。它已被公认为是新兴的医学信息学的重要分支。医院信息系统的有效运行，将提高医院各项工作的效率和质量，促进医学科研、教学；减轻各类事务性工作的劳动强度，使他们腾出更多的精力和时间来服务于病人；改善经营管理，堵塞漏洞，保证病人和医院的经济利益，为医院创造经济效益。

知识链接

现在医院使用的软件操作主要为 HIS。不同的医院根据需求不同建立 HIS 的模块不同，如有的医院提供导诊咨询及费用查询功能提升医院形象和病人满意度。在最后一章"药品管理信息系统"中所使用的软件也属于是 HIS 软件。

一个完整的 HIS 应该包括医院管理信息系统和临床医疗信息系统两部分。医院信息系统的目标是支持医院的行政管理与事务处理业务，提高医院的工作效率，辅助高层领导决策，如财务系统、人事系统、住院病人管理系统、药品库存管理系统等都属于 HMIS 的范围。临床信息系统（Clinical Information System，CIS）的目标是支持医护人员的临床活动，收集和处理病人的临床医疗信息，积累临床医学知识，并提供临床咨询、辅助诊疗、辅助临床决策，提高医护人员的工作效率，为病人提供更多、更快、更好的服务。医嘱处理系统、病人床边系统、医生工作站系统、实验室系统、药物咨询系统等就属于 CIS 范围。广义地说医学影像（PACS）、医学检验（LIS）和远程医疗等与医疗相关的信息处理都属于 CIS 范围。

未来医院信息化标准建设将以引入国际标准为主，同时建立国家标准。医疗电子信息交换标准 HL7（Health Lever 7），是目前国际上较为通用的一套标准，它的主要目的是发展各型医疗信息系统间，如临床、银行、保险、管理、行政及检验等各项电子资料的标准。HL7 的应用，不仅能使医院内部不同系统的沟通大大简化，更可以使得各医院之间以及医院与其他机构的联系便利许多。通用的国际标准还有 DICOM3、CCOW 等。此外，卫生部近期公布的"医院信息系统基本功能规范"，正在制定的"社区医疗信息系统功能规范""医疗电子商务系统功能规范"等标准也将逐步完善我国的医院信息化标准体系。对于厂商来说，标准的建立与完善将要求各开发商为了系统的集成，在通信协议和接口标准方面投入更多的力量。

随着 HIS 的逐步完善，医院信息化必将大规模向 HCIS 迈进，实现由"收费为中心"向"以病历人为中心"的 HIS 的转变，才能称为真正的数字化医院。HCIS 以提高医护人员的工作效率和工作质量为目标，此后逐步建立的电子病历和医学影像系统，将进一步促进病例信息的共享和利用，这将成为未来 HIS 的发展重点。目前我国 HIS 建设中，覆盖医院各管理模块的"大而全"或"小而全"的综合型 HIS 产品还是市场的主流。一家医院一般只用一个 HIS 厂商的产品，基于同一个数据库操作，不存在异构系统相联的需求。偶尔更换个别模块，也是求助于同一家厂商或实行定制。所以，在这种应用背景下，像专注于实验室系统、手术室系统等专门软件的提供商很难立足。但是，随着医院各部门应用的深化，以及标准的逐步建立完善，专业化细分将是医院信息化建设的大势所趋。随着专业细分化程度的加深，应用软件的小型化、个性化的开发方向将日益突出。在医院信息化建设中，用户对开发商的专业程度要求较高，专业的细分化将对系统开发提出更专、更精的要求。

随着标准的建立和完善，在医院信息系统中将有更多的环节可以做成相对独立的系统，例如妇幼管理系统、社区管理系统、区域卫生系统等。

（二）企业资源计划管理系统

企业资源计划管理系统（ERP）是指建立在信息技术基础上，以系统化的管理思想，为企业决策层及员工提供运行手段的管理平台。ERP系统集信息技术与先进的管理思想于一身，成为现代企业的运行模式，反映时代对企业合理调配资源，最大化地创造社会财富的要求，成为企业在信息时代生存、发展的基石。具体功能模块如下。

1. 财务管理模块

（1）会计核算 会计核算主要是记录、核算、反映和分析资金在企业经济活动中的变动过程及其结果。它由总账、应收账、应付账、现金、固定资产、多币制等部分构成。

（2）财务管理 财务管理的功能主要是基于会计核算的数据，再加以分析，从而进行相应的预测、管理和控制活动。它侧重于财务计划、控制、分析和预测。

2. 生产控制管理模块

（1）主生产计划 它是根据生产计划、预测和客户订单的输入来安排将来的各周期中提供的产品种类和数量，它将生产计划转为产品计划，在平衡了物料和能力的需要后，精确到时间、数量的详细的进度计划。是企业在一段时期内的总活动的安排，是一个稳定的计划，是以生产计划、实际订单和对历史销售分析得来的预测产生的。

（2）物料需求计划 在主生产计划决定生产多少最终产品后，再根据物料清单，把整个企业要生产的产品的数量转变为所需生产的零部件的数量，并对照现有的库存量，可得到还需加工多少，采购多少的最终数量。这才是整个部门真正依照的计划。

（3）能力需求计划 它是在得出初步的物料需求计划之后，将所有工作中心的总工作负荷，在与工作中心的能力平衡后产生的详细工作计划，用以确定生成的物料需求计划是否是企业生产能力上可行的需求计划。能力需求计划是一种短期的、实际应用的计划。

（4）车间控制 这是随时间变化的动态作业计划，是将作业分配到具体各个车间，再进行作业排序、作业管理、作业监控。

（5）制造标准 在编制计划中需要许多生产基本信息，这些基本信息就是制造标准，包括零件、产品结构、工序和工作中心，都用唯一的代码在计算机中识别。

3. 物流管理

（1）分销管理 销售的管理是从产品的销售计划开始，对其销售产品、销售地区、销售客户各种信息的管理和统计，并可对销售数量、金额、利润、绩效、客户服务作出全面的分析。

（2）库存控制 用来控制存储物料的数量，以保证稳定的物流支持正常的生产，但又最小限度的占用资本。它是一种相关的、动态的及真实的库存控制系统。它能够结合、满足相关部门的需求，随时间变化动态地调整库存，精确地反映库存现状。

（3）采购管理 确定合理的定货量、优秀的供应商和保持最佳的安全储备。能够随时提供定购、验收的信息，跟踪和催促对外购或委外加工的物料，保证货物及时到达。建立供应商的档案，用最新的成本信息来调整库存的成本。

4. 人力资源管理模块

（1）人力资源规划的辅助决策。对于企业人员、组织结构编制的多种方案，进行模拟比较和运行分析，并辅之以图形的直观评估，辅助管理者作出最终决策。制定职务模型，包括职位要求、升迁路径和培训计划，根据担任该职位员工的资格和条件，系统会提出针对本员工的一系列培训建议，一旦机构改组或职位变动，系统会提出一系列的职位变动或升迁建议。进行人员成本分析，可以对过去、现在、将来的人员成本作出分析及预测，并通过 ERP 集成环境，为企业成本分析提供依据。

（2）招聘管理。人才是企业最重要的资源，优秀的人才才能保证企业持久的竞争力。

（3）工资核算。

（4）工时管理。

（5）差旅核算。系统能够自动控制从差旅申请，差旅批准到差旅报销整个流程，并且通过集成环境将核算数据导进财务成本核算模块中去。

随着社会的发展，新的管理概念不断涌现，CRM（客户关系管理）、SCM（供应链管理）、OA（办公自动化）、PDM（产品数据管理）、MES（制造执行系统）……众多新概念都挤进企业信息化的大潮当中。但是，企业管理本身是一个密不可分的整体，让管理实现信息化使得各种管理人为地割裂开来，因此，不同的管理项目在信息系统实现模块整合与集成已经成为大势所趋。通过对财务、市场营销、生产制造、质量控制、服务维护等模块的集成来建立集中的管理，ERP 必然越长越大，功能越来越多。

二、数据挖掘

数据挖掘就是从海量的、不完全的、有噪声的、模糊的、看似随机的数据集合中，提取隐含其中的、事先未预知的，但又有价值的知识和规律的过程。

1. 数据挖掘在 DNA 分析中的应用　随着人类基因组计划以及分析生物学、信息科学的发展，DNA、RNA 以及蛋白质等生物数据空前增长，同时功能基因组和蛋白质组的大量数据已开始涌现。如何分析这些数据，从中获得生物结构、功能的相关信息是基因组研究取得成果的决定性步骤。数据挖掘技术可以应用于异构、分布式基因数据库的语义集成、DNA 序列间相似搜索和比较、基因组合和基因间连锁互换现象的关联分析以及可视化工具和遗传数据分析。

2. 数据挖掘在疾病辅助诊断中的应用　采用数据挖掘可以通过对病人资料数据库中大量历史数据的处理，挖掘出有价值的诊断规则，这样根据病人的年龄、性别、辅助检查结果、生理生化指标等就可以做出诊断结论，从而排除人为因素的干扰，客观性强，此外由于处理的数据量很大，因此所得到的诊断规则有着较好的应用普遍性。目前国外已有不少这方面的成功案例，如采用贝叶斯学习分类方法对男女病人的 CT 图像进行自动诊断、利用关联规则找出头部创伤病人作 CT 检查的适应证以及将数据挖掘用于肝癌遗传综合征的自动检测、铀矿工人中非恶性呼吸系统疾病流行的种族差异的研究都取得了理想的效果，显示出数据挖掘技术用于疾病辅助诊断的广阔的应用前景。

3. 数据挖掘在药物开发中的应用　在新药的研究、开发过程中，先导化合物（lead com pound）的发掘是关键环节，有两种基本途径，一是随机筛选与意外发现，另外是定向发掘。到目前为止国内外在天然药物研究领域主要采用的是随机筛选，但是采用这种方法的开发周期长、研究费用高，采用数据挖掘技术建立的药物开发系统可以用来寻找同药效学相关的有效化学物质基础，确定药效基团，指导新药的研究与开发，从而缩短新药的研究开发周期，降低研究开发费用。

4. 数据挖掘在中医药研究中的应用　目前，数据挖掘技术正逐渐在中医药研究中得到应用，成为促进中医药科研发展和实现中医药现代化的重要组成部分。数据挖掘对于中医药理论和实践进行信息化、数字化、知识化能够克服中医名词术语过于繁杂造成的中医发展障碍及对于中医药信息进行文本数据挖掘是促进中医药信息结构化的途径之一；该问题的解决，克服了中医发展的最大障碍，极大的促进中医药现代化发展的进程。

三、计算机辅助药物设计

计算机辅助药物设计（Computer Aided Drug Design）是以计算机化学为基础，通过计算机的模拟、计算和预算药物与受体生物大分子之间的关系，设计和优化先导化合物的方法。计算机辅助药物设计实际上就是通过模拟和计算受体与配体的这种相互作用，进行先导化合物的优化与设计。计算机辅助药物设计大致包括活性位点分析法、数据库搜寻、全新药物设计。

计算机辅助药物设计根据受体的结构是否已知，分为直接药物设计和间接药物设计。

知识拓展

中医药信息处理是中医药信息化的发展，主要内容包括中医药电子政务系统建设、中医药公共信息系统建设、中医药服务信息系统建设等，其中也具有 HIS 系统中所应用的模块，如中医电子病历；中医药信息处理也需要中医药信息分析与决策支持系统。

目标检测

一、单选题

1. 医学信息分（　　　）

　　A. 3 类　　　　　　　　B. 4 类　　　　　　　C. 2 类　　　　　　　D. 5 类

2. 医学信息研究的对象包括（　　　）

　　A. 医药卫生领域的信息　　　　　　　　B. 计算机硬件与软件

　　C. 计算机网络　　　　　　　　　　　　D. 医疗设备

3. 信息技术研究的内容（　　　）

　　A. 微电子、计算机硬件与软件

　　B. 通讯、数据库、决策支持、人工智能

　　C. 数据仓库、专家系统、控制技术及电子商务技术

　　D. 以上都对

4. 管理信息系统由五个基本要素组成（　　　）

　　A. 输入、输出　　　　　　　　　　　　B. 处理

　　C. 反馈、控制　　　　　　　　　　　　D. 以上都对

5. 医院管理信息系统的缩写（　　　）

扫码"练一练"

A. HIS   B. HMIS   C. CIS   D. 以上都不对

6. 物流管理包括（　　）

A. 分销管理   B. 库存控制   C. 采购管理   D. 以上都对

二、简答题

1. 计算机与医药信息学的关系？

2. 计算机辅助药物设计的功能？

计算机基础知识

学习目标

1. 掌握计算机软件概念与分类，计算机的安全与维护，计算机的层次结构。
2. 熟悉打印机设备的使用，计算机工作的基本原理。
3. 了解计算机的发展过程及发展趋势，计算机的常用功能部件，常用的计算机软件。

任务一　计算机概述

计算机因擅长运算而得名；同时计算机在记忆、分析和判断能力方面可以与人脑相媲美，甚至在某些方面已经超过人脑，故人们常亲切地把它称为"电脑"。

自 1946 年世界上首台电子计算机 ENIAC（Electronic Numerical Integrator And Calcula，电子数字积分计算机的简称）问世以来，现代科学技术不断发展，计算机技术的应用已渗透到各个应用领域。如办公文件处理，科研数据分析，商贸金融领域实施电子交易与电子支付，交通指挥、商铺收银，尤其在医药信息管理中占据重要地位。

一、计算机认知

对普通医药工作者用户而言，常用的计算机主要有台式机（图 2-1）和笔记本电脑（图 2-2）两种。

图 2-1　台式计算机

图 2-2　笔记本电脑

其中，台式计算机功能强，但占用空间大，设备间连线也多；笔记本电脑占用空间小，基本无连线，但相对功能较弱、价格较高。目前市场上出现了一种介于台式机与笔记本电脑之间的一体式电脑（图2-3），相当于把台式机的主机箱与液晶显示屏集成在一起，避免了显示器与主机间的连线，同时还减少了空间占用。部分一体式电脑还采用了无线的鼠标和键盘，带给用户更多的"无线"享受，改善了用户体验。

服务器，如图2-4所示是另外一种重要的计算机设备，在整个医药信息管理体系中处于核心地位，它为整个医药信息管理工作提供各种服务。例如，HIS（医院信息系统）、LIS（Laboratory Information System 检验管理系统）、PACS（Picture Archiving and Communication Systems 医学影像存档与通讯系统）等都运行在服务器上并为医院有关部门提供服务，医院管理者、医护工作者、病人或家属利用台式机、笔记本等终端就可以享用医疗信息服务。

图 2-3　一体式计算机　　　　　　　图 2-4　某品牌服务器

随着技术的发展，具有计算机特性的平板电脑（图2-5）和智能手机（图2-6）等移动终端迅速普及，移动应用已经成为医药信息应用发展的一个重要趋势，今后的医药信息管理和服务必将向着更智能、更高效、更便捷的方向发展。

图 2-5　平板电脑　　　　　　　图 2-6　智能手机

二、计算机的发展

1946 年 2 月 14 日，由美国军方定制的世界上第一台电子计算机 ENIAC（埃尼阿克）在美国宾夕法尼亚大学问世，标志着电子计算机时代的到来。相对现代计算机来说，ENIAC 计算机可谓庞然大物，它装了 17840 支电子管，占地面 170m^2，提供 30 个操作台，自重 28 吨，每小时耗电 150kW，其工作过程需要人工协助，加法运算速度约每秒 5000 次。图 2-7 是 ENICA 计算机及其工作环境。

图 2-7 ENIAC 计算机及其工作环境

电子计算机是在半导体的基础上发展起来的，其中电子元器件是最活跃的因素，计算机的主要元器件也从最初的电子管变为晶体管，后又变为集成电路、大规模集成电路和超大规模集成电路。

根据计算机内部采用的主要元器件，电子计算机的发展主要经历了四个阶段。

1. 第一代（1946—1958） 是电子管计算机，采用电子管作为基本的逻辑原件，体积大、耗电多、寿命短、成本高、速度慢、可靠性差；用机器语言和汇编语言编写程序，应用领域以军事和科学计算为主。

2. 第二代（1959—1946 年） 是晶体管计算机，采用晶体管作为基本的逻辑原件，体积缩小、能耗降低、速度提高、性能提升、可靠性增强；使用高级语言编写程序，应用领域以科学计算和事务处理为主，并开始进入工业控制领域。

3. 第三代（1965—1971 年） 是集成电路计算机，采用小规模集成电路作为其他元器件，速度更快，可靠性更强，价格更便宜，产品开始走向通用化、系列化和标准化等；软件方面出现操作系统以及结构化、规模化程序设计方法，应用领域开始进入文字处理和图形图像处理领域。

4. 第四代（1972 年至今） 是大规模集成电路计算机，采用大规模集成电路或超大规模集成电路作为基本的逻辑元件，运算速度大幅提高，主存容量越来越大；外存储器广泛使用软盘、硬盘和光盘，各种外围设备（打印机）相继出现；软件更加丰富、出现了数据库；计算机技术与通讯技术结合，形成计算机网络；图像识别、语音处理和多媒体技术有了很大发展，应用范围几乎涉及社会各个领域。

三、计算机的分类

计算机依据标准不同有不同的分类。按用途，计算机可分为通用计算机和专用计算机两类；按信息的表示和处理方式，计算机分为模拟计算机、数字计算机和数字模拟计算机。我们通常所说的计算机是通用的数字计算机。更多情况下，人们倾向于按照计算机的综合性能进行以下分类。

1. 巨型机 也称超级计算机，适用于现代尖端科技的发展，如人造卫星、宇宙飞船和精尖武器等，是国家经济实力和科学水平的象征。

2. 大型机 具有通用性强、综合处理能力强等特点，适用于大型的科学计算及工程设计、企业内部的大型事务处理、信息管理等。

3. 小型机 规模小、结构简单、易于操作和维护，适用于工业控制、数据采集、大型仪器分析、企事业科学计算等。

4. 中型机 综合性能介于大型机和小型机之间（实际应用中并不多见）。

5. 微型机 即个人计算机（PC），采用微处理器，具有体积小、功能强、配置灵活、使用方便等特点，应用于社会的各个领域。

6. 工作站 介于小型机和微型机之间的功能较强的高档微机，相对于微型机有较大的存储容量和较快的运算速度，主要用于图像处理和计算机辅助设计等领域。

随着科技发展、时间推移，综合性能分类的界限也会发生变化。如当今的高档微型机的综合性能可能具备或超过若干年前的中型机或大型机甚至巨型机。

我们日常生活中见到的计算机多为微型计算机，已从早期的 286、386、486 经过奔腾 Ⅰ、奔腾 Ⅱ、奔腾 Ⅲ、奔腾 Ⅳ，如今已进入多核心时代。

四、计算机的发展趋势

随着人类社会的发展，科学技术的不断进步，计算机技术也在不断向纵深发展，计算机也将向着微型化、巨型化、网络化和智能化、多样化等方向发展。

（一）微型化

微型计算机的问世和大规模生产，促使计算机迅速普及到社会的各个领域，成为不可缺少的常用工具。另外，随着计算机和制造工艺的飞速发展，笔记本电脑、掌上电脑、平板电脑的体积均不断趋于微型化、个性化。微型化仍然是未来计算机发展的明显趋势。

（二）巨型化

为满足尖端科学技术的需要，计算机还必须向超高速、大容量、强功能的巨型化发展。巨型机也称作超级计算机，其研制水平是计算机技术和工业发展水平的集中体现，也是一个国家科研实力的体现。超级计算机对国家安全，经济和社会发展具有举足轻重的意义，是国家科技发展水平和综合国力的重要标志。截止到 2019 年 4 月，世界上最快的超级计算机是美国 IBM 创造的 Summit 顶点（图 2-8），以每秒 20 亿亿次的运算速度比中国最快的超级计算机"神威·太湖之光"还要快了约 60%。

图 2-8 Summit 顶点

知识链接

2013 年 6 月，由国防科技大学研制的天河二号（图 2-8）成为全球最快的超级计算机，这是继 2010 年 11 月天河一号成为全球最快的超级计算机算后，我国超级计算机再次夺冠。2014 年 11 月，天河二号荣获全球超级计算机四连冠。

（三）网络化

计算机网络是计算机技术和通信技术相结合的产物，它用通信线路把不同地域的多台计算机连接起来，实现信息交流和资源共享，使计算机的功能大增。目前由微机构成局域网已相当普遍，互联网又将世界各地的计算机连接在一起，计算机网络化彻底改变了世界，人们通过互联网进行沟通、交流，共享资源，特别是无线网络的出现，极大地提高了人们使用网络的便捷性，未来计算机将会进一步向网络化方面发展。

国际互联网即因特网（Internet）是目前世界上规模最大、用户最多、资源最丰富几乎遍及全球的"网络"。近年来我国相继建成国家公用计算机互联网（CHINANET）、科研教育网（CERNET）、金桥网（GBNET）、国家计算与网络设施（NCFC）等，都能直接进入国际互联网。

（四）智能化

所谓智能化，是指让计算机具备像人类一样有触觉、嗅觉、听觉、视觉还要具备思考、推理、学习等能力，而且能根据外在环境的变化、人类的自然语言自动的生成程序作出相应的反应，这也是研究中的第五代计算机期望完成的功能。

（五）多样化

过去几十年里，电子计算机基本上遵照"摩尔定律"的规律发展，速度不断攀升，容量不断增大，成本不断降低。然而计算机发展到今天，摩尔定律正趋于失效：虽然电子芯片集成度越来越高、工作频率越来越快、电路间距起来越密，但电磁干扰难以消除，芯片耗电难以降低，发热问题难以控制，电子计算机的发展遇到了难以逾越的瓶颈。虽然我们发现 CPU 厂商之间的竞争已从追求频率转为内核数的竞争，然而受芯片工艺的限制，CPU 内核数又不可能无限制的增加。除继续发展电子计算机外，科学家们也正努力研制生物分子计算机、量子计算机、光子计算机、纳米计算机等其他类型的计算机。

知识链接

1965 年，Intel 公司创始人之一摩尔应邀为《电子学》杂志 35 周年撰写观察评论报告时，发现了一个惊人的趋势：每个新芯片大体上包含其前任两倍的容量，每个芯片的产生都是在前一个芯片产生后的 18 个月左右。如若这个趋势继续的话，计算能力相对于时间周期将呈指数式的上升，就是摩尔定律，它所阐述的趋势一直延续至今，且仍不同寻常地准确。后来人们还发现，摩尔定律不仅适用于存储器芯片，也精确地说明了处理机能力和存储容量的发展。该定律也成为其他工业预测性能的基础。

任务二　计算机部件认识

冯·诺依曼参加了世界首台电子计算机的研发工作，并成功发布了 ENIAC 电子计算机，但这并不是他想要的结果。在前人研究的基础上，冯·诺依曼提出了新的计算机设计构想：计算机能够存储并自动运行程序，数据在计算机内部以二进制形式存储，这就是著名的冯·诺依曼原理。

现代计算机主要秉承了冯·诺依曼程序存储的设计思想，其逻辑硬件主要包括运算器、控制器、存储器、输入设备和输出设备等 5 大部分，其原理结构如图 2-9 所示。

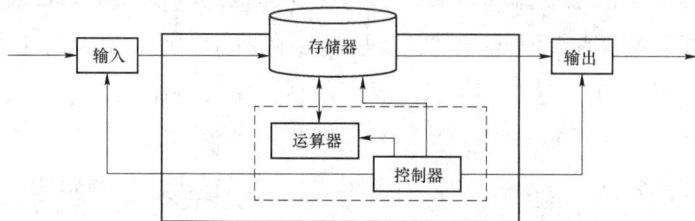

图 2-9　计算机工作原理示意图

图 2-9 中的有方向实线表示计算机中信息流的流动方向，由此可知，输入设备输入的数据被存储在存储器中；运算器从存储器中读取数据并进行运算，运算后的结果又存回到存储器中；存储器中存储的数据通过输出设备向外输出（如显示、打印或播放等）；控制器处于计算机系统的调控中心，整个系统都要在控制器的控制下协同开展工作。

一、CPU

CPU（Central Processing Unit 中央处理单元）是计算机的运算和控制核心，它由运算器和控制器组成，在计算机制造工艺中，常把它们集成为一个部件，如图 2-9 中虚线框所示。运算器是对数据进行加工处理的部件，在控制器的作用下与存储器交换数据；控制器是整个计算机系统的指挥中心，负责对指令进行分析，并根据指令的要求，有序地、有目的地向各个部件发出控制信号，使计算机的各部件协调一致地工作。

作为计算机系统的核心，CPU 品质（如主频、核数及字长等）的高低直接决定了一台计算机的性能，常被用户用以衡量计算机配置档次。

Intel 和 AMD 是当前最主要的两家 CPU 生产商，图 2-10 所示的是 Intel 公司出品的CPU，图 2-11 中所示的是龙芯 CPU。

图 2-10　Intel CPU

图 2-11　龙芯 CPU

二、存储器

据冯·诺依曼原理，存储器是计算机系统中的记忆设备。有了存储器，计算机才有记忆功能，才能保证正常工作。存储器有内存和外存之分。内存的存取速度相对较快而容量相对较小，因此主要用来暂存程序和数据；外存的存取速度相对较慢而容量相对较大，可以用以长期保存信息。

计算机中存储信息的最小单位是二进制位（bit，比特，简称"位"），常被简计作小写字母"b"；存储器中最基本的存储单位是字节（Byte），常被简计作大写字母"B"。1 个字节在容量上等于 8 个二进制位（记为 1B = 8b）。然而，字节的存储量实在是太小了，一个字节只能存储 1 个英文字母、数字或符号等，两个字节才可以存储一个中文汉字或符号；为了便于描述计算机的存储容量，人们还经常用到 KB（= 1024B）、MB（= 1024KB）、GB（= 1024MB）、TB（= 1024GB）等容量单位。

（一）内存

内存是计算机中重要的部件，计算机中所有程序的运行以及所有数据的处理都要在内存中进行，它是 CPU 与其他部件之间沟通的桥梁，所以内存对计算机性能的影响非常大。

内存一般采用半导体存储单元，按其工作方式不同，可分为只读存储器（Read-Only Memory 简称 ROM）、随机存储器（Random Access Memory，简称 RAM）以及高速缓冲存储器（CACHE）等类型。

1. 只读存储器（ROM） 只读存储器是只能读出而不能随意写入信息的存储器。ROM 中的内容是由厂家在出厂时用特殊方法写入的，即使断电，ROM 中的信息也不会丢失。ROM 的容量一般比较小，主要用于存放计算机的基本程序和数据，如计算机引导程序、启动后的检测程序、系统最基本的输入输出程序、时钟控制程序以及计算机的系统配置等重要信息。

2. 随机存储器（RAM） 随机存储器既可读数据又可写数据。与 ROM 存储器不同，计算机断电后，RAM 中存储的数据将全部丢失。当前市场上内存条的常见容量有 1G、2G、4G 甚至 64G 等，内存条类型主要有 DDR（Double Data Rate，双倍速率同步动态随机存储器）、DDR2、DDR3 等类型。图 2-12 中所示的是一条 2GB 容量的 DDR3 内存条。

图 2-12　DDR3 内存条

3. 高速缓冲存储器（CACHE） 现代计算机 CPU 的工作频率远高于内存，这就意味着内存跟不上 CPU 的工作节奏，为了匹配和提高 CPU 对内存的读写速度，现代计算机常在 CPU 与内存之间增加比内存更快的高速缓冲存储器（简称缓存）。当 CPU 需要读取数据时，则先到高速缓存中查读，如果找到则直接读取，否则将转到内存中查读；新读取的数据仍被缓存在高速缓存中，以便下次再用。相反，当向内存中写入数据时，CPU 先将其写到高速缓存中，待达到特定条件时再从高速缓存中一次性写入内存，有利于提高写入效率。

与 RAM 类似，CACHE 也不能长期保存数据，只不过速度更快，成本较高。现代计算机可以根据用户需要，在 CPU 与内存之间排列多级缓存，如一级缓存（L1）、二级缓存（L2）甚至三级缓存（L3）等，以提高计算机的综合性能。

（二）外存

早期的计算机只有内存而没有外存。计算机工作时，CPU 从内存中读取数据和程序，并将对数据处理的结果写回到内存中进行临时存储。计算机内存和 CPU 一起常被合称为主机，如图 2-9 中粗线框所示。

随着计算机运算能力的不断增强，数据处理数量的不断增长，计算机越来越需要永久存储数据。然而，由于内存不能永久保存数据，于是许多外存储设备便产生，常见的主要有硬盘、光盘、U 盘、移动硬盘、固态硬盘（Solid State Drives，简称 SSD）等。

1. 软盘和硬盘 软盘是早期的存储器，如图 2-13 所示。涂有磁性材料的塑料基片被封装在硬塑料壳中，计算机通过磁化磁性材料而保存数据。由于塑料基片容易被磨损而造成软盘损坏，软盘不适于安全地存储数据，目前软盘基本已经退出了历史舞台。

人们将磁性材料涂抹到金属、陶瓷或玻璃等基片上，同样以磁化磁性材料的技术来记录和存储信息，从而造就了当前主流存储器，即硬盘，如图 2-14。硬盘与软盘相比，读写速度更快，存储容量更大（达数 TB），数据存储更安全、更持久。

图 2-13　软盘及驱动器　　　　　　图 2-14　硬盘驱动器

2. 光盘 光盘（图 2-15）曾经是最主要的数据分发方式之一，早期的软件、音乐和电影等大多都是通过光盘发行的，但随着互联网的普及，这种发行方式不断萎缩，光盘则更多地退居到家庭和办公室应用，成为数据转移和备份的重要存储介质。光盘通过光驱进行读写，光驱是台式机和笔记本电脑里比较常用的部件。

实际上光盘只是一个统称，它包括 CD、VCD、DVD 以及最新的蓝光光盘等各种数据记录格式。随着技术的不断进步，光驱的读取速度也得以成倍地增长。光驱的读取速度习惯于用首台光驱基准速度（150KB/秒）的倍速来表示，如 52 倍速（记为 52×）则表示该光驱的理论速率是 7800KB/秒（=150KB/秒×52）。

3. U 盘 U 盘通常也被称作优盘或闪盘，也是常用的存储设备，如图 2-16 所示。U 盘体积小、重量轻、容量大、速度快、性能稳定、价格便宜、携带方便。

图 2-15 光盘及驱动器

图 2-16 U 盘

过去 U 盘的容量相对较小，一般有 32M、64M 等，而现在其容量一般都到了 4GB、8GB、16GB 甚至 128G 等。随着技术的成熟，U 盘的存储容量还会继续增大，性价比还会不断提高。

4. 移动硬盘 移动硬盘（图 2-17）是又一款移动存储设备，并且其容量更大，目前市场上移动硬盘的容量一般有 160G、320G，甚至 TB（1TB = 1024GB）级的移动硬盘也已经很普遍。移动硬盘的使用，使更多的数据交换成为可能，使更多的资料可以随盘存储并随身携带。

移动硬盘实际上就是把硬盘安装在一个可移动硬盘盒里，如图 2-17 所示，其中移动硬盘盒为装在其中的硬盘提供电源和数据接口。

图 2-17 移动硬盘

5. 其他存储器 除传统的存储器外，还有一些利用闪存技术进行存储的存储器（图 2-18），如 SM、CF、SD、TF 卡等。使用专门的读卡器，可以对应读写闪存卡中的数据。另外，还有利用固态电子存储芯片制成的固态硬盘（图 2-19），在外形和尺寸上与普通硬盘基本一致，但其读写速度远非普通硬盘所能比及。

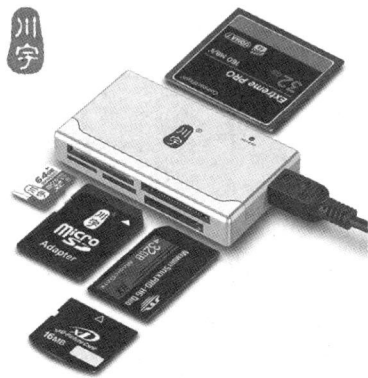

图 2-18 多种闪存卡及读卡器

图 2-19 固态硬盘

三、输入设备

输入设备用于把外界数据或程序输入到计算机中。计算机能够接收各种各样的数据，如数字、文本、图像、声音等。计算机常用的输入设备有键盘、鼠标、麦克风、手写笔、摄像头、扫描仪等。

（一）键盘

键盘是计算机最基本的输入设备，利用它用户可以方便地向计算机中输入文字或符号。键盘中分布着很多按键，包括数字键、字母键、符号键、功能键及控制键等。依键位功能，计算机键盘可以分成若干功能区域，如图 2-20 所示。

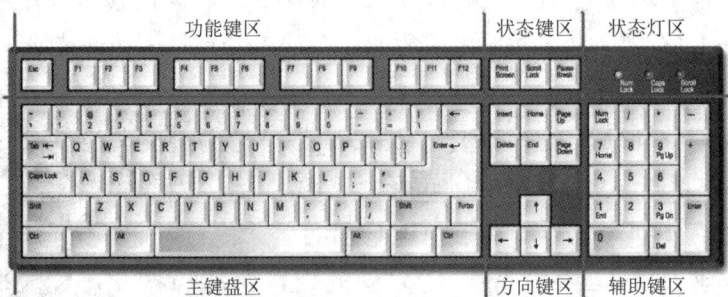

图 2-20　键盘及其功能分区

主键盘区主要包括 26 个字母、10 个数字、常用标点符号，另外还包括空格（Space）、回车（Enter）以及部分控制键等。功能键区中包括 F1 至 F12 等功能键，其功能一般由软件定义，如 F1 键一般用于为获取联机帮助，ESC 键一般用于退出某项操作。

主键盘区的 CapsLock 键被称为大写字母锁定键，大写锁定时状态灯区的 CapsLock 灯亮，按下字母键默认输入大写字母；相反则 CapsLock 灯灭，默认输入小写字母。辅助键区 NumLock 按键用于开关状态灯区中的 NumLock 键被称为数字锁定键，数字锁定时，状态灯区的 NumLock 灯亮，该区中按键默认输入数字，所以该区有时也常被为数字键区；相反则 NumLock 灯灭，该区按键默认为方向控制键。

另外，键盘中某些按键上印有上、下两个符号，分别被称为上档键和下档键，按住键盘上的 Shift 键再按下此类按键时，则可切换上档键和下档键字符的输入（如"5"和"%"）。

（二）鼠标

鼠标是现代计算机重要的输入设备，它是适应图形化用户界面（Graphical User Interface，简称 GUI）而出现的一种输入设备，用以方便用户操控计算机。鼠标（图 2-21a）左右两侧各设有一个按键，分别被称为左键和右键；部分鼠标在二者之间还设有中键，或设有鼠轮。在 Windows 7 图形化用户界面中，鼠标常表现为某种形状的指针（图 2-21b）。

鼠标有无线鼠标和有线鼠标之分，与带尾线的有线鼠标不同，无线鼠标采用无线信号传输控制信息。无线鼠标的价格相对较高，但不受线缆约束，操控电脑变得更自如；而有线鼠标性价比较高，不易受外界信号干扰且性能稳定，应用最为普遍。

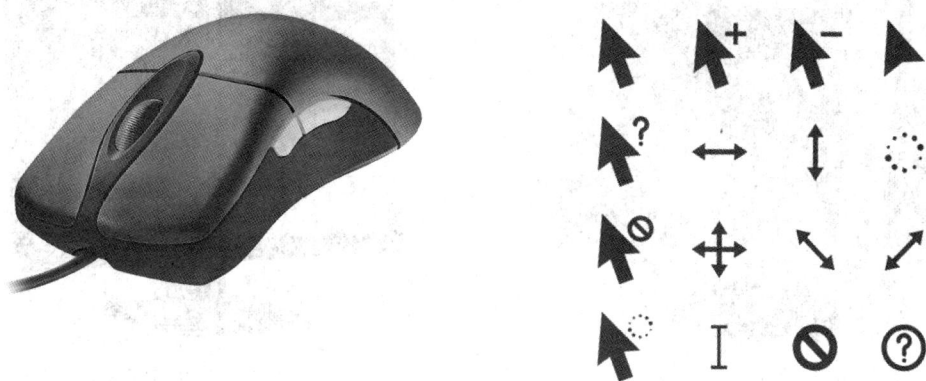

图 2-21　鼠标

（三）其他输入设备

除常用的键盘和鼠标之外，麦克风是将声音录入计算机的输入设备，可将外部的声音传输到计算机中转换成数字音频，或在软件支持下实现语音录入或语音识别；摄像头是一种图像录入设备，可以将其视野内的影像传输到计算机中转换成数字图片或数字视频。手写笔可以将人的手写笔迹输入到计算机中，存储成图像或者直接实现手写录入。扫描仪则利用光电扫描将图形（图像）转换成像素数据输入到计算机中进行存储或传输。

四、输出设备

输出设备用于接收计算机输出的数据，可以把各种计算结果以数字、字符、图像、声音等形式表示出来。常见的输出设备主要有显示器、打印机及多媒体音箱等。

显示器是计算机的基本的输出设备，它可以把计算机内部对数据处理的结果以符号、图形及图像等可见且直观的形式呈现在用户面前。当前市场中，计算机显示器主要有阴极射线管显示器（简称 CRT，图 2-22）和液晶显示器（简称 LCD，图 2-23），其中采用传统技术的 CRT 显示器曾一枝独秀，在市场中占据领导地位，并被广泛应用于各种应用领域。但随着 LCD 技术的成熟和推广，LCD 液晶显示器已在办公和家用领域占据主导地位；CRT 显示器的市场份额则不断减小，但最终因其技术成熟、成像质量高而牢牢占据高端的专业图形、图像应用领域。随着 LED 技术的发展，更节能、更环保的 LED 显示器逐渐在市场中崭露头角；同时，凭借 LED 技术优势，LED 显示器今后定将会成为显示器市场中的弄潮儿。

打印机是计算机常见的输出设备。可以将计算机的处理结果打印在纸面上，以便存档或提供给更多的人观赏或阅读。

多媒体音箱是计算机音频信息的输出设备，可以将计算机内部存储的信息以声音的形式播放出来。正是因为多媒体音箱的出现，计算机的娱乐功能才得以更充分的体现，促进计算机真正走进普通家庭。

图 2-22　CRT 显示器　　　　　　　　　　图 2-23　LCD 显示器

　　最初的计算机一般只用于数值运算，但随着计算机技术（特别是硬件技术）的发展，计算机可以处理的数据类型范围越来越多，如文字、图形、图像，以及动画、声音等，这时就形成了多媒体技术，即计算机通过对文字、数据、图形、图像、动画、声音等多种媒体信息进行综合处理和管理，使用户可以通过多种感官与计算机进行实时信息交互的技术。

任务三　计算机软件系统

　　计算机系统由硬件和软件两大部分构成，其中硬件是物质基础，软件是精神灵魂，二者相互依存、不可分离。离开了硬件，软件则是无本之源；离开了软件，硬件则成了无魂之驱。

　　所谓软件是指为方便使用计算机和提高使用效率而开发的程序以及有关文档的集合。用户主要是通过软件来使用和控制计算机，或掌握计算机的工作状态。根据软件的地位和作用，计算机软件可分为系统软件和应用软件两大类。

一、系统软件

　　系统软件由一组控制计算机系统并管理其资源的程序组成，可以负责管理计算机系统中各种独立的硬件，使得它们可以协调工作。系统软件使得计算机使用者和其他软件将计算机当作一个整体而不需要顾及底层硬件的具体工作细节。

（一）操作系统

　　操作系统是管理、控制和监督计算机软、硬件资源协调运行的程序系统，它直接运行在计算机硬件上，是软件系统的核心，也是其他软件运行的基础。

　　操作系统是计算机发展中的产物，主要实现两个主要目的：一是方便用户使用计算机，二是统一管理计算机系统的全部资源，充分发挥计算机的运行效能。在功能上，操作系统通常包括处理器管理、作业管理、存储器管理、设备管理和文件管理等模块。

　　目前，个人计算机上最为常见的操作系统主要有 Microsoft 公司的 Windows 操作系统、派生于 UNIX 的 Linux 操作系统和应用于苹果计算机上的 Mac OS 操作系统等。

（二）语言处理系统

人与计算机交流信息使用的语言称为计算机语言或程序设计语言。程序设计语言是用来编写计算机程序，是指挥计算机运行的工具。在计算机的整个发展历程中，程序设计语言起着极其重要的作用。现阶段的程序设计语言可分为机器语言、汇编语言和高级语言三种类型。但计算机只能直接识别机器语言，由汇编语言和高级语言编制的程序，必须最终翻译成机器语言才能被计算机识别和执行。这种翻译方式主要有以下两种。

1. "解释"方式　如 BASIC 语言源程序，运行时先调用自己的"解释程序"，并逐条把其源程序语句进行解释和执行；"解释"方式不保存"解释"结果，程序每次运行都需要重新"解释"，边解释边执行的效率不高。

2. "编译"方式　如 C 语言源程序，运行时先调用自己的"编译程序"，并一次性把源程序编译成目标程序（. OBJ），然后再用连接程序把目标程序与关库文件连接形成可执行文件（. EXE）。"编译"方式尽管复杂，但运行时只需编译一次，生成的可执行文件可以被反复执行，执行速度较快。

（三）支撑服务程序

支撑服务程序能够提供一些常用的服务性功能，为用户开发程序和使用计算机提供了方便，主要用于计算机的调试、故障检查或诊断等操作，在解决计算机问题时常用到的它们。

（四）数据库管理系统

数据库系统主要由数据库（Database，简称 DB）、数据库管理系统（Database Management System，简称 DBMS）、数据库应用程序、数据库管理员（Database Administrator，简称 DBA）和用户等组成。数据库指按照一定的组织形式存储的数据集合，可供其他应用共享；数据库管理系统（DBMS）则是对数据库进行加工、管理的系统软件，是数据库管理员（DBA）和用户直接或间接使用数据库（DB）的桥梁。数据库系统存储数据的容量大，管理数据的效率高，是传统的文件管理方式无法比拟的。

二、应用软件

应用软件是为满足用户不同领域、不同任务的应用需求而编制的软件，是为解决实际问题而设计的软件。应用软件可以拓宽计算机系统的应用领域，放大硬件的功能，现代计算机的功能之所以强大，就是因为计算机能够运行各种各样解决各类问题的应用软件。应用软件质量的好坏直接关系到计算机的应用范围和效益。

计算机应用软件纷杂众多，按其用途可将应用软件大体分为以下几种类型。

1. 图形图像处理软件　主要针对各种形式的图形、图像进行图像处理，如 Photoshop、Fireworks 等软件。

2. 电子表格软件　主要进行简单的数据运算、表格处理和图表绘制，如 Excel 软件等。

3. 文字处理软件　主要进行文字编辑、格式设定及段落和页面设置，如 Word、WPS 等。

4. 动画处理软件　主要进行动画设计，如处理二维动画的 Flash 以及处理三维动画的 3DS Max、Maya 等。

5. 辅助制作软件　辅助进行建筑、器件及模型效果的设计，如 AutoCAD 软件等。

6. 安全类软件 主要监测、监控计算机，并防范或消除病毒、恶意程序等，如金山、瑞星杀毒软件等。

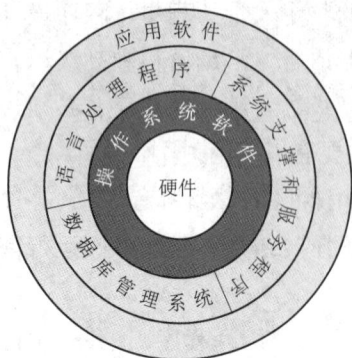

图 2-24 计算机系统组成

7. 信息管理类 主要针对某类信息数据的管理而编制的软件，如医院信息系统（HIS）。

8. 教育娱乐类 针对教育、娱乐或游戏而编制的软件，如 Authware、极域电子教室、英雄联盟等。

总之，计算机系统是一个复杂的系统，由硬件系统和软件系统构成；其中硬件是物质基础，软件是系统灵魂；操作系统直接运行在硬件之上，并为其他软件的运行搭建基础软件平台；应用程序由程序设计人员实现，并提供给普通用户使用。整个计算机的系统结构如图 2-24 所示。

任务四 设备使用与系统维护

在医药信息化应用中，计算机是核心，其他设备是扩展。以下我们将简要介绍常用设备打印机的安装和使用方法及计算机的系统维护。

一、打印机设备使用

我们时常会利用计算机完成各种工作和事务，并形成形形色色的各类文件，如图文并茂的个人简历、风趣幽默的人物漫画等，详尽细致的病人消费清单等，当希望把这些内容呈现到纸面上，打印机就成了我们的必然选择。

（一）打印机概述

打印技术得到迅猛发展，从击打式到非击打式、从黑白到彩色、从单功能到多功能。尤其是近年来，打印机技术发展更快，各种新型实用的打印机层出不穷。

按照其用途，打印机可分为通用打印机、商用打印机、专用打印机、家用打印机、便携式打印机、网络打印机等。根据工作方式，打印机可分为可分针式打印机、喷墨打印机、激光打印机 LED 打印机等。

1. 针式打印机 针式打印机是一种机电一体化的设备，主要由机械部分和电气控制部分构成，机械部分主要包括打印头、字车、走纸机构和色带机构等四大部分。

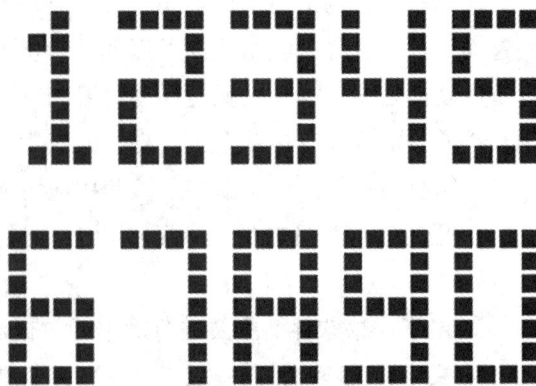

图 2-25 点印图案

其中，打印头是针式打印机的核心部件，由若干金属撞针组成。撞针按一定规则排列在一起，并可在脉冲电流的控制下弹出或缩回。涂有颜料的色带位于打印头的表面。打印脉冲电流驱动撞针撞击色带打到纸面上，这样纸面上就会形成色点，众多色点排在一起就组合成图形，如图 2-25 所示。

　　针式打印机的主要优点是设备寿命长，使用成本低，打印能力强，适应纸型多，可以打印连续纸、多层纸、存折、贺卡等特殊介质；针式打印机的缺点也很突出，主要表现为速度慢、质量差、噪音大。

　　2. 喷墨打印机　生活中有时不注意，常会把墨水、菜汤、污水溅洒到衣服上，从而在衣服上形成色彩斑斑的污渍。喷墨打印机的基本原理与此极相似：它把某些颜色的墨水滴喷射到纸面上，纸面上就会留下墨点；这些墨点数量巨大且非常精细，按一定规则组合在一起便组成一幅打印图案。

　　喷墨打印机也是一种机电一体化设备，机械部分主要由喷头和墨盒、字车机构、清洗机构和走纸机构等组成，其中喷头由大量精密且细小的喷嘴组成，是喷墨打印机的关键部件，墨盒为喷头提供墨水来源，喷头和墨盒在很大程度上可以决定打印质量。

　　喷墨打印机天生就具有彩色打印的能力，它的出现改变了传统针式打印机输出色彩单调的缺陷，将用户带入了一个五彩斑斓的打印世界。在打印色彩方面，喷墨打印机通常采用性质比较稳定的青色（C）、洋红色（M）、黄色（Y）三种基本颜色来配置墨盒，但出于技术和成本方面的考虑，在实际应用中通常增配黑色墨盒（用 K 表示），图 2-26 中所示的就是安装在打印机内的一组彩色墨盒。

图 2-26　CMYK 彩色墨盒

　　喷墨打印成本主要包括纸张和墨盒两方面，综合使用成本较高。不建议在纸张方面节约成本，标准的质量较好，可以减少卡纸等不良现象，有利于延长打印机的使用寿命；如果对打印质量要求不高，墨盒中墨水用尽可以考虑人工灌墨方式以降低成本，打印量大时可采用连续供墨系统以进一步降低打印成本。

　　喷墨打印机设备便宜、打印速度快、工作噪音小、打印质量高；喷墨打印机最突出的缺点就是打印成本高。

　　3. 激光打印机　激光打印机是精密的机电系统，它利用光、电、热的物理、化学原理通过相互作用输出文字或图像。激光打印机就利用静电吸附原理成像的。在激光打印机中，在打印信号的驱动下，激光扫描器在特制的滚筒表面画出将要被打印的图案。图案以静电的形式分布在滚筒的表面，当滚筒靠近墨粉时，其表面的静电就会吸附墨粉，并在滚筒表面形成由墨粉构成的图像，最后再经过一系列过程把图案溶入到打印纸面上。激光打印机打印速度快，成像质量高，工作噪音小，使用成本适用；其不足就是设备价格稍高，工作过程不太环保。

　　4. LED 打印机　LED 打印机是一种采用新技术的新型打印机，它与激光打印机的工作原理基本相同，但在技术上却大不相同，主要表现在光源类型、光路系统诸方面：前者以激光枪为光源且光路复杂，而后者以 LED 排灯为光源且光路简单；激光打印机在一个瞬间只产生一个像点，而 LED 打印机在一个瞬间则可产生一行像点，二者在打印效率上的差距可想而知。

　　LED 打印机正在处于一个发展期，相比已经处于成熟期的激光打印机，LED 打印机在品牌上尚不具备优势，但是从技术本身来看，LED 技术的可发展空间还比较大，尤其是在环保、节能等方面，LED 技术具有先天性的优势。

（二）打印机安装

使用打印机前，应首先进行安装。安装过程主要包括三个方面：硬件连接、软件安装、打印测试。

1. 硬件连接 是用信号线把打印机与计算机连接在一起，以便二者可以交流信息。打印机信号线主要有并口、串口和 USB 三种接口，部分打印机还支持蓝牙等无线信号。

为确保设备安全，硬件连接应该在计算机关机的状态下进行。先连接好信号线，再接通打印机电源，最后再启动计算机。

2. 软件安装 是指在计算机中安装打印机驱动程序，相当于为计算机配备一名翻译，以解决计算机与打印机之间言语不通的问题。

打印驱动程序的安装主要有两种形式：一种是利用打印机厂商提供专用程序安装，具体安装步骤因厂商和打印机型号而异，但都比较简单，不再赘述；另一种则是利用 Windows 平台自身提供的打印机安装向导来实现。下面我们以在 Windows 7 平台中安装 EPSON Laser LP-2500 打印机为例简单介绍安装过程。

首先进入 Windows 7 控制面板，如图 2-27 所示，找到【硬件和声音】/【查看设备的计算机】。

图 2-27　控制面板

执行命令，打开如图 2-28 所示的界面。

图 2-28　打印机和传真列表

进入后执行【添加打印机】命令打开如图 2-29 所示的界面。

打印机有本地打印机和网络打印机之分，此处点选"添加本地打印机（L）"，打开如图 2-30 所示的界面。

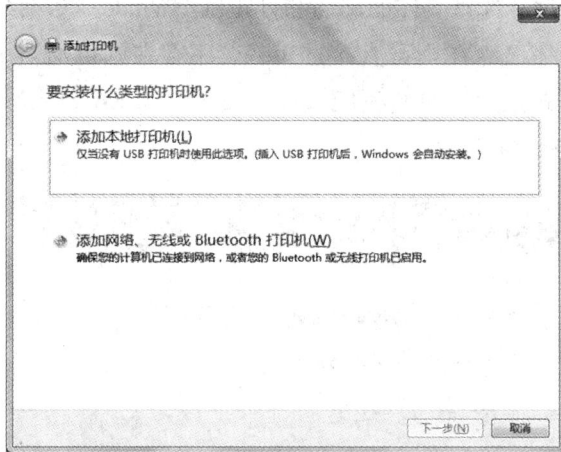

图 2-29 添加打印机

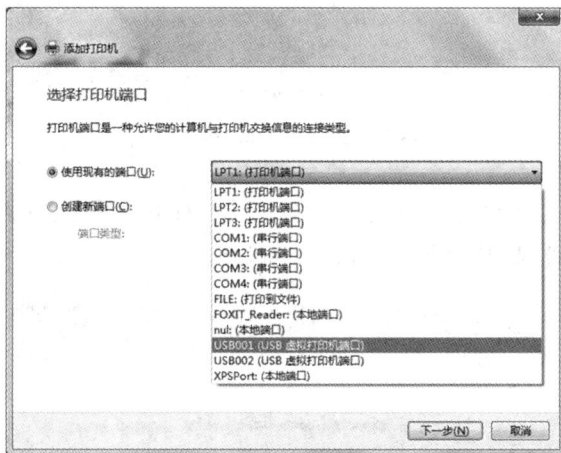

图 2-30 选择打印机端口

此处需指定打印机连接到计算机的哪个端口，应视信号线的实际情况选择，对并口信号线一般选择 LPT1，串口信号线一般选择 COM1，对 USB 信号线一般选 USB001。EPSON Laser LP-2500 采用 USB 接口连接计算机，故此处选用 USB001 端口。单击【下一步】按钮，打开如图 2-31 所示的界面。

图 2-31 选择打印机驱动程序

此处应根据打印机型号选择具体的厂商和打印机。Windows 7 系统中内置了部分打印机的驱动程序，若驱动程序已存在则可直接选用，若不存在则可通过【Windows Update】或【从磁盘安装（H）】方式添加。在此我们选择 EPSON LASER LP-2500 打印机。单击【下一步】打开如图 2-32 所示的界面。

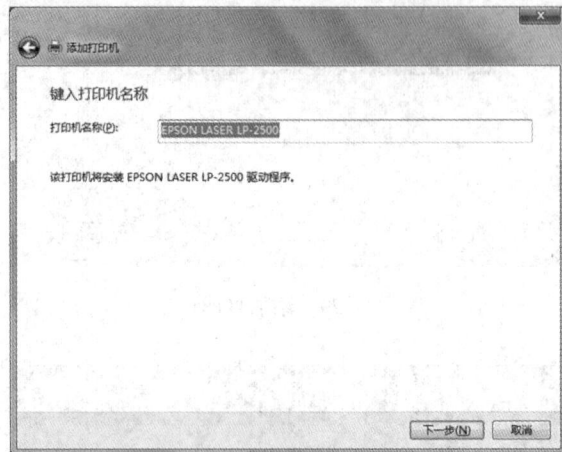

图 2-32　键入打印机名称

在此界面中输入打印机名称，以便今后与其他打印机进行区分，一般取默认计算机名称即可。单击【下一步】打开如图 2-33 所示的界面。

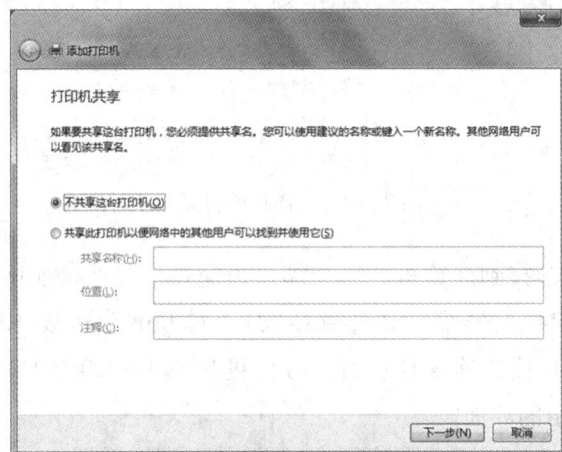

图 2-33　设置打印机共享

如果准备将该打印机共享给网络中的其他用户使用，则选择共享该打印机并按要求输入有关信息，这样网络中的其他用户可以找到它，并可安装为网络打印机（图 2-30 中选项）。选用"不共享这台打印机"，单击【下一步】打开如图 2-34 所示的界面。

至此，添加打印机的配置过程结束，单击【完成】按钮，在经过一个短暂的文件复制过程后，就完成打印机软件的安装，这时该打印机的图标将出现在图 2-28 的界面内。

3. 打印测试　目的是为了检查打印机的安装是否成功。测试方法非常简单，可以利用图 2-34 界面中的【打印测试页】测试，也可以真正打印一页文件测试。一般地，经过硬件连接和软件安装后，打印机绝大多数情况下都可以正常工作，因此实际工作中打印测试常被省略。

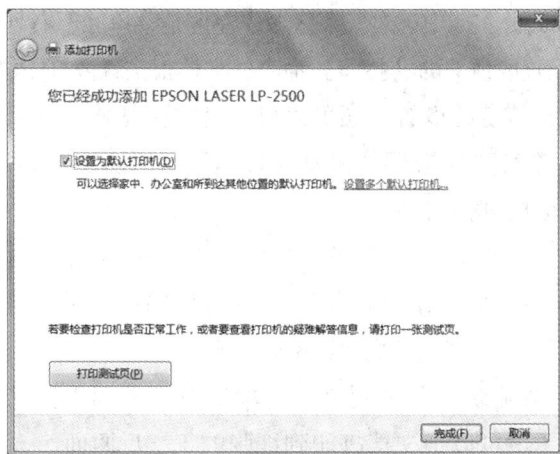

图 2-34　成功添加打印机

知识链接

即插即用（指能被操作系统自动识别）的设备连接到 Windows 平台的计算机后，计算机会自动识别设备类型及其连接的端口，并试图自动完成驱动程序的安装，但未必真能成功。为防止 Windows 自动安装驱动程序，安装 USB 接口的打印机时，建议先安装驱动程序，然后再进行硬件连接。

（三）打印机使用

在使用打印机之前，应确保打印机的纸张等就绪，且处于正常联机状态，打印机的使用方法有多种，并且也比较简单，将需要打印的文档直接拖放到打印机图标上，或右击需要打印的文档并执行弹出菜单中的【打印】命令等都可以打印文档。在此，我们以 Word 2010 为例说明打印机的用法。

启动 Word 2010 程序并打开一个需要打印的 Word 文档，执行【文件】／【打印】，出现类似图 2-35 所示的界面。

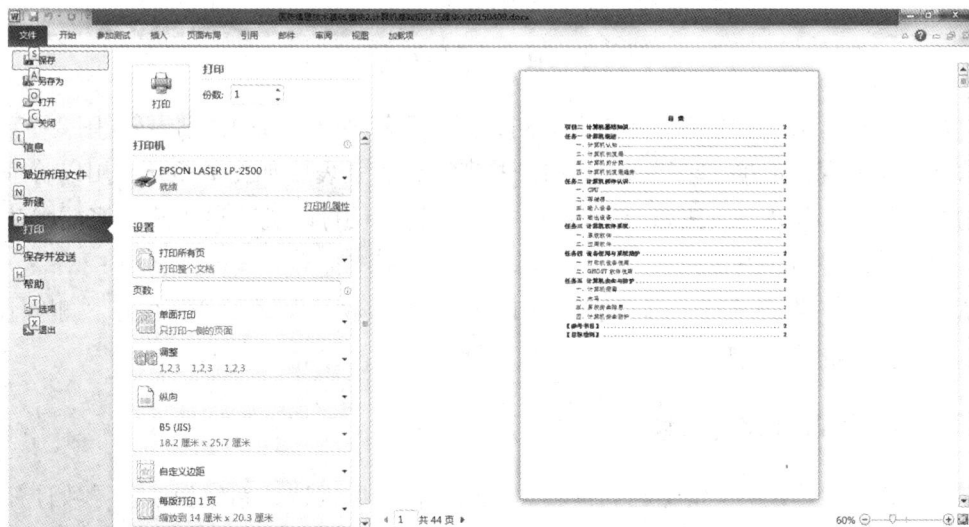

图 2-35　Word 2010 打印管理界面

Word 2010 的打印界面分左、中、右三个区域，左例是菜单区，右列是文档预览区，中列是打印设置区。单击打印设置区顶部的【打印】命令，文档很快就被打印机输出到纸面上。

在打印设置区中进行特定的设置，还可以可以完成更复杂、更个性的打印任务。

1. 自选择打印机 系统自动选用"默认打印机"，单击"打印机"右侧的箭头，从下拉列表中可以选用已安装的其他打印机。

2. 指定打印范围 系统默认"打印整个文档"，单击"设置"右侧的箭头，从下拉列表中可以选择奇数页、偶数页；在"页数"框中可以输入需要打印的页码范围，如输入"1，5-8"则表示打印第 1 页、第 5 页到第 8 页。

3. 设置双面打印 系统默认单页面打印，单击对应的列表并从中选择"双面打印"；打印时，在系统的提示下就可以把文档打印到纸张的正、反两面。

在打印区域，用户还可以设置打印方向、打印顺序、纸张大小以及页面边距等。单击"打印机"列表右下部的"打印机属性"，还可以进一步对打印机自身进行更多地设置。

（四）打印机管理

除了安装打印机外还可以对打印机进行一系列管理。图 2-36 所示的界面中，点选某台打印机，可以在底部的状态栏中查看打印机当前状态；右击某打印机，可以弹出其部分管理菜单。

图 2-36　打印机管理快捷菜单

执行"打开"或"在新窗口中打开"可以查看和管理打印机的详细界面（图 2-37）。

执行"查看现在正在打印什么"则打开打印机任务列表（如图 2-38），用以管理该打印机的打印任务（如暂停或删除等）；执行"设置为默认打印机"可以改变当前默认的打印机（以绿色对号为标志）。

执行"打印机首选项"，可以设置打印机的工作参数（图 2-39）；执行"删除设备"可以删除该打印机的驱动程序。

二、GHOST 软件使用

在计算机使用过程中，常会因病毒破坏或误操作等原因造成系统崩溃，导致计算机无法正常使用，当前能做的就是重新安装系统。或者发现以前反应很快的计算机现在却变得越来越慢，即便优化也难有改观，这时可考虑重新安装系统。

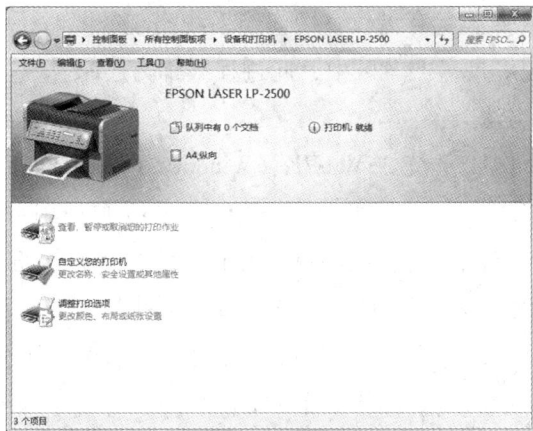

图 2-37　打印机详细界面

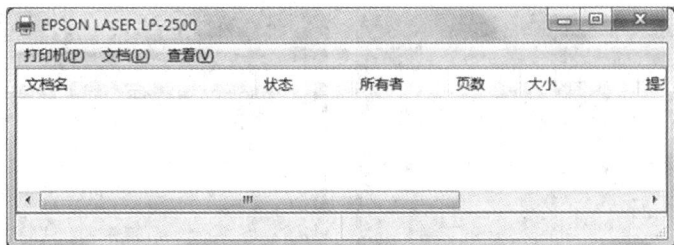

图 2-38　打印任务列表

图 2-39　打印机首选项

　　安装计算机系统，可以按部就班地进行，先安装操作系统，再安装应用软件；然而实践中，人们更多地在使用一种叫做 Ghost 软件来部署计算机，省时、省力、省事，还便捷。

（一）GHOST 简介

　　GHOST 美国赛门铁克公司旗下的硬盘备份和还原工具，它能够完整而快速地备份和还原硬盘及分区中的数据，常被称为克隆精灵。数据备份，可以有效地保护数据，系统出现故障后，籍此可快速地将硬盘数据恢复至备份时点；当然备份的系统，也有利于迅速地分发系统到其他计算机，使得其他计算机都具有相同的软件配置。

　　GHOST 可以将计算机的整个硬盘或者分区中的数据打包到镜像文件（.gho）中，镜像文件中保存着硬盘或分区中完整的数据信息，此过程被称为备份。镜像文件可以被安全保存到计算机硬盘、光盘或U盘等存储设备中。当系统出现故障时，GHOST可以将镜像文件中的信息对应解包并恢复到硬盘或分区中，此过程被称为还原。

（二）GHOST 使用方法

GHOST软件常基于DOS系统或WinPE（Windows Preinstallation Environment，Windows预安装环境，简称WinPE）系统，因此运行GHOST前应先利用U盘或光盘启动DOS或WinPE环境。启动GHOST软件，在弹出的对话内单击其【OK】按钮，打开如图2-40所示的主界面后，就可以正常使用该软件了。GHOST软件基于菜单进行交互操作。

1. 数据备份　使用GHOST进行系统备份，有硬盘（Disk）备份和分区（Partition）备份两种方式。在菜单中，执行【Local】／【Disk】／【To Image】表示备份指定硬盘中的数据到镜像文件，执行【Local】／【Partition】／【To Image】表示备份指定硬盘分区中的数据到镜像文件。假定我们进行分区备份，则GHOST软件界面将如图2-41所示。

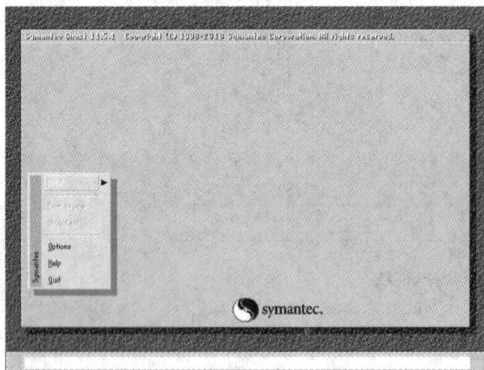

图 2-40　GHOST 主界面　　　　图 2-41　GHOST 选择本地源硬盘

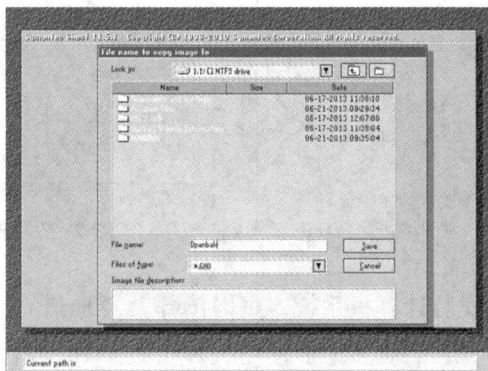

首先选中分区所在的硬盘，单击【OK】按钮打开，如图2-42所示硬盘分区选择界面。选中需要备份的分区，再单击【OK】按钮打开类如图2-43所示的界面。

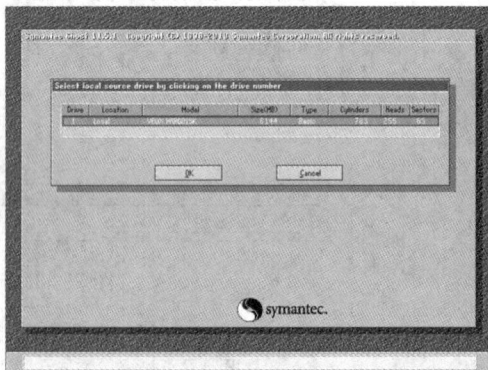

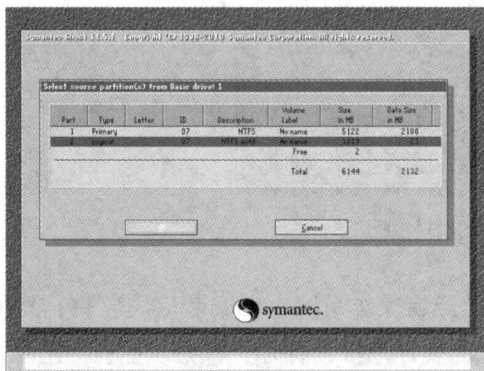

图 2-42　GHOST 选择本地硬盘源分区　　　　图 2-43　GHOST 指定目标镜像文件

选定镜像文件的存储位置，并指定镜像文件名，单击【Save】按钮打开，如图2-44所示的界面，询问是否对镜像文件进行压缩及压缩方式。

No表示不压缩，Fast表示快速压缩，High表示高度压缩，选择之后，软件将继续询问"是否继续生成镜像文件（proceed with partition image creation）"，点击"Yes"则开始进行系统备份，其过程如图2-45所示，直到完成。

2. 数据还原　　在主界面中执行【Local】／【Disk】／【From Image】表示将镜像文件还原到指定硬盘中，执行【Local】／【Partition】／【From Image】表示将镜像文件还原到指定硬盘分区中。假定以还原分区数据为例，首先指定需要还原的源镜像文件（.GHO），执行【Open】命令，打开如图 2-46 所示的界面。

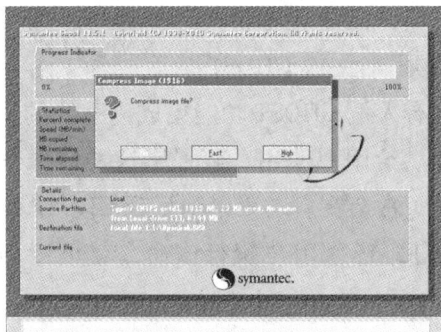

图 2-44　GHOST 指定镜像文件压缩方式

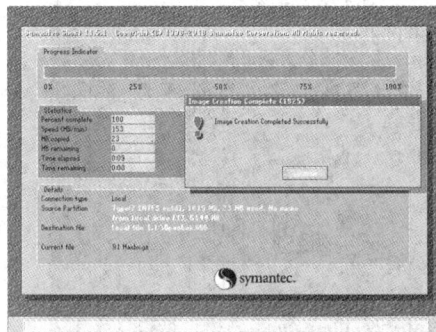

图 2-45　GHOST 备份过程

镜像文件中可能包含多个分区数据，在此需要从若干分区中选定其中一个。执行【OK】命令打开如图 2-47 所示的界面。

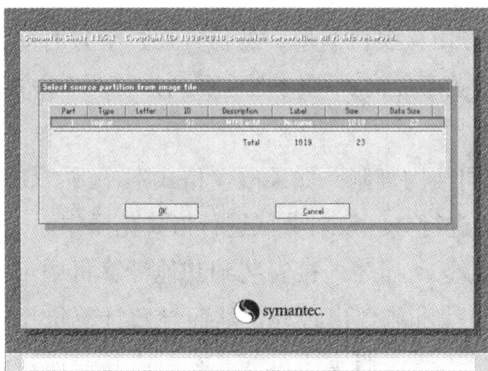

图 2-46　GHOST 从镜像文件中选择分区

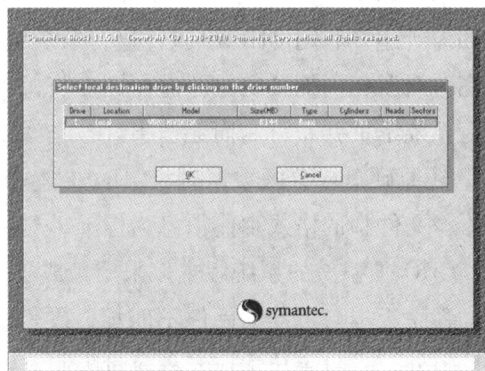

图 2-47　GHOST 选择还原的目标硬盘

选中被还原分区所在的本地硬盘，确认后打开界面再选中具体的目标分区，如图 2-48 所示。

确认后，系统将警告目标分区中的数据会因覆盖而丢失，单击【OK】按钮，系统将开始还原，直到结束，如图 2-49 所示。

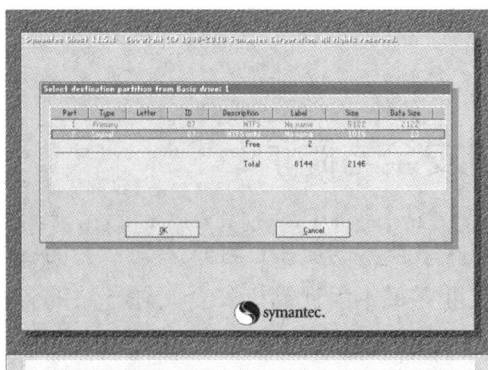

图 2-48　GHOST 选择还原的目标分区

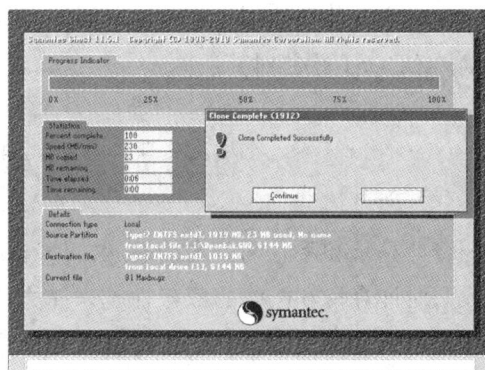

图 2-49　GHOST 还原过程

(三) GHOST "一键" 工具

GHOST 工具功能虽然强大，使用也较为方便，但使用它还确实还需要一些专业知识和技能，为了满足普通用户快速备份和还原数据的需要，在实际应用中相继出现了一批"一键"类工具，以简化备份或还原操作。如"一键还原精灵""一键 GHOST"等。

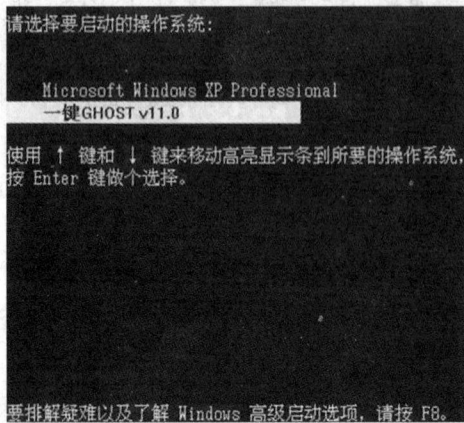

有人把 GHOST 功能集成进系统的镜像文件中提供给用户使用。部署了这种镜像系统的计算机，常会在启动菜单中呈现 GHOST 工具（图 2-50），普通用户执行该命令就可以进行系统维护。

有的计算机厂商也在其品牌计算机中集成了 GHOST 功能，当计算机出现故障时用户可以随时进行系统还原；甚至有的计算机还为 GHOST 功能设置了专门的热键，用户只按一个特定键就可以快速地进行系统维护。

图 2-50 Windows 启动时选择操作系统的界面

(四) 使用 GHOST 软件的弊端

如前所述，利用 GHOST 软件进行系统维护方便：装机简单，备份方便，节省时间，特别是在对众多相同配置的机器进行同步装机时，效率更高；同时也应看到，使用 GHOST 软件进行系统维护并非百利而无一害。

1. 还原硬盘或分区数据时，GHOST 遵守相同结构复制，如果磁盘格式不一致，GHOST 会以影像文件中的格式存储信息为标准，对硬盘进行分区及对分区进行格式化操作。

2. GHOST 备份的系统版本多采用集成硬件的驱动程序，被安装到其他计算机中后，由于驱动程序版本与机器的硬件不匹配，硬件工作就可能会出现异常从而导致计算机系统不稳定；另外，受封装技术或光盘容量限制，GHOST 系统版本中可能存在过度精简或过度优化的情况，进而影响系统的正常使用；封装人员可能出于商业目的的需要，GHOST 系统版本中可能内置有病毒或木马，影响计算机系统的安全。

3. 由于备份和还原需要进行大量的数据复制导致硬盘大量读写数据，GHOST 软件在工作过程中出错的几率比较高，可能导致系统无法正常工作。

4. GHOST 系统极大地推动了盗版系统的盛行，便利了病毒或木马的隐性传播。

建议大家安装和使用正版软件。利用 GHOST 软件备份自已的系统和数据，系统出现故障时则用 GHOST 软件对其还原。

任务五　计算机安全与防护

随着计算机和互联网技术的发展，计算机和网络技术的应用已经深入到社会的各个领域，人们对计算机和网络的依赖性越来越大，全世界每年因计算机安全问题导致的各种损失逐年上升，计算机安全问题已逐步成为各界关注和讨论的焦点。

引起计算机安全问题的原因有很多种，但主要因素包括病毒破坏、木马威胁、软件漏洞、硬件缺陷等，当然还可能包括自然因素和人为因素等。

一、计算机病毒

1960 年代初，美国麻省理工学院的一些研究人员，在业余时间各自编制一些计算机游戏，输入到计算机中运行后，都试图销毁对方运行中的游戏，后来这种以攻击或限制程序运行为目的的代码就逐步演变为计算机病毒。

计算机病毒是被植入计算机中的一种程序或代码，可以破坏计算机中的数据、非法占用磁盘空间、非法占用系统资源、影响计算机运行等。计算机病毒可能通过网络、U 盘等移动介质传入计算机系统，可以不断自我复制并传染给其他文件。这种复制能力与生物病毒相似，所以被称为计算机病毒。

病毒在计算机中可以自我复制，具有繁殖性、传染性、隐蔽性、潜伏性、破坏性等，其中繁殖性、传染性是计算机病毒的典型特征。

病毒软件一般都具有特定的病毒特征码，杀毒软件可以利用该特征码识别病毒；杀毒软件一旦发现并识别出病毒特征码，就可以采用特定方法清除该类计算机病毒。

然而，病毒作者通过对其病毒通过适当保护，可以轻易躲过杀毒软件对其特征码的跟踪，从而免于被查杀。同时，自我更新是近年来病毒的又一新特征。病毒可以借助于网络进行变种更新，得到最新的免杀版本的特征码后，又可以继续在计算机上运行。另外，很多病毒还具有了对抗杀毒软件及其他安全新产品的全新特征，只要病毒运行后，就会自动破坏计算机上的杀毒软件等，其病毒生存能力变得更强，对计算机的破坏性也变得更大。

免杀技术和自动更新技术的泛滥使得同一种原型病毒理论上可以派生出近乎无穷无尽的变种，给依赖于特征码技术检测的杀毒软件带来很大困扰。近年来，国际反病毒行业普遍开展了各种前瞻性技术研究，试图扭转病毒过分依赖特征码的不利局面，并已取得了可喜的成就。

二、木马

木马是人为编写的一种远程恶意控制的程序，它可以不经用户许可，记录用户的键盘录入，盗取用户账号、密码等信息，并将其发送给攻击者。

完整的木马程序一般由服务器程序和控制器程序两部分组成。计算机中了"木马"就是指计算机内被安装了木马的服务器程序。计算机一旦中了木马，服务器程序就成为"内应"，当远端的攻击者想操控当前计算机时，服务器程序就会偷偷地为其打开后门，方便攻击者通过网络操控计算机，查看历史口令、记录击键情况、查看屏幕、终止进程、启动程序、锁定鼠标、处置文件等，甚至修改注册表，更改计算机配置等，其威害着实相当大。

知识链接

> 中了木马的计算机常被称作"肉鸡"，一旦攻击者掌握了大量的"肉鸡"，就有机会指挥这些"肉鸡"集中攻击某个目标，由此可能会导致网络堵塞、网站瘫痪等。

三、系统安全隐患

无论计算机硬件还是软件，自身都会存在一些设计缺陷，在一定情况下都可能会影响计算机的安全。

1. 硬件方面 计算机存储器损坏会导致无法读取其中存储的数据；引导程序故障常会导致计算机无法正常启动；同时不可避免的是，电子计算机在工作过程中不断地向空间辐射电磁波，盗窃者接收计算机辐射出来的电磁波，进行复原后就可获取计算机中的数据，现代计算机制造厂家都加强了芯片的防辐射的措施。

2. 软件方面 由于软件更新较快或测试不全面，软件推出后常会发现一些错误或漏洞，一旦被别人利用，就会出现不可预知的后果；微软定期、不定期地发布软件补丁就是为了修复产品中这样或那样的缺陷。软件推出新功能有时也似一把双刃剑，本意可能是为了方便用户，但有时却会被人另作它用。例如，向运行 Window7 的计算机中插入光盘或 U 盘，计算机会自动运行弹出窗口以运行其中的程序；很多病毒或木马作者就可利用这一点，让感染了病毒的 U 盘或光盘自动运行，方便病毒或木马顺利地进入计算机。

3. 网络方面 计算机网络应用已深入家庭和办公领域，计算机网络硬件、网络操作系统以及网络协议等也都会存在设计缺陷。网络的开放性增加了网络安全的脆弱性和复杂性，信息资源的共享和分布处理增加了网络受攻击的可能性。

知识拓展

据英国《新科学报》的报道，在海湾战争爆发前，美国情报部门获悉，伊拉克从法国购买了一种用于防空系统的新型电脑打印机，准备通过约旦首都安曼偷偷运往伊拉克首都巴格达。美国特工立即行动，趁机把带有 AFgl 病毒的同类芯片换装到了这种电脑打印机内，继而顺利地通过电脑打印机将病毒侵入到了伊拉克军事指挥中心的主机。当美国领导的多国部队空袭伊拉克发动"沙漠风暴"时，美军用无线遥控装置激活了隐藏的病毒，致使伊拉克的防空系统陷入了瘫痪。美国的官员们曾说"我们的努力没有白费，我们的计算机程序达到了预期目的"。

四、计算机安全防护

国际标准化委员会认为计算机安全"为数据处理系统和采取的技术的和管理的安全保护，保护计算机硬件、软件、数据不因偶然的或恶意的原因而遭到破坏、更改、显露"。在计算机网络环境下，计算机安全应该是"保护计算机网络系统中的硬件、软件和数据资源，不因偶然或恶意的原因遭到破坏、更改、泄露，使网络系统连续可靠地正常运行，网络服务正常有序"。

计算机安全包括两个方面，即物理安全和逻辑安全。物理安全指系统设备及相关设施受到物理保护，免于破坏、丢失等。逻辑安全包括信息的完整性（数据未经授权不能改变）、保密性（不泄露信息给非授权用户）、可用性（保障用户正常使用）、可控性（信息传播可控）和可查性（出现问题时可追查原因）。保障计算机安全应从三个层面进行防治。

1. 物理层面 要为计算机、网络及其他设备实体提供安全可靠的工作环境，保障稳定电源，确保适宜的温度、温度以及洁净度，注意防尘、防灾、防盗等。

2. 技术层面

（1）要在电脑和网络之间建立防火墙，防止木马和黑客的攻击；安装杀毒软件，并注意定期更新病毒库和查杀病毒。

（2）注意切断病毒或木马的传播途径。不轻易下载不可靠的网络信息或文件，不随便打开来路不明的电子邮件附件，不随便安装或运行不可靠的程序，不随便使用经历不明的U盘等移动存储设备；安装软件要时注意观察向导提示，防止无良软件趁机混入到计算机中来。

（3）强化网络访问控制，合理控制用户权限；制订强密码策略，防止遭强力破解；应用加密技术为计算机安全提供可靠保证。

（4）制定数据备份及恢复策略，防止数据意外损失；必要时采取热备份方式，将数据同时存储到多块硬盘上；特殊场合可使用冗余主机，当一台主机出问题时，其他主机仍然照样运行。

（5）及时更新软件安全补丁，提高系统安全性。

3. 管理层面　应建立安全管理机构，完善安全管理制度，强化安全管理措施，加强用户安全教育，培养提高用户的安全意识和素养。告诫用户不迷信防火墙、杀毒软件等安全产品，重要的是遵章守制并保持良好的安全操作习惯。

目标检测

扫码"练一练"

一、填空题

1. 利用计算机将文字、声音、图形、图像和视频等多种媒体有机结合起来进行处理的技术成为_____。

2. 计算机中用于存放程序和数据的设备是_____。

3. 计算机存储器中的最基本存储单位是_____。

4. 只读存储器的简写是_____。

5. 将计算机的发展过程划分为四个阶段，主要依据的是计算机内部采用的_____。

6. CPU 的中文名称为_____。

7. 个人计算机的简称是_____。

8. 世界上首台电子数字计算机是_____。

9. 计算机硬件的主要构成中，_____用于控制其他部件协调工作。

10. 保证计算机系统正常运行的首要前提是要安装_____。

11. 3TB 的存储容量与_____GB 的存储容量相当。

12. GHOST 软件产生的镜像文件的默认扩展名是_____。

二、单选题

1. 下列不属于计算机病毒现象的是（　　）
   A. 原有文件莫名其妙变得很大　　　　　B. 屏幕上出现莫名其妙的提示信息
   C. 开机需要输入密码　　　　　　　　　D. 自动链接到陌生的网站

2. 不属于计算机病毒特征的是（　　）
   A. 潜伏性　　　　B. 不可清除　　　　C. 破坏性　　　　D. 传染性

3. 现代计算机内部采用的主要元器件是（　　）

A. 电子管　　　　　　　　　　　　　B. 晶体管

C. 集成电路　　　　　　　　　　　　D. 超大规模集成电路

4. 智能手机除机身存储器外，扩展存储器使用的是（　　　）

　　A. U 盘　　　　　　B. SSD　　　　　　C. TF　　　　　D. RAM

5. 下列叙述正确的是（　　　）

　　A. 计算机系统由硬件系统和软件系统组成

　　B. 程序语言处理系统是常用的应用软件

　　C. CPU 可以直接处理外部存储器上的数据

　　D. 汉字的机内码与汉字的国标码是同一代码的两种称谓

6. 计算机的发展阶段通常是按计算机采用的（　　　）来划分

　　A. 内存容量　　　　B. 电子器件　　　　C. 程序设计语言　　　D. 操作系统

7. 冯·诺依曼计算机工作原理的核心是（　　　）和程序控制

　　A. 顺序存储　　　　B. 存储程序　　　　C. 集中存储　　　　D. 运算存储分离

8. 下列（　　　）组设备中同时包括输入设备、输出设备和存储设备

　　A. CRT、CPU、ROM　　　　　　　　B. 鼠标器、绘图仪、光盘

　　C. 磁盘、鼠标器、键盘　　　　　　　D. 磁带、打印机、激光打印机

9. 协调 CPU 与内存之间速度的部件是（　　　）

　　A. CACHE　　　　　B. RAM　　　　　　C. BUS　　　　　D. ROM

10. 下列关于存储器的说法正确的是（　　　）

　　A. 存储器分为内存储器和外存储器

　　B. 存储器分为软盘和硬盘

　　C. 磁带与光盘不属于存储器

　　D. 数据只能存放在内存储器中

三、多选题

1. 下列部件中，对计算机的运行性能能够产生较大影响的主要有（　　　）

　　A. CPU　　　　　　B. CACHE　　　　　C. ROM　　　　　D. RAM

2. 属于计算机硬件逻辑构成的有（　　　）

　　A. 中央处理器　　　B. 存储器　　　　　C. 输入设备　　　　D. 输出设备

3. 计算机的内存储器包括（　　　）

　　A. 硬盘　　　　　　B. 高速缓冲存储器　C. 只读存储器　　　D. 随机存储器

4. 可能会影响计算机安全的因素包括（　　　）

　　A. 软件漏洞　　　　B. 芯片磁辐射　　　C. 病毒和木马　　　D. 硬盘损坏

5. 下列设备中属于输入设备的有（　　　）

　　A. 扫描仪　　　　　B. 麦克风　　　　　C. 鼠标　　　　　D. 手写笔

6. 计算机的主要发展趋势包括（　　　）

　　A. 智能化　　　　　B. 巨型化　　　　　C. 网络化　　　　　D. 多样化

7. GHOST 克隆精灵可以备份（　　　）中的信息。

　　A. 硬盘　　　　　　B. 光盘　　　　　　C. 硬盘分区　　　　D. 内存

8. 根据工作原理不同，打印机主要可分为（　　　）等类型。

A. 针式打印机　　　B. 激光打印机　　　C. 喷墨打印机　　　D. LED 打印机

9. 下列存储器中，能够长期保留信息的是（　　　）

A. ROM　　　　　　B. RAM　　　　　　C. 磁盘　　　　　　D. 光盘

10. 关于计算机硬件系统的组成正确的说法是（　　　）

A. 计算机硬件系统由控制器、运算器、存储器、输入设备、输出设备五部分组成

B. CPU 是计算机的核心部件，它由控制器、运算器组成

C. RAM 为随机存储器，其中的信息不能长期保存，关机即失

D. 计算机的运算器可以完成加减乘除运算

四、判断题

1. 计算机断电后，高速缓冲存储器的数据会全部丢失。（　　　）

2. 木马软件一般不具有传染性，所以一般也不会对计算机安全造成威胁。（　　　）

3. 体弱多病者不宜连续长时间使用计算机，否则容易受到计算机病毒感染而引起不适。（　　　）

4. 通常 CPU 与存储器一并被合称为主机。（　　　）

5. 依据特征码，高质量的杀毒软件既可以查杀病毒，也可以查杀木马。（　　　）

6. GHOST 软件只能用于恢复计算机系统软件。（　　　）

7. GHOST 镜像文件中的信息是按分区保存的。（　　　）

8. ENICA 是世界是第一台晶体管电子计算机。（　　　）

9. 计算机掉电后，ROM 中的信息会丢失。（　　　）

10. 硬盘装在机箱内面，属于内存储器。（　　　）

项目三

Windows 7 操作系统

学习目标

知识要点

1. 掌握 Windows 7 任务栏，文件与文件夹的管理，文件与文件夹的属性设置。

2. 熟悉 Windows 7 桌面，Windows 7【开始】菜单，个性化设置计算机。

3. 了解常用附件。

技能要求

1. 掌握 Windows 7 的启动与退出，任务栏的使用，新建文件与文件夹的操作，复制、移动文件与文件夹的操作。

2. 熟悉【开始】菜单的使用，个性化设置系统的操作，截图工具的使用，记事本的使用，画图的使用。

3. 了解各种计算器的使用。

任务一　Windows 7 概述

　　Windows 7 是微软继 Windows XP、Windows Vista 之后最流行的操作系统，它比 Windows Vista 性能更高、启动更快、兼容性更强，具有很多新特性和优点。

　　Windows 7 可供家庭及商业工作环境、笔记本电脑、平板电脑等使用。微软 2009 年 10 月 22 日于美国、2009 年 10 月 23 日于中国正式发布 Windows 7，2001 年 2 月 22 日发布 Windows 7 SP1。

　　Windows 7 操作系统为满足不同用户的需求，开发了 6 个版本，分别是：Windows 7 starter（初级版）、Windows 7 home basic（家庭版）、Windows 7 home premium（家庭高级版）、Windows 7 professional（专业版）、Windows 7 enterprise（企业版）、Windows 7 ultimate（旗舰版）。

一、Windows 7 的启动与退出

1. 启动　接通全部设备电源，启动计算机。

2. 退出

（1）关闭所有应用程序及文档。

（2）单击左下角【开始】按钮，打开【开始】菜单。

（3）指向【关机】按钮（或指向旁边向右的箭头，还可选择【注销】【锁定】【重新启动】等）。

（4）单击鼠标，即可退出系统关闭计算机。

二、桌面与【开始】菜单

（一）桌面是打开计算机并登录到 Windows 之后看到的主屏幕区域

就像实际的桌面一样，它是我们工作的平台。打开程序或文件夹时，它们便会出现在桌面上。还可以将一些项目（如文件和文件夹）放在桌面上，并且随意排列它们。

图标是代表文件、文件夹、程序和其他项目的小图片。首次启动 Windows 时，将在桌面上至少看到一个图标：回收站。下面显示了一些桌面图标的示例，如图 3-1 所示。

图 3-1　桌面图标

双击桌面图标会启动或打开它所代表的项目。

1. 添加和删除图标　可以选择要显示在桌面上的图标，还可以随时添加或删除图标。一些人喜欢桌面干净整齐，上面只有几个图标或没有图标。而一些人将很多图标都放在自己的桌面上，以便快速访问经常使用的程序、文件和文件夹。

2. 自动排列图标　右键单击桌面上的空白区域，单击【查看】，然后单击【自动排列图标】。Windows 将图标排列在左上角并将其锁定在此位置。若要对图标解除锁定以便可以再次移动它们，可再次单击【自动排列图标】，同时清除旁边的复选标记，如图 3-2 所示。

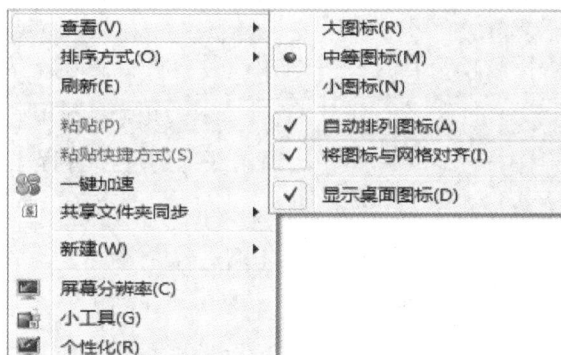

图 3-2　桌面图标排列方式

3. 选择多个图标　若要一次移动或删除多个图标，必须首先选中这些图标。单击桌面上的空白区域并拖动鼠标。用出现的矩形包围要选择的图标，然后释放鼠标按钮。现在，可以将这些图标作为一组来拖动或删除它们。

4. 隐藏桌面图标 如果想要临时隐藏所有桌面图标，而实际并不删除它们，可以右键单击桌面上的空白部分，单击【查看】，然后单击【显示桌面项】以从该选项中清除复选标记。现在，桌面上没有显示任何图标。可以通过再次单击【显示桌面图标】来显示图标。

知识拓展

> 1. 在安装应用程序后，将会在桌面创建快捷方式图标。
>
> 2. 系统图标有 5 个，即计算机、回收站、用户的文件、控制面板和网络。

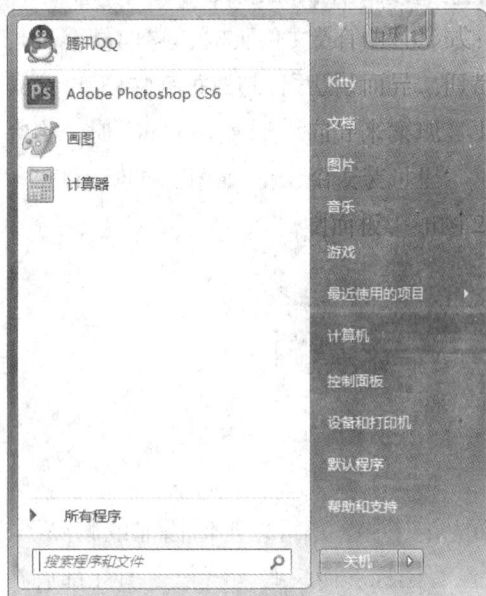

图 3-3 【开始】菜单

（二）【开始】菜单是计算机程序、文件夹和设置的主门户

之所以称之为"菜单"，是因为它提供一个选项列表，就像餐馆里的菜单那样。至于"开始"的含义，在于它通常是启动或打开某项内容的位置。单击屏幕下方的【开始】按钮，即可打开【开始】菜单。【开始】菜单分为左窗格、搜索框及右窗格 3 个部分，如图 3-3 所示。

左窗格：显示电脑上程序的一个短列表。用户可以自定义此列表，单击其下方的【所有程序】按钮，可以显示电脑中已安装的所有程序的完整列表。

搜索框：位于左窗格的底部，通过在搜索框内输入搜索项，可以快捷地在电脑上查找所需的程序和文件。

右窗格：提供对常用文件夹、文件、图片和控制面板等的访问，还可以通过右窗格查看帮助信息、注销 Windows 或关闭电脑。

1. 启动程序 【开始】菜单最常见的一个用途是打开计算机上安装的程序。若要打开【开始】菜单左边窗格中显示的程序，可单击它，该程序就打开了，并且【开始】菜单随之关闭。如果看不到所需的程序，可单击左边窗格底部的【所有程序】。左窗格会立即按字母顺序显示程序的长列表，后跟一个文件夹列表。

2. 打开常用链接 右边窗格中包含经常使用的部分 Windows 链接。

（1）个人文件夹 根据当前登录到 Windows 的用户命名的一个文件夹。例如，如果当前用户是 Kitty，则该文件夹的名称为 Kitty。此文件夹依次包含特定于用户的文件，其中包括【文档】、【音乐】、【图片】和【视频】文件夹。

（2）文档 可以在这里存储和打开常用的文本文件、电子表格、演示文稿以及其他类型的文档。

（3）图片 可以存储和查看常用的数字图片及图形文件。

（4）音乐 可以存储和播放常用的音乐及其他音频文件。

（5）游戏　可以访问系统自带的所有游戏。

（6）计算机　打开一个相当于【我的电脑】的窗口，可以访问本机所有磁盘驱动器、照相机、打印机、扫描仪及其他连接到计算机的硬件。

（7）控制面板　可以自定义计算机的外观和功能、安装或卸载程序、设置网络连接和管理用户账户。

（8）设备和打印机　可以查看有关打印机、鼠标和计算机上安装的其他设备的信息。

（9）默认程序　可以在这里选择要让 Windows 运行用于诸如 Web 浏览活动的程序。

（10）帮助和支持　打开 Windows 帮助和支持，可以在这里浏览和搜索有关使用 Windows 和计算机的帮助主题。

3. 搜索文件、文件夹和程序　通过搜索框在电脑中查找所需文件是最为便捷的方法之一。搜索框的搜索范围遍及用户电脑的程序、文档、图片、桌面，以及其他常见位置中的所有文件夹。使用搜索框时应先打开【开始】菜单并开始键入搜索项，不必先在框中单击。键入之后，搜索结果将显示在【开始】菜单左边窗格中的搜索框上方。比如，搜索"图片"，如图3-4所示。

4. 取消显示最近打开的文件或程序　【开始】菜单默认保留用户最近打开的文件与程序，如果不希望显示最近打开的文件与程序，可以进行如下设置。

图 3-4　搜索【图片】

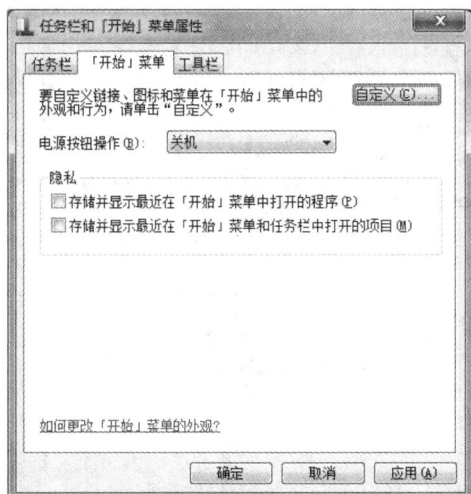

（1）右键单击【开始】按钮选择【属性】，打开【开始】菜单属性（图3-5）。

（2）取消【存储并显示最近在［开始］菜单中打开的程序】及【存储并显示最近在［开始］菜单和任务栏中打开的项目】的选择，同时在自定义中取消【最近使用的项目】（图3-6）。

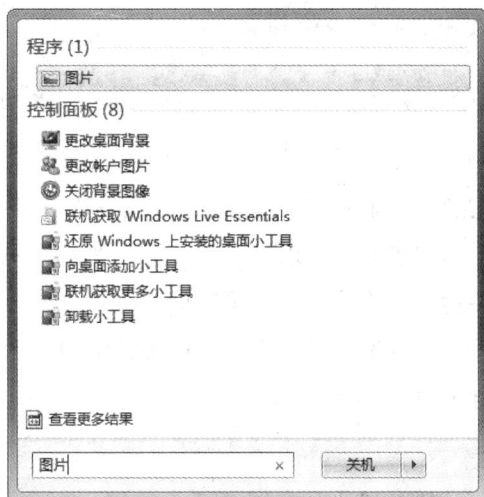

图 3-5　【开始】菜单属性　　　　　图 3-6　自定义【开始】菜单

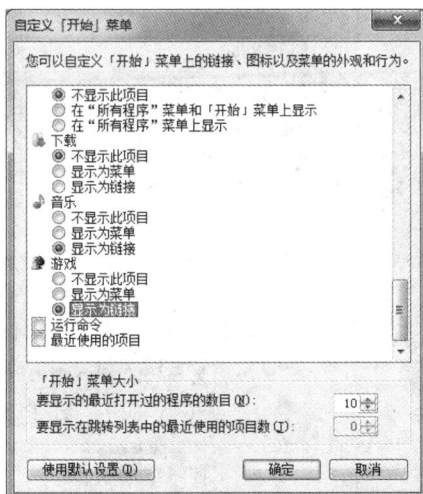

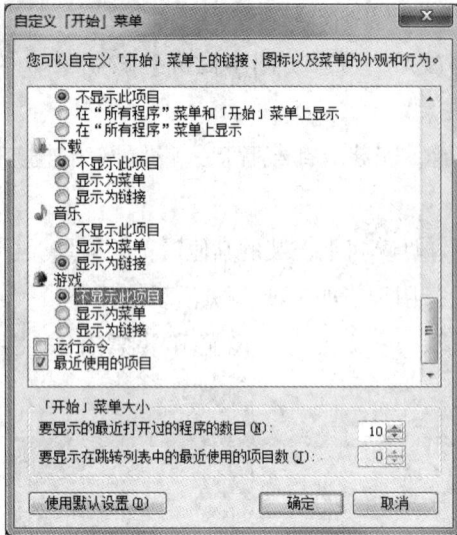

图 3-7 自定义右窗格

（3）此时【开始】菜单会变得非常干净，只剩下锁定的程序。

同时，在【开始】菜单属性窗口中还可以设置右窗格中的项目，如不想显示【游戏】项就可以在【自定义［开始］菜单】窗口里设置【不显示此项目】（图 3-7）。

三、设置任务栏

任务栏是位于屏幕底部的水平长条。与桌面不同的是，桌面可以被打开的窗口覆盖，而任务栏几乎始终可见。它有三个主要部分：【开始】按钮，用于打开【开始】菜单；中间部分，显示已打开的程序和文件，并可以在它们之间进行快速切换；通知区域，包括时钟以及一些告知特定程序和计算机设置状态的图标（小图片）。

有很多方法可以自定义任务栏来满足我们的偏好。例如，可以将整个任务栏移向屏幕的左边、右边或上边。可以使任务栏变大，让 Windows 在不使用任务栏的时候自动将其隐藏，也可以添加工具栏。在任务栏上单击右键选择【属性】（图 3-8），即可打开任务栏的属性窗口（图 3-9）。

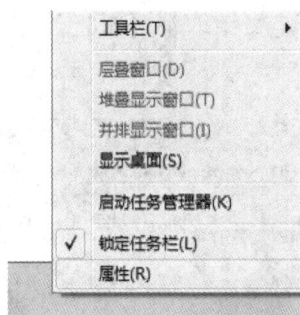

图 3-8 任务栏右键选项

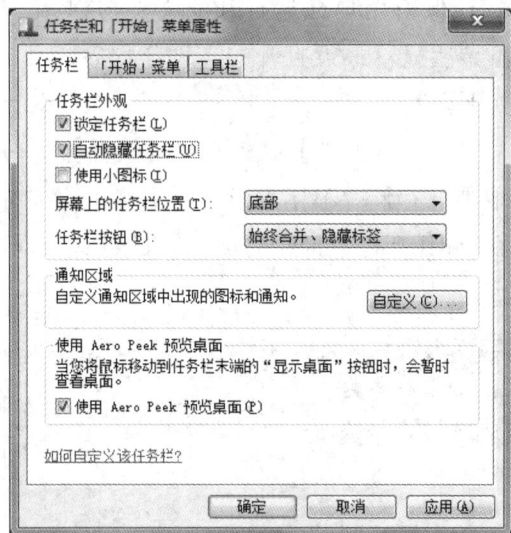

图 3-9 任务栏属性

1.【自动隐藏任务栏】能够使桌面看起来更为广阔（图 3-10）。

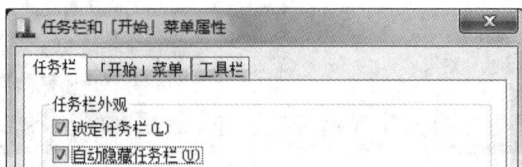

图 3-10 自动隐藏任务栏

2. 调整任务栏的位置为【底部】、【左侧】、【右侧】或【顶部】（图 3-11）。

3. 更改任务栏按钮的合并方式，默认情况下在 Windows 7 操作系统中，打开的窗口任务栏按钮将会在任务栏中按类别进行分类合并，如果不习惯这种分布方式可以通过【任务栏按钮】选项进行调整（图 3-12）。

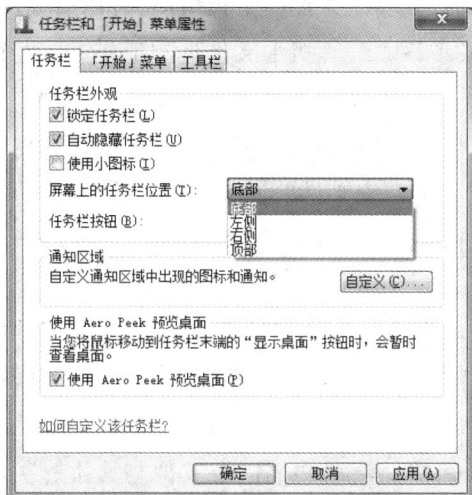

图 3-11　调整任务栏位置　　　　　　图 3-12　任务栏按钮

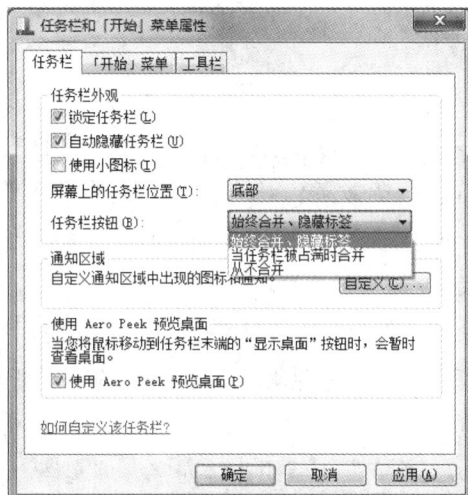

4. 自定义【通知】区域图标显示状态，可以设置【始终在任务栏上显示所有图标和通知】，或者对每个任务栏上的图标单独设置其显示状态，可选项有【显示图标和通知】、【隐藏图标和通知】或【仅显示通知】（图 3-13）。

图 3-13　自定义【通知】区域

任务二　Windows 7 文件管理

一、认识文件与文件夹

文件是包含信息（例如文本、图像或音乐）的集合。文件打开时，非常类似在桌面上或文件柜中看到的文本文档或图片。在计算机上，不同的文件用不同的图标表示；这样便于通过查看其图标来识别文件类型。

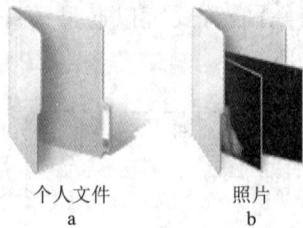

图 3-14 空文件夹（a）和包含子文件夹的文件夹（b）

文件夹是可以在其中存储文件的容器。如果在桌面上放置数以千计的纸质文件，要在需要时查找某个特定文件几乎是不可能的。这就是人们时常把纸质文件存储在文件柜内文件夹中的原因。计算机上文件夹的工作方式与此相同。下面是一些典型的文件夹图标（图 3-14）。

文件夹还可以存储其他文件夹。文件夹中包含的文件夹通常称为"子文件夹"。可以创建任何数量的子文件夹，每个子文件夹中又可以容纳任何数量的文件和其他子文件夹。

整理文件时，无需从头开始，可以使用库来访问文件和文件夹并且可以采用不同的方式组织它们，库是此版本 Windows 的一项新功能。以下是四个默认库及其通常用于哪些内容的列表。

1. 文档库　可组织和排列字处理文档、电子表格、演示文稿以及其他与文本有关的文件。默认情况下，移动、复制或保存到文档库的文件都存储在【我的文档】文件夹中。

2. 图片库　可组织和排列数字图片，图片可从照相机、扫描仪或者从其他人的电子邮件中获取。默认情况下，移动、复制或保存到图片库的文件都存储在【我的图片】文件夹中。

3. 音乐库　可组织和排列数字音乐，如从音频 CD 翻录或从 Internet 下载的歌曲。默认情况下，移动、复制或保存到音乐库的文件都存储在【我的音乐】文件夹中。

4. 视频库　可组织和排列视频，例如取自数字相机、摄像机的剪辑，或者从 Internet 下载的视频文件。默认情况下，移动、复制或保存到视频库的文件都存储在【我的视频】文件夹中。

若要打开文档、图片或音乐库，可以单击【开始】按钮，然后单击【文档】、【图片】或【音乐】（图 3-15）。

图 3-15 【开始】菜单常见库

二、查看文件与文件夹

在打开文件夹或库时，我们可以在窗口中看到它。此窗口的各个不同部分旨在帮助用户围绕 Windows 进行导航，或更轻松地使用文件、文件夹和库。下面是一个典型的窗口及其所有组成部分（图 3-16）。

1. 导航窗格可以访问库、文件夹、保存的搜索结果，甚至可以访问整个硬盘。使用【收藏夹】部分可以打开最常用的文件夹和搜索；使用【库】部分可以访问库。还可以使用【计算机】文件夹浏览文件夹和子文件夹。

2. 【后退】和【前进】按钮可以导航至已打开的其他文件夹或库，而无需关闭当前窗口。这些按钮可与地址栏一起使用；例如，使用地址栏更改文件夹后，可以使用【后退】按钮返回到上一文件夹。

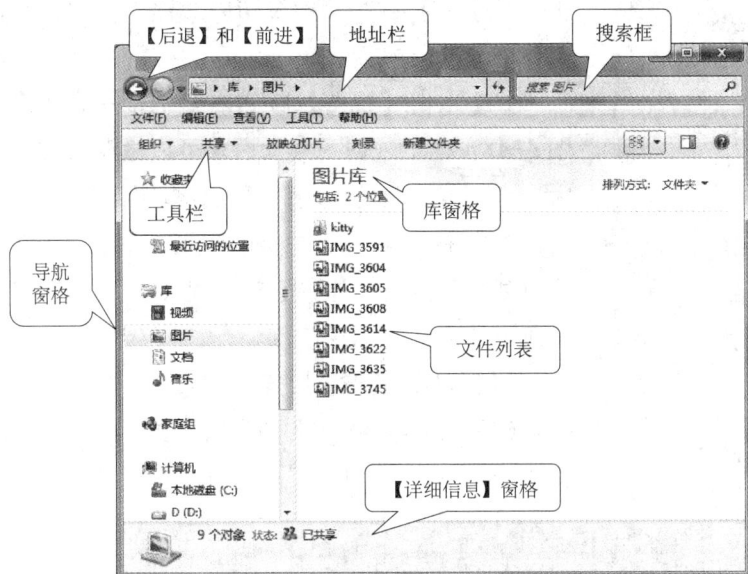

图 3-16　窗口组成

3. 工具栏可以执行一些常见任务，如更改文件和文件夹的外观、将文件刻录到 CD 或启动数字图片的幻灯片放映。工具栏的按钮可更改为仅显示相关的任务。例如，如果单击图片文件，则工具栏显示的按钮与单击音乐文件时不同。

4. 地址栏可以导航至不同的文件夹或库，或返回上一文件夹或库。

5. 库窗格，仅当在某个库（例如文档库）中时，库窗格才会出现。使用库窗格可自定义库或按不同的属性排列文件。

6. 文件列表显示当前文件夹或库内容的位置。如果通过在搜索框中键入内容来查找文件，则仅显示与当前视图相匹配的文件（包括子文件夹中的文件）。

7. 搜索框中键入词或短语可查找当前文件夹或库中的项。一开始键入内容，搜索就开始了。例如，当键入"B"时，所有名称以字母 B 开头的文件都将显示在文件列表中。

8.【详细信息】窗格可以查看与选定文件关联的最常见属性。文件属性是关于文件的信息，如作者、上一次更改文件的日期，以及可能已添加到文件的所有描述性标记。

在打开文件夹或库时，可以更改文件在窗口中的显示方式。例如，可以首选较大（或较小）图标或者首选允许查看每个文件的不同种类信息的视图。若要执行这些更改操作，可以使用工具栏中的【视图】按钮（图 3-17）。

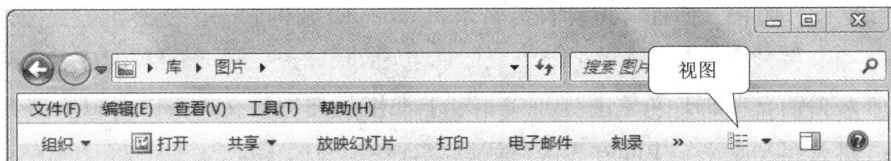

图 3-17　【视图】按钮

每次单击【视图】按钮的左侧时都会更改显示文件和文件夹的方式，在五个不同的视图间循环切换：大图标、列表、称为【详细信息】的视图（显示有关文件的多列信息）、

图 3-18 【视图】选项

称为【平铺】的小图标视图以及称为【内容】的视图（显示文件中的部分内容）。

如果单击【视图】按钮右侧的箭头，则有更多选项，如图 3-18。向上或向下移动滑块可以微调文件和文件夹图标的大小。随着滑块的移动，可以查看图标更改大小。

在库中，可以通过采用不同方法排列文件以便更深入地执行某个步骤。例如，希望按流派（如爵士和古典）排列音乐库中的文件（图 3-19）。

（1）单击【开始】按钮，然后单击【音乐】。

（2）在库窗格（文件列表上方）中，单击【排列方式】旁边的菜单，然后单击【流派】。

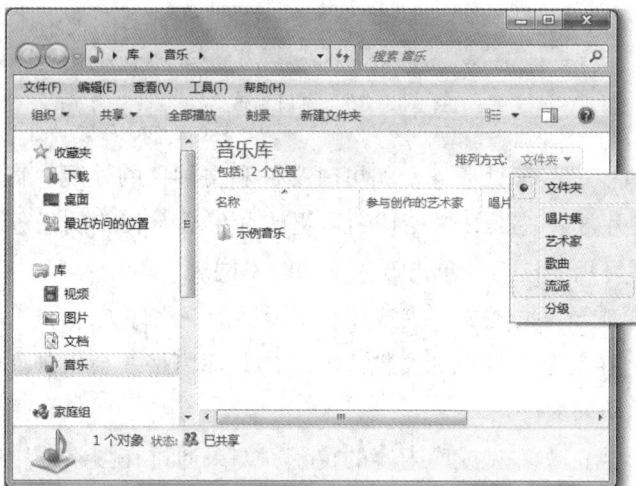

图 3-19 音乐库文件排列方式

三、管理文件与文件夹

文件与文件夹的管理操作主要包括文件及文件夹的新建、复制、移动和删除等操作，通过执行这些管理操作，可以使电脑中的文件和文件夹井然有序。

1. 新建与重命名文件可以通过右键快捷菜单进行（图 3-20），也可以通过【文件】菜单中的【新建】命令实现。

（1）打开要创建文件或文件夹的目录，在空白处单击右键，选择【新建】下的【文件夹】命令。

（2）为新文件命名后按下 Enter 键或鼠标在空白处单击，即可确认文件名。【新建】命令下还包括为文件或文件夹创建快捷方式。对于常用的文件或文件夹，可以在桌面或其他可以快速访问的地方创建其快捷方式，以便提高查找文件的速度。

（3）选择需要创建快捷方式的文件或文件夹，单击鼠标右键，在弹出的快捷菜单中选择【发送到】下的【桌面快捷方式】选项（图 3-21）。

（4）选中需要创建快捷方式的文件或文件夹，用鼠标拖动图标的同时按下 Alt 键，拖放至桌面或其他需要的位置，即可创建快捷方式。

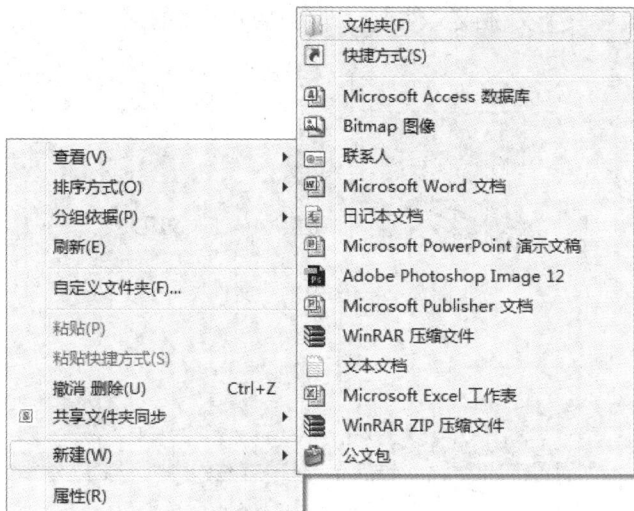

图 3-20　【新建】快捷菜单

图 3-21　【发送到】快捷菜单

（5）在桌面或其他可快速访问的位置单击右键，选择【新建】下的【快捷方式】命令（图 3-22），在弹出的【创建快捷方式】窗口中点击【浏览】按钮来选择需要创建快捷方式的文件或文件夹所在位置（图 3-23）。

图 3-22　【新建】菜单下的【快捷方式】

2. 对文件或文件夹进行复制、移动等管理操作，需要先将其选中。用户可以选择一个、多个或者一组不相邻的文件或文件夹，操作方法有如下几种。

（1）单击一个文件或文件夹可将其选中，选中后显示蓝色背景（图 3-24）。

（2）选中一个文件或文件夹后，按住 Ctrl 键，再一次单击选择其他需要的文件或文件夹即可选取多个文件或文件夹（文件或文件夹可以不相邻），如图 3-25 所示。

（3）选中第一个文件或文件夹后，按住 Shift 键，

图 3-23　浏览文件或文件夹

再单击需要选中的最后一个文件或文件夹，即可选择连续的多个文件或文件夹，如图3-26所示。

图3-24　选中单一文件夹

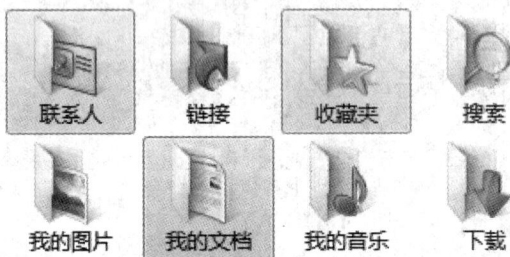

图3-25　选中不连续多个文件夹

图3-26　选中连续多个文件夹

（4）利用【编辑】菜单下的【全部选定】命令，或Ctrl+A组合键，即可选择全部文件或文件夹。

3. 复制与移动文件时复制命令可以对文件进行备份，也就是创建文件的副本，移动命令可以改变文件的存储位置。

（1）复制文件

①选择需要复制的文件，单击右键，在弹出的快捷菜单中选择【复制】命令（或按Ctrl+C组合键）。

②在目标文件夹中，单击右键，在弹出的快捷菜单中选择【粘贴】命令（或按Ctrl+V组合键）。

知识拓展

复制文件还可以选中要复制的文件后按住Ctrl键拖拽鼠标到目标位置。

（2）移动文件

①选中需要移动的文件，单击右键，在弹出的快捷菜单中选择【移动】命令（或按

Ctrl+X 组合键）。

②在目标文件夹中，单击右键，在弹出的快捷菜单中选择【粘贴】命令（或按 Ctrl+V 组合键）。

知识拓展

移动文件还可以选中要移动的文件后按住 Shift 键拖拽鼠标到目标位置。

4. 删除不需要的文件可以释放磁盘空间，有多种方法可以删除文件。

（1）选择需要删除的文件，按下 Delete 键。

（2）选择需要删除的文件，选择【文件】菜单下的【删除】命令（图 3-27）。

（3）选择需要删除的文件，单击右键，在弹出的快捷菜单中选择【删除】命令。

（4）选择需要删除的文件，直接拖动到【回收站】中。

删除命令只是将文件或文件夹移入到【回收站】中（图 3-28），如果需要彻底删除文件或文件夹，可以先选择要删除的文件或文件夹，按下 Shift + Delete 组合键（图 3-29）。

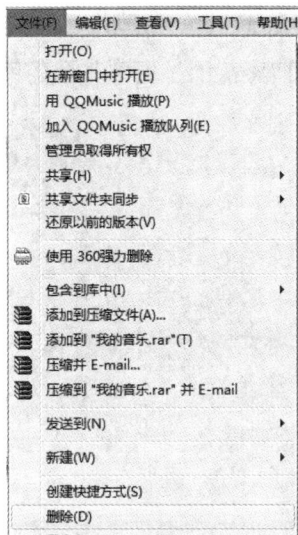

图 3-27 【文件】菜单
【删除】命令

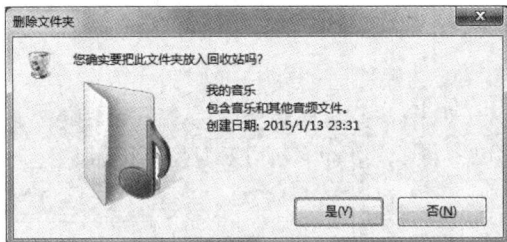

图 3-28 删除至【回收站】　　　　图 3-29 永久性删除

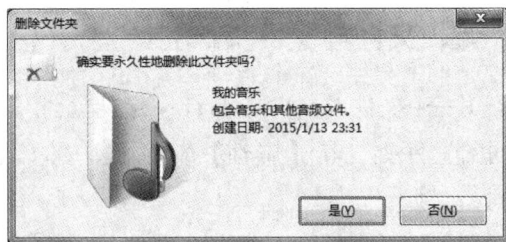

四、搜索文件与文件夹

根据拥有的文件数以及组织文件的方式，查找文件可能意味着浏览数百个文件和子文件夹，这不是轻松的任务。为了省时省力，可以使用搜索框查找文件（图 3-30）。

搜索框位于每个窗口的顶部。若要查找文件，可以打开最有某个的文件夹或库作为搜索的起点，然后在搜索框键入文本。搜索框基于所键入文本筛选当前视图。

如果基于属性（如文件类型）搜索文件，可以在开始键入文本前，通过单击搜索框，然后单击搜索框正下方的某一属性来缩小搜索范围。这样会在搜索文本中添加一条【搜索筛选器】（如【类型】），它将提供更准确的结果（图 3-31）。

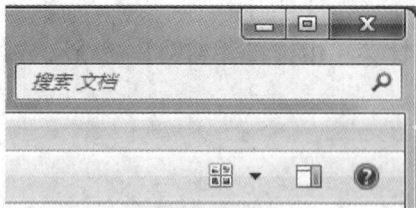

图 3-30 搜索框

图 3-31 搜索筛选器

如果没有看到查找的文件，可以通过单击搜索结果底部的某一选项来更改整个搜索范围（图 3-32）。例如，如果在文档库中搜索文件，但无法找到该文件，则可以单击【库】以将搜索范围扩展到其余的库。

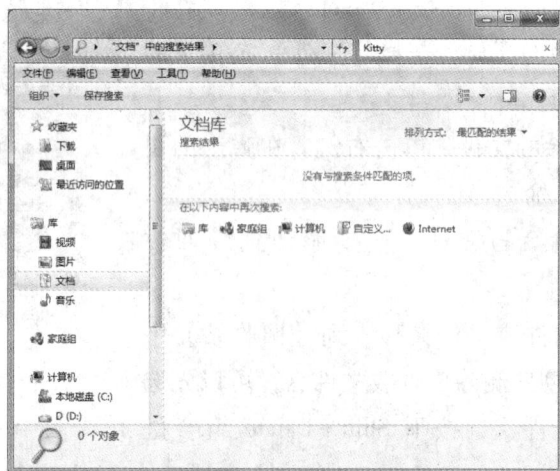

图 3-32　更改搜索范围

五、文件与文件夹属性

每一个文件或文件夹都有一定的属性信息，对于不同的文件夹，其【属性】对话框中的信息也各不相同。

选择需要查看属性的文件夹并单击右键，在弹出的快捷菜单中选择【属性】命令，弹出【属性】对话框（图 3-33），包含以下几项内容：

【常规】选项卡下可以看到文件的基本信息。

【共享】选项卡可以实现文件夹在局域网中的共享。

【安全】选项卡可以设置计算机每个用户对文件夹的权限。

【查看早期版本】选项卡可以查看文件早期版本的相关信息。

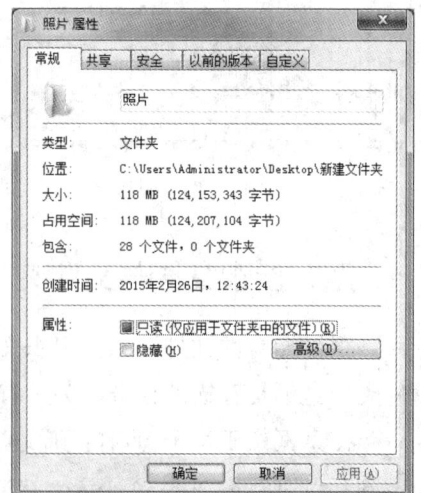

图 3-33　文件夹【属性】窗口

1. 隐藏文件或文件夹时，可以首先设置文件的属性为【隐藏】，并设置不显示文件和文件夹即可。

（1）设置隐藏属性　右键单击某个文件图标，然后单击【属性】，选中【属性】旁边的【隐藏】复选框，然后单击【确定】，如图 3-34 所示。

此时文件的图标颜色会变淡，如图 3-35 所示。

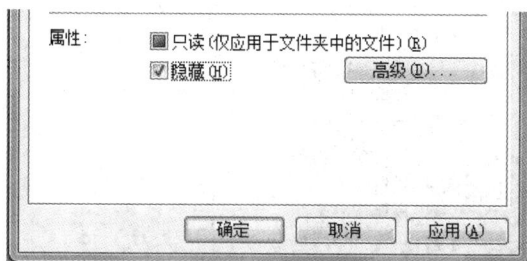

图 3-34　【隐藏】属性设置

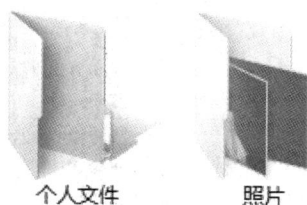

图 3-35　设置隐藏属性后的文件夹

（2）设置【文件夹选项】　在【文件夹选项】对话框中选择【查看】选项卡，在【高级设置】项目中找到【隐藏文件和文件夹】下的【不显示隐藏的文件、文件夹或驱动器】，如图 3-36 所示。

若想显示文件，则取消【不显示隐藏的文件、文件夹或驱动器】的选择即可。

2. 自定义文件夹图标时，如觉得默认文件夹图标过于单调，或为方便分类查找，可以修改文件夹的图标，具体方法如下。

（1）在要更改图标的文件夹上单击右键，选择【属性】命令，打开属性窗口。

（2）选择【自定义】选项卡，单击【文件夹图标】栏目中的【更改图标】按钮，如图 3-37 所示。

（3）选择新的文件夹图标样式，确定即可。

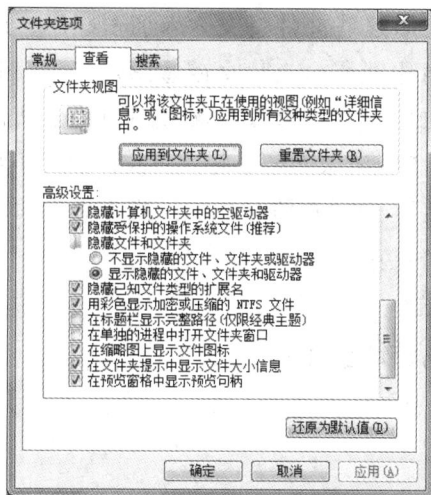

图 3-36　【文件夹选项】的设置

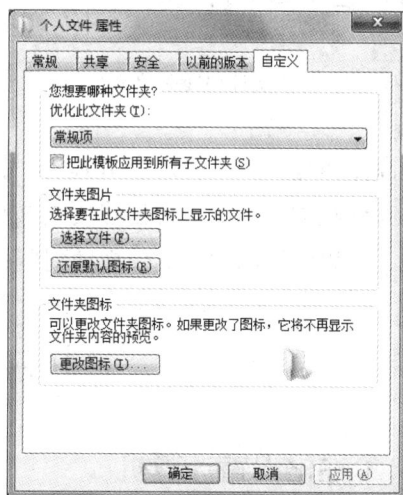

图 3-37　更改文件夹图标

六、压缩与解压缩文件

压缩文件占据较少的存储空间，与未压缩的文件相比，可以更快速地传输到其他计算机。可以使用与未压缩的文件和文件夹相同的方式来使用压缩文件和文件夹。

（一）压缩文件或文件夹

1. 选择要压缩的文件或文件夹。

2. 右键单击文件或文件夹，指向【发送到】，然后单击【压缩（zipped）文件夹】，如图 3-38 所示。

图 3-38　压缩文件快捷菜单

此时将在相同的位置创建新的压缩文件夹。若要重命名该文件夹，可以右键单击文件夹，单击【重命名】，然后键入新名称。

（二）从压缩文件夹中解压缩文件或文件夹

1. 选择要从中提取文件或文件夹的压缩文件夹。

2. 执行以下操作之一

（1）若要提取单个文件或文件夹，可以双击压缩文件夹将其打开。然后，将要提取的文件或文件夹从压缩文件夹拖动到新位置。

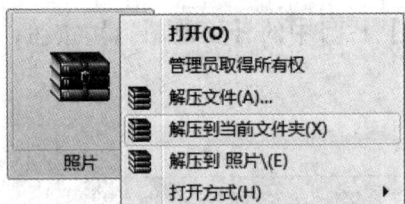

图 3-39　解压文件快捷菜单

（2）若要提取压缩文件夹的所有内容，可以右键单击文件夹，单击【解压文件……】或【解压到当前文件夹】（图 3-39），然后按照说明进行操作。

注意：①如果将加密文件添加到压缩文件夹中，则提取之后这些文件将变为未加密状态，这可能会导致无意中泄漏个人信息或敏感信息。因此，应避免压缩加密文件。②某些类型的文件，如 JPEG 图片，已经高度压缩。如果将几个 JPEG 图片压缩到一个文件夹，则文件夹的总大小将与原始图片集合大约相同。③如果在创建压缩文件夹后，还希望将新的文件或文件夹添加到该压缩文件夹，可以将要添加的文件拖动到压缩文件夹中。

任务三　系统设置

一、个性化设置计算机

可以通过更改计算机的主题、颜色、桌面背景、屏幕保护程序等操作向计算机添加个性化设置。还可以为桌面选择特定的小工具。

1. 主题　包括桌面背景、屏幕保护程序、窗口边框颜色和声音，有时还包括图标和鼠标指针（图 3-40）。可以从多个 Aero 主题中进行选择。可以使用整个主题，或通过分别更改图片、颜色和声音来创建自定义主题。还可以在 Windows 网站上联机查找更多主题。

图3-40　主题中包含的组件

2. 桌面背景　也称为"壁纸"，是显示在桌面上的图片、颜色或图案。它为打开的窗口提供背景。可以选择某个图片作为桌面背景，也可以用幻灯片形式显示图片，图3-41是设置桌面背景的窗口。

3. Aero　是此 Windows 版本的高级视觉体验。其特点是透明的玻璃图案中带有精致的窗口动画，以及全新的【开始】菜单、任务栏和窗口边框颜色（图3-42）。

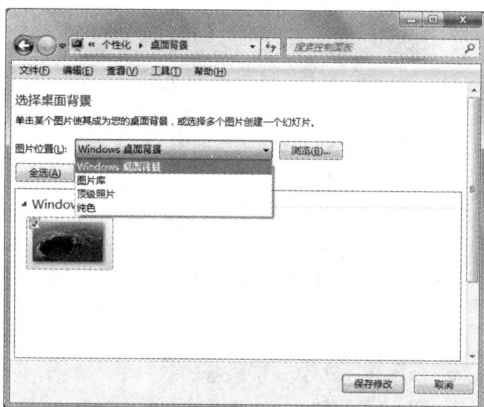

图3-41　桌面背景窗口

图3-42　Aero 中可用的窗口边框颜色

（1）通过更改主题来更改颜色（图3-43）。

（2）手动更改计算机上的颜色，如果不希望使用与当前主题关联的颜色，可以通过【窗口颜色】选项打开【窗口颜色和外观】窗口来手动更改计算机上的颜色（图3-44）。

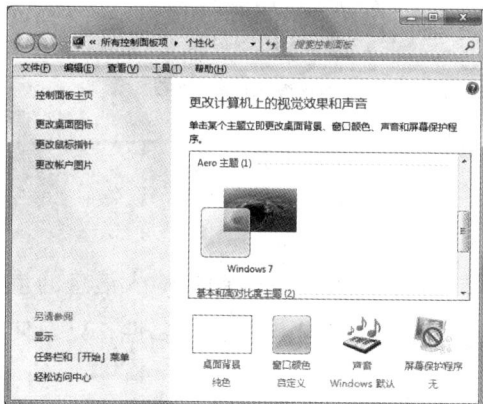

图3-43　【主题】窗口

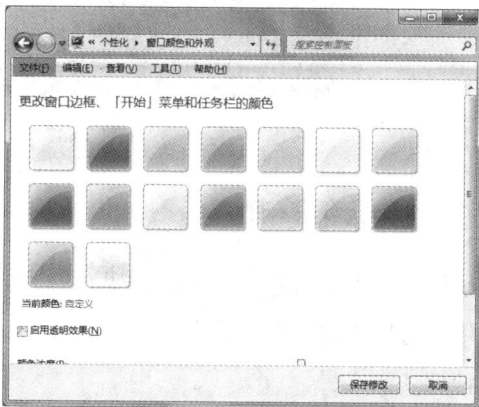

图3-44　选择【窗口颜色】

4. 屏幕保护程序　是在指定时间内没有使用鼠标或键盘时，出现在屏幕上的图片或动画。可以选择各种 Windows 屏幕保护程序，同时可以设置屏幕保护的时间及恢复密码（图3-45）。

5. 桌面小工具 是一些可自定义的小程序，它能够显示不断更新的标题、幻灯片图片或联系人等信息，无需打开新的窗口。可以通过在桌面空白位置单击右键选择【小工具】（图 3-46）来打开添加小工具的窗口（图 3-47）。

图 3-45　屏幕保护程序窗口　　　　图 3-46　右键快捷菜单选择【小工具】

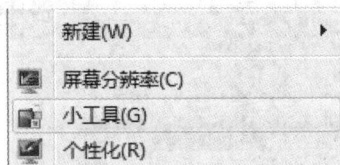

图 3-47　桌面上的小工具

二、鼠标和键盘

鼠标是与电脑屏幕上的对象进行交互的主要工具，键盘是向电脑中输入信息的重要工具，用户可以自定义鼠标指针形状，优化鼠标移动速度，优化键盘按键属性，以及使用屏幕键盘等。

鼠标属性窗口可在桌面空白位置单击右键选择【个性化】命令，在打开的窗口中选择【更改鼠标指针】选项（图 3-48）。

（一）更换鼠标指针

鼠标指针不仅有箭头样式，还有小手、方块等多种样式和颜色供选择，用户可以对鼠标指针样式进行更换，操作方法如下。

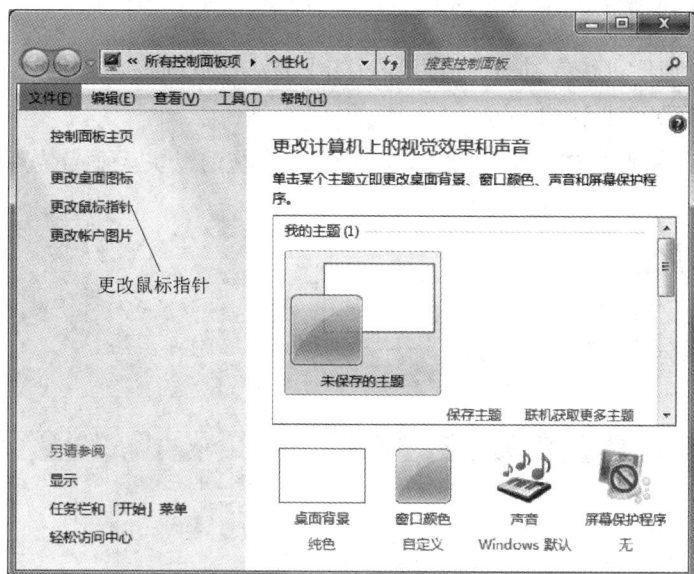

图 3-48　选择【更改鼠标指针】

1. 打开【鼠标属性】窗口。

2. 单击【指针】选项卡（图 3-49），然后执行以下操作之一。

（1）若要为所有指针提供新的外观，可以单击【方案】下拉列表，然后单击新的鼠标指针方案。

（2）若要更改单个指针，可以在【自定义】下单击列表中要更改的指针，单击【浏览】，单击要使用的指针，然后单击【打开】。

（二）调整双击速度

初次接触电脑的用户可能不太适应鼠标的双击操作。可以适当调整鼠标的双击速度，操作方法如下。

1. 打开【鼠标属性】窗口。

2. 单击【鼠标键】选项卡，在【双击速度】栏目中拖动滑块至适当位置（图 3-50）。

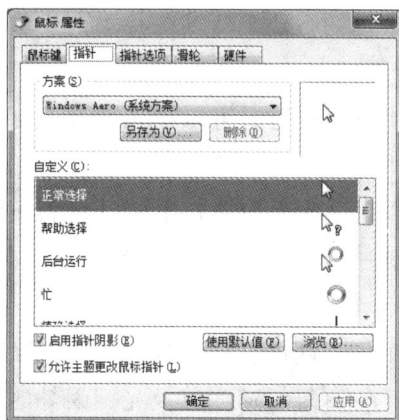

图 3-49　【指针】选项卡

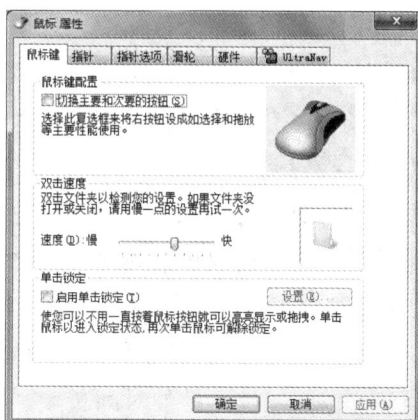

图 3-50　调整双击速度

（三）调整移动速度

如果鼠标移动速度过快或过慢，可以通过如下方法进行调整。

1. 打开【鼠标属性】窗口。

2. 单击【指针选项】选项卡，在【移动】栏目中拖动滑块至适当位置（图3-51）。

知识拓展

> 握住或敲击鼠标按键时不要过度用力，避免手腕僵硬、操作不灵活。

图3-51　调整移动速度　　　　　图3-52　【滑轮】选项卡

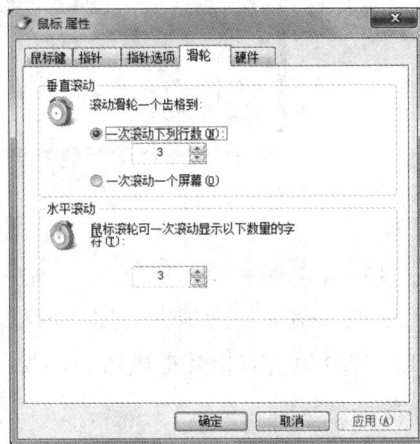

（四）调整鼠标滑轮属性

鼠标滑轮为用户浏览文档和网页提供了方便，如果对滑轮的翻行效率不满意，可以对滑轮属性进行自定义设置，操作方法如下。

1. 打开【鼠标属性】窗口。

2. 单击【滑轮】选项卡（图3-52），然后执行以下操作之一。

（1）若要设置每移动一个鼠标滚轮齿格屏幕滚动的行数，可以在【垂直滚动】下选中【一次滚动下列行数】，然后在框中输入要滚动的行数。

（2）若要使每移动一个鼠标滚轮齿格滚动整个文本屏幕，可以在【垂直滚动】下选中【一次滚动一个屏幕】。

（3）如果鼠标具有支持水平滚动的滚轮，可以在【水平滚动】下的【倾斜滚轮一次滚动以下字符数】框中，输入将滚动向左或向右倾斜时要水平滚动的字符数。

（五）优化键盘属性

自定义键盘设置可帮助我们更好、更高效地工作。通过自定义设置，可以确定在键盘字符开始重复之前必须按下键的时间长度、键盘字符重复的速度以及光标闪烁的频率。可以通过在【开始】菜单的搜索框中输入"键盘"（图3-53）来打开【键盘属性】窗口（图3-54），可以进行如下自定义设置。

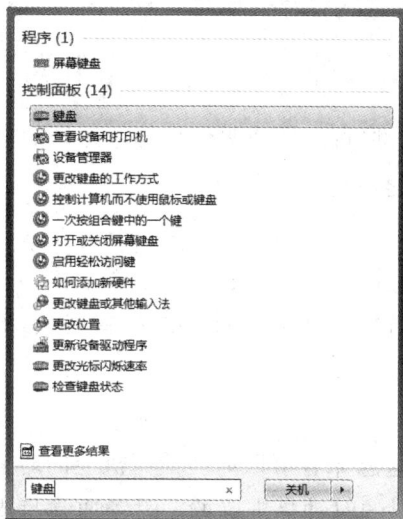

图 3-53　搜索【键盘】

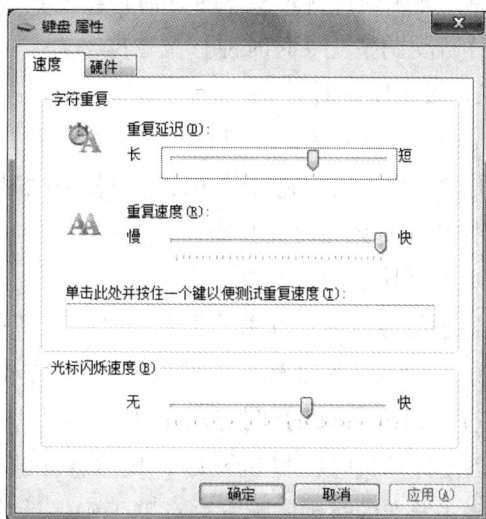

图 3-54　键盘属性

1. 更改键盘字符重复之前延迟。在【字符重复】下，将【重复延迟】滑块向左或向右移动以增加或减少键盘字符重复之前必须按下键的时间长度，然后单击【确定】。

2. 更改键盘字符重复速度。在【字符重复】下，将【重复率】滑块向左移动可使键盘字符重复速度较慢，向右移动可使字符重复速度较快，然后单击【确定】。

3. 更改光标闪烁速度。将【光标闪烁速度】滑块向右或向左移动可增加或减少光标闪烁的速度，然后单击【确定】。如果将滑块一直向左移动，则光标会停止闪烁。

三、系统日期和时间

系统时钟默认显示在任务栏的尾侧，用于记录创建或修改计算机中文件的时间。用户可以对系统时钟的日期和格式进行设置。

（一）设置时钟

1. 单击系统时钟，选择【更改日期和时间设置】打开【日期和时间】对话框（图 3-55）。

2. 单击【日期和时间】选项卡，然后单击【更改日期和时间（D）…】。

3. 在【日期和时间设置】对话框中，执行下列一项或多项操作。

（1）在日期区分别选择在年、月、日以更改系统日期。

（2）在时间输入框内，将光标分别置于时、分、秒处输入所需要的时、分、秒数值。

4. 更改完日期和时间设置后，单击【确定】。

5. 若要更改时区，在【日期和时间】对话框的【日期和时间】选项卡中，单击【更改时区】。

6. 在【时区设置】对话框中，单击"时区"下拉列表中当前所在的时区，然后单击【确定】。

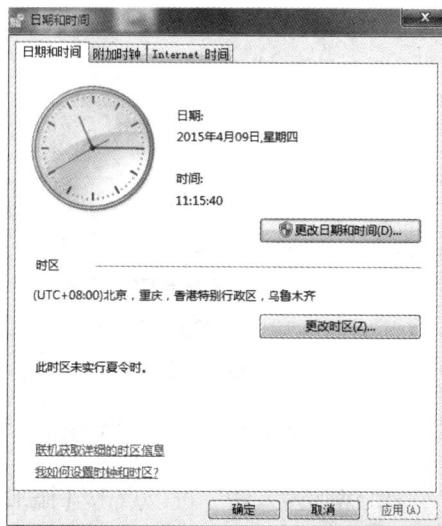

图 3-55　日期和时间

注意：如果时区实行夏令时，而且希望在夏令时改变时自动调整计算机的时钟，应确保选中【自动调整夏令时时钟】复选框。

（二）设置附加时钟

Windows 可以显示最多三种时钟：第一种是本地时间，另外两种是其他时区时间。设置其他时钟之后，可以通过单击或指向任务栏时钟来查看。

1. 打开【日期和时间】窗口。

2. 单击【附加时钟】选项卡。

3. 对于每种时钟，选中【显示此时钟】旁的复选框。从下拉列表中选择时区，键入时钟的名称（最多可以键入 15 个字符），然后单击【确定】。

（三）与 Internet 时间服务器同步

可以使计算机时钟与 Internet 时间服务器同步。这意味着可以更新计算机上的时钟，以与时间服务器上的时钟匹配，这有助于确保计算机上的时钟是准确的。时钟通常每周更新一次，而如要进行同步，必须将计算机连接到 Internet。

1. 打开【日期和时间】窗口。

2. 单击【Internet 时间】选项卡，然后单击【更改设置】。

3. 选中【与 Internet 时间服务器同步】旁边的复选框，选择时间服务器，然后单击【确定】。

四、输入法及字体

（一）输入法简介

在输入文字时，由于个人习惯不同，使用输入法也不同。有时系统自带的输入法不能满足用户需求，又或有些输入法对于用户而言毫无用处，此时可以根据自己的需要添加或删除输入法，也可以在多种输入法之间进行切换。

可以通过在语言栏输入法图标位置上单击右键，选择【设置】命令（图 3-56），打开【文本服务和输入语言】窗口（图 3-57）。

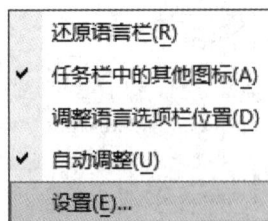

图 3-56　语言栏右键菜单　　　　图 3-57　文本服务和输入语言窗口

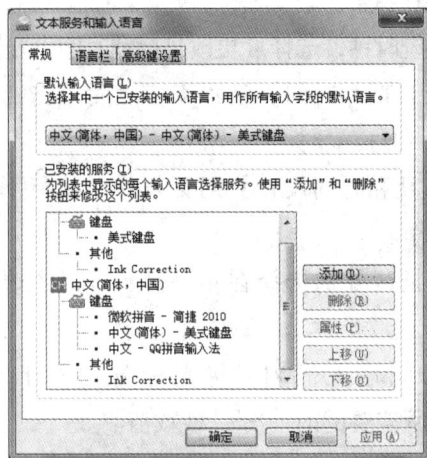

1. 添加输入法　可以点击【添加】按钮，在弹出的【添加输入语言】窗口中选择需要添加的输入法。

2. 删除输入法　选中不需要的输入法，点击【删除】按钮。

3. 切换输入法

（1）Ctrl+Space 可以在中英文输入法之间进行切换。

（2）单击输入法状态图标，可以弹出输入法选择菜单，此时单击需要的输入法即可进行切换。

（3）Ctrl+Shift 可以依次切换已安装的输入法，其中键盘左侧 Ctrl+Shift 组合键是正向的切换顺序，而键盘右侧的 Ctrl+Shift 组合键则是反向的切换顺序。

4. 设置语言栏　语言栏位于任务栏右侧，用户可以根据个人习惯将语言栏最小化、还原或隐藏。

5. 在【文本服务和输入语言】窗口中切换到【语言栏】选项卡，可以在此选择【悬浮于桌面上】、【停靠于任务栏】或【隐藏】（图 3-58）。

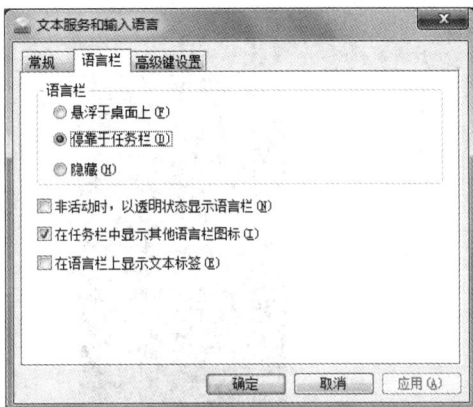

（二）字体简介

计算机中默认安装了一些字体，但在实际工作中有时需要用多种字体，此时就需要为系统安装一些新的字体，具体操作方法如下。

1. 在【开始】菜单的搜索框输入"字体"，选择【字体】命令打开窗口（图 3-59）。

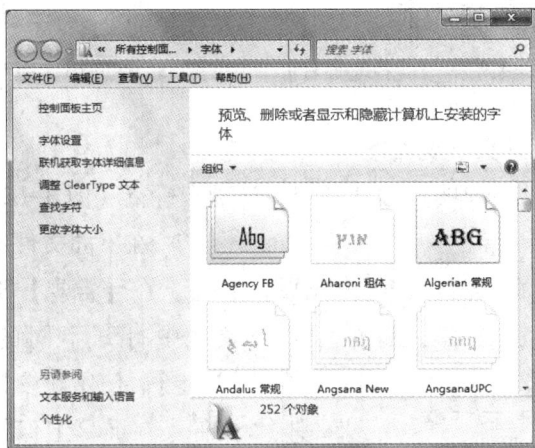

图 3-58　设置语言栏位置

图 3-59　字体窗口

2. 将已下载的字体文件复制并粘贴到已打开的字体窗口中。

如果字体文件太多，就会占用过多的磁盘空间，此时可将不需要的字体删除，在【字体】窗口中选中不需要的字体文件，单击右键选择【删除】命令即可。

知识链接

当复制字体时，虽然进行的是复制和粘贴的操作，但在复制过程中，同时也在安装字体，而且会显示安装进度。

删除字体无法恢复，除非重新安装，用户在删除字体的时候要特别谨慎。

五、文件夹选项

【控制面板】中的【文件夹选项】，可以更改文件和文件夹执行的方式以及项目在计算机上的显示方式。

在【开始】菜单中选择【控制面板】（图3-60），调整到【大图标】或【小图标】的查看方式（图3-61），在列表中找到【文件夹选项】即可打开设置窗口。在【文件夹选项】中可做如下设置。

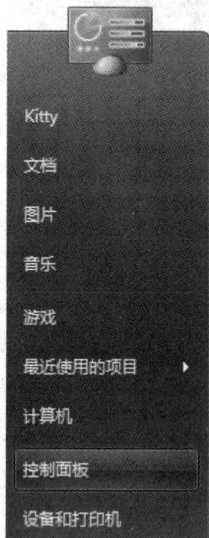

图3-60　【开始】菜单中的【控制面板】

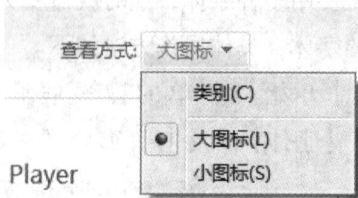

图3-61　更改查看方式

（一）更改文件和文件夹常规设置

此类设置通过【文件夹选项】的【常规】选项卡进行（图3-62）。

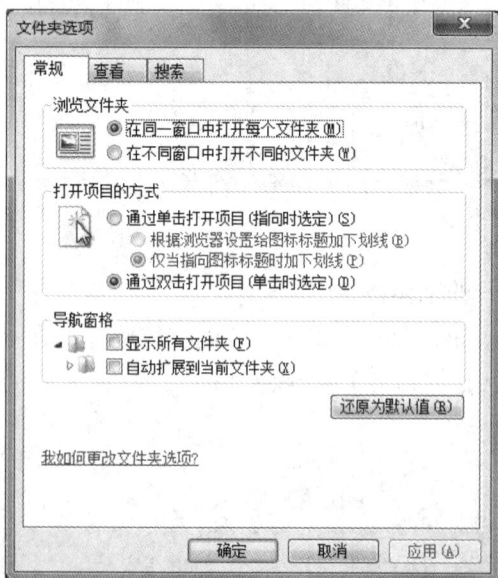

图3-62　文件夹选项【常规】选项卡

1. 在不同文件夹窗口中打开不同的文件夹。在【常规】选项卡下选择【在不同窗口中打开不同的文件夹】，然后单击【确定】。使用此设置可使正在处理的所有文件夹在屏幕上保持同时打开，若要让每个新打开的文件夹取代上一个文件夹，可以单击【在同一窗口中打开每个文件夹】。

2. 通过单击打开文件和文件夹（就像网页上的链接一样）。单击【通过单击打开项目（指向时选定）】，然后单击【确定】，若要切换回标准的双击打开方式，可以单击【通过双击打开项目（单击时选定）】。

3. 若要还原【常规】选项卡上的原始设置，可以单击【还原为默认值】，然后单击【确定】。

（二）更改文件和文件夹高级设置

此类设置通过【文件夹选项】的【查看】选项卡进行（图3-63）。

1. 始终显示图标，而不是文件的缩略图预览。如果缩略图预览降低了计算机的运行速度，可以使用此设置。选中【始终显示图标，从不显示缩略图】复选框，然后单击【确定】。

2. 始终在工具栏上方显示菜单。如果要访问经典菜单（默认情况下隐藏），可以使用此设置。选中【始终显示菜单】复选框，然后单击【确定】。

3. 除缩略图之外，还始终显示文件的图标（使访问相关程序更容易）。选中【以缩略图形式显示文件图标】复选框，然后单击【确定】。

4. 指向文件夹时看到提示显示文件夹的大小。选中【在文件夹提示中显示文件大小信息】复选框，然后单击【确定】。

5. 查看标记为【隐藏】的文件、文件夹和驱动器。如果要使用视图中通常隐藏的项目（如某些用户文件），可以使用此设置。单击【显示隐藏的文件、文件夹和驱动器】，然后单击【确定】。

图 3-63　文件夹选项【查看】选项卡

6. 显示【计算机】文件夹中的可移动媒体驱动器（如读卡器），即使当前未在其中插入任何媒体。清除【隐藏计算机文件夹中的空驱动器】复选框，然后单击【确定】。（此选项不会影响空的软盘驱动器、CD驱动器或DVD驱动器。）

7. 查看作为文件名一部分的文件扩展名。这是一个很好的方法，可确保文件不是伪装成普通文件的恶意软件。清除【隐藏已知文件类型的扩展名】复选框，然后单击【确定】。

8. 查看视图中通常隐藏的所有系统文件。清除【隐藏受保护的操作系统文件】复选框，然后单击【确定】。

9. 关闭在指向文件时显示文件信息的提示。清除【鼠标指向文件夹和桌面项时显示提示信息】复选框，然后单击【确定】。

10. 向文件视图添加复选框，以便于一次选择多个文件。在难以按住 Ctrl 键的同时单击鼠标来选择多个文件时，这一功能非常有用。选中【使用复选框以选择项】复选框，然后单击【确定】。

11. 若要还原【查看】选项卡上的原始设置，可以单击【还原为默认值】，然后单击【确定】。

（三）将当前视图设置应用到其他文件夹

浏览【计算机】文件夹中的文件夹时，可以将当前视图设置应用到计算机上的所有文件夹（已针对与打开的文件夹相同的内容进行了优化）。例如，针对图片文件优化了【我的图片】文件夹。如果打开此文件夹并将视图更改为【大图标】，则可将【大图标】视图应用到针对图片优化的每个文件夹。使用库查看文件和文件夹时，不会应用此设置。

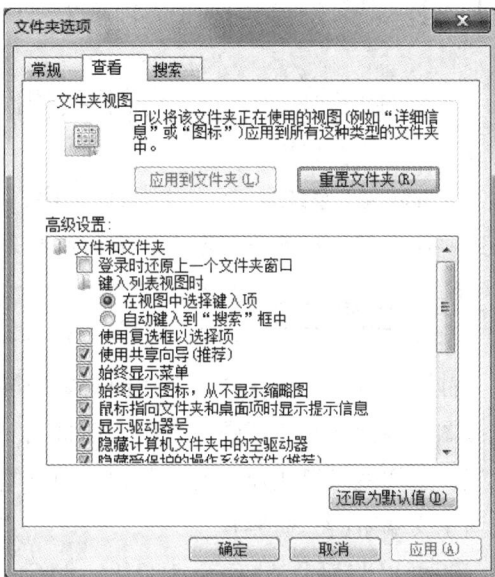

1. 打开文件夹，单击工具栏上【视图】按钮旁的箭头，然后选择一个视图设置。

2. 在工具栏上，单击【组织】，然后单击【文件夹和搜索选项】。

3. 在【文件夹选项】对话框中，依次单击【查看】选项卡/【应用到文件夹】/【是】，然后单击【确定】。

若要更改优化文件夹所针对的文件类型，可以右键单击该文件夹，并依次单击【属性】/【自定义】选项卡/【优化此文件】列表中的文件类型，然后单击【确定】。

任务四　常用附件

Windows 7 系统自带了一些附件程序，如截图工具、记事本、画图、计算器等。不要小看这些小工具，虽然程序不大，但使用起来都很方便。

一、截图工具

截图工具可以捕获屏幕上任何对象的屏幕快照或截图，在捕获某个截图时，会自动将其复制到剪贴板，这样就可以快速将其粘贴到文档、电子邮件或演示文稿中（图 3-64）。

还可以将截图另存为 HTML、PNG、GIF 或 JPEG 格式的文件。捕获截图后，可以在标记窗口中单击【保存截图】按钮将其保存。

可以捕获以下任何类型的截图：【任意格式截图】可以围绕对象绘制任意格式的形状；【矩形截图】可以在对象的周围拖动光标构成一个矩形；【窗口截图】可以选择一个窗口，例如希望捕获的浏览器窗口或对话框；【全屏幕截图】可以捕获整个屏幕。

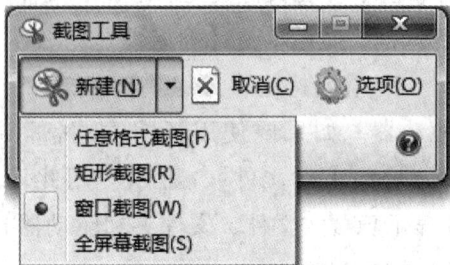

图 3-64　截图工具

捕获截图后，会自动将其复制到剪贴板和标记窗口。可在标记窗口中添加注释、保存或共享该截图。以下步骤介绍了截图工具的使用方法。

（一）捕获截图

1. 单击打开【截图工具】。

2. 单击【新建】按钮旁边的箭头，从列表中选择【任意格式截图】、【矩形截图】、【窗口截图】或【全屏幕截图】，然后选择要捕获的屏幕区域。

（二）捕获菜单截图

1. 如果需要获取菜单截图（例如【开始】菜单），单击打开【截图工具】。

2. 按 Esc，然后打开要捕获的菜单。

3. 按 Ctrl+PrintScreenSysRq。

4. 拖动光标选取要捕获的区域。

（三）保存截图

1. 捕获截图后，在标记窗口中单击【保存截图】按钮。

2. 在【另存为】对话框中，输入截图的名称，选择保存截图的位置，然后单击【保存】。

二、记事本

记事本是一个基本的文本编辑程序，最常用于查看或编辑文本文件。文本文件是通常由 .txt 文件扩展名标识的文件类型。记事本使用方法如下。

1. 单击【开始】菜单，选择【所有程序】中【附件】下的【记事本】命令（图 3-65），将程序打开。

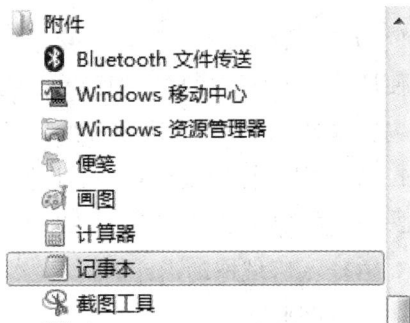

图 3-65　【附件】菜单

知识链接

1. 记事本的常用功能之一是将网页上的文字复制到记事本中，清除其全部格式，然后再复制粘贴到其他文本编辑程序中进行处理。

2. 记事本除了 UNIX 风格的文本文件，几乎可以编辑任何文本文件。

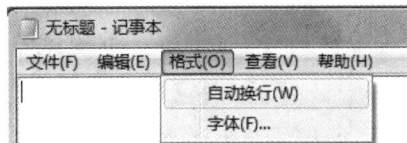

图 3-66　【格式】菜单

2. 在打开的窗口中输入文本。可用 Enter 键换行继续输入文档内容。

3. 【格式】菜单可以对文本进行字体的设置，也可选择【自动换行】功能在不拖拽滚动条的情况下看到所有文本（图 3-66）。

通过【文件】菜单下【保存】或【另存为】命令对文档进行保存。

三、画图

画图是 Windows 中的一项功能，使用该功能可以绘制、编辑图片以及为图片着色。可以像使用数字画板那样使用画图来绘制简单图片、有创意的设计，或者将文本和设计图案添加到其他图片，如那些用数字照相机拍摄的照片。

可以通过【开始】菜单【所有程序】下【附件】启动画图，打开程序后，将看到一个空的窗口，绘图和涂色工具位于窗口顶部的功能区中（图 3-67）。

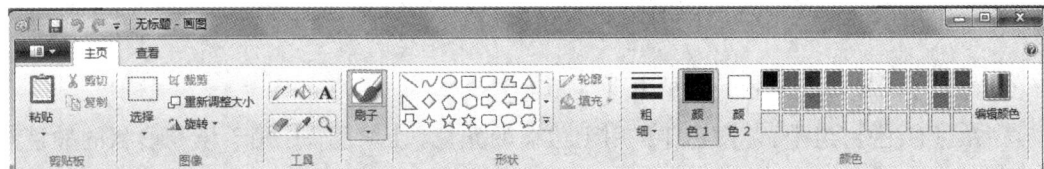

图 3-67　画图的功能区

画图中的功能区包括绘图工具的集合，使用起来非常方便。可以使用这些工具创建徒手画并向图片中添加各种形状。

（一）绘制直线

使用某些工具和形状（如铅笔、刷子、直线和曲线）可以绘制多种直线和曲线。所绘制的内容取决于绘图时移动鼠标的方式。例如，使用直线工具可以绘制直线。

1. 在【主页】选项卡的【形状】组中，单击【直线】。

2. 在【颜色】组中，单击【颜色1】，然后单击要使用的颜色。

3. 在绘图区域拖动指针。

（二）绘制曲线

图画并非仅包含直线。铅笔和刷子可以用于绘制完全随机的自由形状。

1. 在【主页】选项卡的【工具】组中，单击【铅笔】工具。

2. 在【颜色】组中，单击【颜色1】，然后单击要使用的颜色。

3. 在绘图区域拖动指针并生成曲线。

（三）绘制形状

使用画图可以绘制很多不同的形状。例如，可以绘制已定义的现成形状，如矩形、圆形、正方形、三角形和箭头等。此外，还可以通过使用【多边形】形状绘制多边形来生成自己的自定义形状，该多边形可以具有任何数目的边。

1. 在【主页】选项卡的【形状】组中，单击现成的形状，如【矩形】。

2. 在绘图区域拖动指针即可绘制出选中的形状。

3. 若要更改边框样式，可以在【形状】组中单击【边框】，然后单击某种边框样式（图3-68）。

4. 如果不希望形状具有边框，则单击【无轮廓线】。

5. 若要更改填充样式，可以在【形状】组中单击【填充】，然后单击某种填充样式（图3-69）。

图 3-68　边框样式　　　　　图 3-69　填充样式

6. 如果不希望填充形状，则单击【无填充】。

7. 在【颜色】组中，【颜色1】用于边框的颜色，【颜色2】用于填充形状的颜色。

（四）添加文本

使用文本工具，可以在图片中添加简单的消息或标题。

1. 在【主页】选项卡的【工具】组中，单击【文本】工具（图3-70）。

2. 在希望添加文本的绘图区域拖动指针。

3. 在【文本工具】下，【文本】选项卡的【字体】组中单击字体、大小和样式。

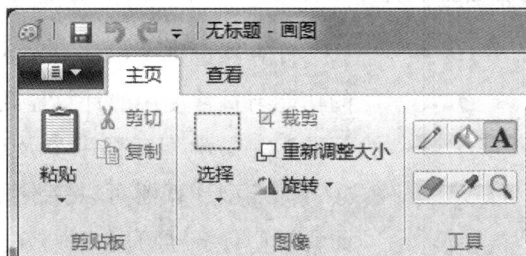

图 3-70　添加文本

4. 在【颜色】组中，单击【颜色 1】，然后单击某种颜色。此为文本颜色(图 3-71)。

5. 键入要添加的文本。

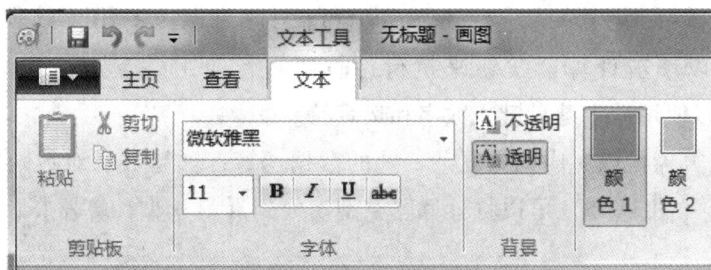

图 3-71　设置文本格式

（五）擦除图片中的某部分

如果有失误或者需要更改图片中的部分内容，可以使用橡皮擦（图 3-72）。默认情况下，橡皮擦将所擦除的任何区域更改为白色，但可以更改橡皮擦颜色。例如，如果将背景颜色设置为黄色，则所擦除的任何部分都将变成黄色。

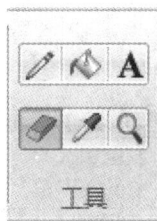

图 3-72　橡皮擦工具

1. 在【主页】选项卡的【工具】组中，单击【橡皮擦】工具。

2. 在【颜色】组中，单击【颜色 2】，然后单击要在擦除时使用的颜色。如果要在擦除时使用白色，则不必选择颜色。

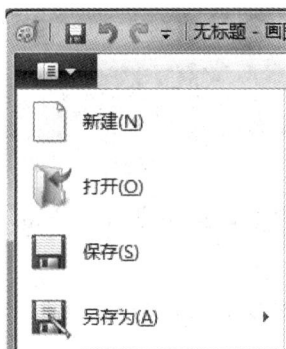

图 3-73　【画图】菜单

3. 在要擦除的区域内拖动指针。

（六）保存图片

经常保存图片，这样就不会意外丢失所绘制的图形。要进行保存，需要单击【画图】按钮，然后单击【保存】（图 3-73）。这将保存上次保存之后对图片所做的全部更改。

首次保存新图片时，需要给图片指定一个文件名。可以执行下列步骤：

1. 单击【画图】按钮，然后单击【保存】。

2. 在【保存类型】框中，选择需要的文件格式。

3. 在【文件名】框中键入名称，然后单击【保存】。

图 3-74　标准型计算器

四、计算器

计算器也是 Windows 7 系统自带的附件之一，它的功能与日常使用的计算器几乎相同。计算器中包含标准型、科学型、程序员及统计信息 4 种不同的模式，标准型计算器可以完成日常工作中的算术运算；而科学型计算器可以完成较复杂的科学运算，如函数运算等。

单击【开始】按钮，选择【附件】下的【计算器】命令，即可启动计算器程序，系统默认打开标准型计算器（图 3-74）。

1. 标准型计算器主要用于处理简单的加、减、乘、除运算。可以单击计算器按钮来执行计算，或者使用键盘键入进行计算。通过按 NumLock，还可以使用数字键盘键入数字和运算符。

2. 科学型计算器可以完成稍微复杂一些的数据运算，如幂数、对数、指数等运算。通过【查看】菜单（图 3-75）可以将计算器类型切换到【科学型计算器】（图 3-76）。

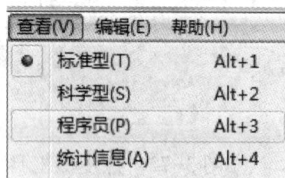

图 3-75　计算器类型

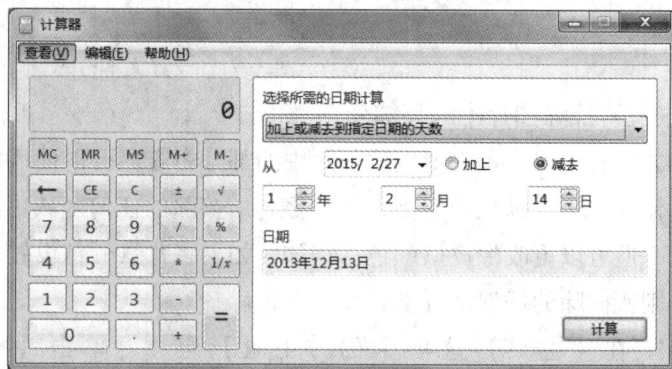

图 3-76　科学型计算器

🖋 **知识拓展**

有专门为程序员设计的计算器，主要特点是支持 AND、OR、NOT 等运算。

3. 计算日期。除了上面介绍的两种计算器外，还可以使用统计计算器进行一些常用的统计计算。例如，可以使用计算器计算两个日期之差。

下面以计算 2014 年 12 月 24 日到 2015 年 2 月 18 日之间有多少天进行简要介绍，具体操作方法如下。

（1）单击【查看】菜单，选择【日期计算】命令（图 3-77）。

（2）单击【从】下拉按钮，选择具体的日期。

（3）单击【到】下拉按钮，选择具体的日期。

（4）单击【计算】，得到两个日期之差（图3-78）。

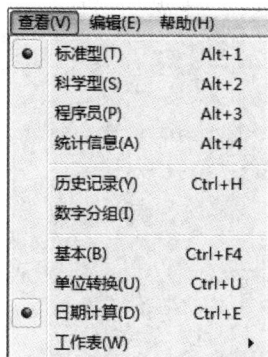

图 3-77　日期计算

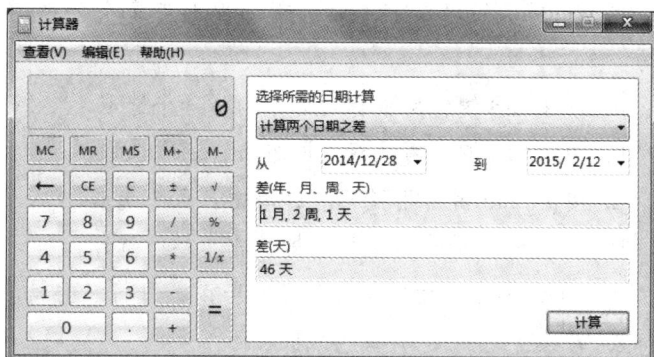

图 3-78　计算两个日期之差

还可以计算加上或减去到指定日期的天数，如从 2015 年 2 月 17 日减去 1 年 2 月 14 日后得到 2013 年 12 月 3 日（图3-79）。

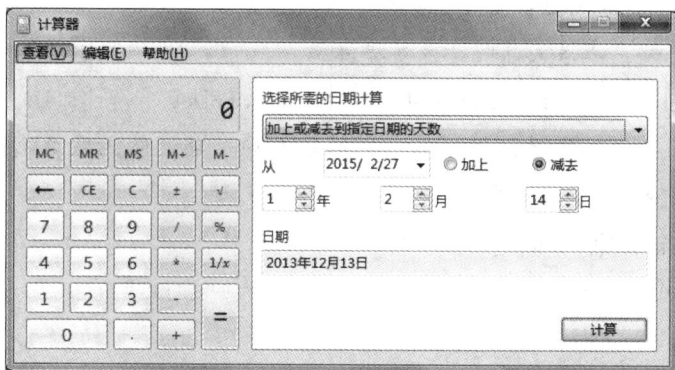

图 3-79　计算加上或减去到指定日期的天数

目标检测

扫码"练一练"

一、单选题

1. Windows 的整个显示屏幕称为（　　）

   A. 窗口　　　　　　　B. 操作台　　　　　　C. 工作台　　　　　　D. 桌面

2. 组成 Windows 桌面的元素有（　　）

   A. 标题栏、菜单栏、工具按钮和工作区

   B. 桌面墙纸、桌面图标和任务栏

   C. 桌面图标、标题栏、任务栏和工具按钮

   D. 桌面、图标、任务栏、开始按钮和中英文切换按钮

3. 在【任务栏】中的每一个按钮都代表着（　　）

   A. 一个可执行程序

   B. 一个正在执行的程序

C. 一个缩小的程序窗口

D. 一个不工作的程序窗口

4. 在 Windows 的窗口中，如果想一次选定多个分散的文件或文件夹，正确的操作是（　　　）

　　A. 按住 Ctrl 键，用鼠标右键单击，逐个选取

　　B. 按住 Ctrl 键，用鼠标左键单击，逐个选取

　　C. 按住 Shift 键，用鼠标右键单击，逐个选取

　　D. 按住 Shift 键，用鼠标左键单击，逐个选取

5. 在 Windows 中，为保护文件不被修改，可将它的属性设置为（　　　）

　　A. 只读　　　　　　B. 存档　　　　　　C. 隐藏　　　　　　D. 系统

6. 在 Windows 操作系统中，（　　　）

　　A. 在根目录下允许建立多个同名的文件或文件夹

　　B. 同一文件夹中可以建立两个同名的文件或文件夹

　　C. 在不同的文件夹中不允许建立两个同名的文件或文件夹

　　D. 同一文件夹中不允许建立两个同名的文件或文件夹

7. 直接删除文件，不送入回收站的快捷键是（　　　）

　　A. Ctrl+Del　　　　B. Shift+Del　　　　C. Alt+Del　　　　D. Del

8. 在用键盘切换输入法时，用（　　　）可以在中、英文输入法之间切换；用（　　　）可以在安装的全部输入法之间切换

　　A. Ctrl+空格、Ctrl+Shift

　　B. Ctrl+Shift、Ctrl+空格

　　C. Ctrl+Shift、Ctrl+回车

　　D. Ctrl+回车、Shift+回车

9. 下列程序不属于附件的是（　　　）

　　A. 计算器　　　　　B. 记事本　　　　　C. 网上邻居　　　D. 画图

10. 在 Windows 中可按 ALT+（　　　）的组合键在多个已打开的程序窗口中进行切换

　　A. Enter　　　　　　B. 空格键　　　　　C. Insert　　　　　D. Tab

文字处理软件 Word 2010

学习目标

知识要点

1. 掌握 Word 2010 文档的创建、编辑、格式设置与打印，图片、自选图形、文本框、艺术字、SmartArt 图形插入与编辑，在文档中表格的创建与编辑。

2. 熟悉 Word 2010 的工作界面与视图，长文档的大纲设置，脚注与尾注的设置，目录与公式的使用，表格套用格式设置。

3. 了解表格中数据的计算与排序，应用样式和模板统一文档风格。

技能要求

1. 掌握 Word 2010 文档基本操作，创建表格和编辑表格的操作，设置表格对齐方式、设置边框和底纹操作，使用图形、文本框、艺术字、SmartArt 图形操作。

2. 熟悉长文档的各种基本操作，图表的创建及编辑。

3. 了解表格中数据的计算与排序操作，用"公式编辑器"完成各种公式的输入。

任务一　Word 2010 概述

　　Word 2010 是美国 Microsoft 公司开发的 Office 2010 办公组件中的字处理软件，是当前使用最为广泛的文字处理软件之一。与 Word 2003 相比，Word 2010 新特性体现在：发现改进的搜索和导航体验，与他人协同工作，几乎可在任何地点访问和共享文档，向文本添加视觉效果，将文本转化为图表，增加文档视觉冲击力，恢复未保存文档，跨越语言沟通障碍，捕获和插入屏幕截图，利用增强的用户体验完成更多工作等。它可以创建专业水准的文档，提供上乘的文档格式设置工具，帮助用户轻松高效的完成文字处理工作。

一、Word 2010 的启动和退出

（一）启动 Word 2010

1. 用"开始"菜单启动　点击【开始】菜单中【所有程序】/【Microsoft Office】/

【Microsoft Word 2010】命令，启动 Word 2010。

2. 用桌面快捷图标启动　双击桌面上的【Microsoft Word 2010】程序图标。

3. 用已有 Word 文档来启动　双击文件夹中 Word 2010 文档。

前两种方法 Word 2010 启动以后会自动生成一个扩展名为".docx"的文件，标题栏显示默认的文件名"文档1"。

（二）退出 Word 2010

1. 点击 Word 窗口标题栏最右角的【关闭】按钮。

2. 单击窗口快速访问工具栏左端的控制菜单图标，选择【关闭】，或直接双击控制菜单图标。

3. 单击菜单栏【文件】选项卡【退出】命令。

4. 按组合键 Alt+F4。

退出时将会关闭打开的文档。如果文档未保存，系统会弹出对话框，要求用户确认是否保存文档。若需保存，要在弹出的【保存】对话框中，选择保存位置和文件名称及类型。系统默认的保存文件名是"doc1.docx""doc2.docx"…。

二、Word 2010 工作界面

启动 Word 2010 后，打开图 4-1 的 Word 2010 工作界面。Word 文档窗口是由标题栏、【文件】选项卡、功能区、快速访问工具栏、文档编辑区和状态栏等部分组成的。

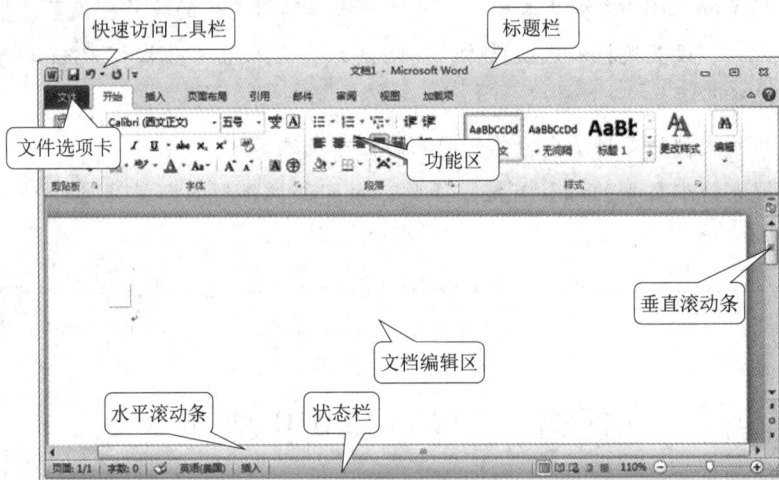

图 4-1　Word 2010 工作界面

1. 标题栏　窗口最上方为标题栏，显示当前文档的文件名及所使用的软件名称。右边有最小化，最大化（还原）和关闭三个按钮。

2. 快速访问工具栏　位于标题栏左侧，有常用命令"保存""撤消"和"恢复"的图标按钮。单击尾部的箭头，将展开一个下拉菜单，可对快速访问工具栏进行自定义，添加或删除各种常用命令。

3.【文件】选项卡　单击此按钮可以看到文档操作命令，包含保存、另存为、打开、关闭、信息、最近所用文件、新建、打印、保存并发送、帮助、选项和退出等选项。

4. 功能区　是菜单和工具栏的主要显示区域，功能区将控件对象分为各种选项卡，如开始、插入、页面布局，再在选项卡中细化为不同的组。Word 2010 默认打开的为【开始】功能区，可以通过点击选项卡标签切换不同的功能区。

5. 文档编辑区 用户工作的区域，显示正在编辑的文档、表格或图片。鼠标光标在文档编辑区呈"I"形。该区域还有垂直滚动条和水平滚动条，用于更改正在编辑的文档的显示位置。

6. 状态栏 位于窗口最下方，显示正在编辑的文档的相关信息，包括文档的页码、字数、语法检查、语言、改写按钮。右侧还有视图快捷按钮、显示比例和缩放滑块。

三、Word 2010 视图

Word 2010 提供了五种视图供用户使用，包括页面视图、阅读版面视图、Web 版式视图、大纲视图和草稿视图。可以在视图选项标签下的【文档视图】选项组中选择五种视图（图 4-2），也可以在 Word 2010 文档窗口的下方状态栏单击视图按钮切换到相应的视图方式。

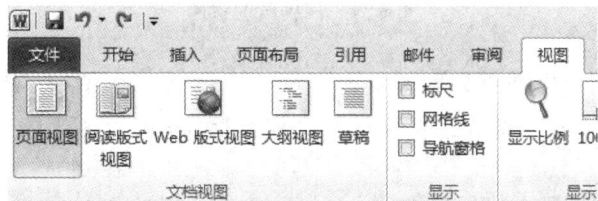

图 4-2　Word 视图

1. 页面视图 文档打开时默认的编辑视图（图 4-3），是最常用的视图模式，可以显示 Word 文档的打印外观，主要包括页眉、页脚、图形对象、分栏设置、页面边距等各种元素，是最接近打印结果的页面视图。

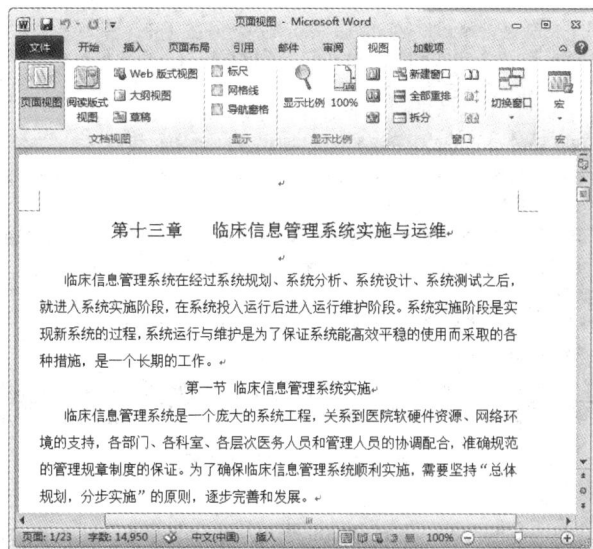

图 4-3　页面视图

2. 阅读版面视图 以图书的分栏样式全屏显示 Word 文档，特点是利用最大的空间阅读或批注文档。在阅读版式视图中，选项卡、功能区等窗口元素被隐藏起来，有部分工具栏可以进行文档编辑，如图4-4。

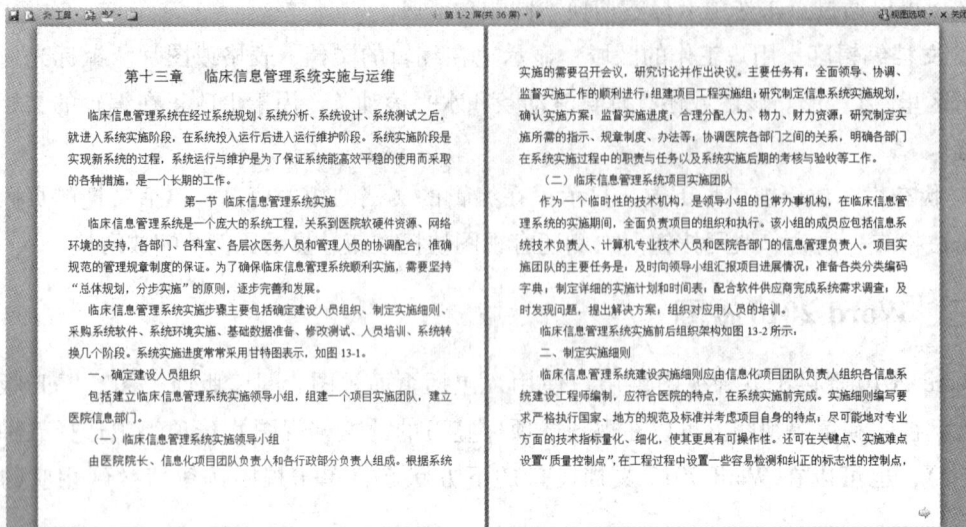

图4-4 阅读版面视图

3. Web版式视图 以网页的形式显示Word文档，相当于Web浏览器中的效果（图4-5）。该视图的文档正文显示更大，并可以自动换行适应窗口，适用于设置文档背景和创建网页。

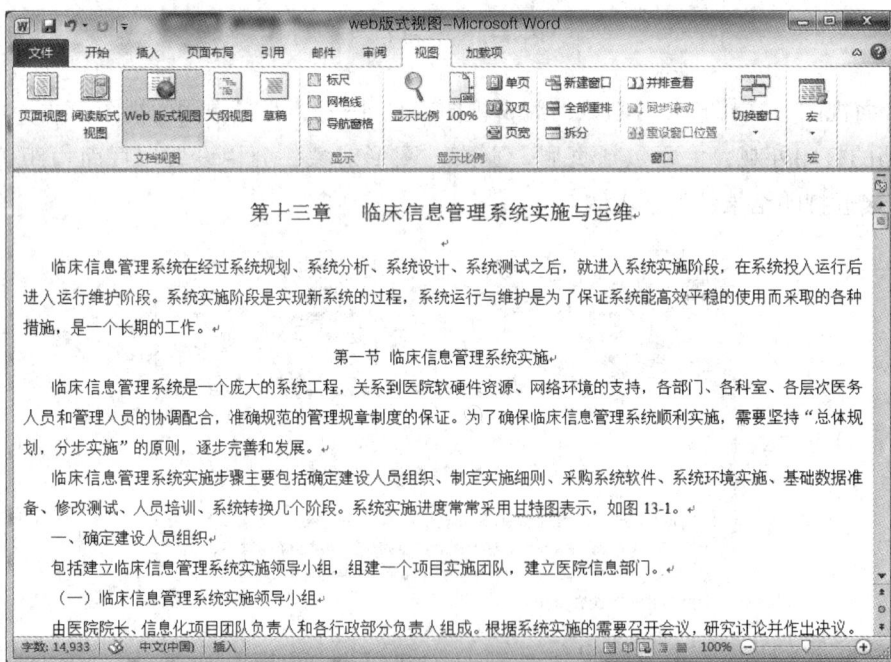

图4-5 Web版式视图

4. 大纲视图 主要用于显示、修改和创建Word文档大纲，能清晰展示标题的层级结构，便于用户查看文档结构、折叠和展开各种层级的文档（图4-6）。大纲视图常用于处理Word长文档。

5. 草稿视图 是最节省计算机系统硬件资源的视图方式。它不显示页面边距、分栏、页眉页脚和图片等元素，仅显示标题和正文（图4-7），便于快速编辑文本。

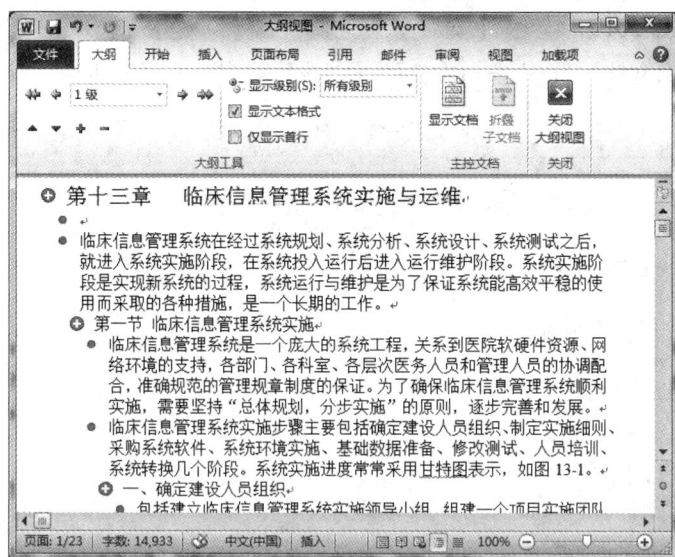

图 4-6 大纲视图

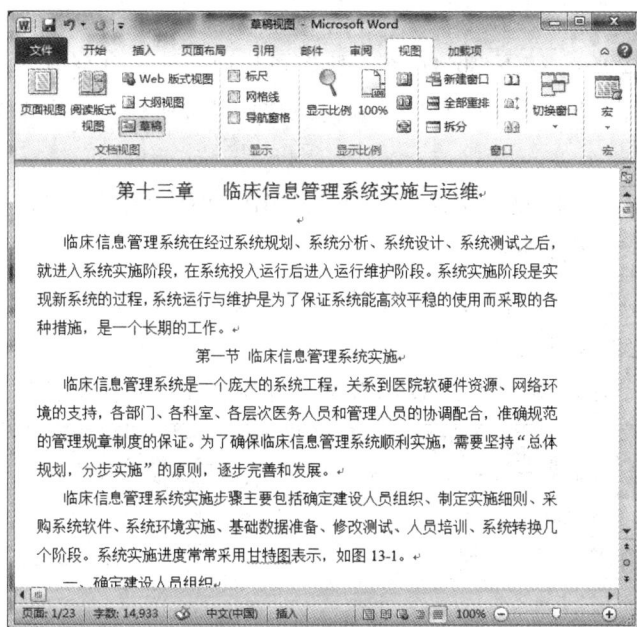

图 4-7 草稿视图

任务二 Word 2010 文档基本操作

一、新建、打开与保存文本

1. 创建新文档 启动 Word 2010，会自动建立文件名为"文档1"的空白文档，用户可以直接在文档中进行操作。除此之外，还有以下创建文档的方法。

（1）在桌面空白处单击鼠标右键，在弹出的快捷菜单中选择【新建】/【Microsoft

Word 文档】命令，在桌面上将新建一个空白文档。

（2）启动 Word 2010，点击【文件】选项卡，【新建】命令，打开新建文档面板，图 4-8，选择【空白文档】，点击窗口右侧的【创建】按钮，即可创建一个新的空白文档。

图 4-8　新建空白文档

（3）启动 Word 2010，按下 Ctrl+N 组合键，可快速新建一个空白文档。

（4）在新建文档面板（图 4-8）中，还可以选择各种模板，用样本模板创建新的 Word 2010 文档。

2. 打开文档　除了直接双击文件夹中 Word 2010 文档，在启动 Word 2010 的同时打开该文档外，还有以下方法打开文档。

（1）启动 Word 2010，选择【文件】选项卡/【打开】命令，弹出【打开】对话框（图 4-9），选择指定的文件打开。

（2）启动 Word 2010，按下 Ctrl+O 组合键，可弹出【打开】对话框。

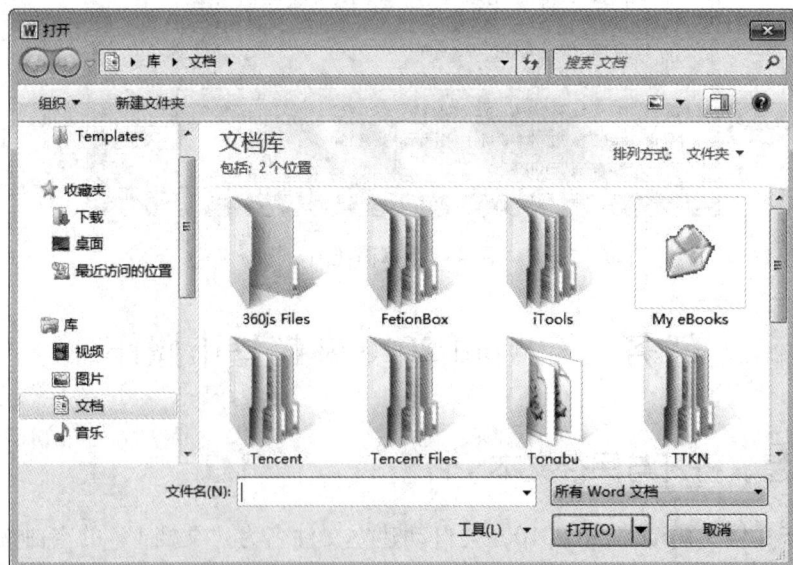

图 4-9　【打开】对话框

知识拓展

在任务栏中，鼠标右击 Word 2010 图标，可以打开最近使用过的 Word 2010 文档列表，鼠标选定可直接打开文档。

3. 保存文档 对文档编辑操作后，要将其存储到电脑里，长期保存。

（1）选择【文件】选项卡/【保存】命令，弹出【另存为】对话框。

（2）设置保存的路径和文件名，保存类型可以在下拉菜单（图4-10）中选择，系统默认的文件名为"doc1"，文档类型为"Word 文档"，扩展名为".docx"。

（3）以后再进行保存操作时，可直接点击【快速访问工具栏】中的【保存】按钮，或者使用 Ctrl+S 组合键快速完成。

如需要将已保存过的文档保存为另一个文档，可使用【文件】选项卡/【另存为】命令，打开【另存为】对话框，设置同上。

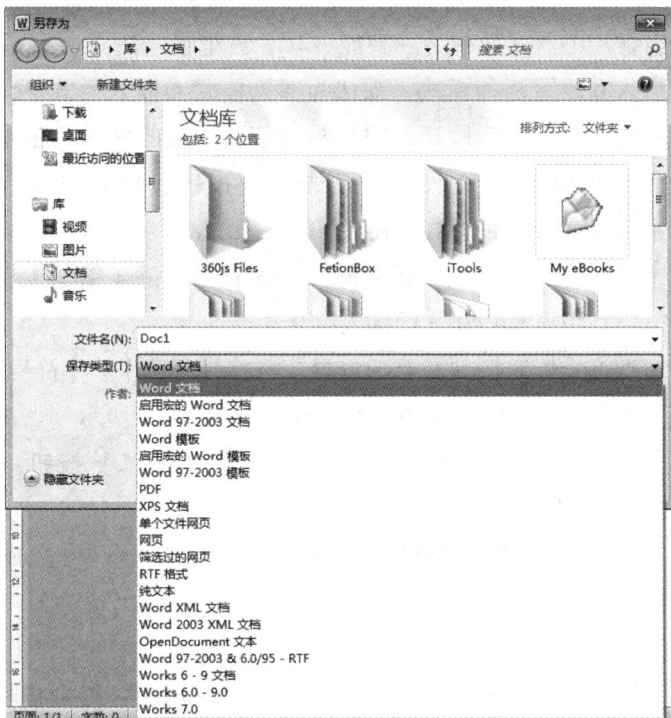

图4-10 【另存为】对话框

知识链接

在文件保存类型中如选择"Word 97-2003"文档，可保存为 Word 2003 低版本文档（扩展名为".doc"），以便只安装 Word 2003 的电脑中也可以打开。

例4-1 创建以"我国因特网的发展.docx"为名称的空白文档，保存到"D：\ word 2010"文件夹里。

操作步骤：

1. 启动 Word 2010 软件，在【文件】中选择【新建】，打开【新建】面板。

2. 选中【空白文档】，点击窗口右侧的【创建】按钮。

3. 点击【快速访问工具栏】上的【保存】按钮，或者【文件】/【另存为】，此时弹出【另存为】对话框。

4. 在该对话框中找到"D：\ word 2010"文件夹中，在【文件名】栏中输入"我国因特网的发展"，保存类型使用默认的"Word 文档"，单击【保存】按钮。

二、文本的输入与选取

（一）输入文本

在 Word 2010 中输入文本前，首先要确认输入位置。文档编辑区的开始位置有一个闪动的粗竖线，即为插入点。若文档中已有部分文本，可以利用鼠标和键盘上的方向键移动插入点至需要位置。

1. 输入文字 在英文状态下，可直接通过键盘实现英文字母的输入。输入中文，要先选择汉字的输入法，常用的有微软拼音、智能 ABC、五笔输入法等。

文本输入分为插入和改写两种模式，默认为插入模式。插入模式下，输入的文本在插入点出现，插入点右侧的文本向后顺延；改写模式下，输入的文本将依次替换插入点右侧的文本。键盘上的 Insert 键是插入和改写模式切换按键，Word 2010 窗口下方状态栏【插入/改写】按钮也可以实现两种模式切换。

2. 输入符号 在输入文档时，有时需要输入一些符号。除了键盘上有的符号可以直接输入外，其他符号需要利用 Word 2010 的插入符号功能。

具体操作是：首先将光标定位到需要的位置，选择【插入】/【符号】，可以看到常见符号，再选择【其他符号】，打开【符号】对话框，如图 4-11 所示。点击【子集】下拉菜单选择合适的子集，在表格中找到需要插入的符号，点击【插入】按钮，完成符号的输入。点击【取消】可关闭【符号】对话框。

在【符号】对话框打开【特殊字符】选项卡（图 4-12），可以找到一些特殊字符和对应的快捷键，完成快速输入。

（二）选取文本

在 Word 2010 中，需要先选定文本内容，才能进行编辑和各种操作。选取文本可以用鼠标、键盘或两者结合，被选中的文本会反白突出显示。

1. 鼠标选取

（1）任意文本选取 打开 Word 2010 文档，将光标移动至要选择文本内容的开头位置，按住鼠标左键不放并同时拖动，拖动至选取文本的最后。

（2）词语选取 某个词语处双击鼠标左键，即选取该词语。

（3）行选取 将鼠标放置行左边，指针变为指向右上的箭头时，单击左键，即选取该行。

（4）段落选取 把光标定位到要选择段落中的任意位置，三击鼠标左键即选取该文本段落。

（5）文档选取 鼠标移动到 Word 2010 文档左端，当指针变为指向右上的箭头时，三击鼠标左键就可以整篇文档选取。

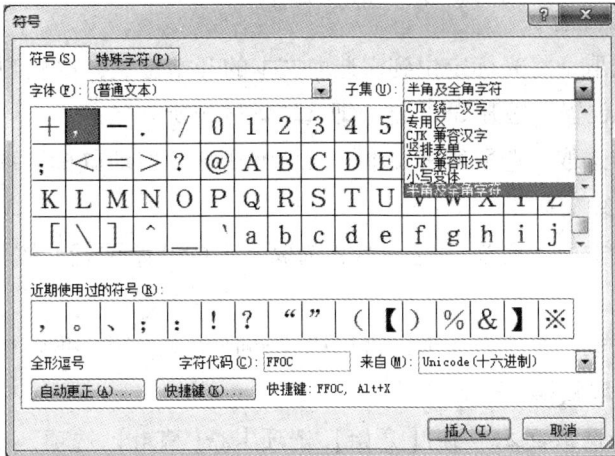

图 4-11　【符号】对话框

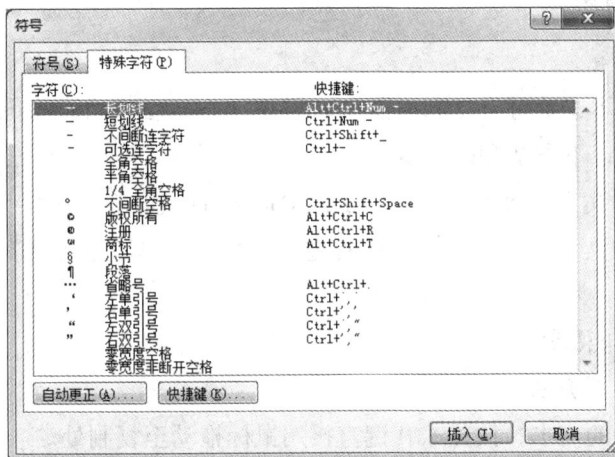

图 4-12　【特殊字符】选项卡

2. 键盘选取　通过键盘上的组合快捷键也可以快速实现对字符、词组、行、段落和文档的选取，常用快捷键见表 4-1。

表 4-1　文本选取快捷键及功能

快 捷 键	功　能
Shift+向右方向键	选取插入点右边一个字符
Shift+向左方向键	选取插入点左边一个字符
Shift+向上方向键	选取插入点至上一行相同位置之间文本
Shift+向下方向键	选取插入点至下一行相同位置之间文本
Ctrl+Shift+向左方向键	选取插入点之前的一个单词
Ctrl+Shift+向右方向键	选取插入点之后的一个单词
Shift+Home	选取插入点位置至行首
Shift+End	选取插入点位置至行尾
Ctrl+Shift+向上方向键	选取插入点位置至段首
Ctrl+Shift+向下方向键	选取插入点位置至段尾
Ctrl+Shift+Home	选取插入点位置至文档开始
Ctrl+Shift+End	选取插入点位置至文档结束
Ctrl+A	选取整篇文档

3. 鼠标与键盘结合选取

（1）连续文本选取　将光标定位到需选取文本的开始位置，按住 Shift 键，移动鼠标单击需选取文本的结束位置，松开 Shift 键，即选取该区域所有文本。

（2）不连续文本选取　选取所需文本，按住 Ctrl 键，拖动鼠标选取其他文本，反复操作，即选取多段不连续文本。

（3）矩形文本块选取　将光标定位到需选取文本的开始位置，按住 Alt 键，拖动鼠标选取矩形文本。

（4）整篇文档选取　按住 Ctrl 键，将鼠标移动到文本左边，指针变为指向右上的箭头时，单击左键，即选取整篇文档。

4. 使用菜单命令选取文本　在【开始】选项卡/【编辑】选项，单击【选择】，在下拉菜单中选择【全选】，可选取整篇文档。

三、文本的编辑

（一）文本删除

删除输入错误文本，除可直接利用键盘上的 Backspace 或 Delete 键删除插入点前、后的字符外，还可以采用以下方法删除文本。

1. 选取要删除的文本内容，按 Delete 键或 Backspace 键。

2. 选取要删除的文本内容，单击鼠标右键，在快捷菜单里选择【剪切】选项；或使用 Ctrl+X 组合键。

（二）文本复制与移动

1. 复制文本的主要方法

（1）选中需复制的文本，按住 Ctrl 键直接用鼠标拖动至复制处。

（2）选中需复制的文本，按住鼠标右键拖动至复制处，松开鼠标右键，在弹出的快捷菜单中选择【复制到此位置】。

（3）选中需复制的文本，单击鼠标右键，在快捷菜单里选择【复制】选项，这时系统把复制的内容存放在"剪贴板"中，再把光标定位到复制处，单击鼠标右键，在快捷菜单【粘贴】选项里选择粘贴方式。

（4）选中需复制的文本，在【开始】选项卡/【剪贴板】分组里选择【复制】选项，再把光标定位到复制处，在【开始】选项卡/【剪贴板】分组里选择【粘贴】选项里选择粘贴方式。

（5）选中需复制的文本，使用 Ctrl+C 组合键复制，再把光标定位到复制处，使用 Ctrl+V 组合键粘贴。

2. 移动文本的主要方法

（1）选中需移动的文本，直接用鼠标拖动至新位置。

（2）选中需移动的文本，按住鼠标右键拖动至新位置，松开鼠标右键，在弹出的快捷菜单中选择【移动到此位置】。

（3）选中需移动的文本，单击鼠标右键，在快捷菜单里选择【剪切】选项，再把光标定位到新位置，单击鼠标右键，在快捷菜单【粘贴】选项里选择粘贴方式。

（4）选中需移动的文本，在【开始】选项卡/【剪贴板】分组里选择【剪切】选项，再把光标定位到新位置，在【开始】选项卡/【剪贴板】分组里选择【粘贴】选项里选择粘贴方式。

（5）选中需移动的文本，使用 Ctrl+X 组合键复制，再把光标定位到新位置，使用 Ctrl+V 组合键粘贴。

知识拓展

进行"复制"和"剪切"操作后，系统会把复制或剪切的内容存放在"剪贴板"中。剪贴板是内存中的一块区域，用于临时存放数据。当再执行一次"复制"和"剪切"操作后，剪贴板中数据会被新数据所覆盖。

（三）文本撤消与恢复

1. 文本撤消　Word 2010 会将用户的每一步操作记录下来，如果已完成的操作不正确，需要返回到操作之前的文档状态，可通过"撤消键入"功能实现。用户可以按从后到前的顺序逐步撤消操作步骤，但不能撤消不连续的操作，操作方法如下。

（1）单击【快速访问工具栏】中的【撤消键入】按钮，可撤消上一步操作，连续单击该按钮，可撤消多步操作。

（2）单击【快速访问工具栏】中的【撤消键入】按钮右侧下拉菜单，可在打开的下拉列表中直接选择所需撤消的多步操作。

（3）按下 Alt+Backspace 或 Ctrl+Z 组合键执行撤消操作，连续按下按钮，可撤消多步操作。

2. 文本恢复　撤消某些操作之后，可通过"恢复"功能，取消之前的撤消操作。需要注意的是：只有执行了【撤消】命令之后，【恢复】命令才可使用，并与【撤消】命令操作次数和内容相对应，操作方法如下。

（1）单击【快速访问工具栏】中的【恢复键入】按钮，可恢复上一步操作，连续单击该按钮，可恢复多步操作。

（2）按下 Ctrl+Y 组合键执行恢复操作，连续按下按钮，可恢复多步操作。

（四）文本查找与替换

在长文档中查找替换某一内容时，逐一查找会比较浪费时间。Word 2010 提供了比较强大的查找和替换功能，可以实现快速查找和替换文本，提高效率。

1. 文本查找的方法

（1）打开文档，打开【开始】选项卡/【编辑】分组，点击【查找】按钮或使用 Ctrl+F 组合键，打开【导航】窗格（图 4-13）。在搜索文档框中输入要查找的内容，单击搜索标志，系统将自动查找符合要求的文本，并反色突出显示。

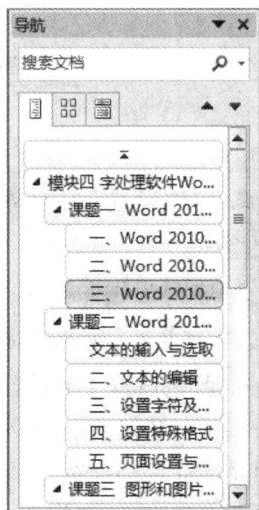

图 4-13　【导航】窗格

（2）在【查找】按钮右侧下拉菜单选择【高级查找】，打开【查找和替换】对话框，输入查找内容，进行查找。

2. 文本替换的方法 打开文档，打开【开始】选项卡/【编辑】分组，点击【替换】按钮，打开【查找和替换】对话框的【替换】选项卡（图4-14）。分别输入查找内容和替换内容，点击【替换】或【全部替换】按钮就可以实现单个或批量替换操作。

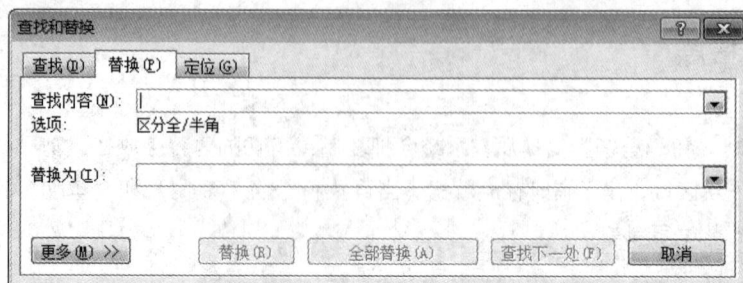

图4-14 【查找和替换】对话框

四、设置字符及段落格式

在完成内容编辑之后，需要对文档进行基本的格式设置，包括字符格式、段落格式的设置，底纹边框的添加，使用项目符号和编号等。

（一）设置字符格式

字符格式对文档的外观起到至关重要的作用，它包括字体、字号、颜色以及大小写的设置，需要用到【开始】选项卡/【字体】分组或【字体】对话框。

1. 在【开始】选项卡中可以找到【字体】分组，如图4-15所示。

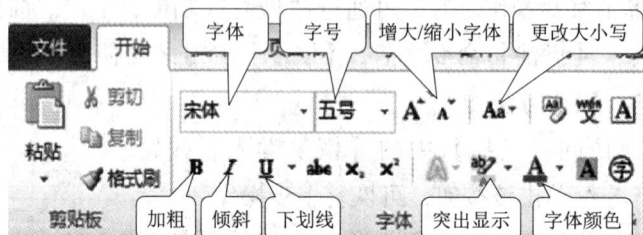

图4-15 【字体】分组

2. 字体设置 在字体文本框内可设置字体，单击右侧下拉按钮，打开下拉菜单，选择需要字体。

3. 字号设置 在字号文本框内设置字号大小，也可通过下拉菜单选择。还可以通过【增大字体】/【缩小字体】按钮来调整文字大小。

4. 颜色设置 可设置字体颜色和底色，字符颜色设置按钮右边的下拉菜单可打开颜色面板，选择所需的颜色；突出显示设置按钮下拉三角打开颜色面板选择所需的颜色作为突出显示的文字的底色。

5. 大小写 通过单击【更改大小写】按钮，可改变字母大小写和全半角状态。

6.【字体】对话框 点击【字体】分组右下角扩展按钮，可以打开【字体】对话框，如图4-16所示。在其中，可一次应用多种字符格式更改。在其【高级】选项卡中还可以调节字符间距、缩进量等，如图4-17所示。

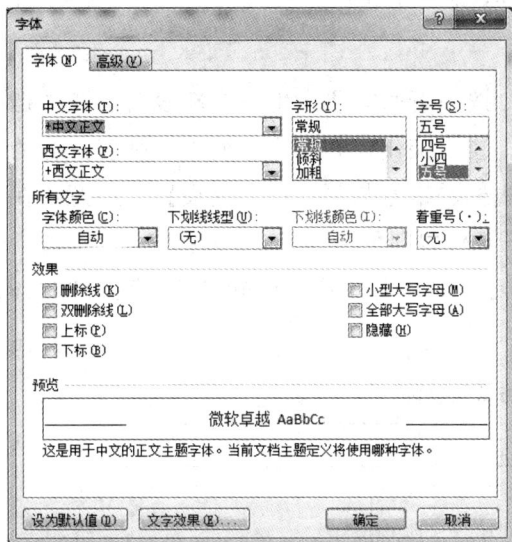

图 4-16 【字体】对话框

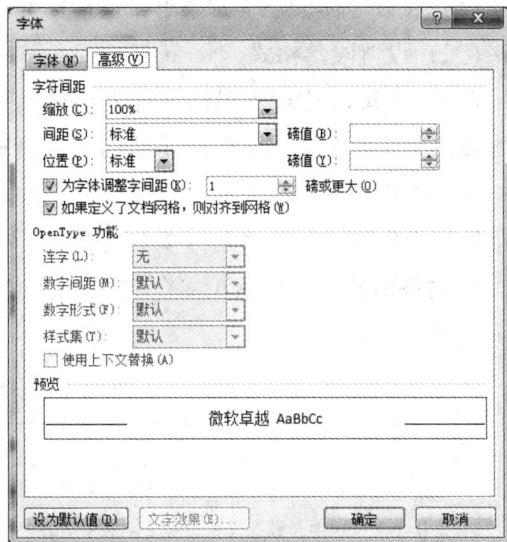

图 4-17 【字体】/【高级】选项卡

例 4-2 在"我国因特网的发展.docx"文档中输入如下文字，并完成操作：将标题"我国因特网的发展"，设置字体为"隶书"，字号为"小二"，字形为"加粗"，颜色为"深蓝"。

文档内容：

我国因特网的发展

我国的 Internet 的发展以 1987 年通过中国学术网 CANET 向世界发出第一封 E-mail 为标志。经过几十年的发展，形成了四大主流网络体系。即：中科院的科学技术网 CSTNET；国家教育部的教育和科研网 CERNET；原邮电部的 CHINANET 和原电子部的金桥网 CHINAGBN。

Internet 在中国的发展历程可以大略地划分为三个阶段：

第一阶段为 1987~1993 年，也是研究试验阶段。在此期间中国一些科研部门和高等院校开始研究 Internet 技术，并开展了科研课题和科技合作工作，但这个阶段的网络应用仅限于小范围内的电子邮件服务。

第二阶段为 1994~1996 年，同样是起步阶段。1994 年 4 月，中关村地区教育与科研示范网络工程进入 Internet，从此中国被国际上正式承认为有 Internet 的国家。之后，Chinanet、CERnet、CSTnet、Chinagbnet 等多个 Internet 项目在全国范围相继启动。Internet 开始进入公众生活，并在中国得到了迅速的发展。至 1996 年底，中国 Internet 用户数已达 20 万，利用 Internet 开展的业务与应用逐步增多。

第三阶段从 1997 年至今，是 Internet 在我国发展最为快速的阶段。国内 Internet 用户数 1997 年以后基本保持每半年翻一番的增长速度。增长到今天，上网用户已超过 1000 万。

操作步骤：

（1）选中标题"我国因特网的发展"。

（2）【开始】选项卡/【字体】分组中，点击【字体】的下拉菜单，选取"隶书"。

（3）点击【字号】的下拉菜单，选取"小二"。

（4）点击【加粗】按钮，将标题加粗。

（5）打开字体颜色下拉菜单，选择标准色"深蓝"。

（二）设置段落格式

在 Word 2010 中段落以回车符为结束标记，按一下回车便产生一个新段落。在文档中设置段落格式，可以使文档整体结构更加清晰，重点突出，如对齐、缩进、制表位等的设置；还可以进一步美化文本外观属性如底纹、边框、编号与项目符号的设置。注意：在对段落进行操作时，只要将光标移动到该段落中任意位置即可。

1. 对齐方式 是段落正文在文档左右边界之间的相对位置，Word 2010 有五种对齐方式（表4-2）。

表4-2 对齐方式及功能

对齐方式	功 能
左对齐	文字左对齐，页面左侧边缘整齐
居中对齐	文字居中对齐，页面两侧文字向中间集中
右对齐	文字右对齐，页面右侧边缘整齐
两端对齐	使文字左右两端同时对齐，根据需要增加字间距
分散对齐	使段落两端同时对齐，根据需要增加字间距

图4-18 对齐方式设置

设置对齐方式的方法有：

（1）在【开始】选项卡的【段落】分组中进行设置（图4-18）。

（2）使用【段落】对话框设置：点击【开始】选项卡/【段落】分组右下角扩展按钮，打开【段落】对话框，设置对齐方式（图4-19）。

（3）使用快捷键设置：左对齐 Ctrl+L、右对齐 Ctrl+R、居中对齐 Ctrl+E、两端对齐 Ctrl+J、分散对齐 Ctrl+Shift+J。

2. 缩进 段落缩进主要用于调整正文与页面边距之间的距离，常用的有左缩进、右缩进、首行缩进和悬挂缩进四种。①左缩进是指段落左边界与页面左侧之间的缩进量。②右缩进是指段落右边界与页面右侧之间的缩进量。③首行缩进指段落首行第一个字符距离页面左侧的缩进量。段落首行文字前需要空两个字符，即首行缩进两个字符。④悬挂缩进是指段落除首行外的其他行距离页面左侧的缩进量。

设置缩进主要有以下几种方法：

（1）选中需要设置的段落，选择【开始】选项卡的【段落】分组中的【减少缩进量】与【增加缩进量】进行调整设置（图4-20）。

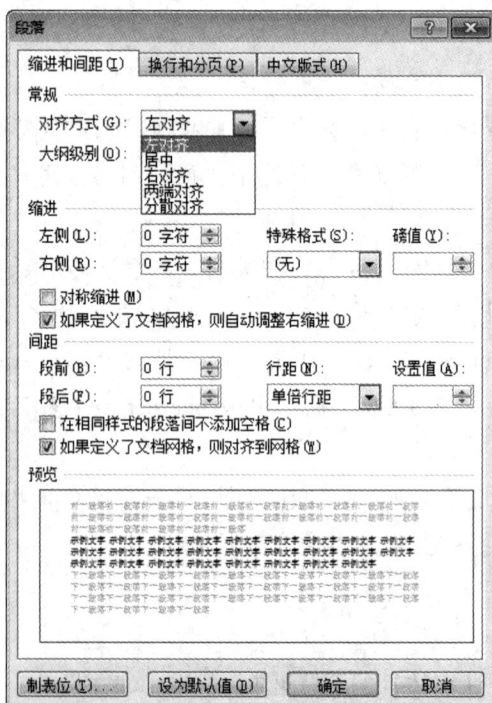

图4-19 【段落】对话框/对齐方式设置

（2）选中需要设置的段落，选择【视图】选项卡的【显示】分组的【标尺】选项按钮，或者点击垂直滚动栏上方的【标尺】按钮，打开标尺（图4-21）。用鼠标拖动"首行缩进"、"悬挂缩进"、"左缩进"和"右缩进"滑块分别设置相应的缩进。

图4-20　减少缩进量/增加缩进量

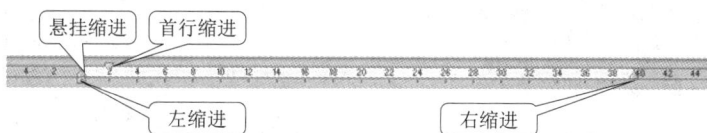

图4-21　标尺

（3）选中需要设置的段落，单击【页面布局】选项卡，在【段落】分组中调整左/右缩进的数值（图4-22）。

图4-22　【页面布局】/【段落】左/右缩进

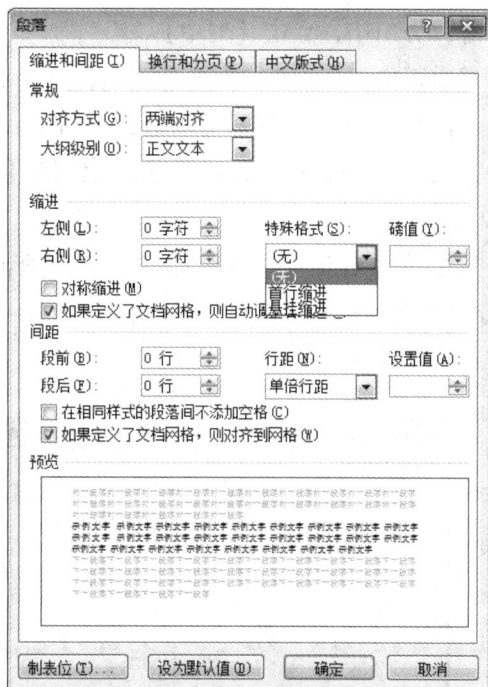

图4-23　【段落】对话框/缩进设置

（4）选中需要设置的段落，点击【开始】选项卡/【段落】分组右下角扩展按钮，打开【段落】对话框，在"缩进"区域调整"左侧"或"右侧"编辑框设置缩进值。可在【特殊格式】中设置首行缩进和悬挂缩进（图4-23）。

3. 行间距、段间距　为了使整个 Word 文档看起来更加美观、疏密有致，需要通过调整行间距和段间距设置行与行、段落与段落之间的距离。具体的操作方法如下。

（1）选中要调整行间距或段间距的文字，在【开始】选项卡/【段落】分组中【行和段落间距】按钮下拉菜单（图4-24），可以通过行距中的 1.0、1.15、1.5、2.0、2.5、3 倍行距快速调整行间距；选择"增加段前间距"或"增加段后间距"命令，调整段落间距。

（2）选中要调整行间距或段间距的文字，点击【开始】选项卡/【段落】分组的扩展按钮，打开【段落】对话框，在"间距"区域中调整段前、段后间距和行距（图4-25）。

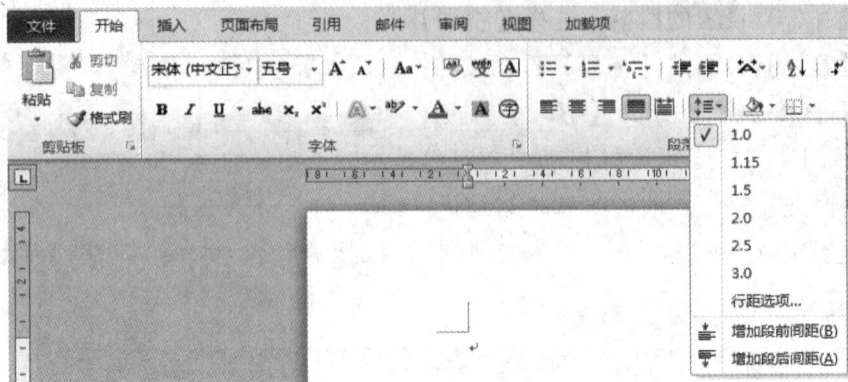

图 4-24 【开始】/【段落】/【行和段落间距】

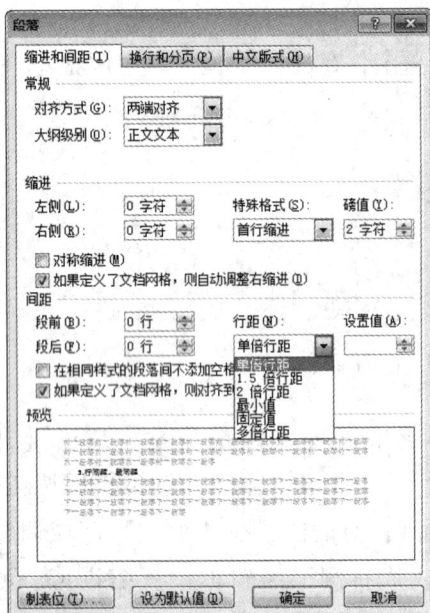

图 4-25 【段落】对话框行距、
段间距调整

（3）选中要调整行间距或段间距的文字，点击【页面布局】选项卡，在【段落】分组中调整段前、段后间距的数值。

例 4-3 在"我国因特网的发展.docx"文档中，将标题居中对齐，正文每段均设置首行缩进 2 字符，第二段正文设置段前间距 0.5 行，1.5 倍行距，操作步骤如下。

（1）打开"我国因特网的发展.docx"文档，选中标题"我国因特网的发展"，在【开始】选项卡的【段落】分组中，点击【居中】。

（2）选中正文四个段落，点击【开始】选项卡/【段落】分组的扩展按钮，打开【段落】对话框。在【特殊格式】下拉菜单选择【首行缩进】，在【磅值】中输入"2 字符"。

（3）选中第二段正文，点击【开始】选项卡/【段落】分组的扩展按钮，打开【段落】对话框。在【间距】区域，设置【段前】0.5 行，【行距】下拉菜单中选择"1.5 倍行距"。

4. 制表符 制表符可以在不使用表格时垂直方向按列对齐文本，对应键盘上的 Tab 键位。每按一次 Tab 键，即插入一个制表符，系统默认的宽度是两个字符（0.75cm）。还可以通过【段落】对话框左下角的【制表位】打开【制表位】对话框（图 4-26），进行制表位的位置、默认制表位宽度、对齐方式、前导符的设置。

5. 项目符号/编号 在 Word 文档中，使用编号和项目符号，可以使文档条理更清楚，更有层次感，帮助读者理解。项目符号和编号功能相同，

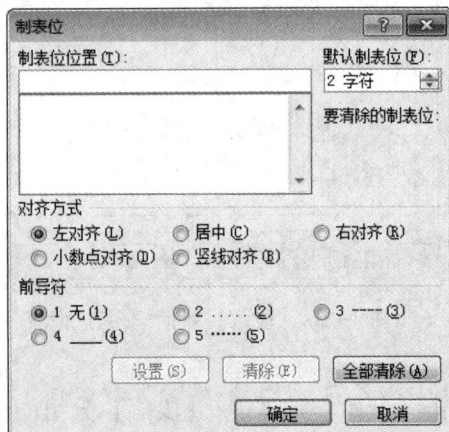

图 4-26 【制表位】对话框

不同的是前者使用相同的符号或图片，后者使用连续的数字或字母。设置方法主要有以下几种。

（1）自动添加。在段落开始前输入"1."、"一、"、"a）"等格式的编号，输入文本。到下一段落按回车键时，Word 会自动将下一编号加入到下一段落开始。

（2）选中需要添加项目符号或编号的文字，点击【开始】选项卡的【段落】分组中的【项目符号】或【编号】按钮，可以添加系统默认格式的项目符号和编号。点击按钮右侧的下拉菜单，可以选择或自己定义所需要的项目符号和编号的样式，进行个性化设置（图 4-27、图 4-28）。

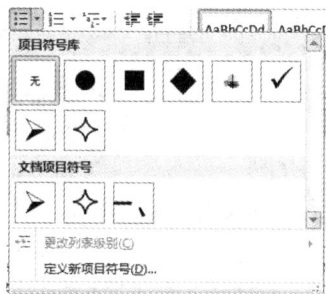

图 4-27　【项目符号】标签　　　　图 4-28　【编号】标签

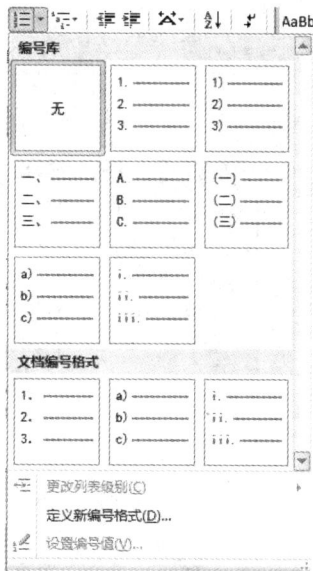

6. 边框和底纹　在 Word 文档中，为了突出显示重点文字和段落，可以设置边框或底纹效果，主要使用【边框和底纹】对话框进行设置，操作步骤如下。

（1）选中需要添加边框或底纹的段落，点击【开始】选项卡的【段落】分组中的【下框线】按钮的下拉菜单，在弹出的菜单中可进行下框线、上框线、左框线、右框线等效果的快速设置，并在右下方的【应用于】下拉菜单中选择"段落"。

（2）需要进行详细设置，可点击【边框和底纹】按钮，打开【边框和底纹】对话框，如图 4-29。

（3）在【边框】选项卡内设置边框的形式、样式、颜色、宽度和应用范围。在【底纹】选项卡中设置底纹的填充颜色（背景色）、样式（百分比）和填充点颜色（前景色）（图 4-30）。

五、设置特殊格式

（一）首字下沉

在一些报刊杂志中经常可以看到，文章的第一个段落的第一个字设置为不同的字体、字号，以引起读者注意。这种设置在 Word 2010 中可以使用"首字下沉"效果实现。操作步骤如下。

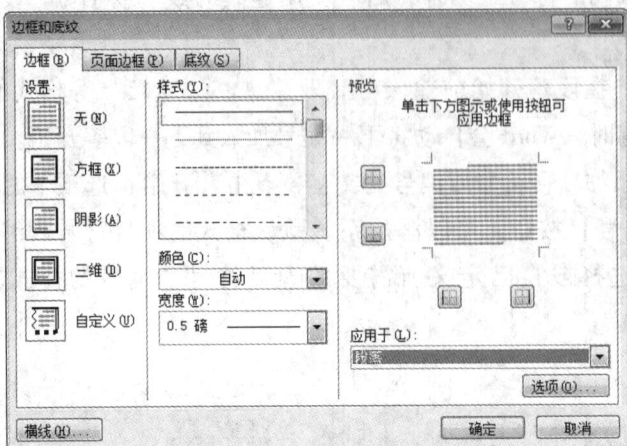

图 4-29 【边框和底纹】对话框

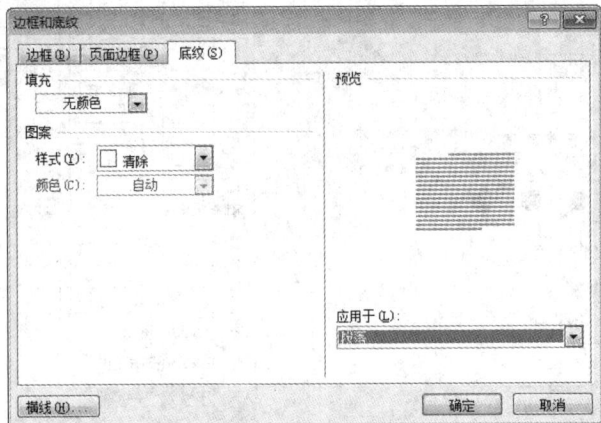

图 4-30 【底纹】标签

1. 选中段落，点击【插入】选项卡的【文本】分组中的【首字下沉】按钮，打开下拉菜单，可选择【下沉】或【悬挂】进行快速设置，如图 4-31 所示。

2. 选择【首字下沉选项】，打开【首字下沉】对话框，设置首字的字体，下沉行数和距正文的距离（图 4-32）。

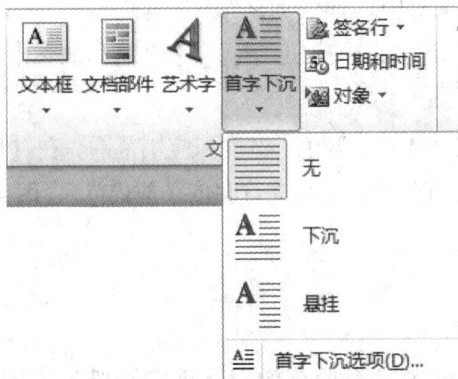

图 4-31 【首字下沉】按钮

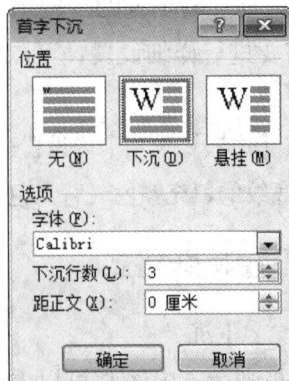

图 4-32 【首字下沉】对话框

（二）分栏

指将文档中的文本分成两栏或多栏，一般用于杂志、报纸排版，用于创建不同风格的文档，使版面更加生动。操作步骤如下。

1. 选中段落，点击【页面布局】选项卡的【页面设置】分组中的【分栏】按钮，打开下拉菜单，可选择【一栏】、【二栏】、【三栏】、【偏左】或【偏右】进行快速设置（图 4-33）。

2. 选择【更多分栏】选项，打开【分栏】对话框，设置栏数、是否使用分隔线、栏宽度和间距、应用范围等，还可以在右边看到预览效果（图 4-34）。

知识链接

分栏最多可分 13 栏。

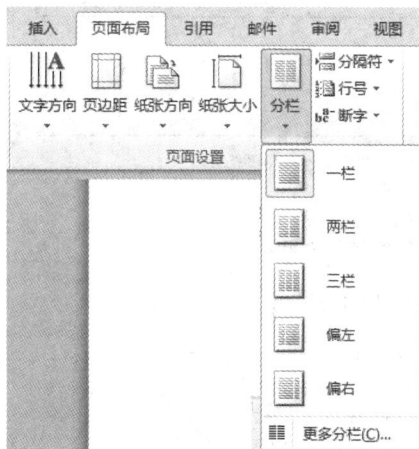

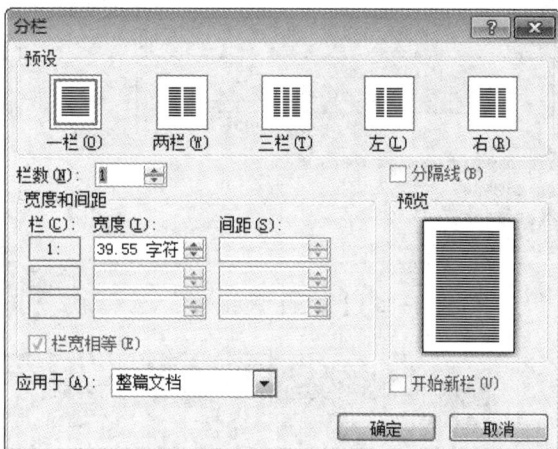

图 4-33 【分栏】按钮 　　　　　　　　图 4-34 【分栏】对话框

（三）页眉页脚

页眉页脚在文档中每个页面的顶部和底部区域，用于显示文档的附加信息，可以插入文件名、标题、单位、页码、时间、图片等。通过设置页眉页脚，可以使文档风格一致，具有整体性。设置页眉页脚的操作方法如下。

1. 打开【插入】选项卡【页眉和页脚】区域，点击【页眉】或【页脚】按钮，在弹出的下拉菜单中可选择页眉或页脚的样式（图 4-35、图 4-36）。

2. 选定后，文档自动进入页眉/页脚编辑区，可自行输入页眉/页脚内容。

3. 同时，功能区打开【页眉和页脚工具】/【设计】选项卡（图 4-37），可以对页眉页脚进行更详细的设置。包括插入页码、日期和时间、文档部件、图片、剪贴画，页眉页脚快速切换，设置页眉页脚首页不同、奇偶页不同以及页眉页脚距顶端和底端的距离等。

4. 单击【关闭页眉页脚】按钮，可以退出页眉页脚的编辑状态；或者在文档编辑区任意位置双击鼠标左键，也可退出编辑状态。

（四）插入页码

在【插入】选项卡【页眉和页脚】区域，点击【页码】按钮，可打开下拉菜单

（图4-38），在其中可以选择插入页码的位置。点击【设置页码格式】可打开【页码格式】对话框（图4-39），设置编号格式、是否包含章节号、章节起始样式和分隔符、页码编号位置等。

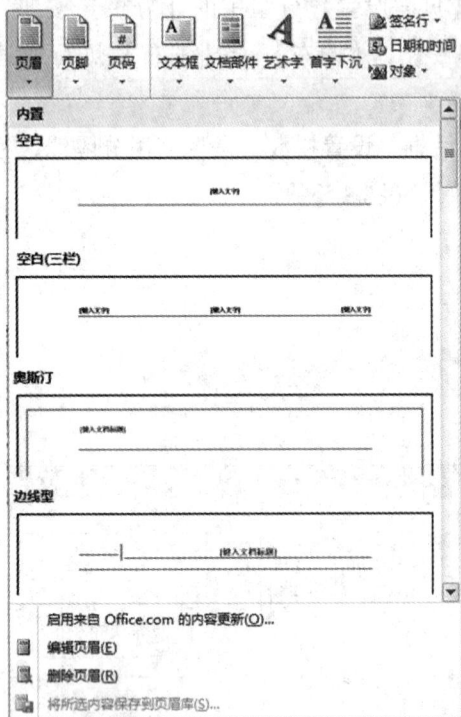

图4-35 【页眉】按钮

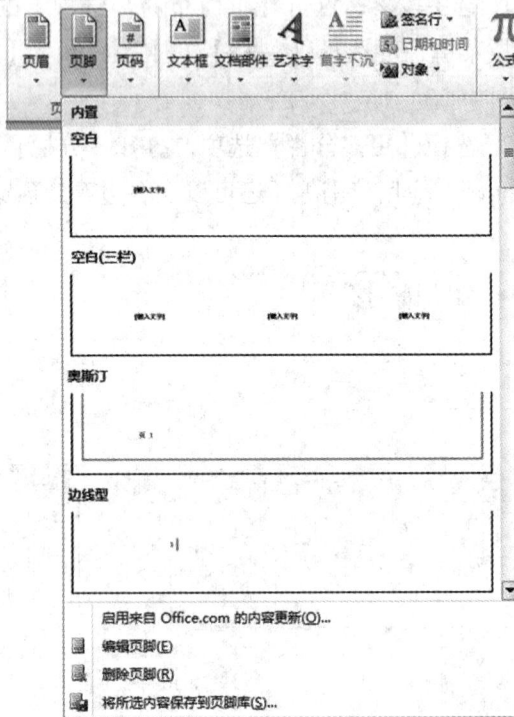

图4-36 【页脚】按钮

图4-37 【页眉和页脚工具】／【设计】选项卡

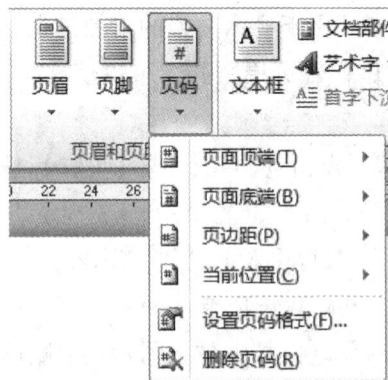

图4-38 【页码】按钮

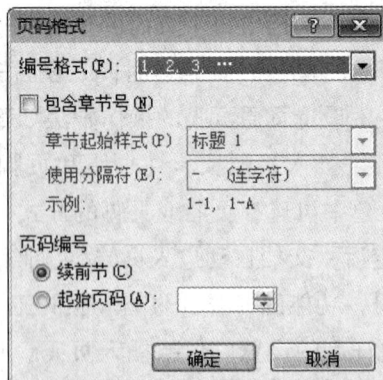

图4-39 【页码格式】对话框

例4-4 将"我国因特网的发展.docx"正文第一段设置首字下沉，字体为"楷体"，行数为"2行"，距正文距离为"0.2厘米"；第三段设置分为3栏，栏宽相等，栏间设分隔符；设置页眉为"因特网"，右对齐；在页面底端插入页码，格式为"普通数字1"。

操作步骤如下：

（1）打开"我国因特网的发展．docx"文档，选中正文第一段，点击【插入】选项卡的【文本】分组中的【首字下沉】下拉菜单【首字下沉选项】，打开【首字下沉】对话框，选择首字的字体"楷体"，下沉行数"2行"和距正文的距离"0.2厘米"，关闭对话框。

（2）选中正文第三段，点击【页面布局】选项卡的【页面设置】分组中的【分栏】按钮，打开下拉菜单，选择【更多分栏】，打开【分栏】对话框，选择"三栏"，选中【栏宽相等】和【分隔符】，关闭对话框。

（3）打开【插入】选项卡【页眉和页脚】区域，点击【页眉】，选择【空白】，进入页眉编辑区，输入文字"因特网"。点击【开始】选项卡/【段落】分组中的【右对齐】按钮。

（4）点击【插入】选项卡【页眉和页脚】区域，点击【页码】，在下拉菜单中选择【页面底端】/【普通数字1】格式。

六、页面设置与打印

在日常办公中，使用 Word 2010 编辑好文档之后，常需要进行文档的打印。为了满足打印的不同需求，我们要进行页面设置。常用的操作包括设置页边距、设置纸张大小和来源、打印预览、打印机设置和打印文档等。

1. 设置页边距　页边距是指文本与纸张边缘的距离。Word 通常在页边距之内打印文档正文，设置页边距的方法主要如下。

（1）快速设置　打开【页面布局】选项卡【页面设置】分组中【页边距】按钮，或在【文件】选项卡【打印】菜单点击【设置】区域中【正常边距】，打开下拉菜单，可进行系统预设好的"普通""窄""适中""宽""镜像"等格式的快速设置（图 4-40、图 4-41）。

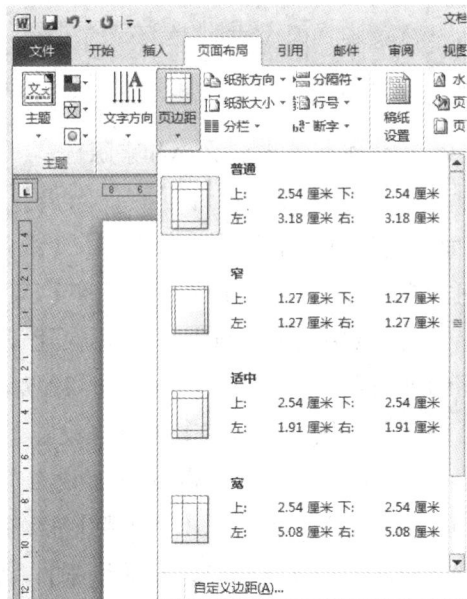

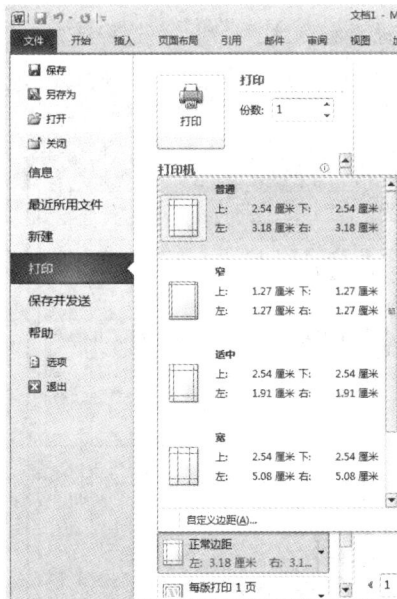

图 4-40　【页边距】按钮　　　　图 4-41　【文件】/【打印】/
　　　　　　　　　　　　　　　　　　　　　　　　【设置】/【边距】

（2）使用【页面设置】对话框设置　在【页边距】按钮下拉菜单点击【自定义边距】或【页面设置】，打开【页面设置】对话框，进行上下左右页边距的精确设置（图 4-42）。

（3）利用标尺设置　水平标尺有左右页边距标志，垂直标尺有上下页边距标志，页边距之外是灰色区域（图4-43）。改变页边距，可以用鼠标移至标尺页边距标志，指针变成双向箭头，按住鼠标左键拖动至需要位置。

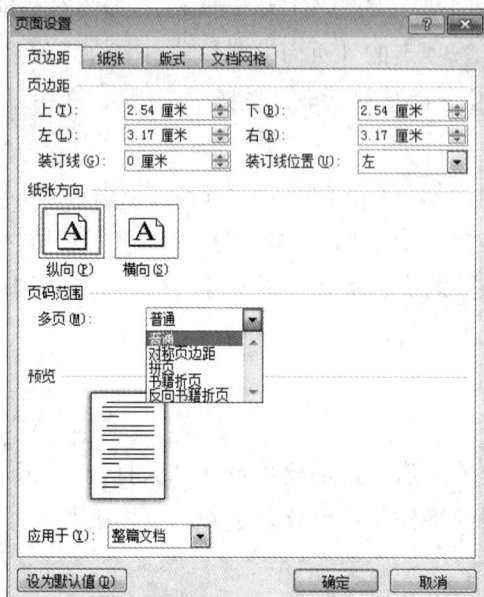

图4-42　【页面设置】对话框【页边距】标签

图4-43　标尺左边距标志

知识链接

页边距和缩进的区别：页边距至文本离纸张边缘的距离（即标尺中灰色区域的距离）；缩进是指在文本区内段落的缩进（即文本距灰色区域边的距离）。

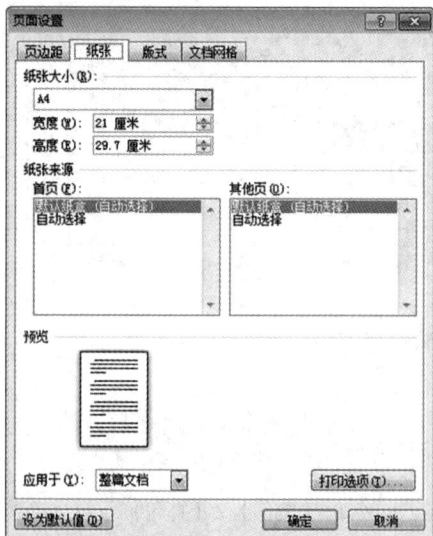

图4-44　【页面设置】对话框【纸张】标签

2. 设置纸张方向、大小和来源

（1）快速设置　打开【页面布局】选项卡【页面设置】分组中的【纸张方向】【纸张大小】按钮，或在【文件】选项卡【打印】菜单点击【设置】区域中对应的按钮，进行快速设置。最常用的纸张是A4纸，大小为21cm×29.7cm。

（2）使用【页面设置】对话框设置　在【页边距】按钮下拉菜单点击【页面设置】，打开【页面设置】对话框，在【页边距】标签可进行纸张方向设置（图4-42）；在【纸张】标签可进行纸张大小和纸张来源设置（图4-44）。

3. 打印预览　在打印之前，需要在屏幕上提前查看实际打印的效果，如果有不满意处，可及时返回编辑状态修改，这里用到Word 2010的打印预览功能。具体操作是：打开需要预览的文档，选择【文件】选项卡【打印】选项，即可在窗口右边看到该文档预览效果（图4-45）。

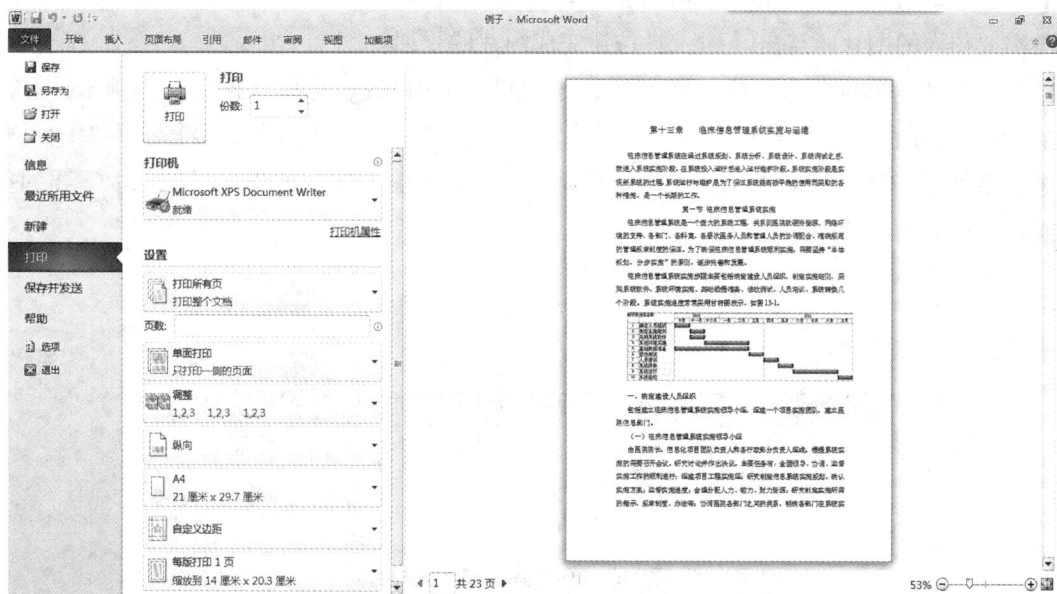

图 4-45　打印预览效果

4. 打印文档　文档确认无误之后，就可以进行文档打印。选择【文件】选项卡【打印】选项，可在中间窗格选择打印份数、合适的打印机、打印范围和打印页数、单面或双面打印、打印排序（"逐份打印"或"逐页打印"）、纸张方向、纸张大小、合适边距和每版打印页数。设置完成之后，就可以点击【打印】按钮，使用选定的打印机进行打印。

输入页数时，输入连续页码时，页码用"-"连接；输入不连续页码时，页码应用","间隔。如需打印第 5 到第 10 页，第 13 和 15 页，输入方法为："5-10，13，15"。

知识拓展

设置多份打印时的打印方式，即"逐份打印"或"逐页打印"。"逐份打印"可在【设置】区域的【调整】下拉按钮选择【调整】在完成第 1 份打印任务时再打印第 2 份、第 3 份……"逐页打印"需选中【取消排序】选项，将逐页打印足够的份数。

任务三　图形和图片的基本操作

Word 2010 文档中经常需要加入一些图形和图片，使文档更加生动、形象、具有吸引力。对这些图形图片的编辑也是需要掌握的基本操作，包括图片的添加和美化、自选图形、文本框、艺术字和 SmartArt 图形的应用。

一、图片的添加及美化

1. 图片的添加　在 Word 2010 中，我们可以选择添加电脑里保存的图片，也可以使用 Word 2010 剪辑库中存放的剪贴画，主要操作如下。

（1）插入图片　将光标定位到需要插入图片的位置，选择【插入】选项卡，点击【插图】分组中的【图片】按钮，打开【插入图片】对话框（图4-46）。找到图片所在位置，选中需要插入的图片，点击【插入】按钮完成图片的添加。

（2）插入剪贴画　将光标定位到需要插入剪贴画的位置，选择【插入】选项卡，点击【插图】分组中的【剪贴画】按钮，打开【剪贴画】窗格。在【搜索文字】文本框输入剪贴画类型（如人物，图4-47），单击【搜索】按钮，列表中展示搜索结果，选中需要的剪贴画，完成剪贴画的添加。

图4-46　【插入图片】对话框　　　　图4-47　【剪贴画】窗格

2. 缩放图片　图片大小不符合要求时，我们可以对图片进行缩放操作，方法如下。

（1）点击所要缩放的图片，在图片的四角和四边的中间会出现八个控制点，将鼠标放在控制点上，鼠标指针会变成双向箭头，按住鼠标左键拖动，就可以放大或缩小所选图片。

（2）点击所要缩放的图片，功能区出现【图片工具】/【格式】选项卡/【大小】分组（图4-48），可在【高度】和【宽度】中输入数值，对图片进行大小精确设置，即可放大或缩小图片。

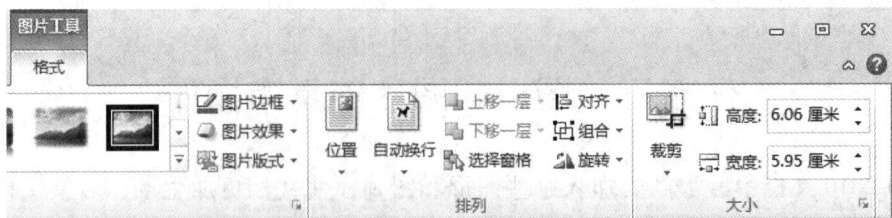

图4-48　【图片工具】/【格式】选项卡/【大小】分组

（3）鼠标右键点击所要缩放的图片，弹出菜单中选择【大小和位置】，打开【布局】对话框【大小】标签（图4-49），在【高度】和【宽度】中输入数值或在缩放区【高度】和【宽度】中输入百分比，即可放大或缩小图片。

3. 裁剪图片　如果只需要保存图片中的部分内容，我们需要对图片进行裁剪操作，去掉不需要的部分，方法如下。

（1）点击所要缩放的图片，功能区出现【图片工具】/【格式】选项卡/【大小】分组（图 4-48），鼠标点击【裁剪】按钮，变成裁剪指针，选择合适的控制点，按住鼠标左键拖动到合适位置，再点击【裁剪】按钮，就可以裁剪所选图片。

（2）鼠标右键点击所要缩放的图片，弹出菜单中选择【设置图片格式】，打开【设置图片格式】对话框（图 4-50），选择【裁剪】标签，在裁剪位置修改宽度和高度，即可裁剪图片。

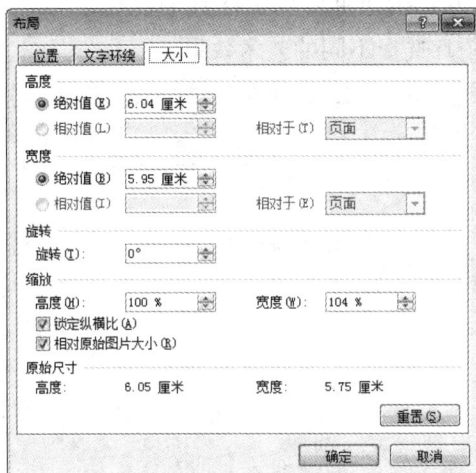

图 4-49 【布局】对话框/【大小】标签　　　　图 4-50 【设置图片格式】对话框

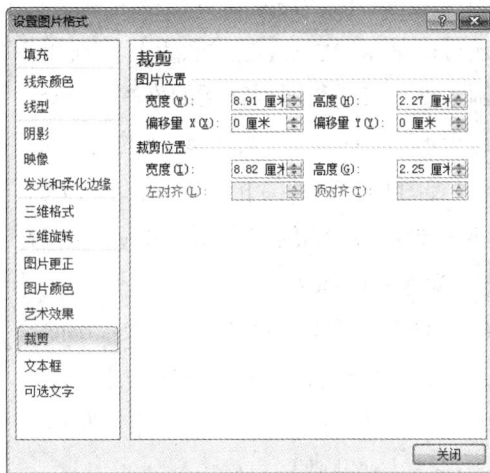

4. 设置文件环绕图片

（1）点击图片，功能区出现【图片工具】/【格式】选项卡/【排列】分组（图 4-51），鼠标点击【位置】按钮，在下拉菜单中选择合适的文字环绕方式，确定图片的位置。

（2）选择【其他布局选项】或鼠标右键点击图片，弹出菜单中选择【大小和位置】，打开【布局】对话框【文字环绕】标签（图 4-52），选择合适的文字环绕方式，确定图片的位置。

图 4-51 【图片工具】/　　　　图 4-52 【布局】对话框/【文字环绕】标签
【格式】/【位置】菜单

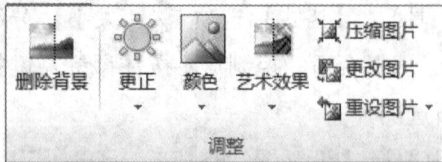

图4-53 【图片工具】/【格式】
选项卡/【调整】分组

5. 改变图片的亮度、对比度、颜色、艺术效果 我们往往要调整图片的亮度、对比度、颜色、艺术效果等效果使图片更加美观，这些操作均在【图片工具】/【格式】选项卡/【调整】分组（图4-53）中可以实现。【删除背景】可以自动删除不需要的部分图片；【更正】按钮可以实现图片的锐化和柔化、亮度和对比度的调整；【颜色】按钮可以调整图片的颜色饱和度、色调，还可以重新着色；【艺术效果】按钮可以为图片选择不同的艺术效果。

例4-5 在"我国因特网的发展.docx"文档最后插入一张"网络"类型的【剪贴画】，设置图片"25%柔化""亮度+40%，对比度-20%"，颜色饱和度66%，色温5300K。操作步骤如下。

（1）打开"我国因特网的发展.docx"文档，光标定位到文档最后，选择【插入】选项卡，单击【插图】分组中的【剪贴画】按钮，打开【剪贴画】窗格。

（2）在【搜索文字】文本框输入"网络"，单击【搜索】按钮，点击搜索结果中的第一张剪贴画，完成剪贴画的添加。

（3）选中图片，【图片工具】/【格式】选项卡/【调整】分组中，点击【更正】按钮，在下拉菜单中选中"25%柔化"和"亮度+40%，对比度-20%"。

（4）点击【颜色】按钮下拉菜单，选中颜色饱和度66%和色温5300K。

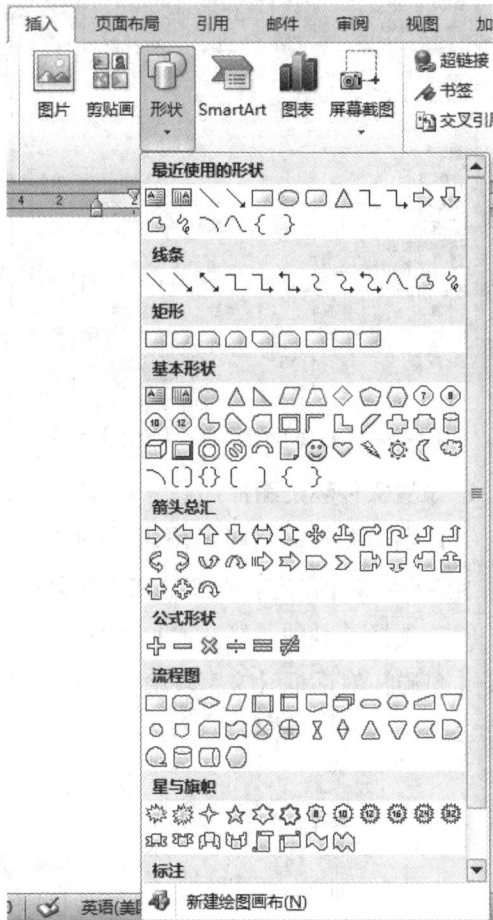

图4-54 【插入】/【形状】菜单

二、自选图形

在 Word 2010 中，提供了一些现成的线条、箭头、流程图、星星等形状供用户自行绘制自选图形，还可以组合成更加复杂的形状。

（一）绘制自选图形

1. 单击【插入】选项卡【插图】分组中【形状】按钮，在打开的形状面板中单击需要绘制的形状（例如选中【基本形状】区域的【椭圆】选项），如图4-54所示，鼠标指针变成细十字。

2. 将鼠标指针移动到需要插入图形的位置，按下左键拖动鼠标即可绘制图形。将图形大小调整至合适大小后，释放鼠标左键完成自选图形的绘制。

知识拓展

　　如果在绘制图形的同时按下 Shift 键，则可以成比例绘制形状，如选择椭圆形，按下 Shift 键后，可绘制正圆形；选择矩形，按下 Shift 键后，可绘制正方形。

（二）设置自选图形格式

　　1. 选择所绘图形，功能区出现【绘图工具】/【格式】选项卡【形状样式】分组（图4-55），可以对图形进行形状样式的调整。

　　（1）形状填充　在【主题颜色】和【标准色】区域可以设置图形的填充颜色。单击【其他填充颜色】按钮在【颜色】对话框中选择更多填充颜色。还可以选择【渐变】选项，填充渐变效果。【图片】和【纹理】可以选择喜欢的图片和纹理作为填充素材。

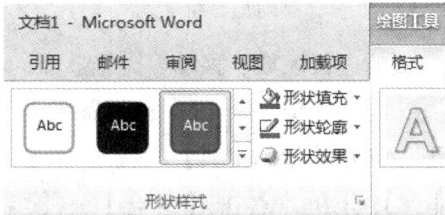

图 4-55　【绘图工具】/【格式】/【形状样式】分组

图 4-56　【设置形状格式】对话框

　　（2）形状轮廓　除了设置轮廓的颜色外，还可选择轮廓的粗细和线型。

　　（3）形状效果　可实现预设、阴影、映像、发光、柔化边缘、棱台、三维旋转等效果快速设置。

　　2. 选择【形状样式】分组右下角或鼠标右键点击自选图形，可打开【设置形状格式】对话框（图4-56），可选择填充、线条颜色、线型、阴影、映像、发光和柔化边缘等标签对图形进行详细设置。

（三）旋转自选图形

　　1. 选择自选图形出现控制点，在图片上方有一绿色圆点。鼠标移动至圆点变成"旋转"指针样式，按住鼠标左键，可直接进行旋转操作。

　　2. 通过【设置形状格式】对话框【三维旋转】标签，可精确设置图形旋转角度。

（四）自选图形叠放顺序

　　多个自选图形放在一起时，会出现后插入的图形遮住先插入的图形，后绘制的图形会比先绘制的图形层次高。Word 2010 可以调整自选图形的叠放顺序，改变图形之间的层次关系。具体方法如下。

　　1. 选择需要改变叠放顺序的图形，打开【绘图工具】/【格式】选项卡【排列】分组（图4-57）。【上移一层】按钮有三种方式：置于顶层、上移一层、浮于文字上方。【下移一层】按钮的三种方式：置于底层、下移一层、衬于文字下方。

　　2. 鼠标右键点击需要改变叠放顺序的图形，在右键快捷菜单里指向【置于顶层】或

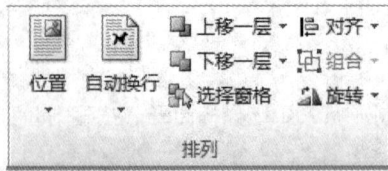

图4-57 【绘图工具】/【格式】/
【排列】分组

可方便的进行缩放、移动等操作。

2. 按住 ctrl 键，依次选择需要组合的图形，打开【绘图工具】/【格式】选项卡【排列】分组，点击【组合】-【组合】命令。

三、文本框

文本框是一种可移动的文字或图形的容器。通过使用文本框，我们可以方便的将文本或图形图片放置到文档的指定位置，不受段落格式、页面设置等影响。

1. 插入文本框 Word 2010 内置多种样式的文本框，插入文本框的方法如下。

（1）插入空文本框：点击【插入】选项卡【文本】分组，点击【文本框】按钮，在弹出的下拉菜单中选择需要的文本框样式（图4-58）。选择之后可在新插入的文本框中输入内容。

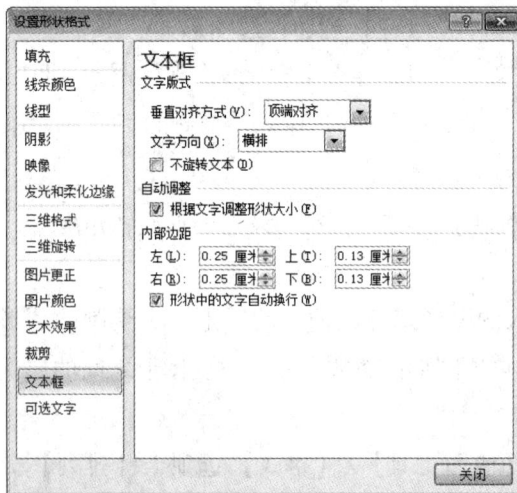

图4-59 【设置形状格式】对话框【文本框】标签

【置于底层】，在弹出的子菜单中选择。

（五）图形的组合

多个自选图形可以组合成一个大图形，便于整体操作。主要操作方法如下。

1. 按住 ctrl 键，依次选择需要组合的图形，鼠标右键点击图形，在右键快捷菜单里点击【组合】-【组合】命令，选中的图形组合成一个图形，

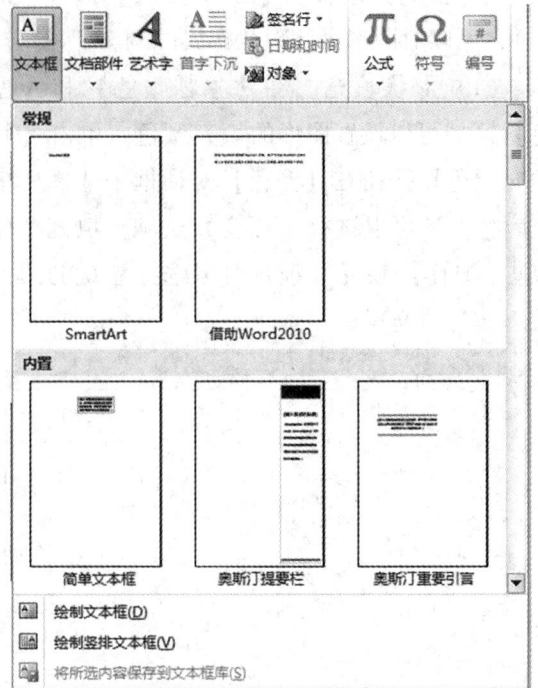

图4-58 【插入】/【文本框】菜单

（2）将已有内容设置为文本框：选中需要的内容，点击【插入】选项卡【文本】分组，点击【文本框】按钮，在弹出的下拉菜单中选择【绘制文本框】或【绘制竖排文本框】，可将现有内容设置为文本框。

2. 编辑文本框 文本框具有图形的属性，对文本框的大小调整、格式设置的操作与对图形图片的操作一致。可在【设置形状格式】对话框中【文本框】标签中设置文本框内部的文字版式、自动调整和内部边距（图4-59）。

四、艺术字

艺术字是具有特殊效果的文字，具有较大的字体和不同的样式格式，为文字建立图形效果。常常用于文档或封面标题，效果醒目。

1. 插入艺术字　选择【插入】选项卡【文本】分组中【艺术字】选项，如图 4-60 所示，选择需要的艺术字效果。在文档中出现的艺术字文本框中输入文字内容。

2. 编辑艺术字　选择需要编辑的艺术字，打开【绘图工具】/【格式】选项卡/【艺术字样式】分组（图 4-61）。可以修改艺术字样式、文本填充、文本轮廓和文本效果。

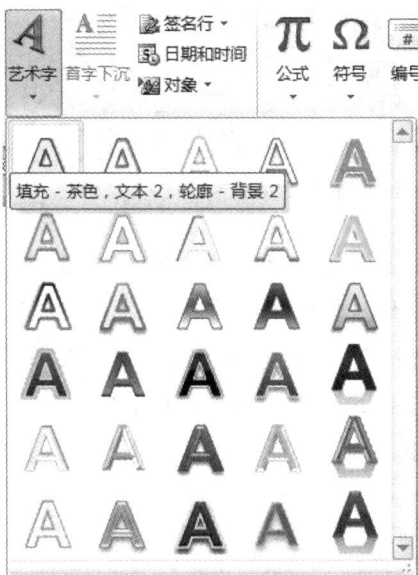

图 4-60 【插入】/【艺术字】菜单

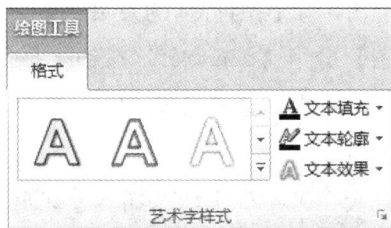

图 4-61 【绘图工具】/【格式】/
【艺术字样式】分组

知识链接

艺术字也是一种文字，在【开始】选项卡【字体】分组中的各种操作对艺术字同样有效。

五、SmartArt 图形的使用

SmartArt 图形是信息和观点的视觉表示形式。Word 2010 提供了多种类型的 SmartArt 图形，包括流程、工序、组织架构等，可以通过从多种不同布局中进行选择来创建 SmartArt 图形，从而快速、轻松地创建复杂的具有设计师水平的图形。

（一）创建 SmartArt 图形

光标定位到需要插入 SmartArt 图形的位置，选择【插入】选项卡【插图】分组【SmartArt】按钮（图 4-62），打开【选择 SmartArt 图形】

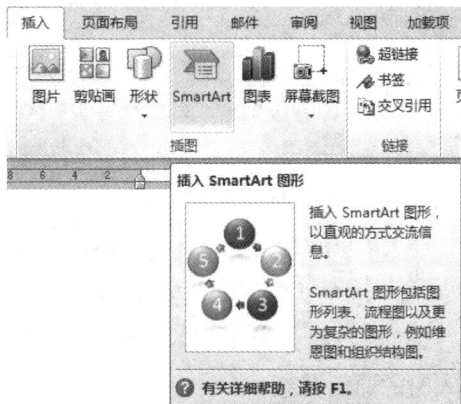

图 4-62 【插入】/【插图】/
【SmartArt】按钮

对话框（图 4-63）。选择图形类型标签，在打开的列表中选择所需的图形，在右边窗格可以看到选中 SmartArt 图形的效果和简介。选择后点击【确定】按钮，即可在文本区的 SmartArt 图形中输入文本。

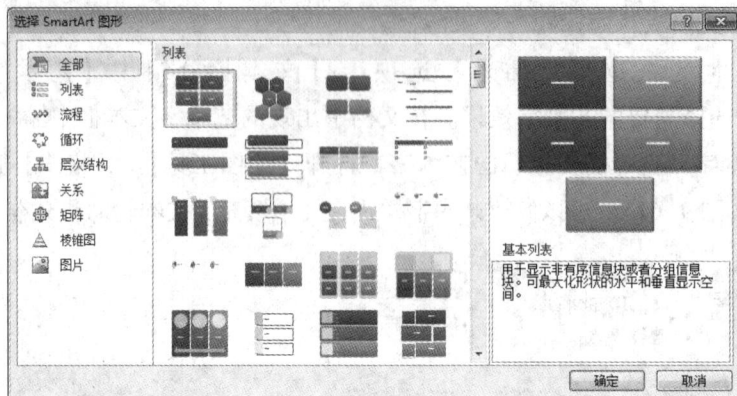

图 4-63 【选择 SmartArt 图形】对话框

例 4-6 在"我国因特网的发展 . docx"文档末尾，插入 SmartArt 图形"步骤上移流程"，输入三个阶段"试验""起步""发展"。操作步骤如下。

（1）打开"我国因特网的发展 . docx"文档，光标定位到文档末尾，选择【插入】选项卡【插图】分组【SmartArt】按钮，打开【选择 SmartArt 图形】对话框。

（2）在左边窗格选择【流程】，中间列表选择第一行第二列"步骤上移流程"，点击【确定】。

（3）在三个文本框中依次输入"试验"、"起步"和"发展"。

（二）编辑 SmartArt 图形

创建 SmartArt 图形之后，功能区显示【SmartArt 工具】/【设计】选项卡和【SmartArt 工具】/【格式】选项卡。可以对 SmartArt 图形进行布局、样式、排列的设置。

1.【SmartArt 工具】/【设计】选项卡

（1）【创建图形】分组中，【添加形状】按钮可在 SmartArt 图形中添加形状；【添加项目符号】按钮可添加文本项目符号，【升级】和【降级】按钮可调整 SmartArt 图形的级别，【从右向左】按钮可调整 SmartArt 图形的布局方向（图 4-64）。

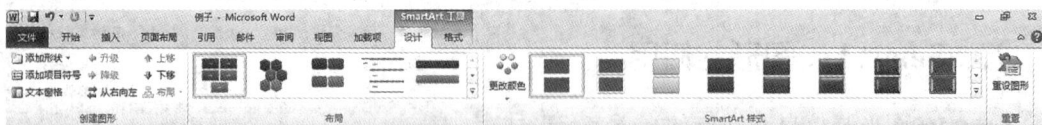

图 4-64 【SmartArt 工具】/【设计】选项卡

（2）【布局】分组中，可改变 SmartArt 图形的布局样式。

（3）【SmartArt 样式】分组中，可改变 SmartArt 图形的颜色和填充效果。

（4）【重设】分组中，【重设图形】按钮，可以取消对 SmartArt 图形的所有操作，恢复插入时的原始状态。

2.【SmartArt 工具】/【格式】选项卡

（1）【形状】分组中，可对 SmartArt 图形改变单个形状和大小（图 4-65）。

图 4-65　【SmartArt 工具】/【格式】选项卡

（2）【形状形式】分组中，可进行 SmartArt 图形中的形状设置填充效果、轮廓样式和形状效果的选择。

（3）【艺术字】分组中，可为 SmartArt 图形中选中的文本设置艺术字样式和填充效果等。

（4）【排列】分组中，可设置 SmartArt 图形和形状的位置、环绕方式、对齐和旋转操作等。

（5）【大小】分组中，可设置 SmartArt 图形和形状的高度和宽度。

任务四　制作表格和图表

在文档中，表格和图表可以更直观、更简单的显示数据和关系。Word 2010 提供了强大的制表功能，帮助用户更好的使用表格和图表。

一、表格的创建及编辑

表格由横向的行和纵向的列组成，行和列形成的网格称为单元格，单元格用来存放文字、数字等内容。

（一）表格创建

1. 插入表格　光标定位到表格插入处，选择【插入】选项卡/【表格】分组【表格】按钮，出现下拉菜单（图 4-66），在【插入表格】区域移动鼠标选择合适数量的行和列（最多 8 行 10 列），在文本区域会自动插入指定行和列的表格。

2. 使用【插入表格】对话框　在图 4-66 所示下拉菜单中选择【插入表格】，可打开【插入表格】对话框（图 4-67），输入列数和行数。根据需要选择"自动调整"操作，点击【确定】完成表格插入。

3. 绘制表格　在图 4-66 所示下拉菜单中选择【绘制表格】，鼠标变成铅笔形状；在需绘制表格处按住鼠标左键拖动，松开鼠标可看到绘制好的表格外边框；再将鼠标移动到边框内，绘制行和列；完成后在空白位置双击鼠标左键，完成表格绘制。这种绘制方式可以获得个性化的不规则的表格，如图 4-68 所示。

4. 插入电子表格　在 Word 2010 中，可直接插入 Excel 电子表格，插入的电子表格具有数据运算等功能。

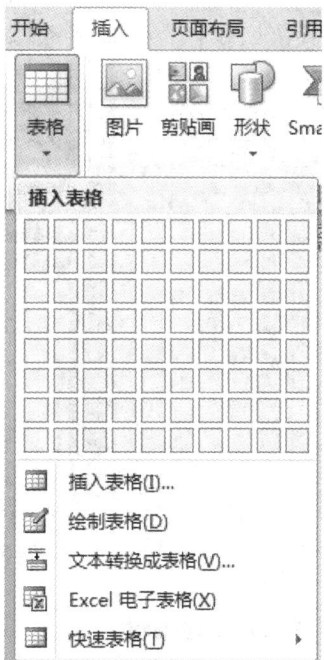

图 4-66　【插入】/【表格】按钮

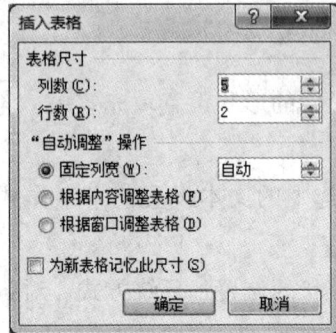

图 4-67 【插入表格】对话框   图 4-68 绘制表格

具体操作是：在图 4-66 所示下拉菜单中选择【Excel 电子表格】，页面上嵌入一个空白电子表格，可在表格中输入数据，完成后点击表格外任意位置，完成 Excel 电子表格的插入。

5. 插入快速表格 Word 2010 提供了预先设计好格式的表格方便用户使用，【快速表格】功能可以直接使用这些内置的表格样式。具体操作是：在图 4-66 所示下拉菜单中选择【快速表格】（图 4-69），打开系统提供的表格模板，选择合适的模板，完成内置表格的插入。

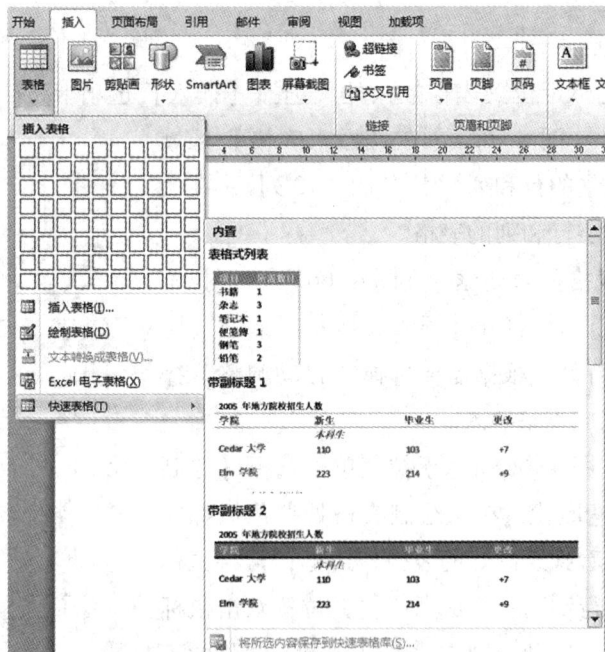

图 4-69 【插入】/【表格】/【快速表格】菜单

（二）表格编辑

1. 选定表格对象 对表格的操作也是要先选定操作对象，选定方法见表 4-3。

表 4-3 选定表格对象

选定对象	操　作
单元格	鼠标移向单元格左侧，变成指向右上方的黑色实心小箭头，单击鼠标左键
行	鼠标移向行左侧，变成指向右上方的白色空心箭头，单击鼠标左键
列	鼠标移向列上方，变成指向下方的黑色实心小箭头，单击鼠标左键
表格	鼠标移向表格，表格左上角出现 ✠ 标志，鼠标移到该标志单击左键

在选定多个连续的单元格、行、列时，可以在上述的操作时按住鼠标左键拖拽，或按住 Shift 键；在选定多个不连续的单元格、行、列时，可以在上述的操作时按住 Ctrl 键，选择所需的单元格、行、列。

2. 插入行、列、单元格　编辑表格时，有时需要增加行、列或单元格。主要操作如下。

（1）光标定位到表格需要位置，功能区出现【表格工具】（图 4-70），选择【布局】选项卡，在【行和列】分组出现四个插入按钮。【在上方插入】可在当前行上方插入一行；【在下方插入】可在当前行下方插入一行；【在左侧插入】可在当前列左侧插入一列；【在右侧插入】可在当前列右侧插入一列。选择【行和列】分组右下角扩展按钮，可以打开【插入单元格】对话框（图 4-71）选择【活动单元格右移】或【活动单元格下移】，点击【确定】可完成单元格的插入。

图 4-70 【表格工具】选项卡

（2）光标定位到表格需要位置，点击鼠标右键打开快捷菜单，选择【插入】菜单项（图 4-72），同样可以进行行、列或单元格的插入。

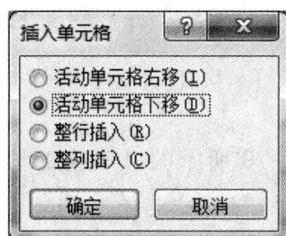

图 4-71 【插入单元格】对话框　　　图 4-72 右键快捷菜单/【插入】

3. 删除行、列、单元格、表格　表格中不需要的行、列、单元格，可以删除。操作方法如下。

（1）选择需要删除的行、列、单元格或表格，功能区【表格工具】／【布局】选项卡／【行和列】分组中点击【删除】，在弹出的菜单中可选择【删除单元格】、【删除行】、【删除列】或【删除表格】。

（2）选择需要删除的行、列、单元格或表格，点击鼠标右键打开快捷菜单，可选择【删除单元格】、【删除行】、【删除列】或【删除表格】。

（3）选择需要删除的行、列、单元格或表格，按键盘上 Backspace 键，直接删除所选对象。

知识拓展

选择行、列、单元格或表格，按 Del 键仅删除所选行、列、单元格或表格里的内容。

4. 设置行高和列宽　由于表格中内容不同，有时需要不同的行高和列宽，需要进行设置。

（1）**鼠标设置**　将鼠标移动到所需调整的行或列的边框，鼠标指针变成双向箭头时，按住鼠标左键进行拖拽，调整行高或列宽。

（2）**精确设置**　选择需要调整的行或列，在如图 4-70 所示的【表格工具】／【布局】选项卡／【单元格大小】分组，可直接输入行高和列宽的精确数值；或者点击【单元格大小】分组右下角扩展按钮，打开【表格属性】对话框，可在【行】和【列】标签中分别设置行高和列宽，如图 4-73、图 4-74 所示。

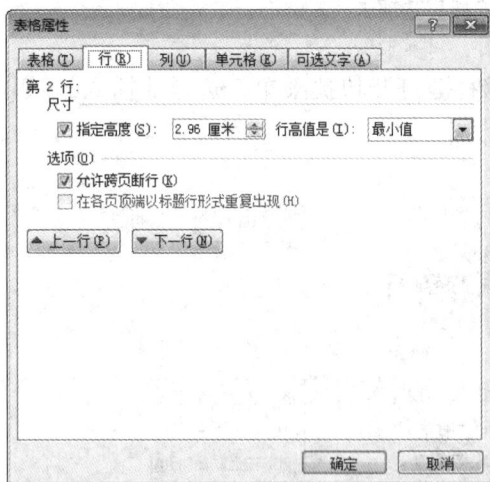

图 4-73　【表格属性】对话框／【行】标签　　　图 4-74　【表格属性】对话框／【列】标签

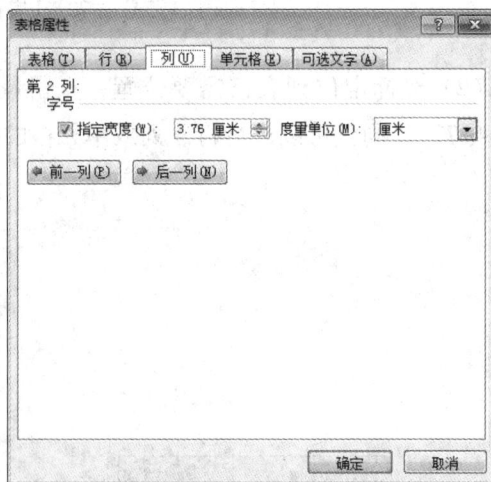

（3）**自动调整**　选择需要调整的行或列，在如图 4-70 所示的【表格工具】／【布局】选项卡／【单元格大小】分组，点击【自动调整】按钮打开下拉菜单（图 4-75）。若选中"根据内容调整表格"，单元格宽度会根据输入的内容自动调整大小；若选中"根据窗口调整表格"，表格会充满当前页面的宽度。

（4）**平均分布各行/各列**　该功能对表格设置大小一致的行高或列宽比较方便，选中需要设置的行或列，在【表格工具】／【布局】选项卡／【单元格大小】分组，点击【分布行】或【分布列】。或单击鼠标右键，在弹出的快捷菜单中选择【平均分布各行】或【平均分布各列】。

5. 单元格合并与拆分 有些比较复杂的表格，需要将多个单元格合并成一个单元格，或者需要将一个单元格拆分成多个单元格，具体操作如下。

（1）合并单元格 选择需要合并的多个单元格（可以是多行或多列的，但所选单元格必须能成矩形），在【表格工具】/【布局】选项卡/【合并】分组，点击

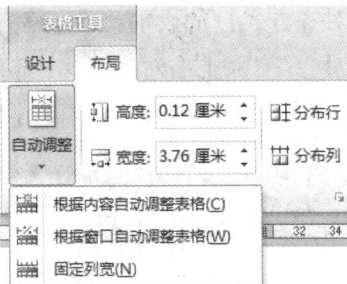

图 4-75 【自动调整】按钮

【合并单元格】，所选的单元格即合并成一个。在鼠标右键快捷菜单的【合并单元格】同样可以完成合并。

（2）拆分单元格 选择需要拆分单元格，在【表格工具】/【布局】选项卡/【合并】分组，点击【拆分单元格】，在弹出的【拆分单元格】对话框中输入要拆分的列数和行数，点击【确定】完成拆分。在鼠标右键快捷菜单的【拆分单元格】同样可以打开【拆分单元格】对话框（图 4-76）。

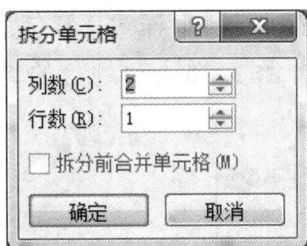

图 4-76 【拆分单元格】对话框

二、表格的美化

我们可以通过设置表格对齐方式、设置边框和底纹改变表格外观，美化表格。

（一）表格对齐

1. 表格对齐方式 选择表格，功能区出现【表格工具】/【布局】选项卡/【表】分组中，点击【属性】按钮，打开【表格属性】对话框（图 4-77）。可选择表格的对齐方式"左对齐"、"居中"和"右对齐"，如果"文字环绕"，可点击【定位】打开【表格定位对话框】（图 4-78），进行表格的定位。选择表格，点击鼠标右键，在快捷菜单中也可找到【表格属性】按钮，打开【表格属性】对话框。

图 4-77 【表格属性】对话框

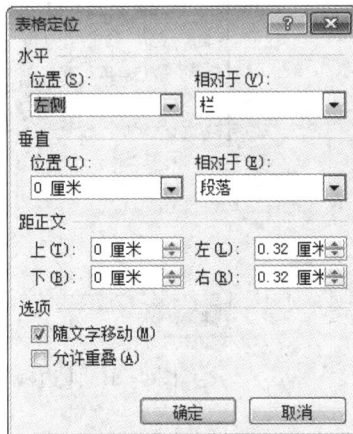

图 4-78 【表格定位】对话框

2. 单元格对齐方式 选中需要设置的单元格，【表格工具】/【布局】选项卡/【对齐方式】分组中，点击对应按钮，可实现各种对齐方式的设置。点击鼠标右键，也有【单元

格对齐方式】的设置。单元格有文本有九种对齐方式，分别是"靠上两端对齐"、"靠上居中对齐""靠上右对齐""中部两端对齐""中部居中对齐""中部右对齐""靠下两端对齐""靠下居中对齐""靠下右对齐"。

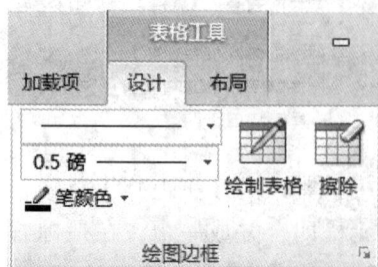

图 4-79 【表格工具】/【设计】/
【绘图边框】分组

（二）设置表格边框和底纹

要设置表格的边框和底纹，首先选中表格，在功能区【表格工具】/【设计】选项卡/【绘图边框】分组中（图 4-79），可以完成边框的线型、宽度和颜色的选择设置。点击右下方扩展按钮，可以打开【边框和底纹】对话框。在【边框】和【底纹】标签中（图 4-80、图 4-81），可根据需要进行边框样式、颜色、宽度、应用范围、填充颜色、图案样式和颜色的详细设置。

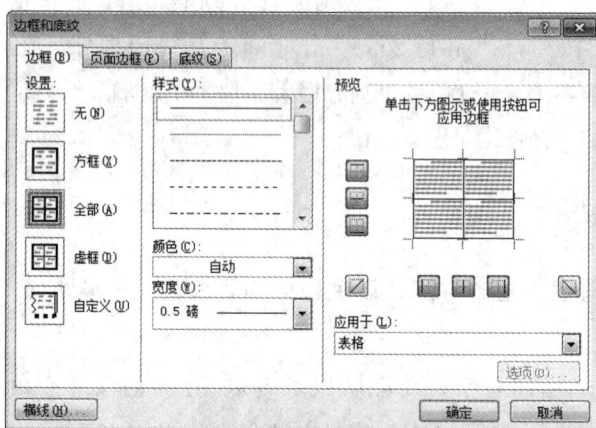

图 4-80 【边框和底纹】对话框/【边框】标签

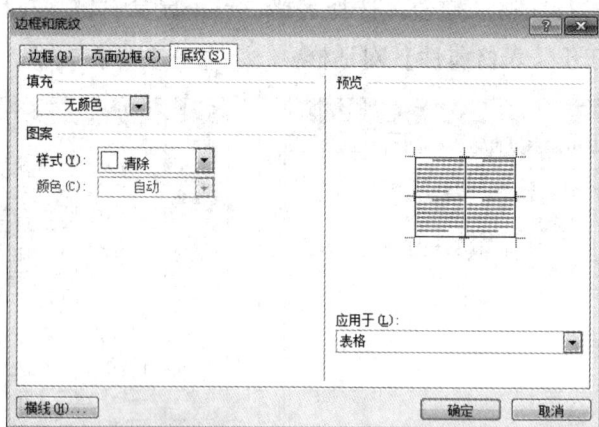

图 4-81 【边框和底纹】对话框/【底纹】标签

三、表格套用格式设置

Word 2010 中内置了 98 种预先定义好的表格样式，已设置好边框、底纹、字体、颜色等。用户可以直接套用现成的表格样式，快速完成表格的格式设置。

表格样式在功能区【表格工具】/【设计】选项卡/【表格样式】分组中（图4-82），点击下拉菜单，可打开全部样式供选择（图4-83）。如果这些不能满足用户需要，用户还可以使用【表格样式】分组中的【底纹】和【边框】按钮，修改设置个性化底纹和边框。

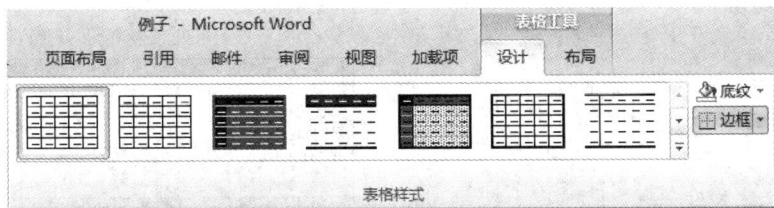

图4-82 【表格工具】/【设计】/【表格样式】分组

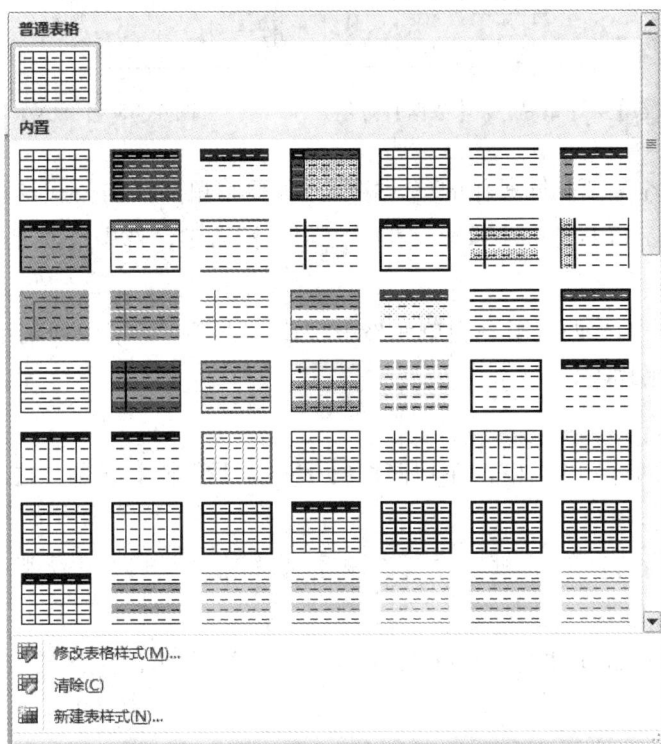

图4-83 【表格样式】菜单

四、表格数据的计算与排序

Word 2010软件对表格的操作也提供了Excel类似的功能，包括在表格中使用公式和数据排序等，用户可以直接在Word里完成对表格数据处理的相关操作，更加方便快捷。

（一）表格数据的计算

在Word 2010的表格中，用户可以借助数学公式运算功能对表格中的数据进行加、减、乘、除、求和与求平均值等常见运算。表格数据的计算主要操作步骤如下。

1. 在表格中点击计算结果所在单元格，功能区【表格工具】/【布局】选项卡/【数据】分组（图4-84），点击【公式】按钮。

2. 打开【公式】对话框（图4-85），【公式】编辑框会根据表格中的数据和结果单元格的位置自动生成公式，如" =SUM(LEFT)"左侧数据之和、" =SUM(ABOVE)"上面数据之和。还可以选择【粘贴函数】下拉菜单选择别的函数，包括 AVERAGE 平均数函数、MAX 最大值、MIN 最小值等。公式中括号内的自变量共有四种：LEFT、RIGHT、ABOVE 和 BELOW，也可以自行输入单元格区域，如 B2：C6。点击【确定】按钮，就可在结果单元格中得到计算结果。

图 4-84 【表格工具】/【布局】/【数据】分组　　　　图 4-85 【公式】对话框

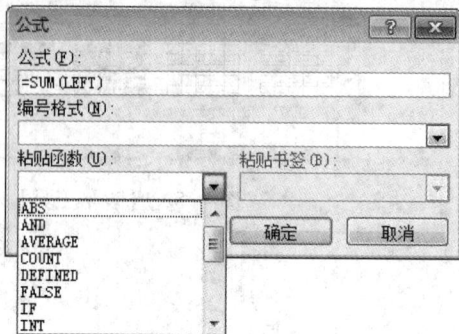

3. 当表格有多个需要相同操作的单元格时，只要将单元格的公式计算结果复制，粘贴到所需单元格。按下 Ctrl+A 选中整个文档，点击鼠标右键，选中【更新域】，即可获得所有的公式运算结果。

例 4-7 在表格的第四行第一列单元格中，计算从第一行第一列到第三行第三列之间单元格中的数字的平均数。

操作步骤：

（1）光标定位到 A4 单元格，在功能区【表格工具】/【布局】选项卡/【数据】分组，点击【公式】按钮。

（2）打开【公式】对话框，在【公式】编辑框中删除系统默认的公式"SUM（ABOVE）"。

（3）点击【粘贴函数】下拉菜单选择 AVERAGE，【公式】编辑框中出现"＝AVERAGE（）"。

（4）在括号中输入"A1：C3"，点击【确定】。

（二）表格数据的排序

在 Word 2010 中也可以对表格中的数字、文字和日期数据进行排序操作，主要操作步骤如下。

1. 选择需要数据排序的表格中任意单元格，功能区【表格工具】/【布局】选项卡/【数据】分组（图 4-84），点击【排序】按钮。

2. 打开【排序】对话框（图 4-86），在【列表】区域选中"有标题行"或"无标题行"单选框。如表格中的标题不需参与排序，选择"有标题行"；反之，选择"无标题行"。

3. 在【主要关键字】区域，选择排序的主要关键字。单击打开【类型】下拉菜单（图 4-87），根据需要选择"笔画""数字""日期"或"拼音"选项。选中"升序"或"降序"设置排序的类型。

4. 同样方法完成【次要关键字】和【第三关键字】的相关设置，点击【确定】按钮完成对 Word 表格数据的排序。

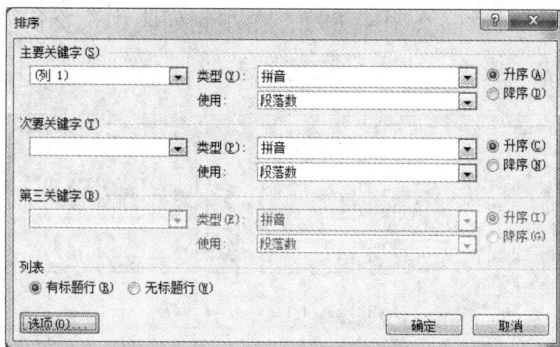

图 4-86 【排序】对话框

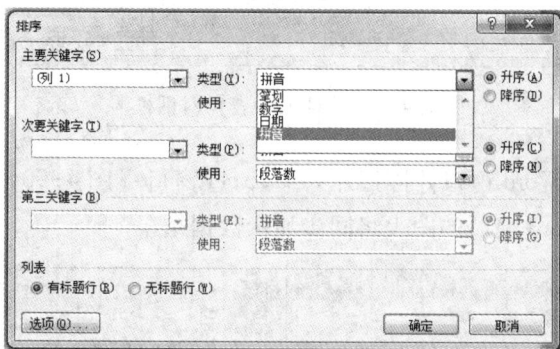

图 4-87 【排序】对话框/【关键字类型】

五、图表的创建及编辑

图表是将数据用图形方式显示，方便数据分析。嵌入 Word 2010 文档的图表均是通过 Excel 2010 进行编辑，因此图表功能非常强大，可以使用多种数据图表，如柱形图、折线图、饼图等，图表的全部功能都可以实现。

（一）创建图表

操作步骤如下。

1. 打开 Word 2010 文档窗口，功能区【插入】选项卡【插图】分组（图 4-88），点击【图表】按钮。

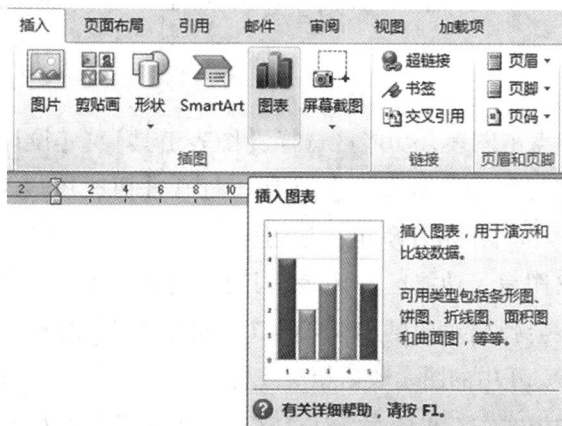

图 4-88 【插入】/【图表】按钮

2. 打开【插入图表】对话框（图4-89），在左侧列表中选择需要创建的图表类型，右侧列表中选择合适的图表子类型，点击【确定】按钮。

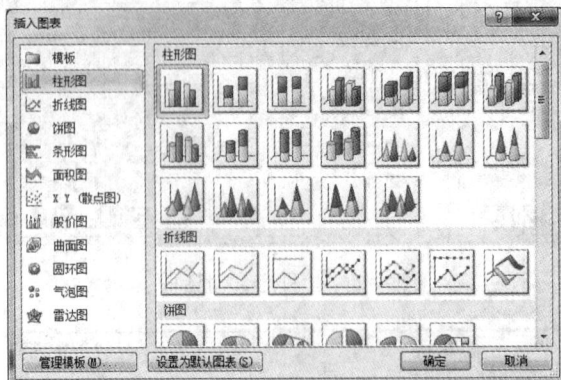

图4-89 【插入图表】对话框

3. Word 2010 会在 Word 窗口并排打开一个 Excel 窗口（图4-90）。在 Excel 窗口表格中编辑图表具体数据，Word 窗口的图表将同步显示数据结果。

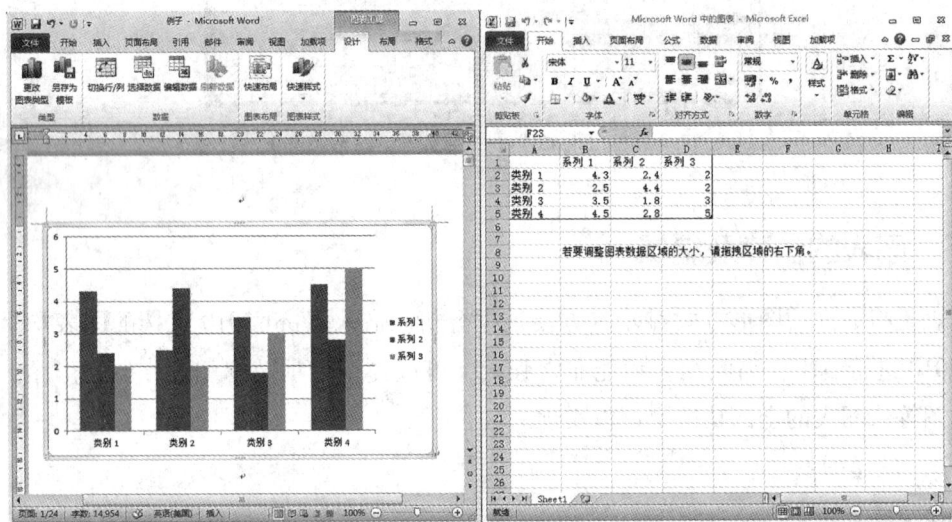

图4-90 编辑图表数据

4. Excel 表格数据编辑完成后，关闭 Excel 窗口，在 Word 窗口中得到新创建图表（图4-91）。

（二）设置图表

1. 更改图表类型　点击图表，功能区选择【图表工具】/【设计】选项卡（图4-92），在【类型】分组中选择【更改图表类型】按钮，打开【更改图表类型】对话框（图4-93），选择合适的图表类型，单击【确定】按钮。

2. 编辑数据　点击图表，功能区【图表工具】/【设计】选项卡/【数据】分组中选择【编辑数据】按钮。会弹出对应的 Excel 窗口，如图4-90所示，在表格中直接更改数据，关闭 Excel 窗口，Word 中的图表数据相应改变。

3. 设置图表布局和样式　点击图表，功能区【图表工具】/【设计】选项卡中，【图表布局】和【图表样式】分组可以实现图表布局和样式的快速设置。

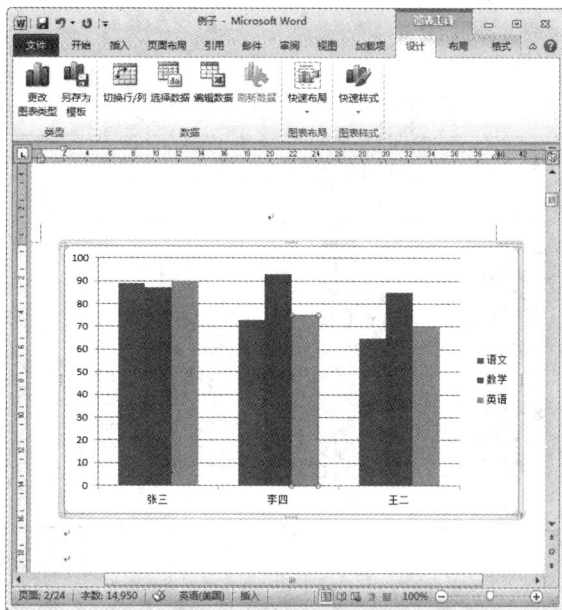

图 4-91　已创建的图表

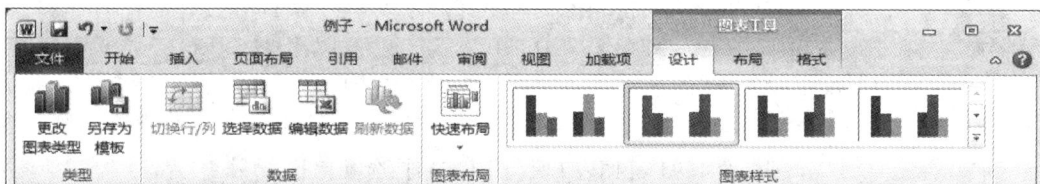

图 4-92　【图表工具】/【设计】选项卡

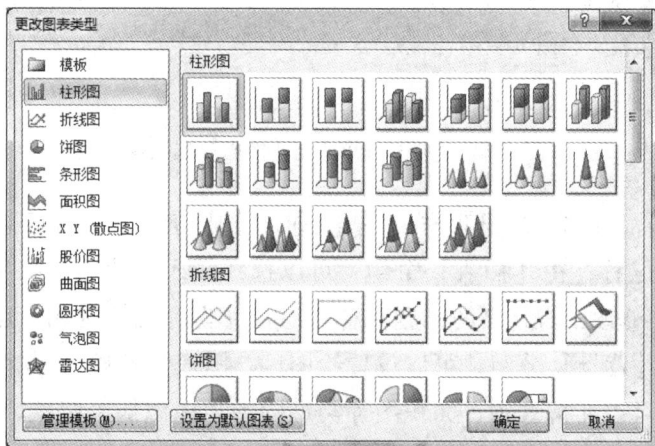

图 4-93　【更改图表类型】对话框

（三）设置图表元素格式

图表中主要由图表标题、绘图区、数据系列、图例、网格线、坐标轴组成（图 4-94）。Word 2010 不仅可以设置整个图表的样式，还可根据用户喜好对图表每个元素进行设计。设置图表元素格式主要用到【图表工具】/【布局】选项卡和【图表工具】/【格式】选项卡（图 4-95、图 4-96）。

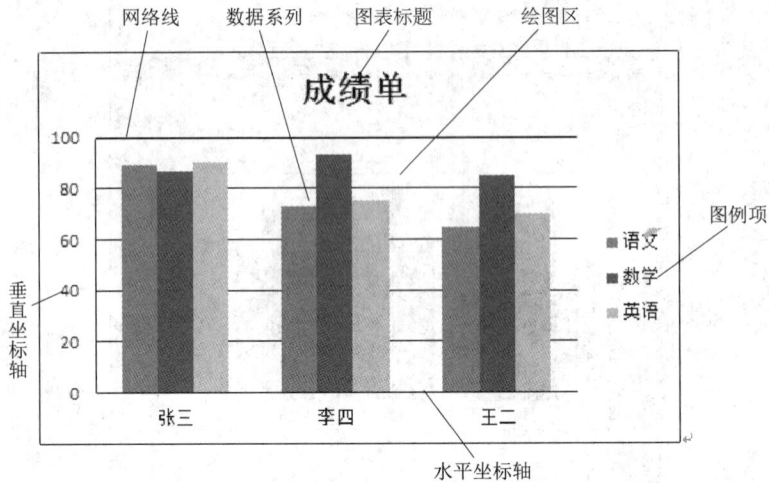

图 4-94　图表组成元素

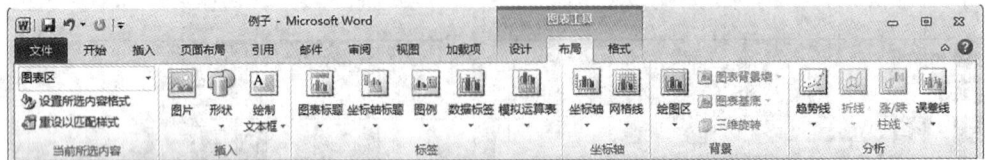

图 4-95　【图表工具】/【布局】选项卡

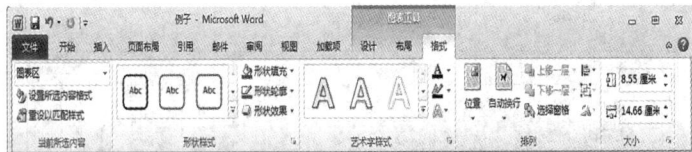

图 4-96　【图表工具】/【格式】选项卡

1. 【图表工具】/【布局】选项卡　在【当前所选内容】分组的下拉菜单中，可以选择需要修改的元素名称；在【插入】分组，可以选择插入图片、形状和绘制文本框；在【标签】分组，可以修改图表元素的标题和标签；在【坐标轴】分组，可以修改坐标轴和网格线的样式；在【背景】分组，可以设置绘图区、图表背景墙、图标基底和三维旋转；在【分析】分组，可以在折线图、面积图等类型的图表中添加趋势线、折线、涨跌柱线、误差线等。

2. 【图表工具】/【格式】选项卡　在【当前所选内容】分组的下拉菜单中，可以选择需要修改的元素名称；在其他的分组中可以修改形状样式、艺术字样式、排列和大小的相关属性。

还有一种相对快捷的设置方式，只要在需要编辑的元素区域双击鼠标左键，就可以打开所选区域的设置格式对话框，在其中可进行详细设置，如图 4-97、图 4-98 所示。

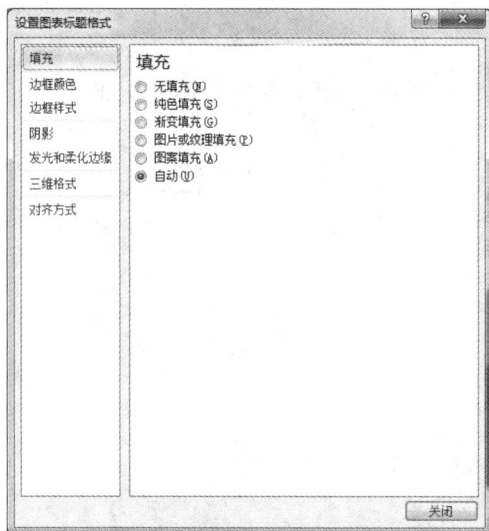

图 4-97　【设置图表标题格式】对话框　　　图 4-98　【设置数据系列格式】对话框

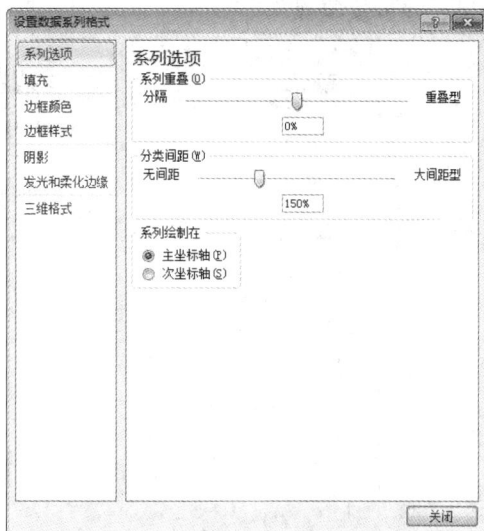

任务五　编辑长文档

　　我们有时要用 Word 2010 编辑篇幅比较长的文档，为了提高文档编辑效率，要用到 Word 2010 的一些高级格式设置功能来优化文档格式编排。这些功能包括设置大纲、设置脚注和尾注、插入编辑目录、插入公式等。

一、设置大纲级别

　　在 Word 文档里给标题设置大纲等级，可以使文档看起来层次分明，条理清晰，也是给文档添加目录的前提。Word 2010 中设置大纲级别主要有两种方法。

　　1. 利用【段落】对话框　选中需要设置大纲级别的标题，点击【开始】选项卡/【段落】分组扩展按钮，打开【段落】对话框，在【常规】区域的【大纲级别】下拉菜单中选择级别（图 4-99），点击【确定】完成所选标题的大纲级别设置。重复该操作，完成文档中所有标题的大纲级别设置。

　　2. 在大纲视图中设置　在【视图】选项卡/【文档视图】分组中，点击【大纲视图】按钮，切换到大纲视图方式。在文档中选中需要设置大纲级别的标题，在

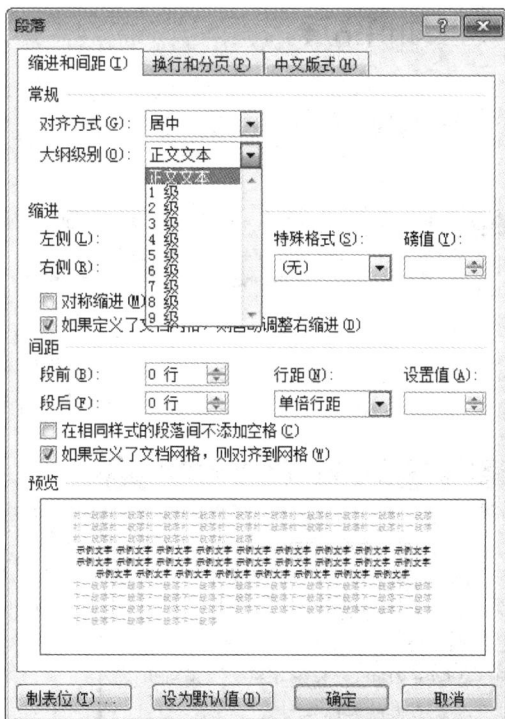

图 4-99　【段落】对话框

【大纲】选项卡中的下拉菜单（图 4-100）选择大纲级别。设置后立刻可在文档中看到设置

的效果，并可反复操作。

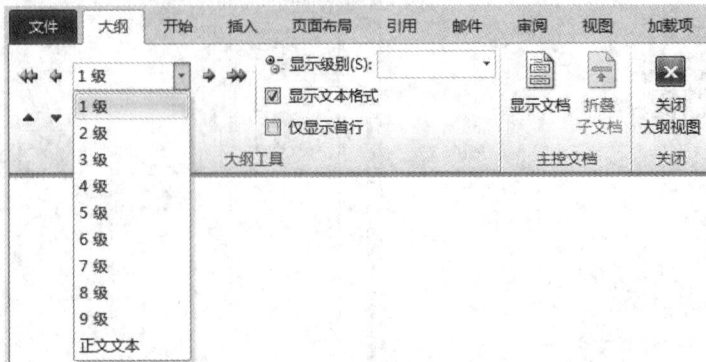

图 4-100 【大纲】选项卡

二、题注、脚注和尾注

1. 插入题注 Word 2010 文档里经常有图形、表格等，为了方便阅读，往往要给这些图形、表格编号，如图 1、表 2 等。如果采用手工编号，一旦发生修改和变化，所有编号需要重新修改，工作量大且效率低。Word 2010 的题注功能可以为图形、表格自动编号，并可在发生变化时自动更新，操作方法如下。

（1）鼠标定位在需要插入题注的位置，点击【引用】选项卡（图 4-101）【题注】分组中，点击【插入题注】按钮。

知识拓展

题注的位置：一般是表格上方、图形下方。

图 4-101 【引用】选项卡

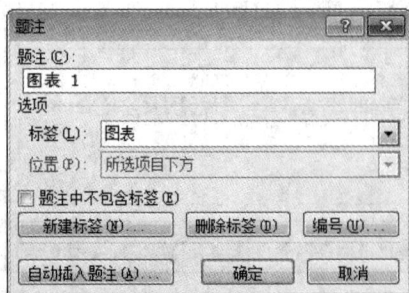

图 4-102 【题注】对话框

（2）打开【题注】对话框（图 4-102），在【标签】下拉列表框中选择合适的题注标签，如"图表""表格""公式"等，系统自动编号。如果没有合适的标签，可点击【新建标签】中输入个性化标签；点击【编号】设置编号格式。

2. 插入脚注和尾注 Word 2010 文档中，脚注常常位于页面的底部，为文档内容作注释；尾注位于文档或章节的末尾，列出引文的出处等。使用脚注或尾注，在添加、删除或移动自动编号的注释时，Word 2010 会对注释引用标记进行重新编号，具体操作如下。

（1）插入脚注　光标定位到需要添加脚注处，点击【引用】选项卡【脚注】分组中，点击【插入脚注】按钮，插入点自动定位到页面底部，输入脚注内容即可完成。在之前光标定位的文档中会有脚注的标识，系统默认是 1，2，3…。

（2）插入尾注　光标定位到需要添加尾注处，点击【引用】选项卡【脚注】分组中，点击【插入尾注】按钮，插入点自动定位到文档末尾，输入尾注内容即可完成。在之前光标定位的文档中会有尾注的标识，系统默认是 i，ii，iii…。

当鼠标移动到脚注或尾注的标识上，可以显示脚注或尾注的内容。如果需要修改默认格式，可点击【引用】选项卡【脚注】分组右下角扩展按钮，打开【脚注和尾注】对话框（图 4-103），可以修改脚注和尾注的位置、编号格式和应用范围等。点击【转换】按钮，还可实现脚注和尾注之前的转换。

图 4-103　【脚注和尾注】对话框

三、插入目录

为了方便查看长文档的相关内容，需要为该文档制作目录。Word 2010 提供了内置目录格式，可以方便的自动生成目录。

1. 创建目录　要创建目录，需要对文档中的标题设置好大纲级别，这是自动生成目录的前提。对于设置好标题大纲级别的文档，创建目录的步骤如下。

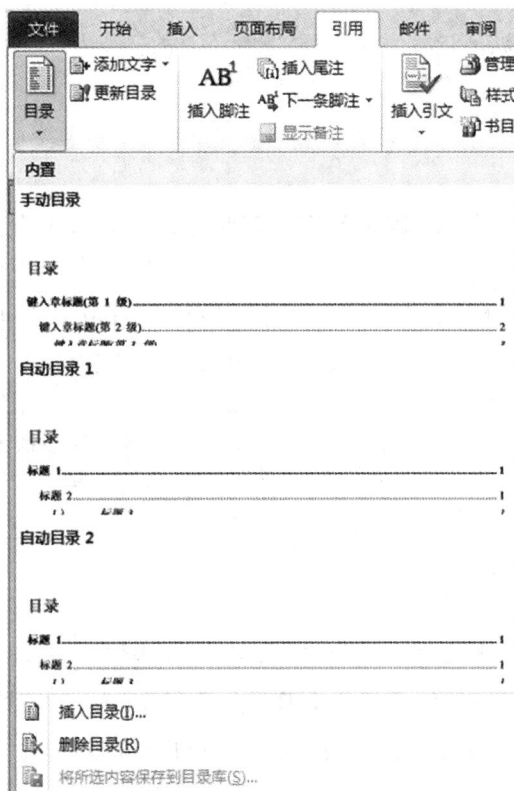

图 4-104　【目录】按钮

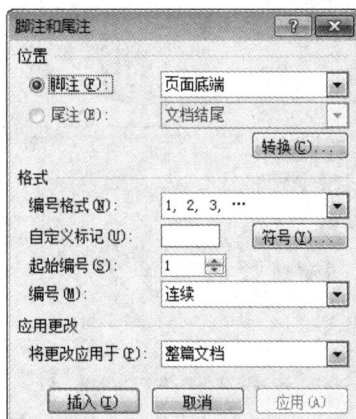

（1）将光标定位至需要放置目录的位置（一般是文档正文之前），打开【引用】选项卡/【目录】分组，点击【目录】按钮，打开下拉菜单(图 4-104)。可选择 Word 2010 内置的目录格式生成目录。

（2）如果需要自定义目录格式，点击【插入目录】按钮，打开【目录】对话框（图 4-105）。在其中可以选择是否显示页码、页码是否右对齐、制表符前导符的样式、目录的格式和显示级别，还可在对话框中看到目录的打印预览和 Web 预览效果。点击【确定】完成目录的创建。

2. 更新目录　创建目录之后，如果对文档内容进行了修改，或者修改了标题文本，页码发生变化，就会造成目录与文档内容不一致。要使目录与文档保持一致，需要对目录进行更新。具体操作方法为：

（1）打开【引用】选项卡/【目录】分组，点击【更新目录】按钮，弹出【更新目录】对话框（图4-106）。根据需要选择【只更新页码】或【更新整个目录】完成目录更新。

（2）选中整个文档，按键盘上F9键，也可打开【更新目录】对话框。

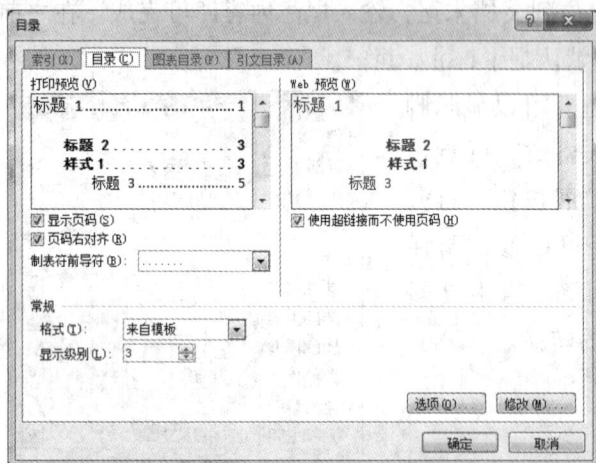

图4-105 【目录】对话框　　　　　　图4-106 【更新目录】对话框

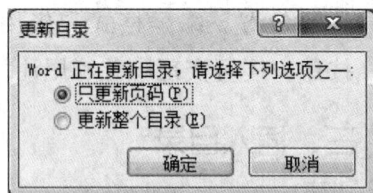

知识链接

选中整个文档，按键盘上F9键，除了可以更新目录，同时还可以更新题注的序号。

四、插入公式

在Word 2010文档中，有时需要输入比较复杂的数学公式，需要借助"公式编辑器"完成，主要操作如下。

1. 光标定位到需要输入公式的位置，在【插入】选项卡/【符号】分组中点击【公式】按钮，打开【公式工具】/【设计】选项卡（图4-107），文本中出现公式编辑区。

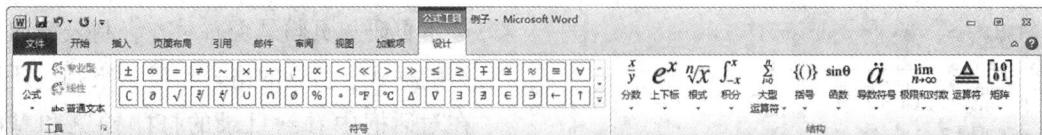

图4-107 【公式工具】/【设计】选项卡

2. 在功能区【工具】分组中【公式】的下拉菜单，可打开Word 2010内置的公式格式直接使用。【符号】分组提供了公式中要用到的各种基础数学符号、希腊字母、字母类符号、运算符等相关符号。【结构】分组提供了各种数学公式的基本结构模板。在公式编辑区输入合适的结构、符号和文本完成公式输入。

任务六　使用样式和模板

在编辑一个或多个文档时，需要为文本对象或同类文档设置统一的格式，手工设置费时费力。Word 2010 提供了样式和模板，可简化文档排版，不必一一设置格式，也能保持文档的一致性。

一、样式

样式是应用于文档中的字符、段落的格式组合。比如，"正文"的样式包括：字体为"宋体"五号字，段落为"单倍行距""两端对齐"等一组格式。运用样式可快速对文本对象设置统一格式，提高编辑效率，还有利于设置大纲级别和创建目录。

（一）应用样式

Word 2010 提供了多种内置样式的样式库，我们可以直接调出使用，主要方法如下。

1. 使用【样式】下拉菜单　选中需要设置样式的字符或段落，在功能区中【开始】选项卡/【样式】分组（图4-108），打开【样式】菜单（图4-109），可以看到 Word 2010 中常用的样式。当鼠标移到各种样式上时，文档中文字可以看到该样式的预览效果，点击选择合适的样式。

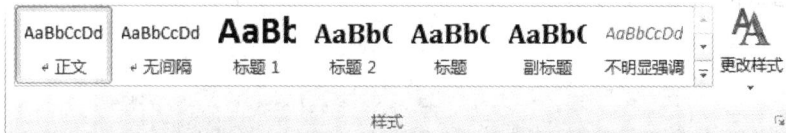

图 4-108　【开始】选项卡/【样式】分组

图 4-109　【样式】菜单

2. 使用【样式】窗格　点击功能区中【开始】选项卡/【样式】分组右下角扩展按钮，打开【样式】窗格（图4-110）。当鼠标移动到样式上时，会出现该样式中各文本对象的具体格式说明（图4-111），点击选择合适的样式。

（二）自定义样式

Word 2010 的样式库不能满足需要时，用户还能自己设计新的样式，使文档更有特点。主要方法有建立新的样式和修改已有样式。

1. 新建样式

（1）点击【样式】窗格左下角的 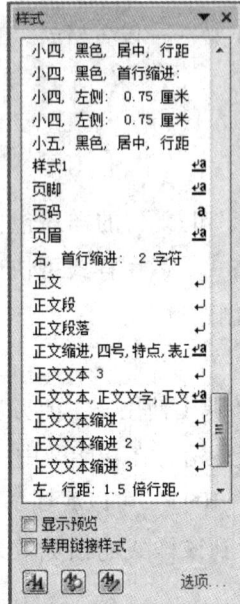【新建样式】按钮，打开【根据格式设置创建新样式】对话框（图4-112）。

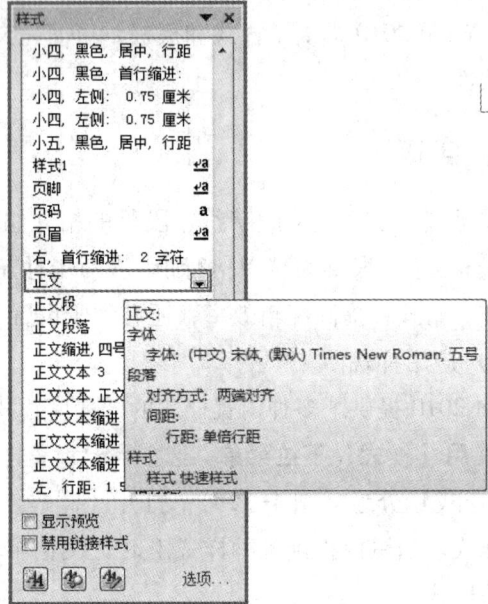

图4-110　【样式】窗格　　　　　　　　　　图4-111　样式说明

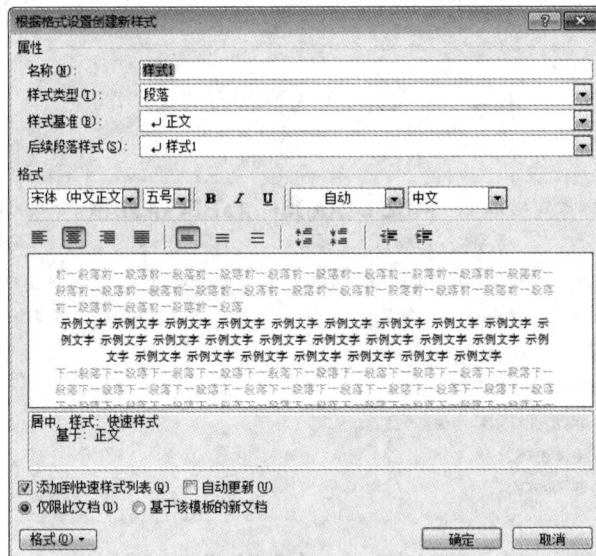

图4-112　【根据格式设置创建新样式】对话框

（2）在【名称】中输入新样式的名称；在【样式类型】中选择样式应用的对象，如段落、字符等；在【格式基准】中选择与新创建样式相近的样式；在【后续段落样式】选择新样式之后段落的格式。在格式区域中，设置新样式的字体、字号、字形、颜色等字符格式和对齐方式、行距、段落间距和缩进等段落格式。就可在预览区看到设置效果和样式说明。

（3）点击【确定】，即可完成新样式的设置。并可以在【开始】选项卡【样式】菜单和【样式】窗格中看到刚设置好的新样式，方便选择使用。

2. 修改样式

（1）在【开始】选项卡【样式】菜单选择需要修改的样式，点击鼠标右键，在弹出的菜单中点击【修改】，打开【修改样式】对话框（图4-113）。或者在【样式】窗格选中需要修改的样式，打开下拉菜单点击【修改】，同样可以打开【修改样式】对话框。

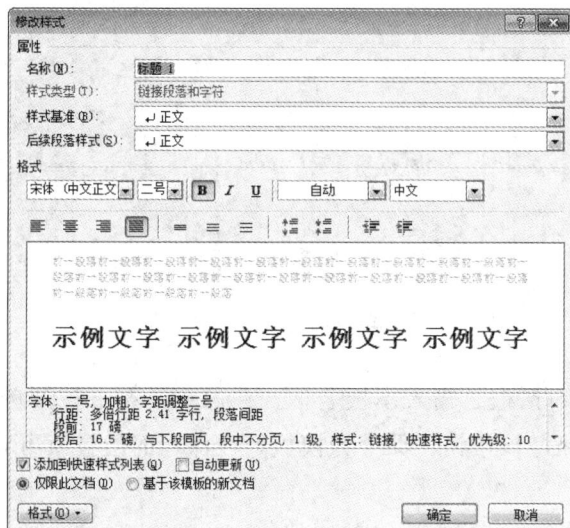

图4-113 【修改样式】对话框

（2）在【修改样式】对话框中，根据需要修改相关格式。

（3）点击【确定】，即可完成对已有样式的修改。

二、模板

Word 2010中内置了多种文档模板，方便设置不同类型的文档的格式，如博客文章、书法字帖和各种样本模板。还可以在Office.com网站搜索下载日历、业务、证书、简历等多种功能模板。通过使用这些模板，我们呢可以快速建立专业、规范的文档。

（一）应用模板

1. Word 2010窗口功能区点击【文件】选项卡，选择【新建】按钮，打开【新建】面板（图4-114）。

2. 在【可用模板】区域，选择需要的模板类型，在右侧窗格中会显示该模板的预览效果。在【Office.com模板】区域，可以根据需要选择下载，获取模板。

3. 选择合适的模板后，在【新建】面板右侧选中【文档】单选框，点击【创建】按钮，即打开应用该模板创建的新文档。

（二）创建模板

Word 2010还可以将用户自己编辑的文档保存为模板，供以后用该模板创建文档。具体操作如下。

1. 打开编辑好格式的Word 2010文档，选择【文件】选项卡，【另存为】按钮，打开【另存为】对话框。

图 4-114 【新建】面板

2. 在【另存为】对话框，输入模板名称，在保存类型下拉菜单中选择【Word 模板】（图 4-115），点击【保存】按钮，保存为模板。在保存的位置就可看到扩展名为".dotx"的新模板。

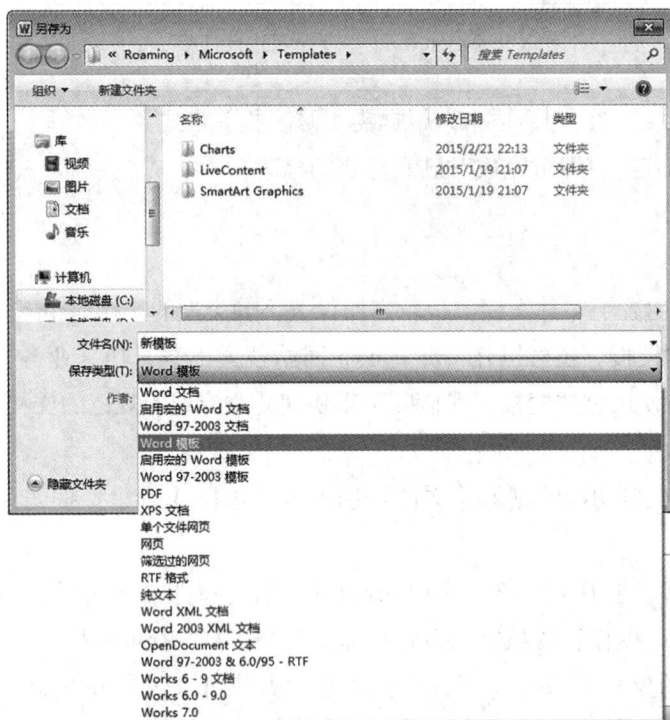

图 4-115 【另存为】对话框

3. 需要使用时，在【新建】面板中点击【我的模板】按钮，打开【新建】对话框，可以看到刚创建的新模板。（图 4-116）。

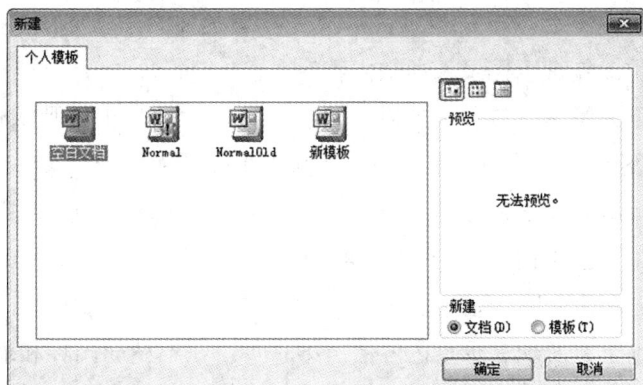

图 4-116 【新建】对话框

实训项目　Word 2010

实训一　制作活动通知

（一）任务概述

某学校学生会欲举办学生社团才艺展示活动，现欲用 Word 2010 编排并打印《关于举办"学生社团才艺大比拼"活动的通知》，通知内容如下。

各班级、学生社团：

为更好地展现我院学生社团风采，扩大学院学生社团影响力，增进相互交流与学习，根据学院团委工作要求，特举办"学生社团才艺大比拼"活动。现将具体事宜通知如下。

一、活动主题

凝聚青春活力，彰显和谐社团

二、活动对象

我院全体学生社团

三、活动时间及地点安排

初选：10 月 21 日于学院运动场；决赛：11 月 20 日晚于综合媒体多功能教室

四、参加人员

学生处领导，各学生社团负责人，部分社团成员及其他社团积极分子。

五、报名时间

10 月 09 日～10 月 11 日

六、报名方式

学生会面向各社团征集作品，以展示社团风采为主题，作品题材不限。

报名联系人：社团部周艺 150×××1203

七、奖项设置

一等奖 1 名，二等奖 2 名，三等奖 3 名，颁发活动纪念品及证书。另设，最佳社团风采奖一名，优秀社团组织奖两名，颁发证书。

（二）操作步骤

1. 录入通知标题，隔行后再录入通知内容。

2. 通知标题设置为黑体、二号、加粗，无缩进居中；通知正文默认仿宋体、三号，行号默认为25磅；段落首行缩进两个字符；为通知中小标题加序号。

3. 于距正文两行后添加落款"学生会"，并于下一行插入当前中文日期。要求二者加粗显示，并于页面右半边居中对齐，同时行间距、段前、段后也均设为0。

4. 设置使用A4纸型，上、下边距为2.5厘米，左、右边距为3厘米。

5. 对文档进行预览，发现有少量内容溢出第一页。在不精简内容和缩小字符的前提下，请设法调理设置，使其刚好能被单页容纳。

6. 保存通知文档，并将其打印输出到纸面上。

实训二　制作宣传海报

（一）任务概述

国际护士节临近，医院欲借此时机由护理部牵头举办全院护士才艺大比拼活动，为此，学院领导要求制作一份宣传海报，要求体现护士节、护理技能、医院LOGO或医院名称等要素，并从网上检索到兄弟医院的宣传海报供制作人员参考，如图4-117所示。现在由你来完成大赛海报的制作任务。

图4-117　海报参考样例

（二）工作准备

参照例图准备宽幅背景图，以及背景透明的护理人员、医院LOGO、和平鸽、绿草地等图像素材。

（三）操作步骤

1. 新建Word文档，并将纸张方面设置为横向。

2. 在文档中插入宽幅背景图片，设置其环绕方式为"上下型"，并将它置于底层，以作为整个海报的背景。必要时利用图片工具对图片进行裁减，改变颜色、亮度以及对比度等。（说明：虽然Word有直接把图片当作背景功能，但其可操控性不强，故未直接采用背景功能）

3. 文档中插入艺术字，录入"夯基础　强素质　展风采"，并设置文本形状为上弯曲（【文本形状】/【转换】/【上弯曲】），调整其大小、色彩、间距等。

4. 类似的添加两处艺术字，分别为"护士才艺大比拼活动"以及"512 国际护士节"。

5. 向文档中添加医院 LOGO 图标，如果背景不透明，则选中 LOGO 执行，利用图片格式工具执行【删除背景】命令；调整 LOGO 大小、色彩、对比度等参数，使其能与背景及其他部件相吻合。

实训三　制作药品年度销售图表

（一）任务概述

上海某机构对上海某样本医院在 2006—2008 年所销售的药品进行了年度分类统计，统计数据如表 4-4 所示。要求据此表绘制药品的年度销售数据图表。

表 4-4　各类药品年度销售数据

药品类型	2006 年		2007 年		2008 年	
	金额 （百万元）	份额 （%）	金额 （百万元）	份额 （%）	金额 （百万元）	份额 （%）
国产	3970	51.03	4901	51.65	6373	53.14
合资	2051	26.36	2314	24.38	2743	22.87
进口	1759	22.60	2274	23.96	2876	23.99

（二）实训步骤

1. 新建 Word 文档，执行【插入】/【图表】/【柱形图】/【簇状柱形图】，在打开的 Excel 界面中依次输入各类药品各年度的销售金额（百万元）；执行【图表工具】/【设计】/【选择数据】命令，调整数据区域为 ＄A＄1：＄D＄4，再执行【切换行/列】命令，得到图表；执行【图表工具】/【布局】/【图表标题】【图表上方】命令，输入"各类药品年度销售图"。

2. 执行【图表工具】/【设计】/【更改图表类型】/【折线图】/【折线图】，即可得各类药品年度销售趋势图。展开【图表工具】/【布局】功能面板，执行【图例】命令关闭图例，执行【数据标签】命令取消所有内容的标签，执行【模拟运算表】/【模拟运算表和图例项标示】，显示数据表及数据项图例。

3. 执行【图表工具】/【设计】/【选择数据】命令，调整数据区域为"＄A＄1：＄A＄4，＄D＄1：＄D＄4"，再执行【切换行/列】命令；执行【图表工具】/【设计】/【更改图表类型】/【饼图】/【三维饼图】，则得 2008 年度各类药品的销售占比图。

实训四　编排长文档"十三五医改方案"

（一）任务概述

国务院印发《"十三五"期间深化医药卫生体制改革规划暨实施方案》后，卫生管理部门需要将该方案印发成册，以便于向基层医疗单位传达。印刷前，对该文档进行适当的编排。

（二）工作准备

需要《国务院关于印发"十三五"期间深化医药卫生体制改革规划暨实施方案的通知》（含方案）纯文本信息文件。如果从网页中复制文本，则在粘贴到 Word 2010 文档中时，选择执行"只保留文本"命令。

（三）操作步骤

1. 新建 Word 文档，将《国务院关于印发"十三五"期间深化医药卫生体制改革规划暨实施方案的通知》（含方案）纯文本内容粘贴到新文档中。要求文档分为两部分，即通知部分和方案部分；在通知部分前、后分别插入分页符，使得通知单独占一页。

2. 设置纸张类型为 A4，上、下页边距均为 3 厘米，左、右页边距均为 2 厘米。文档内容全部设置为宋体、三号，所有段落设置为首行缩进 2 字符。选中一个段落，执行【开始】/【样式】/【快速样式】列表框的【其他】按钮，在弹出的下拉列表框中选择【将所选内容保存为新快速样式】，打开【根据格式设置创建新样式】对话框，然后在对话框中的【名称】框中输入"My 正文"，点击【确定】按钮，"My 正文"样式出现在【快速样式】列表框中。

3. 选中标题"国务院关于印发"十三五"期间深化医药卫生体制改革规划暨实施方案的通知"，设置为黑体、小二号、段落居中（无首行缩进）。然后同步骤 2 中的操作，将该标题的样式创建为"My 大标题"样式。由于标题较长，在"印发"字符后插入换行符（Shift+Enter），将标题设置为两行。

4. 在通知部分的文档中，选中"各省、自治区、直辖市人民政府，国务院各部委、各直属机构："，设置无首行缩进。在通知部分的文档尾部，选中文本"国务院"及日期，设置无首行缩进，1.5 倍行距，文本右对齐。

5. 在方案部分的文档中，选中"一、规划背景"，设置为黑体、三号、左对齐，无首行缩进，并将该样式创建为"My 小标题"样式。

6. 在方案部分的文档中，选中标题文字"'十三五'期间深化医药卫生体制改革规划暨实施方案"，设置为"My 大标题"样式。

7. 在方案部分的文档中，选中类似标题文字"二、总体要求和总体目标"，都设置为"My 小标题"样式。

8. 将光标置于通知部分文档的前面的空白页中，执行【引用】/【目录】/【目录】/【插入目录】，打开【目录】对话框，点击其中【选项】按钮，打开【目录选项】对话框（图 4-118）。

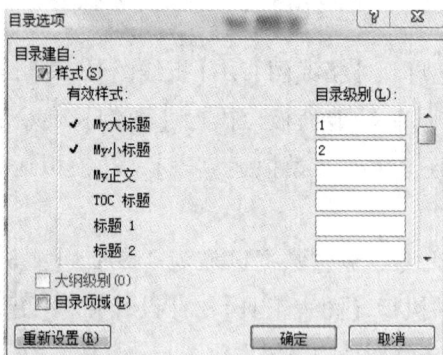

图 4-118　目录选项

分别在"My 大标题"、"My 小标题"后输入 1 和 2，同时删除"标题 1"、"标题 2"和"标题 3"右侧框中的数字，点击【确定】回到【目录】对话框，再点击【确定】即可自动创建标题目录。

扫码"练一练"

目标检测

一、单选题

1. Word 2010 文档的扩展名是（　　　）

A. dot　　　　　B. doc　　　　　C. docx　　　　　D. dotx

2. 如果想关闭 Word 2010，可在程序窗口中，单击【文件】选项卡，选择（　　　）命令

A. "打印"　　　B. "退出"　　　C. "保存"　　　D. "关闭"

3. 单击 Word 2010 主窗口的标题栏右边的最大化按钮后，此最大化按钮改变成（　　　）

A. 最小化按钮　　B. 还原按钮　　C. 关闭按钮　　D. 最大化按钮

4. 在 Word 2010 中，当前正在编辑文档的文档名显示在（　　　）

A. 标题栏中　　　B. 状态栏上　　C. 文件菜单中　　D. 工具栏的右边

5. 当鼠标指针通过 Word 2010 工作区文档编辑区域时的形状为（　　　）

A. 箭头　　　　　B. 沙漏型　　　C. 手型　　　　　D. I 型

6. Word 2010 能显示页眉页脚的视图方式是（　　　）

A. 页面视图　　　B. 阅读版面视图　C. Web 版式视图　D. 大纲视图

7. 在 Word 2010 中，如果用户要绘制图形，则一般都要切换到 "（　　　）视图" 以便于确定图形的大小和位置

A. 页面　　　　　B. 大纲　　　　C. 草稿　　　　　D. Web 版式

8. 中文输入法的启动和关闭是用（　　　）键

A. Ctrl+Shift　　B. Ctrl+Alt　　C. Ctrl+Space　　D. Alt+Space

9. 在 Word 2010 的编辑状态下，按下（　　　）键，可以打开 "文件" 选项卡

A. Tab+F　　　　B. Alt+F　　　　C. Ins+F　　　　D. Shift+F

10. 在 Word 2010 中，如果要在文档中插入符号，可单击（　　　）选项卡符号功能区中的符号按钮

A. 编辑　　　　　B. 插入　　　　C. 格式　　　　　D. 工具

11. 在 Word 2010 文档编辑区中，把鼠标光标放在某一字符处连续击三次左键，将选取该字符所在的（　　　）

A. 一个词　　　　B. 一个句子　　C. 一行　　　　　D. 一个段落

12. Word 中选定一竖块文字，应按住（　　　）键拖动鼠标

A. Alt　　　　　B. Shift　　　　C. Ctrl　　　　　D. Enter

13. 在 Word 2010 中，在选定文档内容之后单击工具栏上的 "复制" 按钮是将选定的内容复制到（　　　）

A. 指定位置　　　B. 另一个文档中　C. 剪贴板　　　　D. 磁盘

14. 在 Word 2010 中，要复制选定的文档内容，可按住（　　　）键，再用鼠标拖拽至指定位置

A. Ctrl　　　　　B. Shift　　　　C. Alt　　　　　D. Ins

15. 当功能区的"剪切"和"复制"按钮颜色黯淡，不能使用时，表示（　　）

    A. 此时只能从鼠标右键快捷菜单中调用"剪切"和"复制"命令

    B. 在文档中没有选定任何内容

    C. 剪贴板已经有了要剪切或复制的内容

    D. 选定的内容太长，剪贴板放不下

16. 在 Word 文档中，粘贴的内容（　　）

    A. 只能粘贴文字　　　　　　　　　　B. 只能粘贴图形

    C. 只能粘贴表格　　　　　　　　　　D. 文字、图形、表格都可以粘贴

17. 通常在输入标题的时候，要让标题居中，可以用（　　）的操作

    A. 用空格键来调整

    B. 用 Tab 键来调整

    C. 选择【开始】选项卡上的"居中"自动定位

    D. 用鼠标定位来调整

18. Word 2010 工作过程中，切换两种编辑状态（插入与改写）的命令是按（　　）键

    A. Delete（Del）　　B. Ctrl+N　　　　　C. Ctrl+S　　　　　D. Insert（Ins）

19. 在 Word 2010 中，如果要在文档中插入符号，可单击插入选项卡（　　）功能区中的符号按钮

    A. 表格　　　　　B. 插图　　　　　C. 页眉和页脚　　　　D. 符号

20. Word 2010 的"段落"对话框中，不能设定文本的（　　）

    A. 缩进　　　　　B. 段落间距　　　　C. 字型　　　　　D. 行间距

21. 在 Word 2010 中，若想控制段落的第一行第一字的起始位置，应该调整（　　）

    A. 悬挂缩进　　　B. 首行缩进　　　　C. 左缩进　　　　　D. 右缩进

22. 关于编辑页眉页脚，下列叙述（　　）不正确

    A. 文档内容和页眉页脚可在同一窗口编辑

    B. 文档内容和页眉页脚一起打印

    C. 编辑页眉页脚时不能编辑文档内容

    D. 页眉页脚中也可以插入剪贴画

23. 需要在 Word 2010 的文档中设置页码，应使用的选项卡是（　　）

    A. 文件　　　　　B. 插入　　　　　C. 格式　　　　　D. 视图

24. 在 Word 2010 的编辑状态，进行"项目符号和编号"操作时，应当使用（　　）选项卡中的命令

    A. 文件　　　　　B. 视图　　　　　C. 插入　　　　　D. 开始

25. 打印预览中显示的文档外观与（　　）的外观完全相同

    A. 普通视图显示　　B. 页面视图显示　　C. 实际打印输出　　D. 大纲视图显示

26. 若要设置打印输出时的纸型，应从（　　）选项卡中调用"页面设置"命令

    A. 视图　　　　　B. 插入　　　　　C. 开始　　　　　D. 文件

27. 在 Word 2010 中，如果要使文档内容横向打印，在【页面设置】中应选择的标签是（　　）

    A. 纸型　　　　　B. 纸张来源　　　　C. 版式　　　　　D. 页边距

28. 在 Word 2010 中，在文档打印对话框的"打印页码"中输入"2-5，10，12"，则（　　）

    A. 打印第 2、5、10、12 页

    B. 打印第 2 页至第 5 页、第 10、12 页

    C. 打印第 2、5、10 至 12 页

    D. 打印第 2 页至第 5 页、第 10 至 12 页

29. 在 Word 2010 中，对图片进行裁剪的操作命令，在（　　）选项卡里

    A. 文件　　　　　B. 视图　　　　　C. 格式　　　　　D. 开始

30. Word 2010 给选定的段落、表单元格、图文框添加的背景称为（　　）

    A. 图文框　　　　B. 底纹　　　　　C. 表格　　　　　D. 边框

31. Word 2010 中，如果要在文档中加入一幅图片，可单击（　　）选项卡/插图功能区中的图片按钮

    A. 文件　　　　　B. 视图　　　　　C. 插入　　　　　D. 开始

32. 多个自选图形合成一个大图形，使用（　　）操作

    A. 合并　　　　　B. 组合　　　　　C. 插入　　　　　D. 粘贴

33. 在 Word 文档中，插入表格的操作时，以下哪种说法正确（　　）

    A. 可以调整每列的宽度，但不能调整高度

    B. 可以调整每行和列的宽度和高度，但不能随意修改表格线

    C. 不能划斜线

    D. 以上都不对

34. 在 Word 2010 中，利用公式对表格内的数据进行计算，公式中用"C2"代表（　　）

    A. 一个函数的名字

    B. 表格中第三行、第二列的单元格内的数据

    C. 内容为"C3"的单元格

    D. 表格中第二行、第三列的单元格内的数据

35. 在 Word 2010 中，选择公式对表格单元格的内容进行统计，以下叙述（　　）是正确的

    A. 当被统计的数据改变时，统计的结果不会自动更新

    B. 当被统计的数据改变时，统计的结果会自动更新

    C. 当被统计的数据改变时，统计的结果根据操作者决定是否更新

    D. 以上叙述均不正确

36. 在 Word 2010 中，要将表格中一个单元格变成两个单元格，在选定该单元格后应执行【表格工具】/【布局】选项卡中的（　　）命令

    A. 删除单元格　　B. 合并单元格　　C. 拆分单元格　　D. 绘制表格

37. 在 Word 2010 编辑状态下，给当前打开文档的某一词加上尾注，应使用的选项卡是（　　）

    A. 插入　　　　　B. 引用　　　　　C. 文件　　　　　D. 视图

38. 在 Word 2010 的文档中插入数学公式，在【插入】选项卡中应选的命令是（　　）

A. 符号　　　　　　　B. 图片　　　　　　　C. 公式　　　　　　　D. 对象

39. 在 Word 2010 中，可以把预先定义好的多种格式的集合全部应用在选定的文字上，这种集合称为（　　　）

A. 样式　　　　　　　B. 向导　　　　　　　C. 连机帮助　　　　　　D. 模板

40. 当编辑具有相同格式的多个文档时，可使用（　　　）

A. 样式　　　　　　　B. 向导　　　　　　　C. 连机帮助　　　　　　D. 模板

二、多选题

1. Word 2010 工作界面包括（　　　）

A. 文档编辑区　　　　　　　B. 快速访问工具栏　　　　　　C. 状态栏

D. 功能区　　　　　　　E. 标题栏

2. Word 2010 提供了（　　　）视图方式

A. 页面视图　　　　　　　B. 阅读版面视图　　　　　　C. Web 版式视图

D. 大纲视图　　　　　　　E. 草稿视图

3. 下面属于 Word 2010 窗口组成部分的是（　　　）

A. 标题栏　　　　　　　B. 菜单栏　　　　　　C. 文档编辑区

D. 工具栏　　　　　　　E. 功能区

4. 在 Word 2010 中，下面各项通过"开始"选项卡进行设置的有（　　　）

A. 设置视图模式　　　　　　　B. 设置字体格式　　　　　　C. 设置纸张大小

D. 设置段落格式　　　　　　　E. 设置样式

5. 设置大纲级别可利用（　　　）设置

A.【字体】对话框　　　　　　　B.【文件】选项卡　　　　　　C. 大纲视图

D.【段落】对话框　　　　　　　E. Web 版式视图

表格处理软件 Excel 2010

学习目标

知识要点

1. 掌握 Excel 的基本概念，Excel 的基本操作，使用公式和函数计算表格数据，对工作表数据的管理。

2. 熟悉使用图表分析数据。

3. 了解透视表。

技能要求

1. 掌握创建工作簿，输入各类型数据，在工作表中使用公式和函数计算，对数据进行排序、筛选、汇总、合并操作，对工作表及工作簿进行各种基本操作。

2. 熟悉使用图表分析数据，熟悉对数据及表格进行格式化，使之更加美观。

3. 了解透视表的创建。

任务一　Excel 2010 概述

　　Microsoft Excel 2010，是 Microsoft 公司开发的电子表格处理软件，是 Microsoft Office 中的主要组件之一。它不仅具有强大的数据组织、计算、分析和统计功能，还可以通过图表等多种形式对数据结果形象化显示。相较以往的 Excel 版本，Excel 2010 的功能界面更加直观、快捷，同时具有更为强大的数据运算处理与分析能力。Microsoft Excel 2010 界面友好、功能丰富、操作方便，在金融、财务、单据报表、市场分析、统计、工资管理、工程预算、文秘处理、办公自动化等方面广泛使用。使用 Microsoft Excel 2010 进行数据的统计处理和分析已经成为人们当前学习和工作的必备技能之一。

一、Excel 2010 的启动和退出

（一）启动 Excel 2010

通常有三种方法启动 Excel 2010。

1. 在【开始】● 菜单中选择【所有程序】/【Microsoft Office】/【Microsoft Excel

2010】，即可启动 Excel 2010。

2. 双击桌面上的【Microsoft Excel 2010】程序的快捷方式图标启动。

3. 双击文件夹中的 Excel 文件（其扩展名为".xlsx"），则启动 Excel 2010 并同时打开该文件。

用1、2两种方法启动 Excel 2010，系统会在 Excel 窗口中自动生成一个名为"工作簿1"的空白文件。

（二）退出 Excel 2010

通常有以下几种方法退出 Excel 2010。

1. 单击 Excel 窗口的【关闭】按钮 X。

2. 双击窗口中在"快速访问工具栏"左边的控制图标 X。

3. 单击【文件】/【退出】。

4. 按组合键 Alt+F4。

退出时，如果还没有保存当前的文件，会打开一个提示对话框，询问用户是否保存对 Excel 文件的编辑更改。如果用户想保存文件，单击【保存】打开"另存为"窗口进行保存文件的操作；如果不想保存就退出 Excel，单击【不保存】即可；如果不想退出 Excel，单击【取消】。

二、Excel 2010 工作界面

Excel 2010 启动后，即打开 Excel 2010 程序工作界面，如图 5-2 所示。Excel 2010 程序工作界面由位于上部的功能区和下部的工作表区组成。功能区包含标题栏、选项卡及相应命令组；工作表编辑区包括名称框、数据编辑区、工作表、状态栏等。

（一）功能区

工作簿的标题栏位于功能区顶部，标题栏左侧的控制图标 X 的下拉菜单中包含还原窗口、移动窗口、改变窗口大小、最大（小）化窗口和关闭窗口选项，控制图标的右侧的 是"快速访问工具栏"，可以通过单击【自定义快速访问工具栏】按钮 来自定义包含保存、撤销、恢复等按钮。标题栏右侧的 是最小化、最大化（还原）、关闭按钮。

功能区的标题栏下方是各选项卡及其相应的命令组。选项卡主要包括文件、开始、插入、页面布局、引用、邮件、审阅、视图等，使用时单击选项卡后在命令组中单击所需的命令按钮即可。

（二）工作表编辑区

功能区的下方是工作表编辑区的名称框和数据编辑区。用鼠标单击工作表选中一个单元格，则此单元格成为当前单元格或称为活动单元格。名称框内显示当前单元格的地址或者已命名单元格区域的名称，数据编辑区用来输入或编辑当前单元格的数据值或公式。当输入或编辑当前单元格的内容时，在名称框和数据编辑区之间出现的 X ✓ fx 是【取消】【输入】【插入函数】按钮。单击【取消】，则撤销所做的编辑修改；单击【输入】，则确认所做的编辑修改；单击【插入函数】，则编辑计算公式。

状态栏显示正在编辑的文件的相关信息。在状态栏的右侧有视图按钮和显示比例滑块。

视图按钮用于切换当前文件内容的显示模式。拖动显示比例滑块可调整设置当前文件内容的显示比例。

三、Excel 2010 基本概念

Excel 的工作界面除了标题栏、选项卡、功能区、状态栏、滚动条等常用工具，还有一些 Excel 特有的基本组成，如图 5-1 所示。

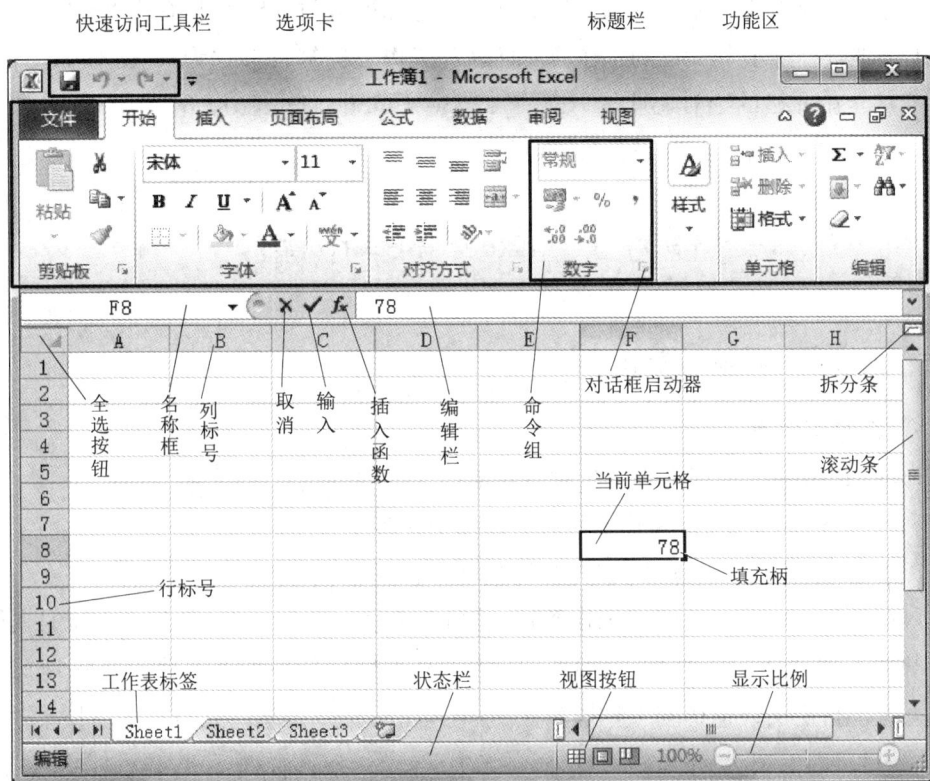

图 5-1　Excel 2010 工作界面

（一）工作簿

启动 Excel 2010，自动创建一个名为"工作簿 1. xlsx"的工作簿文件，其默认扩展名为". xlsx"。一个工作簿文件默认有三个工作表，分别名为 sheet1、sheet2、sheet3。工作表的名字显示在窗口底部的工作表标签。单击工作表标签，则此工作表即成为当前工作表。工作表的名字可以修改，个数可以增减。一个工作簿文件最多可以含有 255 个工作表。

（二）工作表

工作表是显示在工作簿文件窗口中的表格。一个工作表由 1048576 行和 16384 列组成，其中行的编号从上向下由数字 1~1048576 表示，列的编号从左向右由 A~Z、AA~AZ、BA ~BZ、……、XFD 表示。使用组合键 Ctrl +箭头键"←"（或"→"），可以快速选定当前行的第 1 列（或第 16384 列）的单元格；使用组合键 Ctrl +箭头键"↑"（或"↓"），可以快速选定当前列的第 1 行（或第 1048576 行）的单元格。

（三）单元格

单元格是行和列交汇处的长方形区域。用鼠标单击一个单元格，则此单元格称为当前单元格或称为活动单元格。此时，当前单元格的边框线变成粗黑线，此粗黑框线称为单元

格指针。

　　每个单元格都有一个唯一的地址，也称为单元格名称，由该单元格所在的行和列的编号表示，其中列号在前行号在后。如位于第 D 列和第 8 行交汇处的单元格，地址为：D8。如果一个工作表需要引用在同一个工作簿中另一个工作表的单元格的内容，则在被引用的单元格地址前加上其所在的工作表标签，形式为：<工作表名>！<单元格地址>。如：Sheet1！D8 表示 Sheet1 工作表的 D8 单元格。如果一个工作表引用另一个工作簿的单元格的内容，则称为绝对引用，需要在单元格地址的行号和列号前分别加上符号"＄"，并在被引用的单元格地址前加上其所在的工作簿文件名和工作表标签，形式为：［工作簿文件名］<工作表名>！<单元格的绝对地址>。如：［工作簿 1］Sheet1！＄D＄8 表示 Sheet1 工作表的 D8 单元格。

任务二　Excel 的基本操作

一、工作簿的基本操作

（一）新建工作簿

在 Excel 2010 中，通常有以下三种创建新工作簿的方法。

1. 利用【文件】选项卡新建工作簿。具体操作步骤如下。

（1）单击【文件】/【新建】，打开【新建】的窗格。

（2）在该窗格中单击【空白工作簿】，然后单击【创建】，即可创建一个新的工作簿。

2. 利用"快速访问工具栏"新建工作簿。具体操作步骤如下：单击"快速访问工具栏"旁边的"自定义快速访问工具栏"按钮 ▼，如图 5-2 所示，在打开的下拉菜单中单击【新建】，则在"快速访问工具栏"中显示 。然后在"快速访问工具栏"中单击【新建】按钮 创建新工作簿。

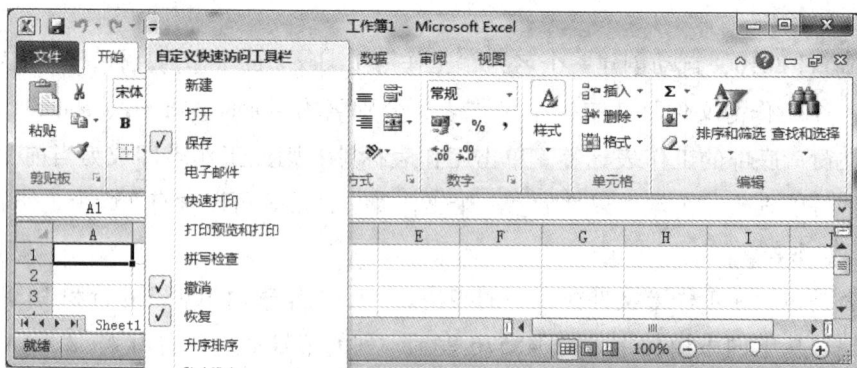

图 5-2　自定义快速访问工具栏

3. 直接按组合键 Ctrl+N 创建新工作簿。

（二）保存工作簿

单击"快速访问工具栏"旁边的【自定义快速访问工具栏】按钮 ▼，在打开的下拉菜单中单击【保存】，或者单击【文件】/【保存】，打开"另存为"对话框进行设置。如果对于已经保存过的工作簿，想要重新保存为另一个文件，则单击【文件】/【另存为】，打开"另存为"对话框进行设置。在"另存为"对话框中，选择保存位置、保存类型，输入文件名，然后单击【保存】即完成保存操作。

（三）使用工作簿模板创建工作簿

Excel 2010 提供了大量模板，其模板文件名的扩展名为 . xltx。当需要创建类似的文件时，可以在模板的基础上进行简单的修改，以快速完成常用文档的创建，而不必从空白页面开始。使用模板是节省时间和创建格式统一文档的绝佳方式，具体操作步骤如下。

1. 启动 Excel，单击【文件】/【新建】，打开"新建"窗格。

2. 在"新建"窗格中单击【样本模板】，然后双击所要的模板即可。或者在"新建"窗格中单击【我的模板】，打开"新建"对话框，双击其中所要的模板。

3. 在打开的模板工作簿中编辑、输入新的数据。

4. 保存该工作簿即可。

（四）创建工作簿模板

可以使用工作簿文件来创建一个模板，也可以编辑修改现有的模板来创建新的工作簿模板。

1. 使用工作簿文件创建工作簿模板。具体操作步骤如下。

（1）打开要用作模板的工作簿。

（2）对工作簿中的内容进行调整修改，保留一些内容，删除一些内容。

（3）单击【文件】/【另存为】，打开"另存为"对话框，在"文件名"框中输入所要的文件名，并在"保存类型"框中选择"Excel 模板"。

（4）单击【保存】，新建模板将会自动存放在 Excel 的模板文件夹中。

（5）关闭该模板文档。

2. 修改现有的模板来创建新的工作簿模板。具体操作步骤如下。

（1）打开要用作修改的模板，Excel 2010 默认的模板文件保存位置为：c: \ Users \ ［实际的用户名］\ AppData \ Roaming \ Microsoft \ Templates \ 。

（2）对模板中的内容进行调整修改，保留一些内容，删除一些内容。

（3）单击【文件】/【另存为】，打开"另存为"对话框，在"文件名"框中输入所要的文件名，并在"保存类型"框中选择"Excel 模板"。

（4）单击【保存】，新建模板将会自动存放在 Excel 的模板文件夹中。

（5）关闭该模板文档。

知识链接

创建工作簿模板时，在"另存为"对话框中不要改变模板文档的存放位置，以确保在使用该模板创建新工作簿时该模板可用。

（五）打开工作簿

通常有以下三种方法打开工作簿。

1. 利用【文件】选项卡打开工作簿。具体操作步骤如下：单击【文件】/【打开】，在"打开"对话框中选择要打开的工作簿，单击【打开】即可。

2. 利用"快速访问工具栏"打开工作簿。具体操作步骤如下。

①单击"快速访问工具栏"旁边的【自定义快速访问工具栏】按钮 ▼，在打开的下拉菜单中单击【打开】，则在"快速访问工具栏"中显示 📬。然后单击"快速访问工具栏"中的【打开】按钮 📬，打开"打开"对话框。

②在"打开"对话框中选择所要打开的工作簿，单击【打开】即可。

3. 直接按组合键 Ctrl+O 打开"打开"对话框，然后在"打开"对话框中选择所要打开的工作簿，单击【打开】即可。

（六）关闭工作簿

通常有以下四种方法关闭工作簿。

1. 单击 Excel 窗口右上角的【关闭】。

2. 双击"快速访问工具栏"旁边的控制图标 🗙。

3. 单击"快速访问工具栏"旁边的控制图标 🗙，打开下拉菜单。在下拉菜单中选择【关闭】。

4. 按组合键 Alt+F4。

（七）保护工作簿

Excel 2010 提供了多种方式保护工作簿，主要包括以下三个方面。

1. 设置工作簿的打开权限密码 给工作簿设置打开权限密码，则每次打开工作簿都必须输入打开权限密码。如果输入打开权限密码错误，则无法打开工作簿。打开权限密码最多能包括 15 个字符，区分大小写。设置工作簿的打开权限密码的具体操作步骤如下。

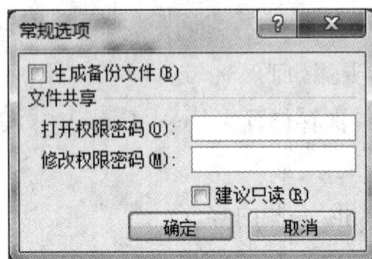

（1）单击【文件】／【另存为】，打开"另存为"对话框。

（2）在"另存为"对话框中单击【工具】／【常规选项】，打开"常规选项"对话框，如图 5-3 所示。

（3）在"常规选项"对话框的"打开权限密码"框中输入所要设置的打开权限密码，单击【确定】。

图 5-3 "常规选项"对话框

2. 设置工作簿的修改权限密码 设置了修改权限密码的工作簿，则在编辑修改工作簿后，以原名称保存工作簿时必须输入修改权限密码。如果输入修改权限密码错误，则不能以原名保存。这样，就保护了原工作簿的内容不能够随意改动。修改权限密码最多能包括 15 个字符，区分大小写。设置工作簿的修改权限密码的具体操作步骤如下。

（1）单击【文件】／【另存为】，打开"另存为"对话框。

（2）在"另存为"对话框中单击【工具】／【常规选项】，打开"常规选项"对话框，如图 5-3 所示。

（3）在"常规选项"对话框的"修改权限密码"框中输入所要设置的修改权限密码，单击【确定】。

　　正确设置了修改权限密码后，如果要防止无意中改动原工作簿的内容，则可以在"常规选项"对话框中单击选择【建议只读】。

　　有时候操作失误会造成工作簿的损坏。为了避免工作簿损坏的损失，可以创建一个备份文件。这样，当工作簿损坏时，可以使用备份文件来恢复工作簿。备份文件和源文件保存在同一路径，备份文件的文件名为"源文件名的备份"，扩展名为 .XLK。创建备份文件的具体操作步骤如下。

　　（1）单击【文件】/【另存为】，打开"另存为"对话框。

　　（2）在"另存为"对话框中单击【工具】/【常规选项】，打开"常规选项"对话框。

　　（3）在"常规选项"对话框中，单击选择【生成备份文件】，然后单击【确定】。

　　（4）继续在"另存为"对话框中设置所要保存的文件名和保存类型，然后单击【保存】。

　　3. 保护工作簿的结构或窗口　可以设置保护工作簿的结构，来避免工作簿被增加、移动、删除或隐藏工作表，或者避免隐藏的工作表被查看。还可以设置保护工作簿的窗口，来避免工作簿窗口被改变大小和位置。具体操作步骤如下。

　　（1）打开要保护的工作簿。

　　（2）单击【审阅】/【更改】/【保护工作簿】，打开"保护结构和窗口"对话框，如图 5-4 所示。

　　（3）在"保护结构和窗口"对话框中，单击选择【结构】即可保护工作簿的结构，或者单击选择【窗口】即可保护工作簿的窗口。

　　（4）如果在"保护结构和窗口"对话框中输入密码，则在取消工作簿保护时必须输入密码。如果不在"保护结构和窗口"对话框中输入密码，则任何用户都可以取消工作簿保护。单击【确定】。

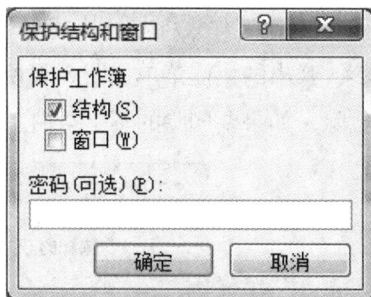

图 5-4　"保护结构和窗口"对话框

　　如果忘记保护工作簿的密码，则无法再对工作簿的结构和窗口进行设置。

（八）隐藏/显示工作簿

　　隐藏工作簿的具体操作步骤如下：先打开工作簿，然后单击【视图】/【窗口】/【隐藏】，即可隐藏当前工作簿。

　　显示工作簿的具体操作步骤如下：单击【视图】/【窗口】/【取消隐藏】，打开"取消隐藏"对话框。然后在"取消隐藏"对话框中，选择要取消隐藏的工作簿，然后单击【确定】即可。

二、工作表的基本操作

(一) 新建工作表

通常有以下三种方法新建工作表。

1. 利用"插入工作表按钮" 🗋 新建工作表。具体操作步骤如下：单击工作表标签右边的【插入工作表】按钮 🗋，可在最右边插入一个空白的工作表。

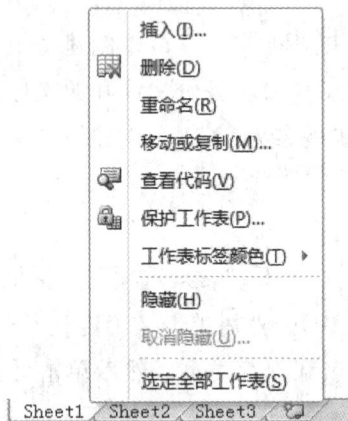

插入(I)...
删除(D)
重命名(R)
移动或复制(M)...
查看代码(V)
保护工作表(P)...
工作表标签颜色(T) ▶
隐藏(H)
取消隐藏(U)...
选定全部工作表(S)

Sheet1 / Sheet2 / Sheet3 /

图 5-5　工作表标签的快捷菜单

2. 利用工作表标签的快捷菜单新建工作表。具体操作步骤如下：用鼠标右键单击工作表标签，弹出的快捷菜单如图 5-5 所示。单击快捷菜单中的【插入】，打开"插入"对话框。在"插入"对话框的"常用"选项卡中选择【工作表】，然后单击【确定】。即可在单击的工作表左边插入一个空白的工作表。

3. 使用"开始"选项卡新建工作表。具体操作步骤如下：单击【开始】/【单元格】组的【插入】旁边的箭头 ▼，在打开的下拉菜单中单击【插入工作表】，即可在当前工作表的左边插入一个空白的工作表。

(二) 删除工作表

通常有以下两种方法删除工作表。

1. 利用工作表标签的快捷菜单删除工作表。具体操作步骤如下：用鼠标右键单击工作表标签，弹出的快捷菜单如图 5-6 所示，单击【删除】。如果要删除的工作表是空白工作表则直接删除，如果要删除的不是空白工作表则打开如图 5-6 的对话框。单击【删除】按钮即可。

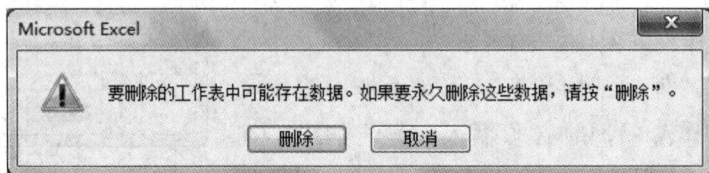

Microsoft Excel

⚠ 要删除的工作表中可能存在数据。如果要永久删除这些数据，请按"删除"。

删除　　取消

图 5-6　删除非空工作表时打开的对话框

2. 使用"开始"选项卡删除工作表。具体操作步骤如下：单击菜单中的【开始】/【单元格】/【删除】/【删除工作表】。如果要删除的工作表是空白工作表则直接删除，如果要删除的不是空白工作表则打开如图 5-6 的对话框。在该对话框中单击【删除】即可删除该工作表。

(三) 工作表重命名

通常有以下三种方法改变工作表的名称。

1. 利用工作表标签的快捷菜单改变工作表的名称。具体操作步骤如下：用鼠标右键单击工作表标签，弹出的快捷菜单如图 5-5 所示，单击【重命名】，则工作表标签名进入编辑状态。在工作表标签处输入新的工作表名称，按 Enter 键即可。

2. 双击工作表标签改变工作表的名称。具体操作步骤如下：在工作表标签上双击鼠标，则工作表标签名进入编辑状态。在工作表标签处输入新的工作表名称，按 Enter 键即可。

3. 使用【开始】选项卡改变工作表的名称。具体操作步骤如下：单击【开始】/【单元格】/【格式】/【重命名工作表】，则工作表标签名进入编辑状态。在工作表标签处输入新的工作表名称，按 Enter 键即可。

（四）移动或复制工作表

通常有以下两种方法移动或复制工作表。

1. 利用工作表标签的快捷菜单移动或复制工作表。具体操作步骤如下。

（1）打开工作簿，用鼠标右键单击工作表标签，弹出的快捷菜单如图 5-5 所示。单击【移动或复制】，打开"移动或复制工作表"对话框，如图 5-7 所示。

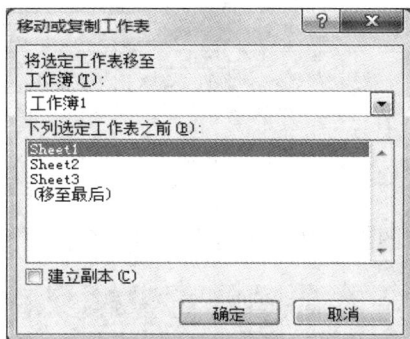

（2）在"工作簿"框中单击要移动或复制工作表到的目标工作簿。

图 5-7　"移动或复制工作表"对话框

知识链接

　　必须提前打开要移动或复制工作表到的目标工作簿，才能在"工作簿"的下拉列表中出现该工作簿的文件名。

（3）在"下列选定工作表之前"框中单击要移动或复制工作表到的位置。如果复制工作表，则还要单击选择"建立副本"。

（4）单击【确定】。

2. 使用鼠标直接拖动工作表标签来移动工作表在当前工作簿中的位置。如果拖动工作表标签的同时按住 Ctrl 键，则在当前工作簿复制该工作表。

（五）设置工作表标签颜色

设置工作表标签的颜色可以突出显示该工作表。通常有以下两种方法设置工作表标签的颜色。

1. 利用工作表标签的快捷菜单设置工作表标签的颜色。具体操作步骤如下：用鼠标右键单击工作表标签，弹出的快捷菜单如图 5-5 所示，将光标指向【工作表标签颜色】，然后在其级联菜单的颜色列表中选择要设置的颜色即可。

2. 使用【开始】选项卡设置工作表标签的颜色。具体操作步骤如下：单击【开始】/【单元格】/【格式】/【工作表标签颜色】，然后在【工作表标签颜色】的级联子菜单中选择要设置的颜色即可。

（六）隐藏/显示工作表

隐藏工作表的具体操作步骤如下：选择要隐藏的工作表，用鼠标右键单击工作表标签，弹出的快捷菜单如图 5-5 所示，单击快捷菜单中的【隐藏】即可。

显示工作表的具体操作步骤如下：用鼠标右键单击工作表标签，弹出的快捷菜单如图 5-5 所示，单击快捷菜单中的【取消隐藏】，打开"取消隐藏"对话框，如图 5-8 所示，在"取消隐藏工作表"框中显示了所有被隐藏的工作表。选择要取消隐藏的工作表，

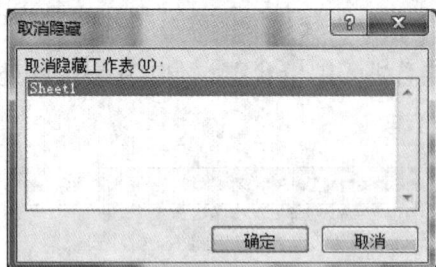

图 5-8 "取消隐藏"对话框

（七）保护工作表

默认情况下，工作表被保护后，该工作表中的所有单元格都被锁定，不能对锁定的单元格进行编辑修改操作。如果需要保护工作表中的一部分单元格，而不是保护所有单元格，则必须在保护单元格的操作之前，对于允许编辑修改的单元格解除锁定。设置了保护的工作表，当试图编辑其单元格内容时，会弹出对话框如图 5-9 所示。

图 5-9 试图编辑已保护的工作表弹出的对话框

1. 保护整个工作表的具体操作步骤如下。

（1）打开工作簿，选择需要设置保护的工作表。

（2）用鼠标右键单击工作表标签，弹出快捷菜单如图 5-5 所示，单击快捷菜单中的【保护工作表】，打开"保护工作表"对话框。或者单击【审阅】/【更改】/【保护工作表】，打开"保护工作表"对话框，如图 5-10 所示。

（3）在"保护工作表"对话框的"允许此工作表的所有用户进行"框中单击选择允许更改的项目。默认情况下，前两项是选中状态。

（4）要设置保护工作表的密码，则在"取消工作表保护时使用的密码"框中输入密码。单击【确定】，打开"确认密码"对话框，如图 5-11 所示。在"重新输入密码"框中再次输入密码，单击【确定】即可完成设置。

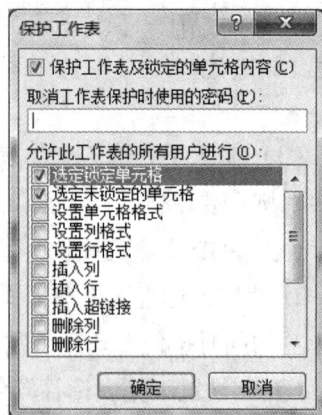

图 5-10 "保护工作表"对话框

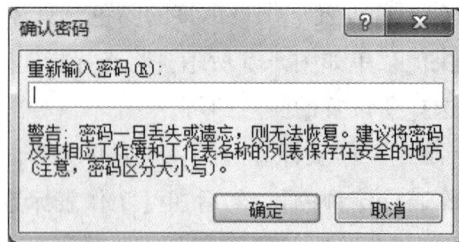

图 5-11 "确认密码"对话框

知识链接

如果不设置保护工作表的密码，则任何用户可以撤消工作表保护。如果设置了保护工作表的密码，则必须在撤消工作表保护时正确输入密码，才能够撤消工作表保护。

2. 撤消保护工作表的具体操作步骤

（1）选择要撤消保护的工作表为当前工作表，用鼠标右键单击工作表标签，弹出的快捷菜单中，图 5-5 中【保护工作表】一项变成【撤消工作表保护】，单击【撤消工作表保护】。或者单击【审阅】/【更改】/【撤消工作表保护】。如果没有设置保护工作表的密码，即可撤消保护工作表。

图 5-12　"撤消工作表保护"对话框

（2）如果设置了保护工作表的密码，则打开对话框如图 5-12 所示。在"密码"框中输入密码，单击【确定】。

3. 保护工作表的部分单元格　保护工作表后，默认情况下所有单元格都无法被编辑。但是实际情况是，一些单元格不能被编辑的同时有些单元格需要编辑数据。为了能够编辑修改这些单元格，需要在保护这些工作表之前，先取消对这些单元格的锁定。保护工作表的部分单元格的具体操作步骤如下。

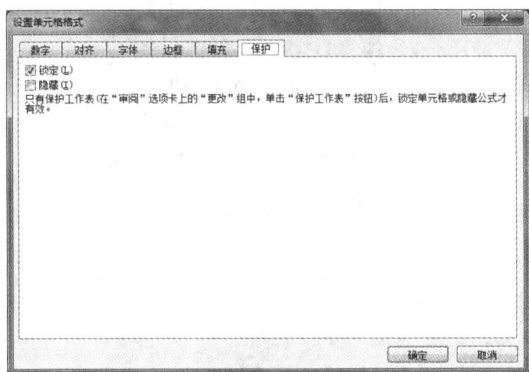

图 5-13　"设置单元格格式"对话框

（1）选择要保护的工作表为当前工作表，然后选择要解除锁定的单元格或单元格区域。

（2）单击【开始】/【单元格】/【格式】/【设置单元格格式】，打开"设置单元格格式"对话框，如图 5-13 所示。

（3）单击【保护】选项卡，然后单击取消选择"锁定"。再单击【确定】。

（4）用鼠标右键单击工作表标签，弹出的快捷菜单如图 5-5 所示。单击快捷菜单中的【保护工作表】，打开"保护工作表"对话框。或者单击【审阅】/【更改】/【保护工作表】，打开"保护工作表"对话框，进行保护工作表的设置。然后单击【确定】。

设置工作表保护后，没有解除锁定的单元格被保护了而不能被编辑，解除锁定的单元格没有被保护而能够被编辑修改。

（八）工作表窗口的视图操作

1. 多窗口显示与切换　在 Excel 2010 中，可以同时打开多个工作簿。如果工作簿的工作表比较大，在窗口中难以显示全部的行或列，则可以将工作表的区域分割定义为"新建窗口"。多个工作簿和多个新建窗口的操作的显示与切换操作如下。

（1）定义窗口　选择工作表的某个单元格区域，单击【视图】/【窗口】/【新建窗口】，则被选择的单元格区域即显示在一个新的 Excel 窗口中。新窗口的名称默认为"工作簿名：序号"。

（2）切换窗口　单击【视图】/【窗口】/【切换窗口】，则打开下拉菜单显示所有打开的工作簿窗口和定义的新建窗口的名称。选择要显示的窗口名称，则切换该窗口为当前窗口。

（3）并排查看窗口　单击【视图】/【窗口】/【并排查看】，打开"并排比较"的对话框。在对话框中显示所有打开的工作簿窗口和定义的新建窗口的名称，如图5-14 所示。

选择要并排查看的窗口名称，单击【确定】即可并排查看窗口。并排查看是按照上下排列的方式来显示要查看的窗口。

在并排查看状态下，操作一个窗口的滚动条，并排的另一个窗口会同步滚动。单击【视图】／【窗口】／【同步滚动】，则可以取消两个窗口的联动。处于并排查看状态时，单击【视图】／【窗口】／【并排查看】，则可以取消窗口的并排查看。

（4）全部重排窗口　单击【视图】／【窗口】／【全部重排】，打开"重排窗口"窗口，如图 5-15 所示。单击选择想要的排列方式，然后单击【确定】，即可同时查看所有打开的窗口。

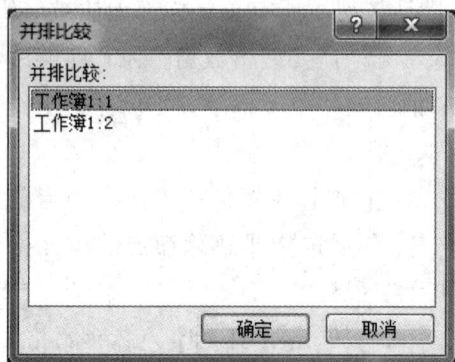

图 5-14　"并排比较"对话框　　　　　图 5-15　"重排窗口"对话框

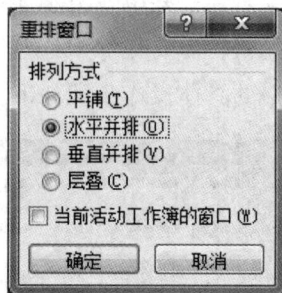

全部重排可以同时查看所有打开的窗口。如果在"重排窗口"对话框单击选择"当前活动工作簿的窗口"，则只对当前工作簿中已划分的窗口进行排列。

（5）隐藏/显示窗口　单击【视图】／【窗口】／【隐藏】，即可隐藏当前窗口。单击【视图】／【窗口】／【取消隐藏】，打开"取消隐藏"对话框。在"取消隐藏"对话框中的"取消隐藏工作簿"框中选择要取消隐藏窗口的工作簿，然后单击【确定】即可取消隐藏窗口。

2. 冻结窗口　如果工作簿的工作表比较大，在窗口中难以显示全部的行或列，则看靠后几行或者靠右几列数据的时候，往往看不到列标号或者行标号，造成诸多不便。此时可以通过冻结窗口，来锁定行或列标题不随着滚动条的滚动而滚动。具体操作步骤如下：单击选择一个单元格，则同时在该单元格上方和左侧的单元格将可以冻结。单击【视图】／【窗口】／【冻结窗格】／【冻结拆分窗格】即可冻结窗口。此时滚动滚动条，在该单元格的上方和左侧的单元格被锁定，不随着滚动条的滚动而滚动。

如果只是要冻结首行或者首列，则单击【视图】／【窗口】／【冻结窗格】／【冻结首行】或者【冻结首列】即可。

在窗口冻结的状态下，想要取消窗口冻结，单击【视图】／【窗口】／【冻结窗格】／【取消冻结窗格】即可。

3. 拆分窗口　单击选中一个单元格，单击【视图】／【窗口】／【拆分】，则在该单元格的左上角处拆分工作表窗口为四个一模一样的窗口。对这四个窗口中的任意一个窗口进行编辑，都是对该工作表进行编辑。

在窗口拆分的状态下，想要取消拆分窗口，单击【视图】／【窗口】／【拆分】即可。

4. 窗口缩放　单击【视图】／【显示比例】／【显示比例】，打开"显示比例"对话框，如图 5-16 所示。在"显示比例"对话框中单击选择所要的缩放比例，然后单击【确定】。

在【视图】选项卡的【显示比例】组，还有【缩放到选定区域】和【100%】按钮。单击【缩放到选定区域】，则窗口的大小为恰好显示选中的区域的大小。单击【100%】，则窗口的大小为正常大小的显示。

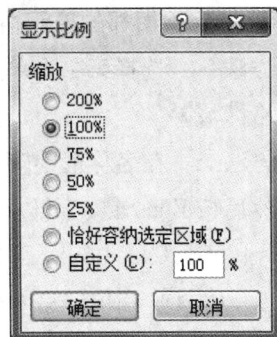

图 5-16 "显示比例"对话框

三、单元格的基本操作

（一）单元格区域的选定

对单元格进行操作前，必须先选择单元格或者单元格区域。熟练地选择不同的单元格或者单元格区域，有助于加快操作的速度，提高使用 Excel 的效率。

1. 选择一个单元格 单击一个单元格即可以选择该单元格，或者在名称框输入一个单元格地址后按 Enter 键，也可以选择该单元格。

2. 选择整个工作表 在行标签和列标签交汇处的按钮（A 列左侧的空白按钮）即【全选】按钮。用鼠标单击【全选】按钮可以选定整个工作表。

3. 选择行或列 单击工作表的行（或列）标题，可以选择该行（或列）。按下鼠标左键的同时移动鼠标选中多个连续的行（或列）标题，可以选择多行（或列）。

4. 选择多个相邻的单元格 通常有以下方法选择多个相邻的单元格。

（1）单击要选择的单元格区域中的第一个单元格，然后拖至最后一个单元格，则选择了该单元格区域。

（2）使用 Shift 键选择多个相邻的单元格有两种方法。

方法一：单击要选择的单元格区域中的第一个单元格，然后按住 Shift 键的同时单击最后一个单元格，则选择了该单元格区域。

方法二：单击要选择的单元格区域中的第一个单元格，然后按住 Shift 键的同时按键盘上的箭头键到达最后一个单元格，则可扩展选定该单元格区域。

（3）在名称框中输入一个单元格区域的名称后按 Enter 键，可以选定该单元格区域。通常用单元格区域的左上角单元格和右下角单元格的地址来表示单元格区域的名称，形式为<左上角单元格地址>：<右下角单元格地址>。如在名称框中输入 B4:D9，按 Enter 键后选择了如图 5-17 所示的单元格区域 B4:D9。

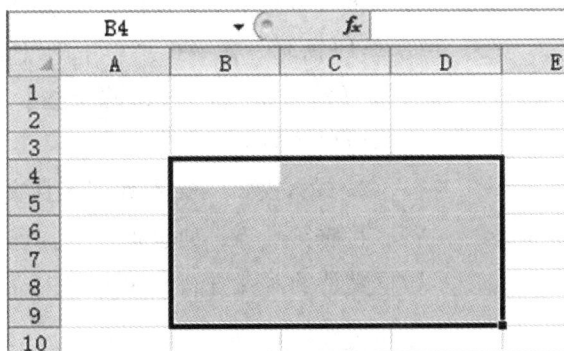

图 5-17 选定多个相邻的单元格

5. 选定不相邻的单元格　通常有以下两种方法选定多个不相邻的单元格。

方法一：选择第一个单元格或单元格区域，然后按住 Ctrl 键的同时选择其他单元格或单元格区域。

方法二：在名称框中输入多个单元格或单元格区域的名称，之间用英文状态的逗号间隔，然后按 Enter 键，可以同时选定这多个单元格或单元格区域。如在名称框中输入 A1：C2，A4：A9，C4，C6：D8，按 Enter 键后同时选择了如图 5-18 所示的单元格区域 A1：C2、A4：A9、C6：D8 和单元格 C4。

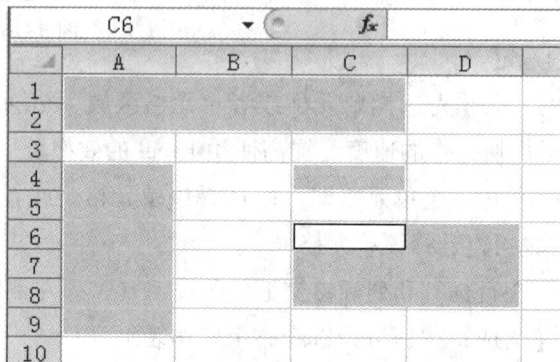

图 5-18　选定不相邻的单元格

（二）单元格数据的输入和编辑

在 Excel 2010 中，输入和编辑数据必须先选择单元格，然后在该单元格中或者数据编辑区中输入、编辑数据。

1. 取消、确认、修改、删除单元格内容　在输入、编辑数据的过程中，名称框和数据编辑区之间的区域显示 ✖ ✔ *fx*。单击【取消】按钮 ✖ 或者按键盘上 Esc 键，可以取消刚才输入、编辑的数据；单击【输入】按钮 ✔ 或者按 Enter 键或者用鼠标单击其他任意一个单元格，都可以确认刚才输入、编辑的数据。

修改数据的时候，先选择单元格，然后双击该单元格或单击编辑栏，则单元格内容进入编辑状态，编辑修改之后确认即可。

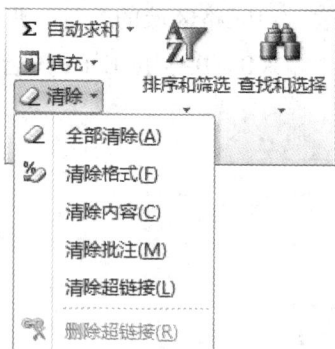

图 5-19　【清除】下拉菜单

删除单元格内容的时候，先选择单元格或者单元格区域，然后按 Delete 键即可。需要注意的是：按 Delete 键只是删除了单元格内容，单元格的格式仍然保留。可以单击【开始】/【编辑】/【清除】，打开下拉菜单如图 5-19 所示。在下拉菜单中的【清除全部】、【清除格式】、【清除格式】、【清除批注】和【清除超链接】中选择所要的即可。

2. 输入文本　文本数据包括文字、字母、数字、字符、特殊符号等，如表格中的标题。默认情况下，文本数据默认的对齐方式是单元格内靠左对齐。需要注意以下几点。

（1）输入的内容同时包含数字和文字（或字母、字符）时，例如"78 台"，默认是文本数据。

（2）文本数据在公式中出现，必须用英文的双引号括起来。

（3）如电话号码、邮政编码、职工号、学号等无需计算的数字字符串，Excel 2010 认为是文本数据。输入时，必须先输入一个英文的单引号"'"，再输入数字字符串。如果直接输入数字字符串，Excel 2010 会按作是数值数据处理。

（4）单元格中文本数据的长度超过单元格宽度时，如果右边相邻的单元格中没有内容，则超出部分延伸到右邻的单元格中显示；如果右边相邻的单元格中有内容，则超出部分隐藏，需要增加该单元格的列宽才能够显示全部文本数据。

3. 输入数值 数值数据由数字 0~9、正号、负号、小数点、顿号"、"、分数号"/"、百分号"%"、指数符号"E"或"e"、千位分隔符","、货币符号等组成。默认情况下，数值数据默认的对齐方式是单元格内靠右对齐。需要注意以下几点。

（1）输入分数的时候，必须先输入一个零和一个空格，再输入分数。

（2）输入负数有两种方法：①直接输入负号和数字，如直接输入-8，按 Enter 键确认后，在单元格内显示-8。②输入括号括起来的数字，如输入（8），按 Enter 键确认后，在单元格内显示-8。

（3）输入百分数时，先输入数字，再输入百分号即可。

（4）输入数值的长度超过单元格宽度时，会出现两种结果：①数值数据自动转换成科学记数法来显示；②显示为"######"，此时增加该单元格的列宽即可显示数值的全部内容。

4. 输入日期和时间 在 Excel 2010 中，默认情况下输入日期和时间的对齐方式是单元格内靠右对齐。输入日期的形式有许多种，以输入 2012 年 8 月 28 日为例，其中的几种形式如下。

- 2012 年 8 月 28 日
- 2012/8/28
- 2012-8-28
- 28- Aug-12

输入时间的形式也有许多种，以输入 16 时 25 分为例，其中的几种形式如下。

- 16:25
- 4:25PM
- 16 时 25 分
- 下午 4 时 25 分

需要注意的是：

（1）输入的日期或者时间格式不能识别时，输入的内容被看作是文本数据，在单元格内靠左对齐。

（2）单元格中输入日期后，则该单元格被格式化为日期格式。当该单元格再次输入数值数据，会自动转化为日期形式。如在单元格中输入 2012/8/28，按 Enter 键确认后单元格被格式化为日期格式；删除 2012/8/28 后，输入 178，按 Enter 键确认后单元格内显示"1900/6/26"。

（3）输入当前日期可使用组合键"Ctrl+;"。输入当前时间可使用组合键"Ctrl+Shift+;"。

（4）单元格中同时输入日期和时间的时候，必须在日期和时间之间用一个空格分隔。如在单元格中输入当前的日期和时间，具体操作如下：选定单元格，先按组合键"Ctrl+;"，再按一下空格键，然后按组合键"Ctrl+Shift+;"即可。

5. 输入逻辑值 在 Excel 2010 中，只有两个逻辑值数据 TRUE（逻辑真）和 FALSE（逻辑假）。默认情况下，输入的逻辑值的对齐方式是单元格内居中对齐。输入逻辑值的方法有两种：直接在单元格输入逻辑值"TRUE"、"FALSE"；或者输入公式得到其结果是逻辑值。

6. 自动填充 Excel 2010 提供了强大的自动填充数据的功能，实现在相邻的单元格中快速地自动添加有一定规律的一些数据。

（1）填充数据序列 通常有以下两种方法自动填充数据。

①拖动填充柄自动填充数据。具体操作步骤如下：活动单元格右下角的黑色小方块称为填充柄。在一个单元格中输入数据，确认后，把鼠标指针放在该单元格的填充柄上，鼠标指针的形状变成实心的十字形状。按下鼠标左键沿着水平方向或者垂直方向移动鼠标指针来拖动填充柄。松开鼠标则在指针移动过的单元格区域填充了一系列相关的数据，并在填充区域的右下角显示"自动填充选项"图标。单击"自动填充选项"图标，在打开的下拉菜单中单击选择相应的填充方式。

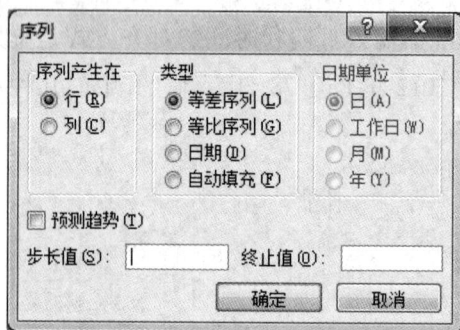

图 5-20 "序列"对话框

②使用填充命令自动填充数据。具体操作步骤如下：在一个单元格中输入数据，确认后，用鼠标选择要填充数据序列的单元格区域（包括刚刚输入数据的单元格），单击【开始】/【编辑】/【填充】，然后在打开的下拉菜单中选择所要的填充方式。

如果使用填充命令填充等差或者等比序列的数据，则在【填充】的下拉菜单中选择【系列】，打开如图 5-20 所示的"序列"对话框进行设置。"序列"对话框中的"步长值"即等差序列的公差值或者等比序列的公比值。如果使用填充命令之前只选择了填充区域的第一个单元格，则必须在"终止值"框中输入所填充数据序列的终止值。

例 5-1 制作如图 5-21 所示的课程表。在单元格 A1 中输入"课时"，单元格 B1 中输入"时间"，在单元格区域 C1:H1 中拖动填充柄填充数据序列"星期一、星期二、星期三、星期四、星期五、星期六"。在单元格区域 A2:A5 中使用填充命令填充等差序列"1、2、

图 5-21 例题 5-1 的课程表

3、4"。在单元格 B2 中输入时间数据"8:30"，从单元格 B2 开始在 B 列中使用填充命令按等差序列填充时间序列，时间差是 55 分钟，终止值是"12:00"。

具体操作步骤：

第一步：单击 A1 单元格，输入"课时"，按 Enter 键。单击 B1 单元格，输入"时间"，按 Enter 键。单击 C1 单元格，输入"星期一"，按 Enter 键。

第二步：把鼠标指针放在单元格 C1 的填充柄上，鼠标指针的形状变成实心的十字形状。按住鼠标左键拖动填充柄选择单元格区域 C1:H1。松开鼠标则在单元格区域 C1:H1 填充了"星期一、星期二、星期三、星期四、星期五、星期六"。

第三步：单击 A2 单元格，输入"1"，按 Enter 键。选择单元格区域 A2:A5，单击【开始】/【编辑】/【填充】/【系列】，打开"序列"对话框，如图 5-20 所示。在"序列产生在"框中选择"列"，在"类型"框中选择"等差序列"，在"步长值"框中输入"1"，单击【确定】。则在单元格区域 A2:A5 中显示等差序列"1、2、3、4"。

第四步：单击 B2 单元格，输入"8:30"，按 Enter 键。选择 B2 单元格，单击【开始】/【编辑】/【填充】/【系列】，打开"系列"对话框。在"系列产生在"框中选择"列"，在"类型"框中选择"等差序列"，在"步长值"框中输入"0:55"，在"终止值"框中输入"12:00"，如图 5-22 所示，单击【确定】。

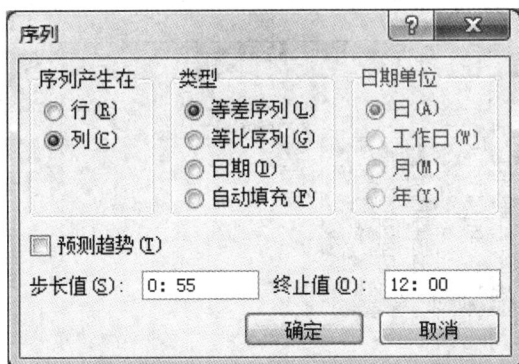

图 5-22　例题 5-1 的"序列"对话框

（2）自定义序列　在 Excel 2010 中，提供了许多内置的数据序列，可以通过拖动填充柄来填充内置的数据序列。对于没有内置而又经常使用的数据序列，可以自定义序列。具体操作步骤如下。

①单击【文件】/【选项】，打开"Excel 选项"对话框。在"Excel 选项"对话框中单击【高级】选项卡，如图 5-23 所示。

②在【高级】选项卡中单击【编辑自定义列表】，打开"自定义序列"对话框。如图 5-24 所示，在"输入序列"框中输入要自定义的数据序列，如"语文，数学，英语，化学"，然后单击【添加】，则在"自定义序列"框中显示该自定义的数据序列。再单击【确定】关闭"自定义序列"对话框。

③回到"Excel 选项"对话框中，单击【确定】即可。

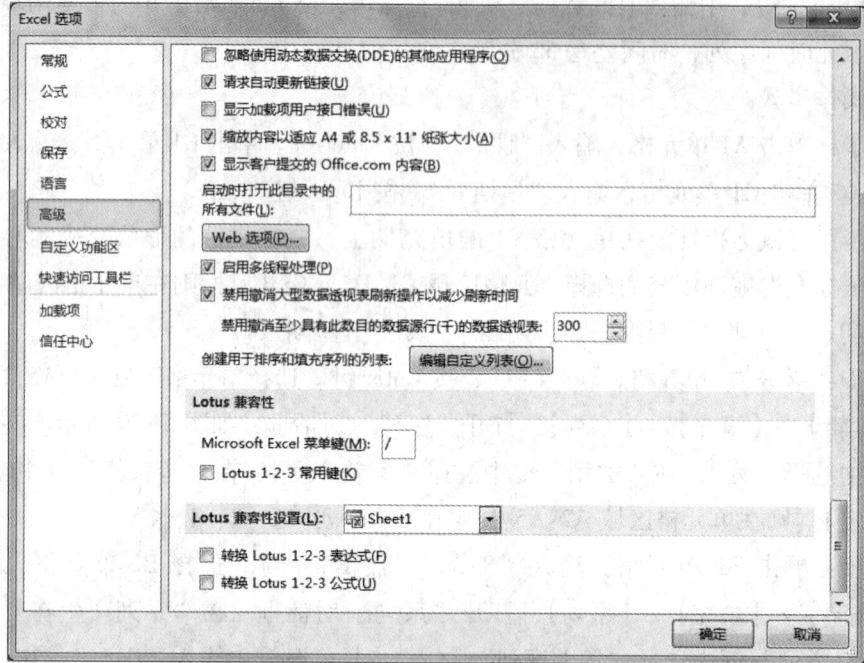

图 5-23 "Excel 选项"对话框

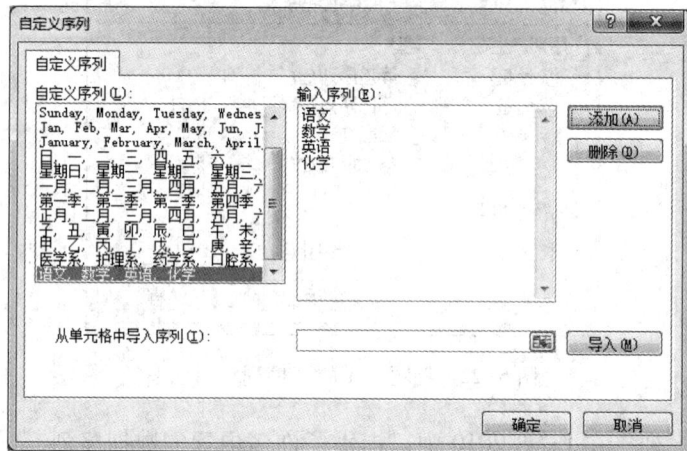

图 5-24 "自定义序列"对话框

知识链接

可以拖动填充柄进行填充的序列，即"自定义序列"对话框中"自定义序列"框中的数据序列，包括 Excel 2010 内置的数据序列和用户自定义的序列。

7. 移动（或复制）单元格内容 在 Excel 2010 中，通常有以下方法移动（或复制）单元格内容。

（1）使用鼠标拖动来移动单元格内容的具体操作步骤如下：选择要移动的单元格内容，移动鼠标指针指向该单元格或单元格区域的外边框。当指针形状变成时，按住鼠标左键拖动该单元格或单元格区域到达目标位置即可。

使用鼠标拖动来复制单元格内容的具体操作步骤如下：选择要复制的单元格内容，在按下 Ctrl 键的同时移动鼠标指针指向该单元格或单元格区域的外边框。当指针形状变成时，按住鼠标左键拖动该单元格或单元格区域到达目标位置，然后先松开鼠标，后松开 Ctrl 键即可。

（2）使用【移动】（或【复制】）命令通常有以下两种方法。

方法一：选择要移动（或复制）的单元格内容，单击【开始】/【剪贴板】/【剪切】（或【复制】），然后选择目标单元格或单元格区域，单击【开始】/【剪贴板】/【粘贴】即可。

方法二：选择要移动（或复制）的单元格内容后，用鼠标右键单击该单元格或单元格区域，在弹出的快捷菜单中单击【剪切】（或【复制】），然后选择目标位置，用鼠标右键单击该目标位置，在弹出的快捷菜单中单击【粘贴】即可。

8. 查找和替换　Excel 2010 中的"查找和替换"功能与 word 2010 中的类似，通过查找功能可以准确定位要查找的内容的位置，而替换功能可以对内容进行替换。

查找的具体操作步骤如下：单击【开始】/【编辑】/【查找和选择】/【查找】，打开"查找和替换"对话框的"查找"选项卡。在"查找内容"框中输入要查找的内容，在"范围"框中选择"工作表"或者"工作簿"，在"搜索"框中选择"按行"或者"按列"，在"查找范围"框中选择"公式"、"值"或者"批注"。然后单击【查找下一个】则可以定位该内容所在的下一个单元格，或者单击【查找全部】则在"查找和替换"对话框中列表显示该内容所在的所有单元格地址。如按行查找"工作簿2.xlsx"的"Sheet1"工作表中内容为值"99"的全部单元格，结果显示如图 5-25 所示。

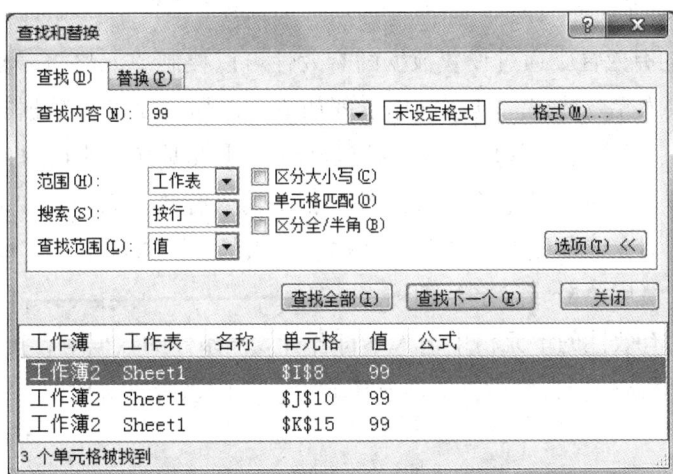

图 5-25　【查找全部】的结果显示举例

替换的具体操作步骤如下：单击【开始】/【编辑】/【查找和选择】/【替换】，打开"查找和替换"对话框的"替换"选项卡。在"查找内容"框中输入要查找的内容，在"替换为"框中输入要替换的内容，在"范围"框中选择"工作表"或者"工作簿"，在"搜索"框中选择"按行"或者"按列"，在"查找范围"框中选择"公式"、"值"或者"批注"。然后单击【查找下一个】则可以定位该内容所在的下一个单元格，或者单击【查

找全部】则在"查找和替换"对话框中列表显示该内容所在的所有单元格地址。单击选择
列表中要替换的单元格,然后单击【替换】替换该单元格内容。或者单击【全部替换】进
行全部替换。如按行查找"工作簿 2.xlsx"的"Sheet1"工作表中内容为值"99"的全部
单元格,然后替换 $J$10 单元格内容为值"88"的结果显示如图 5-26 所示。

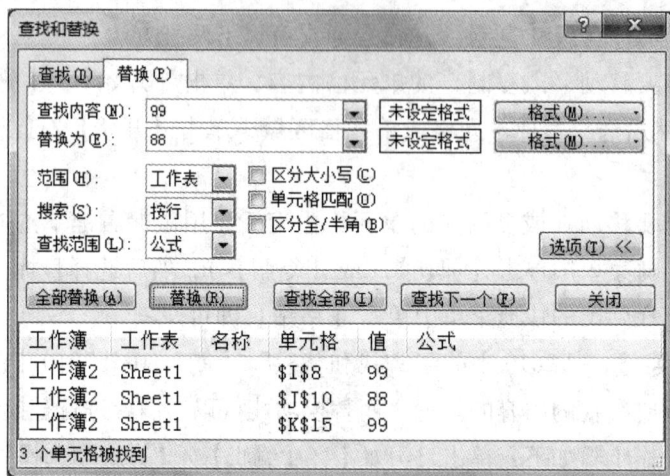

图 5-26 【替换】的结果显示举例

知识链接

如果要替换为某种格式的数据,则可以单击【替换为】的【格式】按钮,打开"替换格
式"对话框设置该格式。这样,替换后的数据会自动添加该格式。

9. 设置数据的有效性 通过设置数据的有效性可以控制单元格接受数据的类型、范围
和格式等,防止输入无效数据。具体操作步骤如下:选择需要设置数据有效性的单元格区
域,单击【数据】/【数据工具】/【数据有效性】/【数据有效性】,打开"数据有效性"
对话框。在"设置"选项卡的"有效性条件"框中输入有效性条件。如果设置选择单元格
时自动显示信息,则在"数据有效性"对话框"输入信息"选项卡的"输入信息"框中输
入要显示的信息。最后单击【确定】即可。

在设置了数据有效性的单元格中输入不符合有效性条件的数据时,按 Enter 键后会弹出
如图 5-27 所示的默认的警告对话框。单击【取消】关闭该警告对话框。

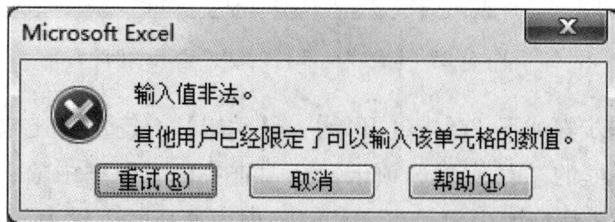

图 5-27 默认的"输入值非法"警告对话框

例 5-2 在如图 5-28 所示的药品登记表中，设置单元格区域 B2:B7 只能输入 2010 年 1 月 1 日到 2011 年 12 月 31 日期间的日期，并设置显示信息"只可输入 2010/1/1 到 2011/12/31 之间的日期"。设置出错警告对话框如图 5-29 示，其中警告样式的标题为"输入数据非法警告"，错误信息为"输入的日期不在 2010/1/1 到 2011/12/31 之间"。

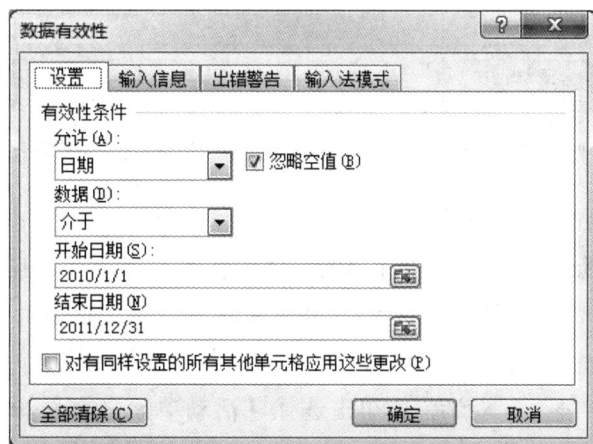

图 5-28 例题 5-2 的药品登记表

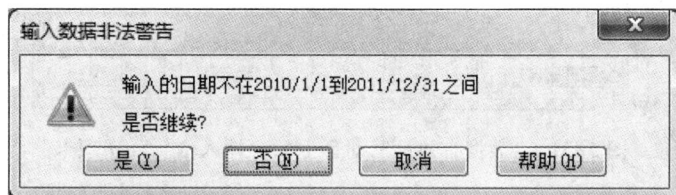

图 5-29 例题 5-2 设置的警告对话框

具体操作步骤：

第一步：选定单元格区域 B2:B7，单击【数据】/【数据工具】/【数据有效性】/【数据有效性】，打开"数据有效性"对话框。单击"设置"选项卡，在"允许"框中选择"日期"，在"数据"框中选择"介于"，在"开始日期"框中输入"2010/1/1"，在"结束日期"框中输入"2011/12/31"，如图 5-30 示。

图 5-30 "数据有效性"对话框的"设置"选项卡

第二步：在"数据有效性"对话框中，单击"输入信息"选项卡。在"输入信息"框中输入"只可输入 2010/1/1 到 2011/12/31 之间的日期"，如图 5-31 所示。

第三步：在"数据有效性"对话框中，单击"出错警告"选项卡。在"样式"框中选择"警告"，在"标题"框中输入"输入数据非法警告"，在"错误信息"框中输入"输入的日期不在 2010/1/1 到 2011/12/31 之间"，如图 5-32 所示。

第四步：单击【确定】。

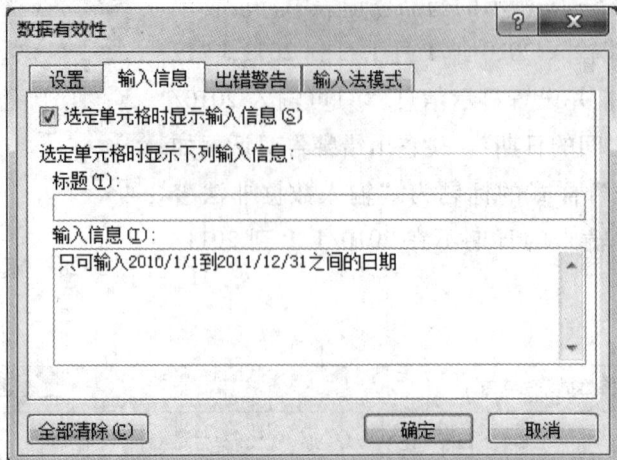

图 5-31 "数据有效性"对话框的"输入信息"选项卡

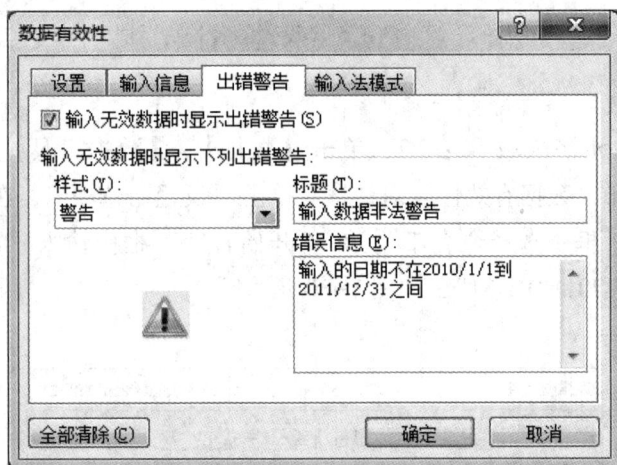

图 5-32 "数据有效性"对话框的"出错警告"选项卡

（三）单元格和行、列的编辑

1. 插入单元格、行或列 插入单元格的具体操作步骤如下：选择单元格或者单元格区域，注意要插入的单元格数量将与所选择的单元格数量一样。单击【开始】/【单元格】/【插入】旁边的箭头 ▾，在打开的下拉菜单中单击【插入单元格】，打开"插入"对话框如图 5-33 所示。在"插入"对话框中单击选择【活动单元格右移】或者【活动单元格下移】，然后单击【确定】即可。

插入行（或列）的具体操作步骤如下：选择单元格或单元格区域，单击【开始】/【单元格】/【插入】旁边的箭头 ▾，在打开的下拉菜单中单击【插入工作表行】/（或者【插入工作表列】），则在选定单元格的上方（或者左侧）插入所选单元格或单元格区域的行数（或者列数）。

2. 删除单元格、行或列 删除单元格的具体操作步骤如下：选择要删除的单元格或单元格区域，单击【开始】/【单元格】/【删除】旁边的箭头 ▾，在打开的下拉菜单中单击【删除单元格】，打开"删除"对话框如图 5-34 所示。单击选择【右侧单元格左移】或者【下方单元格上移】，然后单击【确定】即可。

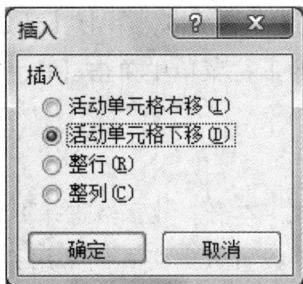

图 5-33　"插入"对话框

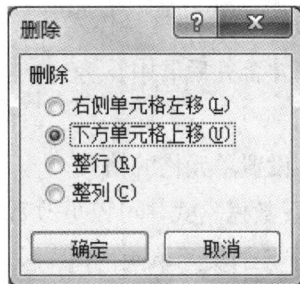

图 5-34　"删除"对话框

删除行（或列）的具体操作步骤如下：选择要删除的行（或列），单击【开始】/【单元格】/【删除】旁边的箭头 ▼ ，在打开的下拉菜单中单击【删除工作表行】（或者【删除工作表列】）即可。

知识链接

删除和清除的区别："删除"命令用于删去选择的对象，使之不再存在。Delete 键只是用于清除单元格的内容。"清除"命令包括清除格式、清除内容、清除批注、清除超链接和全部清除，单击【开始】/【编辑】/【清除】的下拉菜单中相应的命令即可。

3. 调整单元格的行高、列宽　通常有以下两种方法进行行高、列宽的调整。

（1）使用鼠标拖动只能粗略调整行高、列宽，但是效果直观。具体操作步骤如下：移动鼠标指针放在两个行标号（或者列标号）之间的分隔线上，鼠标指针变成带有双向箭头的十字形状时，按住鼠标左键拖动直至合适的高度（或者宽度），松开鼠标即可。

（2）使用【行高】（或者【列宽】）命令可以精确的设置"行高"（或者"列宽"）。具体操作步骤如下：选择单元格或单元格区域，单击【开始】/【单元格】/【格式】/【行高】（或者【列宽】），打开"行高"对话框如图 5-35 所示（或者"列宽"对话框如图 5-36 所示）。在对话框中输入行高值（或者列宽值），单击【确定】即可。

4. 合并单元格和取消单元格合并　合并单元格的具体操作步骤如下：选择要合并的多个相邻单元格，单击【开始】/【对齐方式】/【合并后居中】旁边的箭头 ▼ ，然后在打开的下拉菜单中单击【合并单元格】即可。

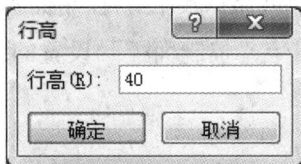

图 5-35　"行高"对话框

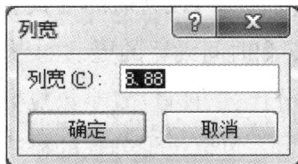

图 5-36　"列宽"对话框

知识链接

合并后的单元格中只显示选定的单元格区域左上角单元格中的内容。

取消单元格合并的具体操作步骤如下：选择合并得到的单元格，单击【开始】/【对齐方式】/【合并后居中】旁边的箭头 ▼，然后在打开的下拉菜单中单击【取消单元格合并】即可。

（四）设置单元格的格式

1. 设置数据格式 可以更改数字的外观而不会更改数字本身。数字格式并不影响 Excel 用于执行计算的实际单元格值。实际值显示在编辑栏中。设置数据格式的常用方法有以下两种。

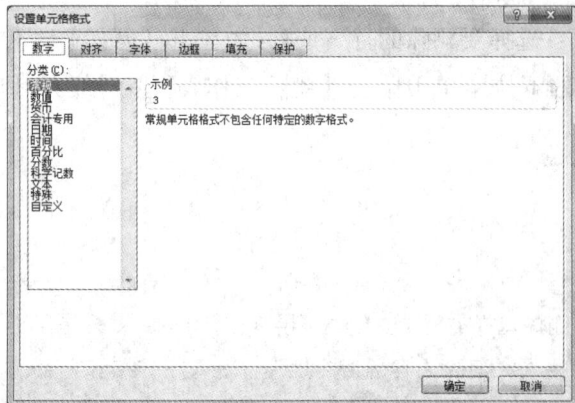

（1）使用"设置单元格格式"对话框"数字"选项卡设置数据格式。具体操作步骤如下：选择要设置数据格式的单元格或单元格区域，单击【开始】/【数字】组的对话框启动器 ，打开"设置单元格格式"对话框的"数字"选项卡，如图5-37 所示。在"分类"框中选择数据类型，则在对话框中右侧显示该数据类型的相应选项。

图 5-37 "设置单元格格式"对话框的"数字"选项卡

"分类"框中有 12 种数据类型。

① 常规：键入数字时 Excel 所应用的默认数字格式。多数情况下，采用"常规"格式的数字以键入的方式显示。然而，如果单元格的宽度不够显示整个数字，则"常规"格式会用小数点对数字进行四舍五入。"常规"数字格式还对较大的数字（12 位或更多位）使用科学计数（指数）表示法。

② 数值：可以设置小数位数、选择是否使用千位分隔符，以及负数的显示格式。

③ 货币：可以设置小数位数、货币符号以及负数的显示格式。

④ 会计专用：可以设置小数位数和货币符号，与货币类型的区别在于会在一列中对齐货币符号和数字的小数点。

⑤ 日期：可以设置日期格式。其中以星号 * 开头的日期格式受在"控制面板"中指定的区域日期和时间设置的更改的影响。不带星号的格式不受"控制面板"设置的影响。

⑥ 时间：可以设置时间格式。其中以星号 * 开头的时间格式受在"控制面板"中指定的区域日期和时间设置的更改的影响。不带星号的格式不受"控制面板"设置的影响。

⑦ 百分比：可以设置小数位数、添加百分号。

⑧ 分数：可以设置分数的格式。

⑨ 科学记数：以指数表示法显示数字，用 E+n 替代数字的一部分，其中用 10 的 n 次幂乘以 E（代表指数）前面的数字。例如，2 位小数的"科学记数"格式将 12345678901 显示为 1.23E+10，即用 1.23 乘以 10 的 10 次幂。还可以设置小数位数。

⑩ 文本：主要设置由数字符号组成的文本数据为文本数据类型。

⑪ 特殊：包括 3 种附加的数字格式，即邮政编码、中文小写数字和中文大写数字。

⑫ 自定义：如果以上的数据格式还不能够满足需要，可以自定义数字格式。

（2）使用【开始】／【数字】组中的按钮设置数据格式。具体操作步骤如下：选择要设置数据格式的单元格或单元格区域，单击【开始】／【数字】组中所要的格式按钮，即可设置会计数字格式、百分比样式、千位分隔样式、增加小数位数、减少小数位数等数据格式。

2. 设置字体 通常有以下两种方法。

（1）使用"设置单元格格式"对话框"字体"选项卡设置字体。具体操作步骤如下：选择要设置字体格式的单元格或单元格区域，单击【开始】／【字体】组的对话框启动器 ，打开"设置单元格格式"对话框的"字体"选项卡，如图 5-38 所示，进行字体、字形、下划线、颜色、特殊效果的设置即可。

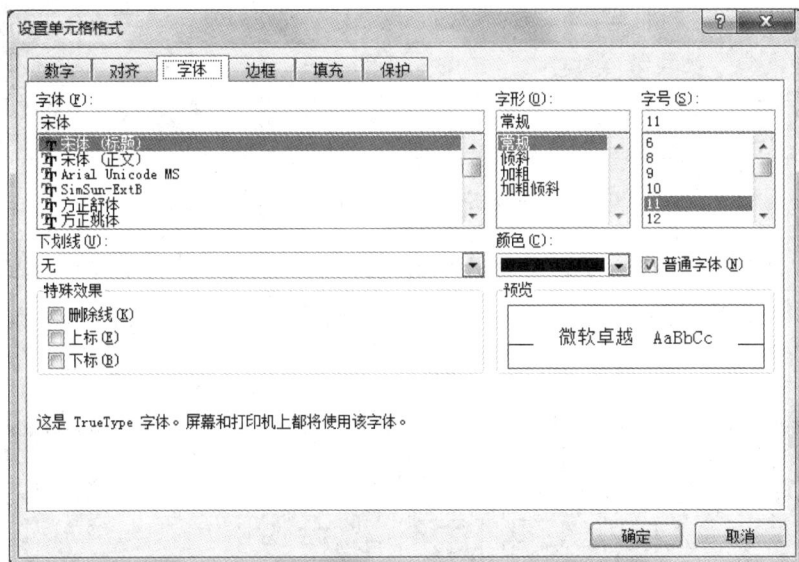

图 5-38 "设置单元格格式"对话框的"字体"选项卡

（2）使用【开始】／【字体】组中的按钮设置字体。具体操作步骤如下：选择要设置字体格式的单元格或单元格区域，单击【开始】／【字体】组中所要的格式按钮，即可设置字体、字号、加粗、倾斜、下划线、增大字号、减小字号、字体颜色等字体格式。

3. 设置对齐方式 通常有以下两种方法。

（1）使用"设置单元格格式"对话框的"对齐"选项卡设置对齐方式。具体操作步骤如下：选择要设置对齐方式的单元格或单元格区域，单击【开始】／【对齐方式】组的对话框启动器 ，打开"设置单元格格式"对话框的"对齐"选项卡，如图 5-39 所示，进行文本对齐方式、文本控制、文字方向的设置即可。

（2）使用【开始】／【对齐方式】组中的按钮设置对齐方式。具体操作步骤如下：选择要设置对齐方式的单元格或单元格区域，单击【开始】／【对齐方式】组中所要的格式按钮，即可设置顶端对齐、垂直居中、文本左对齐、居中、文本右对齐、减少缩进量、增加缩进量、方向、自动换行、合并单元格等对齐方式。

4. 设置边框 可以使表格更加美观易读。默认情况下，Excel 工作表中的网格线只用于显示，不被打印。设置边框通常有以下两种方法。

（1）使用"设置单元格格式"对话框"边框"选项卡设置边框。具体操作步骤如下：

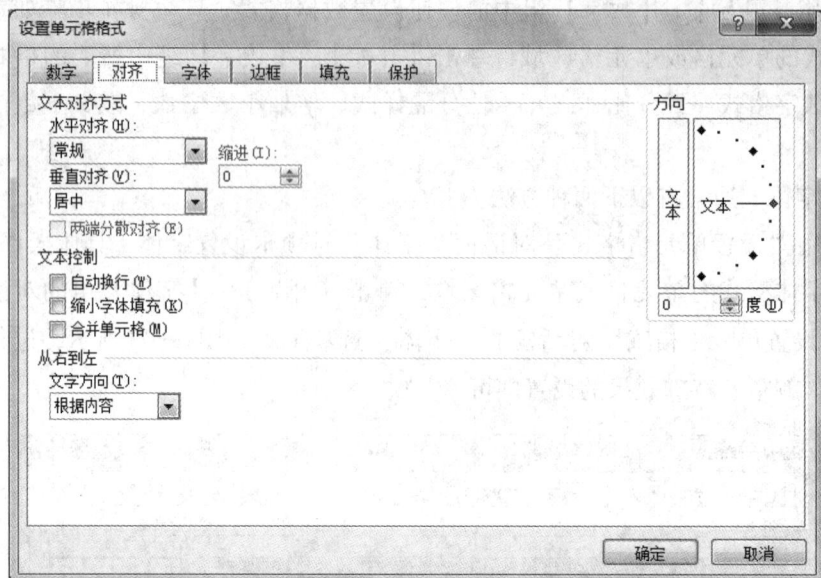

图 5-39 "设置单元格格式"对话框的"对齐"选项卡

选择要设置边框的单元格或单元格区域，单击【开始】/【字体】（或【对齐方式】或【数字】）组的对话框启动器 ，打开"设置单元格格式"对话框。然后单击对话框的"边框"选项卡，如图 5-40 所示，进行线条样式、边框选择、颜色的设置即可。

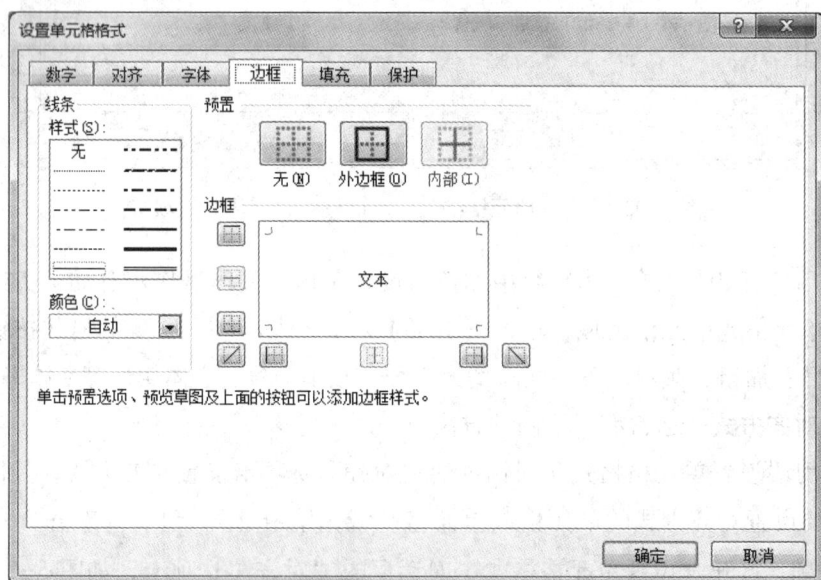

图 5-40 "设置单元格格式"对话框的"边框"选项卡

（2）使用【开始】/【字体】/【边框线】设置边框。具体操作步骤如下：选择要设置边框的单元格或单元格区域，单击【开始】/【字体】/【边框线】旁边的箭头 ，然后在打开的下拉菜单中单击所要的边框即可。

5. 设置背景　不仅可以突出重点单元格，还可以使表格更加美观易读。设置背景通常有以下两种方法。

（1）使用"设置单元格格式"对话框"填充"选项卡设置背景。具体操作步骤如下：

选择要设置背景的单元格或单元格区域，单击【开始】/【字体】（或【对齐方式】或【数字】）组的对话框启动器 ，打开"设置单元格格式"对话框。然后单击对话框的"填充"选项卡，如图 5-41 所示，进行背景色、填充效果、图案颜色、图案样式的设置即可。

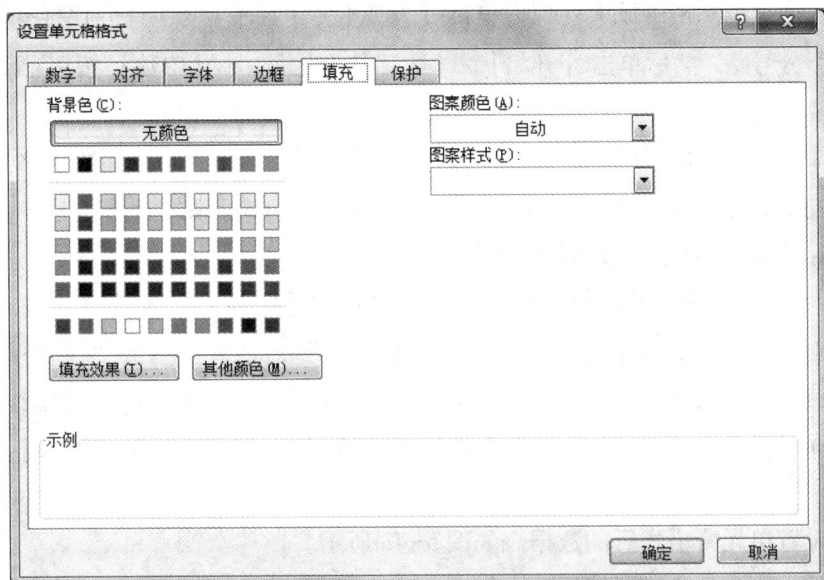

图 5-41　"设置单元格格式"对话框的"填充"选项卡

（2）使用【开始】/【字体】/【填充颜色】设置背景。具体操作步骤如下：选择要设置背景的单元格或单元格区域，单击【开始】/【字体】/【填充颜色】旁边的箭头 ，然后在打开的下拉菜单中单击所要的颜色。

例 5-3　在工作表中输入"药品销售额统计表"数据如图 5-42 所示。要求设置如下单元格格式：合并 A1:E1 单元格区域且内容水平居中；合并 A8:C8 单元格区域且内容水平靠右；A3:A7 单元格区域填充图案颜色为"深蓝，文字 2，淡色 40%"，图案样式为"6.25% 灰色"；E3:E7 单元格区域设置数字分类为百分比，保留小数点后两位；C3:C7 和 D3:D8 单元格区域的数据添加货币符号￥；A2:E8 单元格区域添加黑色细单实线的内外边框。

	A	B	C	D	E
1	药品销售额统计表				
2	药品型号	销售量	单价（元）	销售额（元）	销售额所占百分比
3	A1	127	22.15	2813.05	0.106819
4	A2	257	21.45	5512.65	0.209329
5	A3	135	12.50	1687.50	0.064079
6	A4	211	40.12	8465.32	0.321450
7	A5	251	31.30	7856.30	0.298324
8	总计			26334.82	

图 5-42　例 5-3 待设置格式的数据表

具体操作步骤：

第一步：选择单元格区域 A1:E1，单击【开始】/【字体】/【合并后居中】按钮 。

第二步：选择单元格区域 A1:E1，单击【开始】/【字体】/【合并后居中】旁边的箭头 ，在打开的下拉菜单中单击【合并单元格】。然后单击【开始】/【对齐方式】/【文本右对齐】按钮 。

第三步：选择单元格区域 A3:A7，单击【开始】/【字体】组的对话框启动器 ，打开"设置单元格格式"对话框。单击"设置单元格格式"对话框的"填充"选项卡，如图 5-41 所示。在"图案颜色"框中选择"深蓝，文字 2，淡色 40%"，在"图案样式"框中选择"6.25% 灰色"。然后单击【确定】。

第四步：选择单元格区域 E3:E7，单击【开始】/【数字】/【百分比样式】按钮 **%** ，给数据添加百分号%。然后单击【开始】/【数字】/【减少小数位数】按钮 ，直至小数点后保留两位小数。

第五步：选择单元格区域 C3:C7，单击【开始】/【数字】/【会计数字格式】旁边的箭头 ，在打开的下拉菜单中单击【¥ 中文（中国）】即可添加货币符号¥。再选择单元格区域 D3：D8，重复刚才添加货币符号的操作。

第六步：选择单元格区域 A2:E8，单击【开始】/【字体】（或【对齐方式】或【数字】）组的对话框启动器 ，打开"设置单元格格式"对话框。单击"设置单元格格式"对话框的"边框"选项卡，如图 5-40 所示。在【线条样式】框中选择【单实线】，在【颜色】框中选择【黑色，文字 1】，在【预置】框中选择【外边框】和【内部】。然后单击【确定】。

例 5-3 设置单元格格式后的数据表如图 5-43 所示。

	A	B	C	D	E
1	药品销售额统计表				
2	药品型号	销售量	单价（元）	销售额（元）	销售额所占百分比
3	A1	127	¥ 22.15	¥ 2,813.05	10.68%
4	A2	257	¥ 21.45	¥ 5,512.65	20.93%
5	A3	135	¥ 12.50	¥ 1,687.50	6.41%
6	A4	211	¥ 40.12	¥ 8,465.32	32.14%
7	A5	251	¥ 31.30	¥ 7,856.30	29.83%
8			总计	¥26,334.82	

图 5-43　例 5-3 设置格式后的数据表

任务三　美化和打印工作表

在 Excel 2010 的工作表中除了数据表，还可以使用图片、艺术字、文本框、SmartArt 图形等对工作表进行美化，对工作表数据作批注等。同时，Excel 还提供了各种自动格式化功能，方便用户设置格式，对表格进行美化。

一、插入图片、艺术字、批注和超链接

（一）图片的插入和美化

1. 插入图片的具体操作步骤如下。

（1）单击工作表中要插入图片的位置，然后单击【插入】/【插图】/【图片】，打开"插入图片"对话框。

（2）在"插入图片"对话框中找到要插入的图片，双击该图片即可。如果要添加多张图片，可按住 Ctrl 的同时单击要插入的图片来选定多张图片，然后单击【插入】即可。

2. 美化图片通常有以下两种方法。

（1）使用【调整】组中的按钮美化图片。具体操作步骤如下：选择图片，然后单击

【图片工具-格式】/【调整】组中的按钮进行设置即可。【调整】组如图 5-44 所示。

图 5-44　【调整】组

①【删除背景】：用于消除图片的背景，以强调或突出图片的主题，或消除杂乱的细节。删除背景时，可以使用自动背景消除，也可以使用一些线条画出图片背景的哪些区域要保留，哪些要消除。

②【更正】：用于调整图片的相对光亮度（亮度）、图片最暗区域与最亮区域间的差别（对比度）以及图片的模糊度。【亮度和对比度】框中的按钮用于通过调整图片亮度使曝光不足或曝光过度图片的细节得以充分表现，通过提高或降低对比度更改明暗区域分界的定义。【锐化和柔化】框中的按钮用于为了增强照片细节而锐化图片或删除可柔化图片上的多余斑点。

③【颜色】：用于调整图片的颜色浓度（饱和度）和色调（色温）、对图片重新着色或者更改图片中某个颜色的透明度。在一个图片上可以应用多个颜色效果。

【颜色饱和度】框提供了不同的颜色浓度下的图片样图。饱和度越高，图片色彩越鲜艳；饱和度越低，图片越黯淡。

【色调】框提供了不同色温下的图片样图。当相机未正确测量色温时，图片上会显示色偏（一种颜色支配图片过多的情况），这使得图片看上去偏蓝或偏橙。可以通过提高或降低色温从而增强图片的细节来调整这种状况，并使图片看上去更好看。

【重新着色】框提供了将一种内置的风格效果（如灰度或褐色色调）快速应用于图片后的图片样片。

【设置透明色】可以设置图片的一部分透明，从而隐藏部分图片的同时突出了另一部分图片，或者是起到强调相互层叠的效果、也或者为了更好地显示层叠在图片上的任何文本。

④【艺术效果】：用于将艺术效果应用于图片或图片填充，以使图片看上去更像草图、绘图或绘画。图片填充是一个形状，或者其中填充了图片的其他对象。一次只能将一种艺术效果应用于图片，因此，应用不同的艺术效果会删除以前应用的艺术效果。

（2）使用【图片样式】组中的按钮美化图片。具体操作步骤如下：选择图片，然后单击【图片工具-格式】/【图片样式】组中的按钮进行设置即可。【图片样式】组如图 5-45 所示。

图 5-45　【图片样式】组

①【快速样式】：单击【快速样式】框中要使用的样式，即可以将样式快速应用于图片。

②【图片边框】：可以设置图片轮廓的颜色、粗细、线型等。

③【图片效果】：提供了阴影、发光、映像、柔化边缘、凹凸和三维（3-D）旋转等视觉效果来增强图片的感染力。【图片效果】的下拉菜单如图 5-46 所示。

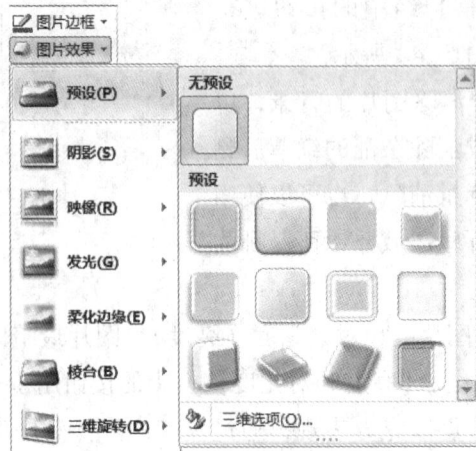

图 5-46 【图片效果】的下拉菜单

【预设】：如果要添加或更改内置的效果组合，则在【预设】的级联子菜单中的【预设】框中单击所要的效果即可；如果要自定义内置效果，在【预设】的级联子菜单中单击【三维选项】，打开"设置图片格式"对话框的"三维格式"选项卡如图 5-47 所示，进行设置即可。

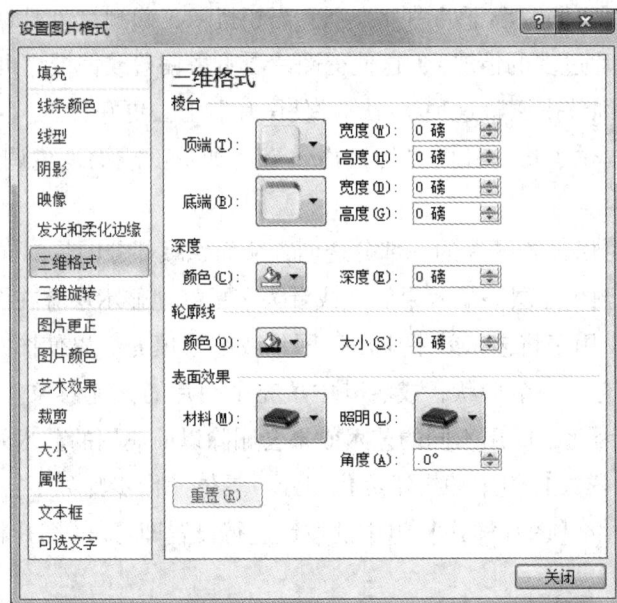

图 5-47 "设置图片格式"对话框的"三维格式"选项卡

【阴影】：想要添加或更改阴影，则在【阴影】的级联子菜单中的【外部】、【内部】、【透视】框中单击所要的阴影效果；想要自定义阴影，则在【阴影】的级联子菜单中单击【阴影选项】，打开"设置图片格式"对话框的"阴影"选项卡进行设置即可。

【映像】：想要添加或更改映像，则在【映像】的级联子菜单中的【映像变体】框中单击所要的映像变体；想要自定义映像，则在【映像】的级联子菜单中单击【映像选项】，打开"设置图片格式"对话框的"映像"选项卡进行设置即可。

【发光】：想要添加或更改发光，则在【发光】的级联子菜单中的【发光变体】框中单击所需的发光变体；想要自定义亮色，则在【发光】的级联子菜单中移动鼠标指针指向

【其他亮色】，然后在【其他亮色】的级联子菜单中单击所要的颜色；想要自定义发光变体，则在【发光】的级联子菜单中单击【发光选项】，打开"设置图片格式"对话框的"发光和柔化边缘"选项卡进行设置即可。

【柔化边缘】：想要添加或更改柔化边缘，则在【柔化边缘】的级联子菜单中单击所要的柔化边缘大小；想要自定义柔化边缘，在【柔化边缘】的级联子菜单中单击【柔化边缘选项】，打开"设置图片格式"对话框的"发光和柔化边缘"选项卡进行设置即可。

【棱台】：想要添加或更改边缘，则在【棱台】的级联子菜单中单击所要的棱台；想要自定义凹凸，则在【棱台】的级联子菜单中单击【三维选项】，打开"设置图片格式"对话框的"三维格式"选项卡如图 5-47 所示，进行设置即可。

【三维旋转】：想要添加或更改三维旋转，则在【三维旋转】的级联子菜单中的【平行】、【透视】、【倾斜】框中单击所要的旋转；想要自定义旋转，则在【三维旋转】的级联子菜单中单击【三维旋转选项】，打开"设置图片格式"对话框的"三维旋转"选项卡进行设置即可。

④【图片版式】：可以将图片转换为 SmartArt 图形，可以轻松地排列、添加标题，并调整图片的大小。单击【图片版式】打开下拉菜单如图 5-48 所示，单击所要的 SmartArt 图形选项即可。

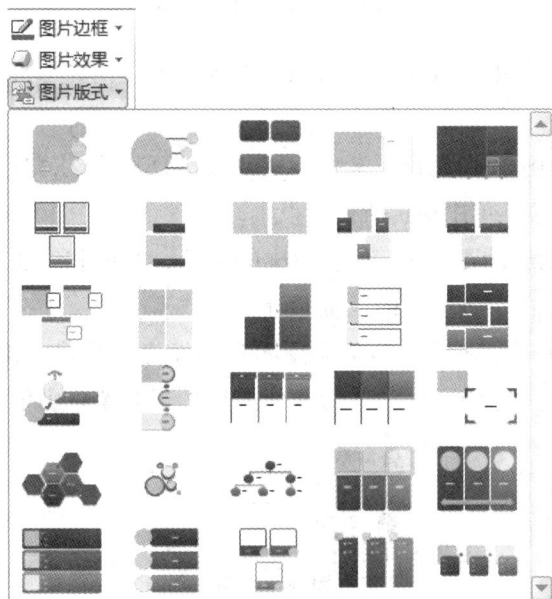

图 5-48　【图片版式】的下拉菜单

3. 改变图片的位置，可以单击选择图片后按住鼠标左键拖动图片到目标位置，松开鼠标即可。

4. 调整图片的大小，可以单击选择图片后在【图片工具-格式】/【大小】组中的【高度】框和【宽度】框中分别输入高度值和宽度值即可。还可以选择图片后直接拖动图片外边框的尺寸控点改变高度和宽度。如果要在一个或多个方向上增加或减小图片的大小，可以将尺寸控点拖向或拖离中心的同时执行下列操作之一。

（1）按住 Ctrl 键的同时拖动尺寸控点，可以保持图片中心的位置不变。

（2）按住 Shift 键的同时拖动尺寸控点，可以保持图片的大小比例不变。

（3）按住 Ctrl 和 Shift 键的同时拖动尺寸控点，可以保持图片的比例并保持其中心位置不变。

（二）艺术字的插入和美化

艺术字是一个文字样式库，可以使用艺术字添加特殊文字效果，美化工作表。

1. 插入艺术字的具体操作步骤如下。

（1）单击【插入】/【文本】/【艺术字】，然后在打开的下拉菜单中单击所要的艺术字样式，打开"请在此放置您的文字"对话框。

（2）在"请在此放置您的文字"对话框中输入所要的艺术字文字即可。

2. 美化艺术字通常有以下两种方法。

（1）使用【形状样式】组中的按钮美化艺术字。具体操作步骤如下：选择艺术字，然后单击【绘图工具-格式】/【形状样式】组中的按钮进行设置即可。【形状样式】组如图 5-49 所示。

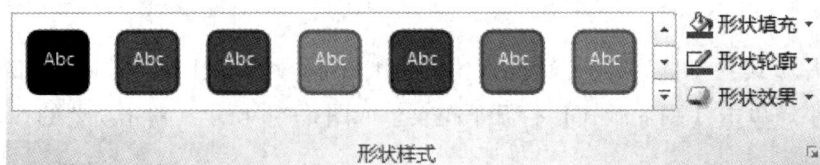

图 5-49 【形状样式】组

①【主题样式填充】：单击【主题样式填充】框中的主题样式，可以将主题样式快速应用于艺术字。

②【形状填充】：用于使用纯色、渐变、图片或纹理填充艺术字形状。在如图5-50 所示的【形状填充】的下拉菜单中单击所要的设置即可。

③【形状轮廓】：用于设置艺术字形状轮廓的颜色、宽度和线型。在如图 5-51 所示的【形状轮廓】的下拉菜单中单击所要的设置即可。

④【形状效果】：用于对艺术字形状应用阴影、发光、映像、柔化边缘、凹凸和三维（3-D）旋转等外观效果。在如图 5-52【形状效果】的下拉菜单中单击所要的设置即可。

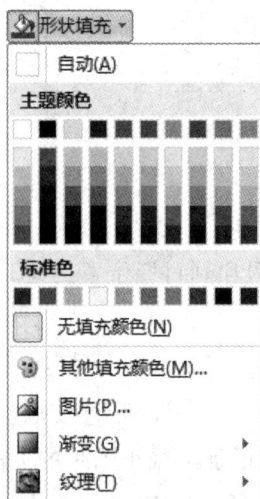

图 5-50 【形状填充】
的下拉菜单

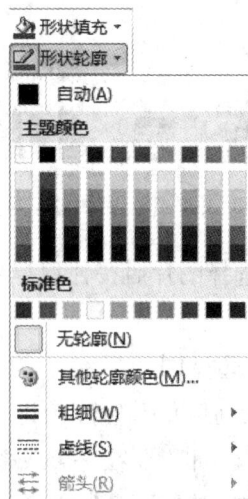

图 5-51 【形状轮廓】
的下拉菜单

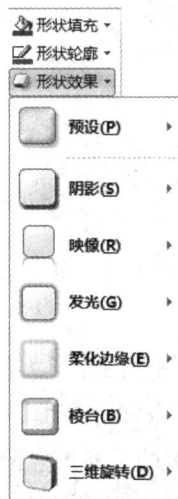

图 5-52 【形状效果】
的下拉菜单

（2）使用【艺术字样式】组中的按钮美化艺术字。具体操作步骤如下：选择艺术字，然后单击【绘图工具-格式】/【艺术字样式】组中的按钮进行设置即可。【艺术字样式】组如图5-53 所示。

图 5-53 【艺术字样式】组

①【文本样式】：单击选择艺术字后，单击【文本样式】框中所要的样式，可以将样式快速"应用于所选文字"或者"应用于形状中的所有文字"。

②【文本填充】：用于使用纯色、渐变、图片或纹理填充文本。在如图 5-54【文本填充】的下拉菜单中单击所需要设置的选项即可。

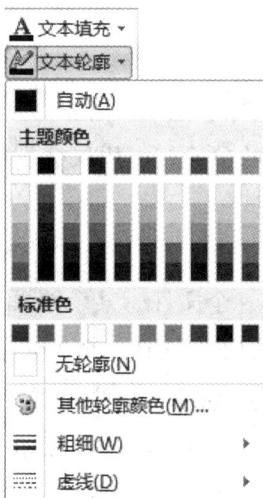

③【文本轮廓】：设置艺术字文本轮廓的颜色、宽度和线型。在如图 5-55【文本轮廓】的下拉菜单中单击所需要设置的选项即可。

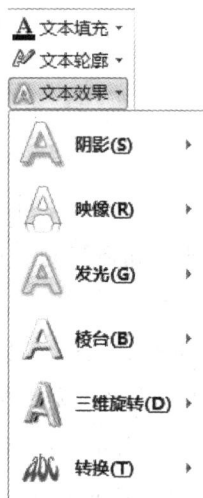

④【文本效果】：用于对艺术字文本设置阴影、映像、发光、凹凸棱台、三维旋转和转换等外观效果。在如图5-56"文本效果"的下拉菜单中单击所需要的设置即可。例如给艺术字设置"弯曲-朝鲜鼓"的文本转换效果，具体操作步骤：单击选择艺术字后，如图5-57 所示单击【绘图工具-格式】/【艺术字样式】/【文本效果】/【转换】/【弯曲-朝鲜鼓】即可。

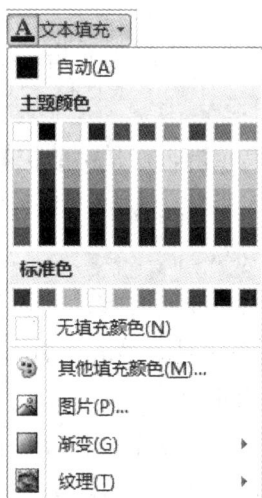

图 5-54 【文本填充】的　　　图 5-55 【文本轮廓】的　　　图 5-56 【文本效果】的
　　　下拉菜单　　　　　　　　　　　下拉菜单　　　　　　　　　　　下拉菜单

3. 改变艺术字的位置，可以单击选择艺术字后按住鼠标左键拖动到目标位置，松开鼠标即可。

4. 调整艺术字的大小，可以单击选择艺术字后在【绘图工具-格式】/【大小】组中【形状高度】框和【形状宽度】框中分别输入高度值和宽度值即可。还可以单击选择艺术字后直接拖动艺术字外边框的尺寸控点改变高度和宽度。

（三）批注的插入和删除

1. 插入批注可以为单元格输入不在正文区域显示的注释文字。具体操作步骤如下。

（1）选择要插入批注的单元格，单击【审阅】/【批注】/【新建批注】，则在该单元

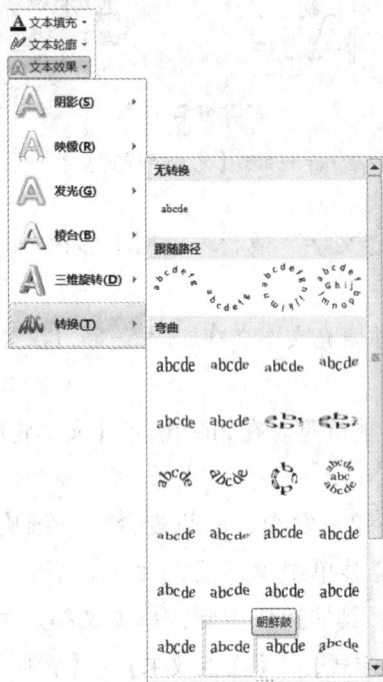

图 5-57 文本效果【转换】的
级联子菜单

格的右上角出现一个红色的小三角，同时打开编辑批注的对话框。

（2）单击该对话框，在该对话框中输入所需要的文字即可。

默认情况下，工作表中不显示批注内容。可以单击【审阅】/【批注】/【显示/隐藏批注】，来显示或隐藏所选定单元格的批注。也可以单击【审阅】/【批注】/【显示所有批注】，来显示或隐藏所有批注。

2. 编辑批注通常有以下两种方法。

方法一：选择要编辑批注的单元格，单击【审阅】/【批注】/【编辑批注】，打开批注对话框，进行批注内容的编辑修改。

方法二：用鼠标右键单击要编辑批注的单元格，在弹出的快捷菜单中单击【编辑批注】，打开批注框进行编辑即可。

3. 删除批注通常有以下两种方法：

方法一：选择一个添加了批注的单元格，单击【审阅】/【批注】/【删除】，则删除了该单元格的批注。

方法二：选择一个添加了批注的单元格，用鼠标右键单击该单元格，在弹出的快捷菜单中单击【删除批注】即可。

（四）超链接的插入和删除

1. 插入超链接可以快速访问另一个文件、某个网页、某个电子邮件地址或者文档中某个位置的相关信息。具体操作步骤如下：选择一个单元格或者单元格区域，单击【插入】/【链接】/【超链接】，打开"插入超链接"对话框，单击所要的设置即可。

例如设置单元格超链接到另一个文件。具体步骤如下：在"插入超链接"对话框中单击"现有文件或网页"选项卡，如图 5-58 所示在"查找范围"框中选择要超链接的文件的地址，然后在所显示的该地址文件中选择要超链接的文件即可。

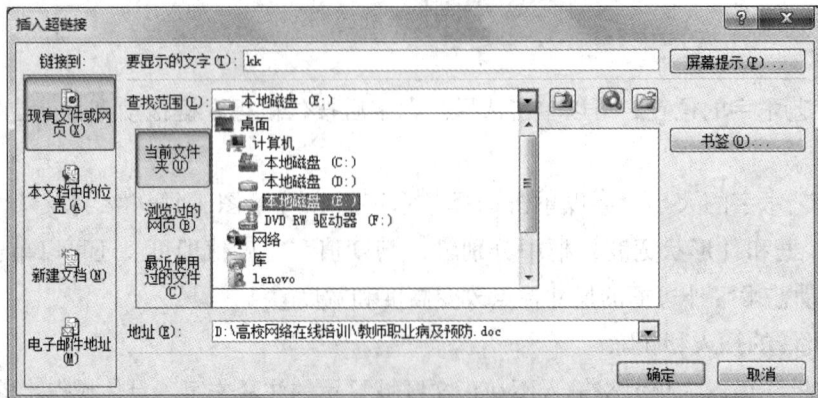

图 5-58 "插入超链接"对话框的"现有文件或网页"选项卡

2. 删除超链接的具体操作步骤如下：选择设置了超链接的单元格或单元格区域，单击【插入】/【链接】/【超链接】，打开"插入超链接"对话框，单击【删除链接】即可。

二、插入 SmartArt 图形、文本框

（一）SmartArt 图形的插入和美化

SmartArt 图形是信息的直观表示形式，可以通过 SmartArt 图形布局来快速轻松地创建所需信息表示形式，有效传达信息或观点。SmartArt 图形包括"列表""流程""循环""层次结构""关系""矩阵""棱锥图""图片"等 SmartArt 图形类型，每种类型又包含若干不同的布局。一些布局只是使项目符号列表更加精美，而另一些布局（如组织结构图或维恩图）适合用来展现特定种类的信息。选择布局时，要注意以下几点：①包含箭头的布局表示在某个方向的流动或进展。②包含连接线而不是箭头的布局表示连接，而不一定表示流动或进展。③不包含连接线或箭头的布局表示相互间没有密切关系的对象或观点的集合。

1. 插入 SmartArt 图形的具体操作步骤如下。

（1）单击【插入】/【插图】/【SmartArt】，打开如图 5-59 所示"选择 SmartArt 图形"对话框。

（2）在"选择 SmartArt 图形"对话框中单击所需要的 SmartArt 图形类型，再单击所需要的该类型布局。

（3）单击 SmartArt 图形中的"［文本］"或者"在此处键入文字"窗格中的"［文本］"，输入文本即可。

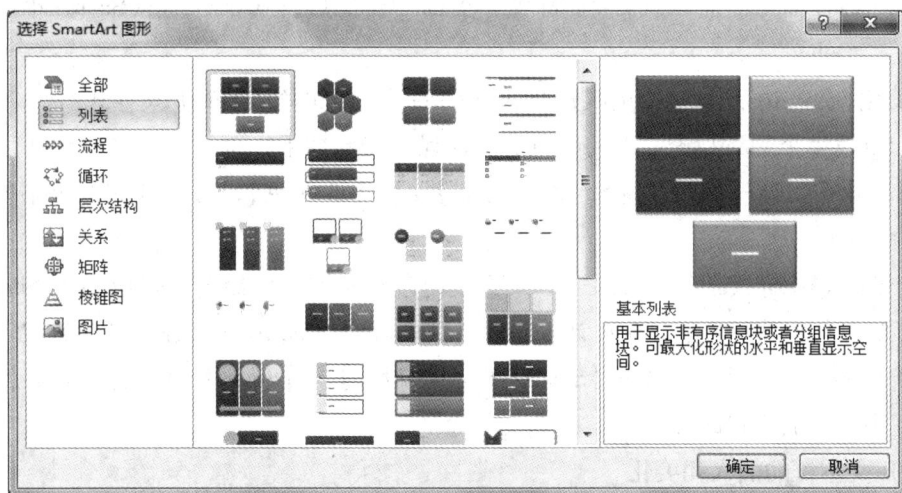

图 5-59　"选择 SmartArt 图形"对话框

2. SmartArt 图形类型的用途说明

（1）列表类型　用于显示无序信息。列表类型使用各色形状显示来直观强调各信息要点。

（2）流程类型　通常包含一个方向流，并且用来对流程或工作流中的步骤或阶段进行图解，例如，使用流程布局完成某项任务的有序步骤、开发某个产品的一般阶段或者时间线或计划。

（3）循环类型　通常用来对循环流程或重复性流程进行图解。例如，使用循环布局显

示产品或动物的生命周期、教学周期等。

（4）层次结构类型　常用于创建组织结构图。也可用于显示决策树或产品系列。

（5）关系类型　显示各部分（如联锁或重叠的概念）之间非渐进的、非层次关系，并且通常说明两组或更多组事物之间的概念关系或联系。例如关系类型的德维恩图显示区域或概念如何重叠，以及如何集中在一个中心交点处；关系类型的目标布局显示包含关系；关系类型的射线布局显示与中心核心或概念之间的关系。

（6）矩阵类型　用来显示各部分与整体或与中心概念之间的关系。如果要传达四个或更少的要点以及大量文字，"矩阵"布局是一个不错的选择。

（7）棱锥图类型　显示通常向上发展的比例关系或层次关系。它们最适合需要自上而下或自下而上显示的信息。

（8）图片类型　通过图片来传递消息（带有或不带有说明性文字），或者使用图片作为某个列表或过程的补充。

3. 在 SmartArt 图形中添加或删除形状以及编辑文字时，形状的排列和这些形状内的文字量会自动更新调整，从而保持 SmartArt 图形布局的原始设计和边框。

（1）添加形状的具体操作步骤如下：单击选择 SmartArt 图形，再单击最接近新形状的添加位置的现有形状，然后单击【SmartArt 工具-设计】/【创建图形】/【添加形状】旁边的箭头 ▼ ，在打开的下拉菜单中的【在后面添加形状】、【在后面添加形状】、【在上方添加形状】和【在下方添加形状】中选择所要的设置即可。

（2）删除形状的具体操作步骤如下：单击选择 SmartArt 图形，再单击要删除的形状的外边框，然后按 Delete 键。如果要删除整个 SmartArt 图形，则单击整个 SmartArt 图形的外边框后，按 Delete 键。

4. 美化 SmartArt 图形包括更改整个 SmartArt 图形的颜色和 SmartArt 样式。

（1）更改整个 SmartArt 图形的颜色的具体操作步骤如下：单击选择 SmartArt 图形，再单击【SmartArt 工具-设计】/【SmartArt 样式】/【更改颜色】，在打开的下拉菜单中单击所要的颜色变体即可。

（2）SmartArt 样式是各种效果（如线型、棱台或三维）的组合，可应用于 SmartArt 图形中的形状以创建独特且具专业设计效果的外观。应用 SmartArt 样式的具体操作步骤如下：单击选择 SmartArt 图形，再单击【SmartArt 工具-设计】/【SmartArt 样式】组的【SmartArt 样式】框中所要的样式即可。

（二）文本框的插入和美化

文本框是一种可移动、可调大小的文字或图形容器。文本框可以在工作表中的任意位置，包括靠近图片、SmartArt 图形或在图片、图形的任意位置添加文本。使用文本框，可以在一页上放置数个文字块，或使文字按与文档中其他文字不同的方向排列。

1. 插入文本框的具体操作步骤如下。

（1）单击【插入】/【文本】/【文本框】旁边的箭头 ▼ ，在打开的下拉菜单中单击【横排文本框】或【垂直文本框】。

（2）然后移动鼠标指针放置于插入位置，按下鼠标左键拖动出文本框的大小。松开鼠标得到空白的文本框。

（3）在空白的文本框中输入所要的文本内容。

2. 美化文本框通常有以下两种方法。

方法一：单击选择文本框后，再单击【绘图工具-格式】/【形状样式】组中的按钮来设置文本框的形状样式，单击【绘图工具-格式】/【艺术字样式】组中的按钮来设置文本字体样式。

方法二：用鼠标右键单击文本框，在弹出的快捷菜单中单击【设置形状格式】，打开"设置形状格式"对话框：在"填充"选项卡中选择所要的填充颜色；在"线条颜色"选项卡中选择所要的线条颜色，在"线型"选项卡中选择所要的线型。

例如，设置文本框没有背景色和边框，只显示其中的文本内容。具体操作步骤如下：单击选择文本框，再单击【形状样式】/【形状填充】/【无填充颜色】，并单击【形状样式】/【形状轮廓】/【无轮廓】即可。或者还可以用鼠标右键单击文本框，在弹出的快捷菜单中单击【设置形状格式】，打开"设置形状格式"对话框：在"填充"选项卡中选择"无填充"；在"线条颜色"选项卡中选择"无线条"即可。

三、条件格式和自动套用格式

（一）条件格式

条件格式是指当制定的条件为真时，自动应用于单元格所设置的格式。

1. 使用内置的条件格式，包括使用突出显示规则、强调选取规则、使用数据条、颜色刻度和图标集等方式来显示符合条件规则的单元格内容。

（1）突出显示单元格规则是通过使用大于、小于、等于、包含等比较运算符限定数据范围，对属于该数据范围内的单元格设定格式。具体操作步骤如下：选择单元格区域，单击【开始】/【样式】/【条件格式】/【突出显示单元格规则】，打开【突出显示单元格规则】的级联子菜单，如图 5-60 所示。在【突出显示单元格规则】的级联子菜单中单击所要的条件规则，打开相应的对话框进行设置即可。

例 5-4　在例 5-3 的数据表中设置条件格式：设置单元格区域 B3:B7 中数据值"大于等于 150 且小于等于 250"的单元格图案样式为"细对角线条纹"。

图 5-60　【突出显示单元格规则】的级联子菜单

具体操作步骤：

第一步：选择单元格区域 B3:B7，单击【开始】/【样式】/【条件格式】/【突出显示单元格规则】/【介于】，打开"介于"对话框。

第二步：如图 5-61 所示，在"介于值"框中输入"150"到"250"，在"设置为"框中选择"自定义格式"，打开"设置单元格格式"对话框。

第三步：单击"设置单元格格式"对话框的"填充"选项卡，在"图案样式"框中选择"细对角线条纹"。单击【确定】关闭"设置单元格格式"对话框。

第四步：在"介于"对话框中单击【确定】。

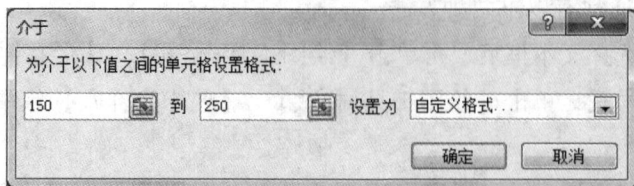

图 5-61 "介于"对话框

例 5-4 设置条件格式后的数据表如图 5-62 所示。

	A	B	C	D	E
1			药品销售额统计表		
2	药品型号	销售量	单价（元）	销售额（元）	销售额所占百分比
3	A1	127	￥ 22.15	￥ 2,813.05	10.68%
4	A2	257	￥ 21.45	￥ 5,512.65	20.93%
5	A3	135	￥ 12.50	￥ 1,687.50	6.41%
6	A4	211	￥ 40.12	￥ 8,465.32	32.14%
7	A5	251	￥ 31.30	￥ 7,856.30	29.83%
8			总计	￥26,334.82	

图 5-62 设置条件格式后的数据表

（2）项目选取规则对以下情况的单元格数值设置格式："值最大的 10 项"、"值最大的 10% 项"、"值最小的 10 项""值最小的 10% 项"、"高于平均值"、"低于平均值"。具体操作步骤如下：选择单元格区域，单击【开始】/【样式】/【条件格式】/【项目选取规则】，打开"项目选取规则"的级联子菜单，如图 5-63 所示。在"项目选取规则"的级联子菜单中单击所要的条件规则，打开相应的对话框进行设置即可。

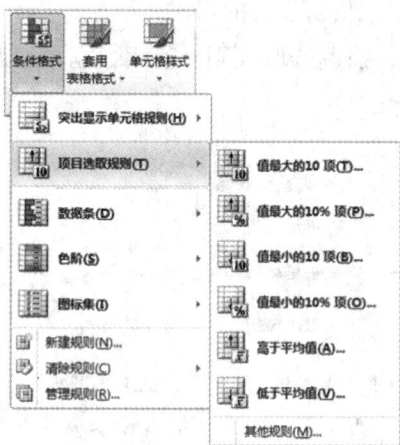

图 5-63 "项目选取规则"的级联子菜单

例如要设置单元格区域 C3：E8 中数据低于平均值的单元格内容为红色，则选择单元格区域 C3：E8 后，单击【开始】/【样式】/【条件格式】/【项目选取规则】/【低于平均值】，打开"低于平均值"的对话框如图 5-64 所示，在"低于平均值"对话框中的"针对选定区域，设置为"框中选择"红色文本"。

（3）数据条的长度用于表示单元格的数字值。数据条越长，表示值越高；数据条越短，表示值越小。这样，在对比观察大量的数据时，可以使用数据条非常直观地查看某个单元格数据相对于其他单元格数据的值。具体操作步骤如下：选择单元格区域，单击【开始】/【样式】/【条件格式】/【数据条】，然后在【数据条】的级联子菜单中单击所要的设置即可。

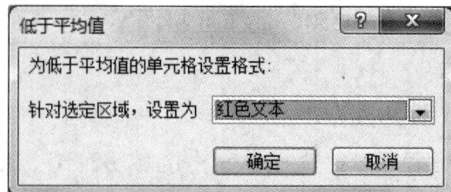

图 5-64 "低于平均值"对话框

（4）色阶通过三色刻度使用三种颜色的渐变来帮助比较单元格数据值。其中纯色又用深色代表较大数据值，用浅色表示较小数据值。使用色阶非常直观地查看单元格数据值大小的分布和变化。具体操作步骤如下：选择单元格区域，单击【开始】/【样式】/【条件格式】/【色阶】，然后在【色阶】的级联子菜单中单击所要的设置即可。

（5）图标集用于对数据进行注释，并可以按阈值将数据分为三到五个类别，每个图标代表一个值的范围。例如，三向箭头图标集用绿色的上箭头代表较高值、黄色的横向箭头代表中间值，红色的下箭头代表较低值。具体操作步骤如下：选择单元格区域，单击【开始】/【样式】/【条件格式】/【图标集】，然后在【图标集】的级联子菜单中单击所要的设置即可。

2. 使用"管理规则"命令自定义条件格式或创建逻辑公式来指定格式设置条件，也可编辑规则、删除规则。具体操作步骤如下。

（1）选择单元格区域，单击【开始】/【样式】/【条件格式】/【管理规则】，打开"条件格式规则管理器"对话框如图 5-65 所示。

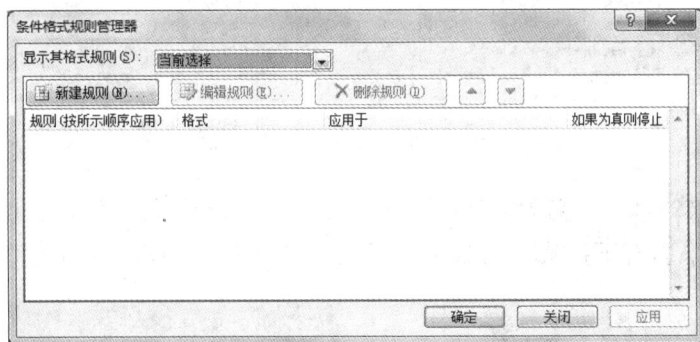

图 5-65　"条件格式规则管理器"对话框

（2）要添加条件格式，则单击【新建规则】，打开"新建格式规则"对话框图 5-66 所示，在"选择规则类型"框中选择要设置的规则条件，然后在相应的"编辑规则说明"框中进行设置。单击【确定】关闭"新建格式规则"对话框。

（3）在"条件格式规则管理器"对话框中单击"确定"。

3. 清除条件格式的具体操作步骤如下：选择单元格区域，单击【开始】/【样式】/【条件格式】/【清除规则】，然后在【清除规则】的级联子菜单中单击所要的设置即可。

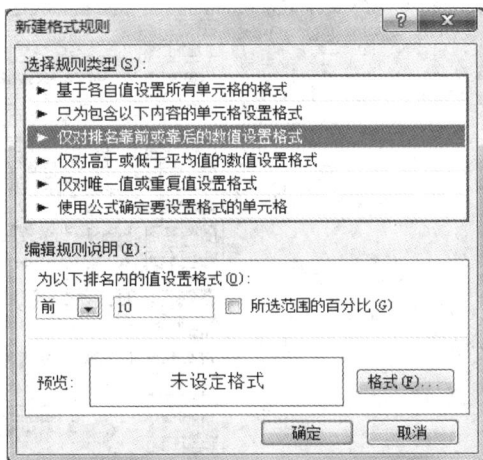

图 5-66　"新建格式规则"对话框

（二）自动套用格式

Excel 2010 预定义了大量的单元格样式和表格样式，可以自动实现包括字体、字号、对齐方式、填充图案等单元格格式集合的应用。直接在单元格或者整个数据表上应用预定义的样式，既可以快速设置单元格和表格样式，又可以快速地统一一批表格的外观。

Excel 2010 还预定义了大量的文档主题，用于更改文档的总体设计，包括一组主题颜色、一组主题字体（包括标题字体和正文字体）和一组主题效果（包括线条和填充效果）。使用主题既可以快速设置文档样式，又可以快速地统一一批文档的外观。

1. 指定单元格样式的具体操作步骤如下：选择单元格，单击【开始】/【样式】/【单元格样式】，打开下拉菜单如图 5-67 所示，单击所要的样式即可。

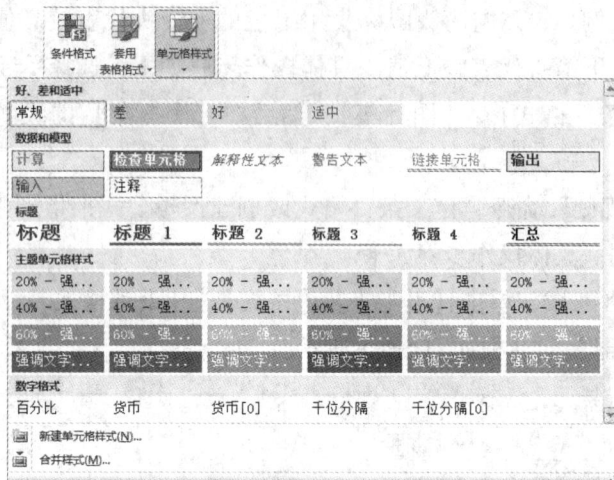

图 5-67 【单元格样式】的下拉菜单

2. 套用表格格式的具体操作步骤如下：选择整个数据表，单击【开始】/【样式】/【套用表格格式】，打开下拉菜单如图 5-68 所示，单击所要的格式即可。

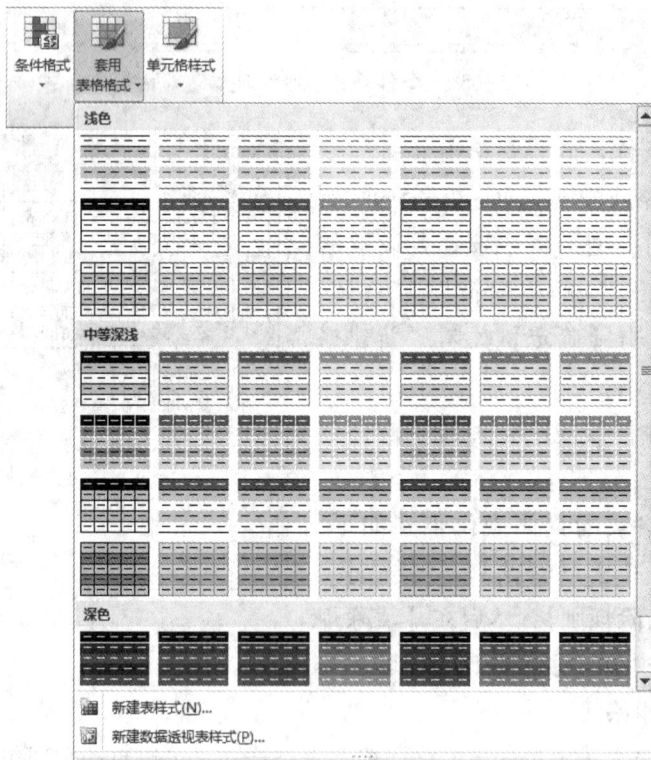

图 5-68 【套用表格格式】的下拉菜单

3. 应用主题使得 Excel 2010 的文本、图表、图形、表格和绘图对象等都发生相应更改，以反映所选主题。应用主题的具体操作步骤如下：选择整个数据表，单击【页面布局】/【主题】/【主题】，然后在打开的下拉菜单中单击所要的内置主题即可。应用主题后，如果要对该主题的颜色、字体、效果等进行调整，可以分别单击【主题】组的【颜色】、【字体】、【效果】等，然后在打开的下拉菜单中单击所要的设置。

四、页面设置和打印

（一）页面设置

工作表打印之前，需要先进行页面设置，使得输出结果更美观。页面设置包括设置页边距、纸张方向、纸张大小、打印区域、页眉页脚、打印标题等。可以单击【页面设置】组中的按钮，进行快速设置。也可以选择要打印的工作表为当前工作表，然后单击【页面布局】/【页面设置】组的对话框启动器 □ ，打开"页面设置"对话框进行设置即可。"页面设置"对话框的设置具体如下：

1. 设置页边距 页边距是工作表数据与打印页面边缘之间的空白区域。设置页边距和工作表在页面上的水平或垂直居中，可以使工作表在打印页面上更好地对齐。设置页边距的具体操作步骤如下：单击"页面设置"对话框的"页边距"选项卡，分别在"上"框、"下"框、"左"框、"右"框、"页眉"框和"页脚"框输入"上边距"、"下边距"、"左边距"、"右边距"、"页眉距边界的距离"、"页脚距边界的距离"的数值；在"居中方式"框中单击选择"水平"或者"垂直"。然后单击【确定】。

2. 设置页面 页面包括纸张方向、缩放比例、纸张大小、起始页码等。设置页面的具体操作步骤如下：单击"页面设置"对话框的"页面"选项卡，在"纸张方向"框中单击选择"纵向"或者"横向"；在"缩放"框中输入"缩放比例"值或者"调整为多少页宽、多少页高"；在"纸张大小"框中选择打印纸的大小；在"起始页码"框中输入起始页码值。然后单击【确定】。

知识链接

> 如果调整页边距等操作仍然没有得到满意的页面整体效果，可以适当调整页面的"缩放比例"来美化打印效果。

---

3. 设置页眉和页脚 在工作表的顶部或底部添加的页眉和页脚不会以普通视图显示在工作表中，而仅以页面视图显示在打印页面上。设置页眉和页脚的具体操作步骤如下：单击"页面设置"对话框的"页眉/页脚"选项卡，如图 5-69 所示。单击【自定义页眉】，打开"页眉"对话框如图 5-70 所示。在"页眉"对话框中单击"左"框（或"中"框、"右"框），然后分别单击框上方的按钮，对页眉的靠左（或中部、靠右）位置分别进行文本、页码、页数、日期和时间等设置，单击【确定】关闭"页眉"对话框。再单击"页眉/页脚"选项卡

图 5-69 "页面设置"对话框的
"页眉/页脚"选项卡

【自定义页脚】，打开"页脚"对话框，重复刚才设置页眉的操作来进行页脚的设置。然后单击【确定】关闭"页脚"对话框。最后单击"页面设置"对话框中的【确定】。

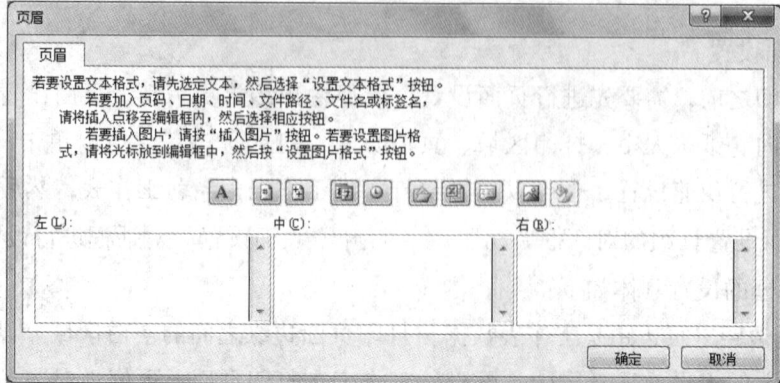

图 5-70 "页眉"对话框

例如：在页面底端（页脚）位置居中插入页码。具体操作步骤如下：选择要打印的工作表为当前工作表，然后单击【页面布局】/【页面设置】组的对话框启动器 ，打开"页面设置"对话框，单击"页眉/页脚"选项卡如图 5-70 所示；单击【自定义页脚】，再在打开的"页脚"对话框中单击"中"框，然后单击框上方的【插入页码】按钮 即可。

再例如：在页面底端（页脚）位置靠右对齐插入格式为"页码/页数"的页码。具体操作步骤如下：选择要打印的工作表为当前工作表，然后单击【页面布局】/【页面设置】组的对话框启动器 ，打开"页面设置"对话框，单击"页眉/页脚"选项卡如图 5-69 所示；单击【自定义页脚】，打开"页脚"对话框如图 5-71 所示。在"页脚"对话框中单击"右"框，然后先单击框上方的【插入页码】按钮 ，再用键盘输入"/"，再单击框上方的【插入页数】按钮 即可。此时，在"右"框中显示"&［页码］/&［总页数］"，如图 5-71 所示。

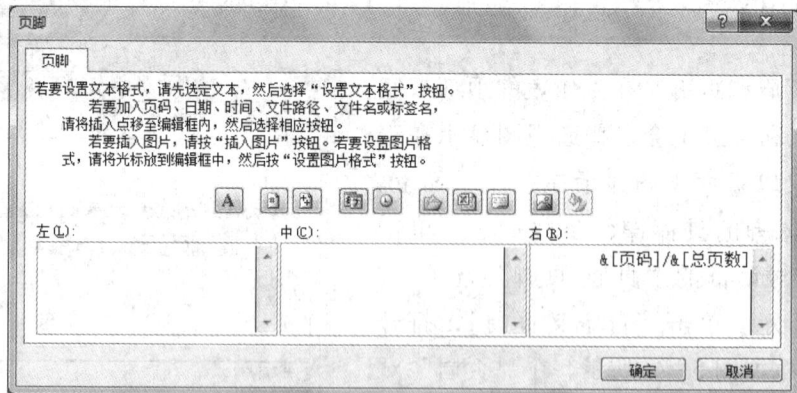

图 5-71 设置"页脚"对话框

4. 设置工作表的打印区域、打印标题

（1）打印区域的设置和清除 可以在工作表中定义一个只包括打印内容的打印区域。一个工作表可以有多个打印区域。每个打印区域都将作为一个单独的页打印。设置工作表的打印区域的具体操作步骤如下：选择要打印的工作表为当前工作表，然后单击【页面布

局】/【页面设置】组的对话框启动器 ，打开"页面设置"对话框，单击"工作表"选项卡如图 5-72 所示。单击"打印区域"框，然后在工作表中选择要打印的区域，单击【确定】。

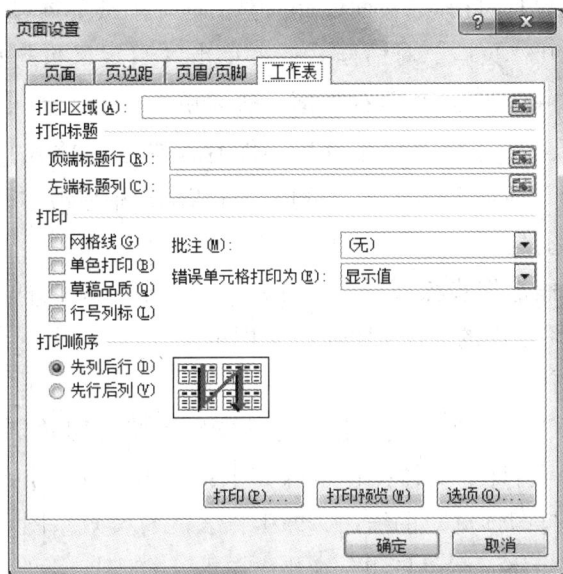

图 5-72　"页面设置"对话框的"工作表"选项卡

清除工作表的打印区域的具体操作步骤如下：单击工作表中要清除的打印区域中的任意位置，然后单击【页面布局】/【页面设置】/【打印区域】/【取消打印区域】即可。

知识链接

如果工作表包含多个打印区域，则清除一个打印区域将清除工作表上的所有打印区域。

（2）设置打印标题　工作表跨越多页的时候，可以在每一页上打印行和列标题，使数据更加容易阅读和识别。设置工作表打印标题的具体操作步骤如下：选择要打印的工作表为当前工作表，然后单击【页面布局】/【页面设置】组的对话框启动器 ，打开"页面设置"对话框，单击"工作表"选项卡如图 5-72 所示。单击【顶端标题行】框，在工作表中选择要重复打印的行标号。再单击【左端标题列】框，在工作表中选择要重复打印的列标题。然后单击【确定】。

5. 设置工作表的显示背景和打印背景

（1）设置工作表显示的背景　在 Excel 2010 中，可以将图片用作仅供显示的工作表背景。即该工作表背景不会被打印，也不会保留在单个工作表中，仅仅在打开工作表的时候，作为背景显示。

添加工作表背景的具体操作步骤如下：选择要设置背景的工作表为当前工作表，单击菜单【页面布局】/【页面设置】/【背景】，打开"工作表背景"对话框。在"工作表背景"对话框中选择要用作工作表背景的图片，然后单击"插入"。

（2）设置打印背景　为打印的工作表设置背景，需要在工作表的页眉或页脚中插入图片。图片将从每页的顶部或底部开始显示在工作表数据背后。也可以调整图片大小或缩放图片以填充整个页面。

设置打印背景的具体操作步骤如下：选择要设置背景的工作表为当前工作表，单击【页面布局】/【页面设置】，打开"页面设置"对话框。单击"页眉/页脚"选项卡，然后单击【自定义页眉】打开"页眉"对话框（或者单击【自定义页脚】打开"页脚"对话框）：单击"左"框、"中"框或者"右"框，然后单击框上方的【插入图片】按钮，打开"插入图片"对话框：选择要用作背景的图片，单击【插入】，则该框中显示"&［图片］"。再在"页眉"对话框（或者"页脚"对话框）中单击"确定"。然后在"页面设置"对话框中单击"确定"。

删除打印背景的具体操作步骤如下：在打开的"页眉"对话框（或者"页脚"对话框）中，按 Delete 键删除框中的"&［图片］"即可。

（二）打印预览和打印

Excel 提供了打印预览，使工作表在打印之前能够预览打印效果。通常在页面设置之后，先进行打印预览，再打印。具体操作步骤如下：单击【文件】/【打印】，打开"打印"窗格，其中显示"打印预览"的缩图，即工作表的打印效果图。然后单击【文件】/【打印】，打开"打印"窗格。在"打印"窗格中单击【打印】即可打印。

任务四　计算表格数据

在 Excel 2010 中，使用公式计算表格数据，不但快速准确，而且在原始数据发生变化后，计算结果能够自动更新。

一、使用公式

公式是对工作表中的值执行计算的等式。在 Excel 2010 中使用公式，可以对工作表中的数据进行各种计算，如算术运算、关系运算和逻辑运算等。

（一）公式的形式

公式始终以等号"="开头，公式的一般形式为：=<表达式>。表达式可以是算数表达式、关系表达式和字符串表达式等，包含运算符、常量、单元格地址、函数及括号等。如使用常量和运算符创建公式"=9+2*5"，实现先将两个数 2 和 5 相乘，得到的乘积再与另一个数 9 相加求和。如使用单元格地址和运算符创建公式"=A2+A7"，实现将单元格 A2 中的数据和 A7 中的数据相加求和。

公式中的运算符用于指定公式执行的计算类型。在 Excel 2010 中，计算运算符分为四种不同类型：算术、比较、文本连接和引用。

1. 算术运算符　进行基本的数学运算（如加法、减法、乘法或除法）、合并数字以及生成数值结果，可使用以下算术运算符：+（加号）、-（减号、负号）、*（乘号）、/（除号）、%（百分比符号）、^（乘方号）。使用算术运算符的公式举例如：=A2+A7。

2. 比较运算符　比较运算符包括=（等号）、>（大于号）、<（小于号）、>=（大于等于号）、<=（小于等于号）、<>（不等号）。使用比较运算符的公式举例如：=A1>B1。使用比较运算符比较两个值时，结果为逻辑值 TRUE 或 FALSE。

3. 文本连接运算符 可以使用与号（&）连接（联接）一个或多个文本字符串，以生成一段文本。使用文本连接运算符的公式举例如：="school"&"girl"，结果为"school girl"。

4. 引用运算符 可以使用以下运算符对单元格区域进行合并计算。

（1）：（冒号）区域运算符 用于表示对两个引用之间所有单元格的引用（包括这两个引用）。如 A6:B10，表示引用 A6 到 B10 之间的一个矩形单元格区域中的所有单元格。

（2），（逗号）联合运算符 用于将多个引用合并为一个引用。如函数 SUM（B1:B6，D4:D9）中"B1:B6，D4:D9"，表示合并引用 B1:B6 单元格区域和 D4:D9 单元格区域的所有单元格。

（3）（空格）交集运算符 生成一个对两个引用中共有单元格的引用。如"C6:F7 D5:D9"，表示引用 C6:F7 单元格区域和 D5:D9 单元格区域的共有单元格 D6 和 D7。

如果一个公式中有若干运算符，Excel 将按运算符的优先次序进行计算。运算符的优先次序从高到低为：引用运算符 > -（负号）> %（百分比符号）> ^（乘方号）> *（乘号）和 /（除号）> +（加号）和 -（减号）> &（与号）> 比较运算符。如果一个公式中的若干个运算符具有相同的优先级（例如，公式中既有乘号又有除号），则 Excel 将从左到右计算各运算符。需要更改计算次序，可以使用括号将公式中要先计算的部分用括号括起来。例如公式 =(7+2)*5，使用括号先将 7 与 2 相加求和，然后用得到的和再乘以 5 得到乘积。

（二）公式的输入和编辑

默认情况下，公式的计算结果显示在单元格中，而公式本身显示在编辑栏中。

1. 输入公式 输入公式的具体操作步骤如下：单击选择一个单元格，在该单元格或者该单元格的编辑栏中输入等号"="，然后输入构成公式的表达式，按 Enter 键完成输入。

输入公式中的单元格时，可以用键盘输入单元格地址，也可以用鼠标单击该单元格得到。

2. 编辑公式 编辑公式的具体操作步骤如下：双击公式所在的单元格，进入编辑状态。此时单元格和编辑栏中都显示公式本身，可以在单元格或者编辑栏中对公式进行编辑修改，然后按 Enter 键确认。

3. 删除公式 删除公式只需单击选定公式所在的单元格，按 Delete 键即可。

例 5-5 使用公式计算"药品销售额统计表"的销售额、总计销售额。

具体操作步骤如下。

第一步：选择 D3 单元格，用键盘输入等号"="，然后用鼠标单击 C3 单元格，再用键盘输入乘号"*"，用鼠标单击 C3 单元格，如图 5-73 所示。按 Enter 键确认。

	SUM	▼	✕ ✔ ƒx	=C3*B3	
	A	B	C	D	E
1			药品销售额统计表		
2	药品型号	销售量	单价（元）	销售额（元）	销售额所占百分比
3	A1	127	22.15	=C3*B3	
4	A2	257	21.45		
5	A3	135	12.5		
6	A4	211	40.12		
7	A5	251	31.3		
8	总计				

图 5-73 输入公式

第二步：选择 D3 单元格，把鼠标指针放置该单元格的填充柄上，鼠标指针的形状变成实心的十字形状。按住鼠标左键拖动填充柄选择单元格区域 D3：D7。松开鼠标则在单元格区域 D3：D7 的每个单元格中复制了 D3 单元格的公式，得到相应的公式及其结果。

第三步：选择单元格区域 D3：D8，单击【开始】/【编辑】/【自动求和】按钮 $\sum$，则在 D8 单元格中得到总计销售额。

（三）公式的复制

复制公式可以加快计算。复制公式通常有以下方法。

1. 使用【复制】和【粘贴】命令复制公式通常有以下两种方法。

方法一：选择要复制的公式所在的单元格后按组合键 Ctrl+C，然后选择目标单元格按组合键 Ctrl+V 即可。

方法二：用鼠标右键单击公式所在的单元格，在弹出的快捷菜单中单击【复制】，然后选择目标单元格，用鼠标右键单击该单元格，在弹出的快捷菜单中单击【粘贴】。

2. 拖动单元格的填充柄复制公式。具体操作步骤如下：选择公式所在的单元格，拖动该单元格的填充柄到相邻的目标单元格，可以完成相邻单元格公式的复制。

二、单元格的引用

在公式中很少输入常量，通常用到单元格的引用。引用的作用在于标识工作表中的单元格或单元格区域，并在公式中使用标识处的数据。可以在公式中引用同一个工作表中的一个单元格、一个单元格区域，也可以跨工作表或工作簿引用一个单元格、一个单元格区域。单元格的引用分为相对引用、绝对引用和混合引用。

1. 相对引用　单元格的相对地址的形式为：A6、D8 等。当复制的公式中包含单元格的相对地址，则目标单元格中的公式不是原公式，新公式会使用相对引用。相对引用基于要复制的公式所在单元格和公式中各单元格之间的相对位置。

例如，在 E1 单元格中有公式 "=A1+C3－D2"，复制该公式到 F3 单元格后，会得到什么公式呢？具体思路如下：当 E1 单元格中公式复制到 F3 单元格，列号的变化从 "E" 到 "F"，即列号加 1，而行号的变化从 "1" 到 "3"，即行号加 2。则 E1 单元格公式中每个单元格的相对地址都要列号加 1 和行号加 2，即 A1→B3、C3→D5、D2→E4，F3 单元格中得到的公式为 "=B3+D5－E4"。

2. 绝对引用　单元格的绝对地址的形式为：$A$6、$D$8 等，即在单元格相对地址的行号和列号前面分别加符号 "$"。公式中单元格的绝对地址，复制到目标单元格的公式中保持不变。绝对引用和单元格的位置无关。

例如，在 E1 单元格中有公式 "=A1+C3－$D$2"，复制该公式到 F3 单元格后，会得到什么公式呢？具体思路如下：当 E1 单元格中公式复制到 F3 单元格，列号的变化从 "E" 到 "F"，即列号加 1，而行号的变化从 "1" 到 "3"，即行号加 2。则 E1 单元格公式中每个单元格的相对地址都要列号加 1 和行号加 2，即 A1→B3、C3→D5，而单元格的绝对地址不变，即 $D$2 不变。F3 单元格中得到的公式为 "=B3+D5－$D$2"。

3. 混合引用　单元格的混合地址的形式为：$A6 或者 A$6，即在单元格相对地址的行号前面加符号 "$" 或者列号前面加符号 "$"。混合引用时，只有相对引用的行号和列号发生变化，而绝对引用的行号和列号保持不变。

例如，在 E1 单元格中有公式“=A1+$C3-$D$2”，复制该公式到 F3 单元格后，会得到什么公式呢？具体思路如下：当 E1 单元格中公式复制到 F3 单元格，列号的变化从“E”到“F”，即列号加 1，而行号的变化从“1”到“3”，即行号加 2。则 E1 单元格公式中每个相对的列号加 1 和相对的行号加 2，即 A→B、1→3、3→5，而绝对的列号和行号不变，即 $C、$D、$2 不变。F3 单元格中得到的公式为“=B3+$C5-$D$2”。

例 5-6　使用公式计算“药品销售额统计表”的销售额所占百分比。

具体操作步骤：

第一步：选择 E3 单元格，在该单元格中用键盘输入等号“=”，然后用鼠标单击 D3 单元格，再用键盘输入除号“/”，再用鼠标单击 D8 单元格，按 Enter 键确认。则在 E3 单元格中得到 D3 单元格销售额所占的百分比。

第二步：双击 E3 单元格，在编辑栏中选择 D8，按 F4 键给列号 D 和行号 8 前面分别添加符号“$”，如图 5-74 所示，按 Enter 键确认。

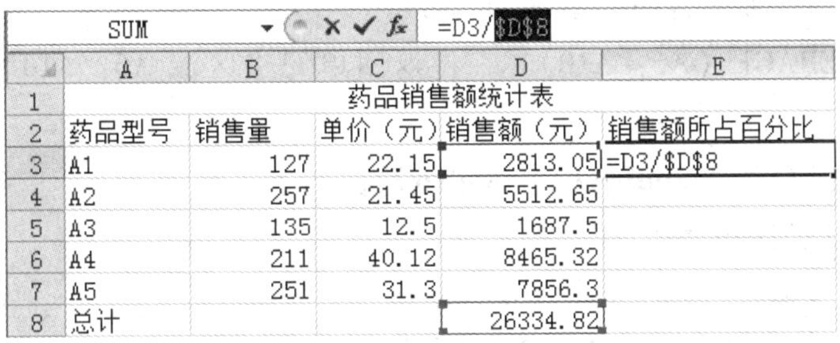
SUM　=D3/$D$8

	A	B	C	D	E
1	药品销售额统计表				
2	药品型号	销售量	单价（元）	销售额（元）	销售额所占百分比
3	A1	127	22.15	2813.05	=D3/$D$8
4	A2	257	21.45	5512.65	
5	A3	135	12.5	1687.5	
6	A4	211	40.12	8465.32	
7	A5	251	31.3	7856.3	
8	总计			26334.82	

图 5-74　输入包含绝对地址的公式

第三步：选择 E3 单元格，把鼠标指针放置该单元格的填充柄上，鼠标指针的形状变成实心的十字形状。按住鼠标左键拖动填充柄选择单元格区域 E3:E7。松开鼠标则在单元格区域 E3:E7 的每个单元格中复制了 E3 单元格的公式，得到相应的公式及其结果。

三、使用函数

函数是预定义的公式，通过使用一些称为参数的特定数值来执行特定的计算。Excel 2010 提供了大量函数，满足各种计算的需要，如求和、求最大值、求最小值、计数等。

（一）函数的形式

函数的形式为：=函数名称（[参数 1]，[参数 2]，[参数 3]，…）。括号中的参数可以有多个，参数之间用逗号分隔。其中方括号中的参数是可选参数，没有方括号的参数是必须的参数。有些函数仅需要一个参数，有些函数需要多个参数，而一些函数，如 PI（）不允许参数。函数中的参数可以是数字、文本、TRUE 或 FALSE 等逻辑值、其他函数等。

（二）函数的输入和编辑

1. 输入函数通常有以下几种方法。

（1）直接在单元格中用键盘输入函数。

（2）使用【插入函数】按钮 fx 输入函数。具体操作步骤如下：选择要输入函数的单元格，单击编辑栏上的【插入函数】按钮 fx 或者单击【公式】/【函数库】/【插入函数】，打开"插入函数"对话框。在"插入函数"对话框中"选择函数"框中单击所要的函数，单击【确定】，打开"函数参数"对话框。然后在"函数参数"对话框中输入各参数，单击【确定】即可。

2. 编辑函数的具体操作步骤如下：双击函数所在的单元格，进入编辑状态。此时单元格和编辑栏中都显示函数本身，可以在单元格或编辑栏中对函数进行编辑修改，然后按 Enter 键确认。

（三）Excel 中常用函数

1. 求和函数 SUM（number1，[number2]，...）

功能：返回参数的和。

参数说明：至少需要包含一个参数 number1。

例如 "=SUM（A1:A3）"，将单元格区域 A1:A3 中的所有数字相加求和。

2. 平均值函数 AVERAGE（number1，[number2]，...）

功能：返回参数的平均值（算术平均值）。

参数说明：至少需要包含一个参数 number1。

例如 "=AVERAGE（A6：A10）"，将返回单元格区域 A6：A10 中所有数字的平均值。

3. 最大值函数 MAX（number1，[number2]，...）

功能：返回一组值中的最大值。

参数说明：至少需要包含一个参数 number1。

例如 "=MAX（6，10，12，25，8，20）"，将返回参数中值最大的数值 25。

4. 最小值函数 MIN（number1，[number2]，...）

功能：返回一组值中的最小值。

参数说明：至少需要包含一个参数 number1。

例如 "=MIN（6，10，12，25，8，20）"，将返回参数中值最小的数值 6。

5. 四舍五入函数 ROUND（number，num_digits）

功能：将参数 number 四舍五入为指定的位数。

当 num_digits>=0 时，对参数 number 四舍五入保留 num_digits 位小数。

当 num_digits<0 时，对参数 number 的整数部分从右往左第 num_digits 位数四舍五入。

参数说明：需要包含两个参数 number 和 num_digits。

例如 "=ROUND（1364.5862，3）" 的返回值为 1364.586；"=ROUND（1364.5862，-2）" 的返回值为 1400。

6. 计数函数 COUNT（value1，[value2]，...）

功能：计算包含数字的单元格以及参数列表中数字的个数。

参数说明：至少需要包含一个参数 value1。

例如 "=COUNT（A3：A10，5，"bee"，9）"，参数 "5" 和 "9" 是数字，如果单元格区域 A3：A10 中有 3 个单元格的内容是数字，则该函数的结果为 5。

7. 条件函数 IF（logical_test，[value_if_true]，[value_if_false]）

功能：如果参数 logical_test 指定条件的计算结果为 TRUE，IF 函数将返回 [value_if_true] 参数值；如果参数 logical_test 指定条件的计算结果为 FALSE，则返回 [value_ if_false〕参数值。

参数说明：logical_test 参数是必需的，可以使用任何比较运算符。

例如"＝IF（A1>15,"大于15","不大于15"）"，如果 A1 单元格中数值大于 15，该函数返回"大于15"；如果 A1 单元格中数值小于等于 15，则返回"不大于15"。

8. 逻辑函数 AND（logical1,〔logical2〕,...）

功能：如果所有参数的计算结果为 TRUE 时，返回 TRUE；只要有一个参数的计算结果为 FALSE，则返回 FALSE。

参数说明：至少需要包含一个参数 logical1。

例如"＝AND（2+2＝4，2+8>7）"的返回值为 TRUE。

9. 排位函数 RANK（number，ref，〔order〕）

功能：返回参数 number 在数字列表 ref 中的排位。

参数说明：参数 Number 和参数 ref 是必需的，参数 Order 可以省略。如果参数 order 为零或省略，RANK 函数对数字的排位是基于参数 ref 为降序排列的列表。如果 order 不为零，RANK 函数对数字的排位是基于 ref 升序排列的列表。

例如"＝RANK（7，"3，8，12，4，5，7，9"）"返回参数"7"在数字序列"3，8，12，4，5，7，9"的排位值为 4。

10. 众数函数 MODE（number1,〔number2〕,...）

功能：返回在某一数组或数据区域中出现频率最高的数值。众数即出现频率最高的数。

参数说明：至少需要包含一个参数 number1。

例如"＝MODE（5，6，7，8，6，9，6，5，3，2）"返回参数中出现频率最多的参数值为 6。

11. 条件计数函数 COUNTIF（range，criteria）

功能：计算参数 range 区域中符合参数 criteria 指定的条件的单元格数目。

参数说明：参数 range 和参数 criteria 是必需的。

例如"＝COUNTIF（A2:A9,"英语"）"返回值为单元格区域 A2:A9 中单元格内容为"英语"的单元格个数。

12. 条件求和函数 SUMIF（range，criteria，〔sum_range〕）

功能：对参数 range 区域中符合参数 criteria 指定的条件的值求和。

参数说明：参数 range 和参数 criteria 是必需的。参数 sum_range 可选。如果参数 sum_range 被省略，SUMIF 函数会对在参数 range 中符合参数 criteria 条件的单元格求和。如果参数 sum_range 没有省略，则要求和的单元格在参数 sum_range 区域。

例如"＝SUMIF（A2:A9,">1000"）"将单元格区域 A2:A9 中单元格数值大于 1000 的数值进行求和。

13. 条件求平均值函数 AVERAGEIF（range，criteria，〔average_range〕）

功能：对参数 range 区域中符合参数 criteria 指定的条件的值求和。

参数说明：参数 range 和参数 criteria 是必需的。参数 average_range 可选。如果参数 average_range 被省略，AVERAGEIF 函数会对在参数 range 中符合参数 criteria 条件的单元格求平均值。如果参数 average_range 没有省略，则要求平均值的单元格在参数 average_range 区域。

例如"=AVERAGEIF（A2:A9," >1000"）"将单元格区域 A2:A9 中单元格数值大于 1000 的数值进行求平均值。

14. 当前日期和时间函数 NOW（）

功能：返回当前日期和时间。当需要在工作表上显示当前日期和时间或者需要根据当前日期和时间计算一个值并在每次打开工作表时更新该值时，使用 NOW 函数很有用。

参数说明：没有参数。

15. 日期函数 DATE（year，month，day）

功能：返回参数指定的日期。例如"=DATE（1998，2，6）"返回的结果为 1998/2/6。

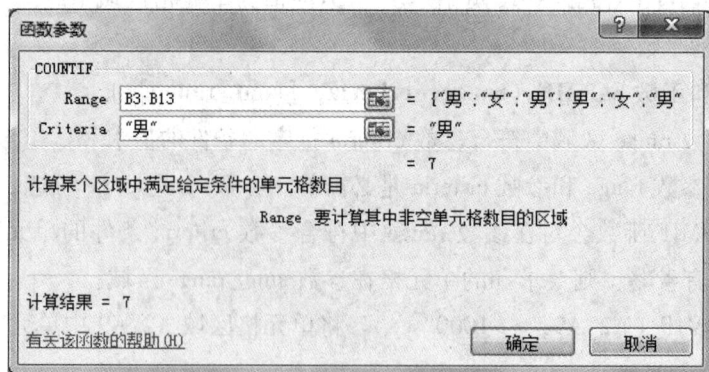

图 5-75　使用函数的数据表

参数说明：参数 year、参数 month 和参数 day 必需。其中建议对 year 参数使用四位数字。例如，使用"28"将返回"1928"作为年值。

例 5-7　如图 5-75 中，使用函数计算男生的人数、女生的人数，分别置于 D4 和 D6 单元格；计算男生的平均年龄和女生的平均年龄，分别置于 D8 和 D10 单元格。具体操作步骤如下。

第一步：选择 D4 单元格，单击编辑栏上的【插入函数】按钮 *fx*，打开"插入函数"对话框。在"插入函数"对话框中的"选择类别"框中选择 COUNTIF 函数的类别"统计"，在"选择函数"框中选择所要的函数"COUNTIF"，单击"确定"。

第二步：在打开的"函数参数"对话框中，单击"Range"框输入"B3:B13"；单击"Criteria"框输入"男"；然后单击"Range"框则给"男"自动添加双引号。如图 5-76 所示。单击"确定"即可计算出男生的人数。

图 5-76　使用 COUNTIF 函数

第三步：选择 D6 单元格，单击编辑栏上的【插入函数】按钮 *fx*，打开"插入函数"对话框。在"插入函数"对话框中的"选择类别"框中选择 COUNTIF 函数的类别"统计"，在"选择函数"框中选择"COUNTIF"，单击"确定"。

第四步：在打开的"函数参数"对话框中，单击"Range"框输入"B3:B13"；单击

"Criteria" 框输入 "女"；然后单击 "Range" 框则给 "女" 自动添加双引号。单击 "确定" 即可计算出女生的人数。

第五步：选择 D8 单元格，单击编辑栏上的 "插入函数" 按钮 f_x，打开 "插入函数" 对话框，在 "选择类别" 框中选择 "常用函数"，在 "选择函数" 框中选择 "SUMIF"，单击 "确定"。

第六步：在打开的 "函数参数" 对话框中，单击 "Range" 框输入 "B3：B13"；单击 "Criteria" 框输入 "男"；单击 "Sum_range" 框输入 "C3：C13"。如图 5-77 所示。单击 "确定" 即可计算出男生的年龄和。

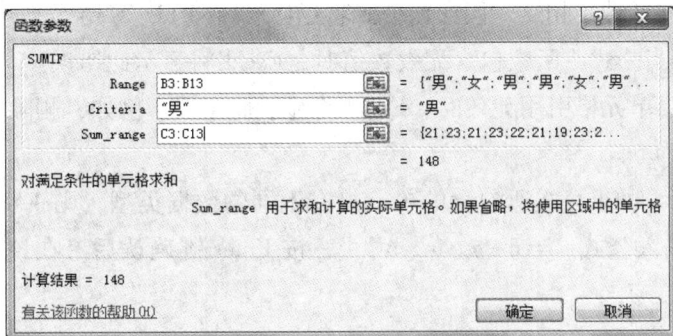

图 5-77　使用 SUMIF 函数

第七步：双击 D8 单元格，在其编辑栏中编辑公式为 "=SUMIF（B3：B13,"男"，C3：C13）/D4"，如图 5-78 所示。按 Enter 键完成公式的编辑，即得到男生的平均年龄。

图 5-78　使用 SUMIF 函数计算有条件的平均值

第八步：选择 D10 单元格，单击【公式】/【函数库】/【插入函数】，打开 "插入函数" 对话框，在 "选择类别" 框中选择 "全部"，在 "选择函数" 框中选择 "AVERAGEIF"，单击 "确定"。

第九步：在打开的 "函数参数" 对话框中，单击 "Range" 框输入 "B3：B13"；单击 "Criteria" 框输入 "女"；单击 "Average_range" 框输入 "C3：C13"。单击 "确定" 即可计算出女生的平均年龄。

（四）关于错误信息

在单元格中输入公式或者函数的时候，输入错误会出现错误信息提示。了解有关错误信息提示，有助于发现错误并改正错误。

1. ##### 　某单元格的列不足够宽而无法在单元格中显示所有字符时，或者单元格中包含负的日期或时间值时，Excel 将显示此错误。调整加宽单元格的列宽或者更正日期、时间值，即可消除该错误。

2. #DIV/0！ 当一个数除以零或不包含任何值的单元格时，Excel 将显示此错误。

3. #N/A 当某个值不可用于函数或公式时，Excel 将显示此错误。

4. #NAME？ 当 Excel 无法识别公式中的文本时，将显示此错误。例如，区域名称或函数名称可能拼写错误。

5. #NULL！ 当指定两个不相交的区域的交集时，Excel 将显示此错误。交集运算符是分隔公式中的引用的空格字符。例如，公式 =SUM（A1：A3 C1：D2）中的 A1：A3 单元格区域和 C1：D2 单元格区域不相交，因此该公式将返回"#NULL!"错误。

6. #NUM！ 当公式或函数包含无效数值时，Excel 将显示此错误。

7. #REF！ 当单元格引用无效时，Excel 将显示此错误。例如，删除了公式所引用的单元格。

8. #VALUE！ 如果公式所包含的单元格有不同的数据类型，则 Excel 将显示此错误。例如在单元格中输入公式"=6+"yingyu""，按 Enter 键确认后，在该单元格中显示"#VALUE!"。

任务五　管理数据

在工作表中输入数据后，需要对这些数据进行组织、整理、分析，从中获取更加丰富的信息。Excel 2010 提供了强大的管理数据的功能，可以运用数据记录单对工作表中的数据方便地进行管理。

一、使用数据记录单

在 Excel 2010 中，数据记录单是一组相关数据的一系列数据行。通常在 Excel 中进行排序、筛选、分类汇总等管理数据的操作，都基于数据表是一个数据记录单。

（一）数据记录单的构建规则

1. 通常在一个工作表中只建立一个数据记录单。如果在工作表中还有其他数据，则要与数据记录单之间用空白行或列分隔。

2. 在数据记录单的第一行创建列标题。作为各列数据的列标题，列标题名唯一并且之间没有空白单元格、一般不使用数值数据。

3. 每一列的数据格式通常统一。

4. 数据记录单中除标题行以外的每一行称作一条数据记录。在数据记录中可以有空白单元格，但是不能有空白行或列。

（二）构建数据记录单

建立数据记录单，可以通过直接使用键盘在工作表中输入数据来创建。也可以通过"记录单"对话框来创建。使用"记录单"对话框构建数据记录单的具体操作步骤如下。

1. 首先在"快速访问工具栏"中显示"记录单"按钮：单击【文件】/【选项】，打开"Excel 选项"对话框，单击"快速访问工具栏"选项卡，在"从下列位置选择命令"框中选择"不在功能区的命令"，然后该框相应的列表框中选择"记录单"，单击【添加】，则在"自定义快速访问工具栏"框相应的列表框中出现"记录单",单击【确定】,则在工作表窗口的"快速访问工具栏"中显示【记录单】按钮⊟。

2. 然后使用【记录单】按钮⊟:在工作表中的一行输入各列标题内容,并选择该标题行内容,单击"快速访问工具栏"中的【记录单】按钮⊟,打开数据记录单对话框输入其他行的数据记录。完成一行数据的录入,单击数据记录单对话框"新建"按钮继续下一行数据记录的输入。完成所有数据记录的输入后,单击【关闭】。

3. 还可以使用数据记录单对话框对数据记录进行查找、删除等。

例5-8 使用记录单创建"门诊收费统计表"数据记录单如图5-79所示。

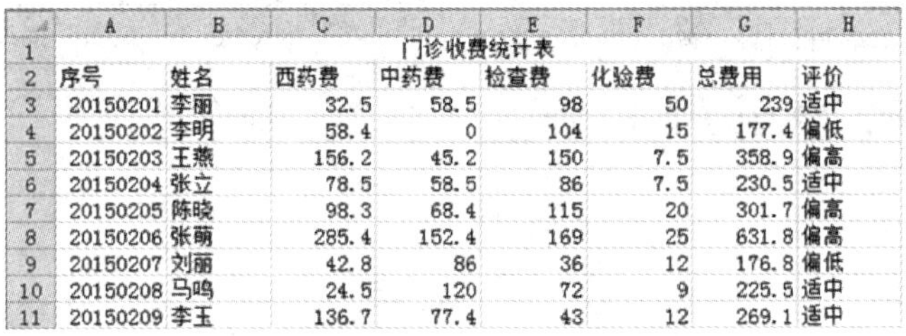

图5-79 "门诊收费统计表"数据记录单

具体操作步骤:

第一步:在Sheet1工作表的单元格区域A2:H2分别输入"序号、姓名、西药费、中药费、检查费、化验费、总费用、评价"。

第二步:单击"快速访问工具栏"中的【记录单】按钮⊟,打开数据记录单对话框如图5-80所示,在该对话框中输入第一条数据记录。

第三步:单击【新建】,在新对话框中输入第二条数据记录。重复刚才的操作输入所有数据记录。

第四步:单击【关闭】即可。

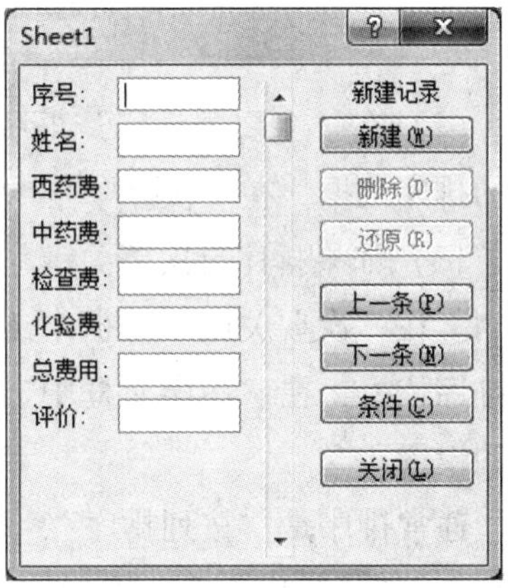

图5-80 数据记录单对话框

二、排序、筛选

(一)排序

对数据进行排序可以直观地组织并查找所需要的数据。在Excel 2010中,可以对一列或者多列中的数据按照文本、数字、日期和时间进行排序,也可以按照自定义序列(包括单元格颜色、字体颜色或图标集)进行排序。

知识链接

按列排序时,隐藏的列将不参与排序。因此在排序前应先取消隐藏的列。

1. 使用【升序】按钮�ᵃ↓和【降序】按钮ᶻ↓快速简单排序。具体操作步骤如下:选择排序依据列中的一个单元格,然后单击【数据】/【排序和筛选】/【升序】按钮ᵃ↓(或者【降序】按钮 $\frac{Z}{A}\downarrow$），即完成依据该列的升序排序（或者降序排序）。有几点说明。

（1）排序依据列是文本型数据，则按照字母顺序从 A~Z 升序，从 Z~A 降序。

（2）排序依据列是数值数据，则按照数值从小到大升序，从大到小降序。

（3）排序依据列是日期和时间，则按照从早到晚的顺序升序，从晚到早的顺序降序。

2. 使用【排序】命令进行多条件排序。具体操作步骤如下。

（1）选择数据表中的一个单元格，然后单击【数据】/【排序和筛选】/【排序】，打开"排序"对话框如图 5-81 所示。

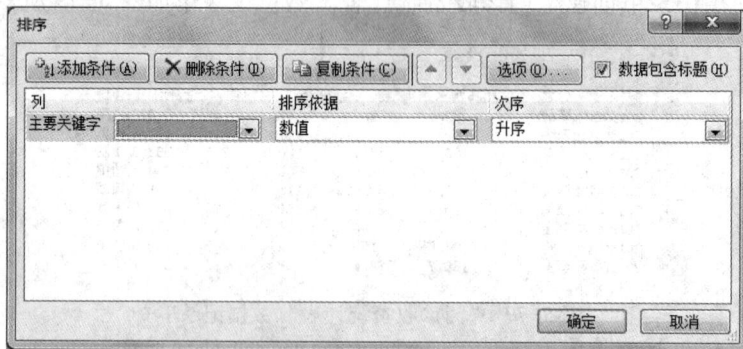

图 5-81 "排序"对话框

（2）在"主要关键字"框中选择所要排序的主要关键字，在"排序依据"框中选择所要的排序依据，在"次序"框中选择所要的排序次序。

（3）如果排序有次要关键字，则单击【添加条件】，在对话框中出现"次要关键字"系列。在"次要关键字"框中选择所要排序的次要关键字，在"排序依据"框中选择所要的排序依据，在"次序"框中选择所要排序的次序。如果还有次要关键字，重复以上（3）中的设置。

通常排序是"按列排序"，如果需要"按行排序"，则在"排序"对话框中单击【选项】，打开"排序选项"对话框如图 5-82 所示。在"排序选项"对话框中单击选择"按行排序"，再单击【确定】即可。

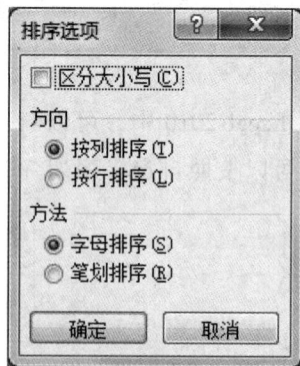

图 5-82 "排序选项"对话框

还有，通常排序是"按字母排序"，如果需要"按笔划排序"，也在"排序"对话框中单击【选项】，打开"排序选项"对话框如图 5-82 所示。在"排序选项"对话框中单击选择"笔划排序"，再单击【确定】即可。

3. 使用"自定义序列"的次序进行排序。具体操作步骤如下。

（1）首先创建自定义序列：单击【文件】/【选项】，打开"Excel 选项"对话框，在"高级"选项卡中单击【编辑自定义列表】，打开"自定义序列"对话框，自定义一个序列。即得到排序所要依据的序列。

（2）然后使用自定义序列：单击【数据】/【排序和筛选】/【排序】，打开"排序"对话框如图 5-79 所示。在"排序"对话框中"次序"框中选择"自定义序列"，打开"自定义序列"对话框。在"自定义序列"对话框中"自定义序列"框中选择所要依据的自定义序列，单击【确定】，关闭"自定义序列"对话框。

（3）在"排序"对话框中设置"主要关键字"和"排序依据"，然后单击【确定】即可。

知识链接

　　快速删除数据表中的空行，有两种方法：①根据任意的一列排序，使所有的空行集中，可以很方便删除。②如果不改变行的顺序，则插入一列，列标题为"原行号"，该列其他单元格中按顺序输入整数序列。然后操作①删除空行。再按照"原行号"列升序排序，恢复原来的顺序。然后删除"原行号"列。

（二）筛选

通过筛选可以使数据表仅显示那些满足指定条件的数据行，而隐藏那些不满足条件的数据行。对于筛选后的数据，可以直接复制、查找、编辑、设置格式、制作图表和打印等。

1. 自动筛选　使用自动筛选来筛选数据，可以快速而又方便地查找和使用数据表的子集。具体操作步骤如下。

（1）选择数据记录单中的一个单元格，或者选择数据记录单中要被筛选的所有数据。

（2）单击【数据】/【排序和筛选】/【筛选】，则在每个列标题的右侧出现一个筛选箭头 ▼，数据记录单进入自动筛选状态。

（3）单击要筛选列项的筛选箭头，打开该项的下拉菜单进行设置：

①如果要筛选列项为文本数据，则打开的下拉菜单类似图 5-83 所示。

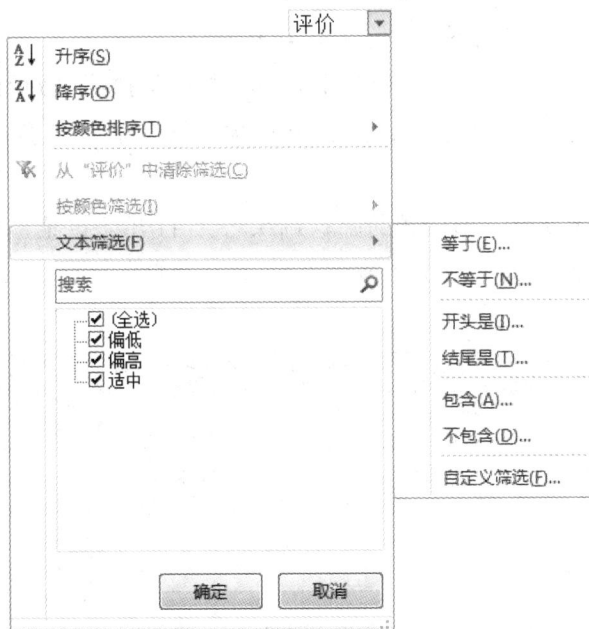

图 5-83　筛选列项为文本数据的筛选下拉菜单例图

②如果要筛选列项为数值数据，则打开的下拉菜单类似图 5-84 所示。

（4）设置筛选条件后，单击【确定】即可完成该条件的自动筛选。进行了自动筛选的

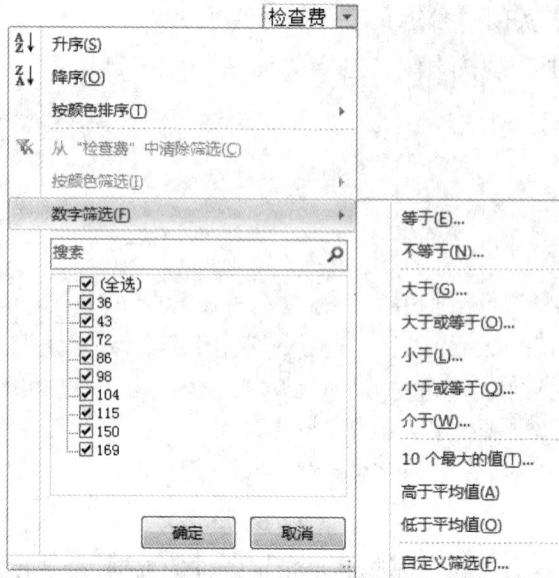

图 5-84 筛选列项为数值数据的筛选下拉菜单例图

列项，其筛选箭头变化为 。

（5）如果还有要同时满足的筛选条件，则重复以上的操作，继续下一个条件的自动筛选即可。

例 5-9 对如图 5-79"门诊收费统计表"数据记录单进行自动筛选，筛选条件为"评价偏高"并且"检查费大于或等于 150"。

具体操作步骤：

第一步：选择数据记录单的任意一个单元格，单击【数据】/【排序和筛选】/【筛选】，则在每个列标题的右侧出现一个筛选箭头 。

第二步：单击"评价"列标题的筛选箭头 ，打开下拉菜单如图 5-83 所示。在下拉菜单中单击选择"偏高"，再单击取消选择其他项。然后单击"确定"即可自动筛选出"评价偏高"的数据记录。

第三步：单击"检查费"列标题的筛选箭头 ，打开下拉菜单如图 5-84 所示。在下拉菜单中单击【数字筛选】/【大于或等于】，打开"自定义自动筛选方式"对话框，如图 5-85 所示。

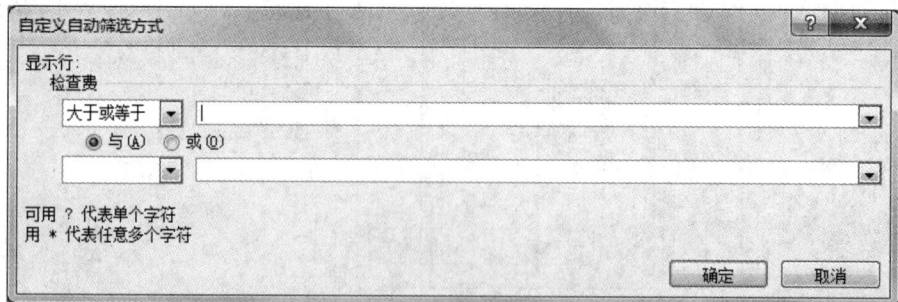

图 5-85 "自定义自动筛选方式"对话框

④在"自定义自动筛选方式"对话框中"大于或等于"框中输入"150"，单击【确定】即可。

例 5-9 的自动筛选结果如图 5-86 所示。

	A	B	C	D	E	F	G	H
1	门诊收费统计表							
2	序号	姓名	西药费	中药费	检查费	化验费	总费用	评价
5	20150203	王燕	156.2	45.2	150	7.5	358.9	偏高
8	20150206	张萌	285.4	152.4	169	25	631.8	偏高
12								

图 5-86　例题 5-9 的自动筛选结果

2. 高级筛选　通常高级筛选用于多列项条件的筛选。使用高级筛选必须先构建一个筛选条件区域。

（1）构建高级筛选条件区域　可以在数据记录单的下方设置条件区域，也可以在数据记录单的上方插入空白行作为条件区域。通常“与”关系的条件区域需要两行，而“或”关系的条件区域需要至少三行。

在条件区域的第一行输入所有筛选条件的列标题，并且输入的列标题与原列标题在同一列。如果高级筛选条件为多个“并且”关系的条件，则在条件区域的第二行和对应的条件列标题所在列交汇的单元格分别输入所有的条件值。如果高级筛选条件为“或”关系的条件，则在对应的条件列标题所在列中不同行的单元格中分别输入所有的条件值。

（2）使用高级筛选　构建高级筛选的条件区域后，使用高级筛选的具体操作步骤如下。

①选择数据记录单中的一个单元格，或者选择数据记录单要被筛选的所有数据。

②单击【数据】/【排序和筛选】/【高级】，打开“高级筛选”对话框，进行设置即可。

例 5-10　对如图 5-79“门诊收费统计表”数据记录单进行高级筛选。筛选条件为同时满足“西药费>100”和“检查费>100”。要求在 A1:H2 构造条件区域，筛选结果显示在 A16:H25。

具体操作步骤：

第一步：先构建高级筛选的条件区域：用鼠标右击工作表的行标号“1”，弹出快捷菜单。在快捷菜单中选择【插入】，即可在数据记录单的上方插入一个空白行。再重复两次以上操作，则在数据记录单的上方插入了三个空白行。

第二步：在 C1 单元格输入“西药费”，在 E1 单元格输入“检查费”。在 C2 单元格输入“>100”，在 E2 单元格输入“>100”。至此，高级筛选的条件区域构建完成。

第三步：然后使用高级筛选：选择 A6，单击【数据】/【选项卡】/【排序和筛选】/【高级】，打开“高级筛选”对话框。在“高级筛选”对话框中分别对“列表区域”、“条件区域”和“复制到”框进行如图 5-87 中的设置。

第四步：单击【确定】即可。得到的筛选结果显示如图 5-87 中的单元格区域 A16:H18 所示。

3. 清除筛选

（1）清除自动筛选的某个筛选条件的具体操作步骤如下：单击所要删除的该条件列标题项的自动筛选按钮，打开下拉菜单，在下拉菜单中单击【全选】。

（2）清除自动筛选的具体操作步骤如下：单击【数据】/【排序和筛选】/【清除】，即可清除所有的自动筛选，同时数据记录单仍然处于自动筛选状态。或者单击【数据】/

图 5-87　使用高级筛选

【排序和筛选】/【筛选】，即可清除所有的自动筛选，同时数据记录单不再处于自动筛选状态。

（3）清除高级筛选的具体操作步骤如下：单击【数据】/【排序和筛选】/【清除】，即可清除所有的高级筛选。

三、分类汇总

分类汇总是将数据先依据一定的标准分组，然后对同组数据的进行统计计算。分类汇总的结果可以按照分组明细进行分级显示，便于显示或隐藏每个分类汇总的明细行。

（一）使用分类汇总

具体操作步骤如下。

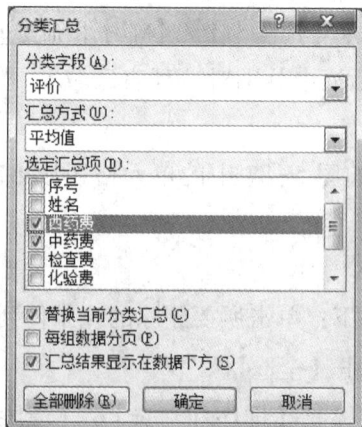

1. 选择数据记录单中的一个单元格，或者选择数据记录单的所有数据。

2. 单击【数据】/【排序和筛选】/【排序】，打开"排序"对话框。在"排序"对话框中的"主要关键字"框选择分类字段，单击【确定】。

3. 单击【数据】/【分级显示】/【分类汇总】，打开"分类汇总"对话框，分别对"分类字段"、"汇总方式"、"选定汇总项"等进行设置。然后单击【确定】即可。

例 5-11　对如图 5-79"门诊收费统计表"数据记录单进行分类汇总。分类字段为评价，汇总西药费和中药费的平均值，汇总结果显示在数据下方。

具体操作步骤如下。

图 5-88　"分类汇总"对话框

第一步：选择数据记录单中的一个单元格，或者选择数据记录单要进行分类汇总的所有数据。

第二步：单击【数据】/【排序和筛选】/【排序】，打开"排序"对话框。在"排序"对话框中的"主要关键字"框选择"评价"，然后单击【确定】。

第三步：单击【数据】/【分级显示】/【分类汇总】，打开"分类汇总"对话框进行设置：在"分类字段"框选择"评价"，在"汇总方式"框选择"平均值"，在"选定汇总项"框选择"西药费"和"中药费"，如图 5-88 所示。

第四步：单击【确定】，得到的分类汇总结果如图 5-89 所示。

1 2 3		A	B	C	D	E	F	G	H
	1				门诊收费统计表				
	2	序号	姓名	西药费	中药费	检查费	化验费	总费用	评价
	3	20150202	李明	58.4	0	104	15	177.4	偏低
	4	20150207	刘丽	42.8	86	36	12	176.8	偏低
	5			50.6	43				偏低 平均值
	6	20150203	王燕	156.2	45.2	150	7.5	358.9	偏高
	7	20150205	陈晓	98.3	68.4	115	20	301.7	偏高
	8	20150206	张萌	285.4	152.4	169	25	631.8	偏高
	9			179.9667	88.66667				偏高 平均值
	10	20150201	李丽	32.5	58.5	98	50	239	适中
	11	20150204	张立	78.5	58.5	86	7.5	230.5	适中
	12	20150208	马鸣	24.5	120	72	9	225.5	适中
	13	20150209	李玉	136.7	77.4	43	12	269.1	适中
	14			68.05	78.6				适中 平均值
	15			101.4778	74.04444				总计平均值

图 5-89　分类汇总

（二）删除分类汇总

具体操作步骤如下。

1. 选择数据记录单中的一个单元格，或者选择数据记录单的所有数据。

2. 单击【数据】/【分级显示】/【分类汇总】，打开"分类汇总"对话框。在"分类汇总"对话框中依据分类汇总的结果分别设置相应的"分类字段"、"汇总方式"、"选定汇总项"等。

3. 单击【全部删除】。

（三）分级显示数据

分类汇总的结果形成分级显示，使用分级显示可以快速显示摘要行或者每组的明细数据。在分类汇总结果左侧显示分级显示符号：1 2 3 表示分级的级数和级别，数字越大级别越小，单击某一级别编号，处于较低级别的明细数据将变为隐藏状态；+ 表示可展开下级明细，单击将显示该组的明细数据；- 表示可折叠下级明细，单击将隐藏该组的明细数据。

四、合并计算

合并计算可以把不同来源的数据进行汇总，然后合并计算。不同来源的数据包括在同一工作表中、同一工作簿的不同工作表中，不同工作簿中的数据区域。合并计算的具体操作步骤如下。

1. 打开要进行合并计算的工作簿。

2. 单击放置合并数据的工作表，选择要放置合并后数据的单元格区域。

3. 单击【数据】/【数据工具】/【合并计算】，打开"合并计算"对话框。在"合并计算"对话框中的"函数"框中选择数据合并的计算函数，然后单击"引用位置"去选择工作表中源数据区域，再单击【添加】使源数据区域都显示在"所有引用位置"框中。如果源数据发生变化，要引起合并数据随之变化，则单击选择"创建指向源数据的链接"。

4. 单击【确定】。

例 5-12　对同一工作簿中的"门诊药房药品销售量统计表"（如图 5-90 所示）和"急诊药房药品销售量统计表"（如图 5-91 所示）中五种型号的药品进行合并，计算这五种型号的药品在一月、二月、三月的每月销售量总和。

图 5-90　门诊药房药品销售量统计表

图 5-91　急诊药房药品销售量统计表

具体操作步骤：

第一步：打开要进行合并计算的工作簿。

第二步：单击放置合并数据的工作表"合并销售单"，选择要放置合并后数据的单元格区域 B3:D7。

第三步：单击【数据】/【数据工具】/【合并计算】，打开"合并计算"对话框。在"合并计算"对话框中设置如图 5-92 所示：在"函数"框中选择"求和"，然后单击"引用位置"，去选择源数据区域"销售单 1! B＄3:＄D＄7"，单击"添加"。再去选定源数据区域"销售单 2! B＄3:＄D＄7"，单击【添加】。单击选择"创建指向源数据的链接"。

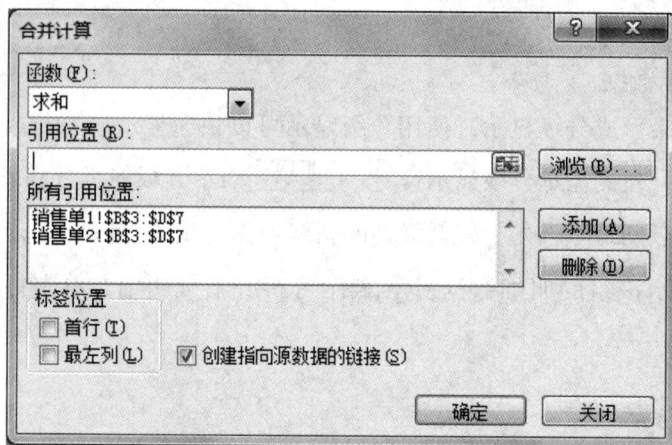

图 5-92　"合并计算"对话框

第四步：单击【确定】，得到合并计算后的数据如图 5-93 所示。

图 5-93　合并计算后的数据

任务六　使用图表分析数据

图表以图形形式来显示数值数据系列，使人更容易理解大量数据以及不同数据系列之间的关系。

一、使用图表

（一）图表的类型和基本组成元素

1. 图表的类型　Excel 提供了标准图表类型，每一种图表类型又包括多个子类型，可以根据需要选择不同的图表类型表现数据。常用的图表类型有柱形图、折线图、饼图、条形图、面积图、XY 散点图、股价图、曲面图、圆环图、气泡图、雷达图等。

2. 图表的基本组成元素　图表中包含许多元素。不同的图表类型包含的元素不同。根据需要，可以对图表的元素进行添加或者删除。图表的基本组成元素如下。

（1）图表标题　描述图表的名称，默认在图表顶部居中位置。

（2）图表区　包含整个图表及其全部元素。

（3）绘图区　通过坐标轴界定的区域。包括所有数据系列、分类名、坐标轴标题等等。

（4）图例　标识图表中数据系列或分类的图案或颜色的方框。

（5）数据系列　一个数据系列对应工作表中选定区域的一行或者一列数据。

（6）数据标签　标识数据系列中数据点的详细信息。

（7）坐标轴　坐标轴是界定图表绘图区的线条。X 轴通常为水平轴并包含分类，Y 轴通常为垂直坐标轴并包含数据。

（8）坐标轴标题　对坐标轴的描述文字。

（9）网格线　从坐标轴刻度线延伸出来并贯穿整个"绘图区"的线条系列，可有可无。

（10）背景墙与基底　三维图表中包含在三维图形周围的区域，用于显示图表的维度和边界。

（二）创建图表

具体操作步骤如下。

1. 在工作表中选择要创建图表的数据区域。

2. 单击【插入】/【图表】组的图表类型，打开该图表类型的下拉菜单，单击所需要的图表子类型即可。

知识链接

对图表进行移动、复制、缩放、删除等操作，与对 Word 中图形对象进行该操作基本相同。如：直接拖动图表就可以移动或复制图表；拖动图表的方向句柄就可以改变图表的大小；单击选择图表，然后按 Delete 键就可以删除图表。

（三）编辑美化图表

对图表进行编辑和美化，可以使图表显示的信息更加直接、美观。

1. 修改图表类型　具体操作步骤如下。

（1）单击选择图表，则在功能区显示"图表工具"选项卡。

（2）单击【图表工具-设计】/【类型】/【更改图表类型】，打开"更改图表类型"对话框，双击所需要的图表子类型即可。

2. 修改图表源数据　具体操作步骤如下。

（1）单击选择图表，则在功能区显示"图表工具"选项卡。

（2）单击【图表工具-设计】/【数据】/【选择数据】，打开"选择数据源"的对话框。单击"图表数据区域"框，用鼠标去工作表中选择数据源区域，则在"图表数据区域"框中显示所选择的数据源区域。如果有多个数据源区域，则输入英文的逗号，再用鼠标去工作表中选择数据源区域。

（3）单击【确定】。

3. 删除图表中的数据　创建图表后，图表中的数据发生变化则图表中的数据也随之变化。如果要同时删除工作表的数据和图表中数据，只需在工作表中删除数据即可。如果只是删除图表中的数据，在图表上单击所要删除的图表数据系列，按 Delete 键即可。

4. 切换行/列　创建图表后，可以对图表的水平分类轴和垂直轴数据系列进行切换。切换行/列的具体操作步骤如下。

（1）单击选择图表，则在功能区显示"图表工具"选项卡。

（2）单击【图表工具-设计】/【数据】/【切换行/列】即可。

5. 添加或删除图表标题　具体操作步骤如下。

（1）单击选择图表，则在功能区显示"图表工具"选项卡。

（2）如果要删除图表标题，则单击【图表工具-布局】/【标签】/【图表标题】/【无】，即可删除图表标题。

（3）如果要添加图表标题，则单击【图表工具-布局】/【标签】/【图表标题】/【居中覆盖标题】或【图表上方】，则图表中出现默认的图表标题。单击图表标题，输入所需要的标题内容即可。

6. 添加或删除坐标轴标题　具体操作步骤如下。

（1）单击选择图表，则在功能区显示"图表工具"选项卡。

（2）单击【图表工具-布局】/【标签】/【坐标轴标题】/【主要横坐标轴标题】，然后在弹出的级联菜单中单击所要的设置即可。各设置选项如下：

选择【无】，则删除横坐标轴标题。选择【无】以外的其他选项，则在图表中显示选项相应的横坐标轴标题。单击横坐标轴标题，输入所要的内容即可。

（3）单击【图表工具-布局】/【标签】/【坐标轴标题】/【主要纵坐标轴标题】，然后在弹出的级联菜单中单击所要的设置即可。各设置选项如下：

选择【无】，则删除纵坐标轴标题；选择【无】以外的其他选项，则在图表中显示选项相应的纵坐标轴标题。单击纵坐标轴标题，输入所要的内容即可。

7. 添加或删除图例　具体操作步骤如下。

（1）单击选择图表，则在功能区显示"图表工具"选项卡。

（2）单击【图表工具-布局】/【标签】/【图例】，打开"图例"下拉菜单：选择【无】则删除图例；选择其他选项，则在选项相应的位置显示图例。

8. 添加或删除数据标签　具体操作步骤如下。

（1）单击选择图表，则在功能区显示"图表工具"选项卡。

（2）单击【图表工具-布局】/【标签】/【数据标签】，打开【数据标签】的下拉菜单：选择【无】则删除数据标签；选择其他选项，则在选项相应的位置显示数据标签。

二、使用迷你图

迷你图是插入到一个单元格中的微型图表。通常创建一行或者一列数据的迷你图，显示一系列数据的变化趋势，同时突出显示最大值和最小值。当数据发生改变，迷你图会随之变化。

（一）创建迷你图

1. 创建迷你图　具体步骤如下。

（1）单击【插入】/【迷你图】组的迷你图类型【折线图】或【柱形图】或【盈亏】，打开"创建迷你图"对话框如图 5-94 所示。

（2）单击对话框的"数据范围"框，用鼠标去选择要创建迷你图的一行或者一列数据（可以包括也可以不包括列标题或者行标题）。

（3）单击对话框的"位置范围"框，用鼠标去单击选择放置迷你图的单元格。

（4）单击【确定】，即可得到迷你图。

迷你图以背景方式插入单元格，所以可以直接在单元格中输入文本，并设置文本格式、为单元格填充背景颜色。如图 5-95 所示。

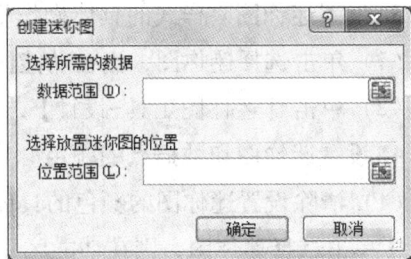

图 5-94　"创建迷你图"对话框

型号	一月	二月	三月	四月	五月	六月	迷你图
A001	58	78	32	43	66	86	销售量趋势图

图 5-95　迷你图

2. 填充迷你图　创建了一行（或者一列）数据的迷你图后，可以拖动该迷你图所在单元格的填充柄，为相邻行（或者列）数据创建相同类型的迷你图。拖动填充柄创建的一组迷你图将默认为一个图组。

取消迷你图组合的具体操作步骤：选择迷你图组所在的单元格区域，单击【迷你图工具-设计】/【分组】/【取消组合】即可。

知识链接

编辑图组中一个迷你图，将引起图组中所有迷你图的同类型变化。如果只改动其中一个迷你图，则要先取消迷你图组合。

（二）编辑美化迷你图

1. 修改迷你图类型　具体操作步骤如下。

（1）单击选择迷你图，则在功能区显示"迷你图工具-设计"选项卡。

（2）单击【迷你图工具-设计】/【类型】组的迷你图类型【折线图】或【柱形图】或【盈亏】即可。

2. 突出显示数据点　具体操作步骤如下。

（1）单击选择迷你图，则在功能区显示"迷你图工具-设计"选项卡。

（2）单击【迷你图工具-设计】/【显示】组的选项进行设置即可。

①"标记"复选框，标记所有数据点。

②"高点"复选框，标记最大值的数据点。

③"低点"复选框，标记最小值的数据点。

④"首点"复选框，标记第一个值的数据点。

⑤"尾点"复选框，标记最后一个值的数据点。

⑥"负点"复选框，标记负值的数据点。。

⑦清除所有的复选框，则不标记数据点。

3. 设置迷你图　样式的具体操作步骤如下。

（1）单击选择迷你图，则在功能区显示"迷你图工具-设计"选项卡。

（2）单击【迷你图工具-设计】/【样式】组中所要的样式即可。

4. 设置迷你图和数据点的颜色

（1）清除设置迷你图的颜色的具体操作步骤如下。

①单击选择迷你图，则在功能区显示"迷你图工具-设计"选项卡。

②单击【迷你图工具-设计】/【样式】/【迷你图颜色】，在打开的下拉菜单中单击所要的颜色即可。

（2）清除设置数据点的颜色的具体操作步骤如下。

①单击选择迷你图，则在功能区显示"迷你图工具-设计"选项卡。

②单击【迷你图工具-设计】/【样式】/【标记颜色】，在打开的下拉菜单中单击所要的颜色即可。

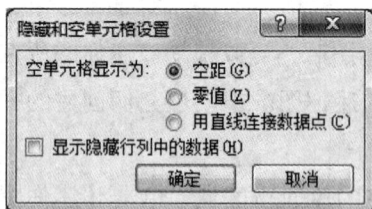

图 5-96　"隐藏和空单元格设置"对话框

5. 更改隐藏值和空值在迷你图的显示方式　具体操作步骤如下。

（1）单击选择迷你图，则在功能区显示"迷你图工具-设计"选项卡。

（2）单击【迷你图工具-设计】/【迷你图】/【编辑数据】，在打开的下拉菜单中单击"隐藏和清空单元格"，打开"隐藏和空单元格设置"对话框。如图 5-96 所示。

（3）单击选择所要的选项，再单击【确定】即可。

（三）删除迷你图

具体操作步骤如下。

1. 单击选择迷你图，则在功能区显示"迷你图工具-设计"选项卡。

2. 单击【迷你图工具-设计】/【分组】/【清除】旁边的箭头 ，在打开的下拉菜单中选择【清除所选的迷你图】即可。

三、创建数据透视表

数据透视表是一种可以从源数据表快速提取并汇总大量数据的交互式表格。使用数据透视表可以汇总、分析、浏览数据以及呈现汇总数据，从不同的角度查看数据、深入分析数据。

（一）创建数据透视表

具体操作步骤如下。

1. 选择工作表中要创建数据透视表的数据表。

2. 单击【插入】/【表格】/【数据透视表】旁边的箭头 ，在打开的下拉菜单中选择【数据透视表】，打开"创建数据透视表"对话框。

在"创建数据透视表"对话框中进行设置。

（1）单击选择"选择放置数据透视表的位置"为"新工作表"，则数据透视表将放置在新插入的工作表；

（2）单击选择"选择放置数据透视表的位置"为"现有工作表"，并单击"位置"框，用鼠标单击工作表中放置数据透视表的区域的第一个单元格。则数据透视表将放置在现有工作表的指定位置。

3. 单击【确定】，得到空的数据透视表。同时在工作表右侧显示"数据透视表字段列表"窗口。

4. 在"数据透视表字段列表"窗口中的"选择要添加到报表的字段"框中单击选择要创建数据透视表的字段，用鼠标拖动"列标签""行标签""数值"框中的字段到相应的列表框中。

默认情况下，非数值字段会自动添加到"行标签"框，数值字段会自动添加到"数值"框，格式为日期和时间的字段会自动添加到"列标签"框。

默认情况下，数值的汇总方式为求和。如果所要的是其他的汇总方式，则单击"数值"框中所要的汇总值字段，打开下拉菜单。在下拉菜单中选择"值字段设置"，打开"值字段设置"对话框，如图 5-97 所示。在"值字段设置"对话框中的"计算类型"框中选择所要的值字段汇总方式，然后单击【数字格式】打开"设置单元格格式"对话框设置数字格式，单击【确定】关闭"设置单元格格式"对话框。再在"值字段设置"对话框中单击【确定】即可。

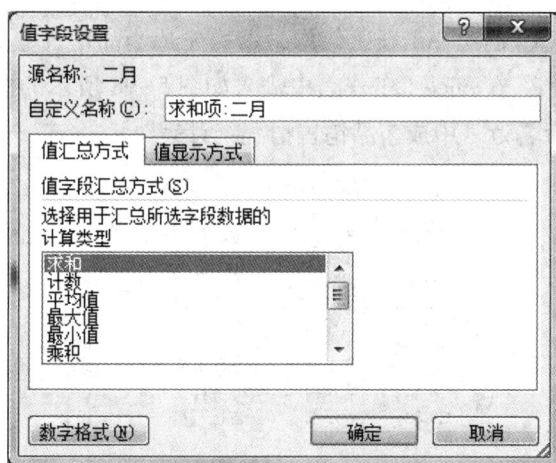

图 5-97 "值字段设置"对话框

知识链接

数据透视表的数据来源于数据源，不能在透视表中直接修改数据。即使在源数据表中修改了数据，透视表中的数据也不会自动更新，而要通过以下的刷新操作才能更新：单击【数据透视表工具-选项】/【数据】/【刷新】旁边的箭头 ▼，在打开的下拉菜单中选择【刷新】。

（二）美化数据透视表

数据透视表也是表格，可以在数据透视表中单击要设置格式的单元格，使用【开始】/【字体】、【对齐方式】、【数字】、【样式】等组的按钮进行格式设置。或者选择整个数据透视表，单击【数据透视表工具-设计】/【数据透视表样式】组中的快速样式即可。

（三）删除数据透视表

单击选择数据透视表，再按 Delete 键即可。或者用以下方法选择数据透视表，再按 Delete 键：单击数据透视表中的任意一个单元格，则功能区显示"数据透视表工具"选项卡；单击【数据透视表工具-选项】/【操作】/【选择】/【整个数据透视表】即可选择数据透视表。

实训项目　Excel 数据处理

实训一　新建和美化"中成药品销售情况统计表"

（一）实训分析

制作 Excel 数据表是现代职业最基本的岗位能力之一。本实训使用 Excel 2010 创建"中成药品销售情况统计表"，以掌握工作簿和工作表的创建，熟练输入数据和格式化表格。实训的内容具体如下。

1. 创建一个新工作簿，以"中成药品销售情况 . xlsx"为文件名保存至 E 盘。

2. 在 Sheet1 工作表中输入如图 5-98 所示的中成药品销售情况统计表数据，将该工作表命名为"中成药品销售情况统计表"，并将工作表标签颜色设置为"红色"。

	A	B	C	D	E	F	G	H	I
1	中成药品销售情况统计表								
2	药品编号	药品分类	药品名称	一月销量	二月销量	三月销量	合计销量	销售单价	销售额
3	120102	解表剂	银翘解毒片	48	35	22	105	18.4	1932
4	120104	解表剂	羚羊感冒片	29	15	24	68	12.8	870.4
5	120105	解表剂	桑菊感冒片	39	24	35	98	26	2548
6	120203	泻下剂	三黄片	12	10	18	40	15.4	616
7	120205	泻下剂	麻仁胶囊	15	8	20	43	28.6	1229.8
8	120307	清热剂	牛黄解毒片	15	10	22	47	21.5	1010.5
9	120303	清热剂	穿心莲片	40	29	36	105	23.5	2467.5
10	120304	清热剂	藿香正气水	46	35	40	121	15	1815

图 5-98　中成药品销售情况统计表

3. 美化"中成药品销售情况统计表"，如图 5-99 所示：设置 A1 中数据为黑体、14 号字；合并居中单元格区域 A1:I1；给单元格区域 H3:H10 的数据添加人民币的符号"￥"，并保留两位小数；设置单元格区域 A2:I2 的数据水平居中对齐，并填充图案颜色为"蓝色"，图案样式为"25%灰色"；设置单元格区域 I3:I10 的数据保留两位小数；给单元格区域 A2:I10 添加边框线；设置 D3:F10 单元格区域中"大于或等于 35"的数据为红色。

▲	A	B	C	D	E	F	G	H	I
1				中成药品销售情况统计表					
2	药品编号	药品分类	药品名称	一月销量	二月销量	三月销量	合计销量	销售单价	销售额
3	120102	解表剂	银翘解毒片	48	35	22	105	¥18.40	1932.00
4	120104	解表剂	羚羊感冒片	29	15	24	68	¥12.80	870.40
5	120105	解表剂	桑菊感冒片	39	24	35	98	¥26.00	2548.00
6	120203	泻下剂	三黄片	12	10	18	40	¥15.40	616.00
7	120205	泻下剂	麻仁胶囊	15	8	20	43	¥28.60	1229.80
8	120307	清热剂	牛黄解毒片	15	10	22	47	¥21.50	1010.50
9	120303	清热剂	穿心莲片	40	29	36	105	¥23.50	2467.50
10	120304	清热剂	藿香正气水	46	35	40	121	¥15.00	1815.00

中成药品销售情况统计表 　Sheet2　Sheet3

图 5-99 美化的中成药品销售情况统计表

要完成本实训，需要有以下的知识准备。

（1）首先要熟悉 Excel 2010 的工作界面和工作簿、工作表、单元格的概念。

（2）掌握工作簿的新建、保存、关闭和打开等基本操作。

（3）掌握工作表的基本操作。

（4）掌握不同类型数据的输入方法，包括填充数据。

（5）掌握数据的格式化及条件格式。

（二）实训步骤

步骤 1 创建并保存工作簿

（1）单击【开始】/【所有程序】/【Microsoft Office】/【Microsoft Excel 2010】，启动 Excel 2010，得到一个默认文件名为"工作簿1.xlsx"新工作簿。

（2）单击【文件】/【保存】，打开"另存为"对话框。设置"另存为"对话框：在导航窗格中选择"本地磁盘（E:）"，则地址栏显示"🖥 ▸ 计算机 ▸ 本地磁盘(E:) ▸"；在"文件名"框中输入"中成药品销售情况.xlsx"。如图 5-100 所示。单击【保存】。

步骤 2 新建"中成药品销售情况统计表"工作表

（1）双击工作表标签"Sheet1"，进入重命名状态，按 Delete 键删除"Sheet1"，输入"中成药品销售情况统计表"，按 Enter 键确认。

（2）右击工作表标签"中成药品销售情况统计表"，将鼠标指针移放在弹出的快捷菜单中【工作表标签颜色】，然后在【工作表标签颜色】的级联子菜单中选择【红色】。如图 5-101 所示。

（3）在工作表中输入如图 5-98 所示的中成药品销售情况统计表数据。注意单元格区域 A3:A10 的数据为文本数据，必须先输入一个单撇号" ' "，再输入数据。输入单元格区域 B3:B10 的数据可以使用填充柄快速输入数据：选择 B3，输入"解表剂"，按 Enter 键确认，然后拖动 B3 单元格的填充柄，涵盖 B4 和 B5 单元格，则在 B4 和 B5 单元格填充了"解表剂"。在单元格区域 B6:B7 和 B8:B10 的操作同单元格区域 B3:B5。

步骤 3 美化"中成药品销售情况统计表"

（1）选择 A1，然后设置字体：单击【开始】/【字体】/【字体】旁边的箭头 ▾，在打开的下拉菜单中选择【黑体】。接着设置字号：单击【开始】/【字体】/【字号】旁边的箭头 ▾，在打开的下拉菜单中选择【14】。

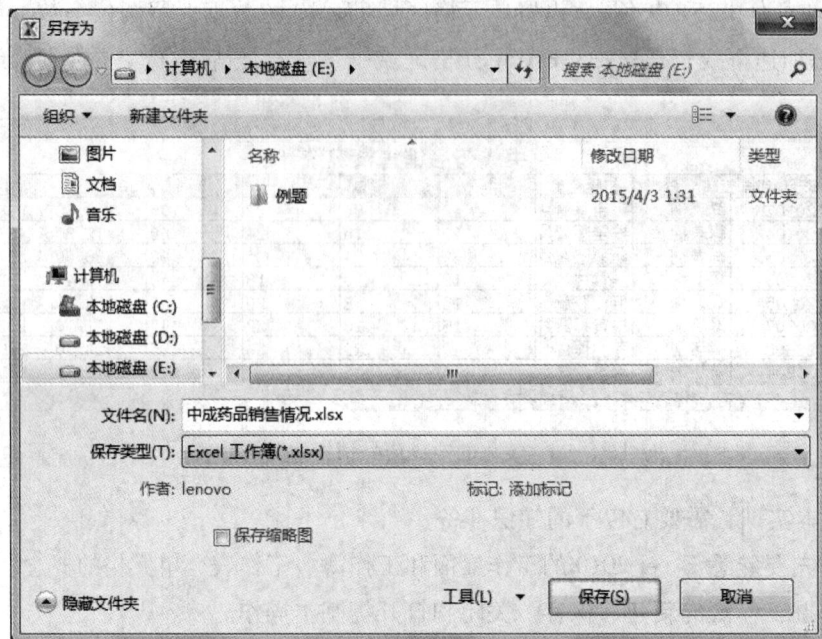

图 5-100 设置"另存为"对话框

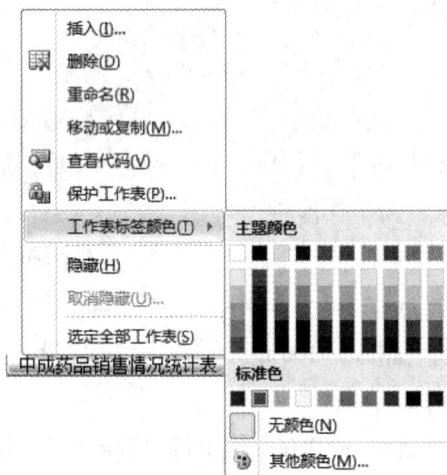

图 5-101 设置工作表标签颜色

（2）选择单元格区域 A1:I1，单击【开始】/【对齐方式】/【合并后居中】按钮，即可合并居中单元格区域 A1:I1。

（3）选择单元格区域 H3:H10，在【开始】/【数字】组的对话框启动器（或直接按 Ctrl+1），打开"设置单元格格式"对话框，进行如图 5-102 的设置：在"分类"框中选择"货币"，然后在"货币符号"框中选择人民币符号"¥"，在"小数位数"框中输入"2"。单击【确定】。

（4）选择单元格区域 A2:I2，单击【开始】/【对齐方式】/【居中】按钮。然后单击【开始】/【对齐方式】组的对话框启动器（或直接按 Ctrl+1），打开"设置单元格格式"对话框。在"设置单元格格式"对话框中设置填充图案：单击对话框的"填充"选项卡，在"图案颜色"框中选择"蓝色"，在"图案样式"框中选择"25%灰色"。单击【确定】。

（5）选择单元格区域 I3:I10，单击【开始】/【数字】/【增加小数位数】按钮和【减少小数位数】按钮，直至调整数据的小数位数为两位。

（6）选择单元格区域 A2:I10，单击【开始】/【对齐方式】组的"对话框启动器"（或直接按 Ctrl+1），打开"设置单元格格式"对话框。在"设置单元格格式"对话框中设置添加边框线：单击对话框的"边框"选项卡，然后单击【外边框】和【内部】。单击【确定】。

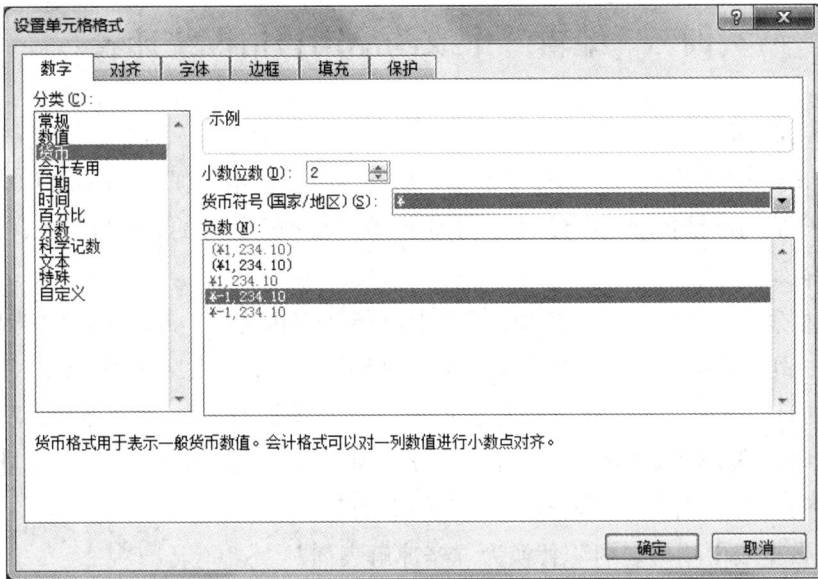

图 5-102　设置货币格式

（7）选择单元格区域 D3:F10，单击【开始】/【样式】/【条件格式】/【突出显示单元格规则】/【其他规则】，打开"新建格式规则"对话框，如图 5-103 所示设置条件格式：在"编辑规则说明"框中设置"单元格值""大于或等于""35"，然后单击【格式】，打开"设置单元格格式"对话框。在"设置单元格格式"对话框中的"颜色"框选择"红色"，单击【确定】关闭"设置单元格格式"对话框。在"新建格式规则"对话框中单击【确定】。

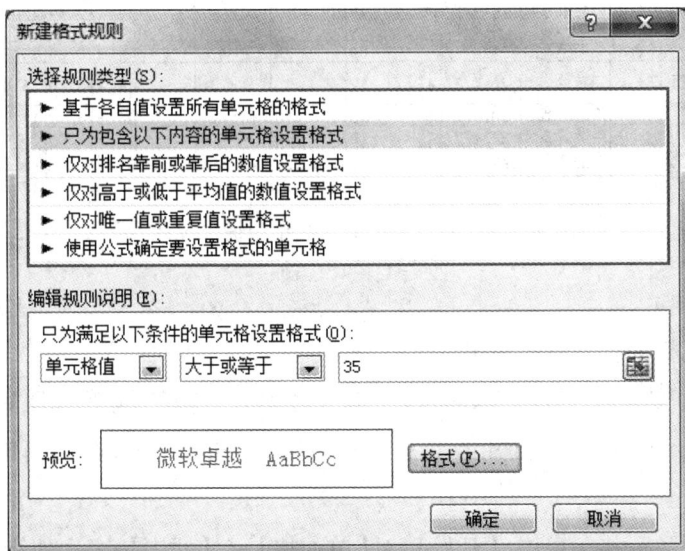

图 5-103　设置条件格式

步骤 4　以原名保存工作簿文件

单击"快速访问工具栏"中的【保存】按钮 即可。

实训二　编辑"中成药品销售情况统计表"

（一）实训分析

掌握编辑 Excel 数据表是制作完善数据表的必备技能。本实训在 Excel 2010 中编辑实训一制作的"中成药品销售情况统计表"，以掌握单元格和行、列的编辑以及批注的编辑。实训的内容具体如下。

1. 单元格和行、列的编辑：打开"E:/中成药品销售情况.xlsx"，在"药品名称"列的右侧插入一列；在 D2 单元格中输入"生产日期"；在单元格区域 D3：D10 输入如图 5-104 中所示的日期数据；并将 D 列列宽设置为"自动调整列宽"。将 K 列列宽设置为"10磅"，在 K2 单元格中输入"备注"，在 K3、K9 和 K10 单元格中输入"销售量较大"，在 K6 单元格中分两行录入"库存较多"、"保质期两年"。

2. 查找数据表中"解表剂"替换为"辛凉解表剂"。

3. 在 C6 单元格中插入批注"同同堂制药厂"。

4. 保存文件为"E:/编辑中成药品销售情况统计表.xlsx"。

要完成本实训，需要有以下的知识准备。

1. 掌握工作簿的打开、保存和关闭等基本操作。

2. 掌握单元格和行、列的编辑。

3. 掌握批注的插入和编辑。

	A	B	C	D	E	F	G	H	I	J	K
1				中成药品销售情况统计表							
2	药品编号	药品分类	药品名称	生产日期	一月销量	二月销量	三月销量	合计销量	销售单价	销售额	备注
3	120102	辛凉解表剂	银翘解毒片	2014/3/15	48	35	22	105	¥18.40	1932.00	销售量较大
4	120104	辛凉解表剂	羚羊感冒片	2014/1/12	29	15	24	68	¥12.80	870.40	
5	120105	辛凉解表剂	桑菊感冒片	2014/5/10	39	24	35	98	¥26.00	2548.00	
6	120203	泻下剂	三黄片	2014/3/14	12	10	18	40	¥15.40	616.00	库存较多 保质期两年
7	120205	泻下剂	麻仁胶囊	2014/2/25	15	8	20	43	¥28.60	1229.80	
8	120307	清热剂	牛黄解毒片	2014/2/27	15	10	22	47	¥21.50	1010.50	
9	120303	清热剂	穿心莲片	2014/4/21	40	29	36	105	¥23.50	2467.50	销售量较大
10	120304	清热剂	藿香正气水	2014/5/19	46	35	40	121	¥15.00	1815.00	销售量较大

图 5-104　编辑"中成药品销售情况统计表"

（二）实训步骤

步骤 1　单元格和行、列的编辑

（1）单击桌面任务栏中的"Windows 资源管理器"，打开资源管理器的窗口；单击左窗格中的"本地磁盘（E:）"，打开 E 盘；双击右窗格中的"中成药品销售情况.xlsx"，打开该文件。

（2）选择 D2 单元格，单击【开始】/【单元格】/【插入】旁边的箭头 ▼，在打开的下拉菜单中单击【插入工作表列】，则在 D2 的左侧插入新的一列。

（3）选择 D2 单元格，输入"生产日期"，按 Enter 键确认。并在单元格区域 D3：D10 输入如图 5-104 中所示的日期数据，按 Enter 键确认。如果 D 列的列宽不足够显示日期，则此时输入了日期的单元格显示为"######"。选择 D2 单元格，单击【开始】/【单元格】/【格式】/【自动调整列宽】即可自动调整列宽。自动调整列宽后，D 列正常显示日期。

（4）选择 K2 单元格，单击【开始】/【单元格】/【格式】/【列宽】，打开"列宽"对话框；在"列宽"对话框中的"列宽"框中输入"10"，单击【确定】。

（5）选择 K2 单元格，输入"备注"，按 Enter 键确认。选择 K3 单元格，按住 Ctrl 键单击 K9 和 K10 单元格，输入"销售量较大"，按组合键 Ctrl+Enter 确认，即可在选择的单元格区域中每个单元格填充"销售量较大"。选择 K6 单元格，输入"库存较多"，按组合键 Alt+Enter 在单元格中换行，再输入"保质期两年"，按 Enter 键确认。

步骤 2　查找和替换

选择单元格区域 A1:K10，单击【开始】/【编辑】/【查找和选择】/【替换】，打开"查找和替换"对话框的"替换"选项卡。在"查找内容"框中输入"解表剂"，在"替换为"框中输入"辛凉解表剂"，如图单击【全部替换】，打开完成替换的提示对话框，如图 5-105 所示。在提示对话框中单击【确定】，关闭该提示对话框。在"查找和替换"对话框中单击【关闭】。

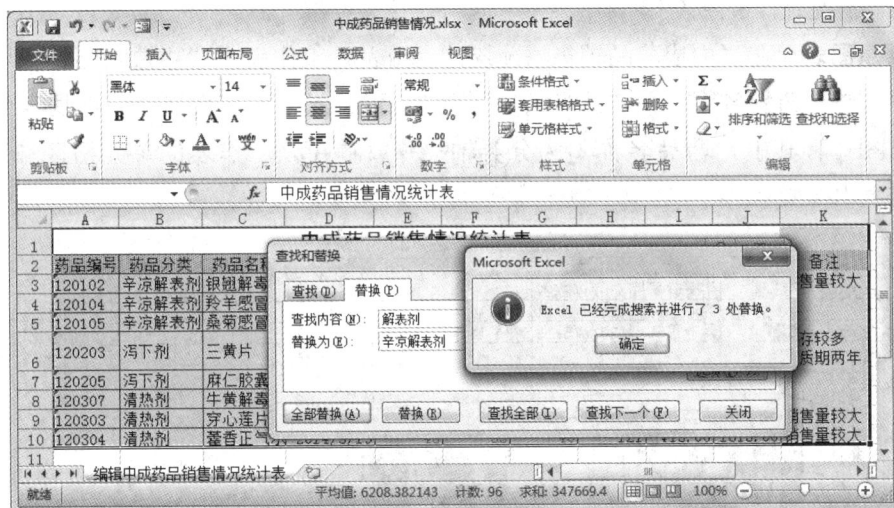

图 5-105　查找和替换

步骤 3　插入批注

选择 C6 单元格，单击【审阅】/【批注】/【新建批注】，则在该单元格的右上角出现一个红色的小三角，同时打开编辑批注的对话框。在批注对话框中输入"同同堂制药厂"，如图 5-106 所示。

图 5-106　插入批注

步骤 4 保存文件

单击【文件】/【另存为】，打开"另存为"对话框。在"另存为"对话框中的导航窗格中选择"本地磁盘（E：）"，则地址栏显示"📁 ▸ **计算机** ▸ **本地磁盘 (E:)** ▸ "；在"文件名"框中输入"编辑中成药品销售情况统计表 . xlsx"。单击【保存】。

实训三　图表和透视表

（一）实训分析

制作图表和透视表，以图形形式来显示数值数据系列，使得大量数据以及不同数据系列之间的关系更容易理解。本实训使用 Excel 2010 中创建实训二制作的"中成药品销售情况统计表"，以掌握图表的创建、编辑和数据透视表的创建。实训的内容具体如下。

1. 复制工作表　打开"E:/编辑中成药品销售情况统计表 . xlsx"，复制"中成药品销售情况统计表"工作表，放在"中成药品销售情况统计表"工作表的左边，重命名为"中成药品销售情况统计表图表"。

2. 创建图表　在"中成药品销售情况统计表图表"工作表中"中成药品销售情况统计表"数据选择"药品名称"和"一月销量"、"二月销量"、"三月销量"数据区域，创建"三维圆柱图"，其中"药品名称"为分类轴，并放置在该工作表的单元格区域 A12：I26 中。如图 5-107 所示。

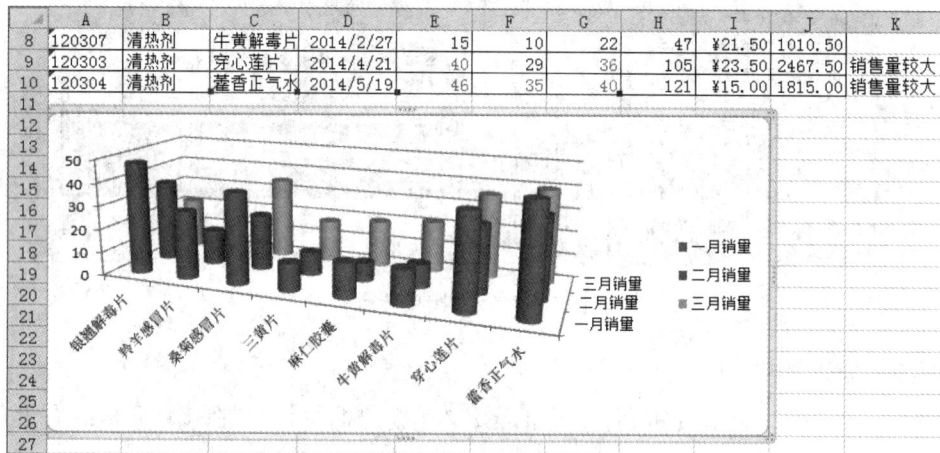

图 5-107　创建图表

3. 编辑图表　修改图表类型为"带数据标记的折线图"；图表标题为"销售情况对比图"、位于图表上方；在顶部显示图例；数值轴的最大值为"50"，次要刻度单位为"0"；绘图区渐变填充预设颜色"羊皮纸"、"线性向下"；去掉图表区的边框。如图 5-108 所示。

4. 创建数据透视表　在"中成药品销售情况统计表"工作表中创建中成药品销售情况统计表数据的数据透视表，按照药品分类分析各类药品一月销量的总和、二月销量的总和、三月销量的总和，以及各类药品的平均销售额。其中平均销售额要求保留两位小数。如图 5-109 所示。

5. 保存文件　为"E:/中成药品销售情况图表 . xlsx"。

	A	B	C	D	E	F	G	H	I	J	K
8	120307	清热剂	牛黄解毒片	2014/2/27	15	10	22	47	¥21.50	1010.50	
9	120303	清热剂	穿心莲片	2014/4/21	40	29	36	105	¥23.50	2467.50	销售量较大
10	120304	清热剂	藿香正气水	2014/5/19	46	35	40	121	¥15.00	1815.00	销售量较大

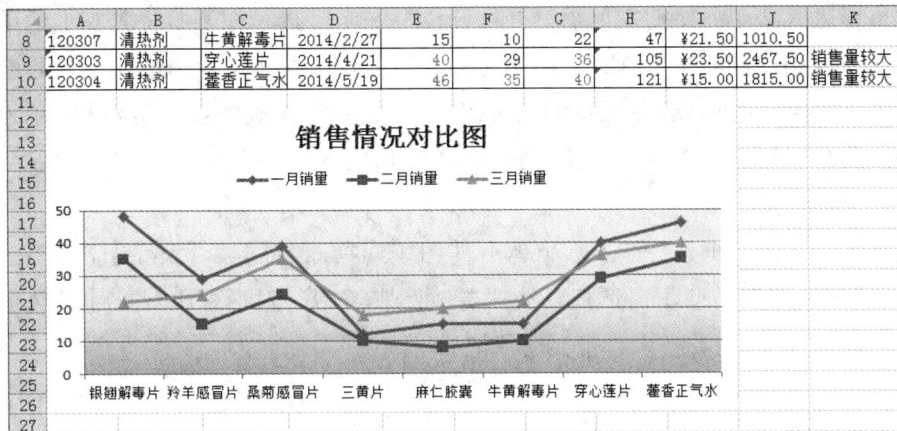

图 5-108　编辑图表

	A	B	C	D	E
27					
28	行标签 ▼	求和项：一月销量	求和项：二月销量	求和项：三月销量	平均值项：销售额
29	清热剂	101	74	98	1764.33
30	泻下剂	27	18	38	922.90
31	辛凉解表剂	116	74	81	1783.47
32	总计	244	166	217	1561.15
33					

图 5-109　创建数据透视表

要完成本实训，需要有以下的知识准备。

（1）掌握工作簿和工作表的基本操作。

（2）创建和编辑图表。

（3）创建数据透视表。

（二）实训步骤

步骤1　复制工作表

（1）单击桌面任务栏中的"Windows 资源管理器"，打开资源管理器的窗口；单击左窗格中的"本地磁盘（E:）"，打开 E 盘；双击右窗格中的"编辑中成药品销售情况统计表.xlsx"，打开该文件。

（2）用鼠标右击"中成药品销售情况统计表"工作表标签，弹出快捷菜单。在快捷菜单中选择"移动或复制"，打开"移动或复制工作表"对话框。在"移动或复制工作表"对话框中的"下列选定工作表之前"框选择"中成药品销售情况统计表"，单击选择"建立副本"，单击【确定】，即可复制得到"中成药品销售情况统计表（2）"工作表。

（3）双击"中成药品销售情况统计表（2）"工作表标签，按 Delete 键删除标签名，输入"中成药品销售情况统计表图表"，按 Enter 键确认。

步骤2　创建图表

（1）在"中成药品销售情况统计表图表"工作表中选择单元格区域 C2:C10，再按住 Ctrl 键选择单元格区域 E2:G10，然后单击【插入】/【图表】/【柱形图】/【三维圆柱图】，得到图表。如果分类轴不是"药品名称"，则单击选择图表后，单击【图表工具-设计】/【数据】/【切换行/列】即可。

（2）把鼠标指针放置图表的边框上，指针形状为 ✛ 时按住鼠标左键拖动图表，直到图表的左上角到达 A12 单元格的左上角近处松开鼠标左键。选择图表，将其左上角的尺寸控点拖向 A12 单元格的同时按下 Alt 键，则图表的左上角和 A12 单元格的左上角重叠。再将其右下角的尺寸控点拖向 I26 单元格的同时按下 Alt 键，则图表的右下角和 I26 单元格的右下角重叠。此时，图表放置在了当前工作表的单元格区域 A12:I26 中。

步骤 3 编辑图表

（1）单击图表的边框选择图表后，单击【图表工具-设计】/【类型】/【更改图表类型】，打开"更改图表类型"对话框。在"更改图表类型"对话框中双击【带数据标记的折线图】，即可修改图表类型为"带数据标记的折线图"。

（2）单击图表的边框选择图表后，单击【图表工具-布局】/【标签】/【图表标题】/【图表上方】，则图表中出现默认的图表标题。单击图表标题，输入"销售情况对比图"即可。

（3）单击图表的边框选择图表后，单击【图表工具-布局】/【标签】/【图例】/【在顶部显示图例】即可。

（4）单击图表的边框选择图表后，单击【图表工具-布局】/【坐标轴】/【坐标轴】/【主要纵坐标轴】/【其他主要纵坐标轴选项】，打开"设置坐标轴格式"对话框的"坐标轴选项"选项卡。在"坐标轴选项"选项卡中单击选择最大值"固定"，再在旁边的框中输入"50"；单击选择次要刻度单位"固定"，再在旁边的框中输入"1.0"。如图 5-110 所示。然后单击【关闭】。

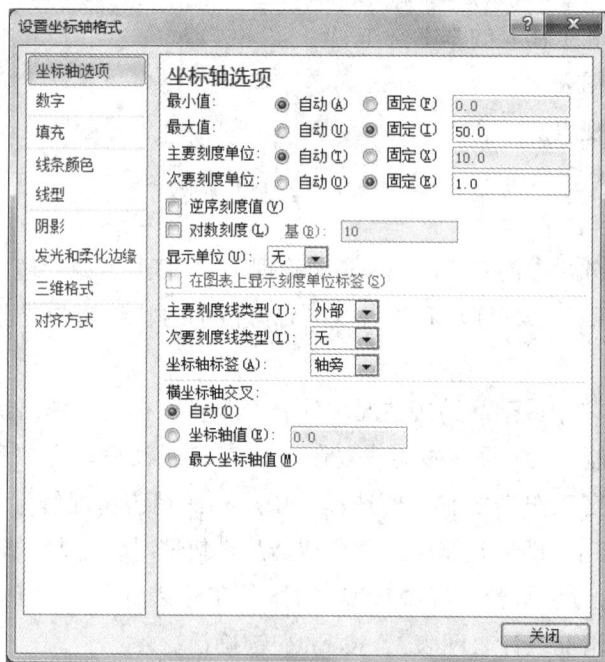

图 5-110 设置坐标轴格式

（5）单击图表的边框选择图表后，单击【图表工具-格式】/【当前所选内容】/【图表元素】框旁边的箭头 ▼，在【图表元素】框中选择【绘图区】，然后【设置所选内容格式】，打开"设置绘图区格式"对话框的"填充"选项卡。在"填充"选项卡中单击选择"渐变填充"；单击"预设颜色"框旁边的箭头 ▼，在"预设颜色"框中选择"羊皮纸"；

单击"类型"框旁边的箭头 ▼，在"类型"框中选择"线性"，再单击"方向"框旁边的箭头 ▼，在"方向"框中选择"线性向下"，如图 5-111 所示。然后单击【关闭】。

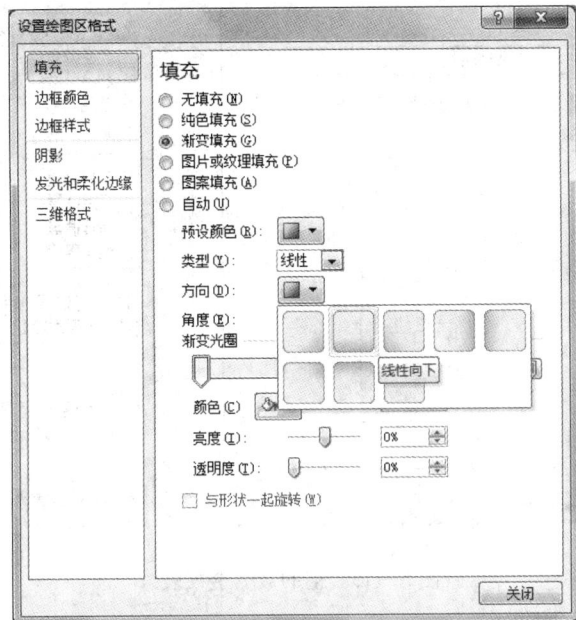

图 5-111　设置绘图区格式

（6）单击图表的边框选择图表后，单击【图表工具-格式】/【当前所选内容】/【图表元素】框旁边的箭头 ▼，在【图表元素】框中选择【图表区】，然后【设置所选内容格式】，打开"设置绘图区格式"对话框。在"设置绘图区格式"对话框中单击"边框颜色"选项卡，然后单击选择"无线条"即可去掉图表区的边框。

步骤 4　创建数据透视表

（1）在"中成药品销售情况统计表"工作表中选择单元格区域 A2:K10，单击【插入】/【表格】/【数据透视表】旁边的箭头 ▼，在打开的下拉菜单中选择【数据透视表】，打开"创建数据透视表"对话框，其中"选择一个表或区域"框中显示"中成药品销售情况统计表！＄A＄2:＄K＄10"。在"创建数据透视表"对话框中单击选择"选择放置数据透视表的位置"为"现有工作表"，再单击"位置"框，用鼠标去单击 A28 单元格。如图 5-112 所示。单击【确定】，工作表中显示如图5-113 所示。

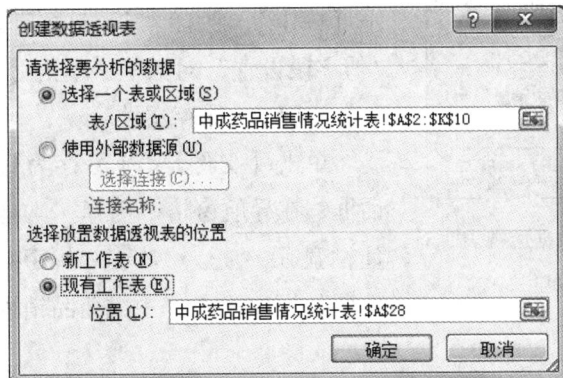

图 5-112　设置"创建数据透视表"对话框

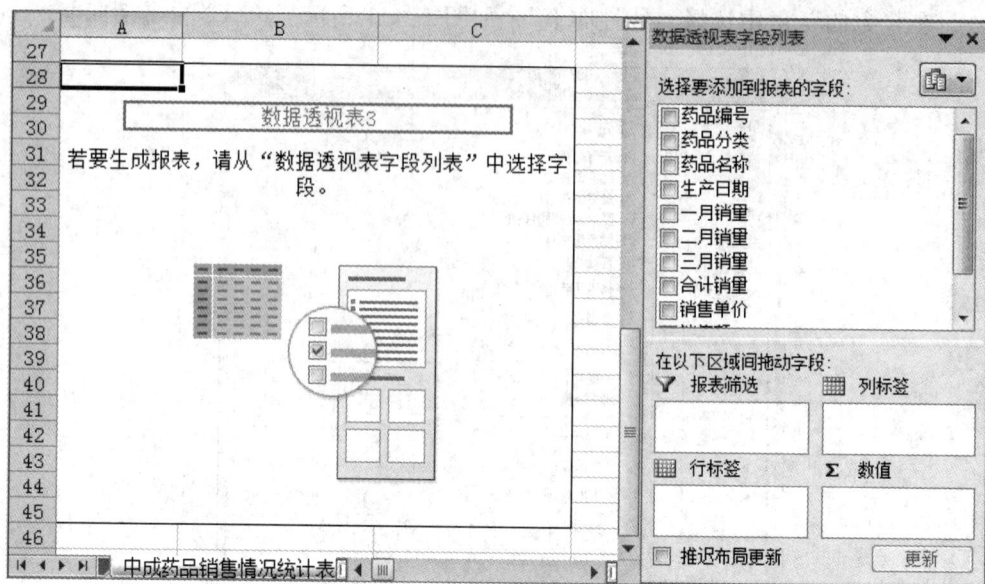

图5-113　空的数据透视表

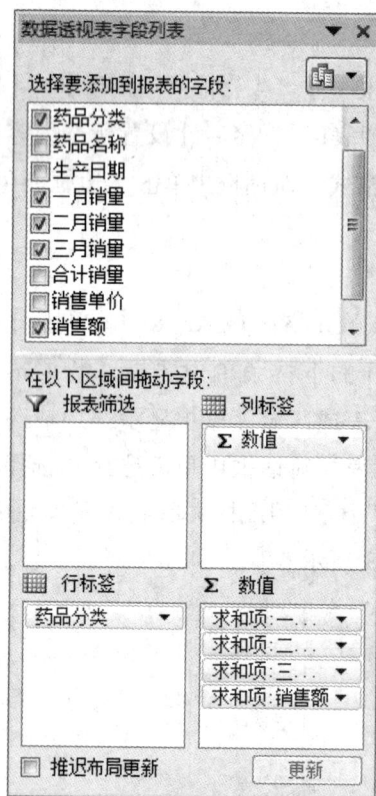

图5-114　设置"数据透视表
字段列表"窗口

（2）在"数据透视表字段列表"窗口中的"选择要添加到报表的字段"框中单击选择"药品分类"、"一月销量"、"二月销量"、"三月销量"，如图5-114所示。

（3）在"数据透视表字段列表"窗口中的"数值"框中单击"求和项：销售额"，打开下拉菜单。再在"求和项：销售额"的下拉菜单中选择"值字段设置"，打开"值字段设置"对话框。在"值字段设置"对话框中的"计算类型"框中选择"平均值"，如图5-115所示。在"值字段设置"对话框中单击【数字格式】，打开"设置单元格格式"对话框。在"设置单元格格式"对话框中的"分类"框中选择"数值"，在"小数位数"框中输入"2"，单击【确定】，关闭"设置单元格格式"对话框。在"值字段设置"对话框中单击【确定】。

步骤5　保存文件

单击【文件】／【另存为】，打开"另存为"对话框，在导航窗格中选择"本地磁盘（E：）"，则地址栏显示" 　▶ **计算机** ▶ **本地磁盘 (E:)** ▶"；在"文件名"框中输入"中成药品销售情况图表.xlsx"。单击【保存】。

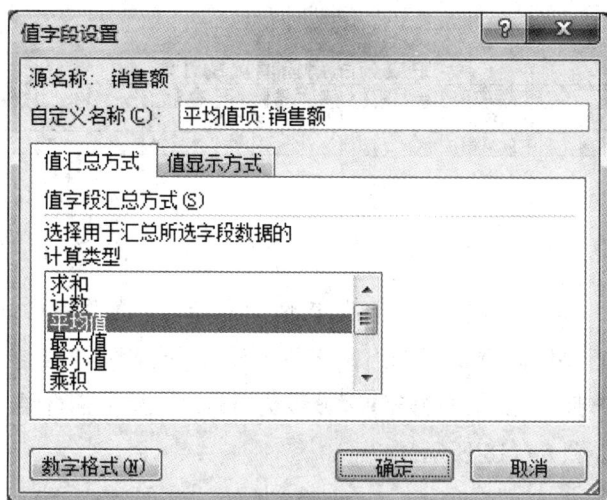

图 5-115　设置"值字段设置"对话框

实训四　管理数据

（一）实训分析

对工作表中的数据进行组织、整理和分析，从中获取更加丰富的信息。这是信息社会中一种管理数据、攫取信息的能力。本实训在 Excel 2010 中对实训二"中成药品销售情况统计表"中的数据进行排序、筛选、分类汇总，以掌握数据的管理。实训的内容具体如下。

1. 复制工作表　打开实训一的"E:/中成药品销售情况.xlsx"，复制"中成药品销售情况统计表"工作表到"Sheet2"工作表的前面，重命名为"高级筛选中成药品销售情况统计表"；再复制"中成药品销售情况统计表"工作表到"Sheet2"工作表的后面，重命名为"分类汇总中成药品销售情况统计表"。

2. 排序　对"分类汇总中成药品销售情况统计表"工作表中的"中成药品销售情况统计表"的数据按照药品名称的升序排序。对"中成药品销售情况统计表"工作表中的"中成药品销售情况统计表"的数据按照"合计销量"的降序排序，当"合计销量"相同时，再按照"药品名称"的笔划升序排序，如图 5-116 所示。

图 5-116　排序

3. 自动筛选　对"中成药品销售情况统计表"工作表中的"中成药品销售情况统计表"的数据进行自动筛选，筛选出销售单价大于 15 并且小于 25 的清热剂的销售情况记录。如图 5-117 所示。

	A	B	C	D	E	F	G	H	I
1				中成药品销售情况统计表					
2	药品编▼	药品分▼	药品名▼	一月销▼	二月销▼	三月销▼	合计销▼	销售单▼	销售额▼
4	120303	清热剂	穿心莲片	40	29	36	105	¥23.50	2467.50
8	120307	清热剂	牛黄解毒片	15	10	22	47	¥21.50	1010.50
11									
12									

图 5-117　自动筛选

4. 高级筛选　对"高级筛选中成药品销售情况统计表"工作表中的"中成药品销售情况统计表"的数据进行高级筛选，筛选出销售单价>=20 或者销售额>=2000 的销售情况记录。要求在数据的上方插入三行，将条件区域设为 A1:I3，显示筛选结果的单元格区域的第一个单元格为 A15，如图 5-118 所示。

	A	B	C	D	E	F	G	H	I
1								销售单价	销售额
2								>=20	
3									>=2000
4				中成药品销售情况统计表					
5	药品编号	药品分类	药品名称	一月销量	二月销量	三月销量	合计销量	销售单价	销售额
6	120102	解表剂	银翘解毒片	48	35	22	105	¥18.40	1932.00
7	120104	解表剂	羚羊感冒片	29	15	24	68	¥12.80	870.40
8	120105	解表剂	桑菊感冒片	39	24	35	98	¥26.00	2548.00
9	120203	泻下剂	三黄片	12	10	18	40	¥15.40	616.00
10	120205	泻下剂	麻仁胶囊	15	8	20	43	¥28.60	1229.80
11	120307	清热剂	牛黄解毒片	15	10	22	47	¥21.50	1010.50
12	120303	清热剂	穿心莲片	40	29	36	105	¥23.50	2467.50
13	120304	清热剂	藿香正气水	46	35	40	121	¥15.00	1815.00
14									
15	药品编号	药品分类	药品名称	一月销量	二月销量	三月销量	合计销量	销售单价	销售额
16	120105	解表剂	桑菊感冒片	39	24	35	98	¥26.00	2548.00
17	120205	泻下剂	麻仁胶囊	15	8	20	43	¥28.60	1229.80
18	120307	清热剂	牛黄解毒片	15	10	22	47	¥21.50	1010.50
19	120303	清热剂	穿心莲片	40	29	36	105	¥23.50	2467.50
20									

图 5-118　高级筛选

5. 分类汇总　对"分类汇总中成药品销售情况统计表"工作表中的"中成药品销售情况统计表"的数据按照药品分类进行分类，汇总一月销量、二月销量、三月销量、合计销量的销量和汇总结果显示在数据上方，如图 5-119 所示。

	A	B	C	D	E	F	G	H	I
1				中成药品销售情况统计表					
2	药品编号	药品分类	药品名称	一月销量	二月销量	三月销量	合计销量	销售单价	销售额
3		总计		244	166	217	627		
4		解表剂 汇总		116	74	81	271		
5	120104	解表剂	羚羊感冒片	29	15	24	68	¥12.80	870.40
6	120105	解表剂	桑菊感冒片	39	24	35	98	¥26.00	2548.00
7	120102	解表剂	银翘解毒片	48	35	22	105	¥18.40	1932.00
8		清热剂 汇总		101	74	98	273		
9	120303	清热剂	穿心莲片	40	29	36	105	¥23.50	2467.50
10	120304	清热剂	藿香正气水	46	35	40	121	¥15.00	1815.00
11	120307	清热剂	牛黄解毒片	15	10	22	47	¥21.50	1010.50
12		泻下剂 汇总		27	18	38	83		
13	120205	泻下剂	麻仁胶囊	15	8	20	43	¥28.60	1229.80
14	120203	泻下剂	三黄片	12	10	18	40	¥15.40	616.00
15									

图 5-119　分类汇总

6. 保存文件　保存为"E:/中成药品销售数据的管理.xlsx"。

要完成本实训，需要有以下的知识准备。

（1）掌握工作簿的打开、保存和关闭等基本操作。

（2）掌握工作表的复制。

（3）熟练使用数据的排序、筛选和分类汇总等管理数据。

（二）实训步骤

步骤 1　复制工作表

（1）单击桌面任务栏中的"Windows 资源管理器"，打开资源管理器的窗口；单击左窗格中的"本地磁盘（E:）"，打开 E 盘；双击右窗格中的"中成药品销售情况.xlsx"，打开该文件。

（2）用鼠标右击"中成药品销售情况统计表"工作表，弹出快捷菜单。在快捷菜单中选择"移动或复制"打开"移动或复制工组表"对话框。在"移动或复制工组表"对话框中的"工作簿"框中选择"中成药品销售情况.xlsx"，在"下列选定工作表之前"框中选择"Sheet2"，单击选择建立副本，如图 5-120 所示。单击【确定】，复制得到"中成药品销售情况统计表（2）"工作表。双击"中成药品销售情况统计表（2）"工作表标签，输入"高级筛选中成药品销售情况统计表"，按 Enter 键确认。

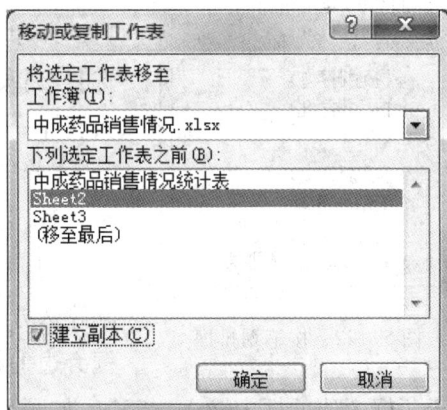

（3）重复刚才（2）中的工作表复制和重命名操作，在"Sheet2"工作表的后面得到"分类汇总中成药品销售情况统计表"工作表。

图 5-120　复制工作表

步骤 2　排序

（1）单击"分类汇总中成药品销售情况统计表"工作表标签，再选择单元格区域 A2:I10，单击【数据】/【排序和筛选】/【排序】，打开"排序"对话框。在"排序"对话框中的"列主要关键字"框中选择"药品名称"，在"次序"框中选择"升序"，单击【确定】。

（2）单击"中成药品销售情况统计表"工作表标签，再选择单元格区域 A2:I10，单击【数据】/【排序和筛选】/【排序】，打开"排序"对话框。在"排序"对话框中的"列主要关键字"框中选择"合计销量"，在"次序"框中选择"降序"；单击【添加条件】，然后在"列次要关键字"框中选择"药品名称"，在"次序"框中选择"升序"。如图 5-121 所示。单击【选项】，打开"排序选项"对话框。在"排序选项"对话框中单击选择"笔划排序"方法，如图 5-122 所示。单击【确定】，关闭"排序选项"对话框。在"排序"对话框中单击【确定】。

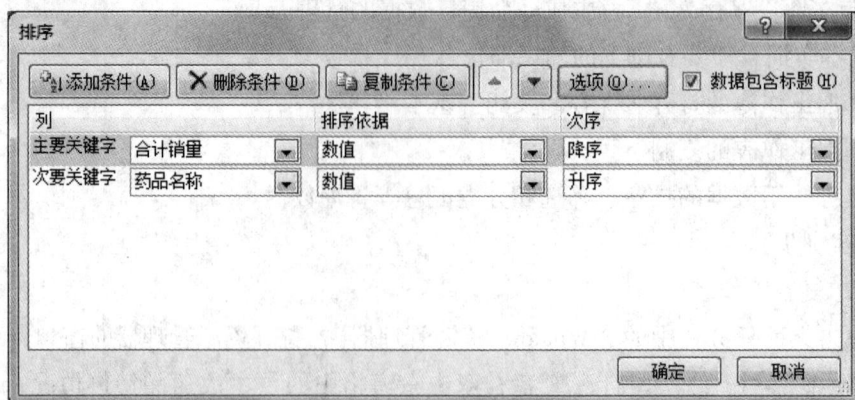

图 5-121 设置"排序"对话框

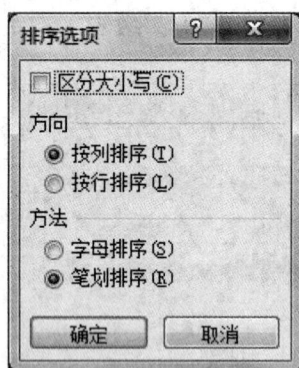

图 5-122 按笔划排序

步骤 3 自动筛选

（1）单击"中成药品销售情况统计表"工作表标签，再选择单元格区域 A2：I10，单击【数据】/【排序和筛选】/【筛选】，则在每个列标题的右侧出现一个筛选箭头 ▼。

（2）单击"销售单价"列标题的筛选箭头 ▼，打开下拉菜单。在下拉菜单中单击选择"数字筛选"/"自定义筛选"，打开"自定义自动筛选方式"对话框。在"自定义自动筛选方式"对话框选择销售单价"大于"，在"大于"框旁边的框中输入"15"；选择单击"与""小于"，在"小于"框旁边的框中输入"25"，如图 5-123 所示。单击【确定】。

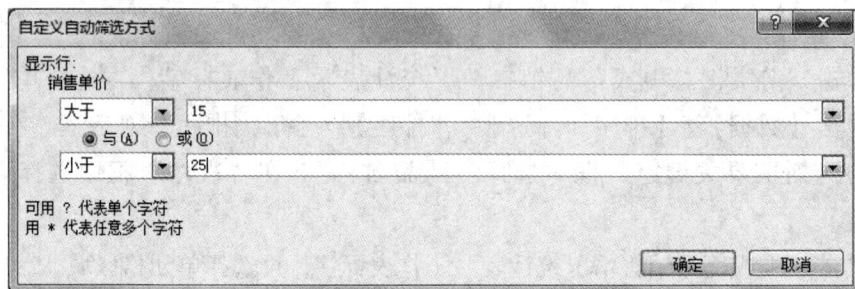

图 5-123 设置自动筛选的条件

步骤 4 高级筛选

（1）构造高级筛选的条件区域：单击"高级筛选中成药品销售情况统计表"工作表标签，用鼠标右击第一行的行标号，弹出快捷菜单。在快捷菜单中选择【插入】，则在第一行的上方插入一个空行。再重复两次刚才的插入行操作，得到三个空行。

（2）在条件区域输入筛选条件：在 H1 单元格中输入"销售单价"，按 Enter 键确认；在 H2 单元格中输入"＞＝20"，按 Enter 键确认；在 I1 单元格中输入"销售额"，按 Enter 键确认；在 I3 单元格中输入"＞＝2000"，按 Enter 键确认

（3）选择单元格区域 A5：I13，单击【数据】/【排序和筛选】/【高级】，打开"高级筛选"对话框。在"高级筛选"对话框中单击"列表区域"框，用鼠标去选择单元格区域 A5：I13；再单击"条件区域"框，用鼠标去选择单元格区域 A1：I3；再单击"复制到"框，然后单击 A15 单元格，如图 5-124 所示。单击【确定】。

步骤 5　分类汇总

（1）分类　单击"分类汇总中成药品销售情况统计表"工作表标签，此时单元格区域 A2：I10 是在

图 5-124　设置"高级筛选"对话框

步骤 2 的排序结果，如图 5-125 所示。选择单元格区域 A2：I10，单击【数据】/【排序和筛选】/【排序】，打开"排序"对话框。在"排序"对话框中的"列主要关键字"框中选择"药品分类"，单击【确定】，则将数据按照药品分类进行了分类。

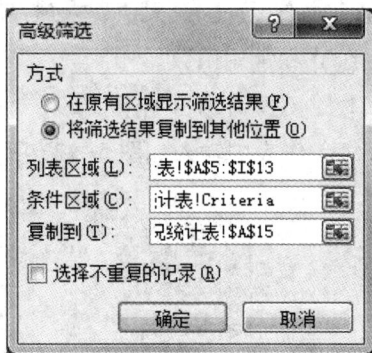

	A	B	C	D	E	F	G	H	I
1	中成药品销售情况统计表								
2	药品编号	药品分类	药品名称	一月销量	二月销量	三月销量	合计销量	销售单价	销售额
3	120303	清热剂	穿心莲片	40	29	36	105	¥23.50	2467.50
4	120304	清热剂	藿香正气水	46	35	40	121	¥15.00	1815.00
5	120104	解表剂	羚羊感冒片	29	15	24	68	¥12.80	870.40
6	120205	泻下剂	麻仁胶囊	15	8	20	43	¥28.60	1229.80
7	120307	清热剂	牛黄解毒片	15	10	22	47	¥21.50	1010.50
8	120203	泻下剂	三黄片	12	10	18	40	¥15.40	616.00
9	120105	解表剂	桑菊感冒片	39	24	35	98	¥26.00	2548.00
10	120102	解表剂	银翘解毒片	48	35	22	105	¥18.40	1932.00

图 5-125　分类前的数据

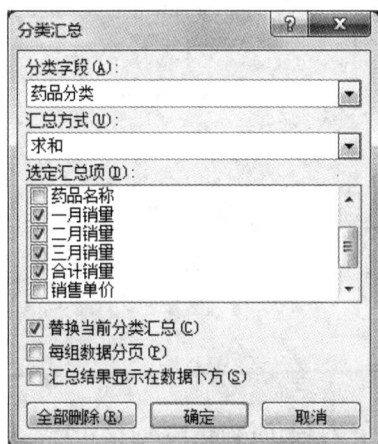

图 5-126　设置"分类汇总"对话框

（2）汇总　单击【数据】/【分级显示】/【分类汇总】，打开"分类汇总"对话框。在"分类汇总"对话框中的"分类字段"框选择"药品分类"；在"汇总方式"框选择"求和"；在"选定汇总项"框单击选择"一月销量"、"二月销量"、"三月销量"、"合计销量"。再单击取消选择"汇总结果显示在数据下方"，如图 5-126 所示。然后单击【确定】。

步骤 6　保存文件

单击【文件】/【另存为】，打开"另存为"对话框，在导航窗格中选择"本地磁盘（E：）"，则地址栏显示"🖥 ▶ **计算机 ▶ 本地磁盘 (E:) ▶**"；在"文件名"框中输入"中成药品销售数据的管理 .xlsx"。

单击【保存】。

实训五　使用公式和函数

（一）实训分析

熟练使用公式计算表格数据，不但快速准确，而且在原始数据发生变化后，计算结果能够自动更新。因此，在 Excel 中使用公示和函数是处理表格数据的实用技能。本实训通过

求和、求乘积、求最大值、求最小值、计算排名、计算满足条件的求和和平均值，以熟练使用公式和常用函数。

1. 创建一个新工作簿，以"计算中成药品销售数据.xlsx"为文件名保存至 E 盘。在 Sheet1 工作表中输入如图 5-127 所示的数据，将该工作表命名为"中成药品销售数据"。

	A	B	C	D	E	F	G	H	I	J	K
1	药品分类	药品名称	一月销量	二月销量	三月销量	合计销量	销售单价	销售额	销量额排名	备注	
2	解表剂	银翘解毒片	48	35	22		¥18.40				
3	解表剂	羚羊感冒片	29	15	24		¥12.80				解表剂的总销量
4	解表剂	桑菊感冒片	39	24	35		¥26.00				
5	泻下剂	三黄片	12	10	18		¥15.40				清热剂的平均销量
6	泻下剂	麻仁胶囊	15	8	20		¥28.60				
7	清热剂	牛黄解毒片	15	10	22		¥21.50				
8	清热剂	穿心莲片	40	29	36		¥23.50				
9	清热剂	藿香正气水	46	35	40		¥15.00				
10		最大销量					最小销售额				

图 5-127　中成药品销售数据

2. 计算合计销量，填入单元格区域 F2:F9；计算销售额，填入单元格区域 H2:H9；计算每月销量的最大销量，填入单元格区域 C10:E10；计算最小销售额，填入 H10 单元格；计算销售额排名，填入单元格区域 I2:I9；计算解表剂的总销量，填入 K4 单元格，计算清热剂的平均销量，填入 K6 单元格。如果合计销量大于 100，在"备注"中备注"销量较大"。计算结果如图 5-128 所示。

	A	B	C	D	E	F	G	H	I	J	K
1	药品分类	药品名称	一月销量	二月销量	三月销量	合计销量	销售单价	销售额	销量额排名	备注	
2	解表剂	银翘解毒片	48	35	22	105	¥18.40	¥1,932.00	3	销量较大	
3	解表剂	羚羊感冒片	29	15	24	68	¥12.80	¥870.40	7		解表剂的总销量
4	解表剂	桑菊感冒片	39	24	35	98	¥26.00	¥2,548.00	1		271
5	泻下剂	三黄片	12	10	18	40	¥15.40	¥616.00	8		清热剂的平均销量
6	泻下剂	麻仁胶囊	15	8	20	43	¥28.60	¥1,229.80	5		91
7	清热剂	牛黄解毒片	15	10	22	47	¥21.50	¥1,010.50	6		
8	清热剂	穿心莲片	40	29	36	105	¥23.50	¥2,467.50	2	销量较大	
9	清热剂	藿香正气水	46	35	40	121	¥15.00	¥1,815.00	4	销量较大	
10		最大销量	48	35	40		最小销售额	616			

图 5-128　计算结果

3. 保存文件。

要完成本实训，需要有以下的知识准备。

（1）掌握工作簿的新建、保存。

（2）熟练使用公式和函数。

（二）实训步骤

步骤 1　创建工作簿和工作表

（1）单击【开始】/【所有程序】/【Microsoft Office】/【Microsoft Excel 2010】，启动 Excel 2010，得到一个默认文件名为"工作簿 1.xlsx"新工作簿。

（2）单击【文件】/【保存】，打开"另存为"对话框。设置"另存为"对话框：在导航窗格中选择"本地磁盘（E:）"，则地址栏显示"　　▶ **计算机** ▶ **本地磁盘 (E:)** ▶"；在"文件名"框中输入"计算中成药品销售数据.xlsx"。单击【保存】。

（3）双击工作表标签"Sheet1"，进入重命名状态，按 Delete 键删除"Sheet1"，输入"中成药品销售数据"，按 Enter 键确认。

（4）在工作表中输入如图 5-127 所示的中成药品销售数据。其中给单元格区域 G2:G9 添加人民币符号"¥"的具体操作如下：选择单元格区域 G2:G9，在【开始】/【数字】组的对话框启动器 　 （或直接按 Ctrl+1），打开"设置单元格格式"对话框：在"分类"

框中选择"货币",然后在"货币符号"框中选择人民币符号"￥",在"小数位数"框中输入"2"。单击【确定】。

步骤 2 计算

（1）使用【自动求和】按钮 Σ 计算合计销量：选择单元格区域 C2:F9，单击【开始】/【编辑】/【自动求和】，即可在单元格区域 F2:F9 得到合计销量。

（2）使用公式计算销售额

①选择 H2 单元格，输入等号"=",单击 G2 单元格，输入乘号"*",单击 F2 单元格，按 Enter 键，即在 H2 单元格填入销售额。

②选择 H2 单元格，拖动 H2 的填充柄至 H9 单元格，则在单元格区域 H3:H9 填入销售额。

（3）使用 MAX（）函数计算每月销量的最大销量

①选择 C10 单元格，单击编辑栏上的【插入函数】按钮 f_x,打开"插入函数"对话框。在"插入函数"对话框中的"选择类别"框中选择"常用函数",在"选择函数"框中选择所要的函数"MAX",单击"确定",打开"函数参数"对话框。

②在"函数参数"对话框中，单击"Number1"框，用鼠标去选择"C2:C9",单击"确定"即在 C10 单元格填入单元格区域 C2:C9 中最大的数据"48"。

③选择 C10，拖动 C10 的填充柄至 E10 单元格，则在 D10 单元格填入单元格区域 D2:D9 中最大的数据"35"和在 E10 单元格填入单元格区域 E2:E9 中最大的数据"40"。

（4）使用 MIN（）函数计算最小销售额

①选择 H10 单元格，单击编辑栏上的【插入函数】按钮 f_x,打开"插入函数"对话框。在"插入函数"对话框中的"选择类别"框中选择"全部",在"选择函数"框中选择所要的函数"MIN",单击"确定",打开"函数参数"对话框。

②在"函数参数"对话框中，单击"Number1"框，用鼠标去选择"H2:H9",单击"确定"即在 H10 单元格填入单元格区域 H2:H9 中最小的数据"616"。

（5）使用 RANK（）函数计算销售额排名

①选择 I2 单元格，单击编辑栏上的【插入函数】按钮 f_x,打开"插入函数"对话框。在"插入函数"对话框中的"选择类别"框中选择"全部",在"选择函数"框中选择所要的函数"RANK",单击"确定",打开"函数参数"对话框。

②在"函数参数"对话框中，单击"Number"框，用鼠标去选择 H2 单元格，再单击"Ref"框，用鼠标去选择"H2:H9",如图 5-129 所示。单击"确定"即在 I2 单元格填入销售额排名"3"。

③选择 I2 单元格，在编辑栏中选择"H2:H9",按 F4 键即可添加 \$ 为"\$H\$2:\$H\$9",按 Enter 键确认。选择 I2 单元格，拖动 I2 的填充柄至 I9 单元格，则在单元格区域 I3:I9 填入销售额排名。

（6）使用 SUMIF（）函数计算解表剂的总销量

①选择 K4 单元格，单击编辑栏上的【插入函数】按钮 f_x,打开"插入函数"对话框。在"插入函数"对话框中的"选择类别"框中选择"常用函数",在"选择函数"框中选择所要的函数"SUMIF",单击"确定",打开"函数参数"对话框。

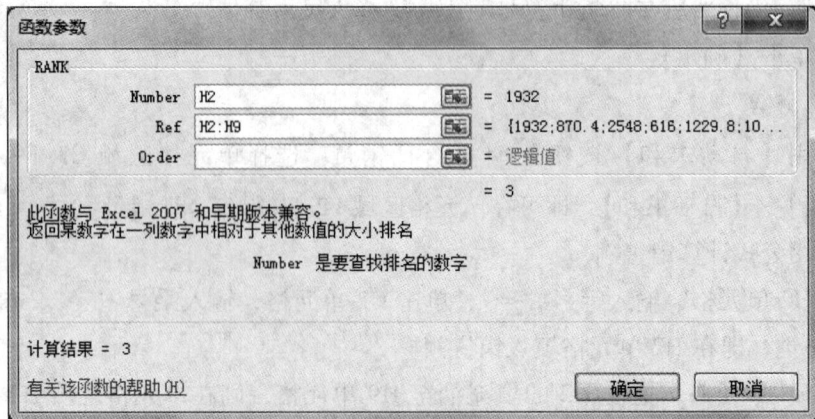

图 5-129 设置 RANK（）函数的参数

②在"函数参数"对话框中，单击"Criteria"框，输入"解表剂"，再单击"Range"框，（此时在"Criteria"框输入的内容自动添加英文的双引号)，用鼠标去选择单元格区域"A2:A9"。再单击"Sum_ range"框，用鼠标去选择"F2:F9"，如图5-130 所示。单击"确定"。

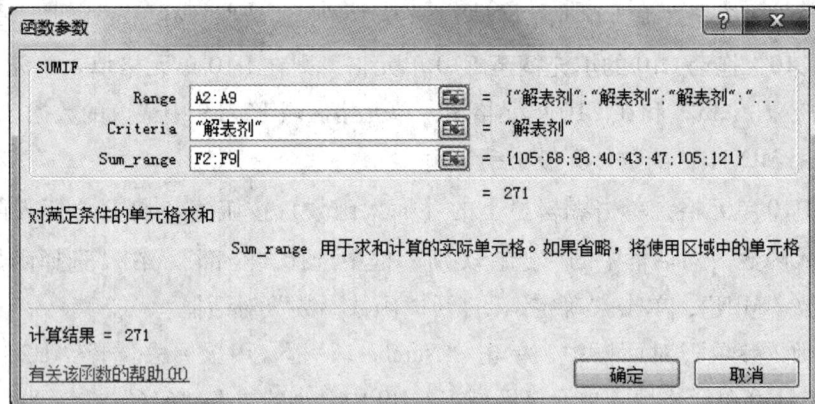

图 5-130 设置 SUMIF（）函数的参数

（7）使用 AVERAGEIF（）函数计算清热剂的平均销量

①选择 K6 单元格，单击编辑栏上的【插入函数】按钮 f_x，打开"插入函数"对话框。在"插入函数"对话框中的"选择类别"框中选择"全部"，在"选择函数"框中选择所要的函数"AVERAGEIF"，单击"确定"，打开"函数参数"对话框。

②在"函数参数"对话框中，单击"Criteria"框，输入"清热剂"，再单击"Range"框，（此时在"Criteria"框输入的内容自动添加英文的双引号)，用鼠标去选择单元格区域"A2:A9"。再单击"Average_range"框，用鼠标去选择"F2:F9"，如图 5-131 所示。单击"确定"。

（8）使用 IF 函数

①选择 J2 单元格，单击编辑栏上的【插入函数】按钮 f_x，打开"插入函数"对话框。在"插入函数"对话框中的"选择类别"框中选择"常用函数"，在"选择函数"框中选择所要的函数"IF"，单击"确定"，打开"函数参数"对话框。

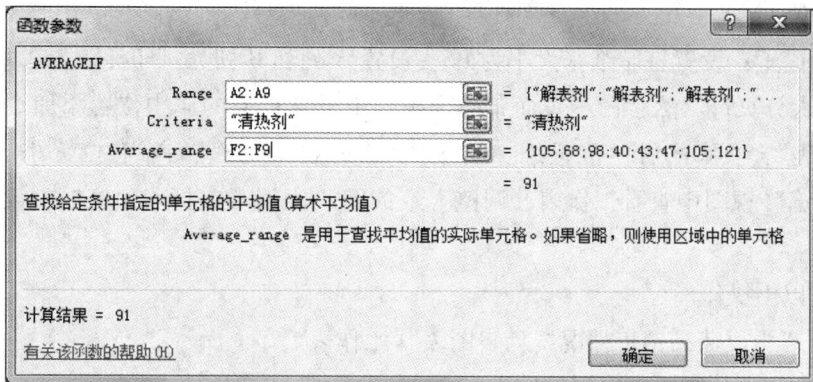

图 5-131　设置 AVERAGEIF（）函数的参数

②在"函数参数"对话框中，单击"Logical_test"框，输入"F2>100"，再单击"Value_if_true"框，输入"销量较大"。再单击"Value_if_false"框，（此时在"Value_if_true"框输入的内容自动添加英文的双引号），输入英文的一对双引号"" ""，如图 5-132 所示。单击"确定"。由于合计销量大于 100，则在 J2 单元格填入"销量较大"。

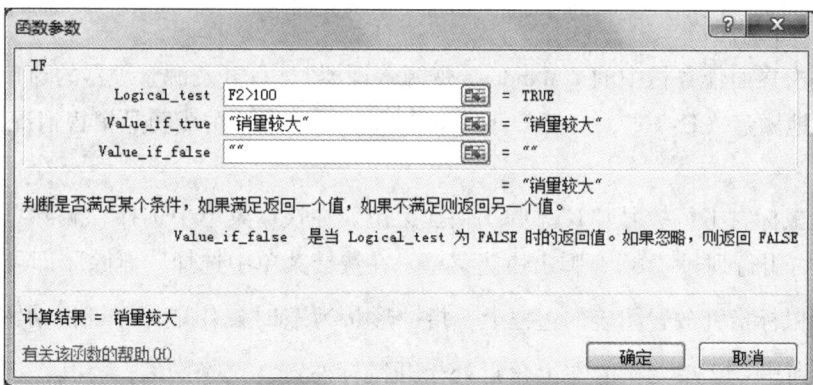

图 5-132　IF 函数的参数设置

③选择 J2 单元格，拖动 J2 的填充柄至 J9 单元格，则在单元格区域 J3:J9 中满足"合计销量大于 100"条件的单元格中备注"销量较大"。

步骤 3　以原名保存工作簿文件

单击"快速访问工具栏"中的【保存】按钮 ![save icon] 即可。

实训六　设置和打印工作表

（一）实训分析

掌握工作表的页面设置和分页，才能打印出理想的页面效果。本实训在 Excel 2010 中对"门诊药房中成药品销售情况统计表"的部分数据设置保护，冻结工作表的标题，设置页眉、页脚，调整页边距和打印缩放比例，以打印出最佳版面效果。

1. 打开"E:/中成药品销售情况图表.xlsx"，在"中成药品销售情况统计表图表"工作表中删除首行，删除 B 列。调整图表放置在 C12:I28。然后冻结首行和 A 列、B 列，拖动滚动条查看数据。

2. 页面设置：设置打印纸张大小为 B5。设置 A 列和 B 列为打印标题。在 I11 单元格的左上角处插入分页符。然后在"页面布局"视图中设置页眉的居中位置添加"中成药品销售情况统计表"，页脚的居中位置添加"页码/总页数"，页脚的靠右位置添加打印日期。在"分页预览"视图中查看工作表，调整大致的缩放比例。在打印预览框中设置大致的页边距。

3. 保存以上操作。

4. 打印"中成药品销售情况统计表图表"工作表。

要完成本实训，需要有以下的知识准备。

（1）掌握工作簿和工作表的基本操作。

（2）掌握工作表的页面设置。

（3）掌握设置工作表的打印标题。

（4）熟悉工作表窗口的视图操作。

（5）掌握打印工作表。

（二）实训步骤

步骤 1　冻结窗格

（1）单击桌面任务栏中的"Windows 资源管理器"，打开资源管理器的窗口；单击左窗格中的"本地磁盘（E：）"，打开 E 盘；双击右窗格中的"中成药品销售情况图表 . xlsx"，打开该文件。

（2）用鼠标右击行标号"1"，弹出快捷菜单。在快捷菜单中选择"删除"即可删除首行。用鼠标右击行列号"B"，弹出快捷菜单。在快捷菜单中选择"删除"即可删除 B 列。

（3）把鼠标指针放置图表的边框上，指针形状为时按住鼠标左键拖动图表，直到图表的左上角到达 C12 单元格的左上角近处松开鼠标左键。选择图表，将其左上角的尺寸控点拖向 C12 单元格的同时按下 Alt 键，则图表的左上角和 A12 单元格的左上角重叠。再将其右下角的尺寸控点拖向 I28 单元格的同时按下 Alt 键，则图表的右下角和 I28 单元格的右下角重叠。此时，图表放置在了当前工作表的单元格区域 C12:I28 中。

（4）选择 C2 单元格，单击【视图】/【窗口】/【冻结窗格】/【冻结拆分窗格】，即可冻结首行和 A 列、B 列。此时拖动水平滚动条和垂直滚动条，可以滚动查看没有冻结的行和列。

步骤 2　页面设置

（1）单击【页面布局】/【页面设置】/【纸张大小】/【B5】，即设置了打印纸张大小为 B5。

（2）单击【页面布局】/【页面设置】/【打印标题】，打开"页面设置"对话框。在"页面设置"对话框中单击"左端标题列"框，用鼠标去选择 A 列和 B 列，则在"左端标题列"框中显示"＄A：＄B"。单击【确定】。

（3）选择 I11 单元格，单击【页面布局】/【页面设置】/【分隔符】/【插入分页符】，即可在 I11 单元格的左上角处插入分页符。

知识链接

> 页面布局视图与冻结窗格功能不能兼容。如果使用页面视图，需要先取消冻结在工作表上的窗格。

（4）由于步骤 1 中冻结了窗格，直接单击【视图】/【工作簿视图】/【页面布局】，会打开如图 5-133 所示的警告对话框。在警告对话框中单击【确定】即可。此时页面布局视图如图 5-134 所示。

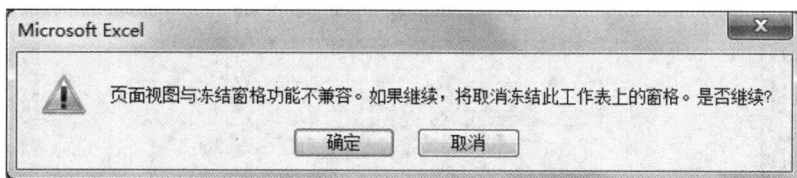

图 5-133　警告对话框

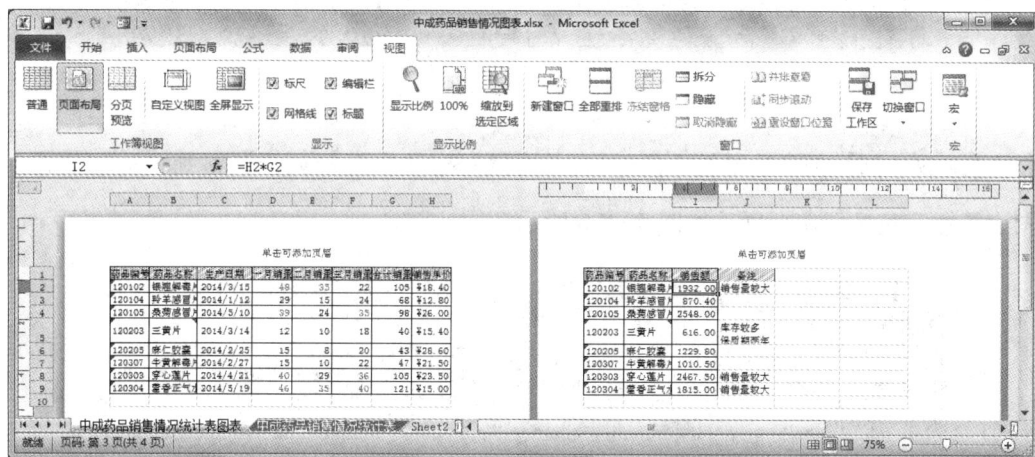

图 5-134　页面布局视图

（5）在页面布局视图中单击"单击可添加页眉"处（页眉区域的居中位置），输入"中成药品销售情况统计表"。

（6）拖动垂直滚动条到达页面底端，单击"单击可添加页脚"处，再单击【页眉和页脚工具】/【页眉和页脚元素】/【页码】，则页脚居中位置显示"&［页码］"。在 &［页码］后面输入"/"，再单击【页眉和页脚工具-设计】/【页眉和页脚元素】/【页数】，则页脚居中位置框中显示"&［页码］/&［总页数］"。单击页脚区域的靠右位置框，再单击【页眉和页脚工具-设计】/【页眉和页脚元素】/【当前日期】，则页脚靠右位置框中显示"&［日期］"。单击空白处，则页脚区域显示具体的内容。

（7）单击【视图】/【工作簿视图】/【分页预览】，在"分页预览"视图中查看工作表，如图 5-135 所示。

（8）由于图表的宽度超出了第 1 页的页宽，可以单击【页面布局】/【调整为合适大

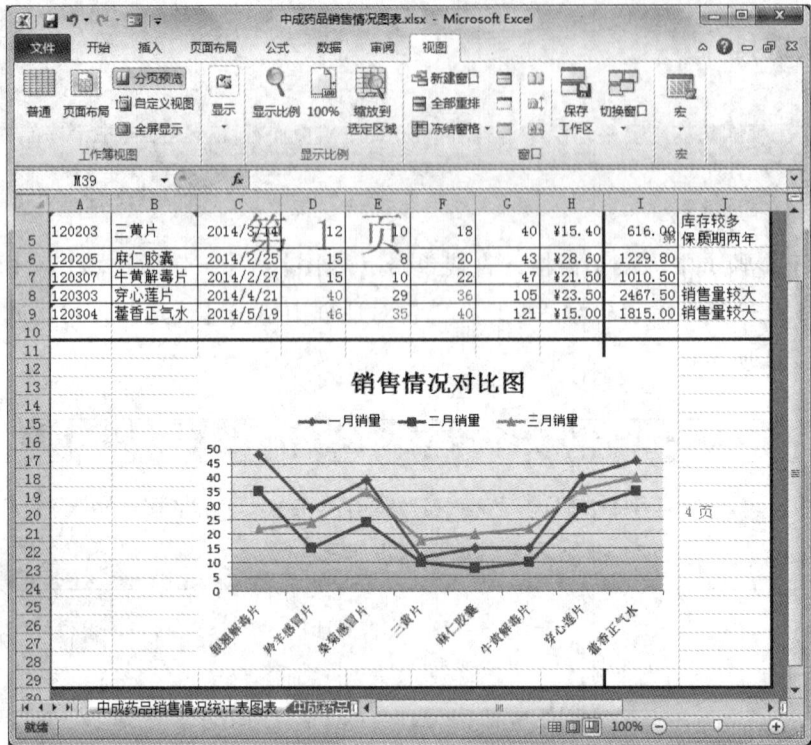

图 5-135　分页预览

小】/【缩放比例】框旁边的箭头，或者用鼠标拖动垂直分页符调整到合适的位置，使得图表能够完整显示在 1 页，如图 5-136 所示。

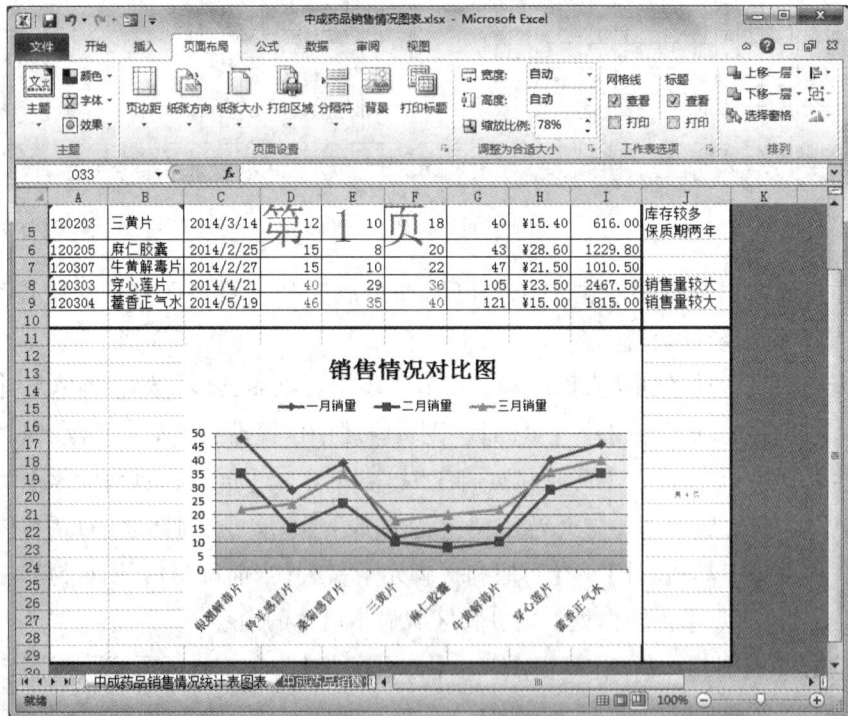

图 5-136　调整缩放比例

（9）单击【文件】/【打印】，打开"打印"窗格。在"打印"窗格中单击预览框下方的【显示边框】按钮，则预览框中显示页边框和工作表列的分割线，图5-137 所示。用鼠标直接拖动分割线调整到合适的宽度和高度。

步骤3　以原名保存工作簿文件

单击"快速访问工具栏"中的【保存】按钮即可。

步骤4　打印工作表

单击【文件】/【打印】，打开"打印"窗格。在"打印"窗格中单击"打印"即可打印。

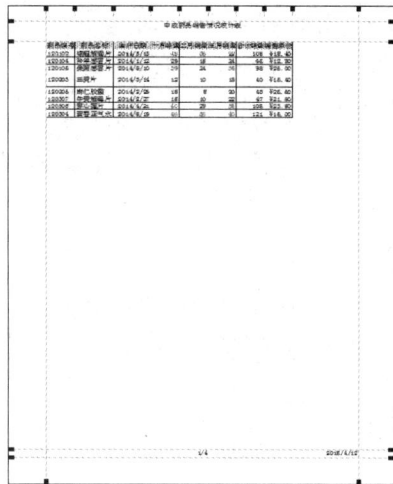

图 5-137　打印预览框显示边框

目标检测

1. 在 Excel 2010 中，字符型和数值型数据默认显示方式分别为（　　　）

    A. 中间对齐、左对齐　　　　　　　　B. 右对齐、中间对齐

    C. 左对齐、右对齐　　　　　　　　　D. 自定义、左对齐

2. 在 Excel 2010 中，当鼠标移到自动填充柄上，鼠标指针变为（　　　）

    A. 双箭头　　　　　B. 双十字　　　　　C. 黑十字　　　　　D. 黑矩形

3. 当输入的数字超过单元格能显示的位数时，则以（　　　）显示

    A. 科学计数法　　　B. 百分比　　　　　C. 货币　　　　　　D. 自定义

4. = 表示（　　　）

    A. 算术运算符　　　B. 文字运算符　　　C. 引用运算符　　　D. 比较运算符

5. 清除单元格的内容后，（　　　）

    A. 单元格的格式、边框、批注都不被清除

    B. 单元格的边框也被清除

    C. 单元格的批注也被清除

    D. 单元格的格式也被清除

6. 移动数据的时候，如果目的区域已经有数据，则 Excel 会（　　　）

    A. 请示是否将目的地的数据后移　　　B. 请示是否将目的地的数据覆盖

    C. 直接将目的地的数据后移　　　　　D. 直接将目的地的数据覆盖

7. 下列关于 Excel 2010 图表的说法正确的是（　　　）

    A. 修改数据区数据，图表也会随着变化

    B. 可能更改图表的标题

    C. 不能更改图表的类型

    D. 图表项目可以删除

8. 在 Excel 2010 中，下列各项关于打印区域的说法错误的是（　　　）

A. 可以打印活动工作表   B. 可以打印整个工作簿

C. 不能忽略打印区域   D. 可以打印选定的区域

9. 在 Excel 2010 中，设置页眉和页脚的内容可以通过（　　）进行

     A. "编辑"选项卡"页面设置"   B. "视图"选项卡"页面布局"

     C. "格式"选项卡"页面样式"   D. "工具"选项卡"页眉和页脚"

10. 在 Excel 2010 中，关于"筛选"的正确叙述是（　　）

     A. 自动筛选和高级筛选都可以将结果筛选至另外的区域中

     B. 不同字段之间进行"或"运算必须使用高级筛选

     C. 自动筛选的条件只能是一个，高级筛选的条件可以是多个

     D. 如果所选的条件出现在多列中，并且要求多个条件同时成立，则必须使用高级
        筛选

11. 在 Excel 2010 中，关于"分类汇总"的叙述正确的是（　　）

     A. 分类汇总前必须按照关键字段排序数据

     B. 汇总方式只能是求和

     C. 分类汇总的关键字段只能是一个字段

     D. 分类汇总可以被删除，但删除汇总后排序操作不能撤销

12. 在 Excel 2010 中，关于区域名字的叙述不正确的是（　　）

     A. 区域名可以与工作表中某一单元格地址相同

     B. 同一区域可以有多个名字

     C. 一个区域名只能对应一个区域

     D. 区域的名字既能在公式中引用，也能作为函数的参数

13. 公式"=SUM（C2:C6）"的作用是（　　）

     A. 求 C2 到 C6 这五个单元格数据之和

     B. 求 C2 和 C6 这两个单元格数据之和

     C. 求 C2 和 C6 这两个单元格的比值

     D. 以上说法都不对

14. 下列（　　）函数是计算工作表中数据区数值的个数

     A. SUM（A1:A10）   B. AVG（A1:A10）

     C. MIN（A1:A10）   D. COUNT（A1:A10）

15. 在 Excel 2010 中，对函数的描述不正确的是（　　）

     A. 函数必须有函数名   B. 函数名的后面必须有一对括号

     C. 函数的各参数之间用逗号间隔   D. 函数必须有参数

项目六

演示文稿制作软件 PowerPoint 2010

学习目标

知识要点

1. 掌握创建简单演示文稿，编辑演示文稿，美化演示文稿，幻灯片的切换和动画效果。

2. 熟悉在演示文稿中插入图表、图片及多媒体信息。

3. 了解演示文稿的输出。

技能要求

1. 掌握修改和美化演示文稿的技巧，设置幻灯片不同的切换和动画。

2. 熟悉用不同的方法创建演示文稿，制作有声有色的多媒体演示文稿操作。

3. 了解会制作带表格、图表的幻灯片。

任务一 PowerPoint 2010 概述

Microsoft PowerPoint（PPT）2010，是 Microsoft 公司开发的演示文稿应用程序，是 Microsoft Office 中的一个重要组件。它可以轻松地将文字、图表、图像、声音和视频等多种对象以极具视觉冲击力的方式放置于演示文稿的幻灯片中。在我们生活中包括会议、演讲等，很多时候我们都会用到 PPT 幻灯片演示文稿来完成。相较以往的 PowerPoint 版本，PowerPoint 2010 具有很多新特性。使用 Microsoft PowerPoint 2010，用户可以使用比以往更多的方式创建动态演示文稿并与观众共享。新增的音频和可视化功能可以帮助用户讲述一个简洁的电影故事，该故事既易于创建又极具观赏性。此外，PowerPoint 2010 可使用户与其他人员同时工作或联机发布演示文稿，并使用 Web 或 Smartphone 从几乎任何位置访问它。

一、PowerPoint 2010 的启动和退出

（一）启动 PowerPoint 2010

启动 PowerPoint 2010 通常有三种方法。

1. 用开始菜单启动 在【开始】菜单中选择【所有程序】/【Microsoft Office】/

【Microsoft PowerPoint 2010】命令，此时就会出现 PowerPoint 窗口。

2. 用桌面快捷图标启动 双击桌面上的【Microsoft PowerPoint 2010】程序图标。

3. 用已有 PowerPoint 演示文稿来启动 双击文件夹中的 PowerPoint 演示文稿文件（其扩展名为".pptx"）。

用第 1、第 2 两种方法启动 PowerPoint 2010，系统会在 PowerPoint 窗口中自动生成一个名为"演示文稿 1"的空白演示文稿（图 6-1）。

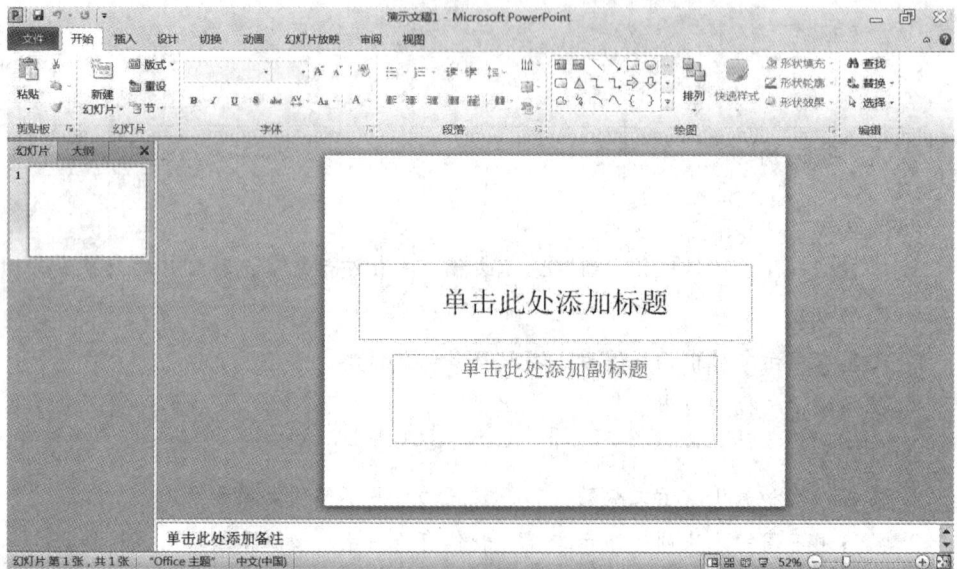

图 6-1 空白演示文稿窗口

知识拓展

> 在 PowerPoint 2010 中可以使用插件、提高制作 PPT 的效率和效果。例如图 6-1 中显示的 MathType 选项卡，正是由于在 PowerPoint 中添加了数字公式编辑器 MathType。

（二）PowerPoint 2010 工作界面介绍

启动 PowerPoint 2010 后将进入其工作界面，熟悉其工作界面各组成部分是制作演示文稿的基础。PowerPoint 2010 工作界面主要有标题栏、【文件】菜单、快速访问工具栏、功能选项卡、功能区、"幻灯片/大纲"选项卡、编辑区、备注窗格和状态栏等部分组成，如图 6-2 所示。

PowerPoint 2010 工作界面各部分的组成及作用大部分跟前面的 Word 2010、Excel 2010 类似，下面主要介绍不同的部分。

1. "幻灯片/大纲"选项卡 用于显示演示文稿的幻灯片数量、位置，通过它可以很方便的掌握整个演示文稿的结构。在"幻灯片"选项卡下，将显示整个演示文稿中幻灯片的编号和缩略图；在"大纲"选项卡下，列出了各幻灯片中的文本内容。

2. 编辑区 用于显示和编辑幻灯片，是使用 PowerPoint 2010 制作演示文稿的操作平台。

3. 备注窗格 为幻灯片添加说明和注释的地方，供制作者或演讲者查阅幻灯片的信息。

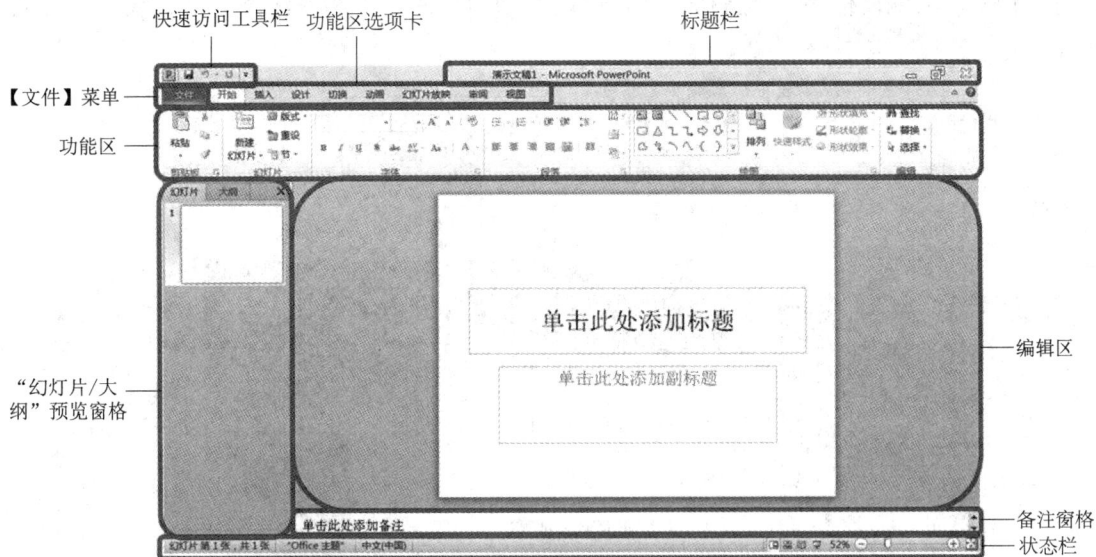

图 6-2　PowerPoint 2010 窗口

4. 状态栏　用于显示演示文稿所选当前幻灯片和幻灯片总张数、幻灯片模板类型、视图切换按钮以及页面显示比例等信息。

（三）退出 PowerPoint 2010

退出 PowerPoint 2010 通常有以下几种方法。

1. 点击 PowerPoint 窗口右上角的【关闭】按钮。

2. 双击窗口快速访问工具栏左端的控制菜单图标。

3. 单击【文件】选项卡【退出】命令。

4. 按组合键 Alt+F4。

二、PowerPoint 2010 视图

视图是 PowerPoint 文档在计算机屏幕上的显示方式。PowerPoint 2010 提供了四种视图：普通视图、幻灯片浏览视图、备注页视图和阅读视图。在视图选项标签下的"演示文稿视图"选项组中可以看到四种视图按钮（图 6-3），利用它们可以切换到相应的视图方式。

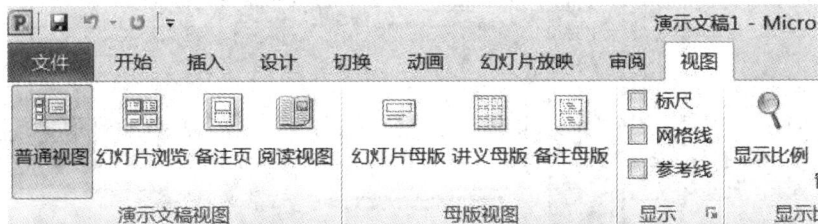

图 6-3　PowerPoint 视图选择

（一）普通视图

当创建一个新的或者打开一个已有的演示文稿时，默认的视图就是普通视图（图 6-4）。它是主要的编辑视图，用于处理单张幻灯片。它有三个可以调整大小的窗格：

幻灯片窗格、大纲窗格和注释窗格，并且可以移动幻灯片位置和备注页方框，或是改变其大小。

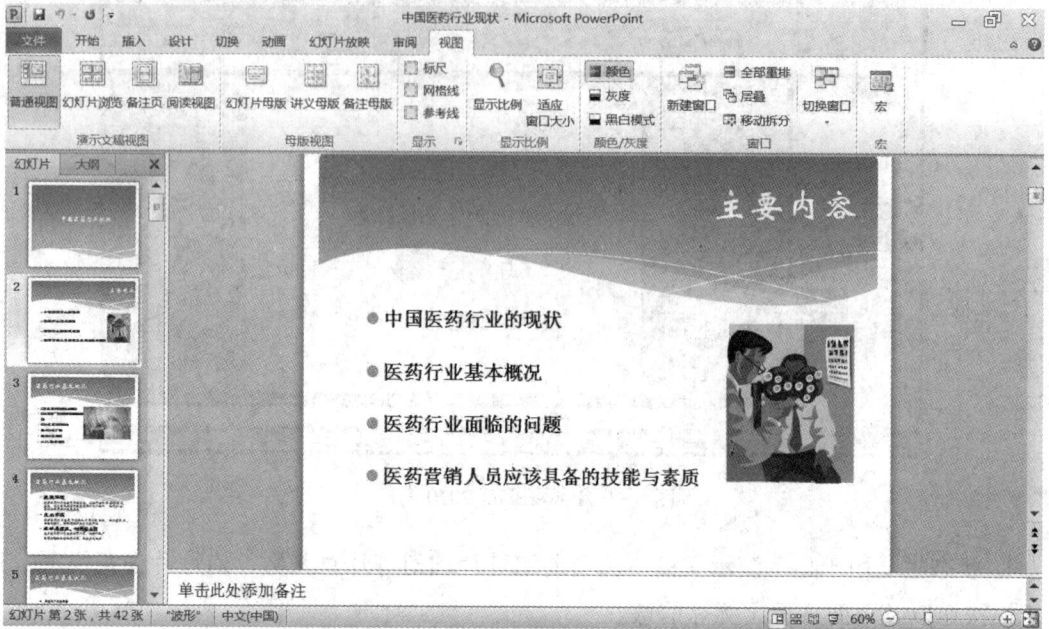

图 6-4　普通视图

（二）幻灯片浏览视图

在幻灯片浏览视图中（图 6-5），可以缩小的显示演示文稿中的所有幻灯片。在该视图中可以添加、删除、复制或移动幻灯片，还可以使用"幻灯片浏览"工具栏中的按钮来设置幻灯片的播放（放映）时间，选择其动画切换方式。

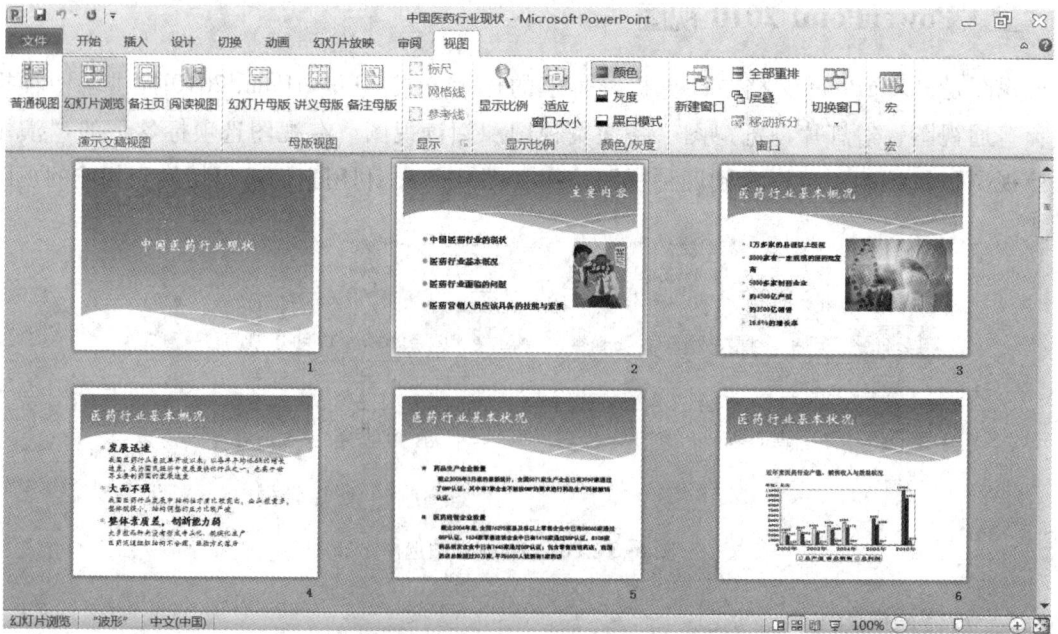

图 6-5　幻灯片浏览视图

（三）备注页视图

在该视图下，可以添加与幻灯片相关的说明内容。幻灯片缩略图下方带有备注页方框（图 6-6），可以单击方框来输入备注文字。

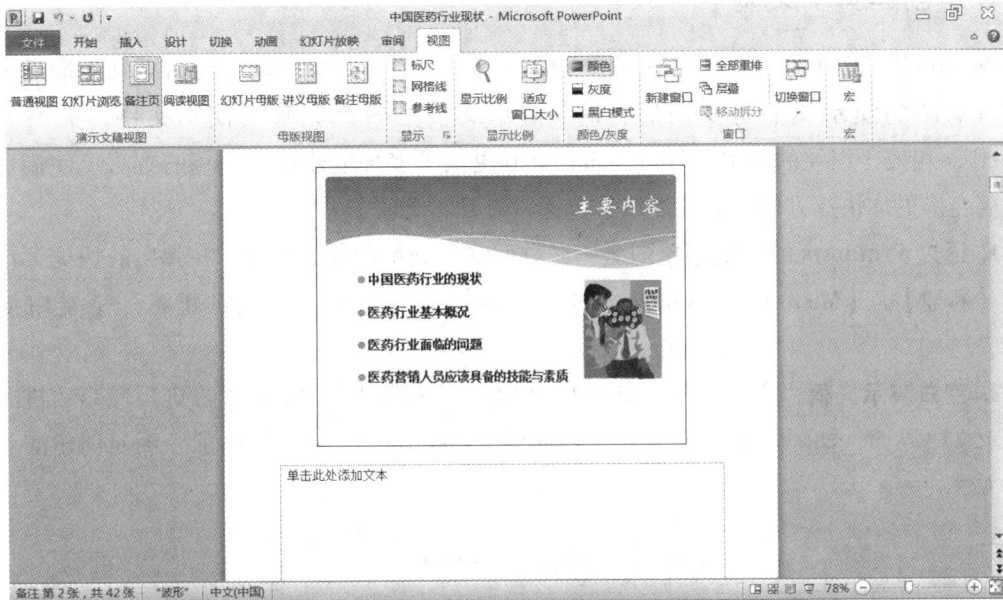

图 6-6　PowerPoint 备注页视图

（四）阅读视图

直接进入放映视图，只是其放映方式不同（图 6-7）。

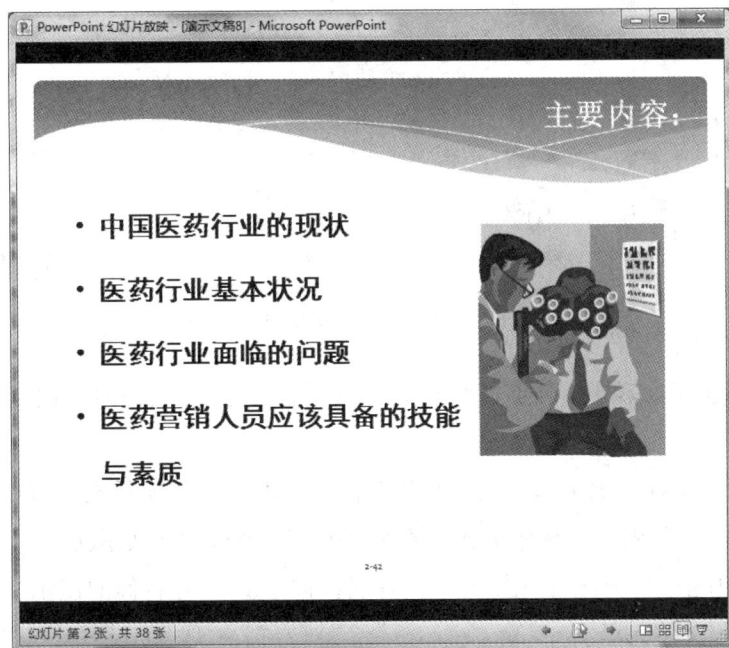

图 6-7　PowerPoint 阅读视图

任务二　演示文稿的创建

一、创建演示文稿

PowerPoint 2010 的操作对象是演示文稿，创建一个美观、生动、简洁而且能准确表达演讲者意图的演示文稿是我们的目的。演示文稿是一个完整的演示文件，扩展名是".pptx"。相较于以往的版本，PowerPoint 2010 提供了多种创建演示文稿的方法，使创建演示文稿变得更加快捷方便。创建演示文稿通常有几种方法。

1. 通过 Windows 的快捷菜单创建　在桌面空白处单击鼠标右键，在弹出的快捷菜单中选择【新建】/【Microsoft PowerPoint 演示文稿】命令，在桌面上将新建一个空白演示文稿。

2. 空白演示文稿　启动 PowerPoint 2010 软件，选择【文件】/【新建】命令，进入新建演示文稿界面，如图 6-8 所示。在该界面中，PowerPoint 2010 提供了一系列创建演示文稿的方法。

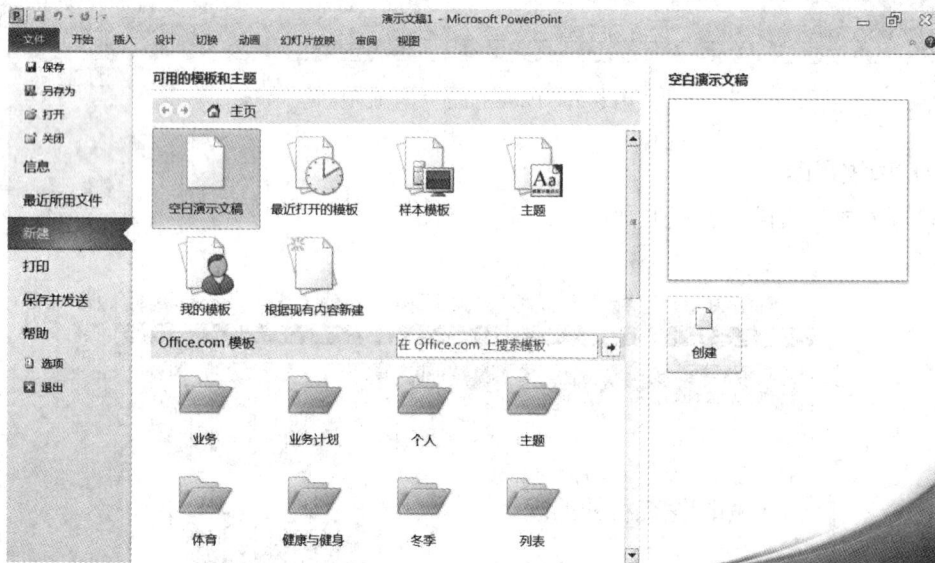

图 6-8　新建"空白演示文稿"

选择【空白演示文稿】，再点击窗口右侧的【创建】按钮，即可创建一个新的演示文稿。

3. 样本模板　模板提供了演示文稿的范例，使用模板制作演示文稿可以提高用户制作演示文稿的水平。下面用一个具体实例讲解如何用样本模板创建演示文稿。

例 6-1　利用【样本模板】创建以"药品管理.pptx"为名称的演示文稿，并保存到"D:\PPT 案例"文件夹里。

操作步骤：

第一步：启动 PowerPoint 2010 软件，在【文件】中选择【新建】，这时会出现如图 6-8【可用的模板和主题】窗格。

第二步：在【主页】区找到【样本模板】点击，出现如图 6-9 所示界面，从中选取自己需要并喜欢的模板，如"都市相册"。

图 6-9　"样本模板"选择界面

第三步：选好模板后，在右侧会出现其预览窗格，点击【创建】，则生成以"都市相册"为模板的演示文稿。

第四步：点击演示文稿窗口快速访问工具栏上的【保存】按钮，或者【文件】/【另存为】，此时弹出【另存为】对话框，如图 6-10 所示。

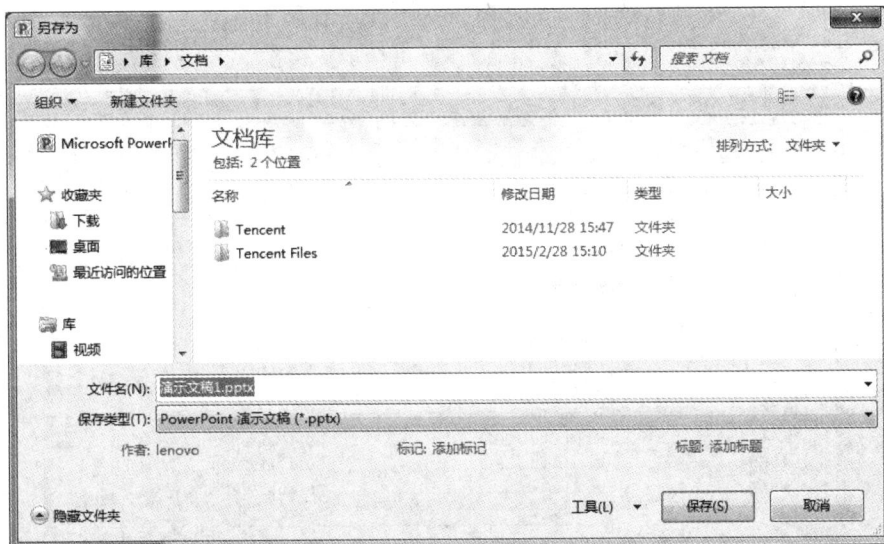

图 6-10　【另存为】对话框

第五步：在该对话框中保存演示文稿至"D：\ ppt 案例"文件夹中，并在【文件名】栏中输入文件的名字"药品管理 .pptx"，单击【保存】按钮。

4. 主题 主题提供了演示文稿的风格，包含颜色、字体和效果的组合，可以为用户提供一套独立的方案应用于文件中。使用主题可以简化用户创建演示文稿的过程。

执行【文件】／【新建】命令，选择界面中间位置的【主题】命令，点击自己喜欢的主题，再单击窗口右侧的【创建】按钮，如图 6-11 所示。

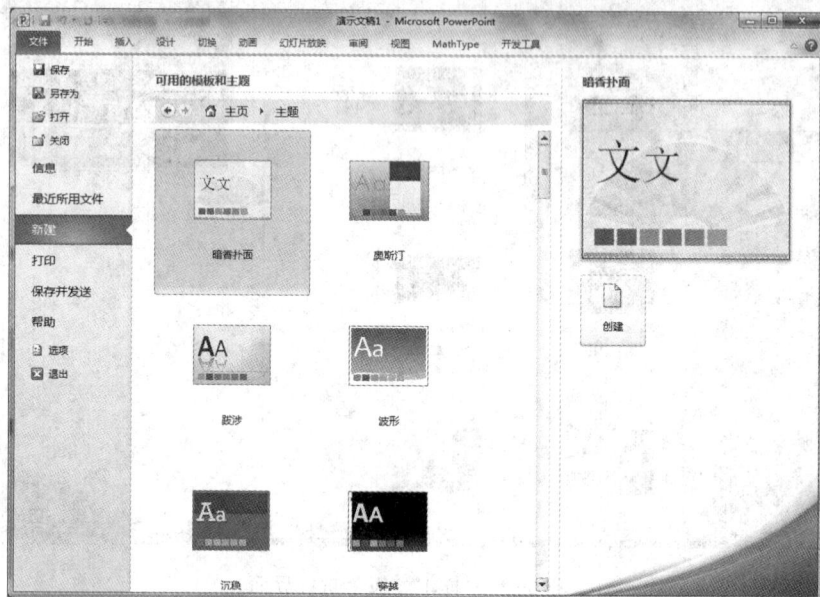

图 6-11 "主题"选择界面

5. 根据现有内容创建 根据现有内容新建演示文稿，就是根据现有的一个 ppt 演示文稿，再生成一个副本。

在图 6-8 的界面中，选择【根据现有内容新建】命令，就会弹出如图 6-12 的对话框，在该对话框中选择相应的 ppt 文稿，即可创建一个副本文稿。

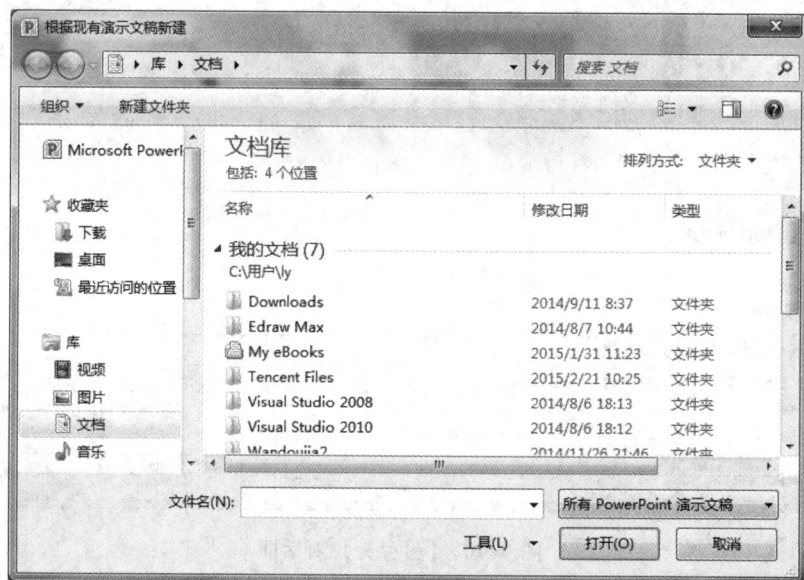

图 6-12 【根据现有内容新建】对话框

二、幻灯片的添加与管理

演示文稿和幻灯片这两个概念是有区别的。演示文稿是有限数量的幻灯片的集合，每张幻灯片都是演示文稿中即相互独立又相互联系的内容。

1. 添加幻灯片 创建演示文稿后，需要添加幻灯片。添加幻灯片通常有以下几种方法。

（1）单击【开始】选项卡，在【幻灯片】组中，单击【新建幻灯片】命令（图6-13）。

（2）在窗口左侧幻灯片预览视图或者大纲预览视图中，右击某幻灯片的缩略图，在弹出的菜单中选择/【新建幻灯片】命令（图6-14），在该幻灯片缩略图的后面会出现一张新幻灯片。

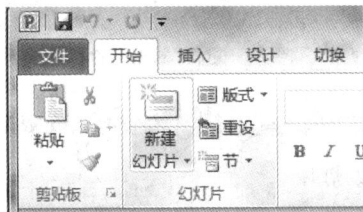

图6-13 【开始】选项卡
【新建幻灯片】命令

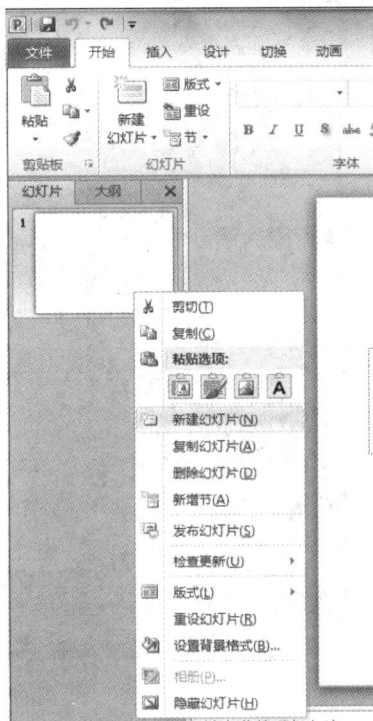

图6-14 幻灯片预览视图右键菜单
【新建幻灯片】命令

知识拓展

在"幻灯片"选项卡中，选择任意一张幻灯片的缩略图，按 Enter 键即可新建一张幻灯片。

（3）组合键 Ctrl+M。

2. 移动幻灯片 在窗口左侧的幻灯片预览视图或者大纲预览视图中，可以任意调整幻灯片的位置。方法是选择要移动的幻灯片，按住鼠标左键将其上下拖拽，至满意的位置松开鼠标即可。

3. 复制幻灯片 在幻灯片预览视图或者大纲预览视图中，右击要复制的幻灯片，在弹出的右键菜单中选择【复制幻灯片】命令（图6-14）。

4. 隐藏幻灯片 有时一些幻灯片在放映时不想让它们出现，此时可以将其隐藏起来，待需要时再取消隐藏。操作方法通常有以下两种。

（1）在幻灯片预览视图或者大纲预览视图中，右击要隐藏的幻灯片，在弹出的右键菜单中选择【隐藏幻灯片】命令（图6-14）。

（2）在幻灯片预览视图或者大纲预览视图中，单击选取要隐藏的幻灯片，执行【幻灯片放映】/【隐藏幻灯片】命令即可。此时，被隐藏的幻灯片旁会显示隐藏幻灯片的图标（图6-15）。

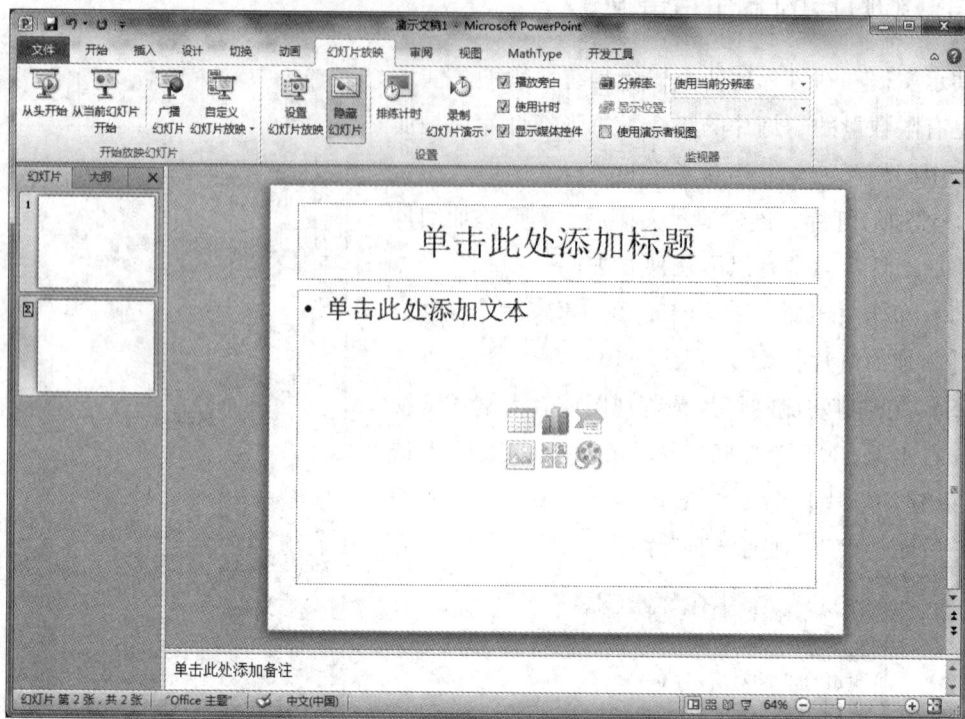

图 6-15　隐藏幻灯片

如需取消隐藏，再次执行【隐藏幻灯片】命令即可。

5. 删除幻灯片　在幻灯片预览视图或者大纲预览视图中，右击目标幻灯片，在出现的右键菜单中选择【删除幻灯片】命令。也可以选中目标幻灯片后，直接按删除键。

需要注意的是，在普通视图中移动、复制、隐藏和删除幻灯片，都是在"幻灯片"选项卡内进行的。

知识拓展

在"幻灯片"预览视图中可以添加、删除、复制或移动幻灯片。

任务三　编辑演示文稿

一、调整版面布局

幻灯片版式即幻灯片里面元素的排列组合方式。创建新幻灯片时，可以从预先设计好的幻灯片版式中进行选择。应用一个新的版式时，所有的文本和对象都保留在幻灯片中，但是可能需要重新排列它们以适应新版式。

默认情况下，演示文稿的第一张幻灯片默认是"标题幻灯片"版式，其他幻灯片是"标题和内容"版式，我们可以根据需要重新设置其版式。

重新设置的版式方法很简单，选中要设置的幻灯片，执行【开始】/【版式】命令，在弹出的菜单中选择相应的版式即可（图 6-16）。

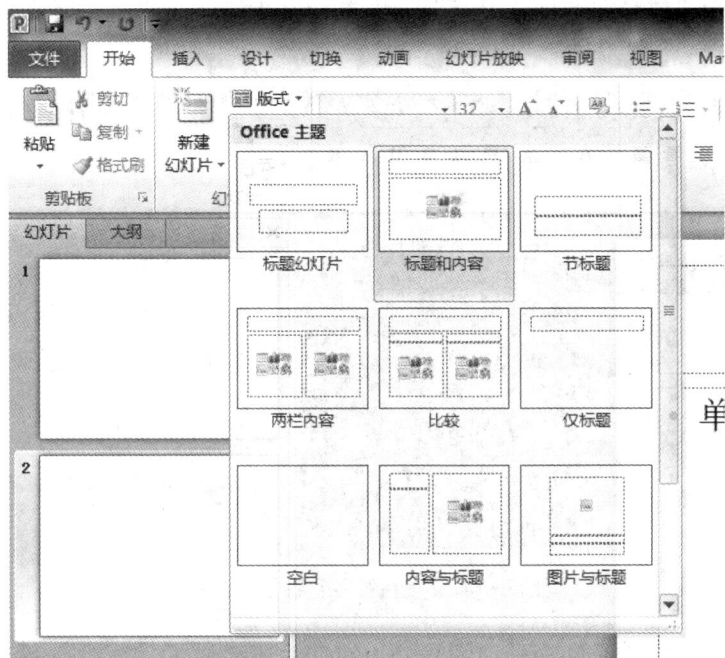

图 6-16　版式

二、占位符

新建一张幻灯片后，可以通过选择幻灯片版式来指定幻灯片内容在幻灯片上的排列方式。幻灯片版式由占位符组成，所谓占位符是指幻灯片页面中的虚线方框，起到固定对象位置的作用。占位符可放置文字（例如，标题和项目符号列表）和幻灯片内容（例如，表格、图表、图片、形状和剪贴画）。

单击占位符，占位符虚线框边缘会出现八个控制点，将光标置于占位符边框处，按住鼠标左键可移动占位符；将光标置于任意一个控制点处，光标变成"双向箭头"形状时，按住鼠标左键拖拽，可改变占位符的大小。

在占位符的边框线上右击鼠标，在弹出的菜单中选择【设置形状格式】命令，打开如图 6-17 所示的对话框。在该对话框中，可对占位符进一步设置，如线条颜色、线型、大小和位置等属性的设置。

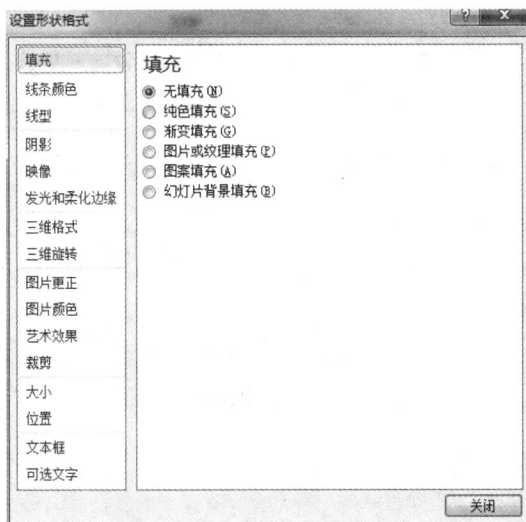

图 6-17　【设置形状格式】对话框

三、设置幻灯片中的项目符号

项目符号和编号可以使演示文稿中的文本项目层次更加清晰，更有条理性。

选取要设置项目符号或编号的文本内容，执行【开始】/【项目符号和编号】命令（图6-18），在弹出的列表中直接选取相应的项目符号，或者可以单击下方的【项目符号和编号】，打开【项目符号和编号】对话框，如图6-19所示。

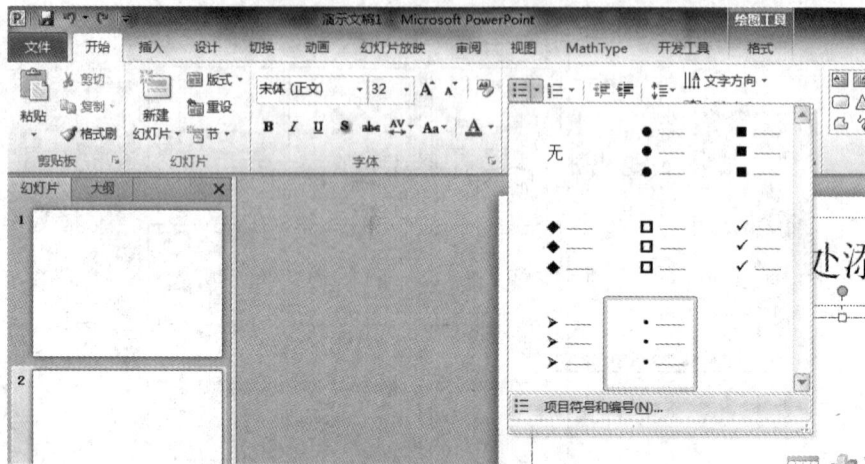

图6-18 【项目符号和编号】命令

除了与Word类似的项目符号和编号外，幻灯片还提供了【图片】项目符号，里面设置了多种图片符号。

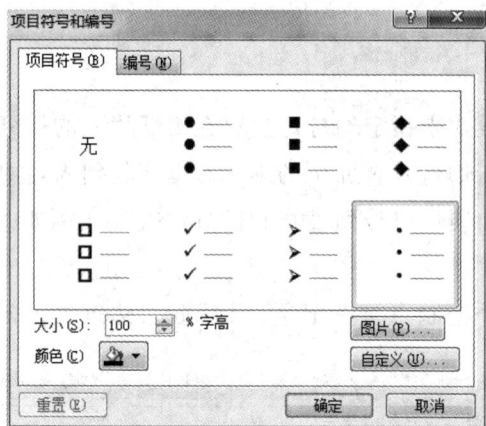

图6-19 【项目符号和编号】对话框

例6-2 在"药品管理.pptx"中，插入一张新幻灯片，版式为"标题和文本"，并完成如下设置：①设置标题文字内容为"目录"，文字格式为：隶书、60号字、加粗；②设置第1行的文本内容为"药品图片"，第2行的文本内容为"药品销售情况"，项目符号为"■"。

操作方法：

第一步：打开"药品管理.pptx"，单击【开始】/【幻灯片】组/【新建幻灯片】，在弹出的列表中选择版式为【标题和内容】。

第二步：在标题处单击鼠标，输入文字"目录"。选取输入的文字，在【开始】/【字体】区修改其字体、字号和加粗。

第三步：在正文处单击鼠标，输入"药品图片"，敲击回车键，再输入"药品销售情况"。

第四步：选取正文处输入的文字，点击【开始】/【段落】功能区/【项目符号】命令，在弹出的列表中找到相应的项目符号样式单击。

第五步：保存文件。

四、插入图像、图表及多媒体信息

(一) 插入图像

为了增强文稿的可视性，往往需要向演示文稿中插入一些图片、剪贴画等，从而使幻灯片丰富多彩。

1. 插入图片 要想插入电脑中以文件形式存储的图片，可以单击【插入】/【图像】/【图片】命令（图6-20），会弹出【插入图片】对话框（图6-21）。

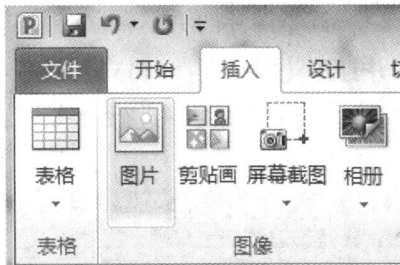

图6-20 【图片】命令

图6-21 【插入图片】对话框

2. 插入剪贴画 单击【插入】/【图像】/【剪贴画】命令，窗口右侧出现【剪贴画】任务窗格（图6-22）。在该任务窗格中，输入关键字或选择剪贴画的类型搜索剪贴画，选中相应的剪贴画即可插入进来。

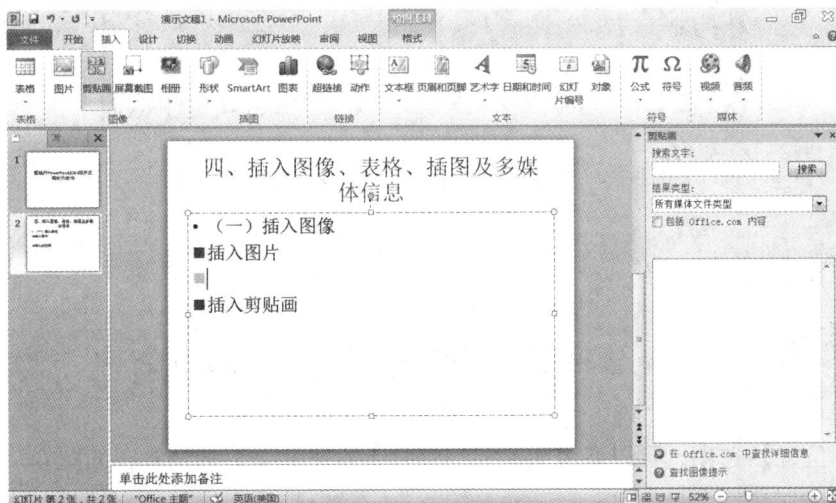

图6-22 【剪贴画】任务窗格

3. 编辑图片 PowerPoint 2010 中的图片编辑功能是非常丰富的，比以往的几个版本都要强大许多。我们可以运用 PowerPoint 2010 中的图片美化功能，快速地将幻灯片个性化。

（1）调整图片的大小和位置 点击已插入的图片后，PowerPoint 2010 菜单栏中会自动添加并打开【图片工具-格式】选项卡（图6-23），在该选项卡的【大小】组可以对图片的"高度"和"宽度"进行简单设置。

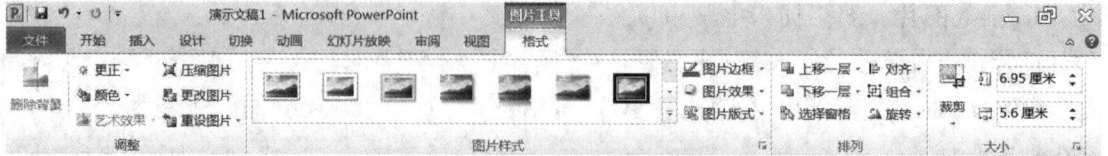

图6-23 【图片工具-格式】选项卡

如果点击【大小】组右下角的向下三角箭头按钮，会自动弹出【设置图片格式】对话框，并打开【大小】选项。在该对话框中，可以调节图片的尺寸、旋转角度和比例，如图6-24 所示。

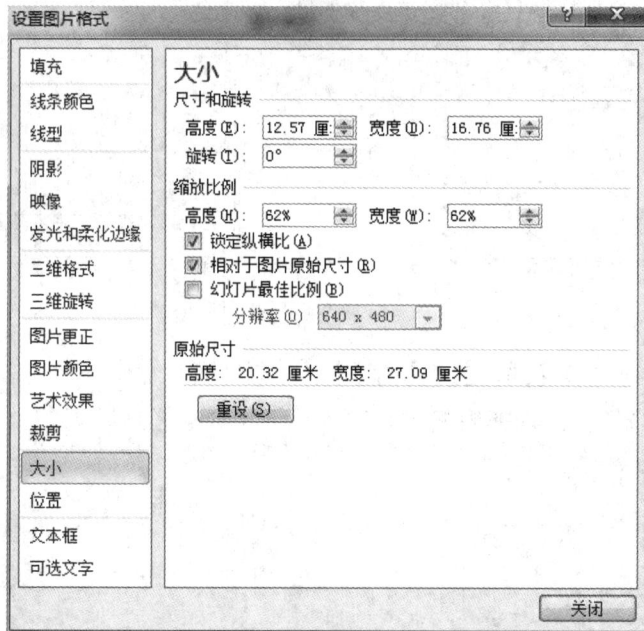

图6-24 【设置图片格式】对话框【大小】选项

知识拓展

若要改变图片纵横比例，需要去掉【锁定纵横比】前面复选框的√。

点击【位置】选项，可以调节图片在幻灯片上水平和垂直的位置，如图6-25 所示。

（2）旋转图片

①手动旋转图片：单击要旋转的图片，图片四周出现控制点，拖动上方绿色控制点即

可随意旋转图片。

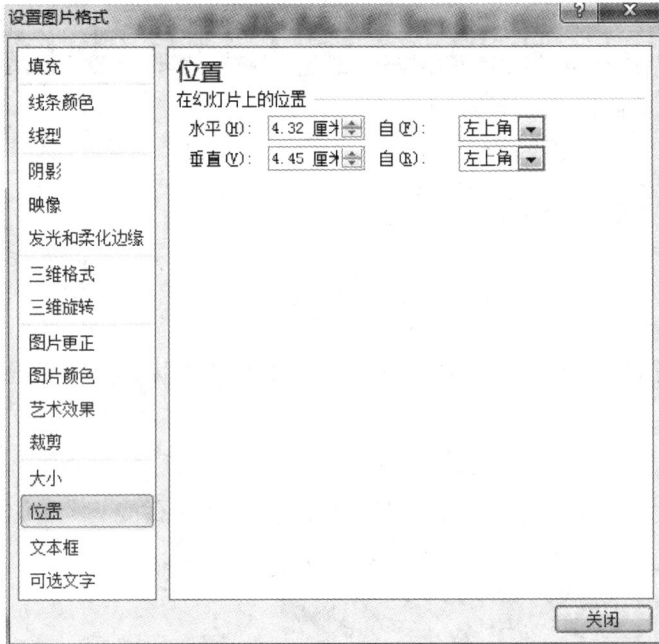

图 6-25 【设置图片格式】对话框【位置】选项

②精确旋转图片：在【图片工具-格式】选项卡【排列】组中找到【旋转】命令，会弹出如图 6-26 的菜单。点击【其他旋转选项】，可打开如图 6-24 的对话框，在【旋转】栏输入要旋转的角度。注意：正度数表示顺时针旋转，负度数表示逆时针旋转。

（3）用图片样式美化图片 单击【图片工具-格式】选项卡中的【图片样式】组【图片效果】，在打开的下拉列表中可以对图片应用不同的图片效果（图 6-27），使图片看起来像素描、线条图形、绘画作品等。

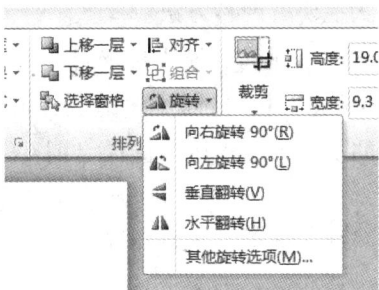

图 6-26 【旋转】命令

图 6-27 【图片效果】下拉列表

在【图片样式】组列表框中（图 6-28），提供了 28 种图片样式，在该列表中选择一种类型，也可以为当前图片添加一种样式效果。

用户还可以根据需要进行颜色、图片边框、图片版式等项目的设置。

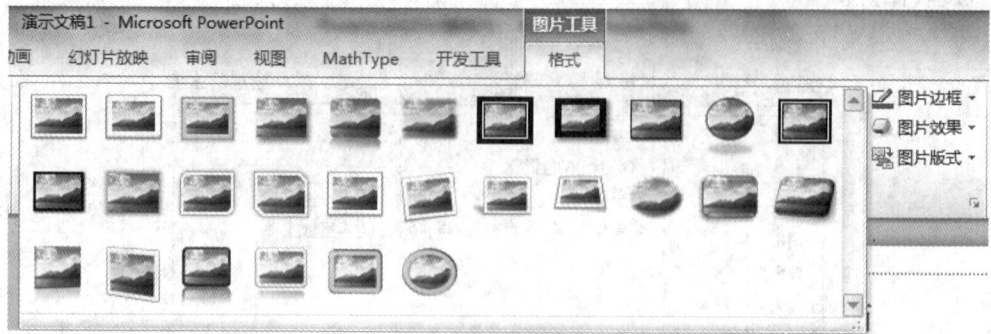

图 6-28 【图片样式】列表框

例 6-3 在"药品管理.pptx"中插入一张新幻灯片,版式为【标题和内容】,并完成如下设置。

(1) 在标题区输入文字:药品图片。

(2) 在标题下方区域插入一幅药品图片,设置图片的高度为"10.37 厘米",宽度为"7.98 厘米",并把图片至于顶层。操作步骤如下。

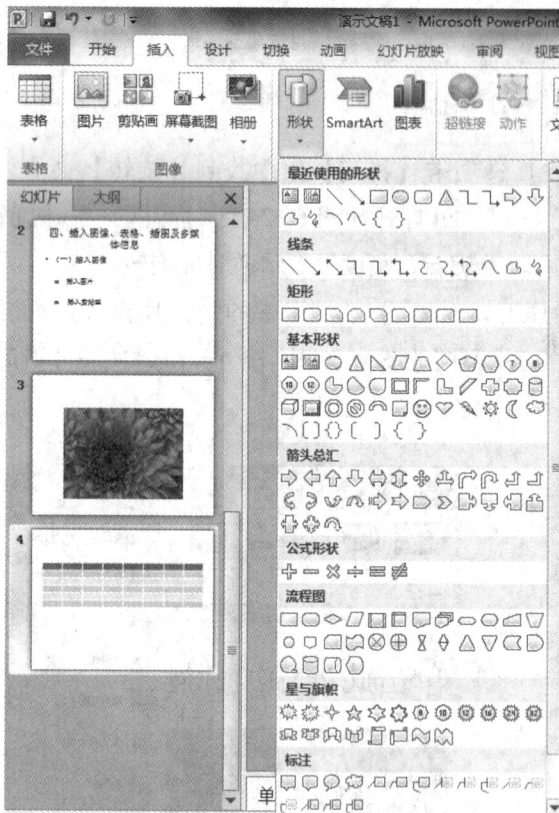

图 6-29 【插入】/【插图】组/【形状】

① 版式的选定和内容的输入不再重复,同例 6-3。

② 利用【插入】/【图像】组/【图片】,打开【插入图片】对话框,选择图片插入。

③ 点击插入的图片,在【图片工具-格式】/【大小】组,修改图片的高度和宽度。

④ 右键点击图片,在弹出的右键菜单中选择【置于顶层】,保存文件即可。

4. 插入形状 在幻灯片中插入形状主要有两种方法。

(1) 执行【插入】/【插图】组/【形状】,即可弹出包含丰富形状的下拉列表供用户选择(图 6-29)。

(2) 在【开始】/【绘图】组中的列表框中,也提供了形状的列表供用户使用(图 6-30)。

(二)插入表格

单击【插入】/【表格】组/【表格】按钮,在弹出的下拉列表中,单击【插入表格】命令,出现【插入表格】对话框,输入要插入表格的行数和列数即可(图 6-31、6-32)。

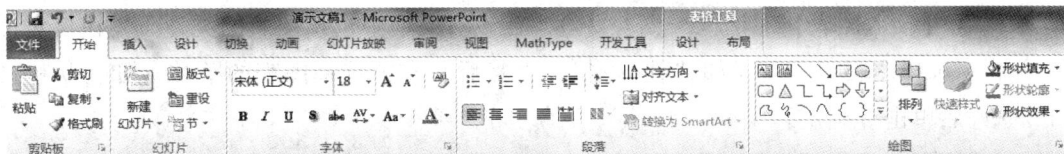

图 6-30 【开始】/【绘图】组/【形状】列表框

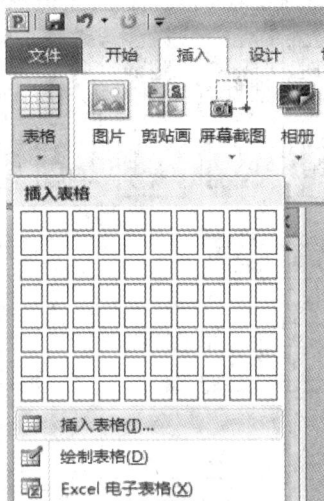

图 6-31 【插入表格】命令

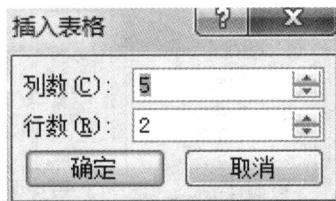

图 6-32 【插入表格】对话框

行数、列数较少的小型表格可以快速的生成。单击【插入】/【表格】组/【表格】按钮，在弹出的下拉列表顶部的表格中拖动鼠标，直至显示满意的行数和列数时单击鼠标，即可快速插入相应行列的表格。

（三）插入图表

PowerPoint 2010 自带了多种图表样式，每种图表样式可以表示不同的数据关系，操作的方法也很简单。

1. 打开目标幻灯片，执行【插入】/【插图】组/【图表】命令（图 6-33），或者单击工具栏中的【插入图表】按钮。

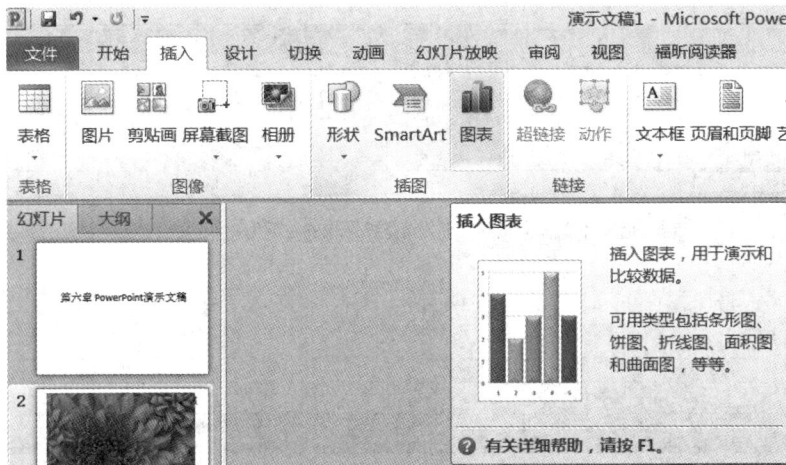

图 6-33 【图表】命令

2. 弹出【插入图表】对话框（图6-34），在该对话框中选择图表的类型。先在该对话框左侧栏中选择图表的大类（如"柱形图"），然后在右侧选择图表的子类（如簇状柱形图），选好后单击【确定】。

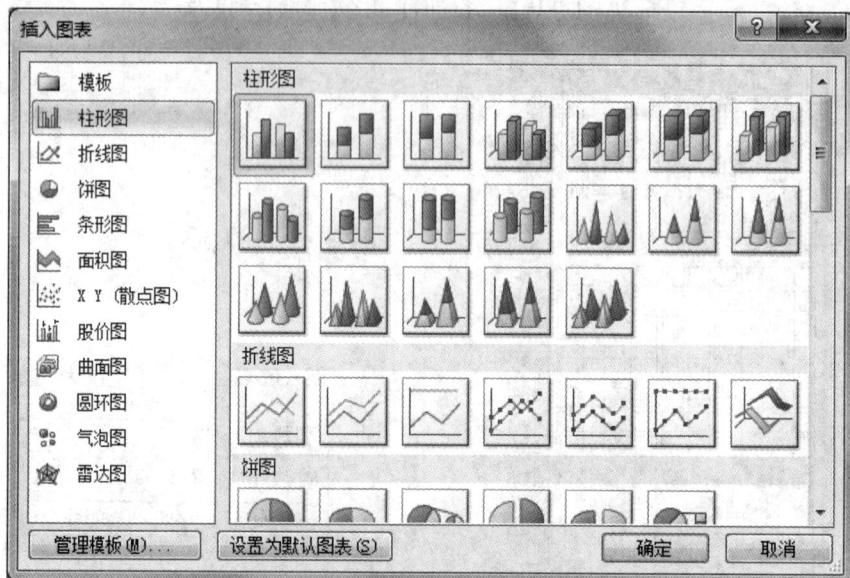

图6-34 【插入图表】对话框

3. 此时即可插入选择的图表样式，同时系统会自动打开一个名为"Microsoft PowerPoint 中的图表"的 Excel 2010 电子表格，其中显示了图表数据，如图6-35 所示。把里面的数据改成我们需要的数据，然后单击窗口右上角的【关闭】按钮。

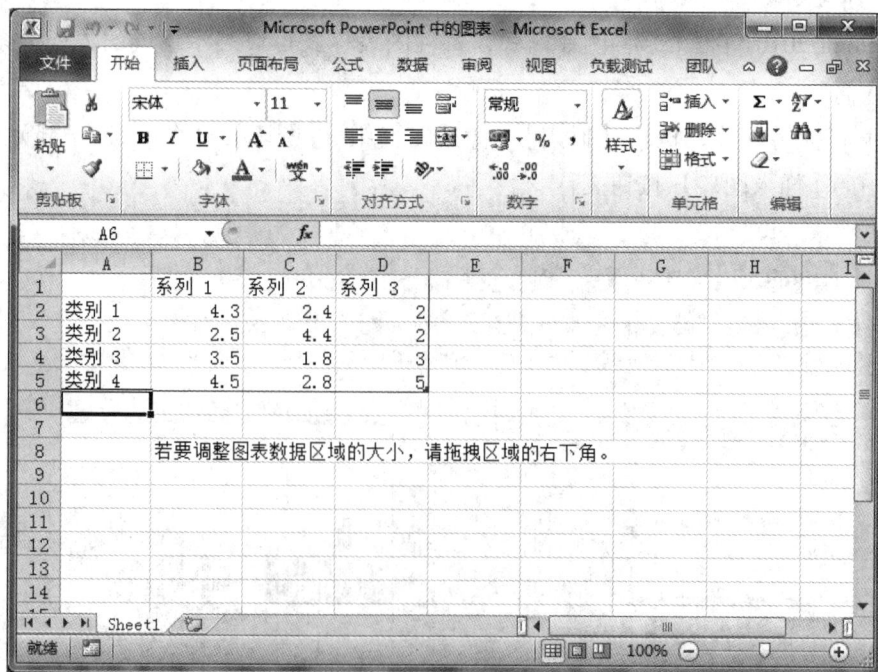

图6-35 "Microsoft PowerPoint 中的图表"窗口

4. 返回演示文稿，就会发现幻灯片中已经插入了一张图表，选中它，调整好图表的大小，并将其定位在合适位置上即可。

5. 若要进一步对图表进行设置，选中它，菜单栏就会切换到【图表工具-设计】选项卡（图6-36）。在该选项卡中可以修改图表的类型、数据、图表布局和图表样式。同时，我们注意到【图表工具】中还有【布局】和【格式】选项卡，如图6-37、6-38所示。

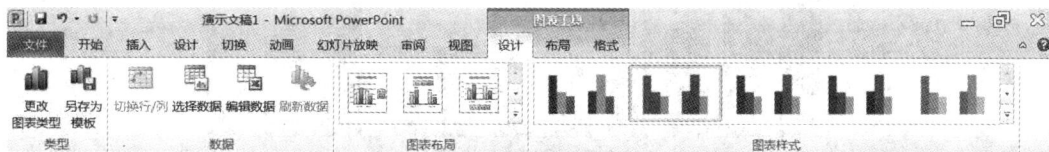

图 6-36 【图表工具-设计】选项卡

在【图表工具-布局】选项卡中可以在图表中插入图片、形状和文本框，更改图表标签（包括图表标题、坐标轴标题、图例、数据标签和模拟运算表）、坐标轴、背景，还可以添加趋势线、误差线等以分析图表中的数据。

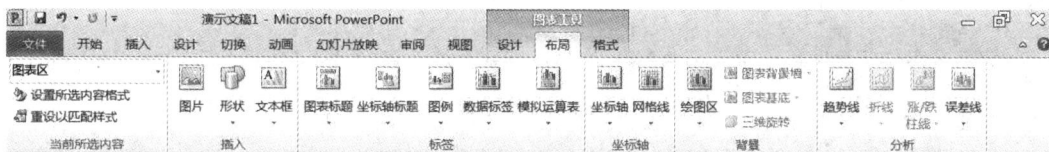

图 6-37 【图表工具-布局】选项卡

在【图表工具-格式】选项卡中可以修饰图表的形状样式、艺术字样式、排列的格式和大小。

图 6-38 【图表工具-格式】选项卡

例6-4 利用图表分析药品销售数据。在幻灯片"药品销售情况"上插入图表，图表类型为"三维簇状柱形图"，在顶部显示图例。

操作步骤：

（1）选择幻灯片"药品销售情况"，执行【插入】/【插图】组/【图表】命令，在弹出的【插入图表】对话框中，选择图表类型【柱形图】/【三维簇状柱形图】。

（2）在弹出的 Excel 表格中编辑数据内容，编辑完成后点击窗口右上角的【关闭】按钮。

（3）返回"药品销售情况"幻灯片，点击【图表工具-布局】/【标签】组/【图例】命令，在列表中选择【在顶部显示图例】，调整好图表的大小和位置，保存文件。最后的效果如图6-39所示。

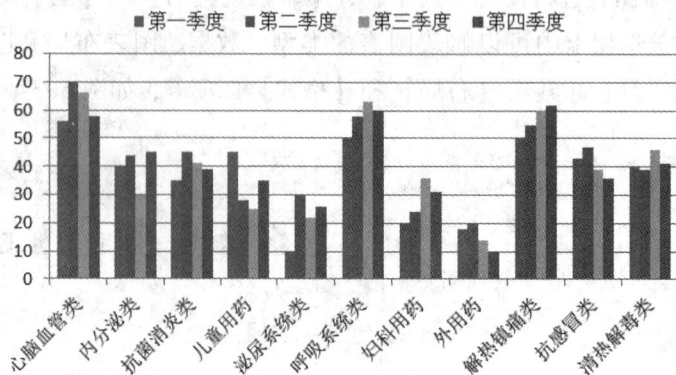

图 6-39 插入图表后的效果图

知识拓展

虽然图表中包含各种元素，但对各元素的格式设置并不复杂，只需要在该元素上右击鼠标，在弹出的快捷菜单中选择【设置格式】命令进行设置即可。

（四）插入多媒体信息

为演示文稿配上多媒体内容（声音和视频），可以大大增强演示文稿的播放效果。

1. 插入声音

（1）执行【插入】/【媒体】组/【音频】/【文件中的声音】，如图 6-40 所示，然后在弹出的【插入音频】对话框中选择音频文件，然后按【插入】按钮，此时在幻灯片中会出现一个小喇叭。

图 6-40 【音频】命令

（2）点击小喇叭，在幻灯片上会出现【音频工具】栏，如图 6-41 所示。在【音频工具-格式】选项卡中可以对音频图标的样式等进行调整。

（3）点击【音频工具】栏下方的【播放】按钮，打开【音频工具-播放】选项卡如图 6-42 所示，可以实现预览、编辑、更改音频选项等操作。

注意：插入的音频文档，会在幻灯片中显示为一个小喇叭，在幻灯片片放映时，通常会显示在画面里，为了不影响播放效果，通常将该图标隐藏。勾选【音频工具-播放】中【放映时隐藏】选项。

例 6-5 为幻灯片设计背景音乐。为"药品管理.pptx"添加背景音乐。

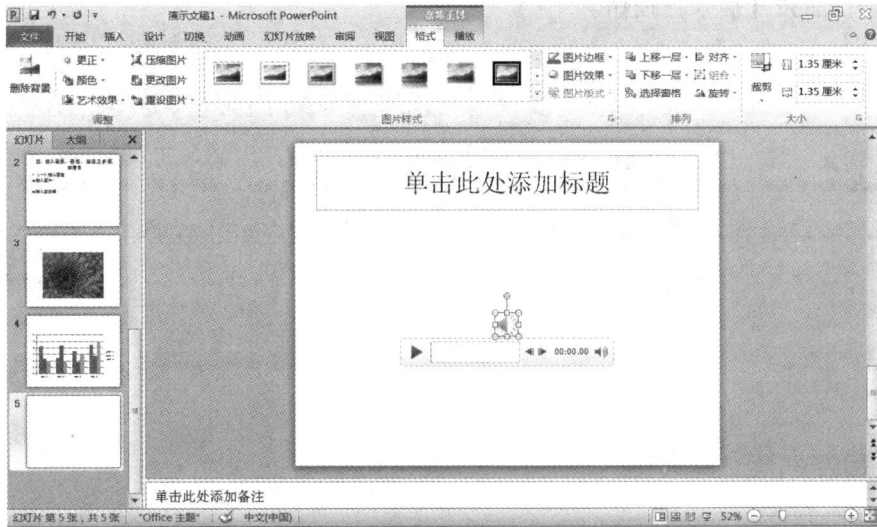

图 6-41 【音频工具-格式】

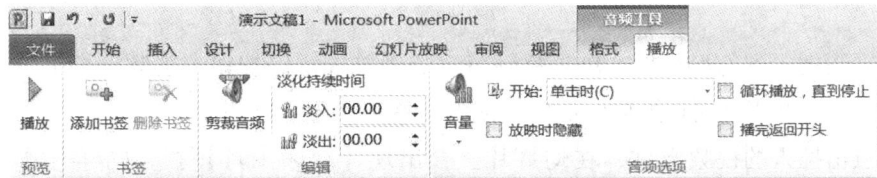

图 6-42 【音频工具-播放】

操作步骤：

第一步：打开"药品管理 . pptx"的第一张幻灯片，执行【插入】/【媒体】组/【音频】/【文件中的音频】，在弹出的【插入音频】对话框中选择要添加的背景音乐，点击【插入】按钮。

第二步：在上方出现的【音频工具-播放】选项卡中进行需要的设置，勾选【放映时隐藏】复选框。

第三步：利用动画进行相关设置。选中【动画】/【高级动画】组/【动画窗格】，在窗口右侧出现的动画窗格中点击添加的音乐，在下拉菜单中选择【效果选项】，弹出如图 6-43 所示的对话框。

第四步：设置背景音乐【开始播放】、【停止播放】等信息。

第五步：切换到【计时】选项卡，设置背景音乐【重复】的次数，保存文件。

2. 插入视频

（1）执行【插入】/【媒体】组/【视频】/【文件中的视频】，如图 6-44 所示，然后在弹出的【插入视频】对话框中选择

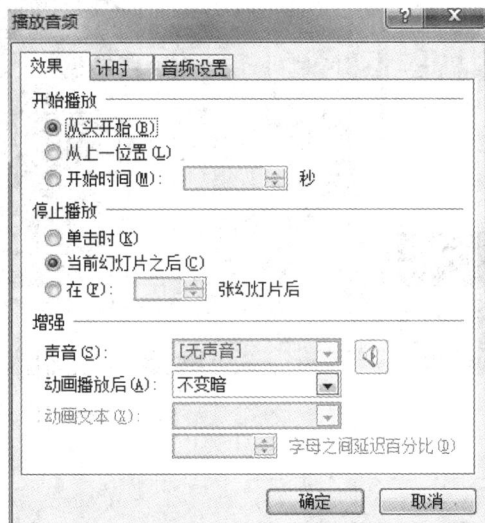

图 6-43 【播放音频】

视频文件，然后按【插入】按钮。

图 6-44 【视频】命令

知识拓展

PPT 支持 mp3、wma、wav、mid 等格式的音频文件；支持 avi、mpq、wmv 等格式的视频文件。但是由于 avi 的压缩编码方法很多，并不是所有的 avi 格式都支持。

（2）视频插入到幻灯片后，单击视频窗口的播放或暂停按钮，视频就会播放或暂停播放。视频窗口可以调节视频播放画面向前或向后移动，还可以调节音量大小。

（3）点击插入的视频文件，在幻灯片上会出现【视频工具】栏，同样有【格式】和【播放】两个选项卡，可以对视频文件进一步设置（图 6-45）。

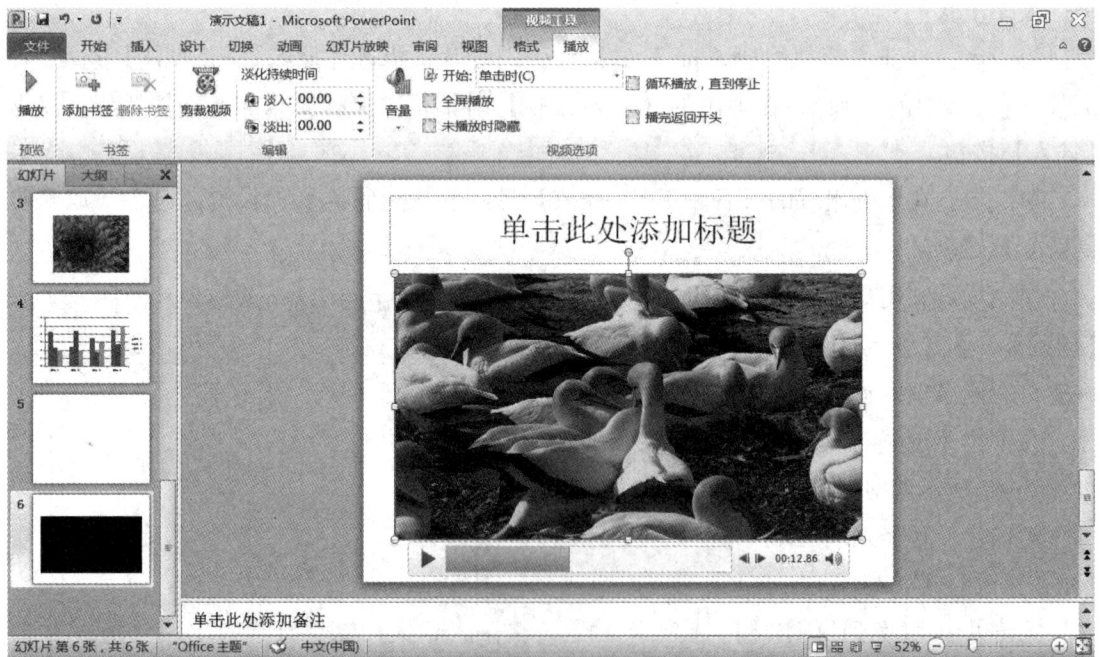

图 6-45 插入视频窗口

知识链接

在 PowerPoint2010 中插入的视频和音频或图片会直接嵌入到演示文稿中。当需要移动演示文稿时，不必像以前的 PowerPoint2003 或 2007 那样要同时复制源视频文件，只要直接复制演示文稿即可。

五、使用超级链接

通常情况下，演示文稿中幻灯片的播放顺序由它们建立时排列的物理序号决定。使用系统提供的超链接、动作设置和动作按钮的功能，用户可以随意指定播放顺序，跳转到网页或者 PPT 的其他部分。下面我们分别介绍这三种命令。

（一）超链接

PowerPoint 2010 中可以为幻灯片中的某个对象设置超链接，也可以在其中建立任意一个对象（如一段文字、一张图片等）。选中这个对象后，执行【插入】/【链接】组/【超链接】（图 6-46），弹出【插入超链接】对话框，如图 6-47 所示。

图 6-46　【超链接】命令

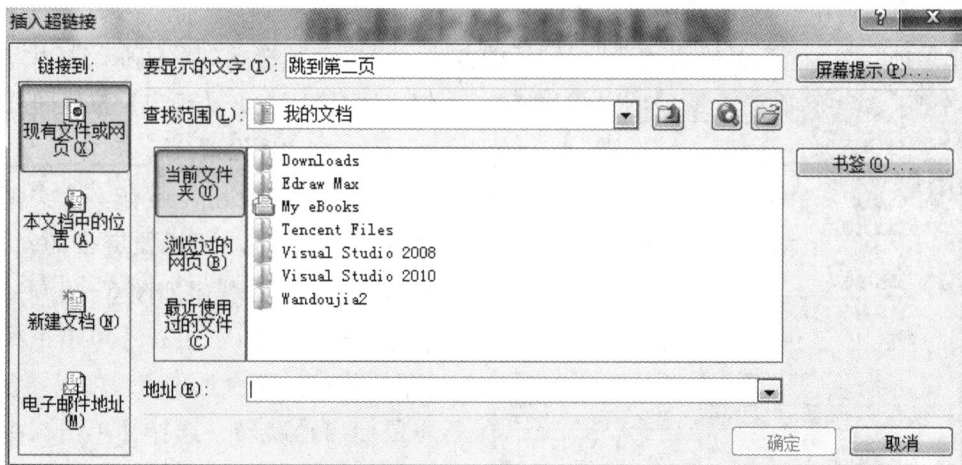

图 6-47　【插入超链接】对话框

在【插入超链接】对话框左侧的【链接到：】框中，提供了现有文件或网页、本文档中的位置、新建文档、电子邮件地址等选项，单击相应的位置就可以在不同项目中输入链接的对象。系统默认链接到的对象是【现有文件或网页】，如果要链接到网页，直接在对话框下方的【地址】栏输入需要链接的网页地址就可以。如果要选择其他文件，可以单击【查找范围】右侧的【浏览文件】按钮，在出现的【链接到文件】对话框中找到文件的位置并双击。选择好链接的位置后，单击【确定】按钮即可。

如果要链接本文档中的其他幻灯片，可以选择对话框左侧的【本文档中的位置】，如图6-48所示。然后在出现的【请选择文档中的位置】列表框中选择要链接的幻灯片，此时可在右侧的查看幻灯片预览，选择好后单击【确定】按钮。

提示：默认状态下，编辑过超链接的对象下方会有一条下划线。

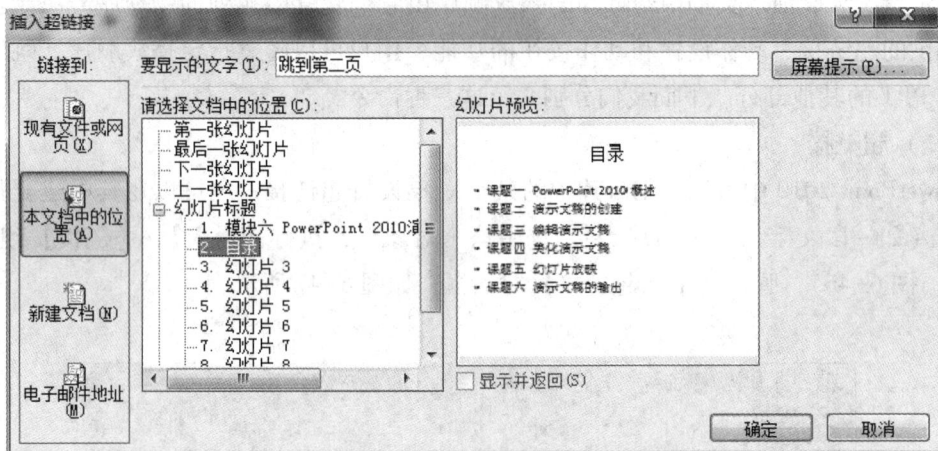

图6-48 【插入超链接】对话框

例6-6 为"药品管理.pptx"中第二张幻灯片创建目录超链接。

操作步骤：

（1）打开"药品管理.pptx"的第二张"目录"幻灯片，选取文本"药品图片"，执行【插入】/【链接】组/【超链接】命令，在弹出对话框中选择【本文档中的位置】，第三张幻灯片"药品图片"，点击【确定】按钮。

（2）选取文本"药品销售情况"，同样的方法，设置其超链接到第四张幻灯片"药品销售情况"，点击【确定】按钮即可。

（二）动作设置

在【链接】组，还有一个类似的命令——【动作】，选择要链接的对象后，单击此命令，会弹出如图6-49所示的对话框。在该对话框中有【单击鼠标】和【鼠标移过】两个选项卡，如果要使用单击鼠标启动跳转，选择【单击鼠标】选项卡设置；如果要使用鼠标移过启动跳转，选择【鼠标移过】选项卡设置。

单击【超链接到：】下拉列表，就可以选择链接到的目标位置了，可以选择其

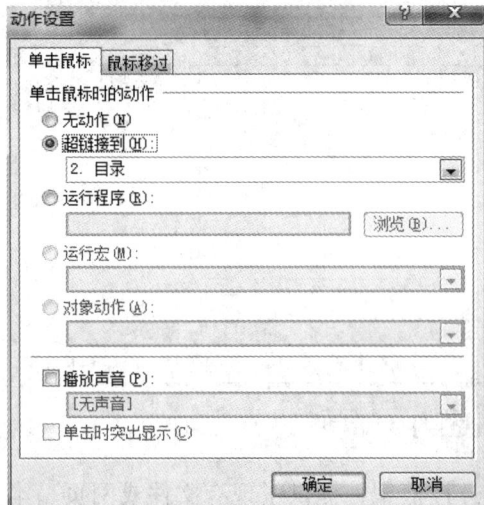

图6-49 【动作设置】对话框

他幻灯片、其他文件、URL 等选项，最后单击【确定】按钮。

除此之外，动作设置还可以附加【播放声音】来强调超链接，也可以通过勾选【单击时突出显示】来强调超链接。

（三）动作按钮

前两种方法的链接对象是幻灯片中的文字或图形，而动作按钮的链接对象是添加的按钮。

执行【插入】/【插图】组/【形状】/【动作按钮】，如图 6-50 所示，在【动作按钮】子列表中选择一种按钮样式单击，鼠标指针变为"+"字形状，此时可以在幻灯片中拖动鼠标画出动作按钮的图标，画好后会自动弹出【动作设置】对话框。接下来的设置同上边的【动作设置】。

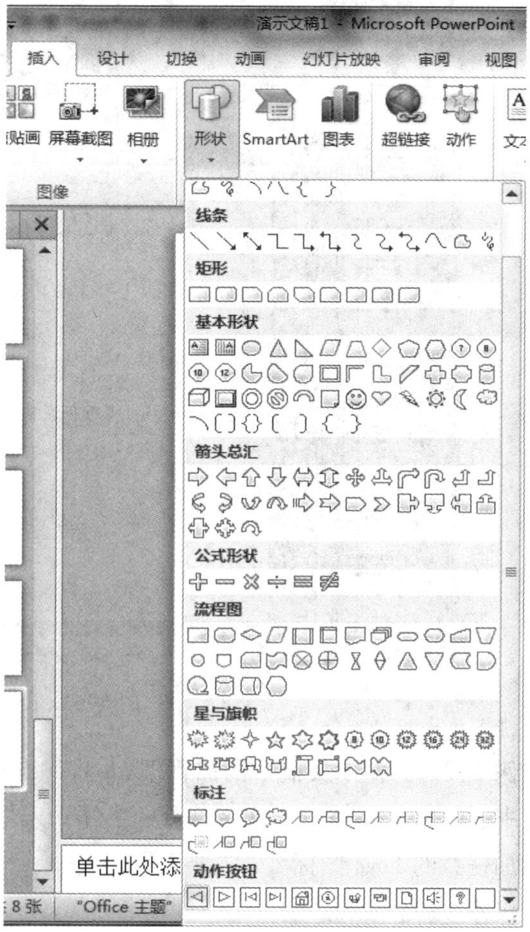

图 6-50 【动作按钮】

任务四　美化演示文稿

一、母版

如果我们希望为每一张幻灯片添加上一项固定的内容（比如公司的 Logo），可以利用"母版"功能来实现。母版可以用来存储模板设计的各种信息，包括字形、占位符大小和位置、背景设计和配色方案等，因此母版可以更改幻灯片的外观，为所有幻灯片设置默认版式和格式。

单击【视图】，在【母版视图】组可以看到 PowerPoint 2010 中有三种母版，即幻灯片母版、讲义母版和备注母版。

（一）幻灯片母版

单击【幻灯片母版】，可以进入幻灯片母版的编辑模式，同时菜单自动跳转到【幻灯片母版】栏，如图 6-51 所示。在母版视图状态下，从左侧的选项卡中可以看到 PowerPoint 2010 提供了 12 个默认母版，其中第一个为基础母版，对它进行更改，自动会在其余的母版页面显示。更改需要的背景、颜色主题、动画或格式设置等，单击【关闭母版视图】，就可以把母版应用于幻灯片了。

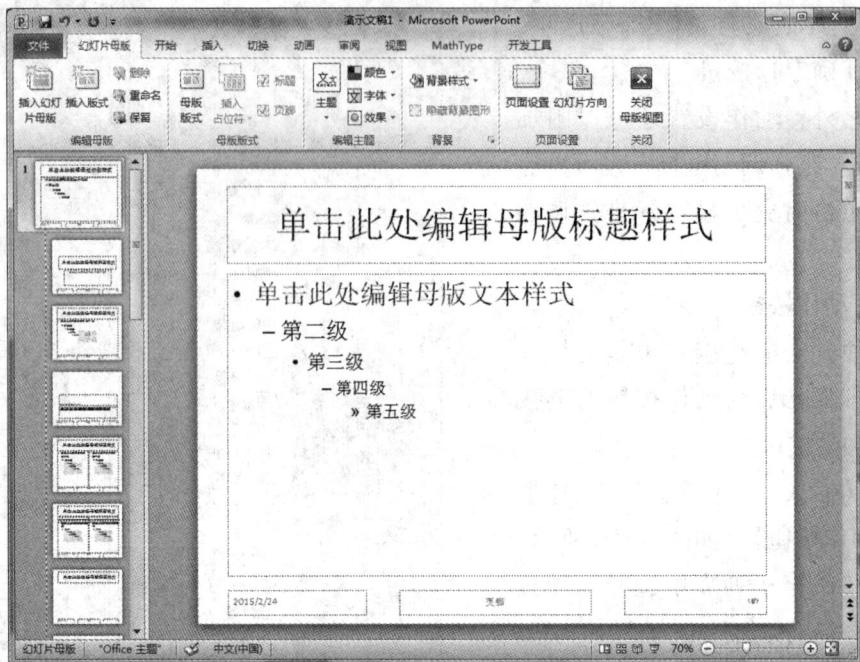

图6-51 幻灯片母版

例6-7 为演示文稿"药品管理.pptx"设置版式【图片与标题】的母版标题部分字体为隶书、加粗、40号字；文字部分的字体为宋体、深蓝、20号字。为演示文稿所有页右上角添加任意的Logo图标。

操作步骤：

（1）打开"药品管理.pptx"，选择【视图】/【母版视图】组/【幻灯片母版】，进入幻灯片母版编辑状态。

（2）在左侧选项卡中选择版式为【图片与标题】的母版单击，在窗口中间编辑区依次选中标题占位符和文本占位符，并根据需要修改字体、加粗、颜色和字号。

（3）选择第1张母版，在右上角插入自己喜欢的Logo图标。

（4）点击【图片工具-格式】选项卡中的【关闭母版视图】按钮，退出母版视图，保存文件。

知识链接

母版视图下在某个母版上编辑的内容，只能在母版视图下的该母版上进行再次编辑改动。

（二）讲义母版

讲义母版控制幻灯片以讲义形式打印的格式在一页纸张里。点击【讲义母版】后菜单会自动添加并跳转到【讲义母版】栏，如图6-52所示。在此栏中我们可以更改【幻灯片方向】【每页幻灯片数量】，是否显示【页眉】【页脚】【日期】【页码】等。

（三）备注母版

备注母版用于设置备注的格式，让备注具有统一的外观。点击【备注母版】后即可进入备注母版编辑状态，如图6-53所示。

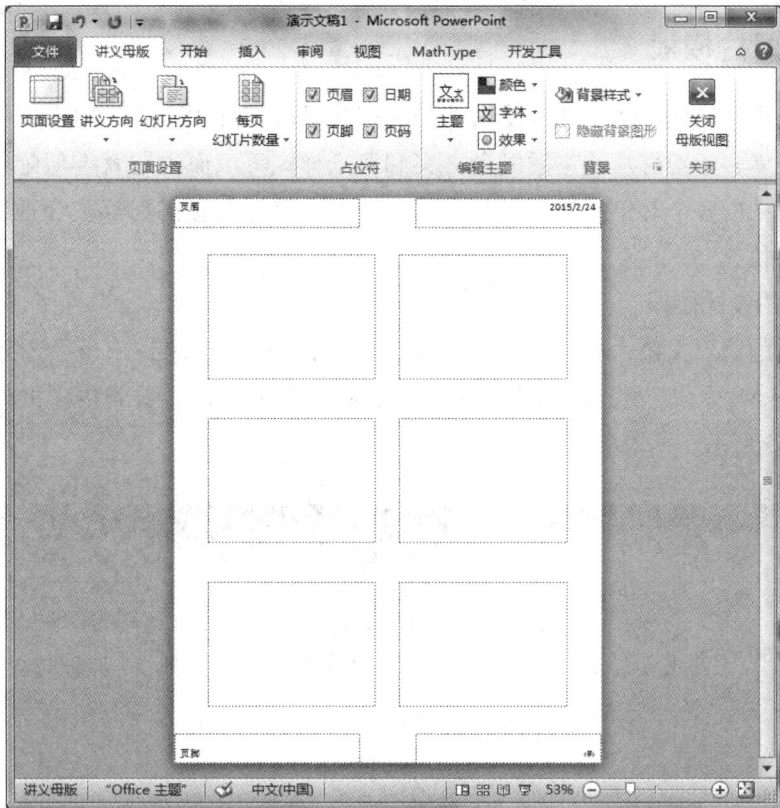

图 6-52 讲义母版

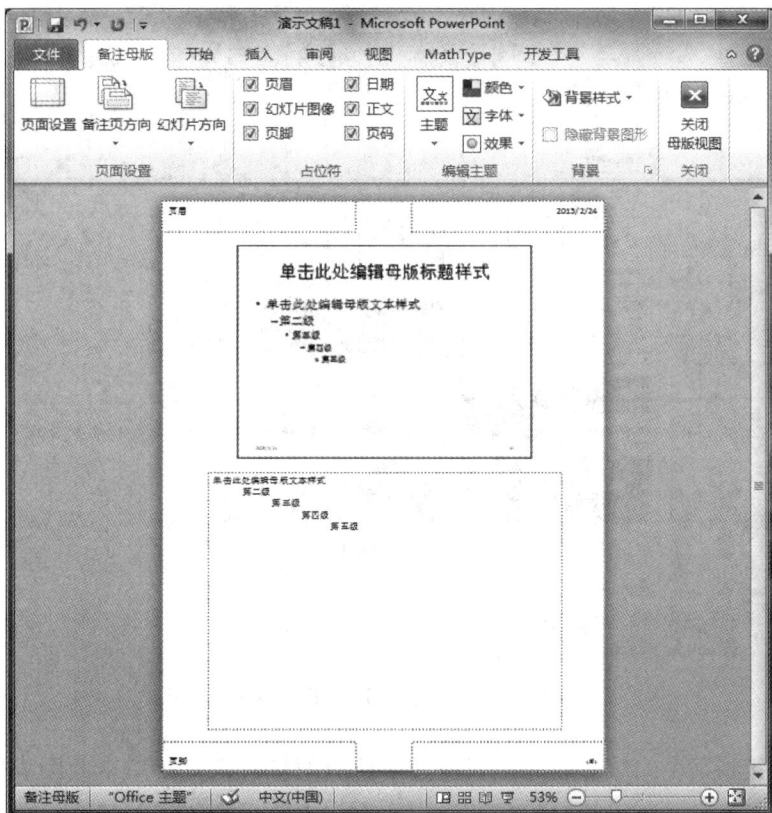

图 6-53 备注母版

二、幻灯片模板

通常情况下，新建的演示文稿使用的是单调的黑白幻灯片方案。用户可根据需要改变每张幻灯片或者多张幻灯片的主题配色方案和背景样式等。而主题就类似配色方案，每种主题为幻灯片中的各个对象预设了各种不同的颜色，整体色彩搭配都较合理，使幻灯片的美化变得更为快捷。

（一）应用设计模板

打开已有的演示文稿，从菜单栏中选择【设计】，在【主题】组就会看到幻灯片设计模板，如图 6-54 所示。点击主题列表框中靠右的下拉箭头，会看到更多的幻灯片设计模板，如图 6-55 所示。

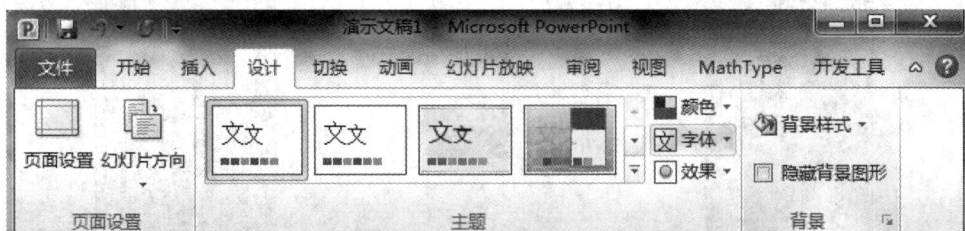

图 6-54 【设计】

图 6-55 【主题】组下拉列表

如果要直接将某个幻灯片设计模板应用于所有幻灯片，直接单击其图表即可；如果要将幻灯片设计模板只应用于特定幻灯片，需要先在幻灯片预览视图里选中该幻灯片，然后再右击该设计模板图标，在弹出的菜单中选择【应用于选定幻灯片】即可（图 6-5）。

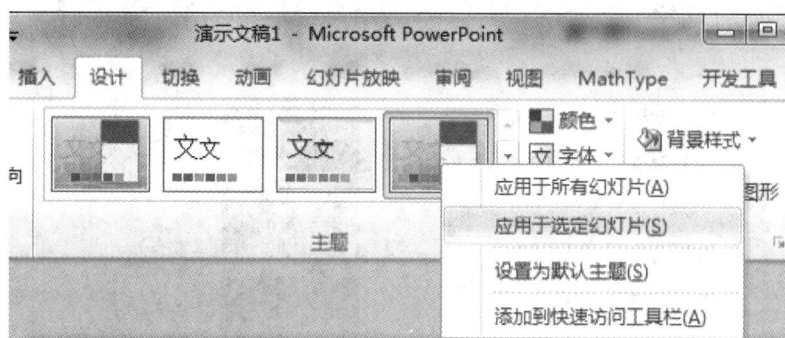

图 6-56　幻灯片设计模板右键菜单

（二）主题颜色、字体和效果

用户还可以在此基础上进行颜色、字体和效果设置，保存为一种新的主题，以便以后使用。

点击【主题】组右侧的【颜色】，如图 6-57 所示，可以看见多种配色方案，选择自己喜欢的配色方案单击即可。若该列表中没有喜欢的配色方案，还可以单击列表下方的【新建主题颜色】，在弹出的对话框中设计自己的配色方案，如图 6-58 所示。

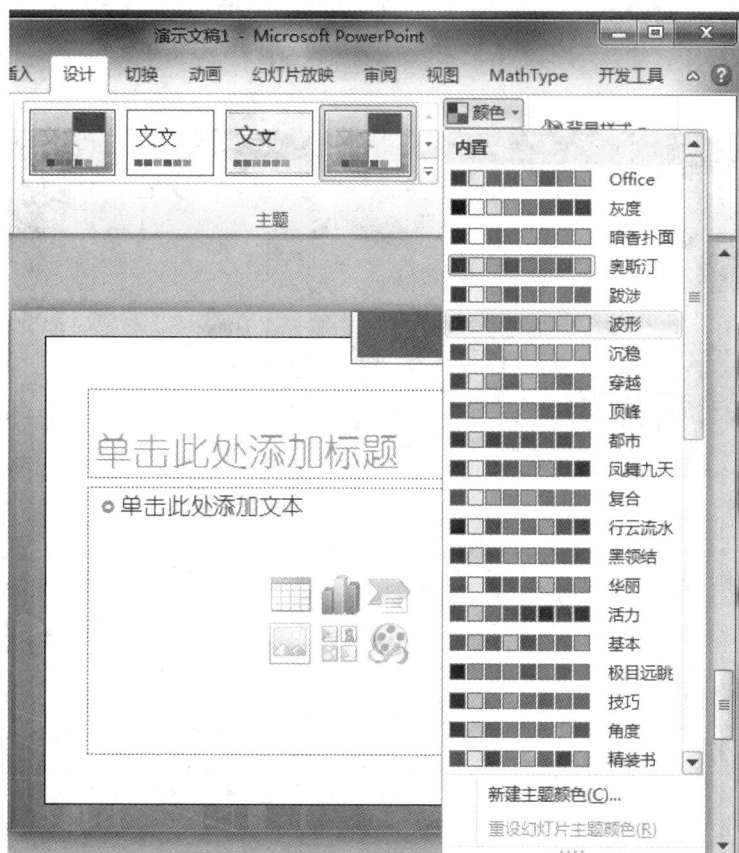

图 6-57　主题【颜色】

同样的，单击【字体】和【效果】，可以更改已选主题的字体和效果，如图 6-59、图 6-60 所示。

图 6-58 【新建主体颜色】

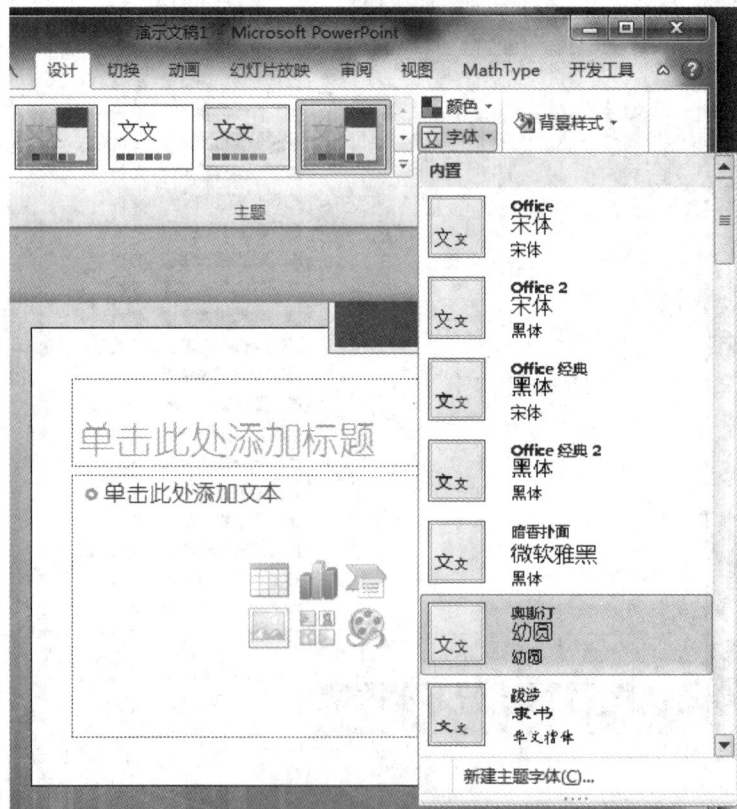

图 6-59 主题【字体】

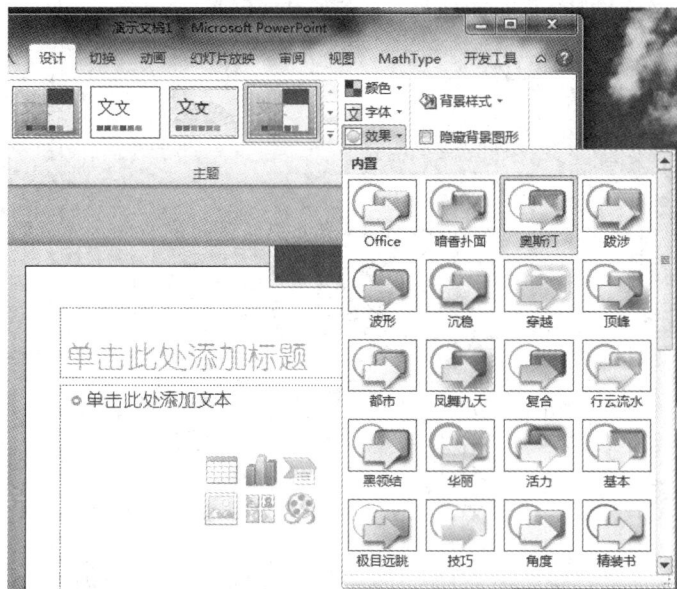

图 6-60　主题【效果】

三、背景

PowerPoint 2010 中可以为空白幻灯片应用背景，也可以对已应用了幻灯片模板或配色方案的一张或多张幻灯片修改背景。每个主题有 12 种背景样式，用户可以选择一种样式快速改变演示文稿中幻灯片的背景。

执行【设计】/【背景】组/【背景样式】，如图 6-61 所示，点击喜欢的背景样式即可将这种样式应用于所有幻灯片；如果只应用于当前幻灯片，可以单击鼠标右键，选择【应用于所选幻灯片】。

图 6-61　【背景样式】

如果选择列表下方的【设置背景格式】命令，将弹出一个对话框，如图 6-62 所示。在该对话框中，可以将背景填充为纯色、渐变色、图片或纹理、图案等。单击【重置背景】按钮，则撤销本次设置，恢复设置前状态。若单击【全部应用】按钮，则改变所有幻灯片的背景。

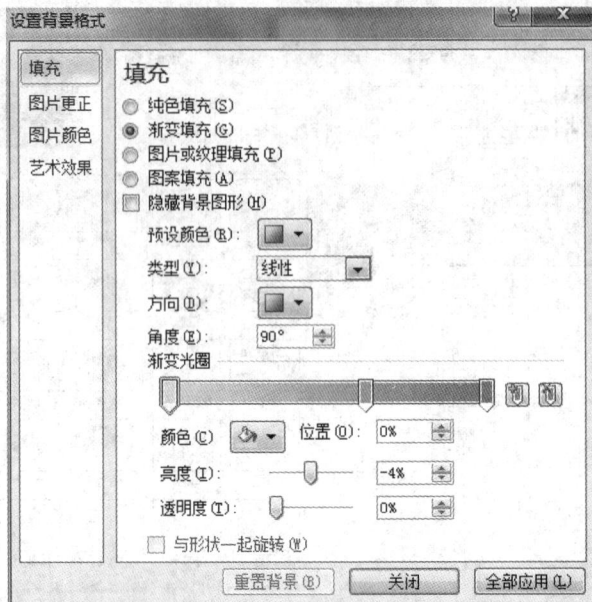

图 6-62 【设置背景格式】

知识拓展

> 背景一般由颜色和图形两部分组成，为了便于阅读，可以隐藏背景中的图形对象。勾选【设置背景格式】对话框【填充】中【隐藏背景图形】的复选框即可。

例 6-8 在"药品管理.pptx"中进行背景格式的重新设置。

操作步骤：

（1）点击【设计】/【背景】组/【背景样式】，在列表中选择【设置背景格式】命令。

（2）在弹出的【设置背景格式】对话框【填充】项中，根据需要可以对背景格式重新设置。

（3）在【填充】项中若勾选【隐藏背景图形】复选框，则可以盖住已选应用设计模板的颜色。

任务五　幻灯片放映

一、设置动画效果

PowerPoint 2010 中可以为幻灯片中的某个对象添加动画效果。用户可以为幻灯片上图片、文本、形状、表格、SmartArt 图形和其他对象制作动画效果，同时可以指定对象的播放顺序。

（一）设置动画

具体有以下四种自定义动画效果。

1."进入"动画　"进入"动画是指为对象添加进入的动画效果。选中需要设置动画的对象，在菜单栏中点击【动画】（图6-63）/【高级动画】组/【添加动画】，里面的【进入】类或【更多进入效果】（图6-64）中选择一种动画效果即可。

图6-63　【动画】选项卡

图6-64　【添加动画】

2."强调"动画　"强调"动画就是对播放画面中的对象进行突出显示，在放映过程中引起观众注意的一类动画。

操作方法同样在菜单中点击【动画】/【高级动画】组/【添加动画】，在里面的【强调】类或【更多强调效果】中选择。

3."退出"动画　"退出"动画是与"进入"动画相对应的，可以为对象添加退出时的动画效果。

4."动作路径"　"动作路径"是让播放画面中的对象按指定路线移动。这些路线可以是PowerPoint 2010中内置的，也可以由用户自行设计动作路径。

![知识拓展]

知识拓展

> 如果感觉【动作路径】中绘制的路径不够平滑，可以右击曲线，在弹出的快捷菜单中选择【编辑顶点】命令，这时曲线上会出现许多小黑点，用鼠标拖动各顶点可以让曲线更平滑。

以上四种动画，可以单独使用任何一种动画，也可以将多种效果组合在一起。除了上述的操作方法外，也可以直接在【动画】/【动画】组的【动画样式】列表框中实现。

（二）设置动画属性

设置了一种动画效果后，还可以对该动画效果作进一步设置，如设置对象的播放时间、动画的方向和播放的速度等。

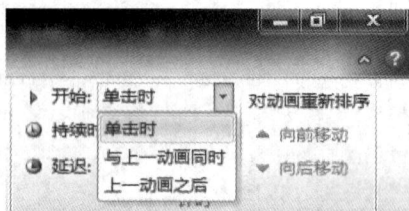

图 6-65 【计时】/【开始】

1. 计时 为对象添加好动画后，接着在【计时】组中可以设置动画【开始】的方式：鼠标【单击时】开始、【与上一动画同时】开始、【上一动画之后】开始，如图 6-65 所示。

然后选择动画【持续时间】、是否【延迟】等。

2. 更改动画播放顺序 如果一张幻灯片中添加了多个动画，系统会自动按照添加的顺序将动画排序。如图 6-66 中添加了四个动画，每个动画前面会有如"1""2""3""4"的序号标注，当幻灯片播放时，也会按照序号标注的顺序播放。有时，我们需要对动画播放的顺序进行调整，调整的方法也很简单。下面介绍两种方法。

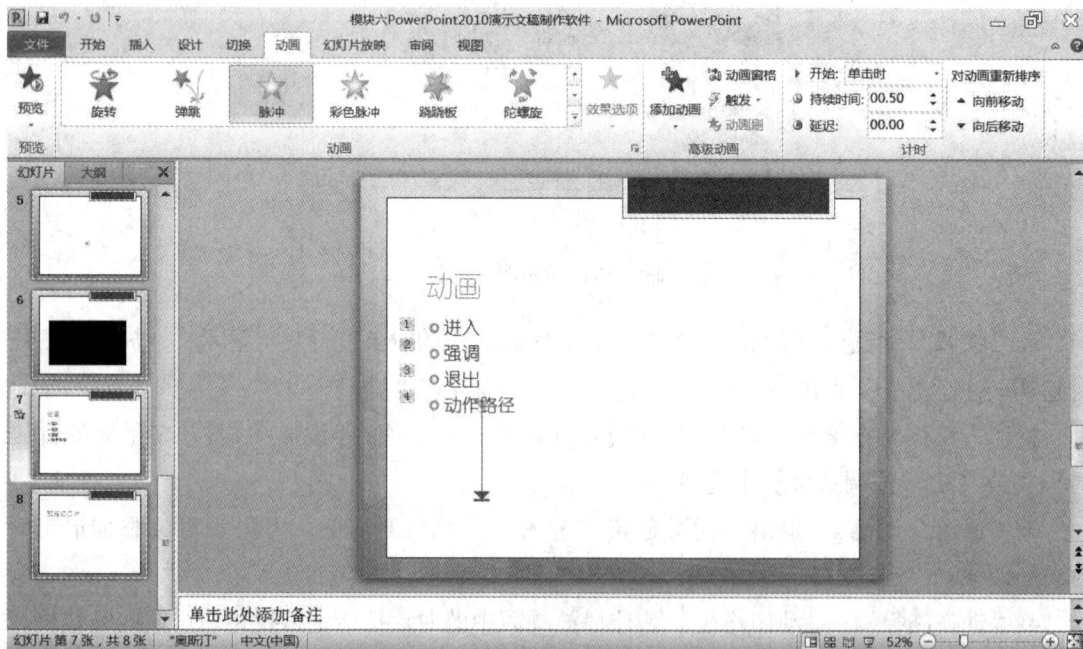

图 6-66 更改动画播放顺序前

（1）在【计时】组调整播放顺序　点击需要重新排序的动画序号，如图 6-67 中的动画"2"。此时该序号颜色会变成橙色，表示已选中第"2"个动画。同时，【计时】组中【对动画重新排序】中【向前移动】和【向后移动】两个按钮被激活，点击需要移动的按钮，如【向前移动】，结果如图 6-67 所示。

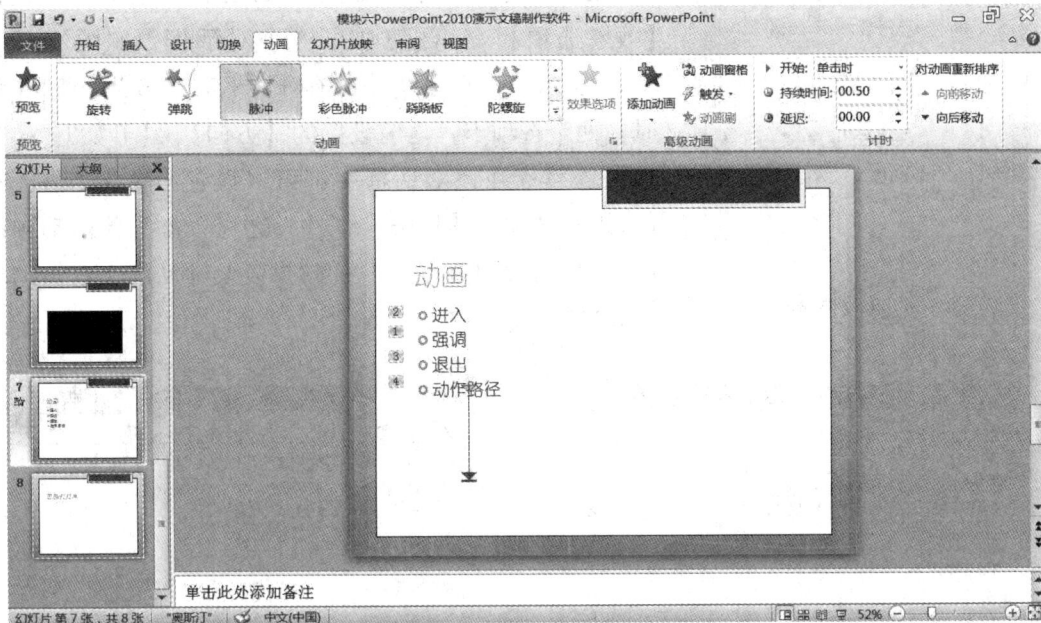

图 6-67　更改动画播放顺序后

（2）利用【动画窗格】调整播放顺序　在【高级动画】组点击【动画窗格】按钮，此时窗口右侧会自动添加【动画窗格】的任务窗格，如图 6-68 所示。在该任务窗格中，选中需要调整的动画方案，按住鼠标左键，将其拖动到目标位置，松开鼠标即可。

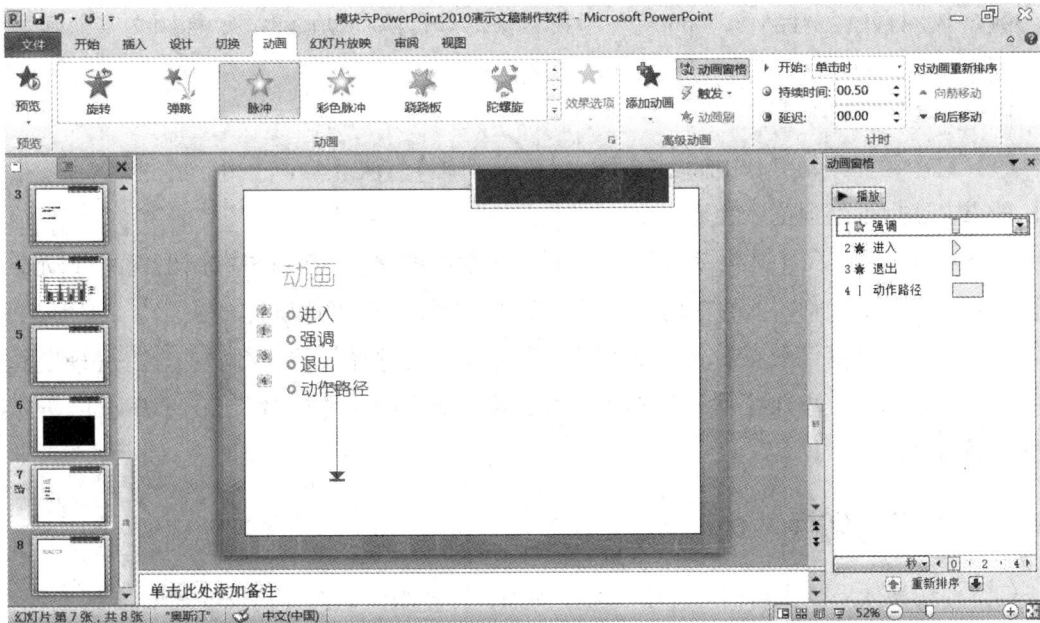

图 6-68　【动画窗格】

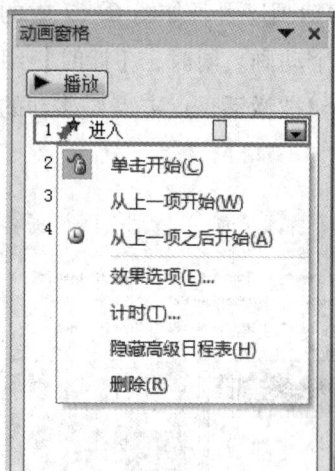

图 6-69 【效果选项】

3. 效果选项 动画属性大部分都可以在【效果选项】中完成。

为对象添加某个动画后，打开【动画窗格】。然后在【动画窗格】中，点击该动画右边向下的三角按钮，会弹出一个下拉列表，如图 6-69 所示。在列表中选择【效果选项】，会自动弹出一个对话框，如图 6-70、6-71 所示。我们可以看到该对话框有【效果】和【计时】两个选项卡，之前设置的【方向】、【开始】、【延迟】等属性在该对话框中都可以设置。除此之外，在【效果】选项卡【增强】区中，还可以添加伴随动画的【声音】、【动画播放后】的效果以及【动画文本】的增强效果等。

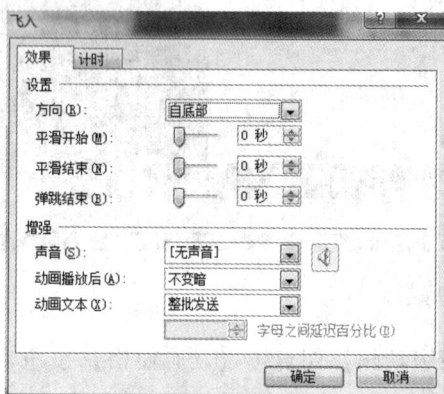

图 6-70 【效果】选项卡

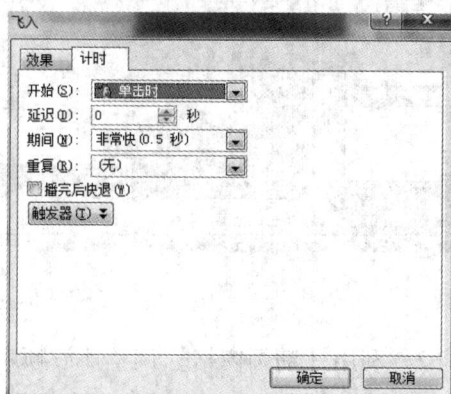

图 6-71 【计时】选项卡

例 6-9 打开"药品管理.pptx"，为第三张幻灯片添加动画效果，标题文字动画"弹跳、按字/词"，图片动画为"浮入、上一动画之后"。

操作步骤：

（1）选中第三张幻灯片中标题文字，点击【动画】，从【动画】组列表框中选择【弹跳】效果，然后可以预览该效果。

（2）在【动画】/【高级动画】组，单击【动画窗格】，在窗口右侧出现的【动画窗格】中点击动画 1 右侧向下的三角，在下拉菜单中选择【效果选项】。

（3）在该对话框【效果】选项卡中【动画文本】处选择【按字/词】，点击【确定】。

（4）选中图片，添加【浮入】动画效果，在【动画】/【计时】组/【开始】处选择【上一动画之后】。

二、幻灯片切换

幻灯片切换效果是指给幻灯片添加切换动画，即放映时幻灯片出现的效果。

（一）设置幻灯片切换效果

打开菜单中的【切换】选项卡，如图 6-72 所示，可以看到【切换到此幻灯片】组中有【切换方案】列表框和【效果选项】。在【切换方案】列表框右侧点击向下的箭头即【其他】按钮，可以看到有【细微型】、【华丽型】和【动态内容】三类切换效果，如图 6-73 所示。具体操作方法如下。

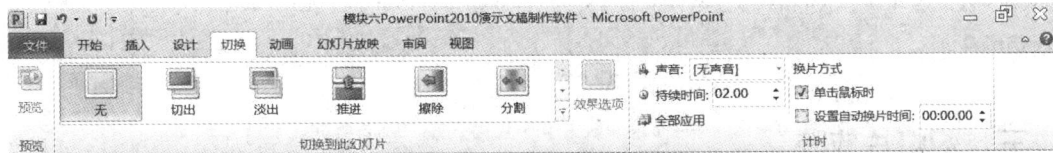

图 6-72　【切换】

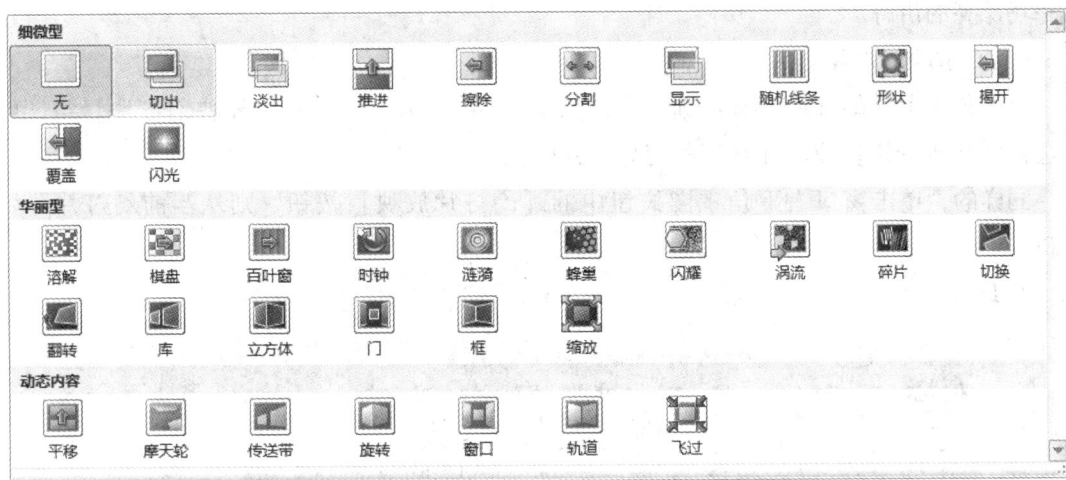

图 6-73　【切换方案】

选择要应用切换效果的幻灯片，在【切换】/【切换到此幻灯片】组中，点击要应用于该幻灯片的切换效果即可。

（二）设置切换属性

在【效果选项】中设置好换片方向。在【计时】组中可以设置换片时是否伴随【声音】、换片【持续时间】以及【换片方式】。如果要把这种切换效果应用于所有幻灯片，还需要点击【全部应用】按钮。

（三）预览切换效果

在设置切换效果时，还可以预览所设置的切换效果。在【预览】组单击【预览】按钮，可以随时预览当前幻灯片的切换效果。

例 6-10　打开"药品管理.pptx"，设置第二张幻灯片图片出现的效果为"百叶窗，风铃声，持续时间 02.00"。

操作步骤：

（1）选择第二张幻灯片，单击【切换】，然后单击【切换到此幻灯片】组列表框右下角处的下拉三角。

（2）在【华丽型】中选择【百叶窗】，并在【计时】组设置【声音】为"风铃"，【持续时间】为"02.00"。

（3）保存文件，关闭演示文稿。

知识链接

设置好幻灯片切换效果后务必放映一遍，以捕捉效果是否符合主题需要。比如在严肃的场合中切换效果过于花哨反而使观众不悦；此外，还要注意声音的选择，有些声音过于响亮，不适合所有场合。

三、幻灯片放映

演示文稿制作完成后，可以放映幻灯片进行观看，掌握一些播放技能和技巧可以帮助做一场漂亮的讲解。

（一）放映幻灯片

打开菜单中【幻灯片放映】选项卡，如图 6-74 所示。在【开始放映幻灯片】组，可以选择【从头开始】或者【从当前幻灯片开始】。

同样的，单击窗口右下角视图按钮中的【幻灯片放映】按钮，则从当前幻灯片开始放映。

按 F5 键可以从头放映幻灯片。

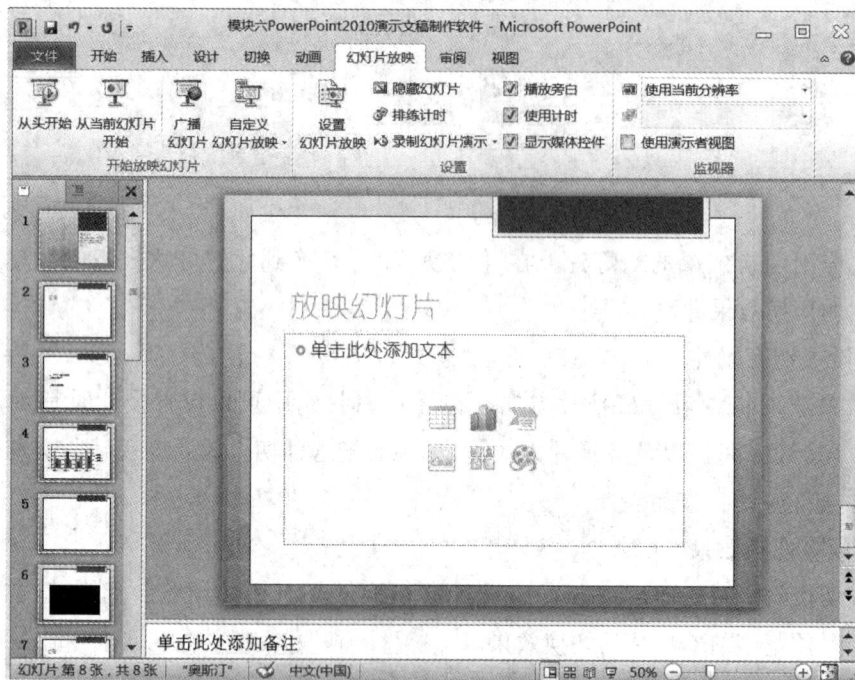

图 6-74 【幻灯片放映】

（二）设置放映方式

幻灯片的放映有的由演讲者播放，有的让观众自行播放，这需要通过设置幻灯片放映方式进行控制。

1. 点击【幻灯片放映】/【设置】组/【设置幻灯片放映】命令，打开【设置放映方式】对话框，如图 6-75。

2. 选择一种放映类型。在该对话框中，有三种放映类型供选择：演讲者放映、观众自

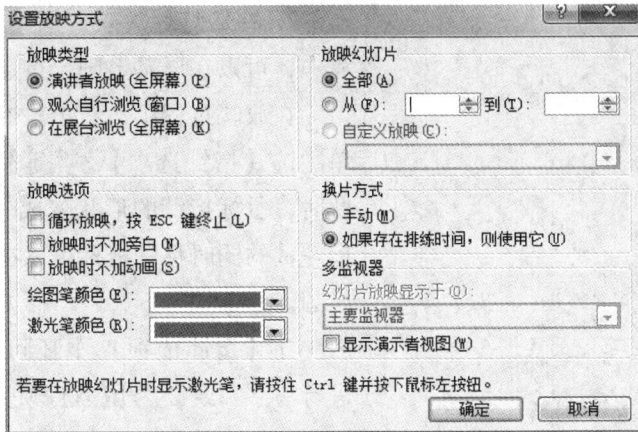

图 6-75　【设置放映方式】对话框

行浏览和在展台浏览。选好后，确定【放映幻灯片】的范围，设置好【放映选项】。

3. 再根据需要设置好其他选项，【确定】退出即可。

（三）播放演示文稿的常用操作

1. 控制演示文稿放映进程　在放映幻灯片时可以控制幻灯片的放映进程。

（1）前进　下面介绍几种控制前进的方法：鼠标单击；Enter 键；空格键；右击鼠标，在弹出的快捷菜单中选【下一张】；Page Down 键；按向下或向右的方向键；在屏幕左下角单击【下一页】按钮。

（2）后退　下面介绍几种控制后退的方法：Backspace 键；右击鼠标，在弹出的快捷菜单中选【上一张】；Page Up 键；按向上或向左的方向键；在屏幕左下角单击【上一页】按钮。

（3）退出　按 ESC 键；鼠标右击，在弹出的快捷菜单中选【结束放映】；在屏幕左下角单击 按钮，在弹出的菜单中选择【结束放映】。

（4）改变放映顺序　若要改变放映顺序，右击鼠标，在弹出的放映控制菜单中点击【定位至幻灯片】，自动弹出所有幻灯片标题，如图 6-76 所示，单击目标幻灯片标题，即可从该幻灯片开始放映。

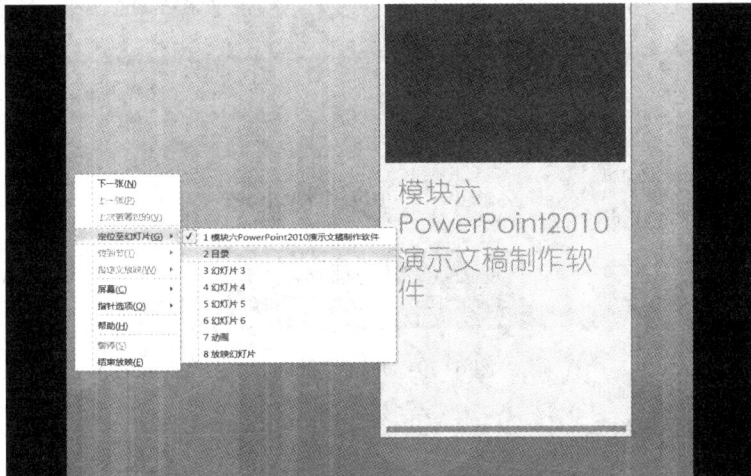

图 6-76　放映控制菜单

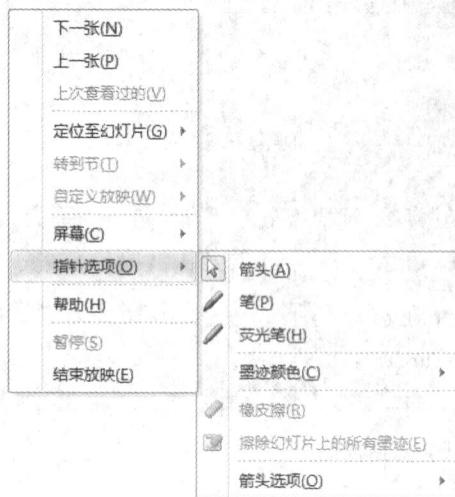

图 6-77 【指针选项】

2. 在幻灯片放映时写字或绘画 在播放过程中，可以在屏幕上画出重点内容或绘画。

在放映过程中，右击鼠标，在弹出的快捷菜单中选【指针选项】/【笔】，如图 6-77 所示。此时，鼠标指针的形状变成一只"笔"，按住鼠标左键的同时移动鼠标可以在屏幕上随意写字或绘画。

在【指针选项】中还可以选择【荧光笔】进行写字和绘画。【墨迹颜色】选项可修改笔的演示。如果希望删除已标注的墨迹，可以单击【橡皮擦】命令或【擦出幻灯片上所有的墨迹】命令进行删除墨迹。

在退出播放状态时，系统会提示"是否保留墨迹注释"的提示，根据需要选择即可。

3. 在幻灯片放映时查看备注 作为一个演讲者，经常会在演示文稿中添加一些备注信息，而在放映演示文稿时，又只想让自己看到这些备注，而观众只看到演示内容，那么需要进行以下两个步骤。

（1）首先在连接了投影（或者第二个显示器）情况下，win7 桌面右键单击/【屏幕分辨率】，选中投影机型号，将下面第三个选项设置成【扩展显示内容】，并【确定】。

（2）在 PowerPoint 2010 中切换到【幻灯片放映】选项卡，勾选【使用演示者视图】，在【显示位置】下拉列表中选择【监视器 2】。

以上设置好后，播放 PPT 时会实现分屏播放，即投影机显示演示文稿内容，电脑上显示演示文稿内容、备注、时间、幻灯片缩略图和激光笔等。

4. 排练计时 排练计时功能使幻灯片依据记录的时间自动放映。

执行【幻灯片放映】/【设置】组/【排练计时】，如图 6-78，即可打开排练计时，如图 6-79 所示。

图 6-78 【排练计时】

图 6-79 开始【录制】

（四）自定义演示文稿放映

一份 PPT 演示文稿，如果需要根据观众的不同有选择的放映，可以通过【自定义幻灯片放映】来实现。操作方法如下：

1. 执行【幻灯片放映】/【开始放映幻灯片】组/【自定义幻灯片放映】/【自定义放映】命令，打开【自定义放映】对话框，如图 6-80 所示。

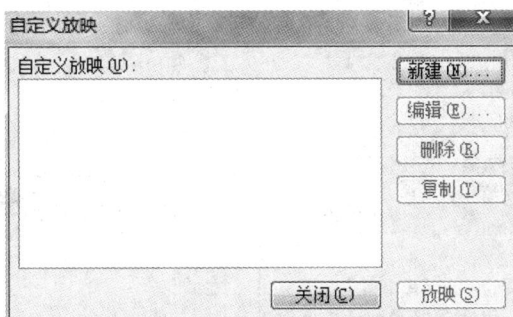

图 6-80　【自定义放映】对话框

2. 点击【新增】按钮，打开【定义自定义放映】对话框，如图 6-81 所示。

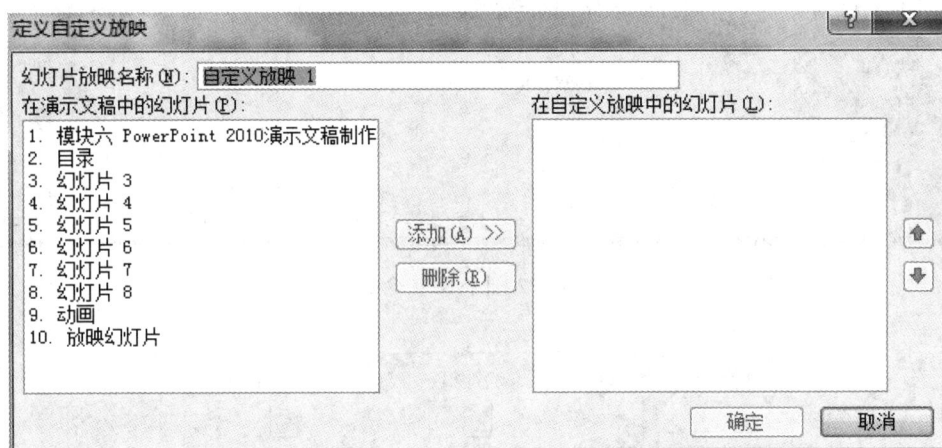

图 6-81　【定义自定义放映】对话框

3. 输入一个放映方案的名称（如"会议"），然后在 Ctrl 键的协助下选择要放映的幻灯片，点击【添加】按钮，添加完成后点击【确定】返回。

4. 在需要放映某个方案时，再次打开【自定义放映】对话框，选择相应的放映方案，点击【放映】按钮即可放映。

任务六　演示文稿的输出

一、打印

有时我们需要把演示文稿打印出来校对一下其中的文字，但是一张纸只打印一张幻灯片太浪费了，那么，如何设置一张纸打印多张幻灯片呢？

执行【文件】/【打印】命令，如图 6-82 所示。点击【整页幻灯片】，在弹出的列表中【讲义】区选择每页打印的张数，如图 6-83 所示。此时在窗口右侧会自动出现打印预览。然后再设置其他参数，点击【打印】按钮即可。

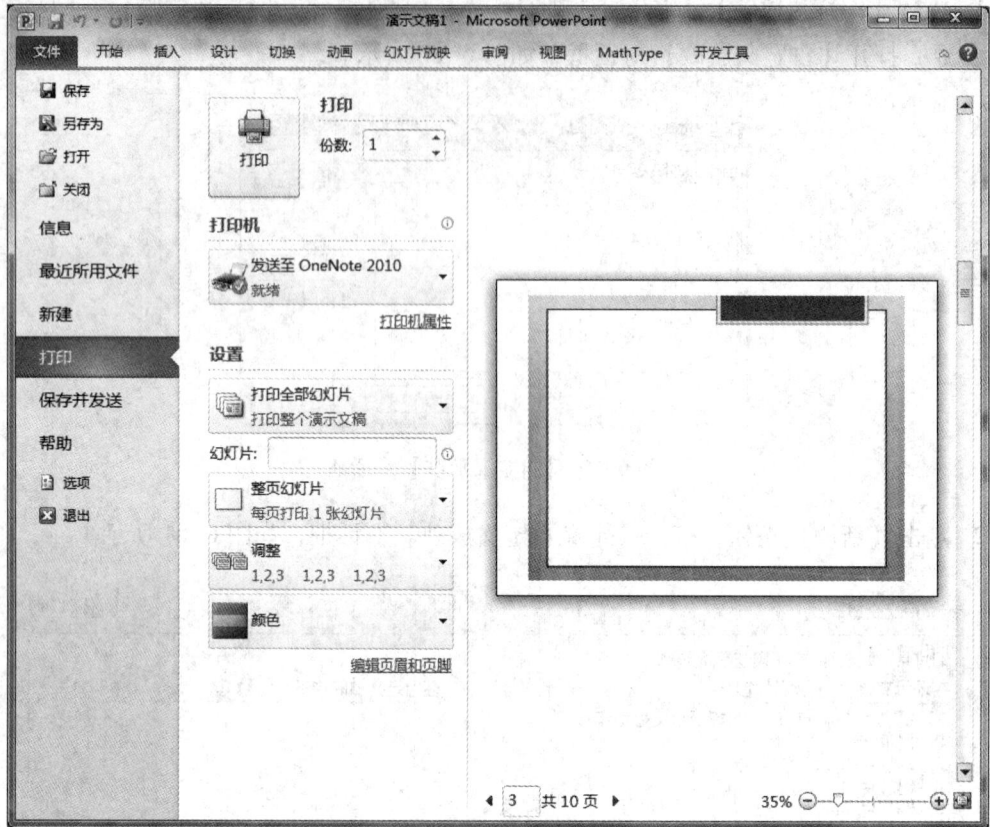

图 6-82 【打印】命令

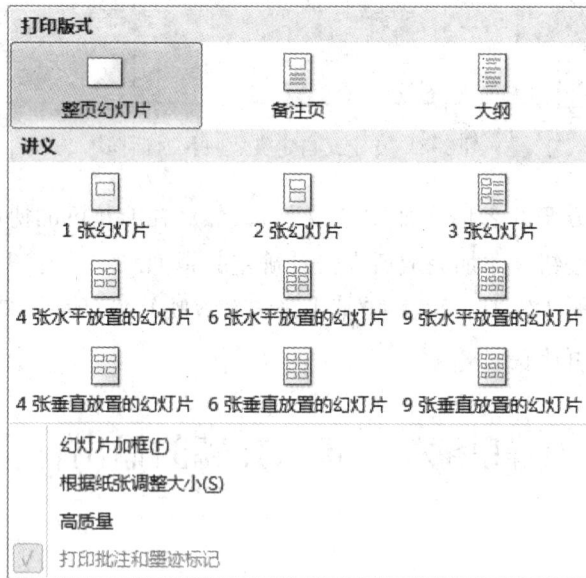

图 6-83 每页打印张数

二、演示文稿打包和使用

演示文稿制作完成后有时需要打包发给别人，PowerPoint 2010 提供将演示文稿打包并刻录成 CD 的功能，给用户带来了更加便捷的应用。

（一）打包演示文稿

具体操作步骤如下。

1. 打开要打包的演示文稿，执行【文件】/【保存并发送】/【将演示文稿打包成CD】命令，点击【打包成CD】按钮，如图6-84所示。此时，弹出【打包成CD】对话框，如图6-85所示。

图 6-84　【打包成CD】命令

2. 在该对话框中，【将CD命名为】栏中更改默认的CD名称。若要添加其他演示文稿，单击【添加】按钮，出现【添加文件】对话框，从中选择要打包的文件，单击【添加】按钮返回。

3. 单击【复制到文件夹】，出现【复制到文件夹】对话框，输入文件夹名称和存放的路径，如图6-86所示。单击【确定】按钮，则系统开始打包演示文稿并存放到指定的文件夹。

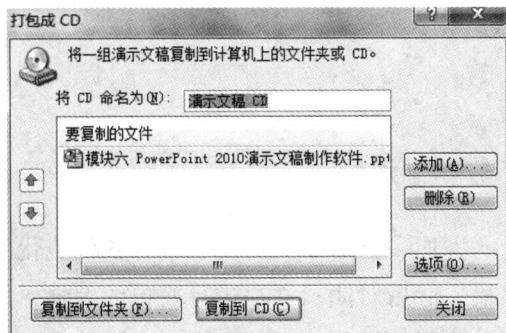

图 6-85　【打包成CD】对话框

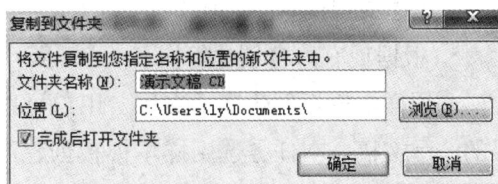

图 6-86　【复制到文件夹】对话框

4. 如果需要刻录该文件，在光驱中放入空白光盘，单击【复制到 CD】，出现【正在将文件复制到 CD】对话框，提示复制的进度。

5. 单击【选项】，还可以进一步设置字体和密码等。

6. 完成打包，自动弹出复制完成的文件夹。

知识拓展

执行【文件】／【保存并发送】／【创建 PDF/XPS 文档】，设置好文件名、文件类型和文件位置，点击【发布】即可把 PPT 转换成 PDF 文件。

（二）打包文件的使用

演示文稿打包完成后，可以在没有安装 PowerPoint 2010 的情况下，也能放映演示文稿。

双击打开打包文件夹中的"PresentationPakage"文件夹。在联网情况下，双击该文件夹的 PresentationPackage.html 网页文件，在打开的网页上单击"Download Viewer"按钮，下载 PowerPoint 播放器 PowerPointViewer.exe 并安装。

知识链接

有时对打包好的文件我们不希望别人打开或者随意修改，可以通过为打包好的 CD 添加密码来实现。在【打包成 CD】对话框中点击【选项】按钮，在打开的【选项】对话框中设置打开或者修改时需要的密码即可。

实训项目　PowerPoint 2010

实训一　创建"医院简介"演示文稿

（一）任务概述

在 PowerPoint 2010 中，新建文稿比其他版本要方便快捷，有多种方法可以创建。

1. 通过快捷菜单创建。

2. 用空白演示文稿创建。

3. 用样本模板创建。

4. 用主题创建。

5. 根据现有内容创建等。

利用样本模板创建演示文稿，用户可以快速的添加一整套布局精美、带有各种美化效果的演示文稿。本任务选用样本模板创建演示文稿，然后对演示文稿进行简单的编辑，如幻灯片的添加与管理、幻灯片版式、模板的应用、母版等操作，即可完成一个简单演示文稿的制作。

通过学习本任务，可以熟练利用样本模板和演示文稿的各种基本操作，快速建立演示文稿。

（二）具体操作方法

步骤 1 利用样本模板创建新演示文稿。

（1）启动 PowerPoint 2010 软件，【文件】/【新建】命令，选择一种模板，本任务选择"PowerPoint 2010 简介"模板，如图 6-87 所示。

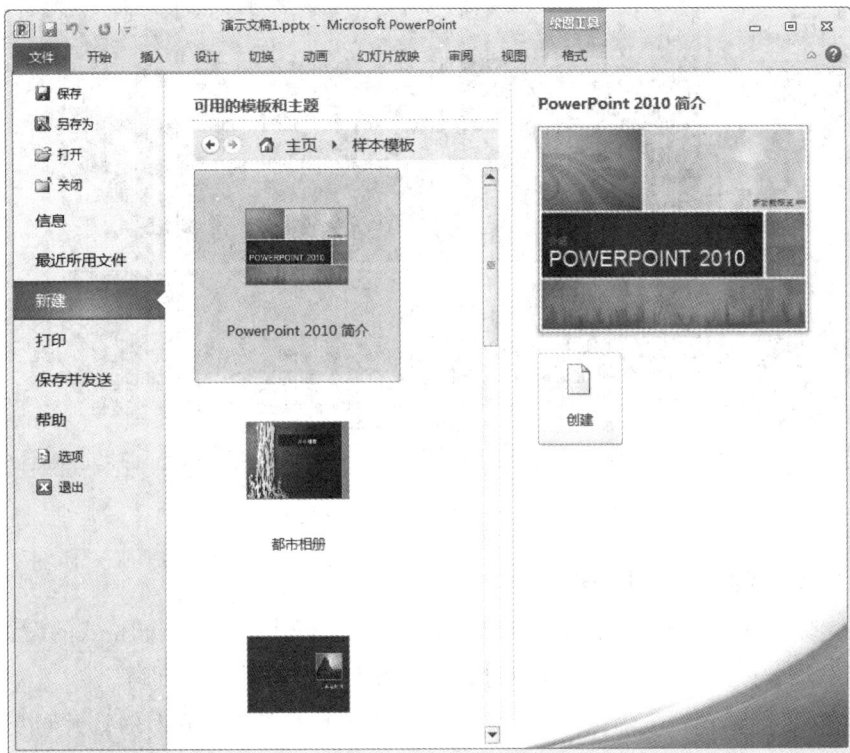

图 6-87 选择"PowerPoint 2010 简介"模板

（2）点击窗口右侧的【创建】按钮，即可以"PowerPoint 2010 简介"为模板创建一个新的演示文稿。

在新建的演示文稿中可以看到许多张已经设计好的精美的幻灯片，可以为我们设计新幻灯片时提供参考。

步骤 2 设置第一张幻灯片版式。选中第一张幻灯片，在【开始】/【幻灯片】组选择【版式】命令，设置第一张幻灯片的版式为"标题幻灯片"，并在标题处添加文字"医院简介"，向第一张幻灯片添加内容，如图 6-88 所示。

步骤 3 添加幻灯片。

（1）添加第二张幻灯片，点击【开始】/【幻灯片】组/【新建幻灯片】，选择【标题和内容】版式。

（2）同样的方法再添加 4 张幻灯片，根据需要设置幻灯片版式。

步骤 4 管理幻灯片。利用"样本模板"创建新幻灯片时，有许多张幻灯片同时添加进来，把不需要的幻灯片删除掉。

如果"样本模板"中有喜欢的幻灯片可以直接使用，这里可以调整其位置，如将"新

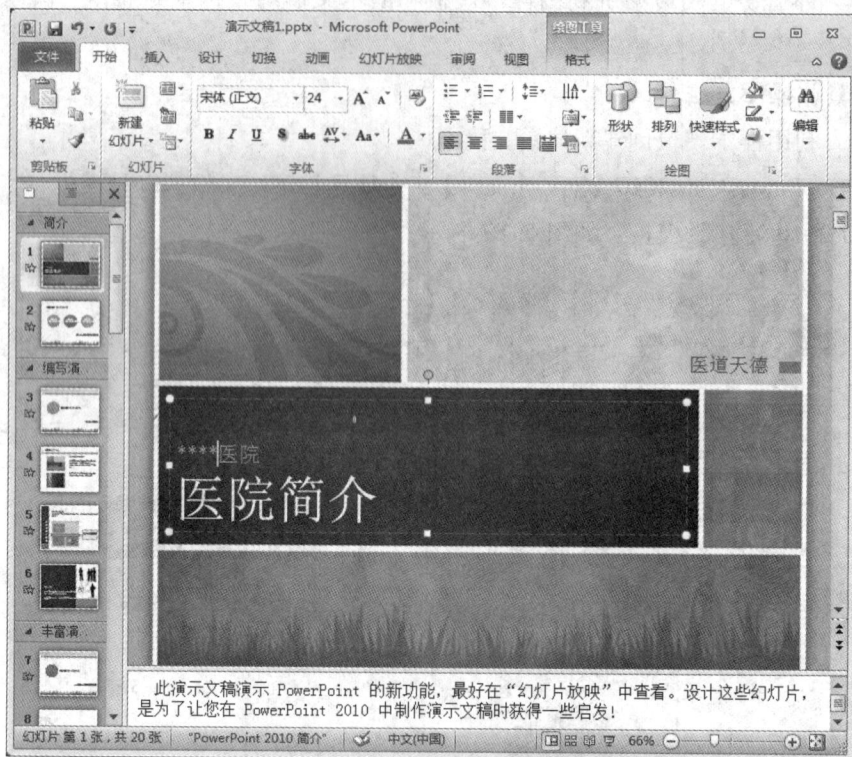

图 6-88　添加内容后的第一张幻灯片

效果图片"幻灯片移动至第 4 张幻灯片。

步骤 5　统一修改演示文稿的样式。若要对若干张幻灯片进行相同格式的设置，可采用母版完成。只需修改这些幻灯片对应的幻灯片母版中占位符的样式即可。

（1）【视图】菜单【母版视图】组打开【幻灯片母版】，进入幻灯片母版视图编辑状态。

（2）将幻灯片标题设置为黑体，48 号；一级文本为"楷体"，项目符号绿色"■"，大小 100%；二级文本的项目符号为橙色"➤"，大小 90%；设置页脚为"＊＊＊＊医院简介""16 号，加粗"。效果如图 6-89 所示。

步骤 6　为幻灯片添加编号。点击【插入】/【文本】组/【幻灯片编号】命令，在弹出的【页眉和页脚】对话框中勾选【幻灯片编号】复选框和【标题幻灯片中不显示】复选框，如图 6-90 所示。

步骤 7　为幻灯片添加内容并设置文字和段落格式。

（1）为第二张添加文本内容，如图 6-91 所示。

（2）选中添加的文本，点击鼠标右键，在弹出的菜单中点击【段落】，设置段落为"行距 1.25，文本之前 6 厘米，首行缩进 2 厘米，如图 6-92 所示。

（3）为剩下的幻灯片添加内容，标题分别"医院概括""医院环境""诊疗情况""医院特色""科研情况及获奖情况"等，在文本处做一些文字内容的描述，内容贴近主题，并设置好文字格式。

步骤 8　保存演示文稿。创建演示文稿后，应及时保存，方便日后使用，同时以免停电或其他意外因素导致文件丢失。

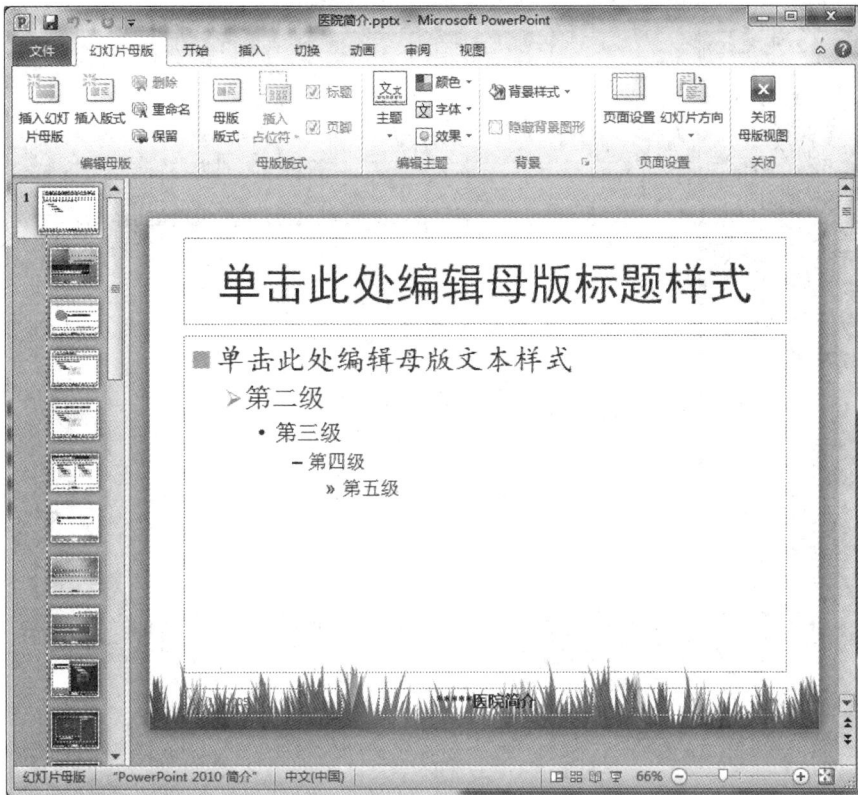

图 6-89 母版设置效果

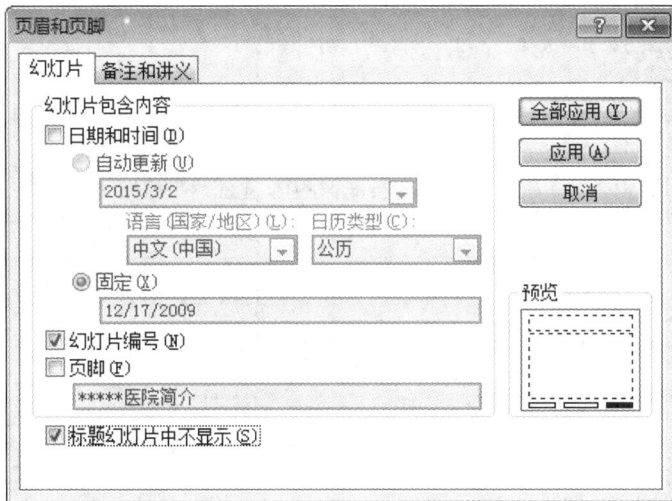

图 6-90 置幻灯片编号

点击【文件】/【保存】按钮，在弹出的对话框中指定文件名为"医院简介"，文件类型为默认的"PowerPoint 演示文稿"（即扩展名为".pptx"的 PowerPoint 2010 演示文稿），文件位置为"D：\案例 PPT"。

图 6-91 添加内容后的第二张幻灯片

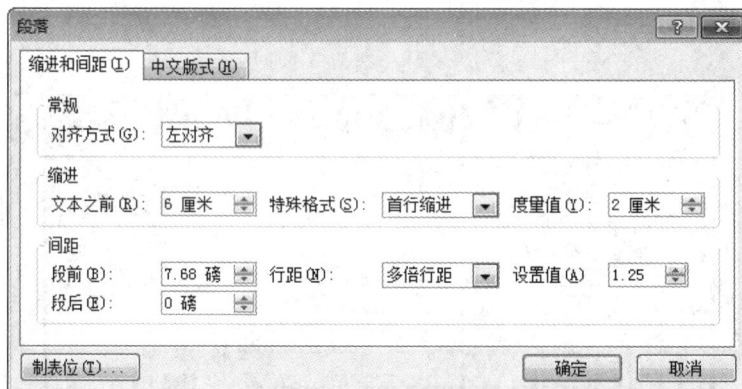

图 6-92 【段落】设置

实训二 丰富"医院简介"演示文稿

（一）任务概述

在进行演示文稿编辑时，为了增强演示文稿的可读性和美观性，经常要添加各种对象。

幻灯片中的对象包含很多内容，如图片、图表、声音、影片等。常用的添加方法根据对象的不同有很多种，而其中的绝大部分对象都有相应的版式对应。本任务利用版式快速的添加图片和图表来丰富"医院简介"演示文稿。

（二）具体操作方法

版式的选定与内容的输入等操作不再重复。

步骤 1 为幻灯片添加图片。

（1）打开"医院简介.pptx"，选中第 4 张幻灯片"医院环境"，更改幻灯片版式为"两栏内容"。

（2）直接点击内容区域中【插入来自文件的图片】图标。打开【插入图片】对话框，选择图片插入，这时图片便添加到幻灯片中。

（3）同样的方法在第二个内容区域添加图片。

步骤 2 利用图表展示数据。

（1）选中第 5 张幻灯片"诊疗情况"，版式选择带"内容"的版式，如"标题和内容"。

（2）直接点击内容区域【插入图表】的图标，打开【插入图表】对话框。

（3）选择合适的图表类型，如"簇状柱形图"，单击【确定】。

（4）插入图表的同时在界面右侧会出现一个 Excel 表格，如图 6-93 所示。根据需要输入行和列的类别以及相应的数值后，关闭 Excel 表格。

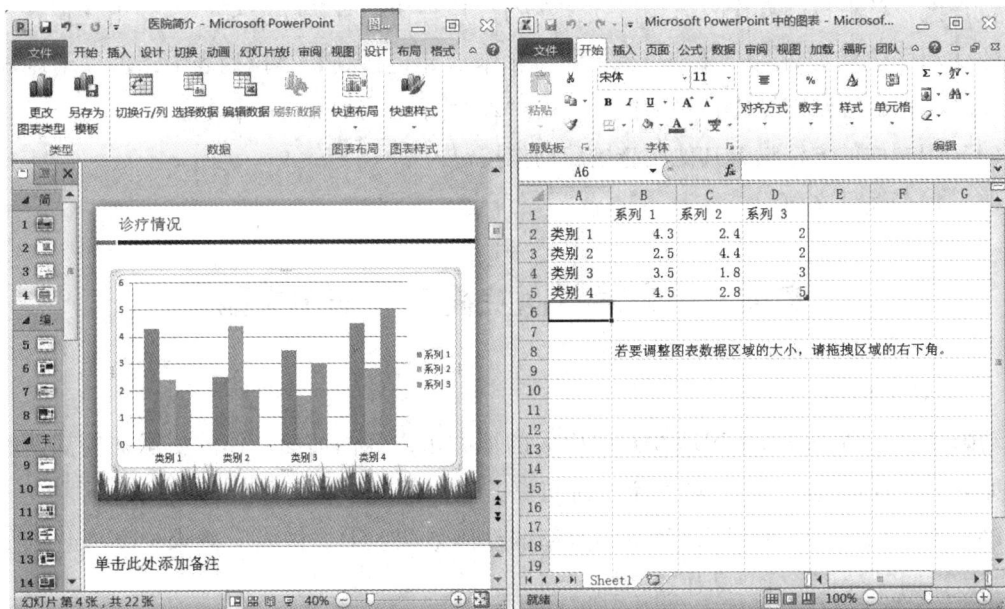

图 6-93 编辑插入的图表数据

（5）根据需要对图表进行修饰。如在【图表工具-设计】选项卡更改【图表布局】为"布局 5"；输入图表标题为"2010—2014 年出院总人数"，删除"坐标轴标题"，效果如图 6-94 所示。

步骤 3 创建超级链接和动作按钮，使得点击"目录"中的文字，可以跳转至相应的幻灯片，点击动作按钮，可以返回至目录页。

（1）打开第二张幻灯片"目录"。选取文本中第一行文字"医院概况"，点击【插入】／【链接】组／【超链接】或者右击鼠标／【超链接】，在弹出的【插入超链接对话框】中选择【本文档中的位置】，在中间列表框中选择"3. 医院概述"，单击【确定】。

诊疗情况

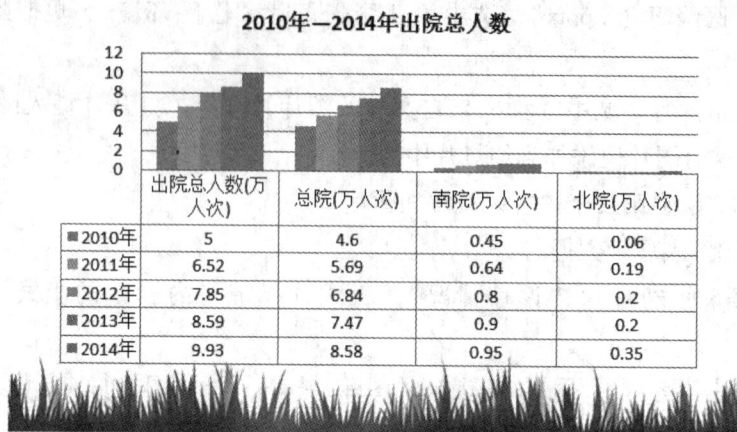

图 6-94　图表效果图

（2）打开第三张幻灯片"医院概况"。在【插入】／【插图】组下来列表中找到【动作按钮】区，单击自己喜欢的形状样式，在幻灯片合适位置按住鼠标左键画出该形状。在弹出的【动作设置】对话框【单击鼠标】选项卡【超链接到】下拉列表中选择"幻灯片"。此时弹出【超链接到幻灯片】对话框，点击"2. 目录"，然后单击【确定】。

（3）用同样的方法设置其他超链接和动作按钮。

（4）保存演示文稿。

实训三　完善"医院简介"演示文稿

（一）任务概述

动画效果是 PowerPoint 2010 中最吸引人的地方了，我们前面所作的演示文稿都是静态的，如果只让观众看一些静止的文字，时间长了就会让人产生昏昏欲睡的感觉！

PowerPoint 2010 中有以下四种不同类型的动画效果：①"进入"效果；②"退出"效果；③"强调"效果；④"动作路径"。

我们可以单独使用任何一种动画，也可以将多种效果组合在一起。

切换效果是另一种动画。

本任务用多种动画效果为"医学简介"演示文稿添加动画效果，同时配合幻灯片切换等来完善演示文稿的制作，最后将制作好的演示文稿打包。

（二）具体操作方法

步骤 1　为幻灯片添加动画效果

（1）打开第 4 张幻灯片"医院环境"。选取标题文本，选择【动画】选项卡【动画】组列表框【进入】区的【飞入】命令，在【动画】组【效果选项】中选择【自左侧】类型，在【计时】组【开始】列表中选择【上一动画之后】。

（2）同样的方法为幻灯片左侧的图片设置动画效果"从底部擦除、单击时开始"，右边图片的动画效果为"随即线条、垂直、与上一动画同时"。

（3）添加一张新幻灯片作为演示文稿的最后一页。插入艺术字"谢谢欣赏!"，选择自己喜欢的艺术字样式，设置好字体、字号、字形等。选中该艺术字，选择【动画】/【高级动画】组【添加动画】命令，在下拉列表中选择【动作路径】区的【自定义路径】命令，此时鼠标指针变为十字状，绘制需要的动画路径，双击鼠标结束绘制。如果路径不合适，可以通过拖拽曲线首尾端点修改路径的长度和形状。

（4）为其他几张幻灯片设置自己喜欢的动画效果。

步骤2 幻灯片切换。

（1）设置第二张幻灯片的切换效果。单击【切换】选项卡，在【切换到此幻灯片】列表框中选择为"淡出"，在【计时】组【声音】处选择"微风"，切换方式为【单击鼠标时】。

（2）同样的方法为其他幻灯片设置切换效果。

（3）保存文件。

步骤3 打包。

（1）选择【文件】/【保存并发送】/【将演示文稿打包成CD】命令，点击【打包成CD】按钮，在弹出【打包成CD】对话框中点击【复制到文件夹】按钮。

（2）在弹出的【复制到文件夹】对话框中设置文件名称和位置，点击【确定】。

目标检测

1. PowerPoint 2010 演示文稿的扩展名是（　　）

　　A. ppt 　　　　　　　B. pptx 　　　　　　C. xlsx 　　　　　　D. exe

2. 演示文稿的基本组成单元是（　　）

　　A. 图形 　　　　　　B. 幻灯片 　　　　　C. 超链接 　　　　　D. 文本

3. 在 PowerPoint 2010 各种视图中，可以同时浏览多张幻灯片，便于重新排序、添加、删除等操作的视图是（　　）

　　A. 幻灯片浏览视图 　　　　　　　　B. 备注页视图

　　C. 普通视图 　　　　　　　　　　　D. 幻灯片放映视图

4. 在 PowerPoint 2010 中，若一个演示文稿中有三张幻灯片，播放时要跳过第二张放映，可以的操作是（　　）

　　A. 取消第二张幻灯片的切换效果 　　B. 隐藏第二张幻灯片

　　C. 取消第一张幻灯片的动画效果 　　D. 只能删除第二张幻灯片

5. 在 PowerPoint 2010 中，下列关于幻灯片版式说法正确的是（　　）

　　A. 在"标题和内容"版式中，没有"剪贴画"占位符

　　B. 剪贴画只能插入到空白版式中

　　C. 任何版式中都可以插入剪贴画

　　D. 剪贴画只能插入到有"剪贴画"占位符的版式中

6. 在 PowerPoint 中，将某张幻灯片版式更改为"垂直排列标题与文本"，应选择的选

扫码"练一练"

267

项卡是（   ）

    A. 文件　　　　　　B. 动画　　　　　　C. 插入　　　　　　D. 开始

7. 在 PowerPoint 2010 中插入图表是用于（   ）

    A. 演示和比较数据　　　　　　　　　B. 可视化地显示文本

    C. 可以说明一个进程　　　　　　　　D. 可以显示一个组织结构图

8. 对于幻灯片中文本框内的文字，设置项目符号可以采用（   ）

    A.【格式】选项卡中的【编辑】按钮

    B.【开始】选项卡中的【项目符号】命令按钮

    C.【格式】选项卡中的【项目符号】命令按钮

    D.【插入】选项卡中的【符号】按钮

9. 在 PowerPoint 2010 中，选定了文字、图片等对象后，可以插入超链接，超链接中所链接的目标可以是（   ）

    A. 计算机硬盘中的可执行文件

    B. 其他幻灯片文件（即其他演示文稿）

    C. 一演示文稿的某一张幻灯片

    D. 以上都可以

10. 在 PowerPoint 2010 中，不可以插入（   ）文件（选项中给出的是不同类型文件的扩展名）

    A. Avi　　　　　　B. Wav　　　　　　C. Exe　　　　　　D. Bmp（或 Png）

11. 在幻灯片中插入声音元素，幻灯片播放时（   ）

    A. 用鼠标单击声音图标，才能开始播放

    B. 只能在有声音图标的幻灯片中播放，不能跨幻灯片连续播放

    C. 只能连续播放声音，中途不能停止

    D. 可以按需要灵活设置声音元素的播放

12. 在 PowerPoint 2010 编辑中，想要在每张幻灯片相同的位置插入某个学校的校标，最好的设置方法是在幻灯片的（   ）中进行

    A. 普通视图　　　　B. 浏览视图　　　　C. 母版视图　　　　D. 备注视图

13. 在 PowerPoint 2010 中，下列有关幻灯片背景设置的说法，正确的是（   ）

    A. 不可以为幻灯片设置不同的颜色、图案或者纹理的背景

    B. 不可以使用图片作为幻灯片背景

    C. 不可以为单张幻灯片进行背景设置

    D. 可以同时对当前演示文稿中的所有幻灯片设置背景

14. 在对 PowerPoint 2010 的幻灯片进行自定义动画操作时，可以改变（   ）

    A. 幻灯片间切换的速度　　　　　　　B. 幻灯片的背景

    C. 幻灯片中某一对象的动画效果　　　D. 幻灯片设计模板

15. 要使幻灯片中的标题、图片、文字等按用户的要求顺序出现，应进行的设置是（   ）

    A. 设置放映方式　　　　　　　　　　B. 幻灯片切换

    C. 幻灯片链接　　　　　　　　　　　D. 自定义动画

16. 在 PowerPoint 2010 中，若使幻灯片播放时，从"盒状展开"效果变换到下一张幻灯片，需要设置的是（　　）

　　　　A. 自定义动画　　　B. 放映方式　　　C. 幻灯片切换　　　D. 自定义放映

17. PowerPoint 2010 提供的幻灯片模板（主题），主要是解决幻灯片的（　　）

　　　　A. 文字格式　　　　　　　　B. 文字颜色

　　　　C. 背景图案　　　　　　　　D. 以上全是

18. 播放演示文稿时，以下说法正确的是（　　）

　　　　A. 只能按顺序播放　　　　　　B. 只能按幻灯片编号的顺序播放

　　　　C. 可以按任意顺序播放　　　　D. 不能倒回去播放

19. 在 PowerPoint 2010 中，若要使幻灯片按规定的时间，实现连续自动播放，应进行（　　）

　　　　A. 设置放映方式　　　　　　B. 打包操作

　　　　C. 排练计时　　　　　　　　D. 幻灯片切换

20. PowerPoint 2010 中要将制作好的 PPT 打包应在（　　）选项卡中操作

　　　　A. 开始　　　　　B. 插入　　　　C. 文件　　　　D. 设计

项目七

数据库基础知识

　　数据库是数据管理的最新技术，是计算机科学的重要分支，数据库（Database）是按照数据结构来组织、存储和管理数据的仓库，它产生于距今六十多年前，随着信息技术和市场的发展，特别是二十世纪九十年代以后，数据管理不再仅仅是存储和管理数据，而转变成用户所需要的各种数据管理的方式。

　　数据库有很多种类型，从最简单的存储有各种数据的表格到能够进行海量数据存储的大型数据库系统都在各个方面得到了广泛的应用。在信息化社会，充分有效地管理和利用各类信息资源，是进行科学研究和决策管理的前提条件。数据库技术是管理信息系统、办公自动化系统、决策支持系统等各类信息系统的核心部分，是进行科学研究和决策管理的重要技术手段。

任务一　数据库基本概念

　　在系统地介绍数据库的基本概念之前，这里首先介绍一些有关数据库的基本概念。

一、信息、数据和数据处理

　　1. 信息　信息指音讯、消息、通讯系统传输和处理的对象，泛指人类社会传播的一切内容。人通过获得、识别自然界和社会的不同信息来区别不同事物，得以认识和改造世界。

在一切通讯和控制系统中，信息是一种普遍联系的形式。1948 年，数学家香农在题为"通讯的数学理论"的论文中指出："信息是用来消除随机不定性的东西"。创建一切宇宙万物的最基本万能单位是信息。

信息是对数据的解释，是经过加工处理后的一种数据形式，它能提高人们对事物认识的深刻程度，对决策或行为有现实或潜在的价值，是一种重要的资源，具有时间性。

2. 数据　数据是反映客观事物存在的方式和运行的记录，是信息的载体和具体表现形式。

数据都是用一定的符号来表示。数据所反映的事物是他的内容，而符号则是他的形式。即数据的内容是信息，数据的表现形式是符号，从计算机角度看，数据泛指那些可以被计算机接收并能被计算机处理的符号，是数据库中存储的基本对象。

3. 数据处理　数据处理就是利用计算机对原始数据进行科学的采集、整理、存储、加工和传送，从繁杂的数据中获取所需的资料，提取有用的数据成分作为指挥生产、优化管理的决策依据。数据处理的目的：给人们提供需要的信息，它的中心问题是数据管理。

二、数据、数据库、数据库管理系统、数据库系统

数据、数据库、数据库管理系统、数据库系统是与数据库技术密切相关的四个基本概念。

1. 数据（Data）　数据是数据库中存储的基本对象。数据在大多数人头脑中的第一个反应就是数字。其实数字。其实数字只是最简单的一种数据，是数据的一种传统和狭义的理解。广义的理解：数据种类很多，文字、图形、图像、声音、学生的档案记录、货物运输情况等都是数据。

那我们对数据可以做如下定义：描述事物的符号记录为数据。也可以是文字、图形、图像、声音、语言等。

在计算机中，为了存储和处理数据，我们就需要对这些数据的特征组成一个记录来描述。例如，在描述学生档案时，可以这样描述：（王军，男，四川成都，1992，临医系，2014）。

从上面这段记录中了解其含义的人会得到如下信息：王军是个大学生，男性，1992 年出生，四川成都人，2014 年考入临医系。而不了解其语义的人无法理解其含义，可见数据的形式还不能完全表达其内容，需要经过解释。所以数据和数据解释是不可分的，而数据的解释我们又称为数据的语义，数据与其语义是不可分的。

2. 数据库（DataBase，简称 DB）　数据库，简单的理解就是存放数据的仓库，只不过这个仓库是在计算机存储在设备上，而且数据是按一定的格式存放的。严格来讲：是指长期存储在计算机内的、有组织的、可共享的数据集合。数据库中的数据按一定的数据模型组织、描述和存储，具有较小的冗余度、较高的数据独立性和易扩展性，并可为各种用户共享。

3. 数据库管理系统（Database Management System，简称 DBMS）　数据库管理系统（Database Management System）是一种操作和管理数据库的大型软件，用于建立、使用和维护数据库，简称 DBMS。它对数据库进行统一的管理和控制，以保证数据库的安全性和完整性。用户通过 DBMS 访问数据库中的数据，数据库管理员也通过 DBMS 进行数据库的维护

工作。它可使多个应用程序和用户用不同的方法在同时或不同时刻去建立，修改和询问数据库。

数据库管理系统是数据库系统的核心，是管理数据库的软件。数据库管理系统就是实现把用户意义下抽象的逻辑数据处理，转换成为计算机中具体的物理数据处理的软件。有了数据库管理系统，用户就可以在抽象意义下处理数据，而不必顾及这些数据在计算机中的布局和物理位置。它的主要功能包括以下几个方面。

（1）数据的定义　DBMS 提供数据定义语言 DDL（Data Definition Language），供用户定义数据库的三级模式结构、两级映像以及完整性约束和保密限制等约束。DDL 主要用于建立、修改数据库的库结构。

（2）数据的操作　DBMS 提供数据操作语言 DML（Data Manipulation Language），供用户实现对数据的追加、删除、更新、查询等操作。

（3）数据库的运行管理　数据库在建立、运用和维护时由 DBMS 统一管理、统一控制，以保证数据的安全性、完整性、多用户对数据的并发使用及发生故障后的系统恢复。

（4）数据库的建立和维护　这一部分包括数据库的数据载入、转换、转储、数据库的重组合重构以及性能监控等功能，这些功能分别由各个使用程序来完成。

4. 数据库系统（Data Base System）　数据库系统 DBS（Data Base System，简称 DBS）通常由软件、数据库和数据管理员组成。其软件主要包括操作系统、各种宿主语言、实用程序以及数据库管理系统。数据库由数据库管理系统统一管理，数据的插入、修改和检索均要通过数据库管理系统进行。数据管理员负责创建、监控和维护整个数据库，使数据能被任何有权使用的人有效使用。数据库管理员一般是由业务水平较高、资历较深的人员担任。

在一般不引起混淆的情况下常常把数据库系统简称为数据库。数据库系统可以用图 7-1 表示。

三、实体-联系方法

实体-联系图也简称 E-R（Entity-Relationship Model）图，在 1976 年 p. p. s. chen 提出 E-R 模型，用 E-R 图来描述概念模型。由于 E-R 模型与人们认识现实世界的相似形，因此在描述数据库的概念结构或全局逻辑结构时，采用 E-R 图这种图形化的表示有非常大的好处，一是图形化表示的简单性；二是图形化表示的清晰性。这就是为什么 E-R 模型在设计数据库的概念模式时被广泛使用的重要原因。

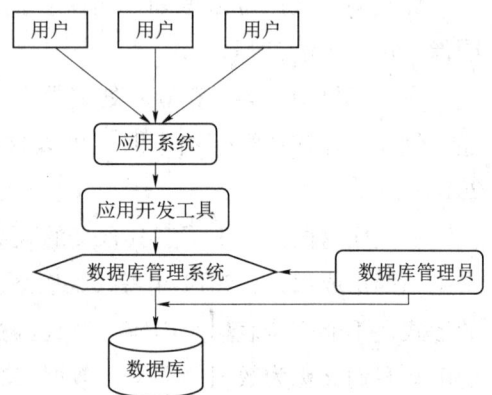

图 7-1　数据库系统

实体-联系方法是抽象和描述现实世界的有力工具。用 E-R 图表示的概念模型独立于具体的 DBMS 所支持的逻辑数据模型，它是各种数据模型的共同基础，因而比逻辑数据模型更一般、更抽象、更接近现实世界。另外，人们总是喜欢比较形象化的简单的东西，E-R 图的简单化和形象化使得它被广泛使用。

1. 实体（Entity）　客观存在并可相互区分的事物。如学生王明、医生刘明，临医系等。

2. 属性（attribute）　实体所具有的某一特性。一个实体可以由若干个属性来刻画。例如，学生可由学号、姓名、年龄、系等组成。在 E-R 图中用椭圆表示。

3. 域（Domain）　属性的取值范围。例如，性别的域为（男、女）。

4. 实体型（Entity Type）　实体名与其属性名集合共同构成实体型。例如，学生（学号、姓名、年龄、性别、年级）

5. 实体集（Entity Set）　同型实体的集合成为实体集。例如，全体学生。

6. 联系（Relationship）　实体之间的相互关联　如学生和老师间的授课关系，学生与学生有班长关系。联系也可以有属性，如学生与课程之间有选课联系，每个选课联系都有一个成绩作为其属性。

7. 元或度（Degree）　参与联系的实体集的个数。例如，学生选修课程是二元联系，病人向医生看病拿药是三元联系。

8. 码（Key）　也称关键字，是指在实体属性中，可用于区别实体中不同个体的一个属性或几个属性组。

（1）超码　能唯一标识实体的属性或属性组。

（2）候选码　候选码的任何一个真子集都不能唯一确定一条记录。

（3）主码　从所有候选码中选定一个用来区别同一实体集中的不同实体。注意：一个实体集中任意两个实体在主码上的取值不能相同。基本 ER 图要点如图 7-2 所示。

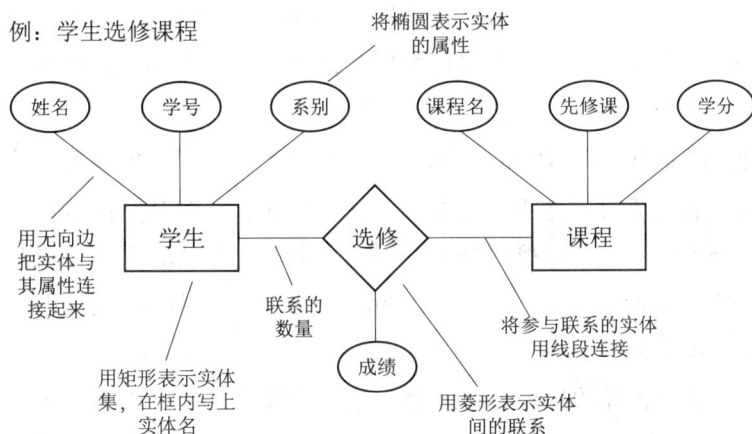

图 7-2　基本 ER 图要点

实体集属性中作为主码的一部分属性用下划线来标明，如下图 7-3 示例 1。

例 7-1　每学期学生至少选修一门课，最多 6 门课，每门课程可以没人选修，最多 35 人选修。那么 ER 图如图 7-4 所示。

例 7-2　每个教师可以不上课，但最多上 3 门课，每门课程最少要一个教师来教，最多也只能由一个教师教授，如图 7-5 所示。

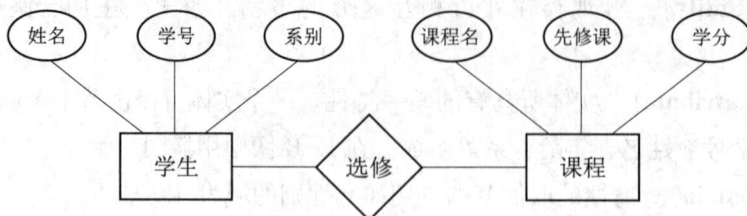

图 7-3 示例 1

图 7-4 示例 2

图 7-5 示例 3

任务二 数据模型

由于计算机不可能直接处理现实世界中的具体事物，为了对客观事物及其联系进行有效的描述与刻画，需要引入模型的概念。模型是对现实世界特征的模拟和抽象。数据模型也是一种模型。它是现实世界数据特征的抽象，是用来描述数据的一组概念和定义。

不同的数据模型实际上是提供模型化数据和信息的不同工具。根据模型应用的不同目的，可以将这些模型划分为 3 类，它们分属于 3 个不同的层次。

1. 概念模型（Conceptual Data Model） 是面向数据库用户的现实世界的模型，主要用来描述世界的概念化结构，它使数据库的设计人员在设计的初始阶段，摆脱计算机系统及 DBMS 的具体技术问题，集中精力分析数据以及数据之间的联系等，与具体的数据管理系统（Database Management System，简称 DBMS）无关。概念数据模型必须换成逻辑数据模型，才能在 DBMS 中实现。

概念模型用于信息世界的建模，一方面应该具有较强的语义表达能力，能够方便直接表达应用中的各种语义知识，另一方面它还应该简单、清晰、易于用户理解。

在概念数据模型中最常用的是 E-R 模型、扩充的 E-R 模型、面向对象模型及谓词模型。

2. 逻辑模型（Logical Data Model） 这是用户从数据库所看到的模型，是具体的 DBMS 所支持的数据模型，如网状数据模型（Network Data Model）、层次数据模型（Hierarchical Data Model）等等。此模型既要面向用户，又要面向系统，主要用于数据库管理系统（DBMS）的实现。

3. 物理模型（Physical Data Model） 是面向计算机物理表示的模型，描述了数据在储存介质上的组织结构，它不但与具体的 DBMS 有关，而且还与操作系统和硬件有关。每一种逻辑数据模型在实现时都有起对应的物理数据模型。DBMS 为了保证其独立性与可移植性，大部分物理数据模型的实现工作由系统自动完成，而设计者只设计索引、聚集等特殊结构。

数据模型所描述的内容包括三个部分：数据结构、数据操作、数据约束，这也被称为数据模型三要素。

（1）数据结构 数据模型中的数据结构主要描述数据的类型、内容、性质以及数据间的联系等。数据结构是数据模型的基础，数据操作和约束都基本建立在数据结构上。不同的数据结构具有不同的操作和约束。

（2）数据操作 数据模型中数据操作主要描述在相应的数据结构上的操作类型和操作方式。

（3）数据约束 数据模型中的数据约束主要描述数据结构内数据间的语法、词义联系、他们之间的制约和依存关系，以及数据动态变化的规则，以保证数据的正确、有效和相容。

目前，数据库领域中最常用的逻辑数据模型有层次模型（Hierarchical Model）、网状模型（Network Model）、关系模型（Relational Model）和面向对象模型（Object Oriented Model），其中层次模型和网状模型统称为非关系模型。非关系模型的数据库系统在 20 世纪 70 年代至 80 年代初非常流行，在当时的数据库系统产品中占据了主导地位，现在已逐渐被关系模型的数据库系统取代，但由于早期开发的应用系统都是基于层次数据库或网状数据库系统的，因此，目前仍有不少层次数据库或网状数据库系统在继续使用。20 世纪 80 年代以来，面向对象的方法和技术在计算机各个领域，包括程序设计语言、软件工程、信息系统设计、计算机硬件设计等各方面都产生了深远的影响，也促进了数据库中面向对象数据模型的研究和发展。

一、层次数据模型

层次数据模型（Hierarchical Data Model）用层次结构表示实体类型及实体间联系的数据模型，层次模型是数据库系统中最早出现的数据模型。层次数据库系统的典型代表是 IBM 公司的 IMS（Information Management System）数据库管理系统，曾经得到广泛的使用。

层次模型是按照层次结构的形式组织数据库数据的数据模型，用树形结构来表示各类实体以及实体间的联系。现实世界中许多实体之间的联系本来就呈现出一种很自然的层次关系，如家族关系、军队编制、行政机构等。

（一）层次模型的数据结构

层次模型建立在"树"的概念基础之上，应满足下面两个基本条件。

1. 有且只有一个结点没有双亲结点，这个结点称为根结点。

2. 根结点以外的其他结点有且只有一个双亲结点。

在层次模型中，每个结点表示一个记录类型，记录之间的联系用结点之间的连线（有向边）表示，这种联系只能是父子之间的一对多（包括一对一）的联系，表示"一"的记录类型是父结点，表示"多"的记录类型是子结点。每个记录类型包含若干个字段，记录类型描述的是实体，字段描述的是实体的属性。

层次模型像一棵倒立的树，除根结点外，每个结点的双亲是唯一的，一个层次模型的例子，如图 7-6 层次模型所示。

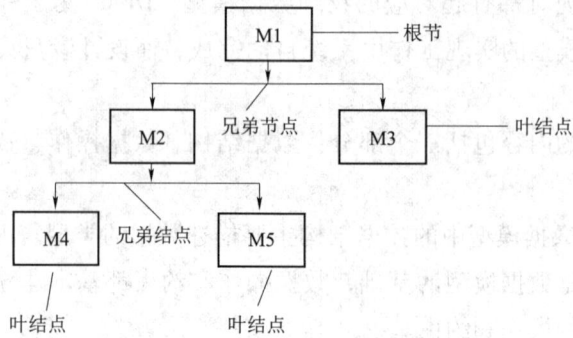

图 7-6　层次模型

在层次模型中，同一双亲的子结点称为兄弟结点，没有子结点的结点称为叶结点。在图 7-6 中，M1 为根结点；M2 和 M3 为兄弟结点，是 M1 的子结点；M4 和 M5 为兄弟结点，是 M2 的子结点；M3、M4 和 M5 为叶结点。

（二）层次模型的数据操作与完整性约束

层次模型的数据操作主要有查询、插入、删除和更新。进行插入、删除、更新操作时要满足层次模型的完整性约束条件。

进行插入操作时，如果没有相应的双亲结点值就不能插入它的子结点值。

进行删除操作时，如果删除双亲结点值，则相应的子结点值也被同时删除。例如，在图 7-6 中，如果删除 M2，则 M4、M5 数据将全部丢失。

进行更新操作时，应更新所有相应记录，以保证数据的一致性。

（三）层次模型的优缺点

层次模型的主要优点如下。

1. 层次模型的数据结构比较简单。

2. 对于实体间联系是固定的且预先定义好的应用系统，采用层次模型实现，其性能优于关系模型，不低于网状模型。

3. 层次数据模型提供了良好的完整性支持。

层次模型的主要缺点如下。

1. 现实世界中很多联系是非层次性的，如多对多联系、一个结点具有多个双亲等。层次模型表示这类联系的方法很不灵活，只能通过引入冗余数据（易产生不一致性）或创建非自然的数据组织（引入虚拟结点）来解决。

2. 对插入和删除操作的限制比较多。

3. 查询子结点必须通过双亲结点。

4. 由于结构严密，层次命令趋于程序化。

层次模型还具有一个基本特点：任何一个给定的记录值只有按其路径查看时才能显示它的全部意义，没有一个子记录值能够脱离其双亲记录值而独立存在。因此，层次模型对具有一对多的层次关系的描述非常直观、自然、容易理解。

二、网状数据模型

用有向图结构表示实体类型及实体间联系的数据结构模型称为网状模型（Network

Model）。

在现实世界中事物之间的联系更多是非层次关系，用层次模型表示非树形结构很不直接，网状模型则可以克服这一缺点。

网状数据模型的典型代表是 DBTG 系统，亦称 CODASYL 系统，这是 20 世纪 70 年代数据系统语言研究会（Conference on Data System Language，简称 CODASYL）下属的数据库任务组（Data Base Task Group，简称 DBTG）提出的一个系统方案。DBTG 系统虽然不是实际的软件系统，但是它提出的基本概念、方法和技术具有普遍意义，对于网状数据库系统的研制和发展具有重大的影响。后来许多系统都采用 DBTG 模型或者简化的 DBTG 模型，如 CuUinetSoftware 公司的 IDMS 等。

知识拓展

美国通用电气公司 Bachman 等人在 1961 年开发成功 IDS（Integrated Data Store）。1961 年通用电气公司（General Electric Co.）的 Charles Bachman 成功地开发出世界上第一个网状 DBMS 也是第一个数据库管理系统——集成数据存储（Integrated Store I，DS），奠定了网状数据库的基础。

（一）网状模型的数据结构

网状模型建立在连通有向图的基础之上，应满足以下两个基本条件。

1. 允许一个以上的结点无双亲。

2. 一个结点可以有多于一个的双亲。

网状模型是一种比层次模型更具普遍性的结构。它去掉了层次模型的两个限制，允许多个结点没有双亲结点，允许结点有多个双亲结点，此外它还允许两个结点之间有多种联系（称之为复合联系）。因此，网状模型可以更直接地去描述现实世界，而层次模型实际上是网状模型的一个特例。

与层次模型一样，网状模型中每个结点表示一个记录类型（实体），每个记录类型可包含若干个字段（属性），结点间的连线表示实体之间一对多的父子联系。

从定义可以看出，层次模型中子结点与双亲结点的联系是唯一的，而在网状模型中这种联系可以不唯一。因此，在网状模型中要为每个联系命名，并指出与该联系有关的双亲记录和子记录。

例如，图 7-7 是网状模型的一个例子，图 7-7 中 M3 有两个双亲记录 M1 和 M2，因此，把 M1 与 M3 之间的联系命名为 R1，M2 与 M3 之间的联系命名为 R2。

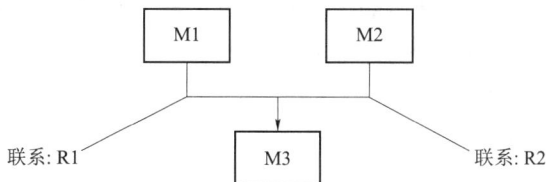

图 7-7　网状模型

实际的商品化网状数据库系统对网状数据结构都有不同的限制，这时就需要把现实世界一般的网状结构转换成系统所能处理的结构。

下面以学生选课为例讨论网状模型如何组织数据。

通常一个学生可以选修若干门课程，某一课程可以被多个学生选修，因此，学生与课程之间是多对多的联系。这样的实体联系图不能直接用网状模型来表示，因为网状模型中不能直接表示实体之间多对多的联系，为此引入一个学生选课的联结记录。它由 3 个数据项组成，即学号、课程号、成绩，表示某个学生选修某一门课程及其成绩。

这样，学生选课数据库包括 3 个记录类型：学生、课程和选课。

每个学生可以选修多门课程。显然对于学生记录中的一个值，选课记录中可以有多个值与之联系。而选课记录中的一个值，只能与学生记录中的一个值联系。学生与选课之间的联系是一对多的联系，联系名为学生-选课。同样，课程与选课之间的联系也是一对多的联系，联系名为课程-选课。图 7-8 为学生选课的网状模型。

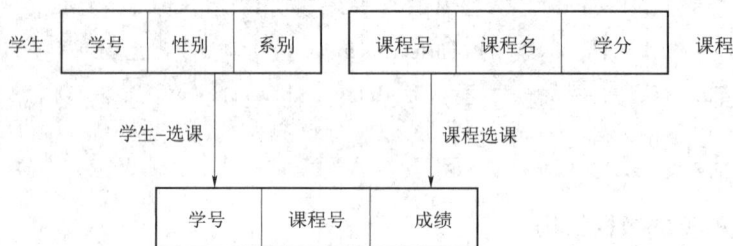

图 7-8　网状模型示例 1

（二）网状模型的数据操作与完整性约束

网状模型的数据操作主要包括查询、插入、删除和更新。进行插入操作时，允许插入尚未确定双亲结点值的子结点值。进行删除操作时，只允许删除双亲结点值。进行更新操作时只需更新指定记录即可。因此，一般来说，网状模型没有层次模型那样严格的完整性约束条件，但具体的网状数据库系统（如 DBTG）对数据操作都加了一些限制，提供了一定的完整性约束。

DBTG 在模式 DDL 中提供了定义 DBTG 数据库完整性的若干概念和语句。

1. 支持记录码的概念，码是唯一标识记录的数据项的集合。例如：学生记录（图 7-8）中学号是码，因此数据库中不允许学生记录中学号出现重复值。

2. 保证一个联系中双亲记录和子记录之间是一对多的联系。

3. 可以支持双亲记录和子记录之间某些约束条件。如有些子记录要求双亲记录存在才能插入，双亲记录删除时也连同删除。例如，图 7-8 中选课记录就应该满足这种约束条件，学生选课记录值必须是数据库中存在的且某一学生选修存在的某一课程的选修记录。DBTG 提供了"属籍类别"的概念来描述这类约束条件。

（三）网状数据模型的优缺点

网状数据模型的优点如下。

1. 能够更为直接地描述现实世界。如一个结点可以有多个双亲，结点之间可以有多种联系。

2. 具有良好的性能，存取效率较高。

网状数据模型的缺点如下。

1. 结构比较复杂，而且应用环境越大，数据库的结构就变得越复杂，不利于最终用户掌握。

2. 其数据定义语言（DDL）、数据操作语言（DML）复杂，用户不容易使用。

由于记录之间联系是通过存取路径实现的，应用程序在访问数据时必须选择适当的存取路径，因此，用户必须了解系统结构的细节，加重了编写应用程序的负担。

三、关系数据模型

关系实际上就是关系模式在某一时刻的状态或内容。也就是说，关系模式是型，关系是它的值。关系模式是静态的、稳定的，而关系是动态的、随时间不断变化的，因为关系操作在不断地更新着数据库中的数据。但在实际当中，常常把关系模式和关系统称为关系。关系模型（Relational model）是目前最重要的、应用最广泛的一种数据模型。目前，主流的数据库系统大部分都是基于关系模型的关系数据库系统（Relational DataBase System，简称 RDBS）。20 世纪 80 年代以来，计算机厂商新推出的 DBMS 几乎都支持关系模型，非关系模型的产品也大都添加了关系接口，数据库领域当前的研究工作也都是以关系方法为基础，所以本节的重点将放在关系数据库上。

知识拓展

1970 年，IBM 的研究员 E. F. Codd 博士在刊物《Communication of the ACM》上发表了一篇名为 "A Relational Model of Data for Large Shared Data Banks" 的论文，提出了关系模型的概念，奠定了关系模型的理论基础。然而这篇论文被普遍认为是数据库系统历史上具有划时代意义的里程碑。但是当时也有人认为关系模型是理想化的数据模型，用来实现 DBMS 是不现实的，尤其担心关系数据库的性能难以接受。为了促进对问题的理解，1974 年 ACM 牵头组织了一次研讨会，会上开展了一场分别以 Codd 和 Bachman 为首的支持和反对关系数据库两派之间的辩论。这次著名的辩论推动了关系数据库的发展，使其最终成为现代数据库产品的主流。

（一）关系模型的数据结构

关系模型的数据结构建立在集合论中"关系"数学概念的基础之上，有着严格的数学定义。在用户观点来看，关系模型的数据结构非常简单，每个关系的数据结构是一张二维表，由行和列组成。这张表既可以用来描述实体，也可以用来描述实体间的联系。以学生表（表7-1）为例，介绍关系模型中的一些术语。

1. 关系（Relation） 一个关系通常对应一张二维表，如表7-1所示的学生表。

2. 元组（Tuple） 表中的一行即为一个元组，也称为记录。

3. 属性（Attribute） 表中的一列即为一个属性，给每一个属性起一个名称，即属性名。如表2-1有5列，对应5个属性（学号，姓名，性别，年龄，系名）。

4. 码（Key） 码是指表中的某个属性组，它可以唯一确定一个元组。如表7-1中的学号可以唯一确定一个学生记录，也就成为本关系的码。

5. 域（Domain） 域是指属性的取值范围，如人的年龄域是（1~150），大学生年龄属性的域是（14~38），性别的域是（男，女），系别的域是一个学校所有系名的集合。

6. 分量（Component）　分量是指元组中的一个属性值。

7. 关系模式（Relational schema）　关系模式是指对关系的描述，一般表示为关系名（属性1，属性2，…，属性n）。例如，表7-1的关系可描述为学生（学号，姓名，性别，年龄，系名）。

表7-1　学生表

学号	姓名	性别	年龄	系名
200301	张军	男	24	临医系
200302	刘玲	女	23	护理系
200303	王鹏	男	23	医学院
…	…	…	…	…

在关系模型中，实体以及实体间的联系都用关系来表示。关系模型要求关系必须是规范化的，即要求关系必须满足一定的规范条件，这些规范条件中最基本的一条就是：关系的每一个分量必须是一个不可分的数据项，也就是说，不允许表中还有表。如表7-2中工资和扣除是可分的数据项，工资又分为基本工资、津贴和职务工资，扣除又分为房租和水电。因此，表7-2不符合关系模型要求。

表7-2　工资表

职工号	姓名	职称	工资			扣除		实发
			基本	津贴	职务	房租	水电	
200903	王明	讲师	1405	2200	500	150	122	3833
…	…	…	…	…	…	…	…	…

（二）关系模型的数据操作

关系数据模型的操作主要包括查询、插入、删除和修改数据。这些操作必须满足关系的完整性约束条件。关系模型中数据操作的特点是集合操作方式，即操作对象和操作结果都是集合，这种操作方式也称为一次一集合的方式。相应地，非关系数据模型的操作方式是一次一记录的方式。

关系的完整性约束条件包括三大类：实体完整性、参照完整性和用户定义的完整性。实体完整性定义数据库中每一个基本关系的主码应满足的条件，能够保证元组的唯一性。参照完整性定义表之间的引用关系，即参照与被参照关系。用户定义完整性是用户针对具体的应用环境制定的数据规则，反映某一具体应用所涉及的数据必须满足的语义要求

（三）关系模型的优缺点

关系数据模型的优点主要体现在以下几点。

1. 关系模型与非关系模型不同，它是建立在严格的数学理论基础上的。

2. 关系模型的概念单一，实体与实体间的联系都用关系表示，对数据的检索结果也是关系（即表），所以其数据结构简单、清晰，用户易懂易用。

3. 关系模型的物理存储和存取路径对用户透明，从而具有更高的数据独立性、更好的安全保密性，简化了程序员的数据库开发工作。

关系数据模型的缺点有以下几点。

1. 由于存取路径对用户透明，查询效率往往不如非关系数据模型高。因此，为了提高性能，必须对用户的查询请求进行优化，这就增加了开发数据库管理系统的难度和负担。

2. 关系数据模型不能以自然的方式表示实体集间的联系，存在语义信息不足、数据类型过少等弱点。

任务三　关系数据库概述

数据模型是数据库管理系统的核心，任何一个数据库管理系统都是建立在某种数据模型之上。在数据库系统传统的 3 种逻辑数据模型中，层次模型和网状模型由于在理论上不够完备，实现效率较低，所以基于这两种模型的数据库系统已逐渐被关系模型的数据库系统所取代。关系模型已成为当今 DBMS 所支持的主流数据模型。

关系数据库采用关系数据模型作为数据组织方式，采用数学方法来处理数据库中的数据。本章首先详细介绍关系模型的有关概念，然后介绍关系代数、关系演算的各种运算及相应的查询语言。

知识拓展

目前主流关系数据库有 DB2、oracle、mysql、sql server 等。

一、关系数据模型基本术语

关系是集合论的一个概念，也是关系模型的数据结构，它只包含单一的数据结构——关系。在关系模型中，现实世界的实体以及实体间的各种联系均用关系来表示。在用户看来，一个关系就是一张二维表，这种简单的数据结构能够表达丰富的语义。

关系模型是建立在集合代数的基础上的，这里从集合论角度给出关系数据结构的形式化定义。

（一）关系数据结构

关系是集合论的一个概念，也是关系模型的数据结构，它只包含单一的数据结构——关系。在关系模型中，现实世界的实体以及实体间的各种联系均用关系来表示。在用户看来，一个关系就是一张二维表，这种简单的数据结构能够表达丰富的语义。

关系模型是建立在集合代数的基础上的，这里从集合论角度给出关系数据结构的形式化定义。

1. 域（domain）　域是一组具有相同数据类型的值的集合（用 D 表示）。域中所包含值的个数称为域的基数（用 m 表示）。

例如，自然数集合、整数集合、实数集合、长度小于等于 20 的字符串的集合、{0，1，2} 集合以及 0~60 的所有自然数集合都是域。

2. 笛卡尔积（Cartesian Product）　笛卡尔积表示域上面的一种集合运算。

给定一组域 D1，D2，…，Dn，这些域可以是部分或全部相同的域。D1，D2，…，Dn

的笛卡尔积为:

$$D1×D2×\cdots×Dn = \{(d1, d2, \cdots, dn) \mid di \in Di, i=1, 2, \cdots, n\}$$

其中,每一个元素(d1,d2,…,dn)叫做一个 n 元组或简称元组。

元素中的每一个值 di 叫做一个分量。

这些域中可以存在相同的域,例如,D1,D2 可以是相同的域。

笛卡尔积可以表示成一个二维表。表中的每行对应一个元组,表中的每列对应一个域。例如,给出两个域 D1=姓名={张军,王飞,刘玲},D2=性别={女,男},则 D1,D2 的笛卡尔积为 D1×D2={(张军,女),(张军,男),(王飞,女),(王飞,男),(刘玲,女),(刘玲,男)}

表7-3　D1、D2 的笛卡尔积

姓名	性别
张军	女
张军	男
王飞	女
王飞	男
刘玲	女
刘玲	男

3. 关系(Relation)　D1×D2×…×Dn 的子集叫做域 D1,D2,…,Dn 上的关系,表示为:R(D1,D2,…,Dn)。

这里 R 表示关系的名字,n 是关系的目或度。当 n=1 时,称该关系为单元关系,或一元关系;当 n=2 时,称该关系为二元关系。

关系是笛卡尔积的有限子集,所以关系也是一个二维表,表的每一行对应关系的一个元组,表的每一列对应于关系的一个域。由于域可以相同,为了加以区别,必须给每列起一个名字,称为属性。n 目关系必有 n 个属性。

可在表7-3 的笛卡尔积中取出一个子集构成一个学生关系,由于一个学生只会有一个性别,所以笛卡尔积中的许多元组是无实际意义的,从 D1×D2 中取出认为有用的元组,构成了如表7-4 的学生信息表。

表7-4　学生信息示例表

姓名	性别
张军	男
王飞	男
刘玲	女

在数据库中,关系主要有 3 种类型:基本关系表(通常称为基本表或基表)、查询表和视图表。其中,基本表是实际存在的表,它是实际存储数据的逻辑表示。查询表是查询结果或查询中生成的临时表,是实际存在的表。视图表是由基本表或其他视图表导出的表,是为数据查询方便、数据处理简便及数据安全要求而设计的数据虚表,不对应实际存储的数据。

严格来讲,关系是一种规范化了的二维表,在关系模型中,关系有如下性质。

关系中的每个属性都是不可再分的数据单位，即关系表中不能再有子表。即不能出现如表7-5中的"表中有表"的现象。

表7-5 表的错误设计格式

姓名	所在系	成绩	
		C	计算机
王飞	临医	75	82
刘军	护理	62	89

该表的正确设计格式如表7-6。

表7-6 表的正确设计格式

姓名	所在系	C成绩	计算机
王飞	临医	75	82
刘军	护理	62	89

注意：

（1）关系中任意两行不能完全相同，即关系中不允许出现相同的元组。

（2）关系中行和列的顺序无所谓，即行和列的次序可以任意交换。

（3）任意两个元组的候选码不能相同。

（4）每一个关系都有一个主码，唯一地标识它的各个元组。

（5）每一列中的分量是同一类型的数据，来自同一个域。不同的列也可以出自同一个域，其中每一列为一个属性，不同的属性要给予不同的属性名。

4. 关系的码（key） 码有时也称为标识符，是关系模型中的一个重要概念。

若关系中的某一属性组的值能唯一地标识一个元组，则称该属性组为候选码。若一个关系有多个候选码，则选定其中一个为主码。

候选码的诸属性称为主属性，不包含在任何候选码中的属性称为非主属性或非码属性。

在最简单的情况下，候选码只包含一个属性。在最极端的情况下，关系模式的所有属性是这个关系模式的候选码，称为全码（All-Key）。

如果关系模式 R 中的某属性集是另一个关系模式 S 的主码，则该属性集为关系模式 R 的外码。外码主要用来表示关系之间的联系。

（二）关系模式

关系模式是关系的框架，也称为关系的型，描述关系的结构。关系数据库中，关系模式是型，关系是值。关系模式是关系结构的定义，它可以确定一个关系的二维表的形式。严格地讲，它应该是一个五元组。

关系的描述称为关系模式。它可以形式化地表示为：R（U, D, DOM, F）。

其中 R 为关系名，U 为组成该关系的属性名集合，D 为属性组 U 中属性所来自的域，DOM 为属性向域的映像集合，F 为属性间数据的依赖关系集合。

关系模式通常被简写为：R（U）或 R（A1, A2,, …, An）。

其中，R 为关系名，U 为属性名的集合 {A1, A2,, …, An}。而域名及属性向域的映像常常直接说明为属性的类型、长度。

关系是关系模式在某一时刻的状态或内容。关系模式是静态的、稳定的，而关系是动态的、随时间不断变化的。在实际应用中，人们经常把关系模式和关系都笼统地称为关系。

在关系模型中，实体以及实体之间的联系都是通过关系来表示。因此，在一个给定的应用领域中，所有实体以及实体之间的联系所对应的关系的集合就构成一个关系数据库。关系数据库也有型和值之分，关系数据库的型就是关系数据库模式，关系数据库模式就是它所包含的所有关系模式的集合，是对关系数据库的描述；关系数据库的值就是这些关系模式在某一时刻所对应的关系的集合，通常称为关系数据库实例。同样，在实际应用中，人们经常把关系数据库模式和关系数据库实例都笼统地称为关系数据库。

二、关系模型的完整性约束

现实世界中，实体及其联系都要受到许多语义要求的限制。例如，一个学生一个学期可以选修多门课程，但只能在本学期已开出的课程中进行选修；百分制成绩的取值只能在 0~100 之间等。对应在关系数据库中，关系的值随着时间变化时应该满足一些约束条件，这种对关系的约束条件就表现为关系的完整性约束。

关系模式中有三类完整性约束：实体完整性、参照完整性和用户自定义完整性。其中实体完整性和参照完整性是关系模型必须满足的完整性约束条件，被称作是关系的两个不变性，应该由关系数据库管理系统自动支持。用户自定义的完整性是应用领域需要遵循的约束条件，体现了具体应用领域中的语义约束。

（一）实体完整性

规则 1：若属性（指一个或一组属性）A 是基本关系 R 的主属性，则 A 不能取空值。

所谓空值（null value）就是"不知道"或"不存在"的值。实体完整性（Entity Integrity）强调基本关系的所有主属性都不能取空值，而不仅仅是主码不能取空值。

对于实体完整性规则，说明如下。

1. 实体完整性能够保证实体的唯一性 实体完整性规则是针对基本表而言的，由于一个基本表通常对应现实世界的一个实体集（或联系集），而现实世界中的一个实体（或一个联系）是可区分的，它在关系中以码作为实体（或联系）的标识，主属性不能取空值就能够保证实体（或联系）的唯一性。

2. 实体完整性能够保证实体的可区分性 空值说明"不知道"或"无意义"。如果主属性取空值，就说明存在某个不可标识的实体，即存在不可区分的实体，这不符合现实世界的情况。

（二）参照完整性（Referential Integrity）

现实世界中的实体之间往往存在某种联系，在关系模型中实体及实体间的联系都是用关系来描述的。这样就自然存在着关系与关系间的引用。先来看一个例子。

例 7-3 "基层单位数据库"中有"职工"和"部门"两个关系，其关系模式如下，其中主码用下划线标识。

职工（职工号，姓名，工资，性别，部门号），部门（部门号，名称，领导人号）

在职工表中，部门号不是主码，但部门表中部门号为主码，则职工表中的部门号为外码，职工表为外码表。对于职工表来说，部门表为主码表。同理，在部门表中领导人号（实际为领导人的职工号）不是主码，它是非主属性，而在职工表中职工号为主码，则这时部门表中的领导人号为外码，部门表为外码表，职工表为部门表的主码表。

例7-4 在学生（学号，姓名，性别，专业号，年龄，班长）关系中，"学号"属性是主码，"班长"属性标识该学生所在班级的班长的学号，它引用了本关系"学号"属性，即"班长"必须是确实存在的学生的学号。

这两个例子说明了关系与关系之间存在着相互引用、相互约束的情况。下面我们通过介绍外码以及关系与关系之间的参照关系来引出参照完整性规则。

在例7-3中，职工关系的"部门号"属性与部门关系的"部门号"相对应，因此"部门号"是职工关系的外码；这时，职工关系是参照关系，部门关系是被参照关系。同样，部门关系的"领导人号"与职工关系的"职工号"相对应，因此"领导人号"是部门关系的外码；这时，部门关系是参照关系，职工关系是被参照关系，如图7-9所示。

在例7-4中，"班长"属性与本身的主码"学号"属性相对应，因此"班长"是外码。这里，学生关系既是参照关系也是被参照关系，如图7-10所示。

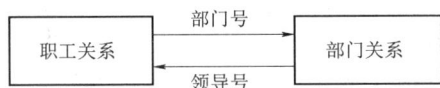

图7-9 参照完整性示例1

图7-10 参照完整性示例2

规则2：参照完整性规则若属性（或属性组）F是基本关系R的外码，它与基本关系S的主码KS相对应（基本关系R与S不一定是不同的关系），则对于R中每个元组在F上的值必须为：或者取空值（F的每个属性值均为空值），或者等于S中某个元组的主码值。

例7-3中的职工表中"部门号"属性只能取下面两类值：空值，表示尚未给该职工分配部门；非空值，该值必须是部门关系中某个元组的"部门号"值。一个职工不可能分配到一个不存在的部门中，即参照关系"部门"中一定存在一个元组，它的主码值等于"职工"中的外码值。

（三）用户自定义完整性

任何关系数据库系统都应当具备实体完整性和参照完整性。另外，由于不同的关系数据库系统有着不同的应用环境，所以它们要有不同的约束条件。

用户定义的完整性就是针对某一具体关系数据库的约束条件，它反映某一具体应用所涉及的数据必须满足的语义要求。例如，某个属性必须取唯一值、某个非主属性也不能取空值（如在例7-3的职工关系中必须给出职工的姓名，就可以要求职工姓名不能取空值）、某个属性只能在某范围内取值（如性别的取值只能取自"男"和"女"）等，这些都是针对具体关系提出的完整性条件。

任务四 数据库的基本操作

Access是一种关系型数据库管理系统，作为微软Office办公套装软件中的组成部分，是目前应用最广泛的主流数据库管理系统之一。Access自20世纪90年代初期推出以来，以其功能强大、易学易用、界面友好等特点备受世人瞩目。

一、Access 2010 的启动

（一）Access 2010 的启动

Access 2010 的启动有如下几种方法。

1. 【开始】/【所有程序】/【Microsoft Office】/【Microsoft Access 2010】命令。

2. 双击桌面上【Microsoft Access 2010】快捷方式图标。

3. 在【资源管理器】中双击打开由 Access 2010 创建的数据库（*.accdb）。

通过第 1 种和第 2 种方法启动 Access 2010 后，即可进入 Access 2010 系统的初始界面，如图 7-11 所示。

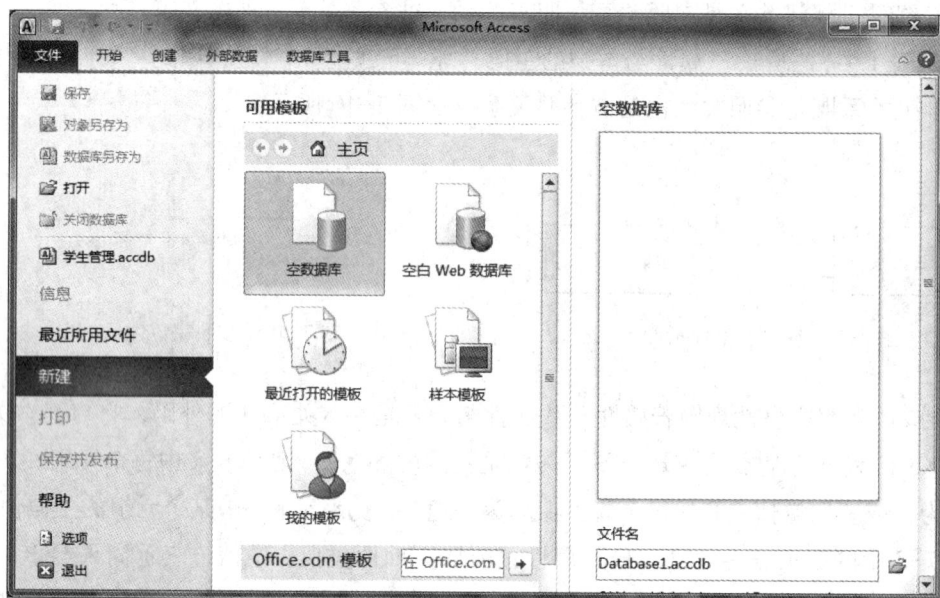

图 7-11　Access 2010 的初始界面

在初始界面中选择创建一个空数据库或用第 3 种方法启动 Access 2010 后，就进入了 Access 2010 主窗口，如图 7-12 所示。

（二）Access 2010 的工作界面

Access 2010 的工作界面由三个部分组成，分别是功能区、BackStage 视图和导航窗格。这三个元素提供了供用户创建和使用数据库的环境。

1. 功能区　功能区是替代 Access 2007 之前的版本中存在的菜单和工具栏的主要功能，如图 7-12 所示。它主要由多个选项卡组成，这些选项卡上有多个按钮组。

功能区含有：将相关常用命令分组在一起的主选项卡、只在使用时才出现的上下文选项卡，以及快速访问工具栏（可以自定义的小工具栏，可将您常用的命令放入其中）。

在功能区选项卡上，某些按钮提供选项样式库，而其他按钮将启动命令。

2. Backstage 视图　Backstage 视图是 Access 2010 中的新功能。它包含应用于整个数据库的命令和信息（如【压缩和修复】），以及早期版本中【文件】菜单的命令（如【打印】）。

图 7-12　Access 2010 的主窗口

知识链接

在 Access 系统中，允许我们对界面中的一部分功能区进行个性化设置，例如，可以创建自定义选项卡和自定义组来包含经常使用的命令；我们还可以自定义快速访问工具栏，向"快速访问工具栏"中添加删除按钮。这些个性化设置和自定义操作可提高我们的操作速度和效率。

Backstage 视图占据功能区上的【文件】选项卡，并包含很多以前出现在 Access 早期版本的【文件】菜单中的命令。Backstage 视图还包含适用于整个数据库文件的其他命令。在打开 Access 但未打开数据库时（例如，从 Windows【开始】菜单中打开 Access），可以看到 Backstage 视图，如图 7-11 所示。

在 Backstage 视图中，可以创建新数据库、打开现有数据库、通过 SharePoint Server 将数据库发布到 Web，以及执行很多文件和数据库维护任务。

3. 导航窗格　导航窗格可帮助用户组织归类数据库对象，并且是我们打开或更改数据库对象设计的主要方式。导航窗格取代了 Access 2007 之前的 Access 版本中的数据库窗口。

导航窗格按类别和组进行组织。可以从多种组织选项中进行选择，还可以在导航窗格中创建用户自己的自定义组织方案。默认情况下，新数据库使用"对象类型"类别，该类别包含对应于各种数据库对象的组。"对象类型"类别组织数据库对象的方式，与早期版本中的默认"数据库窗口"显示屏相似。

可以最小化导航窗格，也可以将其隐藏，但是不可以在导航窗格前面打开数据库对象来将其遮挡。

二、Access 2010 的退出

使用 Access 2010 处理完数据后，当用户不再使用 Access 2010 时，为保证数据的安全，应及时将其退出。退出 Access 2010 常用的方法主要有以下几种。

1. 直接单击 Access 2010 主界面右上角的【关闭】按钮。

2. 单击 Access 2010 主界面功能区左侧的【文件】按钮，然后在弹出的【文件】菜单中单击【退出】按钮。

3. 直接按下 Alt+F4 组合快捷键。

图 7-13 提示保存对话框

使用以上 3 种方法退出 Access 2010 时，如果对数据库所做的修改已经保存，则 Access 2010 会直接退出，若对数据表的修改尚未保存，则系统会弹出如图 7-13 所示的保存提示对话框，提示用户是否保存工作表，用户根据需求单击相应的按钮完成保存或放弃保存。

三、创建空数据库

在日常的实际应用中，经常需要通过 Access 2010 创建一个空数据库，然后再根据实际情况设计相关的表及表的结构。

例 7-5 创建名为"病员管理"的数据库并保存在计算机"D:\病员管理"文件夹下。具体操作步骤如下。

1. 启动 Access 2010，在 Access 的初始界面中，单击【文件】选项卡。在左侧的窗格中选择【新建】命令，在可用模板中单击【空数据库】选项，如图 7-14 所示。

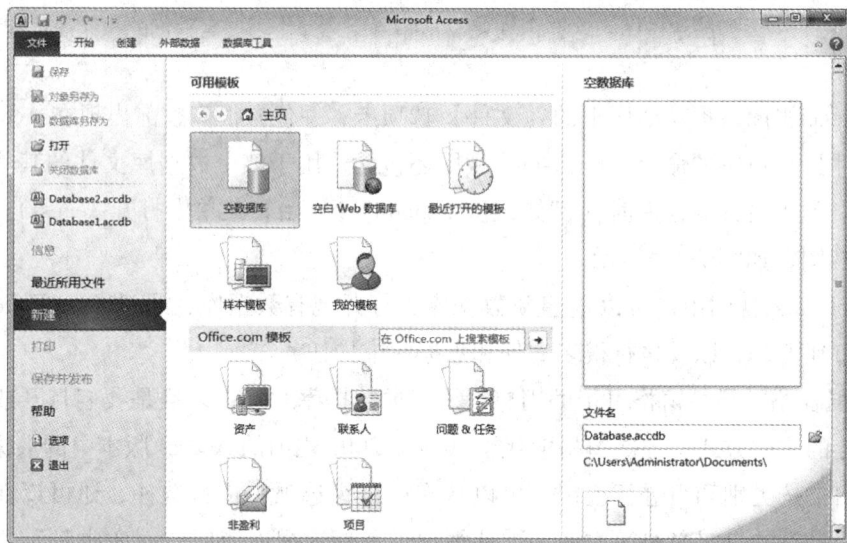

图 7-14 创建空数据库

2. 在右侧【空数据库】窗格，单击下方的浏览按钮📁，弹出【文件新建数据库】对话框。将路径选定到"D:\病员管理"文件夹中，在文件名文本框中输入"病员管理.accdb"，如图 7-15 所示。

3. 单击【确定】按钮，返回 Access 初始界面。再单击窗口右下方的【创建】按钮，即可成功创建"病员管理"数据库。此时，自动创建了一个名为"表 1"的数据库表，该表以数据表视图方式打开，如图 7-16 所示。

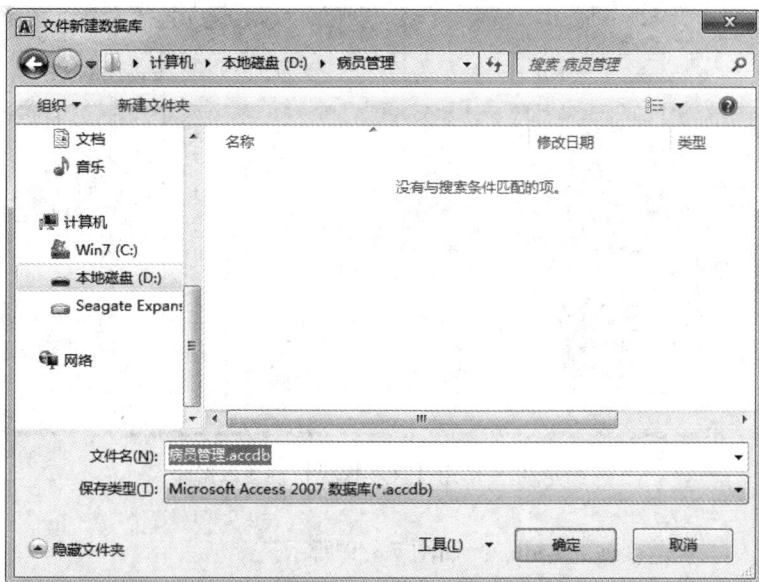

图 7-15 【文件新建数据库】对话框

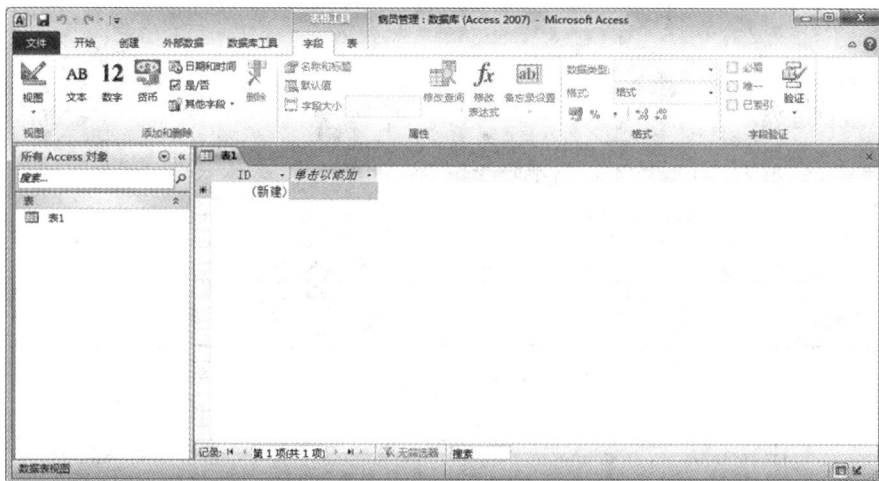

图 7-16 以数据表视图方式打开"表 1"

四、使用模板创建数据库

Access 2010 提供了许多可选择的数据库模板（本机模板和 Office.com 模板），如"任务"、"事件"、"销售渠道"、"学生"和"营销项目等。通过这些模板可以方便快速地创建基于选定模板的数据库。

例 7-6 根据"学生"数据库模板来创建"学生管理"数据库。

具体操作步骤如下。

1. 启动 Access 2010，在其初始界面中，单击【文件】选项卡。在左侧的窗格中选择【新建】命令，在可用模板中单击【样本模板】按钮，如图 7-17 所示。

2. 在列出的【可用模板】列表中，选择【学生】模板，如图 7-18 所示。在右侧单击浏览按钮，将弹出【文件新建数据库】对话框，设置好所建数据库保存的路径，在文件

图 7-17　使用【样本模板】创建数据库

名文本框中输入"学生管理.accdb"，如图 7-19 所示。

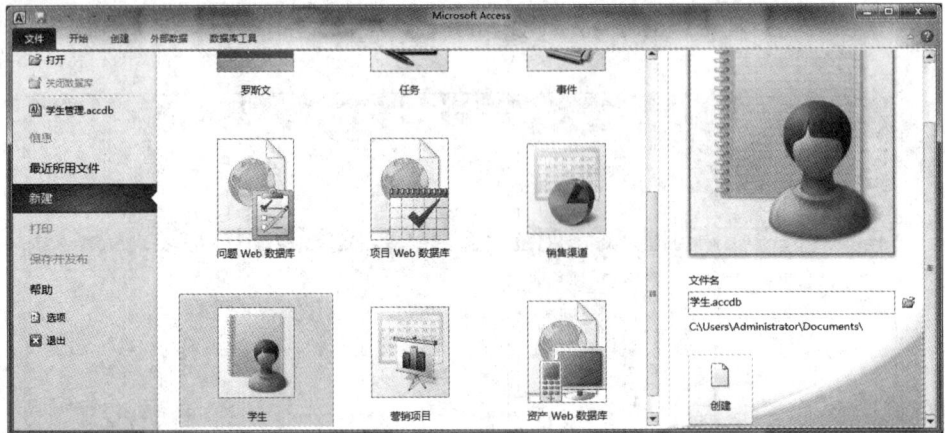

图 7-18　可用模板列表

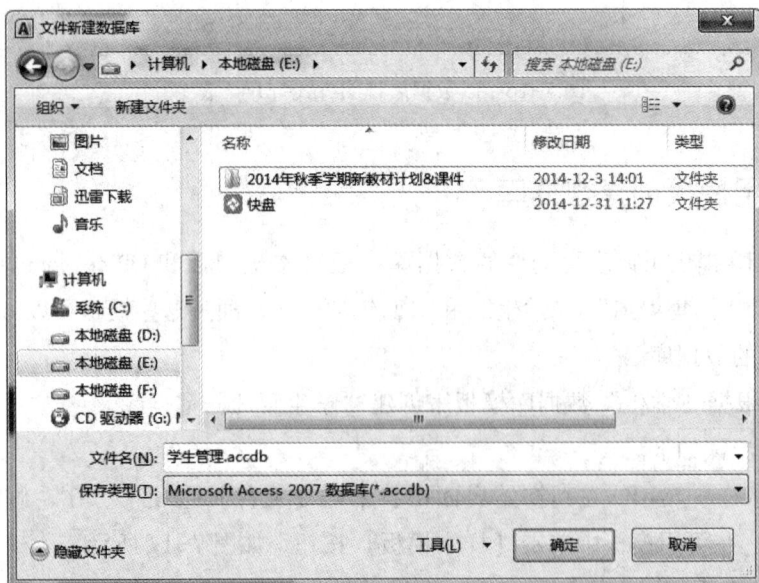

图 7-19　【文件新建数据库】对话框

3. 单击【确定】按钮后，将返回 Access 初始界面。再单击窗口右下方的【创建】按钮，即可成功创建所需的数据库。单击窗口左侧导航窗格上方的【百叶窗开/关】按钮 >>，可以看到数据库中包含的各类对象，如图 7-20 所示。再单击【学生导航】栏，在下拉列表中选择【浏览类型】，导航窗格就会按对象类型分类，"学生管理"数据库中的表、查询、窗体、报表等数据库对象，如图 7-21 所示。

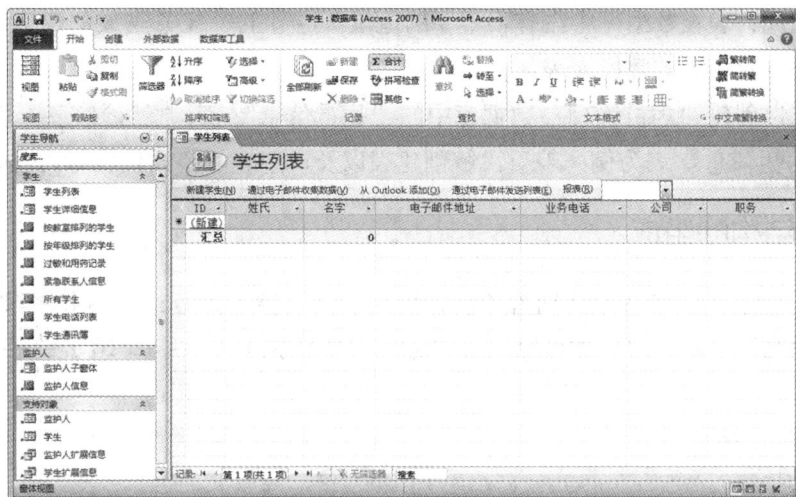

图 7-20　"学生管理"数据库

图 7-21　数据库按对象类型分类显示

知识拓展

　　我们在学习和使用 Access 2010 时都会碰到各种问题，要善于使用 Access 提供的帮助来解决问题。Access 2010 有联机帮助和在线帮助（Office Online）两个帮助系统。在 Access 工作界面上，单击"关闭"按钮下面的帮助按钮，或者按 F1 键便可打开帮助窗口。

任务五　表

表是 Access 2010 数据库的基础，用于存储数据。其他数据库对象，如查询、窗体、报表等都是在表的基础之上建立并使用的，其他对象对数据库中数据的任何操作都是针对表来进行的。因此，表在数据库中占有很重要的地位。通过上一任务完成创建空数据库之后，接下来就是要创建相应的数据库表。

本节主要以创建"病员管理"数据库中的"病员信息"表、"就诊信息"表、"项目信息"表和"医生信息"表为例，着重讲解创建表以及设置表的字段属性等内容。

一、表结构的组成

Access 2010 表由表结构与表内容两部分组成。表结构主要包括表名和字段名称及字段属性，建立表结构之后，用户才可以向表中输入具体数据。Access 2010 允许在一个数据库中建立多个表。

（一）表的结构

表是由若干列（字段）和若干行（记录）组成的二维表格。

1. 字段名称　表中的列称为字段，它描述了对象的某类特征。例如医生信息表中的医生编号、姓名、性别等分别描述了医生的不同特征。每个字段应具有唯一的名字，称为字段名称。在 Access 2010 中，字段名称的命名规则如下。

（1）字段长度为 1~64 个字符。

（2）字段名称可以包含字母、数字、汉字、空格和其他字符（句号、感叹号、方括号及单引号除外），但不能以空格打头。

（3）不能使用 ASCII 码为 0~32 的 ASCII 字符。

2. 值　行（记录）和列（字段）相交处存储的数据称为值。

3. 主键　用于存储在该表中的每个行进行唯一标识的一列或一组列，又称为主关键字。这通常是一个唯一的标识号。例如，医生信息表中的医生编号。主键列中不允许有重复值。

在某些情况下，可能需要使用两个或多个字段一起作为主键，它又被称为复合键。

4. 外键　引用其他表中的主键的字段。外键配合主键用于表明表与表之间的关系。Access 2010 使用主键字段和外键字段将多个表中的数据关联起来，从而将数据组织在一起。

（二）字段的数据类型

在表中同一列数据必须具有相同的数据特征，称为字段数据类型，不同数据类型的字段用来表达不同的信息。在设计表时，在确定字段名称后必须首先定义表中字段的数据类型。

Access 2010 中共有文本、数字、日期/时间、查询向导、附件、计算和自定义型等 13 种数据类型。其中，自定义型在 Access 2010 中新增加的功能。对于数字型数据，还详细分为字节型、整型、长整型、单精度型和双精度型等 5 种类型。

不同的数据类型，不仅数据的存储方式可能不同，而且占用的计算机存储器空间大小也不同，同时所能保存的信息长度也是不同的。字节型占 1 个字节，它能表示的范围 0~255 之间的整数；整型占 2 个字节，它能表示数的范围 -32767~32767，而长整型要占 4 个字节，它能表示的整型的范围更大一些。具体使用哪种类型，根据实际需要来确定。比如表示医生的年龄，使用"字节型"就可以了，要表示学生成绩，需要带小数，则要采用单精度数字类型。Access 2010 中的数据类型、大小及意义，如表 7-7 所示。

表 7-7 Access 2010 中的数据类型

类型名称	接受的数据	大小
文本	文本或文本和数字的组合	最多为 255 个字符
数字	用于数字计算的数值数据	1、2、4、8 个字节
日期/时间	从 100~9999 年的日期与时间值	8 个字节
货币	用于数值类型，整数位为 15，小数位为 4	8 个字节
自动编号	自动给每一条记录分配一个唯一的递增唯一数值	4 个字节
是/否	只包含两者之一（Yes/No, True/False, On/Off）	1 位
OLE 对象	用于存储其他 Microsoft Windows 应用程序中的 OLE 对象	最多为 1GB
超级链接	用来存放链接到本地和网络上的地址，为文本形式	
附件	图片、图像、二进制文件、Office 文件，是用于存储数字图像和任意类型的二进制文件的首选数据类型	对于压缩的附件为 2GB，对于未压缩的附件大约为 700KB
计算	表达式或结果类型是小数	8 个字节
查阅向导	用来实现查阅另外表中的数据或从一个列表中选择的字段	与执行查阅的主键字段的大小相同
备注	长文本或文本和数字的组合或具有 RTF 格式的文本	最多 65535 个字符

知识拓展

OLE 对象可以是 Word 文档、Excel 电子表格、图像、声音或其他二进制数据。

（三）字段属性

1. **字段大小** 限定文本型字段的大小（默认为 255 个字符）和数字型数据的大小。

2. **格式** 指定数据的显示格式。

3. **输入掩码** 定义向字段中输入数据时的格式。

4. **标题** 在数据表视图、窗体和报表中取代字段名显示出来的文本。

5. **默认值** 添加新记录时，自动加入到字段中的值。

6. **有效性规则** 根据表达式或宏建立的规则来确认数据是否有效。

7. **有效性文本** 当数据不符合有效性规则时所显示的提示信息。

8. **必需** 设定字段是否能为空。

9. **允许空字符串** 用于文本型字段，设置是否允许输入空字符串。

10. **索引** 确定该字段是否作为索引，索引可以加快数据的查询与存取速度。

二、建立表结构

创建表的方法有三种，包括使用表设计视图、向导和通过输入数据创建表等。无论采用何种方法都需要创建表的名称和表的结构（字段名称、数据类型、字段宽度、主关键字和索引等字段属性等）。

（一）使用表设计视图创建表

使用表设计视图是一种是常用的方法，用户可在设计视图中定义表结构，并详细说明每个字段的字段名称和所使用的数据类型。

例 7-7 在"病员管理"数据库中建立"病员信息"表，其结构如表 7-8 所示。

表 7-8 "病员信息"表结构

编号	字段名称	数据类型	字段大小
1	病员号	文本	6
2	姓名	文本	8
3	性别	文本	2
4	出生日期	日期/时间	短日期
5	婚否	是/否	是/否
6	入院日期	日期/时间	短日期
7	临床症状	备注	
8	临床诊断	文本	20
9	科别	文本	10
10	医生编号	文本	3

知识链接

> 建立一张完整的二维表首先要建立表结构，即建立二维表的表头，这是建立数据表的关键步骤。为后面进行数据的筛选、排序、查询等操作提供基础数据。

建立该表具体操作步骤如下。

1. 打开例 7-7 创建的"病员管理"数据库。先单击【新建】选项卡，再单击【表格】组中的【表设计】按钮，打开表设计视图窗口，如图 7-22 所示。

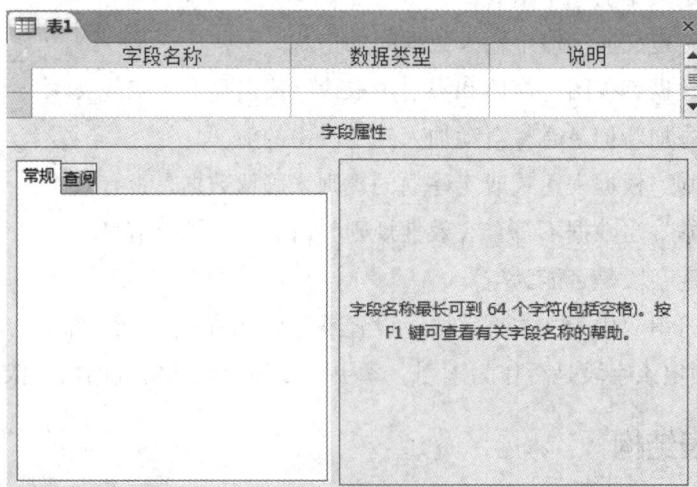

图 7-22 表设计视图窗口

表设计视图窗口分为上下两个部分。上半部分是字段输入区，用于添加表中的字段，包括最左侧的"字段选定器"和"字段名称"、"数字类型"和"说明"三列。"字段选定器"用于选择字段；"字段名称"列用于输入字段的名称；"数据类型"列用来选择字段的数据类型；"说明"列用于对字段进行说明，以便以后修改表时能知道当时为什么设计这些字段及字段的意义。该列信息对系统的各种操作没有任何影响。窗口下半部分是字段属性区，用来定义表中字段的属性。

2. 单击表设计视图的第一行"字段名称"列，输入"病员信息"表中第一个字段名称"病员号"；单击"数据类型"列，并打开其右侧的下拉列表，选择列表中的"文本"数据类型，然后设置"字段大小"为6。

3. 重复步骤2，直至完成表中其他所有字段的设置。

4. 单击"病员号"字段的字段选定器，然后单击【设计】选项卡，再单击【工具】组中的【主键】按钮，设置好该表的主键。表设计完成后的结构如图7-23所示。

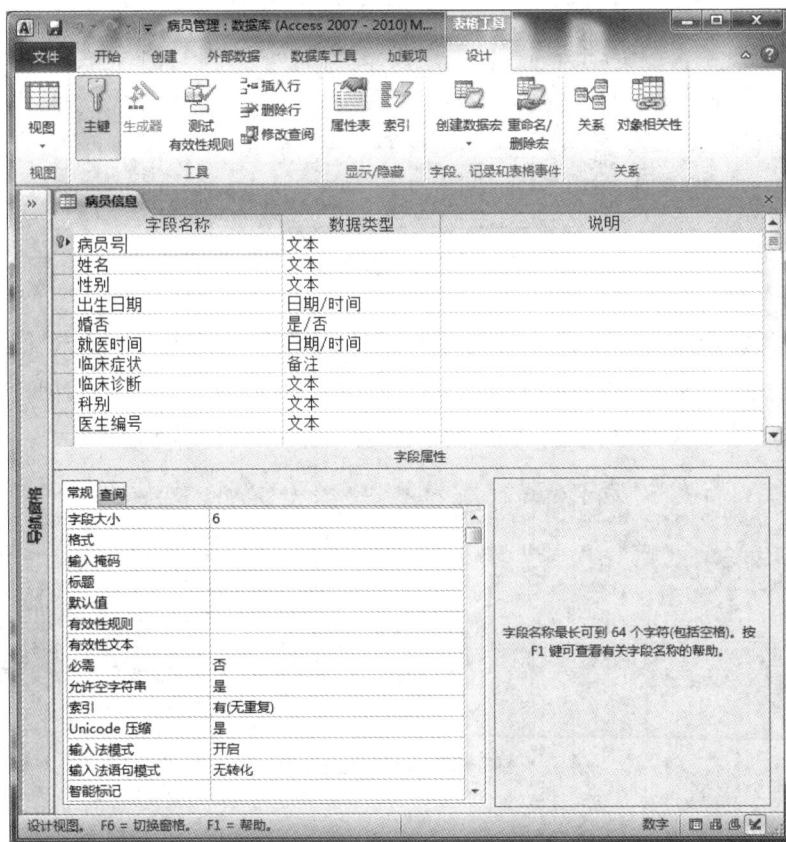

图7-23　"病员信息"表设计结构

5. 单击快速访问工具栏上的【保存】按钮，在弹出的【另存为】对话框中输入表名"病员信息"，单击【确定】按钮，完成"病员信息"表结构的创建。

（二）使用数据表视图创建表

数据表视图是按行和列显示表中数据的视图。在数据表视图中，可以进行对表中字段或记录的添加、编辑和删除。

例7-8　使用数据表视图创建"就诊信息"表，其结构如表7-9所示。

表7-9 "就诊信息"表结构

编号	字段名称	数据类型	长度
1	病员号	文本	6
2	项目号	文本	3
3	费用	货币	

建立该表具体操作步骤如下。

1. 打开例7-7创建的"病员管理"数据库。先单击【创建】选项卡，再单击【表格】组中的【表】按钮，此时新表"表1"会以数据表视图打开。

2. 选中"ID"字段，先单击【表格工具/字段】选项卡，再单击【属性】组中的【名称标题】按钮，弹出【输入字段属性】对话框。

3. 在【输入字段属性】对话框的【名称】文本框中输入"病员号"，如图7-24所示。单击【确定】按钮，第一列字段名更改为"病员号"。

图7-24 【输入字段属性】对话框

4. 选中"病员号"字段，先单击【表格工具/字段】选项卡，再单击【格式】组中的【数据类型】文本框右侧的下拉箭头按钮，在下拉列表中选择【文本】选项；单击【属性】组中的【字段大小】文本框，输入字段大小值为"6"，如图7-25所示。

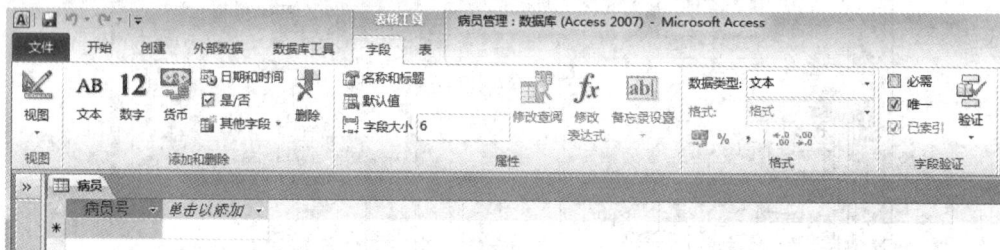

图7-25 设置字段属性

5. 单击"病员号"字段名称右侧的【单击以添加】列，从下拉列表中选择【文本】选项。在新添加的"字段1"列的表名称处，输入"项目号"。单击【属性】组中的【字段大小】文本框，输入字段大小值为3。

6. 按照表7-9给出的"就诊信息"表的结构，继续添加"费用"字段。保存表名为"就诊信息"，如图7-26所示。

注意，以数据表视图新建表时，自动创建的"ID"字段默认为"自动编号"数据类型。通过数据表视图创建表的方法比较简单，但无法对字段的属性值进行详细设置。一般通过数据表视图创建的表结构还需要在表设计视图中进行进一步的修改。

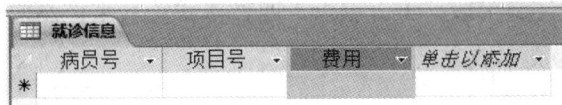

图7-26 在数据表视图中建立"住院费用"表结构

三、设置字段属性

在创建表的过程中，除了设置字段名称和类型外，还要设置字段的其他属性。例如，字段的大小、格式、有效性规则、有效文本等，这些属性的设置使用户在使用数据库时更加安全、方便和可靠。字段属性的设置界面如图7-27所示。

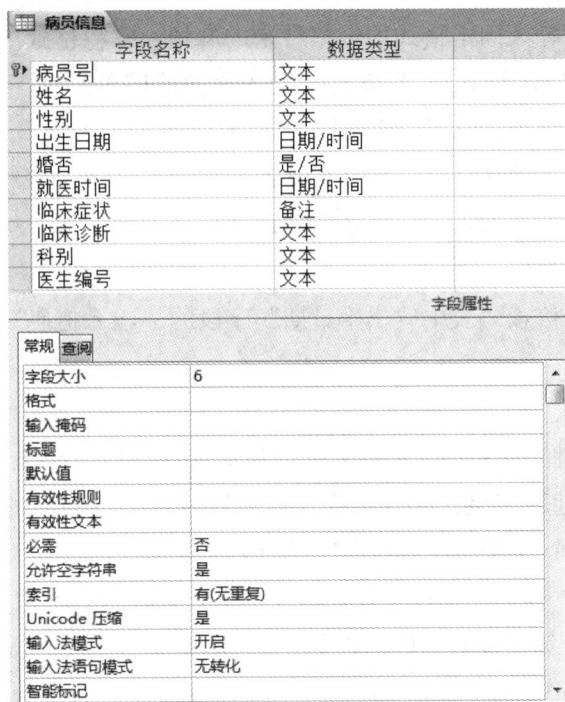

图7-27 数据库表字段属性设置窗口

（一）字段大小

通过字段大小属性可以控制字段占用的空间大小。该属性只适用于文本型和数字型的字段。

1. 对于一个文本型字段，其字段大小的取值范围是0~255，默认值为255，可以在该属性框中输入取值范围内的整数。

注意，在改变字段大小时，如果文本字段中已经有数据，那么减小字段大小会丢失部分数据，将截去超出长度的字符。

2. 对于一个数字型字段，可以单击"字段大小"属性文框，然后单右侧下三角按钮，并从下拉列表中选择一种类型。

（二）格式

格式属性用来决定数据的屏幕显示方式和打印方式。不同数据类型的字段，其格式选择不同。

对于文本型或者备注型字段，可以用以下四种格式符号来控制输入数据的格式。

1. @：输入字符为文本或空格。

2. &：不要求文本字符。

3. <：输入的所有字母变为小写。

4. >：输入的所有字母变为大写。

注意，格式属性只影响数据的显示和打印格式，并不影响其在表中存储的内容，而且显示格式在数据被保存后方可使用。如果要控制数据的输入格式并且按照输入时的格式显示，则应该设置字段的输入掩码属性。

（三）输入掩码

在输入数据时，经常会遇到有些数据具有相对固定的书写格式。此时，设置字段的输入掩码，可以减少重复输入固定格式的数据带来的麻烦。它将格式中不变的符号固定成格式的一部分，这样在输入数据时，只需要输入变化的值即可。对于文本、数字、日期/时间、货币等数据类型的字段，都可以定义输入掩码。

如果为某字段定义了输入掩码，同时又设置了它的"格式"属性，"格式"属性将在数据显示时优先于输入掩码的设置，这意味着即使已经保存了输入掩码，在数据设置格式显示时，将会忽略输入掩码。

例7-9 将"病员信息"表中"出生日期"字段的"输入掩码"属性调整为"长日期（中文）"。

具体操作步骤如下。

1. 打开"病员管理"数据库，鼠标右击"病员信息"表，选择【设计视图】命令。

2. 选择"出生日期"字段，单击【输入掩码】属性框右侧的【生成器】按钮，弹出【输入掩码向导】第一个步对话框，如图7-28所示。

3. 在【输入掩码】列表中选择【长日期（中文）】选项。然后单击【下一步】按钮，弹出【输入掩码向导】第二步对话框，如图7-29所示。

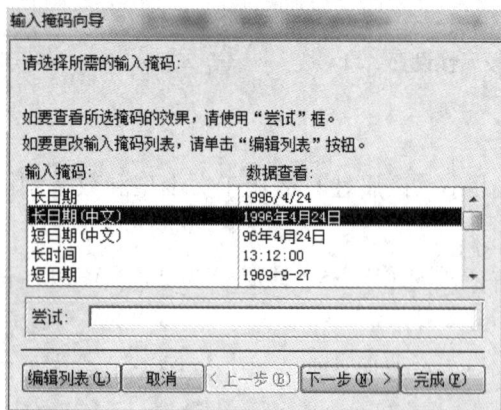

图7-28 【输入掩码向导】第一步对话框　　　　图7-29 【输入掩码向导】第二步对话框

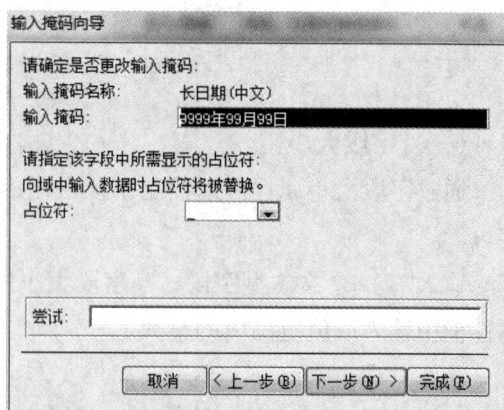

4. 单击【下一步】按钮，在打开的【输入掩码向导】最后一步对话框，单击【完成】按钮，输入掩码设置结果如图7-30所示。

【输入掩码】属性所使用字符的含义如表7-10所示。

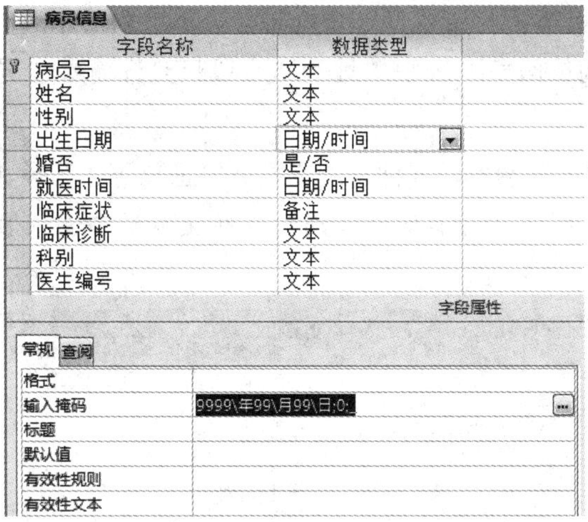

图 7-30 出生日期【输入掩码】设置结果

表 7-10 【输入掩码】属性所使用字符的含义

字符	说明
0	必须输入数字（0~9）
9	可以选择输入数字或空格
#	可以选择输入数字或空格（在"编辑"模式下空格以空白显示，但是在保存数据时将空白删除，允许输入加号或减号）
L	必须输入字母（A~Z，a~z）
?	可以选择输入字母（A~Z，a~z）
A	必须输入字母或数字
A	可以选择输入字母或数字
&	必须输入一个任意的字符或一个空格
C	可以选择输入任意的字符或一个空格
.:;-/	小数点占位符及千位、日期与时间的分隔符（实际的字符根据【Windows 控制面板】中【区域设置属性】中的设置而定）
<	将所有字符转换为小写
>	将所有字符转换为大写
!	使输入掩码从右到左显示，而不是从左到右显示。输入掩码中的字符始终都是从左到右填入。可以在输入掩码中的任何地方输入感叹号。
\	使接下来的字符以原义字符显示

（四）默认值

在一个数据库中，往往会有一些字段的数据内容相同或者包含有相同的部分。为了减少数据的输入工作量，可以将出现较多的值作为该字段的默认值。

注意，设置"默认值"属性时，必须与该字段的数据类型相匹配，否则会出现错误。

（五）有效性规则

有效性规则允许对字段定义一条规则，以限制该字段输入数据时可以接受的数据。无论通过哪种方式添加或编辑数据，都将强行实施字段的有效性规则，以确保输入数据的合理性并防止非法数据输入。例如，"性别"字段只允许输入"男"或"女"。字段设置有效性规则后，一旦输入的数据不符合规则，系统将会提示出错信息。

例 7-10 设置"病员信息"表中"性别"字段只允许输入"男"或"女"。

具体操作步骤如下。

1. 打开"病员管理"数据库，鼠标右击"病员信息"表，选择【设计视图】命令。

2. 单击"性别"字段，在【有效性规则】属性文本框中输入表达式""男"Or"女""，如图 7-31 所示。

病员信息	
字段名称	数据类型
病员号	文本
姓名	文本
性别	文本
出生日期	日期/时间
婚否	是/否
就医时间	日期/时间
临床症状	备注
临床诊断	文本
科别	文本
医生编号	文本

字段属性	
常规 查阅	
字段大小	2
格式	
输入掩码	
标题	
默认值	"男"
有效性规则	"男" Or "女"
有效性文本	性别只能为男或女！
必需	否

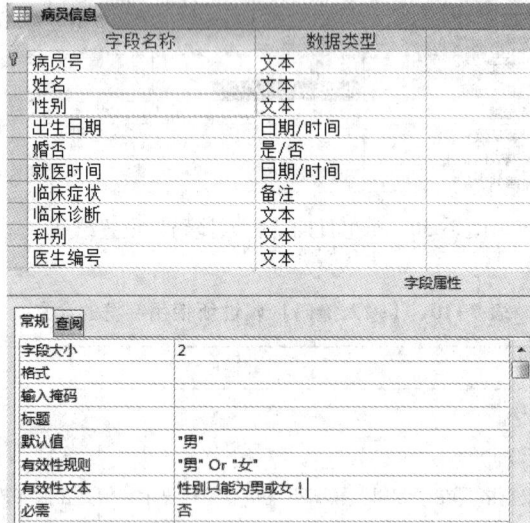

图 7-31　置"性别"字段【有效性规则】属性

（六）有效性文本

如果希望系统的出错提示信息更加具体，可以在位于【有效性规则】下面的【有效性文本】属性文本框中输入提示信息文本内容，如图 7-31 所示。

（七）索引

索引能根据键值加快在表中查找和排序的速度，并且能对表中的记录实施唯一性。按索引功能分，索引分为唯一索引、普通索引和主索引三种。其中，唯一索引的索引字段值不能相同，即没有重复值。如果为该字段输入重复值，系统会提示操作错误。如果已有重复值的字段要创建索引，则不能创建唯一索引。普通索引的索引字段值可以相同，即允许重复值。在 Access 2010 中，同一个表可以创建多个唯一索引，其中一个可设置为主索引，且一个表只有一个主索引。

如果经常需要同时搜索或排序两个或更多的字段，则可创建多字段索引。在使用多个字段索引进行排序时，将首先用定义在索引中的第一个字段进行排序，如果第一个这段有重复值，再用索引中的第二个字段进行排序，依次类推。

字段的【索引】属性有三个选项，如表 7-11 所示。

表 7-11　【索引】属性说明

索引值	说明
无	不建立索引
有（有重复）	建立索引，且字段值可以重复
有（无重复）	建立索引，且字段值不可以重复

四、编辑表内容

为了确保表中数据的准确性，使所建表能够满足实际要求，需要对表的内容进行编辑。编辑表中内容的操作主要包括定位记录、添加记录、修改记录、删除记录。我们可利用复制、粘贴的方法简化输入，提高输入速度。所有对表内容的编辑操作，均在数据表视图中进行。

（一）选择记录

选择记录的操作方法如表 7-12 所示。

表 7-12 选择记录的操作方法

选择对象	操作方法
一个字段的部分数据	在字段开始处单击鼠标左键，拖动鼠标到所需选择数据结尾处松开鼠标左键
整个字段的数据	移动鼠标到字段左侧，待其变成加号时，单击鼠标左键
相邻多个字段	移动鼠标到第一个字段左侧，待其变成加号时，单击鼠标左键，拖动鼠标到最后一个字段时松开鼠标左键
一条记录	单击该条记录最左侧的记录选定器
相邻多条记录	在第一条记录最左侧的记录选定器处单击鼠标左键，拖动鼠标到最后一条记录的记录选定器后松开鼠标左键
一列数据	单击该列的字段选定器
相邻多列数据	与选择相邻多条记录的方法相似
全部记录	单击行列交叉处的图标；或单击【设计】选项卡中的【查找】组里的【选择】按钮，在下拉菜单中单击【全选】按钮

（二）添加记录

具体操作步骤如下。

1. 使用数据表视图打开要编辑的表。

2. 将光标移动到表的最后一行，直接输入要添加的数据。

3. 每当输入完一条记录后，按下 Enter 键，光标向下移至下一条记录的第一个字段处，继续输入即可。

（三）修改记录

打开数据表视图，将光标移动需要修改数据的相应字段直接修改即可。

修改记录时，可以修改字段的部分内容，也可以修改字段的全部内容。

（四）删除记录

选中需要删除的记录所在行，单击鼠标右键，在弹出的快捷菜单中选择【删除记录】命令；或单击【设计】选项卡中的【记录】组里的【删除】按钮。在弹出的询问提示对话框中，单击【是】按钮，删除该记录；单击【否】按钮，则取消删除记录。

删除记录后不可恢复，操作时要谨慎。

（五）复制数据

由于在输入或编辑数据时，有些数据是相同或相似的，这时可以使用复制记录的操作来简化输入，提高输入速度。首先选中要复制的字段或字段的部分内容，按照一般"复制"、"粘贴"的方法即可复制数据。

（六）查找数据

例 7-11 根据例 7-10，查找"病员信息"表中"性别"为"女"的病人。

具体操作步骤如下。

1. 用数据表视图打开"病员信息"表，单击"性别"字段的字段选择器。

2. 单击【开始】选项卡中【查找】组里的【查找】按钮，弹出【查找和替换】对话框，在【查找内容】文本框中输入"女"，如图 7-32 所示。

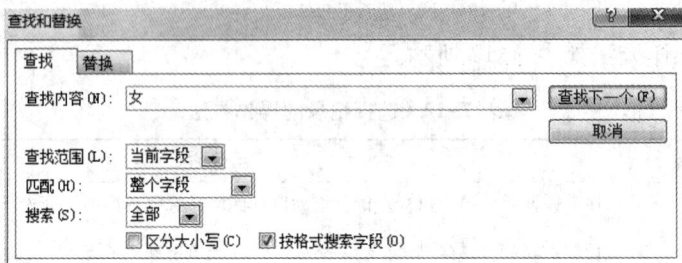

图 7-32 【查找和替换】对话框

3. 单击【查找下一个】按钮，这时将查找下一个指定的内容，Access 2010 将反向显示找到的数据。连续单击【查找下一个】按钮，可以将全部指定的内容查找出来。

4. 单击【取消】按钮或该对话框的关闭按钮，结束查找。

在查找时，若只知道部分内容或者希望按照特定的要求查找记录，则可以使用通配符进行搜索。通配符的用法如表 7-13 所示。

表 7-13 通配符的用法

字符	用法	示例
*	通配任意个数的字符	A * 可以找到 AB、ABC、ABCD 等以 A 开头，长度任意的字符串
?	通配任意一个字符	A? 可以找到 AB、AC、AD 等以 A 开头，长度为 2 的字符串
[ ]	通配方括号内任意一个字符	A [BC] D 可以找到 ABD、ACD，但找不到 ADD
!	通配不在方括号内的字符	A [! BC] D 可以找到 ADD，但找不到 ABD、ACD
-	通配方括号范围内的任意一个字符。必须以递增排列顺序来指定区域（A~Z，而不是 Z~A）	A [B-E] F 可以找到 ABF、ACF、ADF、AEF，但找不到 AFF
#	通配任意一个数字字符	A#可以找到 A1. A2. A3 等以 A 开头，长度为 2 的字符串，但找不到 AB、AC 等。

如果数据库表中某些记录的字段暂时还没有输入数据，则称这个字段的值为空值。字段中允许使用空值，表示该字段的值目前尚未确定。当需要查找空值字段时，可以在【查找内容】文本框中输入"NULL"。

需要注意的是，空值与空字符串是两个不同的概念，空字符串是用定界符双引号括起来的长度值为零的字符串，如""，双引号之间没有任何字符。当需要查找空字符串时，可以在【查找内容】文本框中输入""""。

（七）替换数据

替换和查找数据往往同时使用。在 Access 2010 中，通过使用【查找和替换】对话框可以在指定的范围内将指定查找的内容的所有记录或某些记录替换为新的内容。

知识链接

> 为了避免数据删除和替换操作失误，而又不能撤消，我们在进行数据删除和替换之前，最好对表进行备份。

五、表间关系的建立与修改

（一）表间关系的概念

Access 2010 是关系数据库管理系统。在关系数据库，将信息组织到不同表中，信息的组合是使用表关系来实现的。关系数据库，通过建立主键和外键的配对提供了联接相关表的基础。这些配对的字段既是某个表中的主键，同时也是另外表的外键。

在关系数据库中，表和表之间的关系有以下三种。

1. 一对多关系　这是最普通的关系。对于表 1 的每一个记录，表 2 中有几个记录（也可能是 0）和它相关；反之，对于表 2 的每一个记录，表 1 中至多有一个记录和它相关。

2. 多对多关系　在这类关系中，对于表 1 的每一个记录，表 2 中有几个记录（可以为 0）和它相关。同时对于表 2 中的每一个记录，表 1 中有多个记录（可以为 0）和它相关。

3. 一对一关系　在这种关系类型中，对于表 1 的每一个记录，表 2 中至多有一个记录和它相关，反之亦然。

可以将一对一的关系的两个表合并为一个表，这样既不会出现重复信息，又便于表的查询。而任何多对多的关系都可以拆成多个一对多的关系。因此在 Access 2010 中，表与表之间的关系都可定义为一对多的关系。通过将一端表称为主表，将多端表称为相关表。一对多的关系是数据库中最常见的关系。

（二）设置参照完整性

当用户输入或删除记录时，为维护表与表之间已定义的关系，必须遵循某种规则，这些规则就是参照完整性。参照完整性规则用来约束主关键字和外关键字之间的引用规则。例如，"病员号"字段是"病员信息"表的主关键字，同时是"就诊信息"表的外关键字，那么在"就诊信息"表中，"病员号"字段的值必须满足条件：为空值（Null）或者为"病员信息"表中某条记录的主关键字取值。

在设置了参照完整性之后对表中主键字段进行操作时，系统会自动地检查主键字段是否被添加、修改或删除。如果对主键字段的修改违背了参照完整性的要求，那么系统会自动强制执行参照完整性。

1. 在符合下列所有条件时，可以设置参照完整性

（1）来自于主表的匹配字段是主键（两个表建立一对多的关系后，"一"方的表称为主表，"多"方的表称为子表）。

（2）两个表中相关联的字段都有相同的数据类型。

2. 使用参照完整性时要遵守如下规则　在两个表之间设置参照完整性后，如果在主表中没有相关的记录，就不能把记录添加到子表中。反之，在子表中存在与之相匹配的记录时，则在主表中不能删除该记录。

（三）建立表间关系

使用数据库向导创建数据库时，向导自动定义各表之间的关系；同样，使用表向导创建表时，也将定义该表与数据库中其他表之间的关系。但如果没有使用向导创建数据库或表，那么就需要用户自定义表与表之间的关系。

注意：在定义表与表之间的关系之前，应关闭所有需要定义关系的表。

例7-12　定义"病员管理"数据库中已存在表与表之间的关系并设置参照完整性。

具体操作步骤如下。

1. 先单击【数据库工具】选项卡，再单击【关系】组中的【关系】按钮，打开【关系】窗口。单击【设计】选项卡中【关系】组里的【显示表】按钮，弹出【显示表】对话框，如图7-33所示。

图7-33　【显示表】对话框

2. 【显示表】对话框中列出的四个表："病员信息"表、"就诊信息"表、"项目信息"表和"医生信息"表。选中以上四个表然后单击【添加】按钮，关闭【显示表】对话框。【关系】窗口如图7-34所示。

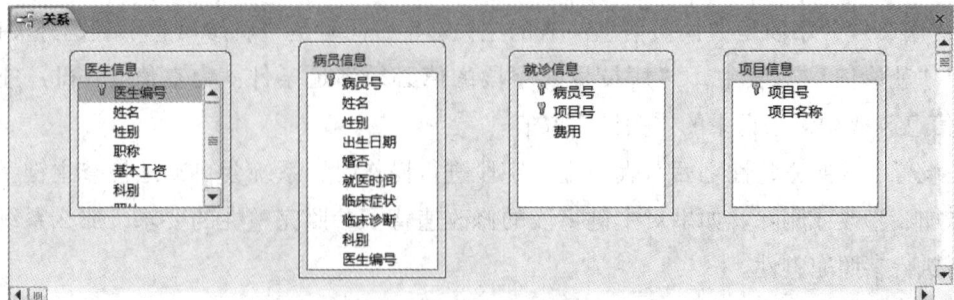

图7-34　已添加四个表的【关系】窗口

3. 选定"医生信息"表中的"医生编号"字段，按下鼠标左键并拖动到"病员信息"表中的"医生编号"字段上，释放鼠标。此时会弹出【编辑关系】对话框，如图7-35所示。

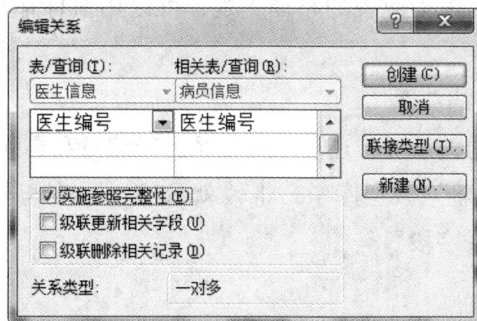

图 7-35　【编辑关系】对话框

在图 7-35 所示的【编辑关系】对话框中有一个【实施参照完整性】复选框，勾选该复选框，其下方的【级联更新相关字段】和【级联删除相关字段】复选框就变为可勾选状态。如果选中【级联更新相关字段】复选框，则当更新主表"医生信息"中的"医生编号"的字段值时，自动更新相关表"病员信息"中的对应记录。如果选中【级联删除相关记录】复选框，则删除主表"医生信息"的记录时，自动删除相关表"病员信息"中的对应记录。

4. 单击【实施参照完整性】复选框，实施两表间的参照完整性，单击【创建】按钮，建立好"医生信息"表和"病员信息"表之间的关系和参照完整性。

5. 重复步骤 3 和 4 完成所有表之间关系和参照完整性的建立，如图 7-36 所示。

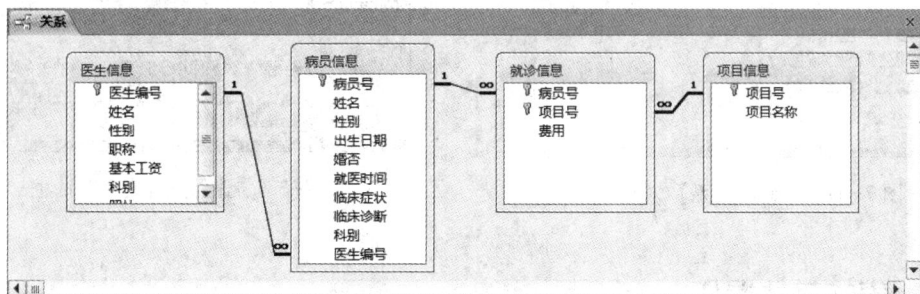

图 7-36　建好表间关系的【关系】窗口

当建立好两表之间的关系后，两表之间由一条关系连接。例如"医生信息"表的连线方显示"1"，而"病员信息"表的连线方显示"∞"。这代表了"医生信息"表和"病员信息"表之间是一对多关系，即"医生信息"表中的一条记录与"病员信息"表中的多条记录相匹配。也即表示一个医生可以诊治多位病员。

6. 单击快速访问工具栏上的【保存】按钮，单击【设计】选项卡中的【关闭】按钮，用于保存建立的表间关系和参照完整性并关闭【关系】窗口。

知识拓展

在建立关系之前，最好在子表中不要输入数据，否则如果在相互关联的表中所输入的数据违反了参照完整性，就不能正确建立关系。在建立两个表的关系时，相关联的字段不一定要有相同的字段名称，但必须是相同的数据类型，这样才能实施参照完整性，如果它们的数据类型不同，虽然能建立起关系，但不能实施参照完整性，因此不能建立一对一或一对多的关系。

注意：建立关系之后，为了使表的布局美观，可以用鼠标拖动表的标题栏，移动表在【关系】窗口中的位置。

（四）编辑和删除表间的关系

在创建了表与表之间的关系后，还可以对关系进行编辑和删除。

例 7-13　在"病员管理"数据库中，将"就诊信息"表与"项目信息"表间参照完整性更改为"级联更新相关字段"。

其具体操作步骤如下。

1. 先单击【数据库工具】选项卡，再单击【关系】组中的【关系】按钮，打开【关系】窗口。

2. 双击"就诊信息"表与"项目信息"表间的关系连线，会弹出【编辑关系】对话框。选中【级联更新相关字段】复选框，再单击【确定】按钮，如图 7-37 所示。

当需要删除表与表之间的关系时，在【关系】窗口中选中删除的关系连线，然后按键盘上的"Delete"键，在弹出的对话框中单击【确定】按钮，即可删除两表之间的关系，如图 7-38 所示。

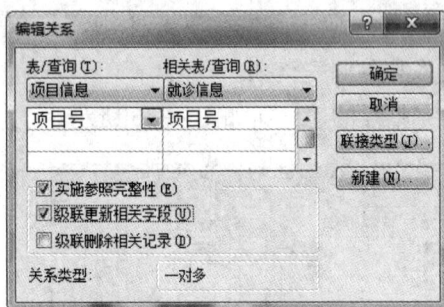

图 7-37　【编辑关系】对话框　　　　图 7-38　删除表间关系对话框

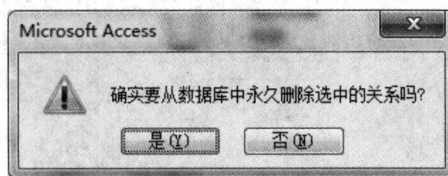

六、表的其他操作

在创建数据表后经常需要对表进行按照特殊条件筛选记录或者按照字段值排序等，我们可以在数据表视图中完成这些操作。

（一）筛选记录

在数据库表的实际应用中，常常需要从数据表中找出满足一定条件的记录。Access 2010 提供了四种筛选方式，即按选定内容筛选、按窗体筛选、使用筛选器筛选和高级筛选。经过筛选后的表中，只有满足给定筛选条件的记录才可以显示出来，而不满足筛选条件的记录将被隐藏。

当完成筛选后保存数据库表时，Access 2010 将同时保存筛选条件，下一次再打开该数据库表时，可以单击工具栏中的【应用筛选】按钮，可再次使用该筛选。

1. 按选定内容筛选　按选定内容筛选是一种简单的筛选方法，使用它可以十分容易地筛选出所需要的记录。

例 7-14　筛选"病员信息"表中所有性别为"男"的记录。

其具体操作步骤如下。

（1）打开"病员信息"表的数据表视图。

（2）单击"性别"字段为"男"的任意一个单元格。

（3）单击【开始】按钮选项卡，在【排序和筛选】组中单击【选择】按钮，在下拉菜单中选择"等于"男""命令，如图 7-39 所示。

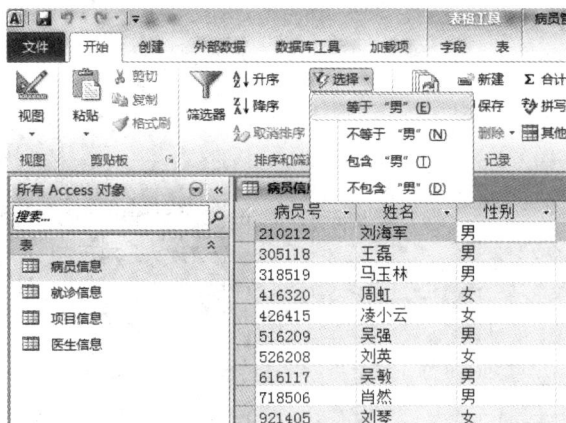

图 7-39　按选定内容筛选数据操作

（4）选择该命令后系统将筛选出所有"性别"为"男"的病员记录，如图 7-40 所示。

图 7-40　筛选后所有性别为"男"的记录

（5）如果需要取消筛选，单击【开始】选项卡中【排序和筛选】组里的【切换筛选】切换筛选按钮即可。

当使用【选择】按钮进行筛选时，Access 2010 根据筛选字段的不同数据类型，在菜单中列出不同的筛选选项，如表 7-14 所示。

表 7-14　不同数据类型字段的筛选选项

数据类型	筛选选项
文本	"等于"、"不等于"、"包含"、"不包含"等
日期/时间	"等于"、"不等于"、"不晚于"、"不早于"、"期间"等
数字	"等于"、"不等于"、"小于或等于"、"大于或等于"、"期间"等
是/否	"是"、"不是"、"选中"、"不选中"等

2. 使用筛选器筛选　筛选器提供了一种灵活的筛选方式，它把所选定的字段列中所有不重复值以列表方式显示出来，我们可以逐个选择需要的筛选内容，除了 OLE 和附件字段外，所有字段类型都可以应用筛选器，具体的筛选列表取决于所选字段的数据类型和值。

例 7-15　在"就诊信息"表中筛选出费用大于等于 50 的记录。

其具体操作步骤如下。

（1）打开"就诊信息"表的数据表视图，选中"费用"字段。

（2）单击"费用"字段右侧的下拉箭头，或者在【开始】选项卡中，单击【排序和筛选】组里的【筛选器】按钮，在弹出的快捷菜单中选择【数字筛选器】中的"大于"命令，如图7-41所示。在弹出的【自定义筛选】对话框中输入"50"，如图7-42所示。

图7-41　选择筛选选项　　　　　　　　　　图7-42　【自定义筛选】对话框

（3）单击【确定】按钮，便可得到筛选结果，如图7-43所示。

图7-43　使用筛选器筛选的结果

3. 按窗体筛选　按窗体筛选是一种快速的筛选方法，使用它不需要浏览整个数据的记录，而且可以同时对两个以上的字段值进行筛选。按窗体筛选记录时，每个字段都有一个下拉列表框。我们通过选择相关字段下拉列表中某个字段值作为筛选条件。

例7-16　用按窗体筛选的方法将"病员信息"表中属于外科的男病员筛选出来。

其具体操作步骤如下。

（1）打开"病员信息"表的数据表视图。

（2）单击【开始】选项卡，在【排序和筛选】组中单击【高级】按钮，在下拉菜单中选择【按窗体筛选】命令，切换到【按窗体筛选】窗口，如图7-44所示。

图7-44　按窗体筛选窗口

（3）选择"性别"字段，然后单击字段右侧的下拉按钮，在下拉列表中选择"男"选项；选择"科别"字段，然后单击该字段右侧的下拉按钮，在下拉列表中选择"外科"，如图 7-45 所示。

图 7-45　在【按窗体筛选】窗口中设置筛选字段值

（4）单击【开始】选项卡，在【排序和筛选】组中单击【切换筛选】按钮，将显示出筛选结果，如图 7-46 所示。

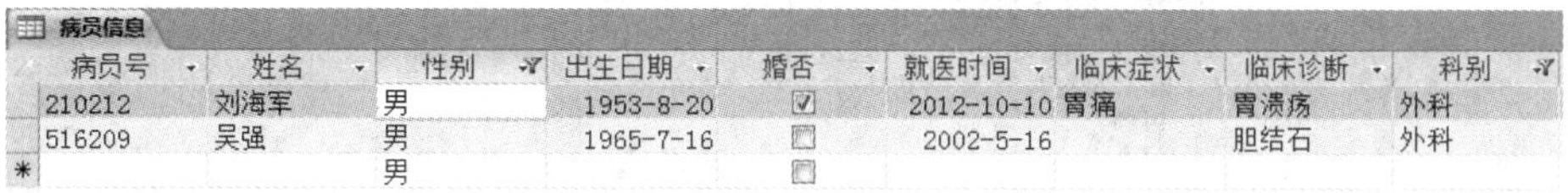

图 7-46　按窗体筛选的筛选结果

4. 高级筛选　在某些情况下，当筛选条件比较复杂时，我们可以使用 Access 2010 提供的高级筛选功能来进行，可以筛选出符合多重条件的记录。

例 7-17　从"病员信息"表中筛选出医生编号为"001"，病员性别为"男"的记录，并将筛选结果按病员号降序排列。

其具体操作步骤如下。

（1）打开"病员信息"表的数据表视图。

（2）单击【开始】选项卡中【排序和筛选】组里的【高级】按钮，在弹出的快捷菜单中选择【高级筛选/排序】命令，如图 7-47 所示。打开数据表筛选窗口。

筛选窗口将分为上下两部分。上半部分显示了被打开表的字段列表，下半部分是筛选条件设计窗口。

图 7-47　高级筛选命令

（3）在筛选条件设置窗口单击第一列的字段行，选择"病员号"字段，在该列下方的排序列中选择"降序"；单击设计窗口第二列的字段行，选择"医生编号"字段，在该列下方的条件列中输入"001"；单击该设计窗口第三列的字段行，选择"性别"字段，在该列下方的条件列中输入"男"，如图 7-48 所示。

（4）单击【开始】选项卡，在【排序和筛选】组中单击【切换筛选】按钮，将显示出

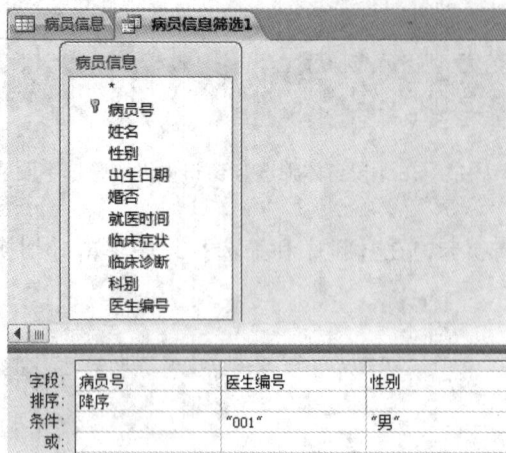

图 7-48 【高级筛选/排序】窗口

筛选结果，如图 7-49 所示。

图 7-49 高级筛选结果

（二）排序记录

Access 2010 数据库表中的数据顺序是按当初向数据库表中输入的先后顺序排列的。但是在实际应用中，可能需要将记录按照不同的要求重新排列顺序。

1. 排序规则 排序是将表中的记录按照一个或多个字段的值对表中所有记录重新排列。可按升序排序，也可以按降序排序。记录排序时，不同的数据类型，其排序规则不同，排序具体规则如下。

（1）数字按大小排序，升序时从小到排列，降序时从大到小排序。

（2）英文按 26 个字母顺序排序（不区分大小写），升序时按 A~Z 排列，降序时按 Z~A 排列。

（3）中文按拼音字母的顺序排序，升序时按 A~Z 排列，降序时按 Z~A 排列。

（4）日期/时间字段按日期的先后顺序排列，升序时按日期从前向后的顺序排列，降序时按日期从后向前的顺序排列。

（5）备注、超链接、OLE 对象、附件类型的字段不能排序。

（6）对于文本型字段，如果它的取值中有数字，那么 Access 2010 将数字视为字符串，排序时按照 ASCII 码的大小排列，而不是按照数值本身的大小排列。

（7）按升序排列字段时，如果字段的值为空值，则将包含空值的记录排列在列表中的第 1 条。

（8）排序后，排序方式会与表一起保存。

2. 按单字段排序

例 7-18 在"病员信息"表中按"医生编号"字段降序排列。

其具体操作步骤如下。

（1）打开"病员信息"数据表视图，并选择"医生编号"字段所在列。

（2）单击【开始】选项卡中【排序和筛选】组里的【降序】按钮 $\overset{Z}{A}\downarrow$ 降序 ，排序结果如

图 7-50 所示。

图 7-50　按"医生编号"降序排序结果

3. 按多字段排序　按多个字段进行排序时，先按第一个字段指定的顺序排序，当第一个字段有重复值时，再按照第二个字段指定的顺序排列，依次类推。按多个字段排序有以下两种方法。

（1）在数据表视图中打开表，选择用于排序的字段，单击工栏中的【升序】按钮即可。

（2）使用【高级筛选/排序】命令中的【高级筛选】功能，在【筛选】窗口中进行多字段排序。

当使用第一种数据表视图按多个字段排序时，只能使所有的字段都按同一种次序排序，而且这些字段必须相邻。如果不同的字段需要按不同的次序排序，或者要进行排序的字段不相邻，则必须使用【筛选】窗口进行多字段排序。

例 7-19　在"病员信息"表中先按"医生编号"升序排列，再按"病员号"降序排序。其具体操作步骤如下。

（1）打开"病员信息"表的数据表视图。

（2）单击【开始】选项卡中【排序和筛选】组里的【高级】按钮，在弹出的快捷菜单中选择【高级筛选/排序】命令，如图 7-51 所示。打开数据表筛选窗口。

（3）在筛选条件设置窗口单击第一列的字段行，选择"医生编号"字段，在该列下方的排序列中选择【升序】；单击设计窗口第二列的字段行，选择"病员号"字段，在该列下方的排序列中选择降序，如图 7-52 所示。

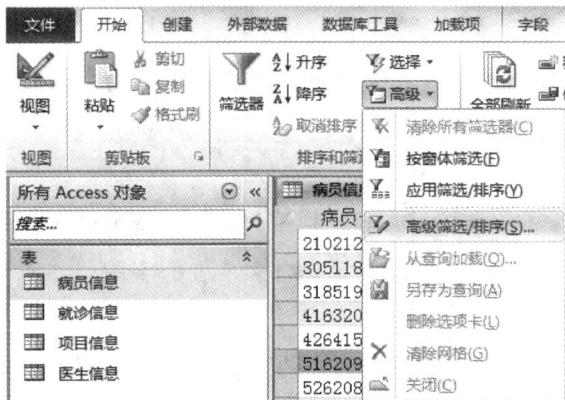

图 7-51　【高级筛选/排序】命令

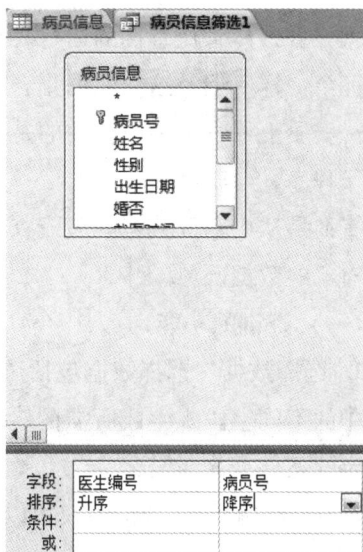

图 7-52　在高级筛选窗口中设置多字段排序

（4）单击【开始】选项卡，在【排序和筛选】组中单击【切换筛选】按钮，将显示出排序结果。如图 7-53 所示。

病员号	姓名	性别	出生日期	婚否	就医时间	临床症状	临床诊断	科别	医生编号
526208	刘英	女	1963-9-12	☑	2012-5-26		肾结石	外科	001
516209	吴强	男	1965-7-16	☑	2012-5-16		胆结石	外科	001
210212	刘海军	男	1953-8-20	☑	2012-10-10	胃痛	胃溃疡	外科	001
616117	吴敏	男	1968-8-9	☑	2012-6-16		心肌炎	内科	002
305118	王磊	男	1970-11-10	☐	2012-3-5		肾炎	内科	002
921405	刘琴	女	1970-9-12	☑	2012-9-21		肺结核	传染科	003
426415	凌小云	女	1971-6-21	☑	2012-4-26		肝炎	传染科	003
416320	周虹	女	1961-12-8	☑	2012-4-16		子宫肌瘤	妇科	004
718506	肖然	男	1958-6-18	☐	2012-7-18		食管癌	肿瘤科	005
318519	马玉林	男	1963-9-12	☑	2012-3-18		胃癌	肿瘤科	005

图 7-53　多字段排序结果

任务六　查　询

为了获取有用的信息，需要对数据库中存放的数据进行统计和分析。查询是对数据进行检索并对数据进行分析、计算、更新，以及其他加工处理的数据库对象。查询的结果还可以作为窗体、报表等其他数据库对象的数据源。

Access 2010 提供了多种功能强大的查询工具，利用它们不仅可以从表或其他查询中检索、更新数据，还能将查询结果以表的形式保存到数据库中。

本节主要介绍查询的功能、查询的分类以及各类查询的创建方法。

一、查询的功能与分类

查询是数据库处理和分析数据的工具，查询是在指定的一个或多个表中，根据给定的条件从表中筛选所需要的信息，供使用者查看、更改和分析使用。可以使用查询回答简单问题、执行计算、合并不同表中的数据，甚至添加、更改或删除表中的数据。

查询是 Access 数据库的一个重要对象，通过查询筛选出符合条件的记录，构成一个新的数据集合，尽管从查询的运行视图上看到的数据集合形式与从表视图上看到的数据集合形式完全一样，但是这个数据集合与表不同，它并不是数据的物理集合，而是动态数据的集合。实质上，查询中所存放的是如何取得数据的方法和定义，因此说查询是操作的集合，相当于程序。

查询是从中获取数据的表或查询称为查询的数据源。查询的结果也可以作为数据库中其他对象的数据源。

（一）查询的功能

1. 选择数据　选择数据包括选择字段和选择记录两方面。利用此功能，既可以选择一个表中的不同字段来生成所需的多个数据的集合，也可以选择来自多个表的字段，并能根据指定的条件查找所需记录。

2. 分析与计算　查询不仅可以选择数据，还可以对数据表中的数据进行各种统计计算。通过将经常处理的原始数据及统计计算设计成为查询，可以大大简化数据的处理工作。用户不必每次都在原始数据上进行操作，从而提高了整个数据库的性能。

3. 编辑记录与建立新表 利用 Access 的查询操作功能可以添加、修改和删除表中的记录，并能将查询的结果以数据表的形式保存起来。

4. 为窗体或报表提供数据 因为查询是经过处理的数据集合，它也适合作为数据源并通过窗体或报表提供给用户使用。

（二）查询的分类

Access 2010 为用户提供了五种类型的查询，分别是选择查询、参数查询、交叉表查询、操作查询和 SQL 查询。这些查询在建立、执行的方式及完成的功能上各有不同。

1. 选择查询 选择查询是最常用的，也是最基本的查询。它是根据指定的查询条件，从一个或多个表中获取数据并显示结果。使用选择查询还可以对记录进行分组，并且对记录作合计、计数、平均值以及其他类型的总计计算。

2. 参数查询 参数查询是一种交互式查询，它利用对话框来提示用户输入查询条件，然后根据所输入的条件检索记录。将参数查询作为窗体和报表的数据源，可以方便地显示和打印所需要的信息。

3. 交叉表查询 使用交叉表查询可以计算并重新组织数据的结构，这样可以更加方便地分析数据。交叉表查询可以计算数据的合计、平均值、计数或其他类型的总计计算。

4. 操作查询 操作查询用于添加、更改或删除数据。操作查询共有四种类型：生成表查询、追加查询、更新查询与删除查询。

（1）生成表查询 生成表查询利用一个或多个表中的全部或部分数据创建新表。

（2）追加查询 追加查询可将一个或多个表中的一组记录追加到一个或多个表的末尾。

（3）更新查询 更新查询可对一个或多个表中的一组记录进行全部更改。使用更新查询，可以更改现有表中的数据。

（4）删除查询 删除查询可以从一个或多个表中删除一组记录。

5. SQL 查询 SQL（Structured Query Language，结构化查询语言）查询是使用 SQL 语句创建的查询。

有一些特定 SQL 查询无法使用查询设计视图进行创建，而必须使用 SQL 语句来创建。SQL 查询有四种类型：传递查询、数据定义查询、联合查询和子查询。

二、查询条件设置

在建立查询时，可以通过设置查询条件来实现对查询范围和结果的限定。查询条件是运算符、常量、字段值、函数、字段名和属性等组合而成的表达式。

查询条件在创建带条件的查询时经常用到，因此，必须了解条件的组成并掌握它的书写和使用方法。

（一）运算符

Access 2010 提供了许多运算符来完成各种形式的运算和处理。根据运算对象及运算结果的数据类型不同，可将运算符分为关系运算符、逻辑运算符和特殊运算符，这三种运算符及其含义如表 7-15 所示。

表7-15　各种运算符及含义

运算类型	运算符号	含义	示例
关系运算符	=	等于	1=2（False）
	<	小于	1<2（True）
	>	大于	1>2（False）
	<>	不等于	1<>2（True）
	<=	小于等于	1<=2（True）
	>=	大于等于	1>=2（True）
逻辑运算符	Not	逻辑非，当 Not 连接的表达式为真时，整个表达式为假	Not 1>2（True）
	And	逻辑与，只有当 And 连接的表达式均为真时，整个表达式才为真，否则为假	2>1 And 1=1（True）
	Or	逻辑或，只有当 Or 连接的表达式均为假时，整个表达式才为假，否则为真	1>2 Or 1=2（False）
特殊运算符	In	确定某个字符串值是否在一组字符串值内	In（" A，B，C"）
	Between…And…	判断表达式的值是否在指定 A 和 B 之间的范围，A 和 B 可以是数字型、日期型和文本型	Between 60 And 100
	Like	是否符合某一样式，若符合，其结果为 True，否则结果为 False	Like" 刘 * "
	Is Null	用于指定一个字段为空	
	Is Not Null	用于指定一个字段非空	

（二）函数

Access 2010 提供了大量的内置函数，利用函数可以实现数据的运算和转换。每一个函数都有特定的功能，函数包含了若干个参数，有唯一的一个函数值（返回值）。标准函数使用形式如下：

函数名（<参数 1>［，<参数 2>］［，<参数 3>］［，<参数 4>］……）

其中，函数名是必不可少的。函数的参数放在圆括号内，可以是常量、变量、表达式或者其他函数；参数可以是一个或多个，有些函数不需要参数；如果函数有多个参数，在参数之间用逗号分开。函数在被调用时，都会有一个返回值作为函数计算的结果。函数的参数和返回值都具有特定的数据类型。

下面介绍常用的函数。

1. 算术函数　算术函数主要用于完成数学计算功能，其参数往往是数字型数据。常用的算术函数及其含义如表7-16所示。

表7-16　算术函数及含义

算术函数	含义
ABS（算术表达式）	返回算术表达式的绝对值
INT（算术表达式）	返回算术表达式的整数部分
SQR（算术表达式）	返回算术表达式的平方根
SGN（算术表达式）	返回算术表达式的符号值。算术表达式>0，返回 1；=0，返回 0；<1，返回-1

2. 字符函数 字符函数一般用于字符型数据的处理。常用的字符函数及其含义如表 7-17 所示。

表 7-17　字符函数及含义

字符函数	含义
Space（数值表达式）	返回由数值表达式的值确定的空格个数组成的空字符串
String（字符串表达式，数据表达式）	返回由字符串表达式的第一个字符重复组成的指定长度为数值表达式的值的字符串
Left（字符串表达式，数据表达式）	从字符串左边起截取所要数据表达式长度的字符串
Right（字符串表达式，数据表达式）	从字符串右边起截取所要数据表达式长度的字符串
Len（字符串表达式）	返回字符串表达式的字符个数。如字符串为 Null，则返回 Null
Ltrim（字符串表达式）	去掉字符串表达式左边的空格
Rtrim（字符串表达式）	去掉字符串表达式右边的空格
Trim（字符串表达式）	去掉字符串表达式左右两边的空格
Mid（字符串表达式，数值表达式 1，数值表达式 2）	返回字符串表达式从左边算起的数值表达式 1 的位置开始，截取长度为数值表达 2 的字符串

3. 日期/时间函数 日期/时间函数主要用来处理日期和时间，其参数一般是日期/时间型数据。日期/时间函数及其含义如表 7-18 所示。

表 7-18　日期/时间函数及含义

日期/时间函数	含义
Day（date）	返回给定日期 1~31 的值，表示给定日期是一个月中的哪一天
Month（date）	返回给定日期 1~12 的值，表示给定日期是一年中的哪一个月
Year（date）	返回给定日期 100~9999 的值，表示给定日期是哪一年
Weekday（date）	返回给定日期 1~7 的值，表示给定日期是一周中的哪一天
Hour（date）	返回给定日期 0~23 的值，表示给定时间是一天中的哪个钟点
Date（）	返回当前计算机系统日期

4. 统计函数 统计函数及其含义如表 7-19 所示。

表 7-19　统计函数及含义

统计函数	含义
Sum（字符串表达式）	返回字符串表达式的总和，字符串表达式一般是一字段名
Avg（字符串表达式）	返回字符串表达式的平均值，字符串表达式一般是一字段名
Count（字符串表达式）	统计记录个数，字符串表达式一般是一字段名
Max（字符串表达式）	返回字符串表达式的最大值，字符串表达式一般是一字段名
Min（字符串表达式）	返回字符串表达式的最小值，字符串表达式一般是一字段名

此外，Access 2010 还提供了条件函数、检索字段值函数等其他类型的函数，以实现数据的检索等计算。

（三）表达式

表达式是许多 Access 操作的基本组成部分，由值、运算符以及函数等连接而成。表达式在查询中的应用规则如下。

1. 表达式的基本符号

（1）［ ］ 将窗体、报表、字段或控件的名称用方括号括起来。

（2）# 将日期用该符号括起来。

（3）" " 将文本用双引号括起来。

（4）& 可以将两个文本连接为一个文本串。

（5）! 是一种对象运算符，用来指示随后将出现的项目类型。该运算符引出用户定义的项，如引用打开着的表中的字段、窗体或报表上的控件。

（6）. 是一种对象运算符，用来指示随后将出现的项目类型。该运算符引出 Access 定义的项，如引用窗体、报表或控件的属性。

2. 查询条件表达式的规则

（1）表达式中的文本值应使用半角的双引号""" ""括起来，日期/时间值应使用半角的井号"#"号括起来。

（2）表达式中的字段名必须用方括号"［ ］"括起来。

（3）表达式中使用的数据类型应与对应的字段类型相符合，否则会出现数据类型不匹配的错误提示。

（4）如果表达式中不输入等号"="运算符，查询设计视图会自动插入等号"="运算符。

（5）在同一行的不同列输入的多个查询条件彼此间是逻辑与（And）关系；在不同行输入的多个查询条件彼此间是逻辑或（Or）关系。如果行与列同时存在，则行与列的优先级为：行>列。

三、选择查询

选择查询是最常见、最重要的一种查询，它从一个或多个表中根据查询准则检索数据，从而将一个或多个表中的数据集合在一起。选择查询不仅可以完成数据的筛选、排序等操作，还可以对数据进行计算和汇总统计。选择查询是创建其他类型查询的基础。

一般情况下建立查询的方法有两种：查询向导和设计视图。查询向导与表向导类似，适用于比较简单的查询，操作简单、方便。但对于需要设置查询条件的查询，使用查询向导就无法实现了。使用设计视图既能创建有条件的查询，又可以方便地修改已有的查询。

（一）使用【设计视图】

在 Access 中，有五种查询视图：设计视图、数据表视图、SQL 视图、数据透视表视图和数据透视图视图。

1. 查询的设计视图 在查询设计视图窗口可以创建和修改查询，完成添加数据源、选择查询字段、输入查询准则、选择排序方式、设置查询属性等操作。查询设计视图窗口如图 7-54 所示。

查询设计视图窗口分为上下两部分：上半部分为字段列表区，放置查询所需要的数据

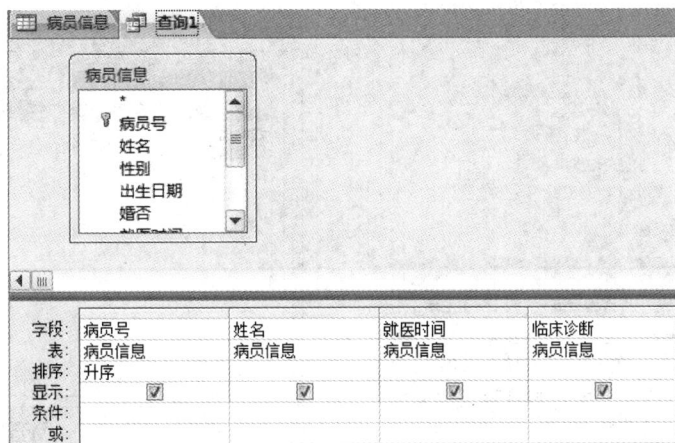

图 7-54　查询设计视图窗口

源表和查询；下半部分为设计网格区，由若干行组成。其中有"字段"、"表"、"排序"、"显示"、"条件"、"或"以及若干空行。

（1）字段行　放置查询需要的字段和用户自定义的计算字段。

（2）表行　放置字段行的来源的表或查询。

（3）排序行　对查询进行排序，有"升序"、"降序"和"不排序"三种选择。在记录很多的情况下，对某一列数据进行排序将方便数据的查询。如果不选择排序，则查询运行时按照表中记录的顺序显示。

（4）显示行　决定字段是否在查询结果中显示。在各个列中，有已经"勾选"了的复选框。默认情况所有字段都将显示出来，如果不需要显示某个字段，但又需要它参与运算，则可取消勾选该复选框。

（5）条件行　放置所指定的查询条件。

（6）或行　放置逻辑上存在"或"关系的查询条件。

（7）空行　放置更多的查询条件。

注意：对于不同类型的查询，查询设计网格行所包含的项目会有所不同。

2. 创建不带条件的查询

例 7-20　查询每名病员的就诊项目及费用，并显示"病员号"、"姓名"、"临床诊断"、"项目名称"和"费用"字段，所建查询为"病员就诊费用"。操作步骤如下。

（1）打开"病员管理"数据库，先单击【创建】选项卡，再单击【查询】组中的【查询设计】按钮，如图 7-55 所示。随后将打开查询设计视图，并弹出一个【显示表】对话框，如图 7-56 所示。

（2）选择数据源。在【显示表】对话框中选择【表】选项卡，然后选择"病员信息"表，再单击【添加】按钮，此时"病员信息"表的字段列表就添加到了查询设计视图上半部分的字段列表区中；再用相同的方法将"就诊信息"表、"项目信息"表添加到字段列表区中。最后单击【关闭】按钮关闭【显示表】对话框。

（3）选择字段。选择字段有三种方法：第一种方法是直接双击所需要的字段；第二种方法是单击所需要的字段，然后将其拖放到设计网格中的"字段"行上；第三种方法是单击设计网格中"字段"行上要显示字段的列的下拉按钮，从其下拉列表中选择所需要的字段。

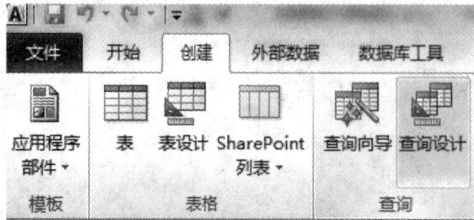

图 7-55 查询设计按钮

图 7-56 【显示表】对话框

采用以上任意一种方法，将"病员号"、"姓名"、"临床诊断"、"项目名称"和"费用"字段分别添加到"字段"行的对应列上，如图 7-57 所示。

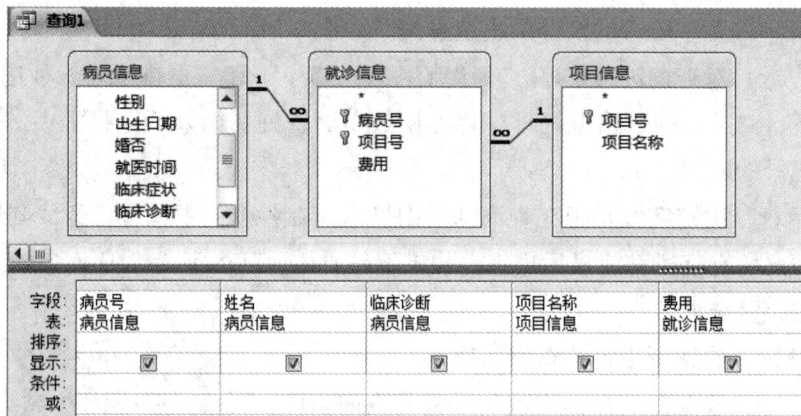

图 7-57 查询设计视图中添加字段

（4）单击快捷访问工具栏上的【保存】按钮，在弹出的【另存为】对话框的【查询名称】文本框中输入"病员就诊费用"，然后单击【确定】按钮，完成保存查询操作，如图 7-58 所示。

（5）单击【设计】选项卡中【结果】组里的【视图】按钮▦或【运行】按钮▮，可以切换到【数据表视图】，显示"病员就诊费用"查询的运行结果，如图 7-59 所示。

图 7-58 查询【另存为】对话框

图 7-59 查询运行结果

注意：若得不到正确的查询结果，则需返回查询视图设计窗口修改，单击【开始】选项卡中【视图】组里的【视图】按钮，即可马上返回视图设计窗口，修改再运行查询，查看查询运行结果。

说明：在多表查询时，表与表之间必须保证建立连接关系，若没有建立关系，则多表查询将会造成出现多条重复记录的混乱。表与表之间的连接如果已经在创建表完成后设置好，那么这些关系将被自动带到查询设计视图中，如果表与表之间不存在关系，则必须在查询设计视图中指定，这个临时指定的关系只在本查询中有效。指定关系的方法，与前面介绍的创建表之间关系的方法相同。

3. 创建带条件的查询　带条件查询需要通过查询设计视图来建立，在设计视图的【条件】行输入查询条件，运行查询时就会从指定的表中筛选出符合条件的记录。

例7-21　在例7-20的基础上建立"药费"查询，查询项目名称包含"药费"的记录，并按药费进行升序排列查询结果。操作步骤如下。

（1）按例7-20的操作步骤建立查询或打开上例建立的查询。

（2）在【项目名称】列的条件行输入查询条件"？药费"，在"药费"列的排序行，选择【升序】排序方式。并将该查询另存为"药费"，如图7-60所示。

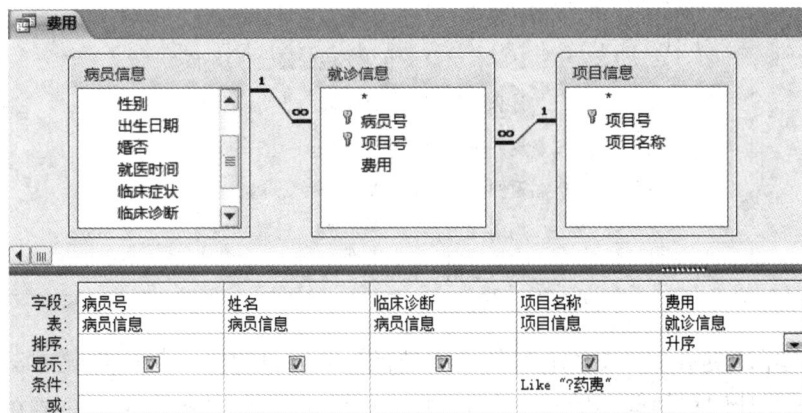

图7-60　查询设计视图中设置条件及排序方式

（3）切换到数据表视图，查询结果如图7-61所示。

图7-61　按条件查询并排序结果

4. 在查询中进行计算

（1）查询计算功能　在实际应用中，除了查询获得符合条件的记录，还常常需要对查询的结果进行求和、计数、求平均值等计算，在查询中可以完成这些计算功能。Access 2010查询中可以利用设计网格中的【总计】行进行各种统计计算，还可以通过创建新的计算字段来进行各种类型的计算。Access 2010查询提供了两种类型的计算，即预定义计算和自定义计算。

预定义计算又称【总计】计算，它是对表中的记录组或全部记录进行统计计算的查询，包括合计、平均值、计数、最大值、最小值等。

在查询设计视图中，先单击【设计】选项卡，再单击【显示/隐藏】组中的【汇总】按钮，如图 7-62 所示，在查询设计视图的设计网格中会显示【总计】行。

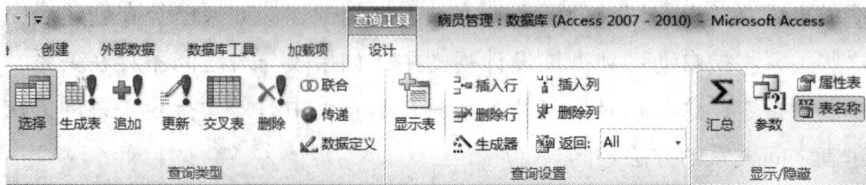

图 7-62　查询设计视图中【总计】行显示设置

【总计】行中有 12 个总计项，常用项的名称和功能如表 7-20 所示。

表 7-20　总计项名称及功能

名称	功能
Group By	指定进行数值汇总的分组字段
合计	计算一组记录中某字段的各和
平均值	计算一组记录中某字段的平均值
最大/最小值	计算一组记录中某字段的最大/最小值
计数	计算一组记录中某字段中非空值个数
First	返回一组记录中第一条记录的字段值
Last	返回一组记录中最后一条记录的字段值
Expression	用来在"字段"行中建立计算字段
Where	指定不用于分组的字段条件

自定义计算是使用一个或多个字段的值进行计算。自定义计算的创建方法就是直接将表达式输入到设计网格的空字段行中。例如，想要计算病员就医月份，只要在查询"设计视图"新的一列字段行输入表达式"month（［就医时间］）"即可。

（2）在查询中进行计算

例 7-22　以"就诊信息"表为数据源，查询就诊费用的总和，并将查询以"费用总和"为名保存。操作步骤如下。

①打开"病员管理"数据库。单击【创建】选项卡中【查询】组里的【查询设计】按钮。在【显示表】对话框中将"就诊信息"表添加到查询设计视图的字段列表区中，关闭【显示表】对话框。

②双击"费用"字段，将其添加到设计网格的字段行中。

③单击【设计】选项卡，再单击【显示/隐藏】组里的【汇总】按钮，在查询设计视图的设计网格中会显示【总计】行。

④单击"费用"字段对应的【总计】行单元格的下拉按钮，从下拉列表中选择【合计】选项，如图 7-63 所示。

⑤以"费用总和"为名保存该查询。

⑥切换到数据表视图，显示查询结果，如图 7-64 所示。

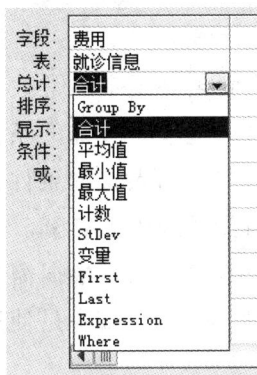

图7-63　设置查询计算的【合计】项

图7-64　"费用总和"查询结果

（3）分组计算查询　在实际的应用中，我们除了要对某个字段进行统计计算外，有时还需要把记录分组，然后对每一组的记录进行计算。分组计算时，只需在【设计视图】中将【总计】行设置为【Group By】即可。

例7-23　按收费"项目信息"表中的"项目名称"统计收费总计，显示字段为"项目名称""分项费用小计"，并将查询以"各项收费小计"为名保存。操作步骤如下。

①打开"病员管理"数据库。单击【创建】选项卡中【查询】组里的【查询设计】按钮。在【显示表】对话框中将"就诊信息"表和"项目信息"表添加到查询设计视图的字段列表中，关闭【显示表】对话框。

②双击"项目名称""费用"字段，将其添加到设计网格中的字段行中。

③单击【设计】选项卡，再单击【显示/隐藏】组中的【汇总】按钮，在查询设计视图的设计网格中会显示【总计】行。

④单击"费用"字段对应的【总计】行单元格的下拉按钮，从下拉列表中选择【合计】选项，在该列"字段"行"费用"前输入"分项费用小计："。查询设计视图如图7-65所示。

⑤以"各项费用收费小计"保存该查询。

⑥切换到数据表视图，显示查询结果，如图7-66所示。

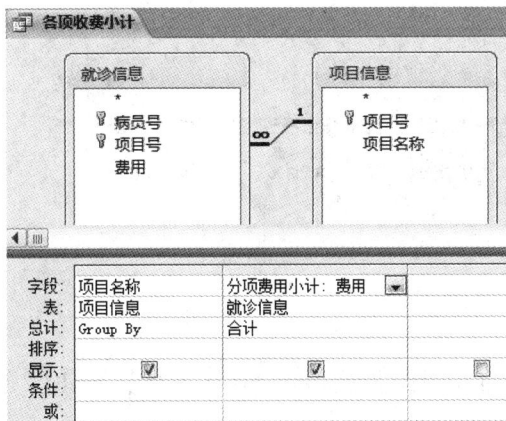

图7-65　分组计算查询设计视图

图7-66　分组计算查询结果

四、参数查询

前面介绍的选择查询所包含的条件是固定的常数，然而条件固定的常数并不能满足实际应用的需要。在实际应用中，很多情况下要求实时灵活地输入查询的条件。在这种情况下就需要使用参数来进行查询。参数查询在运行时，灵活输入查询条件，查询出满足条件的信息。比如，医院查询病员信息，往往需要按病员号或姓名查询。这类查询不是事先在查询设计视图的条件中输入某一病员的病员号或姓名。而是根据需要在查询运行时输入病员号或姓名后进行查询。这种人机交互式查询，在 Access 中是使用参数查询来实现的。

参数查询是对话框提示输入参数，输入参数后查找符合所输入参数的记录。参数查询在使用中，可以建立单参数查询，也可以建立多参数查询。

（一）单参数查询

单参数查询就是在查询中指定一个参数，执行查询中输入具体的参数值。

例 7-24 建立一个名为"病员号查询"的参数查询，根据输入病员号查询病员信息，查询结果显示"姓名"、"性别"、"就医日期"、"临床诊断"和"科别"字段。操作步骤如下。

1. 打开"病员管理"数据库。单击【创建】选项卡中【查询】组里的【查询设计】按钮。在【显示表】对话框中将"病员信息"表添加到查询设计视图的字段列表中，关闭【显示表】对话框。

2. 分别双击"病员号""姓名""性别""就医日期""临床诊断""科别"字段，将其添加到设计网格的字段行中。在"病员号"字段对应的【条件】行单元格中输入"［请输入病员号:］"。其中"请输入病员号:"为参数名，必须放在"［］"中。单击该列【显示】行的复选框，取消该字段的显示，如图 7-67 所示。

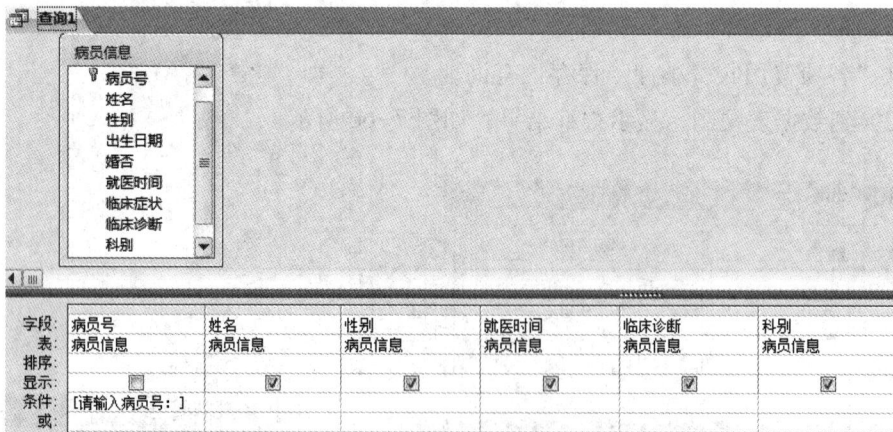

图 7-67　单参数查询设计

3. 单击【设计】选项卡中【结果】组里的【视图】按钮或【运行】按钮，弹出【输入参数值】对话框，输入查询参数"305118"，如图 7-68 所示。单击【确定】按钮，查询结果如图 7-69 所示。

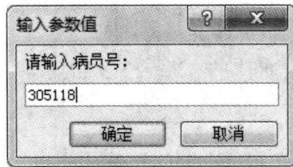

图 7-68　单参数查询的【输入参数值】对话框　　　图 7-69　单参数查询"病员号查询"结果

4. 以"病员号查询"为名保存该查询。

（二）多参数查询

Access 2010 中不仅可以创建一个参数提示的单参数查询，还可以创建包含多个参数的多参数查询。

例 7-25　建立一个名为"病员信息查询"的查询，查询不同科别不同性别的病员信息，显示"病员号""姓名""性别""临床诊断""科别"等字段。操作步骤如下。

1. 打开"病员管理"数据库。单击【创建】选项卡中【查询】组里的【查询设计】按钮。在【显示表】对话框中将"病员信息"表添加到查询设计视图的字段列表中，关闭【显示表】对话框。

2. 分别双击"病员号"、"姓名"、"性别"、"临床诊断"和"科别"字段，将其添加到设计网格的字段行中。在"科别"字段对应的【条件】行单元格中输入"〔请输入科别:〕"，在"性别"字段对应的【条件】行单元格中输入"〔请输入性别:〕"，如图 7-70所示。

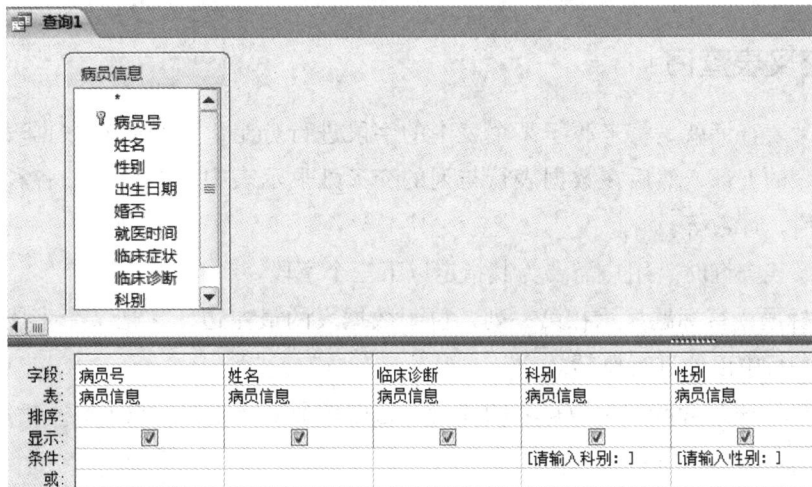

图 7-70　多参数查询设计

3. 单击【设计】选项卡中【结果】组里的【视图】按钮▦或【运行】按钮❗，弹出第一个【输入参数值】对话框，输入第一个查询参数"外科"，如图 7-71 所示。输入第一个查询参数后，单击【确定】按钮，此时弹出第二个【输入参数值】对话框，输入第二个查询参数"男"，如图 7-72 所示。输入第二个查询参数后，单击【确定】按钮，显示查询结果，如图 7-73 所示。

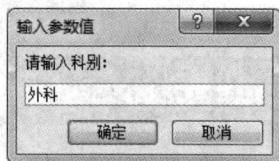

图 7-71　第一个【输入参数值】对话框　　　　图 7-72　第二个【输入参数值】对话框

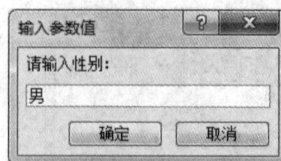

图 7-73　多参数查询结果

4. 以"病员信息查询"为名保存该查询。

知识拓展

　　参数查询提供了一种灵活的交互式查询。但在实际数据库开发中，要求用户输入的参数常常是在一个确定的数据集合中。例如，医生所在科别就是一个由"内科、外科、妇科、传染科"组成的数据集合。从一个数据集合的列表中选择参数，比手工输入参数的效率更高，且不容易出错。这种数据集合列表中选择参数查询需要结合窗体使用。

五、交叉表查询

　　所谓交叉表查询就是将来源于某个表中的字段进行分组，一组列在数据表的左侧，一组列在数据表的上部，然后在数据表行与列的交叉处显示表中某个字段的各种计算值，如求和、平均值、计数等。

　　当用交叉表查询时，用户需要为其指定以下三个字段。

　　（1）行标题　行标题显示在第一列，位于数据表的最左边，它把某个字段的相关数据放入指定的一行中以便进行概括。

　　（2）列标题　列标题位于数据表的顶端，它把某个字段的相关数据放入指定的一列中，显示在每列标题上的字段名。

　　（3）值字段　值字段是用户选择在交叉表查询中显示的字段，即行与列的交叉处显示的字段值的总计项，如总计、平均值、计数等。

知识链接

　　使用交叉表查询计算和重构数据，可以简化数据分析。交叉表查询计算数据的总和、平均值、计数或其他类型的总计值，并将它们分组。一组列在数据表左侧作为交叉表的行字段，另一组列在数据表的顶端作为交叉表的列字段。在实际应用中，交叉表查询用于解决在一对多的关系中，对"多方"实现分组求和的问题。

创建交叉表查询的方法有两种：交叉表查询向导和查询设计视图。下面分别介绍这两种方法创建交叉表查询。

（一）使用交叉表查询向导

例 7-26 建立一个名为"病员人数交叉表查询"的查询，统计每个科室中男女病员的人数。操作步骤如下。

1. 打开"病员管理"数据库。单击【创建】选项卡中【查询】组里的【查询向导】按钮，在弹出的【新建查询】对话框中选择【交叉表查询向导】选项，如图 7-74 所示。

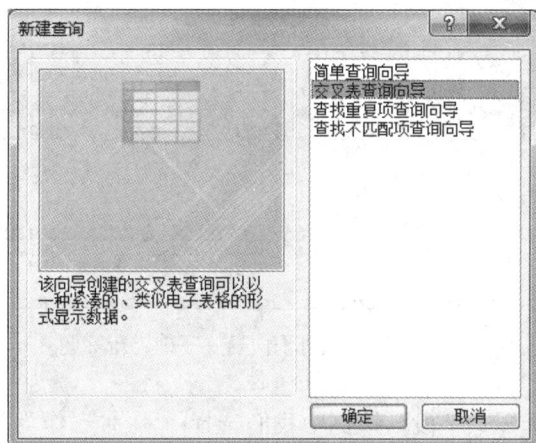

图 7-74 【新建查询】对话框

2. 单击【确定】按钮后，弹出【交叉表查询向导】第一步对话框，在此对话框中选择查询的数据源"病员信息"表，如图 7-75 所示。

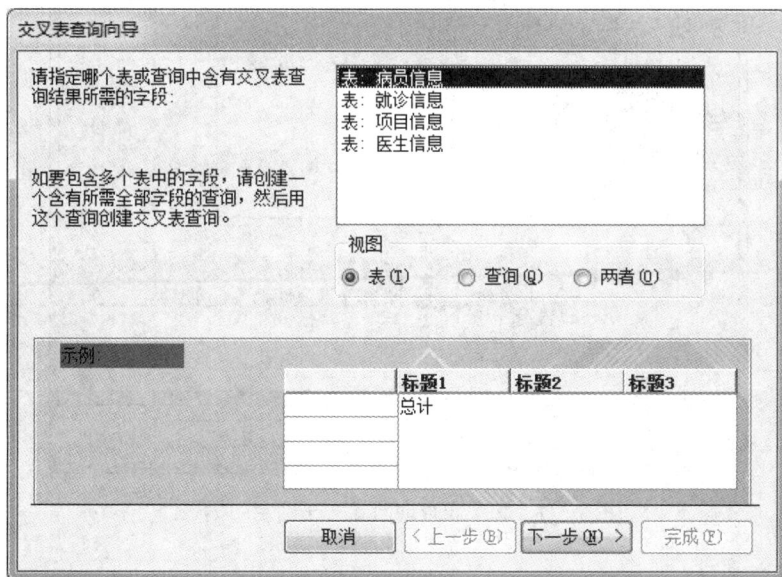

图 7-75 交叉表查询向导——选择数据源

使用交叉表查询向导创建交叉表查询时，查询的数据源必须来自一个表或一个查询。如果交叉表查询中包含多个表中的字段，我们应先建立一个含有所需全部字段的查询，然后再利用该查询在交叉表查询向导中创建交叉表查询。

3. 单击图 7-75 中的【下一步】按钮，弹出【交叉表查询】第二步对话框，在此对话框中确定交叉表查询的标题，如图 7-76 所示。

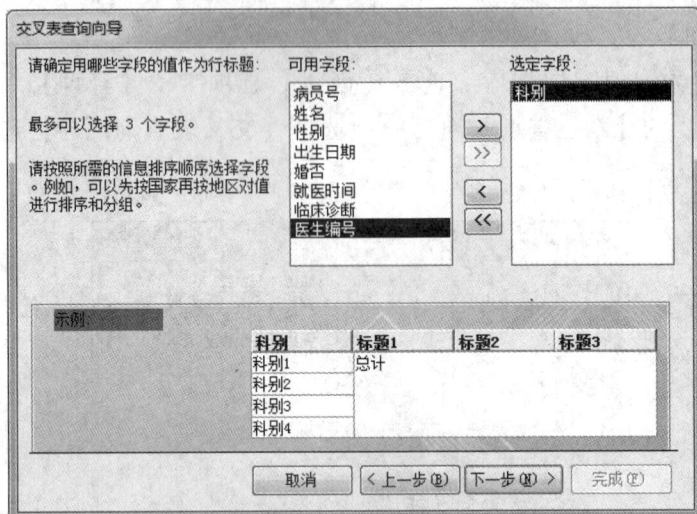

图 7-76 交叉表查询向导——确定行标题

行标题最多可以选择 3 个字段，该例中我们选择"科别"作为行标题。双击【可用字段】列表框中的"科别"字段即可添加到右侧的【选定字段】列表中。

4. 单击图 7-76 中的【下一步】按钮，弹出【交叉表查询】第三步对话框，在此对话框中确定交叉表查询的列标题，如图 7-77 所示。

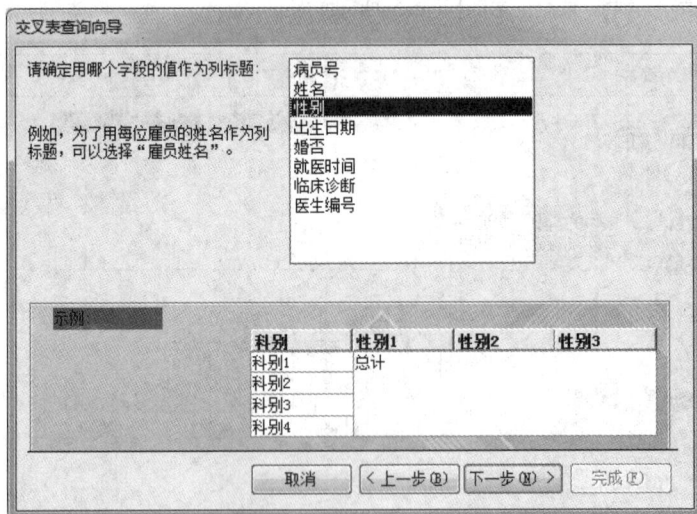

图 7-77 交叉表查询向导——确定列标题

交叉表查询只能有一个列标题。该例中我们选择"性别"作为列标题，只需单击选中列表框中的"性别"字段即可。

5. 单击图 7-77 中的【下一步】按钮，弹出【交叉表查询向导】第四步对话框，在此对话框中确定交叉表查询的值，即行和列交叉处计算的数据，如图 7-78 所示。

利用不同的函数可以对字段进行不同的计算操作。本例中要求计算病员的人数，因此

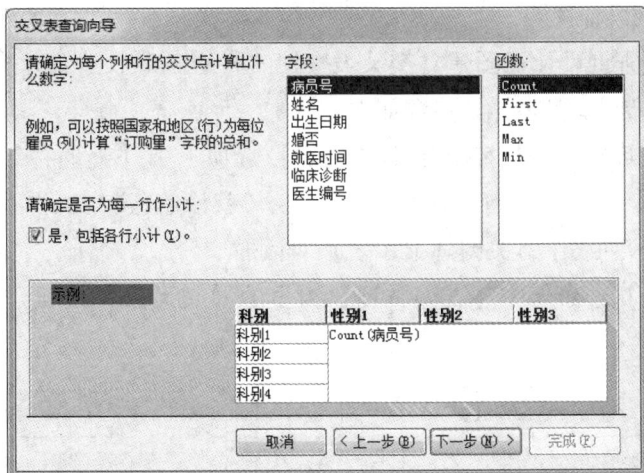

图 7-78　交叉表查询向导——确定行和列交叉处的值

在【字段】列表框中选择"病员号"字段，在【函数】列表框中选择"Count"函数。如果需要计算每个科室的总人数，则勾选【是，包括各行小计】复选框，否则取消勾选该复选框。

6. 单击图 7-78 中的【下一步】按钮，弹出【交叉表查询向导】第五步对话框，在此对话框中确定交叉表查询的名称，如图 7-79 所示。

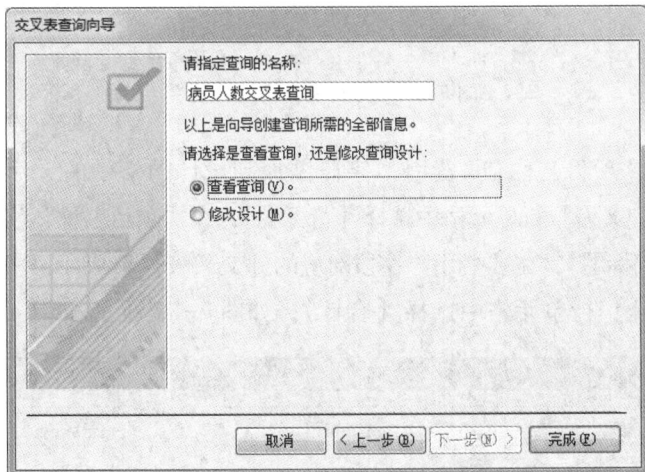

图 7-79　交叉表查询向导——确定查询名称

在【请指定查询的名称】文本框中输入"病员人数交叉表查询"，再选中【查看查询】单选按钮，最后单击【完成】按钮，查看交叉表查询结果，如图 7-80 所示。

图 7-80　交叉表查询结果

(二) 使用查询设计视图

例 7-27 使用查询设计视图建立交叉表查询"科室各项收费合计交叉表查询",计算每个科室各项收费合计。具体操作步骤如下。

1. 打开"病员管理"数据库。单击【创建】选项卡中【查询】组里的【查询设计】按钮。在【显示表】对话框中将"病员信息"表、"就诊信息"表、"项目信息"表添加到查询设计视图的字段列表中,关闭【显示表】对话框。

2. 单击【设计】选项卡中【查询类型】组里的【交叉表】按钮,此时查询设计视图如图 7-81 所示。

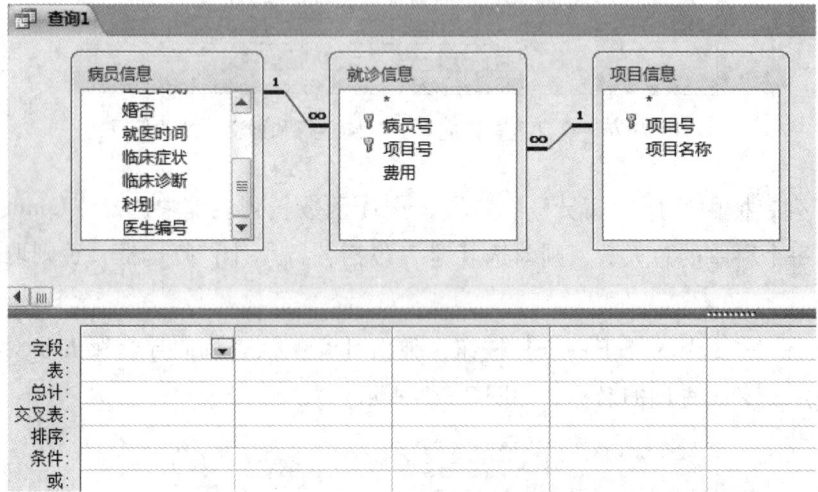

图 7-81 交叉表查询设计视图

3. 将"科别""项目名称""费用"字段添加到设计网格中的"字段"行内。在"科别"字段对应的【交叉表】行单元格中选择【行标题】,在"项目名称"字段对应的【交叉表】行单元格中选择【列标题】,在"费用"字段对应的【交叉表】行单元格中选择【值】,同时在该字段对应的【总计】行单元格中选择【合计】,如图 7-82 所示。

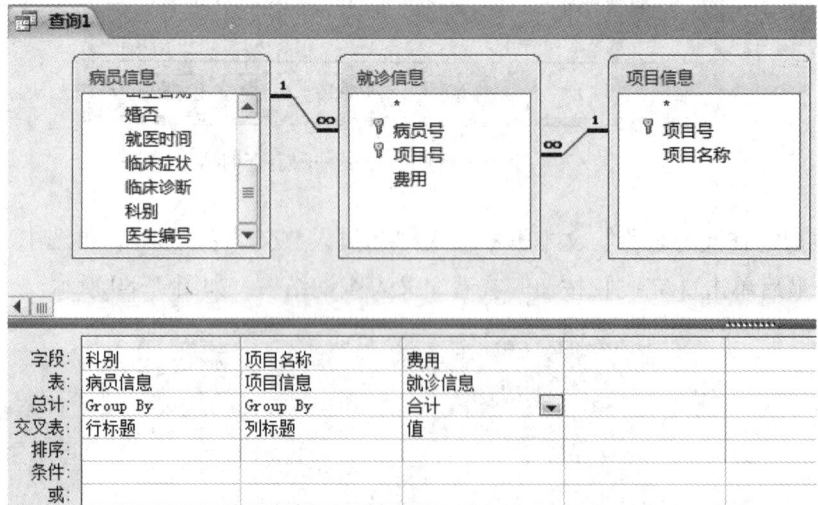

图 7-82 设置交叉表查询中的字段

4. 切换到数据表视图，查看交叉表查询结果，如图 7-83 所示。

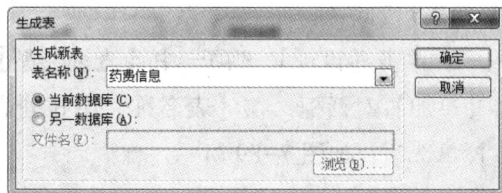

科别	B超	X片	查血	西药费	中药费
传染科		￥124.00			
妇科	￥85.00				
内科			￥36.00		￥25.00
外科				￥125.00	￥63.00
肿瘤科	￥85.00		￥36.00		

图 7-83　"科室各项收费合计交叉表查询"查询结果

5. 以"科室各项收费合计交叉表查询"为名保存该查询。

六、操作查询

在对数据库进行操作维护时，常常需要对数据进行删除、修改、追加、生成新生表等操作。这些操作既要检索记录，又要更新记录，操作查询就可以实现这些功能。操作查询分为四种：生成表查询、追加查询、删除查询、更新查询。

（一）生成表查询

生成表查询是利用一个或多个表中的部分或全部数据创建一个新表。在 Access 中，从表中访问数据要比从查询中访问数据更快，因此，如果需要经常从多个表中提取数据，最有效的方法就是使用生成表查询，将从多个表中提取的数据生成一个新表进行保存。

例 7-28　将包含药费费用的记录存储到一个新表中，表名为"药费信息"，表中包含"病员号""姓名""科别""项目名称"和"费用"字段。具体操作步骤如下。

1. 打开"病员管理"数据库。单击【创建】选项卡中【查询】组里的【查询设计】按钮。在【显示表】对话框中将"病员信息"表、"就诊信息"表、"项目信息"表添加到查询设计视图的字段列表中，关闭【显示表】对话框。

2. 单击【设计】选项卡中【查询类型】组里的【生成表】按钮，如图 7-84 所示。将弹出【生成表】对话框，在【表名称】文本框中输入新表名称"药费信息"，选中【当前数据库】单选按钮，如图 7-85 所示。

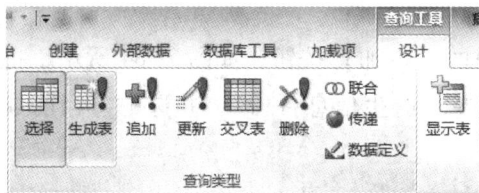

图 7-84　选择【查询类型】

图 7-85　【生成表】对话框

3. 单击【确定】按钮，进入生成表查询设计视图。将所需字段添加到相应的字段行，在"项目名称"字段对应的【条件】行单元格中输入查询条件表达式"？药费"，如图 7-86 所示。

4. 单击【设计】选项卡中【结果】组里的【运行】按钮，将弹出一个生成表提示框，如图 7-87 所示。

5. 单击此对话框中的【是】按钮，Access 将生成新表"药费信息"。双击可打开该表，

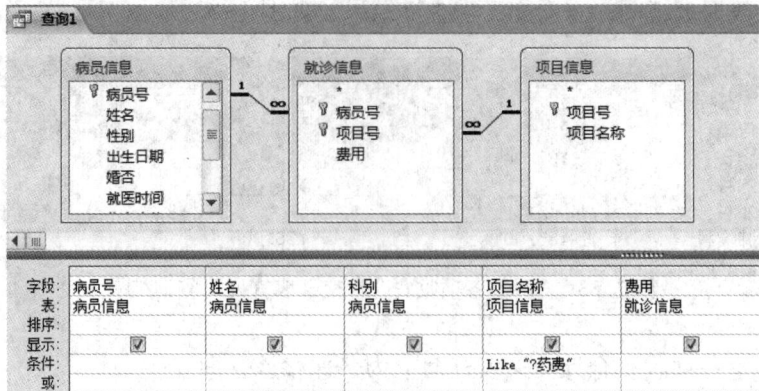

图 7-86　生成表查询设计视图

显示表的内容如图 7-88 所示。

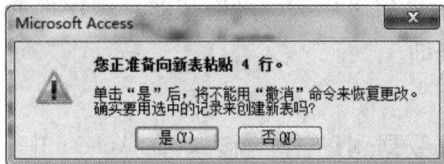

图 7-87　生成表提示框

图 7-88　"药费信息"表

例 7-29　将"医生信息"表中"科别"是"内科"的所有医生信息存储到一个名为"医生信息备份"的新表中，它包含"医生信息"表中所有字段。操作方法与步骤同上，详细步骤略。

（二）追加查询

追加查询是将一个表中的部分或全部记录追加到另一个表的末尾。

例 7-30　利用"医生信息"表和"医生信息备份"表创建一个追加查询，将"医生信息"表中"科别"为"外科"的记录追加到"医生信息备份"表中。操作步骤如下。

1. 打开"病员管理"数据库。单击【创建】选项卡中【查询】组里的【查询设计】按钮。在【显示表】对话框中将"医生信息"表添加到查询设计视图的字段列表中，关闭【显示表】对话框。

2. 单击【设计】选项卡中【查询类型】组里的【追加】按钮，如图 7-84 所示。将弹出【追加】对话框，在【表名称】下拉列表中选择"医生信息备份"，并选中【当前数据库】单选项，如图 7-89 所示。

图 7-89　【追加】对话框

3. 单击【追加】对话框中的【确定】按钮后，将打开查询设计视图。将所需字段添加到相应的【字段】行，如图 7-90 所示。

4. 单击【设计】选项卡中【结果】组里的【运行】按钮，将弹出一个追加提示框，如图 7-91 所示。

5. 单击此提示框中的【是】按钮，Access 开始将符合条件的一组记录追加到"医生信息备份"表中，一旦追加将无法恢复所做更改，此时"医生信息备份"表的记录更改结果如图 7-92 所示。

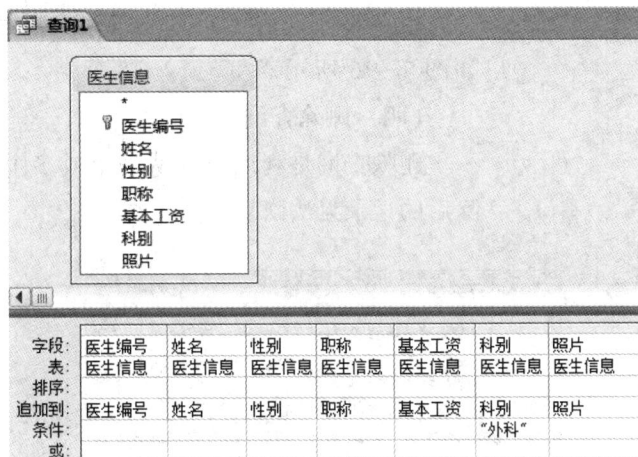

图 7-90 追加查询设计视图

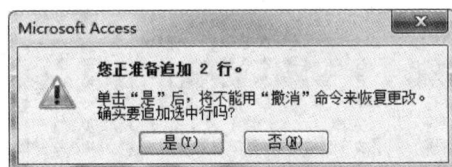

图 7-91 追加查询提示框

图 7-92 执行追加查询后的"医生信息备份"表

（三）更新查询

更新查询是利用查询对一个或多个表的记录进行更新和修改。在实际应用中，我们常常需要修改大批量的数据，或是进行有规律的数据输入，此时最简单最有效的方法就是使用更新查询进行操作。

例 7-31 将"医生信息"表中所有医生的"基本工资"增加 500 元。操作步骤如下。

1. 打开"病员管理"数据库。单击【创建】选项卡中【查询】组里的【查询设计】按钮。在【显示表】对话框中将"医生信息"表添加到查询设计视图的字段列表中，关闭【显示表】对话框。

2. 单击【设计】选项卡中【查询类型】组里的【更新】按钮，如图 7-84 所示。

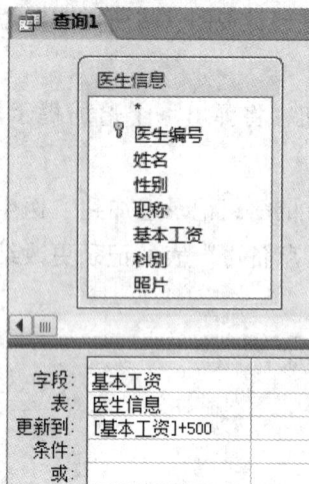

图 7-93　设置更新查询

3. 将"基本工资"字段添加到【字段】行中，在"基本工资"字段对应的【更新到】行单元格输入"［基本工资］+500"，如图 7-93 所示。

4. 单击【设计】选项卡中【结果】组里的【运行】按钮，将弹出一个更新提示框，如图 7-94 所示。

5. 单击此对话框中的【是】按钮，Access 开始更新符合条件的记录，一旦更新将无法恢复，更新前的"医生信息"表的记录如图 7-95 所示，更新后的记录如图 7-96 所示。

（四）删除查询

删除查询是利用查询从一个或多个表中删除记录，删除后的记录无法恢复。

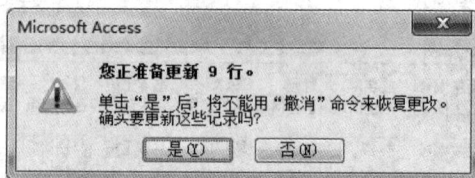

图 7-94　更新查询提示框

图 7-95　执行更新查询前的"医生信息"表

图 7-96　执行更新查询后的"医生信息"表

例 7-32　删除"医生信息备份"表中"科别"为"内科"的医生信息。操作步骤如下。

1. 打开"病员管理"数据库。单击【创建】选项卡中【查询】组里的【查询设计】按钮。在【显示表】对话框中将"医生信息备份"表添加到查询设计视图的字段列表中，关闭【显示表】对话框。

2. 单击【设计】选项卡中【查询类型】组里的【删除】按钮，如图 7-84 所示。

3. 将"科别"字段添加到设计网格的【字段】行中，在【条件】行单元格中输入删除条件表达式"内科"，如图 7-97 所示。

4. 单击【设计】选项卡中【结果】组里的【运行】按钮，将弹出一个删除提示框，如图 7-98 所示。

5. 单击该对话框中的【是】按钮，此时"医生信息备份"表中将删除符合条件的记录。"医生信息备份"表删除之前记录如图 7-99 所示。"医生信息备份"表删除之后记录如图 7-100 所示。

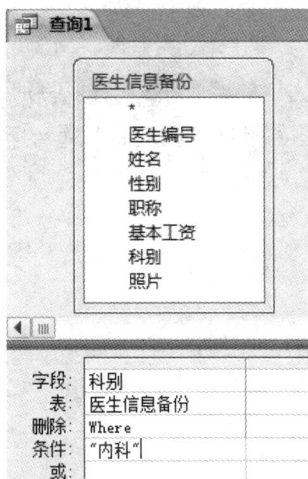

图 7-97　设计删除查询条件

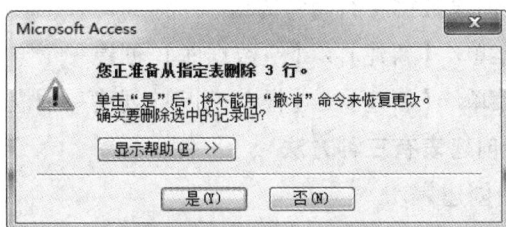

图 7-98　删除查询提示框

图 7-99　执行删除查询前的"医生信息备份"表

图 7-100　执行删除查询后的"医生信息备份"表

知识拓展

删除查询不仅可以在一个表内删除记录，还可以利用多个表之间创建关系时已经设置的"级联删除相关记录"，来一次删除几个表中相关联的所有记录。

从相互关联的一个或多个表中删除记录的操作可能会出现一些问题。如果在建立关系时仅选中了"实施参照完整性"（建立一对多关系都要选中该项），当删除的记录在"多"方表中存在与"一"方表中相匹配的记录时，删除"一"方表中的记录将违反参照完整性规则，因此将禁止删除。但是删除"多"方表中的记录是允许的，因为这不违反参照完整性规则。

如果在建立关系时，同时选中"实施参照完整性"和"级联删除相关记录"，则删除"一方"的记录将被允许。特别注意的是在删除"一方"记录的同时"多方"与之匹配的全部记录也被删除，而且无法恢复。

实训项目 Access 2010

实训一 创建"销售管理"数据库及数据库中的数据表

（一）任务概述

1. 在 Access 2010 中创建数据库有两种方法

（1）使用【文件】菜单/【新建】/【空数据库】创建一个空数据库。

（2）使用【文件】菜单/【新建】/【样本模板】创建一个模板数据库。

2. 在 Access 2010 中创建表有三种方法

（1）使用表设计视图创建表。

（2）使用数据表视图创建表。

（3）使用向导创建表。

使用表设计视图是一种最常用的方法，用户可在设计视图中定义表结构，并详细说明每个字段的字段名和所使用的数据类型。数据表视图是按行和列显示表中数据的视图。在数据表视图中，可以进行对表中字段或记录的添加、编辑和删除。

使用数据表视图新建表时，自动创建的"ID"字段默认为"自动编号"数据类型。通过数据表视图创建表的方法比较简单，但无法对字段的属性值进行详细设置。一般通过数据表视图创建的表结构还需要在表设计视图中进行进一步的修改。

通过学习本任务，可以熟练创建空数据库，并在数据库中使用表设计视图创建表。

（二）具体操作方法

步骤 1 建立存放数据库的文件夹。使用 Windwos 7 操作系统中的【计算机】或【Windows 资源管理器】，在计算机的 D 盘创建一个名为"Access 2010 实训"的文件夹。

步骤 2 创建"销售管理"空数据库。

（1）启动 Access 2010，先点选【可用模板】中的【空数据库】按钮，然后在右侧【空数据库】窗格，单击下方的浏览按钮 📂，如图 7-101 所示。

（2）系统将弹出【文件新建数据库】对话框。将路径选定到"D:\Access 2010 实训"文件夹中，在文件名文本框中输入"销售管理.accdb"，如图 7-102 所示。

（3）单击【文件新建数据库】对话框中的【确定】按钮，返回 Access 初始界面。再单击【创建】按钮，如图 7-101 所示。即可成功创建"销售管理"数据库。此时，自动创建了一个名为"表 1"的数据库，该表以数据表视图方式打开，如图 7-103 所示。

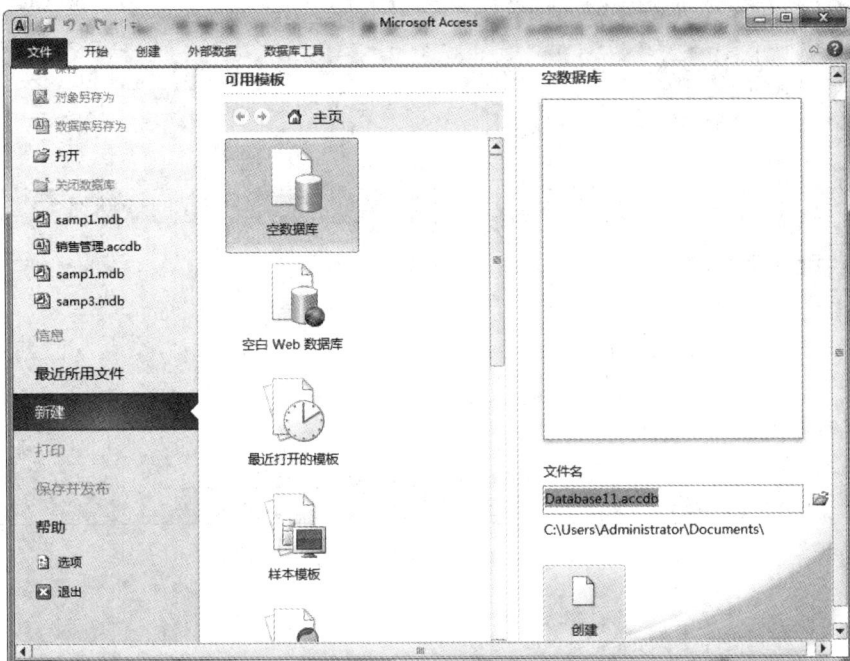

图 7-101　新建空数据库

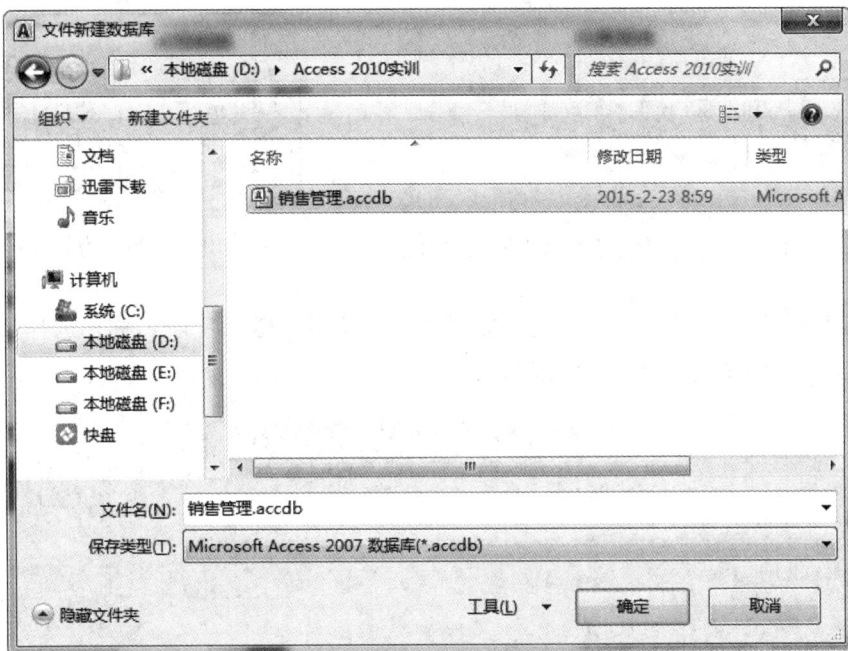

图 7-102　【文件新建数据库】对话框

步骤 3　创建"职工表"。

（1）选择【字段】选项卡中【视图】组里的【视图】按钮，然后在弹出的快捷菜单中选择【设计视图】，如图 7-104 所示。

（2）系统将弹出【另存为】对话框，在【表名称】文本框中输入要创建的第一个表名称"职工表"，如图 7-105 所示。

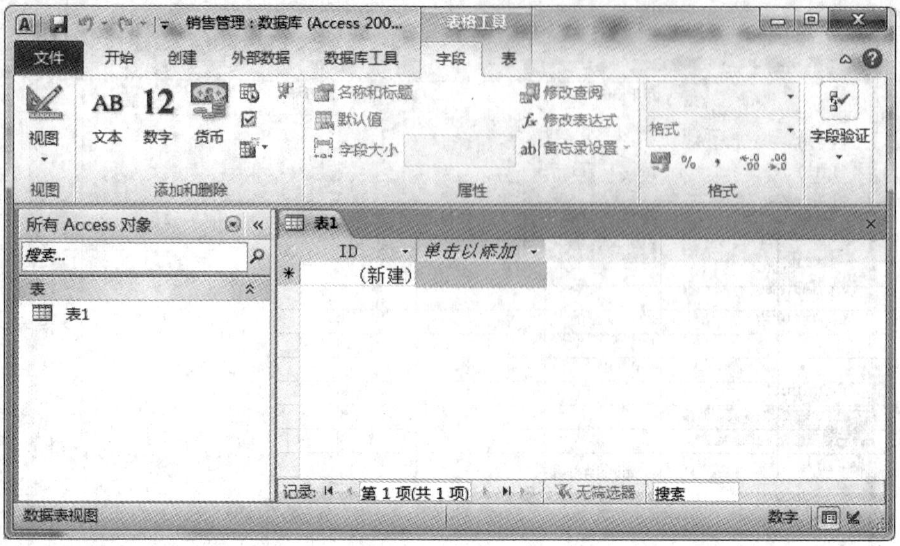

图 7-103 完成创建"销售管理"空数据库

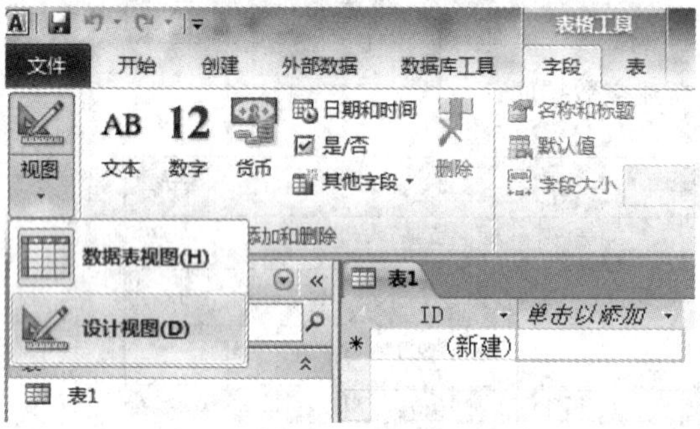

图 7-104 选择【设计视图】命令进行数据库表的创建

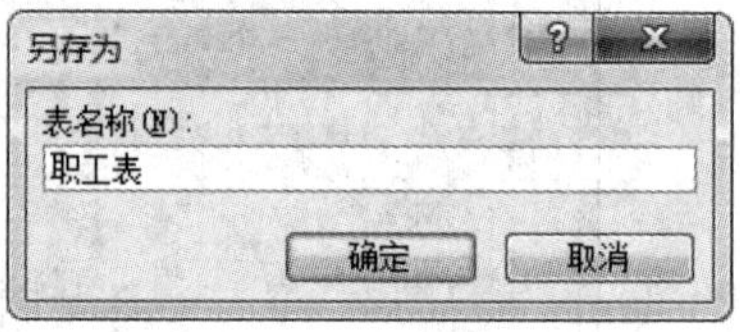

图 7-105 【另存为】表对话框

（3）随后进行"职工表"的创建，如图 7-106 所示。输入字段名称、选择字段类型和设置字段大小。"职工表"表结构如表 7-21 所示。

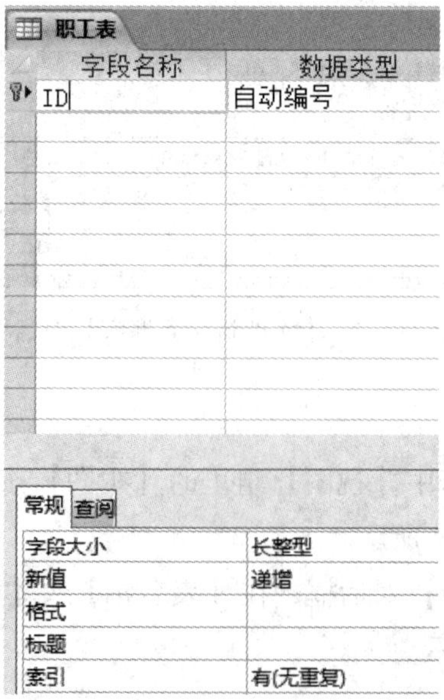

图 7-106 设计"职工表"表结构

（4）将"职工表"中的"编号"字段设为该表的主键，设置好所需字段后，单击快速访问工具栏中的保存按钮将创建完成的表保存，创建好后的"职工表"如图7-107所示。

表7-21 "职工表"结构

序号	字段名	字段类型	字段大小
1	编号	文本	6
2	姓名	文本	8
3	年龄	数字	整型
4	性别	文本	1

步骤4 创建"产品表"和"销售业绩表"。

（1）选择【创建】选项卡中【表格】组里的【表设计】按钮，如图7-108所示，进行"销售管理"数据库中"产品表"和"销售业绩表"的建立，表结构如表7-22所示。

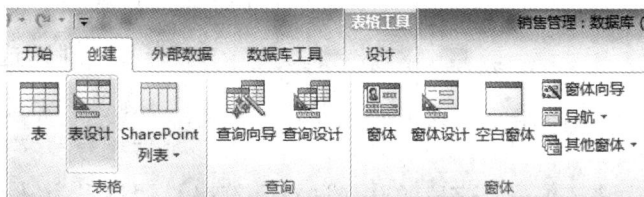

图7-107 完成"职工表"创建

图7-108 选择【表设计】命令

（2）创建"产品表"和"销售业绩表"的方法同上，详细操作步骤略。

表7-22 "产品表"和"销售业绩表"结构

表名	序号	字段名称	字段类型	字段大小
产品表	1	产品号	文本	6
	2	产品名称	文本	20
	3	生产厂家	文本	30
	4	研制时间	日期/时间	
销售业绩表	1	时间	日期/时间	
	2	编号	文本	6
	3	产品号	文本	6
	4	数量	数字	长整型

实训二 设置表中字段的属性及向表中输入数据

（一）任务概述

在创建表的过程中，除了设置字段名称和字段类型外，还要设置字段的其他属性。例如，字段的大小、格式、有效性规则、有效文本等，这些属性的设置使用户在使用数据库时更加安全、方便和可靠。

通过学习本任务，可以熟练地在"表设计视图"中对表的字段属性进行设置，同时向表中录入数据。

（二）具体操作方法

步骤1 打开"销售管理"数据库。使用【文件】菜单/【打开】命令打开上次实训任务在"D:\\Access 2010 实训"文件夹中创建的"销售管理"数据库。方法同其他软件打开文件的方法，在打开对话框中选择数据库存放的位置、类型和名称即可。

步骤2 选择要设置字段属性的"职工表"。

（1）在窗口左侧的【导航窗格】中选中"职工表"，然后单击鼠标右键，在弹出的快捷菜单中选择【设计视图】命令，如图 7-109 所示。

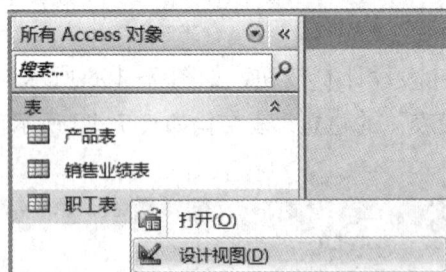

（2）系统将进入【表设计视图】界面，按具体要求完成对"职工表"的部分字段属性的设置。

图 7-109 选择【设计视图】命令

步骤3 设置"职工表"中部分字段的属性。

（1）选择"编号"字段，单击【设计】选项卡中【工具】组里的【主键】按钮，将"编号"字段设为该表的主键。然后在设计网格中将"编号"字段的【允许空字符串】属性设为【否】，将【Unicode 压缩】属性设为【是】，将【输入法模式】属性设为【关闭】。

（2）选择"姓名"字段，将该字段的【允许空字符串】属性设为【否】。

（3）选择"年龄"字段，将该字段的【字段大小】属性设为"整型"、【有效性规则】属性设为"Between 16 And 60"、【有效性文本】属性设为"年龄应介于 16~60 岁之间！"。

（4）选中"性别"字段，将该字段的【默认值】属性设为"男"、【有效性规则】属性设为"男"Or"女"、【有效性文本】属性设为"性别只能为男或女！"。

步骤4 设置"产品表"中部分字段的属性。

（1）同步骤2操作，选中"产品表"，并进入【表设计视图】界面。

（2）选择"产品号"字段，将该字段设为该表的主键，【允许空字符串】属性设为"否"。

（3）选择"研制时间"字段，将该字段的【格式】属性设为"短日期"格式。

步骤5 设置"销售业绩表"中部分字段的属性。

（1）同步骤2操作，选中"销售业绩表"，并进入【表设计视图】界面。

（2）选择"时间"字段，将该字段的【格式】属性设为"yyyy/mm"格式（表示只接受四位年份和两位月份）。

（3）选中"数量"字段，将该字段的【字段大小】属性设为"长整型"。

步骤6 向"职工表"中录入数据。

（1）在窗口左侧的【导航窗格】中选中"职工表"，然后双击鼠标，系统将打开"职工表"。

（2）在表的末尾录入以下数据，与在 Excel 中向电子表格中录入数据的方法相同。数据详见表 7-23 所示。

表 7-23　"职工表"记录

编号	姓名	年龄	性别
000001	李四	26	男
000002	张三	25	女
000003	程鑫	22	男
000004	刘红兵	27	男
000005	钟舒	37	女
000006	江滨	32	女
000007	王建钢	21	男
000008	璐娜	21	女
000009	李小红	25	女
000010	梦娜	24	女
000011	吴大伟	26	男
000012	李磊	28	男
000013	郭薇	24	女
000014	高薪	27	女
000015	张丽	28	女
000016	王民	30	男
000017	李强	33	男
000018	王经丽	30	女
000019	李迪	32	女
000020	王国强	20	男

步骤 7　向"物品表"中录入数据。同步骤 6 操作，详细步骤略。"物品表"数据详见表 7-24 所示。

表 7-24　"物品表"记录

产品号	产品名称	生产厂家	研制日期
s012	胃康宁	广东汕头医药厂	2005-7-21
s024	消食丸	天津第三制药厂	2005-1-3
s033	降压灵	上海大地制药厂	2005-12-25

步骤 8　向"销售业绩表"中录入数据。同步骤 6 操作，详细操作步骤略。"销售业绩表"数据详见表 7-25 所示。

表 7-25　"销售业绩表"记录

时间	编号	产品号	数量
2006/01	000001	s012	3456
2006/01	000001	s024	345
2006/01	000001	s033	1345

时间	编号	产品号	数量
2006/01	000002	s012	1234
2006/01	000002	s024	123
2006/01	000002	s033	123
2006/01	000003	s012	888
2006/01	000003	s024	88
2006/01	000003	s033	188
2006/01	000004	s012	123
2006/01	000004	s024	12
2006/01	000004	s033	112
2006/01	000005	s012	999
2006/01	000005	s024	99
2006/01	000005	s033	99
2006/01	000006	s012	777
2006/01	000006	s024	77
2006/01	000006	s033	177
2006/01	000007	s012	888
2006/01	000007	s024	88
2006/01	000007	s033	88
2006/01	000008	s012	12345
2006/01	000008	s024	1234
2006/01	000008	s033	11234
2006/01	000009	s012	111
2006/01	000009	s024	11
2006/01	000009	s033	111
2006/01	000010	s012	1888
2006/01	000010	s024	188
2006/01	000010	s033	1188
2006/02	000001	s012	13456
2006/02	000001	s024	1346
2006/02	000001	s033	1346
2006/02	000002	s012	11234
2006/02	000002	s024	1124
2006/02	000002	s033	1124
2006/02	000003	s012	1888
2006/02	000003	s024	188
2006/02	000003	s033	1188
2006/02	000004	s012	1123
2006/02	000004	s024	113
2006/02	000004	s033	1413
2006/02	000005	s012	1999

续表

时间	编号	产品号	数量
2006/02	000005	s024	199
2006/02	000005	s033	4199
2006/02	000006	s012	1777
2006/02	000006	s024	1777
2006/02	000006	s033	1777
2006/02	000007	s012	1888
2006/02	000007	s024	188
2006/02	000007	s033	1488
2006/02	000008	s012	12345
2006/02	000008	s024	1235
2006/02	000008	s033	1235
2006/02	000009	s012	1111
2006/02	000009	s024	111
2006/02	000009	s033	4111
2006/02	000010	s012	1888
2006/02	000010	s024	188
2006/02	000010	s033	1488
2006/03	000001	s012	33456
2006/03	000001	s024	3456
2006/03	000001	s033	3456
2006/03	000002	s012	3234
2006/03	000002	s024	324
2006/03	000002	s033	3424
2006/03	000003	s012	3888
2006/03	000003	s024	388
2006/03	000003	s033	4388
2006/03	000004	s012	3123
2006/03	000004	s024	312
2006/03	000004	s033	3142
2006/03	000005	s012	3999
2006/03	000005	s024	399
2006/03	000005	s033	4399
2006/03	000006	s012	3777
2006/03	000006	s024	377
2006/03	000006	s033	4377
2006/03	000007	s012	3888
2006/03	000007	s024	388
2006/03	000007	s033	3488
2006/03	000008	s012	3345
2006/03	000008	s024	345

时间	编号	产品号	数量
2006/03	000008	s033	3445
2006/03	000009	s012	311
2006/03	000009	s024	311
2006/03	000009	s033	3141
2006/03	000010	s012	388
2006/03	000010	s024	388
2006/03	000010	s033	4388

实训三　创建"销售管理"数据库表间关系

（一）任务概述

在关系数据库中，表和表之间的关系有以下三种。

1. 一对多关系　这是最普通的关系。对于表1的每一个记录，表2中有几个记录（也可能是0）和它相关；反之，对于表2的每一个记录，表1中至多有一个记录和它相关。

2. 多对多关系　在这类关系中，对于表1的每一个记录，表2中有几个记录（可以为0）和它相关。同时对于表2中的每一个记录，表1中有多个记录（可以为0）和它相关。

3. 一对一关系　在这种关系类型中，对于表1的每一个记录，表2中至多有一个记录和它相关，反之亦然。

在Access 2010中，表与表之间的关系都可定义为一对多的关系。通过将一端表称为主表，将多端表称为相关表。一对多的关系是数据库中最常见的关系。

在Access 2010中为数据库创建表间关系有以下两种方法。

1. 使用数据库向导创建数据库时，向导自动定义各表之间的关系；同样，使用表向导创建表时，也将定义该表与数据库中其他表之间的关系。

2. 用户自定义表与表之间的关系。

通过学习本任务，可以熟练掌握表之间关系的类型和建立表间关系。

（二）具体操作方法

步骤1　打开"销售管理"数据库。使用【文件】菜单/【打开】命令打开上次实训任务在"D:\Access 2010实训"文件夹中创建的"销售管理"数据库。方法同其他软件打开文件的方法，在打开对话框中选择数据库存放的位置、类型和名称即可。

步骤2　打开【关系】设置窗口。

（1）单击【数据库工具】选项卡中【关系】组里的【关系】按钮，如图7-110所示。

（2）系统将弹出【显示表】对话框，全选该数据库中的三个表，点【添加】按钮，如图7-111所示。

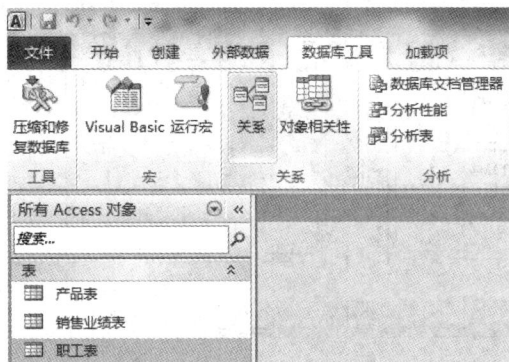

图 7-110　选择【关系】命令

图 7-111　【显示表】对话框

（3）关闭【显示表】对话框后，进入关系设置界面，如图 7-112 所示。

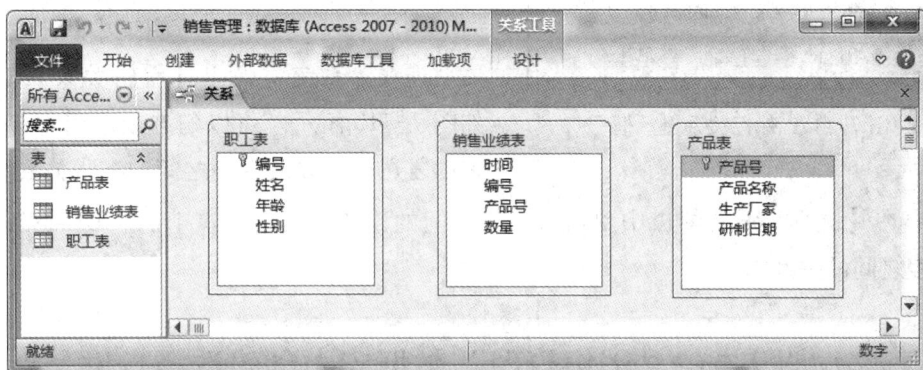

图 7-112　关系设置窗口

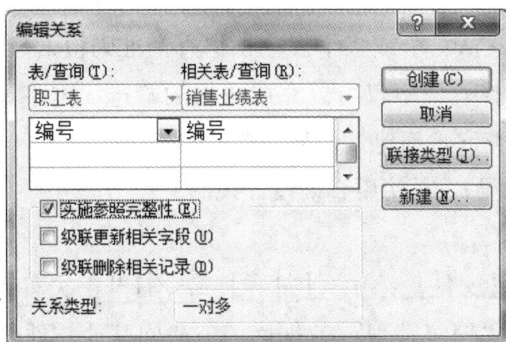

图 7-113　【编辑关系】对话框

步骤 3　为相关表建立关系。

（1）鼠标拖动"职工表"中的"编号"字段到"销售业绩表"中的"编号"字段上，释放鼠标后，将弹出【编辑关系】对话框，如图 7-113 所示。勾选图中的【实施参照完整性】复选框，单击【创建】按钮，完成"职工表"与"销售业绩表"之间按共同的"编号"字段关系的建立。

（2）按相同的操作方法，创建"产品表"与"销售业绩表"之间的关系，"产品表"与"销售业绩表"按照相同的"产品号"字段建立关系。最终"销售管理"数据库中表间关系创建后如图 7-114 所示。

步骤 4　关闭【关系】设置窗口并保存关系。关闭【关系】窗口，系统将弹出保存关系对话框，如图 7-115 所示。单击【是】按钮，系统将保存表间关系。下次可打开关系窗口，对已有的关系进行修改或删除。

步骤 5　关系的修改。当建立好关系并保存后，以后可继续打开【关系】设置窗口，对所建的关系进行修改、删除、设置级联关系。

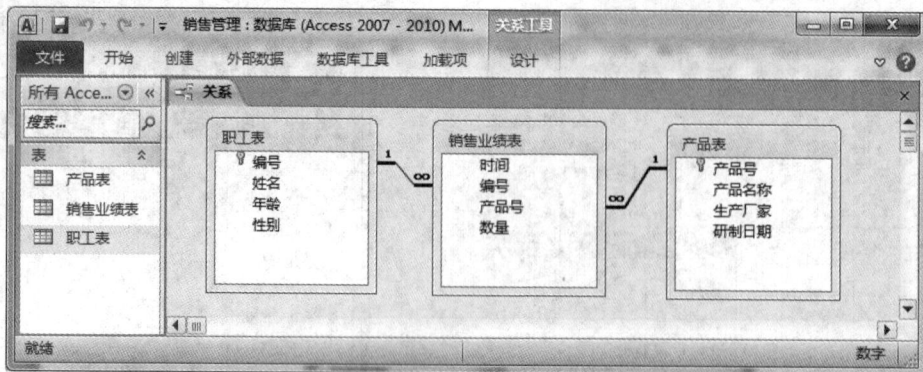

图 7-114 "销售管理"数据库中表间关系

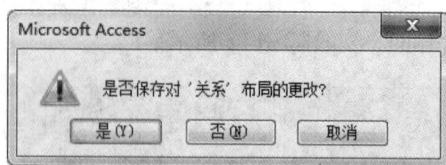

图 7-115 保存关系提示框

（1）同步骤 1 和步骤 2，打开"销售管理"数据库和【关系】设置窗口。

（2）在【关系】设置窗口中双击表之间的关系连线，系统将弹出【编辑关系】对话框，如图 7-113 所示。可以勾选或取消勾选对话框中的复选框，以改变表之间的级联关系。

（3）在【关系】设置窗口中单击选中表之间的连线，再按键盘上的"Delete"键，即可删除表之间的关系。

实训四　在"销售管理"数据库中创建选择查询

（一）任务概述

选择查询是最常见、最重要的一种查询，它从一个或多个表中根据查询准则检索数据，从而将一个或多个表中的数据集合在一起。选择查询不仅可以完成数据的筛选、排序等操作，还可以对数据进行计算和汇总统计。选择查询是创建其他类型查询的基础。

建立选择查询有两种方法：① 使用查询向导；② 使用查询设计视图。

（二）具体操作方法

步骤 1　打开"销售管理"数据库。使用【文件】菜单/【打开】命令打开上次实训任务在"D:\Access 2010 实训"文件夹中创建的"销售管理"数据库。方法同其他软件打开文件的方法，在打开对话框中选择数据库存放的位置、类型和名称即可。

步骤 2　创建不带条件的查询——"职工销售业绩"。该查询要求：在"职工表"、"产品表"和"销售业绩表"查询每名职工销售产品的名称及数量。并显示"编号"、"姓名"、"产品名称"和"数量"字段，并按"数量"进行降序排列，所建查询保存为"职工销售业绩"。详细操作步骤如下。

（1）选择【创建】选项卡中【查询】组里的【查询设计】按钮，弹出【显示表】对话框，选中该数据库中的全部三个表格，将他们添加到查询设计视图的字段列表中。

（2）双击"职工表"中的"编号""姓名"字段，"产品表"中的"产品名称"和"销售业绩表"中的"数量"字段，将要显示的这些字段添加到窗口下方的设计网格中的字段行中。

（3）选中设计网格中"数量"列里【排序】行中的下拉列表，选择【降序】排序方式。

（4）单击快速访问工具栏中的保存按钮，将查询保存为"职工销售业绩"。设计后的查询如图7-116所示。

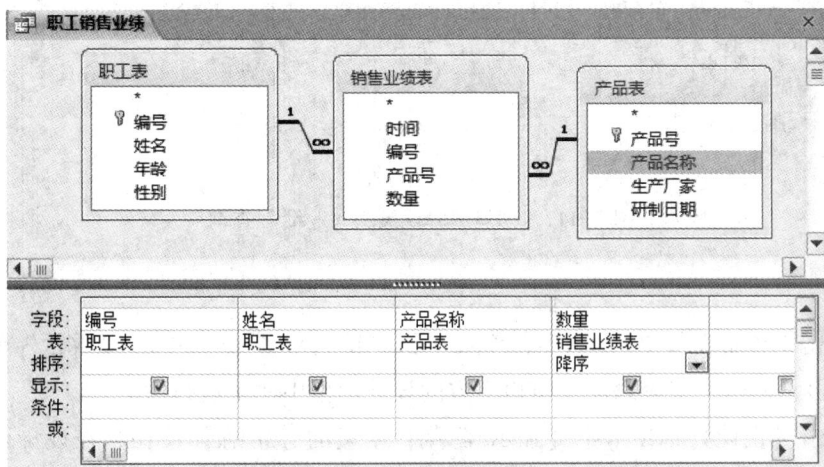

图7-116 创建"职工销售业绩"查询

（5）单击【设计】选项卡中【结果】组里的【视图】或【运行】按钮，可查看查询结果。

步骤3 创建带条件的查询——"降压灵销售业绩"。该查询要求：在"职工表"、"产品表"和"销售业绩表"查询产品名为"降压灵"的销售数量大于或等于1234个以上的销售信息，并显示"编号"、"姓名"、"产品名称"和"数量"字段，并按"数量"进行升序排列，所建查询保存为"降压灵销售业绩"。详细操作步骤如下。

（1）选择【创建】选项卡中【查询】组里的【查询设计】按钮，弹出【显示表】对话框，选中该数据库中的全部三个表格，将他们添加到查询设计视图的字段列表中。

（2）双击"职工表"中的"编号"、"姓名"字段，"产品表"中的"产品名称"和"销售业绩表"中的"数量"字段，将要显示的这些字段添加到窗口下方的设计网格中的字段行中。

（3）在下方设计网格的"产品名称"列的【条件】行中输入"降压灵"作为查询的第一个条件；选中设计网格中"数量"列里的【排序】行中的下拉列表，选择【升序】排序方式；在"数量"列里的【条件】行中输入">=1234"作为查询的第二个条件。

（4）单击快速访问工具栏中的保存按钮，将查询保存为"降压灵销售业绩"。设计后的查询如图7-117所示。

步骤4 创建查询并在查询中进行计算——"二月份销售业绩"。该查询要求：在"产品表"和"销售业绩表"查询2006年2月各产品名称、销售数量合计信息，并显示"产品名称"和"数量"字段，所建查询保存为"二月份销售业绩"。详细操作步骤如下。

（1）选择【创建】选项卡中【查询】组里的【查询设计】按钮，弹出【显示表】对话框，选中该数据库中的"产品表"和"销售业绩表"，将他们添加到查询设计视图的字

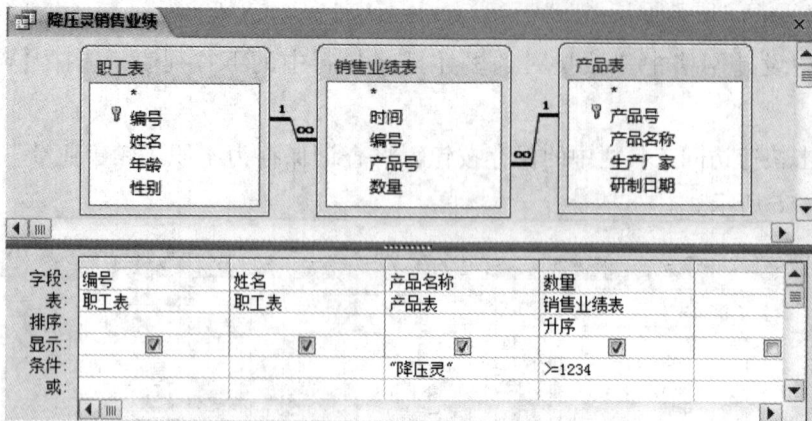

图 7-117   创建"降压灵销售业绩"查询

段列表中。

（2）双击"产品表"中的"产品名称"和"销售业绩表"中的"数量"和"时间"字段，将要显示的这些字段添加到窗口下方的设计网格中的字段行中。

（3）单击【设计】选项卡中【显示/隐藏】组里的【汇总】按钮，在设计网格中增加【总计】行。

（4）在下方设计网格的"时间"列的【总计】行的下拉列表，选择下拉列表框中的【Where】选项，在该列的【条件】行中输入"#2006/02#"作为查询二月份销售数量合计的条件。

（5）取消勾选"时间"列中【显示】行中的复选框。

（6）单击"数量"列中【总计】行的下拉列表，选择下拉列表框中的【合计】选项。

（7）单击快速访问工具栏中的保存按钮，将查询保存为"二月份销售业绩"。设计后的查询如图 7-118 所示。

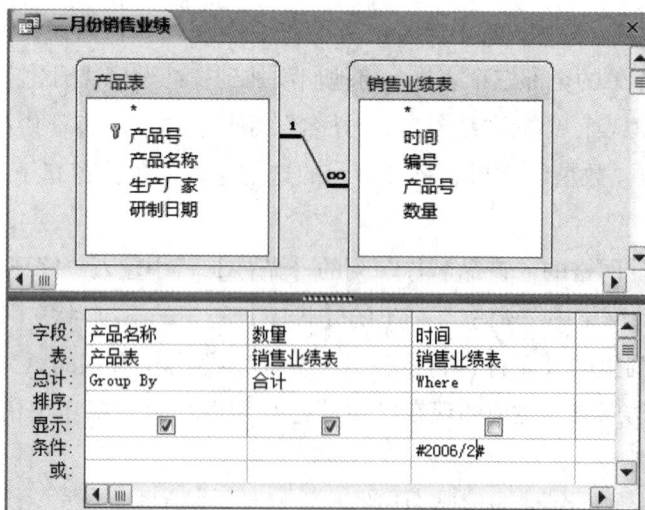

图 7-118   创建"二月份销售业绩"查询

步骤 5   创建分组统计查询——"每职工各种产品销售平均"。该查询要求：在"职工表"、"产品表"和"销售业绩表"查询每个职工每种产品销售数量平均，并显示"姓名"、

"产品名称"和"销售平均"字段，并按"姓名"进行升序排列，所建查询保存为"每职工各种产品销售平均"。详细操作步骤如下。

（1）选择【创建】选项卡中【查询】组里的【查询设计】按钮，弹出【显示表】对话框，选中该数据库中的全部三个表格，将他们添加到查询设计视图的字段列表中。

（2）双击"职工表"中的"姓名"字段，"产品表"中的"产品名称"和"销售业绩表"中的"数量"字段，将要显示的这些字段添加到窗口下方的设计网格中的字段行中。

（3）单击【设计】选项卡中【显示/隐藏】组里的【汇总】按钮，在设计网格中增加【总计】行。

（4）"姓名"和"产品名称"的【总计】行保持默认的【Group By】选项。

（5）单击"数量"列中【总计】行的下拉列表，选择下拉列表框中的【平均值】选项，并在"数量"字段名之前输入添加"销售平均:"，运行查询时将不再显示"数量之平均值"，而是显示"销售平均"。

（6）单击"姓名"列中【排序】行的下拉列表，选择下拉列表框中的【升序】排列方式。

（7）单击快速访问工具栏中的保存按钮，将查询保存为"每职工各种产品销售平均"。设计后的查询如图 7-119 所示。

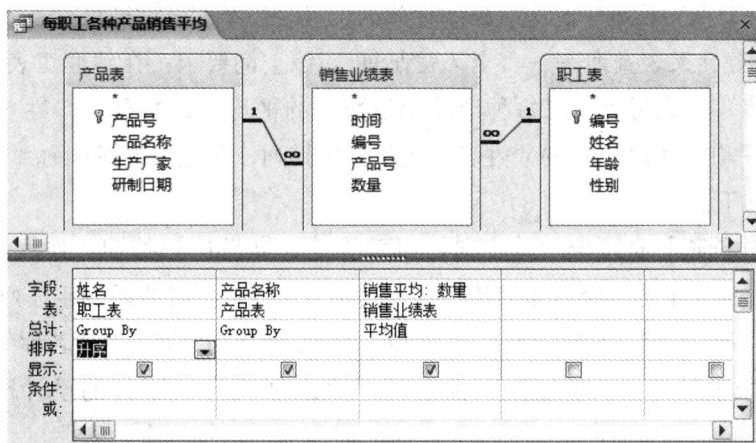

图 7-119　创建"每职工各种产品销售平均"查询

（8）运行该查询，可得到图 7-120 所示的查询结果。

姓名	产品名称	销售平均
程鑫	降压灵	1921.3
程鑫	胃康宁	2221.3
程鑫	消食丸	221.3
江滨	降压灵	2110.3
江滨	胃康宁	2110.3
江滨	消食丸	743.7
李四	降压灵	2049.0
李四	胃康宁	16789.3
李四	消食丸	1715.7
李小红	降压灵	2454.3
李小红	胃康宁	511.0
李小红	消食丸	144.3
刘红兵	降压灵	1555.7
刘红兵	胃康宁	1456.3
刘红兵	消食丸	145.7

图 7-120　"每职工各种产品销售平均"运行结果

实训五　在"销售管理"数据库中创建交叉表及参数查询

（一）任务概述

交叉表查询是将来源于某个表中的字段进行分组，一组列在数据表的左侧，一组列在数据表的上部，然后在数据表行与列的交叉处显示表中某个字段的各种计算值，如求和、平均值、计数等。

创建交叉表查询有两种方法：① 交叉表查询向导；② 查询设计视图。

参数查询是对话框提示输入参数，输入参数后查找符合所输入参数的记录。参数查询在使用中，可以建立单参数查询，也可以建立多参数查询。

通过学习本任务，能熟练在数据中建立交叉表查询和参数查询。

（二）具体操作方法

步骤 1　打开"销售管理"数据库。使用【文件】菜单/【打开】命令打开上次实训任务在"D:\\Access 2010 实训"文件夹中创建的"销售管理"数据库。方法同其他软件打开文件的方法，在打开对话框中选择数据库存放的位置、类型和名称即可。

步骤 2　创建交叉表查询——"交叉表查询"。该查询要求：在"职工表"、"产品表"和"销售业绩表"查询每个职工每种产品销售数量的平均值，并显示"姓名"、"产品名称"和"销售平均"字段，并按"姓名"进行升序排列，所建查询保存为"交叉表查询"。详细操作步骤如下。

（1）选择【创建】选项卡中【查询】组里的【查询设计】按钮，弹出【显示表】对话框，选中该数据库中的全部三个表格，将他们添加到查询设计视图的字段列表中。

（2）双击"职工表"中的"姓名"字段，"产品表"中的"产品名称"和"销售业绩表"中的"数量"字段，将要显示的这些字段添加到窗口下方的设计网格中的字段行中。

（3）选择【设计】选项卡中【查询类型】组里的【交叉表】按钮，切换到交叉表查询设计视图界面。

（4）在"姓名"列的【总计】行选择【Group By】选项，【交叉表】行选择【行标题】选项，【排序】列选择【升序】选项。在"产品名称"的【总计】行选择【Group By】选项，【交叉表】行选择【列标题】选项。在"数量"列的【总计】行选择【平均值】选项，【交叉表】行选择【值】选项。

（5）单击快速访问工具栏中的保存按钮，将查询保存为"交叉表查询"。设计后的查询如图 7-121 所示。

（6）运行该查询，可得到图 7-122 所示的查询结果。

步骤 3　创建参数查询——"职工产品销售查询"。该查询要求：在"销售管理"数据库中建立一个参数查询，可查询不同职工不同产品的销售信息，当输入职工的"编号"和"产品号"后，显示相应的"编号""姓名""产品号""产品名称""数量"字段。所建查询保存为"职工产品销售查询"。详细操作步骤如下：

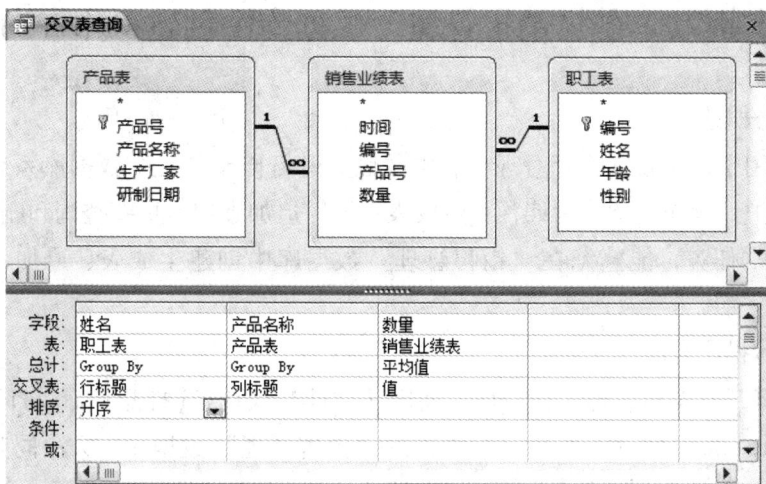

图 7-121 创建"交叉表"查询

（1）选择【创建】选项卡中【查询】组里的【查询设计】按钮，弹出【显示表】对话框，选中该数据库中的全部三个表格，将他们添加到查询设计视图的字段列表中。

（2）双击"职工表"中的"编号"、"姓名"字段，"产品表"中的"产品号"、"产品名称"和"销售业绩表"中的"数量"字段，将要显示的这些字段添加到窗口下方的设计网格中的字段行中。

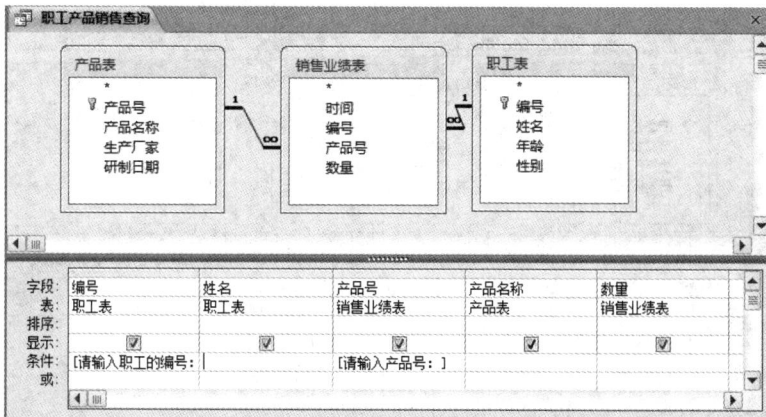

图 7-122 "交叉表查询"运行结果

（3）在"编号"列的【条件】行中输入"［请输入职工的编号：］"；在"产品号"列的【条件】行中输入"［请输入产品号：］"。

（4）单击快速访问工具栏中的保存按钮，将查询保存为"职工产品销售查询"。设计后的查询如图 7-123 所示。

图 7-123 创建"职工产品销售查询"查询

实训六　在"销售管理"数据库中创建操作查询

（一）任务概述

操作查询用于创建新表或者对现有表中的数据进行修改，一个数据库系统经常需要进行各种数据维护。操作查询分为四种：生成表查询、追加查询、更新查询和删除查询。

通过学习本任务，能熟练在"销售管理"数据库中创建生成表、追加、更新和删除查询。

（二）具体操作方法

步骤1　打开"销售管理"数据库。使用【文件】菜单/【打开】命令打开上次实训任务在"D:\Access 2010实训"文件夹中创建的"销售管理"数据库。方法同其他软件打开文件的方法，在打开对话框中选择数据库存放的位置、类型和名称即可。

步骤2　创建生成表查询——"优秀销售查询"。该查询要求：根据打开的"销售管理"数据库创建一个查询，该查询根据"销售业绩表"中的"数量"大于或等于5000的记录，生成一个新表"优秀销售表"，该表包含"编号"、"姓名"、"产品名称"和"数量"字段。所建查询保存为"优秀销售查询"。详细操作步骤如下。

（1）选择【创建】选项卡中【查询】组里的【查询设计】按钮，弹出【显示表】对话框，选中该数据库中的全部三个表格，将他们添加到查询设计视图的字段列表中。

（2）双击"职工表"中的"编号"、"姓名"字段，"产品表"中的"产品名称"和"销售业绩表"中的"数量"字段，将要显示的这些字段添加到窗口下方的设计网格中的字段行中。

（3）在设计网格"数量"列的【条件】行单元格中输入">=5000"。

（4）单击【设计】选项卡中【查询类型】组里的【生成表】按钮。此时将弹出【生成表】对话框，在【表名称】文本框中输入新表的名称"优秀销售表"，选中"当前数据库"单选按钮。

（5）单击快速访问工具栏中的保存按钮，将查询保存为"优秀销售查询"。设计后的查询如图7-124所示。

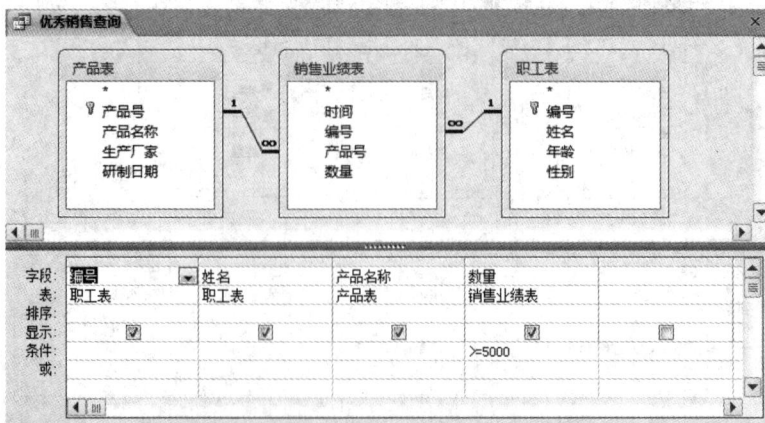

图7-124　创建"优秀销售查询"查询

（6）单击【设计】选项卡中【结果】组里的【运行】按钮，此时会弹出一个生成表提示框，单击【是】按钮，Access 2010 将生成新表"优秀销售表"。双击可打开该表，显示表的内容如图 7-125 所示。

图 7-125　查询生成的"优秀销售表"表

步骤3　创建追加查询——"追加查询"。

该查询要求：根据"销售管理"中的表，创建一个追加查询，该查询将"职工表"、"产品表"和"销售业绩表"中数量介于 4000 至 5000 间的"编号"、"姓名"、"产品名称"和"数量"追加到"优秀销售表"中。所建查询保存为"追加查询"。详细操作步骤如下。

（1）选择【创建】选项卡中【查询】组里的【查询设计】按钮，弹出【显示表】对话框，选中该数据库中的全部三个表格，将他们添加到查询设计视图的字段列表中。

（2）双击"职工表"中的"编号"、"姓名"字段，"产品表"中的"产品名称"和"销售业绩表"中的"数量"字段，将要显示的这些字段添加到窗口下方的设计网格中的字段行中。

（3）在设计网格"数量"列的【条件】行单元格中输入"Between 4000 And 5000"。

（4）单击【设计】选项卡中【查询类型】组里的【追加】按钮。此时将弹出【追加】对话框，在对话框【表名称】下拉列表中选择"优秀销售表"，选中【当前数据库】单选按钮。

（5）单击快速访问工具栏中的保存按钮，将查询保存为"追加查询"。设计后的查询如图 7-126 所示。

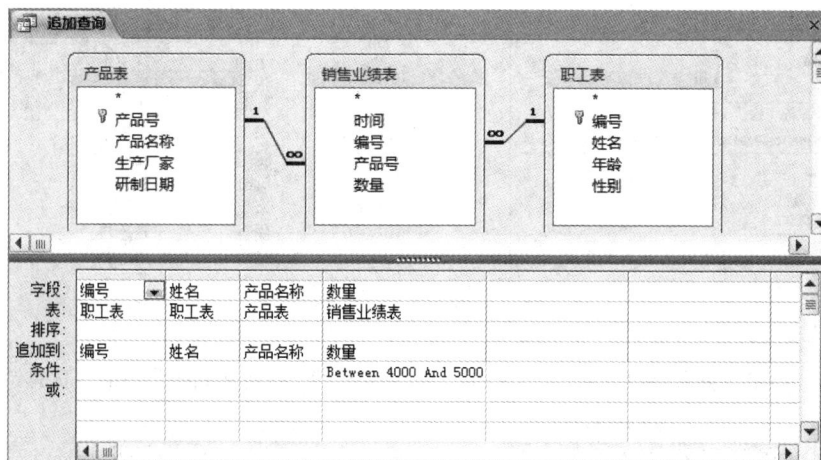

图 7-126　创建"追加查询"查询

（6）单击【设计】选项卡中【结果】组里的【运行】按钮，此时会弹出一个追加提示框，单击【是】按钮，Access 2010 将符合条件的一组记录追加到"优秀销售表"中。打开追加记录后的表，显示表的内容如图 7-127 所示。

图 7-127 执行追加查询后的"优秀销售表"

步骤 4 创建更新查询——"更新查询"。该查询要求：根据"销售管理"数据库中的"优秀销售表"创建一个更新查询。该查询将"优秀销售表"中数量大于 10000 的值减少 3000。所建查询保存为"更新查询"。详细操作步骤如下。

（1）选择【创建】选项卡中【查询】组里的【查询设计】按钮，弹出【显示表】对话框，选中该数据库中的"优秀销售表"表格，将他们添加到查询设计视图的字段列表中。

（2）双击"优秀销售表"中的"数量"字段，将其添加到窗口下方的设计网格中的字段行中。

（3）单击【设计】选项卡中【查询类型】组里的【更新】按钮。

（4）在"数量"字段列对应的【条件】行单元格中输入条件表达式">10000"，在"数量"字段对应的【更新到】行单元格中输入改变的字段值"［数量］-3000"。

（5）单击快速访问工具栏中的保存按钮，将查询保存为"更新查询"。设计后的查询如图 7-128 所示。

（6）单击【设计】选项卡中【结果】组里的【运行】按钮，此时会弹出一个更新提示框，单击【是】按钮，Access 2010 将更新符合条件的记录。打开更新记录后的表，显示表的内容如图 7-129 所示。

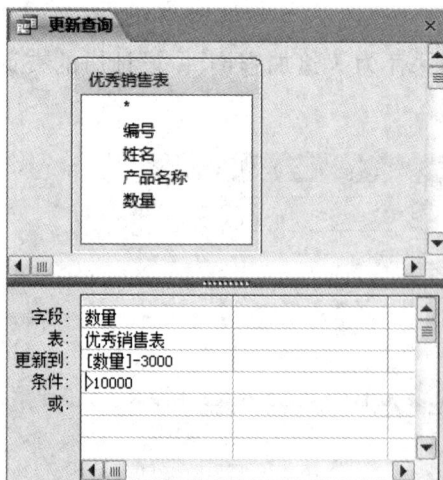

图 7-128 创建"更新查询"查询

图 7-129 执行更新查询后的"优秀销售表"

步骤 5 创建删除查询——"删除查询"。该查询要求：根据"销售管理"数据库中的"优秀销售表"创建一个删除查询。该查询将"优秀销售表"中姓名为"张三"和"李四"

的信息删除。所建查询保存为"删除查询"。详细操作步骤如下。

（1）选择【创建】选项卡中【查询】组里的【查询设计】按钮，弹出【显示表】对话框，选中该数据库中的"优秀销售表"表格，将他们添加到查询设计视图的字段列表中。

（2）双击"优秀销售表"中的"姓名"字段，将其添加到窗口下方的设计网格中的字段行中。

（3）单击【设计】选项卡中【查询类型】组里的【删除】按钮。

（4）在"姓名"字段列对应的【条件】行单元格中输入条件表达式"张三"Or"李四"。

（5）单击快速访问工具栏中的保存按钮，将查询保存为"删除查询"。设计后的查询如图 7-130 所示。

（6）单击【设计】选项卡中【结果】组里的【运行】按钮，此时会弹出一个删除提示框，单击【是】按钮，Access 2010 将删除符合条件的记录。打开删除记录后的表，显示表的内容如图 7-131 所示。

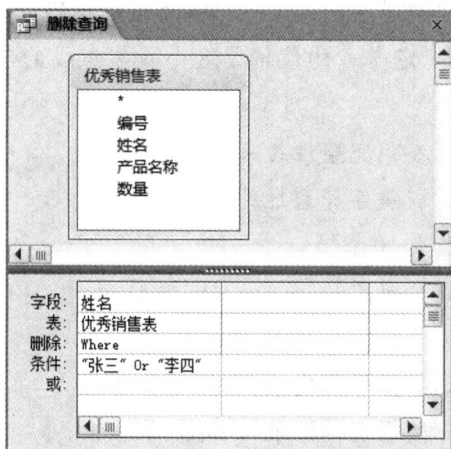

图 7-130　创建"删除查询"查询　　　　图 7-131　执行删除查询后的"优秀销售表"

目标检测

一、单选题

1. 在数据库中存储的是（　　　）

　　A. 数据　　　　　　　　　　　　　B. 数据模型

　　C. 数据以及数据之间的联系　　　　D. 信息

2. 信息的数据表示形式是（　　　）

　　A. 只能是文字　　　　　　　　　　B. 只能是声音

　　C. 只能是图形　　　　　　　　　　D. 上述皆可

3. DBMS 是（　　　）

　　A. 数据库　　　　　　　　　　　　B. 数据库系统

　　C. 数据库应用软件　　　　　　　　D. 数据库管理系统

4. 数据库的核心是（　　　）

扫码"练一练"

A. 数据库   B. 数据库管理系统

C. 数据模型   D. 软件工具

5. 在数据库技术中，实体-联系模型是一种（　　　）

A. 概念数据模型   B. 结构数据模型

C. 物理数据模型   D. 逻辑数据模型

6. 数据是信息的符号表示或称载体；信息则是数据的内涵，是数据的（　　　）

A. 语法解释   B. 语义解释   C. 语意说明   D. 用法说明

7. 数据管理技术发展阶段中，人工管理阶段与文件系统阶段的主要区别是文件系统（　　　）

A. 数据共享性强   B. 数据可长期保存

C. 采用一定的数据结构   D. 数据独立性好

8. 不同的实体是根据（　　）区分的。

A. 所代表的对象   B. 实体名字   C. 属性多少   D. 属性的不同

9. 有一个关系：学生（学号，姓名，系别），规定学号的值域是 8 个数字组成的字符串，这一规则属于（　　　）

A. 实体完整性约束   B. 参照完整性约束

C. 用户自定义完整性约束   D. 关键字完整性约束

10. 表达实体类型及实体之间联系用的数据结构是（　　　）

A. 网状   B. 表   C. 有向图   D. 树形

11. Access 数据库的结构层次是（　　　）

A. 数据库管理系统→应用程序→表   B. 数据库→数据表→记录→字段

C. 数据表→记录→数据项→数据   D. 数据表→记录→字段

12. 在 Access 中要显示"医生信息"表中的姓名和职称的信息，应采用的关系运算是（　　　）

A. 选择   B. 投影   C. 连接   D. 关联

13. 下列选项中，不属于 Access 数据类型的是（　　　）

A. 数字   B. 文本   C. 报表   D. 时间/日期

14. 下列关于 OLE 对象的叙述中，正确的是（　　　）

A. 用于输入文本数据

B. 用于处理超级链接数据

C. 用于生成自动编号数据

D. 用于链接或内嵌 Windows 支持的对象

15. 在设计表时，若输入掩码属性设置为"LLLL"，则能够接收的输入是（　　　）

A. abcd   B. 1234   C. AB+C   D. ABa9

16. Access 中，设置为主键的字段（　　　）

A. 不能设置索引   B. 可设置为"有（有重复）"索引

C. 系统自动设置索引   D. 可设置为"无"索引

17. 输入掩码字符"&"的含义是（　　　）

A. 必须输入字母或数字

B. 可以选择输入字母或数字

C. 必须输入一个任意的字符或一个空格

D. 可以选择输入任意的字符或一个空格

18. 通配符 "#" 的含义是（　　　　）

A. 通配任意个数的字符　　　　　　　B. 通配任何单个字符

C. 通配任意个数的数字字符　　　　　D. 通配任何单个数字字符

19. 在 Access 数据库的表设计视图中，不能进行的操作是（　　　　）

A. 修改字段类型　　B. 设置索引　　　　C. 增加字段　　　　D. 删除记录

20. 如果输入掩码设置为 "L"，则在输入数据的时候，该位置上可以接受的合法输入是（　　　　）

A. 必须输入字母或数字　　　　　　　B. 可以输入字母、数字或空格

C. 必须输入字母 A~Z　　　　　　　　D. 任意符号

21. 定义字段默认值的含义是（　　　　）

A. 不得使该字段为空

B. 不允许字段的值超出某个范围

C. 在未输入数据之前系统自动提供的数值

D. 系统自动把小写字母转换为大写字母

22. Access 数据库中，表的组成是（　　　　）

A. 字段和记录　　　　　　　　　　　B. 查询和字段

C. 记录和窗体　　　　　　　　　　　D. 报表和字段

23. 若设置字段的输入掩码为 "####-######"，该字段正确的输入数据是（　　　　）

A. 0755-123456　　　　　　　　　　B. 0755-abcdef

C. abcd-123456　　　　　　　　　　D. ####-######

24. Access 数据库中，为了保持表之间的关系，要求在主表中修改相关记录时，子表相关记录随之更改。为此需要定义参照完整性关系的（　　　　）

A. 级联更新相关字段　　　　　　　　B. 级联删除相关字段

C. 级联修改相关字段　　　　　　　　D. 级联插入相关字段

25. 在关系窗口中，双击两个表之间的连接线，会出现（　　　　）

A. 数据表分析向导　　　　　　　　　B. 数据关系图窗口

C. 连接线粗细变化　　　　　　　　　D. 编辑关系对话框

26. 某宾馆中有单人间和双人间两种客房，按照规定，每位入住该宾馆的客人都要进行身份登记。宾馆数据库中有客房信息表（房间号，……）和客人信息表（身份证号，姓名，来源，……）；为了反映客人入住客房的情况，客房信息表与客人信息表之间的联系应设计为（　　　　）

A. 一对一联系　　　　　　　　　　　B. 一对多联系

C. 多对多联系　　　　　　　　　　　D. 无联系

27. 在学生表中要查找所有年龄小于 20 岁且姓王的男生，应采用的关系运算是（　　　　）

A. 选择　　　　　　B. 投影　　　　　　C. 联接　　　　　　D. 比较

28. 在 Access 中，如果不想显示数据表中的某些字段，可以使用的命令是（　　）

  A. 隐藏   B. 删除   C. 冻结   D. 筛选

29. 在 Access 数据库中，为了保持表之间的关系，要求在子表（从表）中添加记录时，如果主表中没有与之相关的记录，则不能在子表（从表）中添加改记录。为此需要定义的关系是（　　）

  A. 输入掩码 B. 有效性规则 C. 默认值   D. 参照完整性

30. 在数据表中筛选记录，操作的结果是（　　）

  A. 将满足筛选条件的记录存入一个新表中

  B. 将满足筛选条件的记录追加到一个表中

  C. 将满足筛选条件的记录显示在屏幕上

  D. 用满足筛选条件的记录修改另一个表中已存在的记录

31. 将表 A 的记录添加到表 B 中，要求保持表 B 中原有的记录，可以使用的查询是（　　）

  A. 选择查询   B. 生成表查询

  C. 追加查询   D. 更新查询

32. 在 Access 中，查询的数据源可以是（　　）

  A. 表   B. 查询

  C. 表和查询   D. 表、查询和报表

33. 在一个 Access 的表中有字段"专业"，要查找包含"信息"两个字的记录，正确的条件表达式是（　　）

  A. =left（[专业]，2）=" 信息" B. like" * 信息* "

  C. =" * 信息* "   D. Mid（[专业]，2）=" 信息"

34. 如果在查询的条件中使用了通配符方括号"[ ]"，它的含义是（　　）

  A. 通配任意长度的字符

  B. 通配不在括号内的任意字符

  C. 通配方括号内列出的任一单个字符

  D. 错误的使用方法

35. "教学管理"数据库中有学生表、课程表和选课表，为了有效地反映这三张表中数据之间的联系，在创建数据库时应设置（　　）

  A. 默认值 B. 有效性规则 C. 索引   D. 表之间的关系

36. 如果在数据库中已有同名的表，要通过查询覆盖原来的表，应该使用的查询类型是（　　）

  A. 删除   B. 追加   C. 生成表   D. 更新

37. 条件"Not 工资额>2000"的含义是（　　）

  A. 选择工资额大于 2000 的记录

  B. 选择工资额小于 2000 的记录

  C. 选择除了工资额大于 2000 之外的记录

  D. 选择除了字段工资额之外的字段，且大于 2000 的记录

38. 对数据表进行筛选操作，结果是（　　）

A. 只显示满足条件的记录，将不满足条件的记录从表中删除

B. 显示满足条件的记录，并将这些记录保存在一个新表中

C. 只显示满足条件的记录，不满足条件的记录被隐藏

D. 将满足条件的记录和不满足条件的记录分为两个表进行显示

39. 在显示查询结果时，如果要将数据表中的"籍贯"字段名，显示为"出生地"，可在查询设计视图中改动（　　　）

　　A. 排序　　　　　　B. 字段　　　　　　C. 条件　　　　　　D. 显示

40. 在 Access 的数据表中删除一条记录，被删除的记录（　　　）

　　A. 可以恢复到原来设置　　　　　　B. 被恢复为最后一条记录

　　C. 被恢复为第一条记录　　　　　　D. 不能恢复

41. 在数据库中，建立索引的主要作用是（　　　）

　　A. 节省存储空间　　　　　　B. 提高查询速度

　　C. 便于管理　　　　　　　　D. 防止数据丢失

42. 假设有一组数据：工资为 800 元，职称为"讲师"，性别为"男"，在下列逻辑表达式中结果为"假"的是（　　　）

　　A. 工资>800 AND 职称="助教" OR 职称=" 讲师"

　　B. 性别=" 女" OR NOT 职称=" 助教"

　　C. 工资=800 AND（职称="讲师" OR 性别="女"）

　　D. 工资>800 AND（职称="讲师" OR 性别="男"）

43. 利用对话框提示用户输入查询条件，这样的查询属于（　　　）

　　A. 选择查询　　　　B. 参数查询　　　　C. 操作查询　　　　D. SQL 查询

44. 创建参数查询时，在查询设计视图准则行中应将参数提示文本放置在（　　　）

　　A. ｛｝中　　　　B. （ ）中　　　　C. ［ ］中　　　　D. < >中

45. 下面关于查询设计视图"设计网格"各行作用的叙述中，错误的是（　　　）

　　A. "总计"行是用于对查询的字段进行求和

　　B. "表"行设置字段所在的表或查询的名称

　　C. "字段"行表示可以在此输入或添加字段的名称

　　D. "条件"行用于输入一个条件来限定记录的选择

二、简答题

试述数据、数据库、数据管理系统、数据库系统的概念。

项目八

医药信息管理与应用

学习目标

知识要点

1. 掌握医药信息资源的检索，电子商务的定义及特点。

2. 熟悉网络搜索引擎，电子商务的支付体系与安全技术。

3. 了解网络医药信息资源分类，药品字典与药品信息系统的应用。

技能要求

1. 掌握医药信息资源的检索。

2. 熟练使用网络搜索引擎。

3. 了解药库管理模块药品进药、退药、门诊药品的发药、药库盘点的工作流程。

任务一　医药信息网络资源与应用

随着网络的发展，Internet 已经成为全球范围内传播和交流各种信息资源的主要渠道。网络信息资源以互联网信息资源为主，也包括其他没有连接互联网的专用网络信息资源和内联网信息资源，以数字化形式记录、存储在网络计算机的存储介质上，并通过计算机网络通信方式进行传递。与传统的信息媒体和信息交流渠道相比，它提供的信息有以下特点：①信息资源极为丰富，覆盖面广，涵盖了各学科领域，并且成本低。②集成式地提供超文本、超媒体的信息，不仅包括大量非主流的灰色文献或边缘文献，而且包括许多研究成果的原始数据和第一手资料。③信息来源分散、无序，没有统一的管理机构，没有统一的发布标准，而且变化、更迭、新生、消亡等随时发生。也因此有大量的新观点、不成熟的观点、假说等信息。

一、网络医药信息资源分类

网络上可供检索的医药信息资源按照信息来源，大体分为以下几类。

1. 网上各种传统医学相关的文献资料数据库　如中国医药卫生学术文库、中国生物医学文献数据库、中医药文献数据库检索系统、中国药学文献数据库、中国医药古籍文献全文检索系统、中药有效成分数据库（中科院科学数据库制作）、中国中医药报刊文献数据库、中国中草药大典、中国中成药产品数据库（含获得国家批准的中成药产品基本数据产品）、中国中成药生产厂家数据库（含国内 1000 余家生产中成药厂家的基本数据记录）、国外传统医药数据库（含 1000 余个国外传统医药机构的基本数据记录）等。

这些数据库的特点是信息量大、专业性强、标引规范、检索途径较多，不但可以用传统的主题途径和著者途径检索，也可用自由词、基因代号、专刊号、出版年代等标识进行检索。检索可信度、检索率和查准率高。

2. 网上图书馆期刊资源　如中国医药数字图书馆（www.pharmadl.com）、CNKI 的中国医院数字图书馆（www.chkd.cnki.net）、万方数据资源系统（www.wanfangdata.com.cn）、维普医药信息资源系统 VMIS（www.cqvip.com）等。

3. 纯使用数据　具体包括以下资源。

（1）医院用药数据库　如中国药学会的医院用药数据库，购买整套数据的费用比较昂贵，约 10 万美元每年。上海药监局情报中心的长江流域医院用药数据库收费相对便宜。还有中国药房杂志社的西南地区医院用药数据库、美迪信医药数据库、区域型医院用药数据库等。

（2）零售用药数据库　如南方所时普公司零售用药分析系统、IMS-URC 致联公司的零售系统（www.china-urc.com）等。

（3）工业统计数据库　如医药经济统计网的全国医药行业企业经营数据分析系统（www.smei.net.cn）。

（4）商业统计数据库　如统计全国主要商家药品经营数据的中国医药商业协会全国医药商业分析系统。

（5）海关统计数据库　如监测医药进出口数据的中国海关医药进出口统计系统。

（6）海虹指标数据库　即海虹医药数据公司对网上招标药品的统计数据。

（7）广告数据库　如央视索福瑞（CSM）电视广告监测数据库、慧聪医药平面广告监测数据库、广州泽华平面广告监测数据库等。

4. 政策型数据　如国家药品监督管理局网站、国家卫健委网站、各地市的卫生信息网等；药品专利方面的中国专利信息检索系统、中国专利信息网、中国专利文摘数据库、中国知识产权网等。

5. 综合性网站资源　如中国医药经济信息网、中国医药市场监测网等。

6. 药学期刊杂志型资源　如《中国药学杂志》网站、《中国医院药学杂志》网站、《中国药师》网站、《医药经济报》网站、《中国医药报》网站等。

7. 其他网站资源　如著名制药公司的网站等。

二、医药信息资源检索与利用

（一）搜索引擎

在网络信息环境快速、有效地信息检索，需要用到专业搜索引擎。搜索引擎是一个应用软件，以一定的策略在网络中搜集、发现信息，对信息进行理解、提取、组织和处理，并为用户提供检索服务。从使用者的角度看，搜索引擎提供一个网页界面，让使用者输入要检索的关键字，然后呈现相关的信息列表。列表中的每一条为一篇网页，每个条目至少有 3 个元素：标题、URL 和摘要。通过浏览这些元素，用户判断列表中的网页是否有自己所需要的信息。然后单击该网页的 URL，打开该网页进行浏览。

标题，是以某种方式得到的网页内容的标题。通常从网页的标签 <TITLE></TITLE> 中提取内容作为标题，虽然在一些情况下网页的标签并不真正反映网页的内容。

URL，是网页对应的访问地址，可以通过 URL 对网页内容的权威性进行判断。

摘要，是以某种方式得到的网页内容的摘要。通常截取网页内容的前若干字节作为摘要。

需要说明的有两点：用户提交查询时，搜索引擎不是马上在 Internet 上搜索，把搜索的结果列表呈现，而是事先已经搜集了一批网页，以某种方式存放在系统中，此时的搜索只是在系统内部进行。当用户判断列表中的网页是自己所需要的，单击其 URL，访问的是该网页的原始出处。搜索引擎并不能保证用户在列表上看到的标题和摘要内容与单击 URL 后看到的网页内容一致，也不能保证 URL 对应的网页存在。这也是搜索引擎和传统的信息检索系统（人工检索、光盘检索等）的一个重要区别。

知识链接

搜索引擎对于动态内容如论坛、数据库、带 frame 结构的网页等检索能力较弱，所以这类信息不适合使用搜索引擎搜索，而是应该用搜索引擎搜索相关网站后，去相关的网站自己寻找信息。还有，使用搜索引擎是找不到最新的信息的，只能找到一个星期或一个月以前的内容。如果要寻找最新内容，应该自己去看新闻。

1. 选择搜索引擎　搜索引擎不仅数量增长较快，而且种类繁多。由于不同类型的搜索引擎对于网络资源的描述方法和检索功能，对同一个主题进行搜索时，不同的搜索引擎通常会得到不同的结果。因此，了解各种搜索引擎的特长，选择适合的搜索引擎，并使用与之相配合的检索策略和技巧，就可以花较少的时间获得较为满意的结果。

从资源的搜集、索引方法、检索特点与用途的角度，来划分搜索引擎为分类目录型、全文检索型和文摘型。

（1）以分类目录为主的搜索引擎，由系统先将网络资源信息系统地归类，用户可以清晰方便地查找到某一类信息，但是目录库相对较小，更新较慢。搜索范围比以全文为主的搜索引擎的范围要小得多。而且搜索没有统一的分类体系，用户对分类目录的判断和选择直接影响检索结果，分类目录的交叉也会影响许多内容的重复。

最具代表性的是 Yahoo（雅虎）、Sohu（搜狐）、新浪、网易搜索等。

（2）全文搜索型搜索引擎处理的是 Internet 上所有网页，信息量大，使用大型的信息数据库来收集和组织 Internet 资源，更新较快。但是也由于呈现搜索到的信息太多，使用户难以直接从中筛选出自己真正感兴趣的内容，要想达到理想的检索效果，通常需要借助于必要的语法规则和限制符号。而这一点是大多数用户不熟悉的。不同的全文搜索型搜索引擎反馈的结果相差很大。

具有代表性的是 Google、AltaVista、WiseNut、Teoma、百度等。

（3）多元集成型搜索引擎又称为元搜索引擎，将用户的请求迅速发给其他独立的搜索引擎，并将它们反馈的结果进行处理后提供给用户，或者让用户选择其中的某几个搜索引擎进行工作。

具有代表性的有 InfoSpace、Vivisimo、万纬、搜星等。

2. 搜索引擎的使用技巧　网络信息量庞大，没有一个搜索引擎能够提供全面、完整的信息检索，应该采用一定的策略、技巧来检索，以获得更加全面、准确、相关度高的信息资源。

（1）查询关键词的语法

①& 　使用 A&B 或者用空格（或者用加号+）隔开 A 和 B，查询同时包含 A 和 B 的内容。

②- 　使用 A-B，查询包含 A 而不包含 B 的内容。

③| 　使用 A｜B 或者用逗号隔开 A 和 B，查询包含 A 或者 B 的内容。

④"" 　使用"A B"，查询包含短语 A B 的内容。如"Chinese book"表示查询包含词组 Chinese book 的内容，没有双引号则查询包含 Chinese 和 book 的内容。

（2）限定字段查询

①title 　使用 title：A 查询网页标题包含 A 的网页或文档内容。

②host 　使用 host：A 检索 WWW 服务器中主机名为 A 的网页。例如，想要查找关于 UFO 方面的资料，并且只想在教育网站（后缀为 .edu）中查找，可以输入："UFO"+ host：edu。

③url 　使用 url：A 检索在网页地址中含有 A 的页面。

④link 　使用 link：A 检索与 A 有链接的所有网页。例如，link：cctv.com 检索与 cctv.com 至少有一次链接的页面。

知识拓展

> 使用一些专用的搜索引擎来检索某一个主题范围或某一类型信息，不但可以保证此领域信息的收录齐全与更新及时，而且检索深度和分类细化远远优于综合搜索引擎。

3. 使用搜索引擎　全文搜索型搜索引擎是目前广泛应用的主流搜索引擎。其典型代表百度是目前全球最大的中文搜索引擎。以百度（http：//www.baidu.com）为例介绍使用。

图 8-1　百度的搜索界面

（1）关键词搜索的具体操作步骤　首先，在百度的搜索界面根据需要单击选定模块（新闻、网页、贴吧、知道、音乐、图片、视频、地图、百科、文库），打开该模块的百度检索页面，然后在搜索框内输入所要检索内容的关键词，按回车键即可。如单击"新闻"模块，打开"新闻"的百度检索页面再在搜索框内输入所要检索内容的关键词"环保"，如图 8-2 所示，按回车键即可。

图 8-2　百度新闻检索页面

（2）网站导航的具体操作步骤　在百度的搜索界面单击"更多"，进入全页面显示状态如图 8-3 所示。百度网站导航采用了主题分类的方法。在全页面状态单击"新闻"，也可进入如图 8-2 所示的百度新闻检索页面。

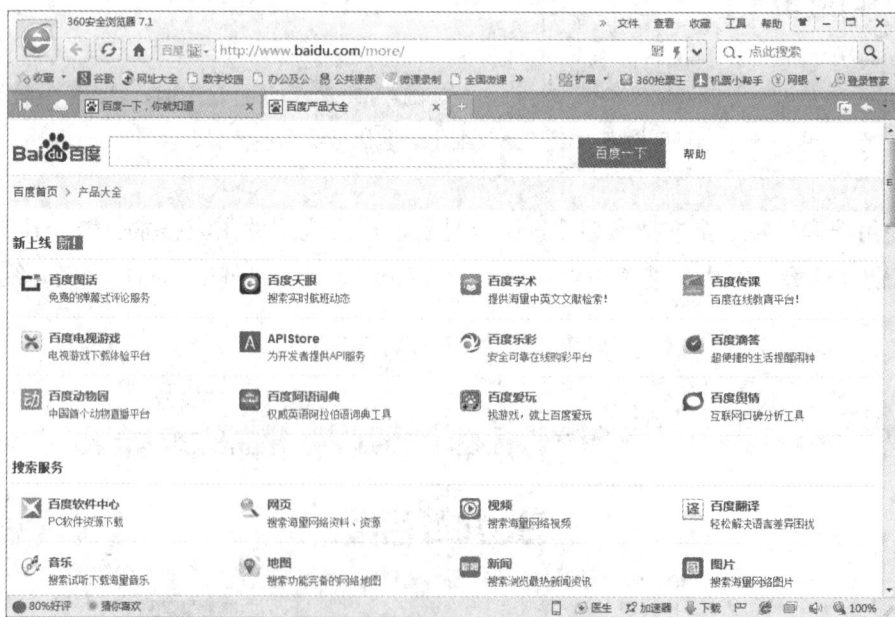

图 8-3　百度搜索的全页面

（3）高级检索的具体操作步骤　在百度的搜索界面的右上角处单击"设置"打开其下拉菜单，如图 8-4 所示，单击"高级搜索"，即进入高级检索页面，如图 8-5 所示。在该页面中的文本输入框输入检索范围限定，包括时间、语言、地区、关键词位置等，还可以对结果显示加以限定。

图 8-4 百度的搜索界面"设置"下拉菜单

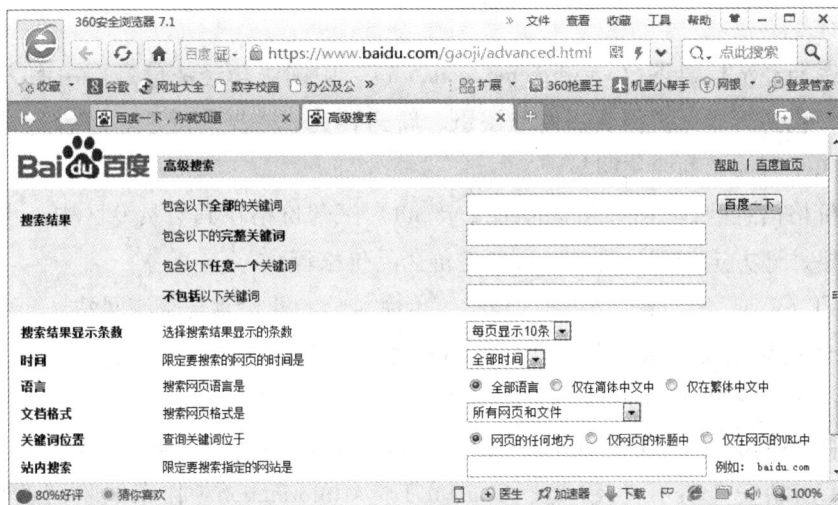

图 8-5 百度高级检索页面

（二）医药信息资源的检索

网络医药信息资源的检索包括与药品相关的资料检索、医药期刊文献检索、药品专利检索、市场销售数据来源与分析数据检索等。

1. 检索与药品相关的资料 与药品相关的资料包括已批准药品的相关信息、在审评药品的相关信息、中药保护品种和其他与药品相关的信息。

（1）检索政策型资源

①国家药品监督管理局（www.nmpa.gov.cn）。主要检索内容：基础数据包括可检索 OTC 西药说明书、OTC 中药说明书、执业药师认定名单、药包材生产企业数据库、全国撤销的药品广告、申请人申报受理情况、批准的药包材数据库、上升为国家标准的药品名单、批准临床研究的新药、药品注册受理信息、药品注册批准信息、可发布处方药广告的医学药学专业刊物名单、药品临床研究基地名单、药品注册批件发送信息、国家基本药物、药物临床试验机构资格认定名单等。

②国家药品监督管理局药品审评中心（www.cde.org.cn）。主要检索内容：药品申报情况，包括剂型、几类、几家、承办时间；结合 SFDA 首页的"注册进度"查询药物审批进度。

③国家中药品种保护审评委员会（www.zybh.gov.cn）。主要检索内容：中保品种及审评动态、受理情况；已批准保健食品数据库；部分部颁中药成方制剂标准全文。

④国家卫生健康委员会（www.nhc.gov.cn）。

⑤国家中医药管理局（www.satcm.gov.cn）。

⑥国家药典委员会（www.chp.org.cn）。

⑦中国食品药品检定研究院（www.nicpbp.org.cn）。

⑧国家药品监督管理局药品评价中心（www.cdr-adr.org.cn）。

⑨省市级药监局网站。

（2）其他网站

①中国医药信息网（www.cpi.ac.cn）。中国医药信息网是国家食品药品监督管理局主办的收费医药信息网站，包括药学文献、药品品种、生产企业、进口药品、药品价格等数据库，内容详尽、权威。

②中国医药经济信息网（www.menet.com.cn）。中国医药经济信息网由南方医药经济研究所创立，包括行业分析报告、商务快讯、新药转让、数据库导航、综合文章等。网站内容重点倾向于营销，商业化明显。

③中国价格信息网（www.chinaprice.gov.cn）。医药价格在其会员专区中，主要有国家定价药品价格、地方定价药品价格、进口定价药品价格等。

④丁香园（www.dxy.cn）。医学、药学、生命科学专业检索与交流网站。

（3）国外药品相关网站　美国食品药品管理局（FDA）（www.fda.gov）。包括以下信息：New Prescription Drug Approvals（FDA 新批准的处方药）、Prescription Drug Information（橙皮书、中止药物）、Over-the-Counter Drug Information（OTC 药物信息）、Drug Safety & Side Effects（药品安全与不良反应）、Clinical Trials Information（临床试验信息）、Reports & Publications（药物总档案 DMF，药品生产、加工、包装和贮存某一药物时所用的具体厂房设施和监控的资料）、Pharmaproject（药物综合信息数据库：收录超过 800 家药商研发的已上市或临床中的超过 26 000 个药物所有信息，每月还有 1000 多个药物的更新信息。

药物综合信息数据库的主要信息包括药物名称、开发阶段、上市情况。

①药物开发公司的情况：原始开发公司、国家、开发状况、上市国家。

②药理数据：药效分类及代号、药物用于该适应证的开发状况、药理作用描述、适应证描述、给药途径等。

③化学数据：化合物代号、CA 注册号、分子质量、分子式、化学名、结构式。

④专利情况：专利国家、专利号码、专利优先号、优先日期等。

⑤各国上市情况：上市国家、上市情况、上市时间、批准情况等。

⑥主要事件：记录了该药物开发过程中的重大事件。

⑦开发进度：记录了药物开发的进度、市场估测。

⑧细节信息：详细记录了该药物的市场和临床前以及临床情况。

2. 检索医药期刊文献 维普以科技期刊为主，期刊数目比万方和CNKI多；万方收录最杂，其中包括标准、学位论文、企业及产品库等；CNKI除期刊外，也收录了部分学位及会议论文。在核心期刊收载方面，维普、CNKI和万方这三者相差不大；在检索功能方面，三者都配备了强大的检索系统，基本满足了一般的检索需要。CNKI还设置了全文检索，对前沿性课题文献信息或文献量较少的冷门课题较为适用。

（1）维普网（www.cqvip.com） 包括三大数据库内容：《中文科技期刊数据库》（全文版）、《外文科技期刊数据库》（文摘版）、《中国科技经济新闻数据库》。其中《中文科技期刊数据库》（全文版）提供了9个检索字段：题名或关键词（M）、关键词（K）、刊名（J）、作者（A）、第一作者（F）、机构（S）、题名（T）、文摘（R）、分类号（C）。

（2）中国知网（www.cnki.net） 包括的数据库有中国期刊全文数据库、中国期刊全文数据库（世纪期刊）、中国优秀硕士学位论文全文数据库、中国博士学位论文全文数据库、中国引文数据库、中国重要会议论文全文数据库、中国年鉴全文数据库、中国重要报纸全文数据库、中国图书全文数据库。提供的检索字段有主题、篇名、关键词、摘要、作者、全文、参考文献、单位等。可选择模糊与精确匹配检索

（3）万方数据（www.wanfangdata.com.cn） 包括三个子系统：科技信息系统、企业服务系统和数字化期刊系统。其中科技信息系统包括中国学位论文数据库；中国会议论文数据库；中国科技成果数据库；专利技术数据库；中外标准数据库；科技文献数据库。企业服务系统包括中国企业公司与产品数据库、政策法规数据库、中国科研机构数据库、科技名人数据库。

3. 检索药品专利

（1）国家知识产权局网站 国家知识产权局网站（www.cnipa.gov.cn）设有中英文两种检索系统及法律状态检索系统。中文检索系统收录了1985年以来公开（告）的全部中国发明、实用新型、外观设计专利的中文著录项目、摘要和全文说明书图象；英文检索系统收录了1985年以来公开（告）的全部中国发明和实用新型专利的英文著录项目，以及发明摘要。法律状态检索系统收录了1985年以来的法律状况信息。

（2）中国专利信息网 网址为 www.patent.com.cn。由国家知识产权局专利检索咨询中心开发创建，提供了中国专利法实施以来的全部发明专利和实用新型专利。该数据库为全文检索数据库，用户注册并登录成功后可使用各项检索功能。只有正式和高级用户可以查阅并下载、打印说明书的全部内容。

（3）中国知识产权网 网址为 www.cnipr.com。国家知识产权局知识产权出版社至今收录的专利信息，包括所有全文说明书和外观设计专利。普通用户可以免费查询专利摘要与著录项信息。注册会员后可以缴费浏览、下载专利说明书全文。

（4）欧洲专利局网站 欧洲专利局网站中设有供检索包括欧洲专利内的世界各国专利信息、同族专利信息及部分国家专利法律状态信息的 esp@cenet 网站，以及供检索欧洲专利法律状态信息的 epoline 网站。

（5）美国专利商标局网站 美国专利商标局网站设有美国授权专利检索系统、专利申请公布检索系统、专利权转移检索系统、专利公报浏览系统、美国专利分类表查询系统、美国专利法律状态检索系统等。

4. 检索市场销售数据来源与分析数据

（1）中国药学会的医院用药数据库　覆盖区域为 16 个重点城市：北京、天津、哈尔滨、沈阳、石家庄、郑州、济南、西安、重庆、成都、武汉、长沙、上海、杭州、南京、广州；药品范围为在中国药学会采集的绝大部分西药品种和部分中药品种（约 70 多个中成药）品种。整套数据的购买费用比较昂贵，约 10 万美元每年。

（2）中国药房杂志社的西南地区医院用药数据库。

（3）美迪信医药数据库。

（4）IMS-URC 致联公司的零售系统　统计在药店销售的所有制剂药品，包括中成药、西药、保健品和部分医疗器械产品，重点放在化学药。

（5）医药经济统计网的全国医药行业企业经营数据分析系统　分析、统计全国工业企业经营数据，以经济指标为主。

（6）统计全国主要商家药品经营数据的中国医药商业协会全国医药商业分析系统。

（7）央视索福瑞（CSM）电视广告监测数据库。

（8）慧聪医药平面广告监测数据库。

任务二　电子商务与信息管理

随着互联网技术、通信技术及其他各种新技术的迅速发展和成熟，还有经济全球化的迅速发展，电子商务得到了迅猛地发展，已经成为 21 世纪的主要商务模式以及推动社会、经济、生活以及文化进步的重要动力和工具。

一、电子商务定义及特点

（一）电子商务的定义

电子商务是一个不断发展的概念。1997 年 1 月，国际商会在巴黎举行世界电子商务会议，提出了 Electronic Commerce（E-Commerce）的概念，不久 IBM 公司又提出了 Electronic Business（E-Business）的概念。中国在引进这些概念的时候都翻译成电子商务，很多人对这两者的概念产生了混淆。事实上这两个概念及内容是有区别的，E-Commerce 应翻译成电子商业。有人将 E-Commerce 称为狭义的电子商务，将 E-Business 称为广义的电子商务。

E-Commerce 是指实现整个贸易过程中各阶段贸易活动的电子化，包括商品和服务的提供者、广告商、消费者、中介商等有关各方行为的总和。人们一般理解的电子商务是指狭义上的电子商务。E-Business 是利用网络实现所有商务活动业务流程的电子化，包括电子货币交换、供应链管理、电子交易市场、网络营销、在线事务处理、电子数据交换（EDI）、存货管理和自动数据收集系统。在此过程中，利用到的信息技术包括：互联网、外联网、电子邮件、数据库、电子目录和移动电话。E-Commerce 集中于电子交易，强调企业与外部的交易与合作，而 E-Business 则把涵盖范围扩大了很多。无论是广义的还是狭义的电子商务的概念，电子商务都涵盖了两个方面：一是离不开互联网这个平台，没有了网络，就称不上为电子商务；二是通过互联网完成的是一种商务活动。

电子商务在各国或不同的领域有不同的定义，但其关键依然是依靠着电子设备和网络技术进行的商业模式。

联合国国际贸易程序简化工作组对电子商务的定义是：采用电子形式开展商务活动，它包括在供应商、客户、政府及其他参与方之间通过任何电子工具。如 EDI、Web 技术、电子邮件等共享非结构化商务信息，并管理和完成在商务活动、管理活动和消费活动中的各种交易。

世界贸易组织（WTO）的定义是：电子商务是通过电子方式进行货物和服务的生产、销售、买卖和传递。

全球信息基础设施委员会（GIIC）的定义是：电子商务是运用电子通信作为手段的经济活动，通过这种方式人们可以对带有经济价值的产品和服务进行宣传、购买和结算。

知识链接

电子商务也可以从贸易活动的角度分为两个层次。较低层次的电子商务如电子商情、电子贸易、电子合同等；而高级电子商务是利用网络进行全部的贸易活动，在网上将信息流、资金流和部分物流完整地实现。即从企业寻找客户开始，到洽谈、订货、在线支付、开具电子发票以及电子报关、电子纳税等的整个过程，都通过互联网完成。

（二）电子商务的特点

电子商务作为一种基于互联网的新型商务模式，具有以下特点。

1. 突破时空局限　电子商务把传统的商务信息数字化形成信息流，突破时空的局限，提高了商务活动的效率，降低了运营成本（包括采购、生产和市场营销成本）。具体体现在以下几点。

（1）电子商务通过网络收集信息可以简化企业的采购程序。国际互联网的全球性与实时性为之提供了便利。

（2）电子商务超越了传统商务的四大障碍：地域、时间、价格信息对比和更换供货商等障碍，使企业可以实现 24 小时不间断服务和全天候营业，使客户可以足不出户地随时浏览网页和订货等。

（3）电子商务可以缩短产品采购和生产周期、减少库存，从而降低企业的生产成本。

2. 简化流通环节　电子商务采用电子化手段和网络营销，可以使企业直接和供应商、用户进行交流、合作，简化了企业与企业、企业与个人之间的流通环节，最大限度地降低了流通成本和营销费用。

3. 丰富的信息和资源，带来更多的商业机会　电子商务的一对一的网络销售，可以使企业通过自己的网站收集到顾客的资料，建立顾客数据库。网站通过顾客数据库可以知道顾客的购买历史和消费偏好，定期向顾客的邮箱或者手机发送新产品或者相关产品的打折等针对性信息，当顾客登录网站时向顾客推送推荐购买信息等。还有便捷的电子支付（或货到付款方式）和送货上门等服务，都大大促成了顾客购买产品服务。企业还记录客户浏览网页的习惯，来掌握客户的喜好和消费模式，从而调整产品的结构、生产和进货规划等，使企业更有竞争力。

4. 交易更加透明、安全　电子商务的交易双方从洽谈、签约、支付货款到交货通知等整个交易过程的透明化和安全性保证，由一个强有力的 CA 认证中心提供支持。通畅、快捷、透明、安全的信息核对、传递，可以有效地防止伪造信息。例如典型的许可证 EDI 系统中，由于加强发证单位和验证单位的通信、核对，使得假的许可证不易漏网。电子商务的安全性是一个至关重要的核心问题，它要求网络能提供一种端到端的安全解决方案，如加密机制、签名机制、安全管理、存取控制、防火墙、防病毒保护等，这与传统的商务活动有着很大的不同。

（三）电子商务的功能

电子商务可提供网上交易和管理等全过程的服务，因此它具有广告宣传、咨询洽谈、网上订购、网上支付、电子账户、服务传递、意见征询、交易管理等各项功能。

1. 广告宣传 电子商务可凭借企业的 Web 服务器和客户的浏览，在 Internet 上发布、传播各类商业信息。客户可借助网上的检索工具迅速地找到所需商品信息，而商家可利用网页和电子邮件在全球范围内作广告宣传。与以往的各类广告相比，网上的广告成本最为低廉，而给顾客的信息量却最为丰富。

2. 咨询洽谈 电子商务可借助非实时的电子邮件、新闻组和实时的讨论组来了解市场和商品信息、洽谈交易事务，如有进一步的需求，还可用网上的白板会议来交流即时的图形信息。网上的咨询和洽谈能超越人们面对面洽谈的限制、提供多种方便的异地交谈形式。

3. 网上订购 电子商务可借助 Web 中的邮件交互传送实现网上的订购。网上的订购通常都是在产品介绍的页面上提供十分友好的订购提示信息和订购交互格式框。当客户填完订购单后，通常系统会回复确认信息单来保证订购信息的收悉。订购信息也可采用加密的方式使客户和商家的商业信息不会泄漏。

4. 网上支付 电子商务要成为一个完整的过程，网上支付是重要的环节。客户和商家之间可采用信用卡账号进行支付。在网上直接采用电子支付手段将可省略交易中很多人员的开销。网上支付将需要更为可靠的信息传输安全性控制以防止欺骗、窃听、冒用等非法行为。

5. 电子账户 网上的支付必需要有电子金融来支持，即银行或信用卡公司及保险公司等金融单位要为金融服务提供网上操作的服务。而电子账户管理是其基本的组成部分。信用卡号或银行账号都是电子账户的一种标志。而其可信度需配以必要技术措施来保证。如数字证书、数字签名、加密等手段的应用提供了电子账户操作的安全性。

6. 服务传递 对于已付了款的客户应将其订购的货物尽快地传递到他们的手中。而有些货物在本地，有些货物在异地，电子邮件将能在网络中进行物流的调配。而最适合在网上直接传递的货物是信息产品，如软件、电子读物、信息服务等。它能直接从电子仓库中将货物发到用户端。

7. 意见征询 电子商务能十分方便地采用网页上的"选择""填空"等格式文件来收集用户对销售服务的反馈意见。这样使企业的市场运营能形成一个封闭的回路。客户的反馈意见不仅能提高售后服务的水平，更使企业获得改进产品、发现市场的商业机会。

8. 交易管理 整个交易的管理将涉及人、财、物多个方面，企业和企业、企业和客户及企业内部等各方面的协调和管理。因此，交易管理是涉及商务活动全过程的管理。电子商务的发展，将会提供一个良好的交易管理的网络环境及多种多样的应用服务系统。这样，能保障电子商务获得更广泛的应用。

二、电子商务与信息管理的相互关系

电子商务是一种新型的信息服务，业务种类繁多。它既涉及产品的买卖（如各种生产物资、消费品等），又涉及服务的提供（如信息服务、金融服务、中介服务等）；既有传统的社会活动内容（如医疗保健、教育等），又有新型社会活动内容（如虚拟商店、虚拟贸易团体等）。在电子商务中信息管理无处不在。

（一）电子商务促进了企业的信息化管理

首先，电子商务的发展促进了企业单位的信息化管理，将产品的设计、采购、生产、制造、财务、营销、经营、管理等各个环节集成起来，共享信息和资源，同时利用现代的技术手段来寻找潜在客户，有效地支撑企业单位的决策系统，达到降低库存、提高生产效能和质量、快速应变的目的，增强市场竞争力。

（二）电子商务整合了信息流、资金流和物流的管理

电子商务整合了传统商务活动中的信息流（信息收集、反馈等）、资金流（电子支付、电子银行等）和物流（电子报关、货物跟踪等）这三流管理，打通企业内部 ERP、企业间协作的 B2B 到企业与消费者的 B2C 三大商务环节。

1. 信息流　是电子商务的基础。信息流指电子商务交易过程中各个主体之间为促成利于己方的交易而进行的所有信息获取、辨别、处理与应用活动。它是一切电子商务活动的核心。电子商务环境下，企业管理的本质和核心就是对企业信息流实施有效控制，增进企业效益。电子商务环境的信息流主要包括以下 3 类。

（1）企业内部信息流　指企业不同部门和不同级别之间的信息交流，即企业内部之间通过内联网处理和交换商贸信息。内联网是在互联网基础上发展的企业内部网，受到企业防火墙安全网点的保护，只允许有授权者进入内部 Web 网点。内联网也被形象地称作"建立在企业防火墙里面的互联网"。

（2）企业与企业之间的信息流　指企业和企业之间借助电子数据交换（EDI）或其他先进的技术手段进行信息交流。电子数据交换是通过计算机网络将贸易、运输、保险、银行、商检和海关等行业和部门信息，用一种国际公认的标准格式，实现各有关部门或企业之间的数据交换和处理，并完成以贸易为中心的全部过程。

简单地说，电子数据交换就是按照商定的协议，将商业文件标准化和格式化，并通过计算机网络，在贸易伙伴的计算机网络系统之间进行数据交换和自动处理。

（3）企业与客户之间的信息流　指企业借助客户关系管理（CRM）系统建立客户档案并与其有效沟通，形成和分析各种客户数据并作出市场导向的决策。

2. 资金流　是电子商务的实现手段。资金流指资金的转移过程，包括支付、结账、结算等。网上交易的资金流包括交易环节和支付结算环节，其中支付结算环节由包括支付网关、银行和发卡行在内的金融专用网络完成。银行是电子商务资金流的核心机构，银行是否能有效地实现电子支付是电子商务成败的关键。

3. 物流　是电子商务的保障，指商品在空间和时间上的位移，包括这个过程中的采购配送、物流性加工、仓储和包装等环节中的流通情况。一个成功的物流系统至少应该做到 5R，即在正确的时间（Right time）、正确的地点（Right location）和正确的条件（Right condition）下，将正确的商品（Right goods）送到正确的顾客（Right customer）手中。物流

是商品和服务价值的最终体现，"以顾客为中心"的价值实现最终体现在物流上。

电子商务的活动中，信息流、资金流和物流是三个基本组成要素，信息流提供准确及时的信息，资金流有计划地完成商品价值形态的转移，物流根据信息流和资金流的要求完成商品实体的转移过程。其中，信息流的主要渠道是网络，资金流的渠道主要是银行，物流的主要渠道是配送中心或快递公司。三流共同完成商品的生产、分配、交换、消费、再生产的循环。

三、电子商务的支付体系

电子商务支付体系是融购物流程、支付工具、支付系统、安全技术、认证体系、信用体系以及现代的金融体系为一体的综合大系统。它可以把新型电子支付工具（包括电子现金、信用卡、借记卡、智能卡等）的支付信息通过网络安全传送到银行或相应的处理机构来实现电子支付，使得消费者、商家和金融机构之间安全交换商品或服务。

随着电子商务的发展和应用，对电子商务支付体系的运行效率和服务质量的要求越来越高。现代支付体系主要由支付工具、支付系统、支付服务组织和支付体系监督管理等要素组成，基本构成如图8-6所示。

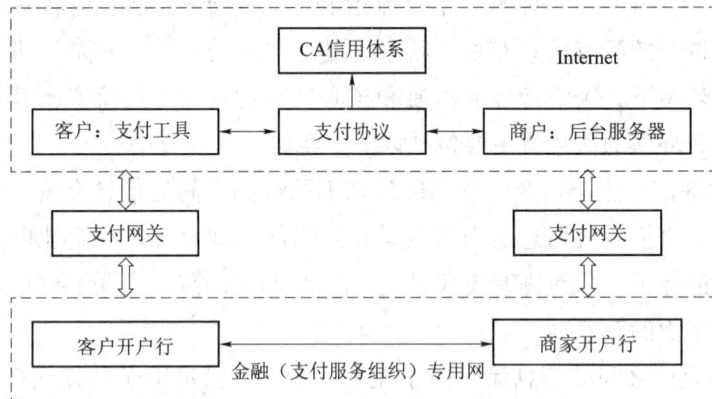

图8-6 电子支付体系的基本构成

（一）支付系统

电子商务的支付是交易双方通过电子终端，直接或间接地向金融机构发出支付指令，实现货币支付与资金转移，即电子支付。电子支付是电子商务交易活动中最核心、最关键的环节。

金融法学界和电子商务法学界的研究把电子支付分为广义的电子支付和狭义的电子支付。广义的电子商务指支付系统中所包括的所有以电子方式，或者说是以无纸化方式进行的资金的划拨与结算，包括网上支付、电话支付、移动支付等。狭义的电子支付也称网上支付。随着信息技术和电子商务的深入发展，网上支付正成为电子支付发展的新方向和主流。

网上支付系统的参与对象主要有客户、商家、交易双方的开户银行、金融专用网络、支付网关和认证机构等。

1. 客户 一般指与商家有交易关系并且需要付款的一方。客户用自己的电子支付工具进行在线支付，是支付流程的起点。

2. 商家 一般指交易中拥有债权的一方，根据客户发起的支付通过自备的专用服务器向金融机构请求支付。

3. 交易双方的开户银行 根据不同的政策和规定，保证客户的支付工具的真实性与对认证的交易进行付款。商家将收到的客户订单留下，将客户的支付指令提交给商家开户银行，然后商家银行向客户银行发出支付授权请求，并进行它们之间的清算工作。

4. 金融专用网络 主要指银行内部及各银行之间交流信息的、封闭的专用网络。电子支付系统中的银行包括客户开户行、商家开户行和银行专用网。其中，中国的银行专用网包括中国国家现代化支付系统、人民银行电子联行系统、工商银行电子汇兑系统和银行卡授权系统。

5. 支付网关 是公用网和银行专用网之间的接口，互联网网上交易支付信息必须通过支付网关才能进入银行支付系统。

6. CA 认证机构 向参与电子支付的各方发放数字证书，以保证电子交易的安全性。由于认证机构必须确认参与方的资信状况（如在银行的账户状况、与银行交往的信用历史记录等），所以认证离不开银行的参与。

（二）支付工具

电子支付非常方便快捷，如超市购物，可在 POS 机终端使用银行卡或者购物卡刷卡结算。在一些缴费终端可以通过银行卡完成水费、燃气费的缴费等。这些电子支付无需使用网上银行。网上支付是电子支付的一种重要业务类型，通过应用互联网和网上银行进行资金信息的传输、支付和结算，在电子商务流程中起着极其关键的作用。网上支付工具将现金或货币无纸化、电子化和数据化，通常包括信用卡、电子现金、电子支票、电子钱包、借记卡等。

1. 信用卡 是银行或金融机构发行的、授权持卡人在指定的商户进行记账消费的信用凭证。作为一种特殊的金融商品和金融工具，信用卡有四种功能：转账结算、消费借贷、储蓄、汇兑。使用信用卡不仅免去随身携带大量现金的不便，还可以在一定的信用额度内先消费、后还款。

2. 电子现金 是以电子形式存在的货币，一般以币值形式存储在 IC 卡上或者以数据文件形式存储在计算机的硬盘上。作为储值型的支付工具，多用于小额支付，可以脱机处理。

3. 电子支票 是利用数字传递将钱款从一个账户转移到另一个账户的电子付款形式，主要用于企业之间的大额支付。电子支付一般通过专用的网络、设备、软件，以及一整套的用户识别、标准报文、数据验证等规范化协议来完成数据传输，商家要验证支票的签发单位是否存在，支票的单位是否与购货单位一致，还要验证消费者的个人签名，以保证支付的安全性。

4. 电子钱包 也叫储值卡，可以存储各种电子货币。通常使用电子钱包的顾客在银行里都有账户。使用电子钱包时，将相关的应用软件安装到电子商务服务器上，利用电子钱包服务系统就可以把用户的各种电子货币或银行卡上的数据输入了。

5. 借记卡 此卡上的钱数以一种加密的形式保存，通常采用一个口令保护卡的数据安全。借记卡不提供透支服务，持卡人必须在该卡上有存款，在特约商户消费后，通过电子银行系统授权，发卡行在线检查持卡人的银行账户金额是否满足本次支付需求，满足则完成支付。

（三）支付服务组织

传统上，中央银行和商业银行是最主要的支付服务组织。近年来，一些非银行机构甚至非金融机构开始进入支付服务市场。在一些国家，一些大型的证券公司、投资基金和保险公司成为支付服务的重要提供者，为客户或自身进行大量的支付交易。还有一些专业的支付服务提供商，例如专门的汇款公司（如提供跨境支付服务的西联和 MoneyGram）、电子货币公司（如提供智能卡服务的 Mondex 公司）和银行卡组织等。

（四）支付体系监管

支付体系监管是指为了提高支付体系的安全与效率，特别是为了减少系统性风险而进行的公共政策行为。近年来，支付体系监管呈现出如下趋势。

1. 监管目标日益清晰　安全和效率成为中央银行支付体系监管的核心目标。在实务中，优先选择哪个目标依据对整个体系及其薄弱环节的评估，但中央银行始终把应对潜在的系统性风险放在优先位置。除了安全和效率外，反洗钱、保护消费者、避免竞争缺失等也成为部分中央银行支付体系监管的目标。

2. 监管标准日益完善　越来越多的国家采用或参考国际通用的监管标准。在国际清算银行、国际证券业监管委员会等国际组织和有关中央银行的共同努力之下，支付体系监管的国际标准日益完善。目前，支付体系监管的国际标准主要有三套，即《重要支付系统核心原则》、《证券结算系统建议》和《中央对手（CCP）建议》。这些标准来自许多国家的经验，构成发达国家支付体系监管的共同基础或重要参考。目前，一些发展中国家也开始运用这些标准来监管本国的支付体系。

3. 监管范围不断拓宽　监管范围不断拓宽的一个重要体现是部分国家开始将大型代理银行（为其他银行提供支付服务的商业银行）纳入监管范围。这是由于随着银行之间的合并，支付流将集中于少数几家代理银行，而这有可能会造成信用风险、流动性风险和运行风险集中于少数几家银行并引发系统性风险。

四、电子商务安全技术

信息安全技术在电子商务系统中的作用非常重要，它守护着商家和客户的重要机密，维护着商务系统的信誉和财产，同时为服务方和被服务方提供极大的方便，因此，只有采取了必要和恰当的技术手段才能充分提高电子商务系统的可用性和可推广性。电子商务安全技术主要包括数据加密技术、认证技术、安全协议、黑客防范、病毒防范和虚拟专网六大类。

（一）数据加密技术

数据加密技术是电子商务最基本的安全措施，是最常用的保密手段。加密技术把重要的数据变为乱码（加密）传送，到达目的地后再用相同或不同的手段还原（解密）。加密技术的应用是多方面的，但最为广泛的还是在电子商务和 VPN 上的应用，深受广大用户的喜爱。通常加密技术分为对称加密技术和非对称加密技术。

1. 对称加密技术　使用同一个秘钥对信息或数据进行加密或者解密。其典型的加密算法代表是美国国家安全局的 DES。对称加密技术使用简单、加密解密速度快，适合于大量信息的加密。但是存在以下问题：①不能保证也无法知道密钥在传输中的安全。若密钥泄露，黑客可用它解密信息，也可假冒一方活动；②假设每对交易方用不同的密钥，N 对交易方需要 N（N−1）/2 个密钥，难于管理；③不能鉴别数据的完整性。

2. 非对称加密技术 需要两个密钥：公开密钥（publickey）和私有密钥（privatekey）。公开密钥与私有密钥是一对，如果用公开密钥对数据进行加密，只有用对应的私有密钥才能解密；如果用私有密钥对数据进行加密，那么只有用对应的公开密钥才能解密。因为加密和解密使用的是两个不同的密钥，所以这种算法叫作非对称加密算法。在这个加解密的过程包含了密钥的加解密和文件本身的加解密。

如果发送方甲用乙的公钥加密了自己的私钥，当文件被窃取时，由于只有乙保管自己的私钥，黑客无法解密，这就保证了信息的机密性。如果发送方甲用自己的私钥加密了自己的文件信息，则只有甲保管该信息，可以认定该信息是甲发出的，而且没有甲的私钥不能修改数据，可以保证信息的不可抵赖性。

目前常用的非对称加密算法是 RSA 算法。该算法的加密解密要两次，处理和计算量都比较大，速度慢，所以只适合少量数据的加密。因此，目前的加密应用中，经常使用对称密钥来对文件信息加密，用非对称 RSA 加密体系对私钥加密和解密。发送方把密文和加密后的私钥一起发送给接收方。使用这种联合加密法，不仅可以确保数据的保密性，而且还可以实现一种名为数字签名的认证机制。即发送者私钥加密的数据可以提供对发送者身份的认证，接收者私钥加密的数据可以提供对接收者身份的认证。

知识链接

任何一个加密系统至少包括明文、密文、算法和密钥四个部分。发送方用加密密钥，通过加密设备或算法，将信息加密后发送出去；接收方在收到密文后，用解密密钥将密文解密，恢复为明文。

（二）认证技术

现有的数据加密技术不足以保证电子商务的安全，认证技术是保证电子商务安全的一个重要的技术手段，能够有效避免网上交易的假冒、篡改、抵赖、伪造等。认证技术主要用于身份认证与报文认证。身份认证用于鉴别用户的身份；报文认证用于保证通信双方的不可抵赖性和信息完整性。

1. 数字摘要技术 又称为指纹画押或数字指纹，其基本原理如下。

（1）被发送的文件用安全 Hash 编码法加密产生 128bit 的数字摘要。

（2）发送方用自己的私钥对摘要再加密，这就形成了数字签名。

（3）将原文和加密的数字摘要（即数字签名）同时传给接收方。

（4）接收方用发送方的公钥对数字摘要解密，同时对收到的文件用 SHA 编码加密产生又一个数字摘要。

（5）将解密后的摘要和收到的文件在接收方重新加密产生的摘要相互对比。如两者一致，则说明传送过程中信息没有被破坏或者篡改。

2. 数字签名技术 是公钥加密技术的一种应用，指用发送方的私钥加密报文摘要，然后将其与原始的信息附加在一起，合称为数字签名。数字签名也叫电子签名，能够实现对发送的文件的鉴别和不可否认性，是实现电子交易和支付的安全核心技术之一。数字签名技术的基本原理如下。

（1）发送方从发送文件中生成一个128bit的散列值，即数字摘要。

（2）发送方用自己的私钥对摘要再加密，这就形成了数字签名。

（3）将原文和加密的数字摘要（即数字签名）同时传给接收方。

（4）接收方首先从接收到的原文中计算出数字摘要的128bit散列值，然后用发送方的公钥对数字签名解密。如果两个散列值相同，那么接收方就确认该数字签名是发送方的。

3. 数字时间戳技术　能够对电子商务文件发表的日期和时间进行安全保护，其技术服务由专门的机构提供。电子商务文件（如合同）中的文件签署日期时间和签名一样重要，都是防止文件被伪造和篡改的关键性内容。使用数字时间戳技术将生成一个经加密后的凭证文档，包括三部分：需加时间戳的文件的摘要；数字时间戳服务提供商收到文件的日期和时间；数字时间戳服务提供商的数字签名。数字时间戳技术的基本原理如下。

（1）用户将需要加时间戳的文件用安全Hash算法加密生成128bit的数字摘要。

（2）将该摘要发送到数字时间戳服务提供商。

（3）数字时间戳服务提供商在加入了收到文件的数字摘要的日期和时间信息后，再对该文件加密，即数字签名。

（4）送达用户。

4. 数字证书和认证技术　可以在互联网上证明自己的身份和识别对方的身份，类似于现实生活中的居民身份证。数字证书是由权威机构—CA（Certificate Authority）中心发布的，提供在互联网上进行身份验证的一种权威性电子文档。

（1）认证机构　CA中心是一家能向用户签发数字证书以确认用户身份的管理机构。它作为电子商务中受信任的第三方，承担公钥的合法性检验的责任，为每个使用公钥的用户发放一个数字证书。数字证书的作用是证明证书中列出的用户合法拥有证书中列出的公钥。CA机构负责产生、分配并管理所有参与网上交易的个体所需的数字证书，使得攻击者不能伪造和篡改证书。中国数字认证网为广大客户提供数字认证服务，可用于安全电子邮件、服务器身份认证、客户身份认证、代码签名等，我国目前存在的电子认证服务机构包括北京数字证书认证中心、中国金融认证中心、深圳电子证书认证中心等。

（2）数字证书　由权威的认证机构CA中心发放，主要使用非对称加密技术实现，包括签名证书和加密证书两种。签名证书主要用于对用户信息进行签名，以保证信息的不可否认性；加密证书主要用于对用户传送的信息进行加密，以保证信息的真实性和完整性。

具体的技术实现过程：每个用户用自己的私钥进行解密和签名，同时设定一个公钥并由本人公开，由一组用户所共享，用于加密和验证签名。当发送一份要保密的文件时，发送方使用接收方的公钥对数据加密，而接收方则使用自己的私钥解密。

数字证书可以存放在计算机的硬盘、U盘或者IC卡中，具体包含的信息有证书所有者的信息、证书所有者的公钥、证书颁发机构的签名、证书的有效期、证书的序列号等。数字证书的类型有个人数字证书、企业（服务器）数字证书、软件（开发者）数字证书。

（3）数字证书颁发　用户产生了自己的密钥对，将公钥及部分个人身份信息发送给一家认证服务机构。认证机构在核实身份后，将执行一些必要的步骤，以确信请求确实由用户发送而来，然后，认证机构发给用户一个数字证书。当用户想证明其公钥的合法性时，就可以提供这一数字证书。

（4）根证书　是 CA 中心与用户建立信任关系的基础。根证书是 CA 认证中心给自己颁发的证书，是信任链的起始点。用户在使用自己的数字证书之前必须先下载根证书。用户安装根证书意味着对这个 CA 认证中心的信任，即对该根证书以下所签发的证书都表示信任，同时在技术上建立起一个验证证书信息的链条，证书的验证追溯至根证书即为结束。

知识拓展

　　世界上最著名的 CA 认证中心是早已在 NASDAQ 上市的美国 Verisign 公司。世界 500 强企业的绝大多数网上业务，特别是网上支付业务都采用了 Verisign 公司的认证服务。Verisign 公司还为无线网络上的支付服务提供安全严格的认证服务。

5. 生物特征识别技术　是通过计算机与光学、声学传感器和生物统计学原理等高科技手段结合，利用人体固有的生理特征（如指纹、掌纹、虹膜等）来进行个人身份的鉴定。其技术核心在于如何获取这些生物特征，并将之转换为数字信息，存储于计算机中，利用可靠的匹配算法来完成验证与识别个人身份的过程。将生物特征识别技术和数字签名技术有机地结合在一起，可以提供 一种更加安全、便捷的用户身份认证技术。

（三）安全协议技术

安全协议用于架构服务器和客户之间的安全通道，实现客户和服务器之间的相互信任、以加密方式保证所传输信息的可靠性、保证所传输信息的完整性。目前，比较成熟的协议有安全套接层协议 SSL（Secure Socket Layer）、安全电子交易协议 SET（Secure Electronic Transaction）等。

1. SSL 协议　是目前安全电子交易支付中使用最多的协议之一，被许多世界知名厂商的网络产品所支持，如 IE 和 Netscape 浏览器，IIS、Domino Go Web Server、Netscape Enterprise Server 和 Apache 等 Web 服务器。SSL 协议运行在传输层之上、应用层之下，在应用层协议通信之前就已经完成了加密算法、通信密钥的协商及通信双方的认证工作，为应用层提供了安全的传输通道。高层的应用层协议（如 HTTP、FTP、TELNET 等）可以透明地建立于 SSL 协议之上。应用层协议所传送的数据都会被加密，以保证通信的机密性。

（1）SSL 协议提供的服务

①认证服务。利用数字证书技术和可信任的第三方认证，使客户机和服务器能够确保把数据发送到正确的客户机和服务器上。客户机和服务器都有各自的识别号，由公钥编排。为了验证用户的合法性，SSL 协议要求在握手交换数据时做数字认证，以确保用户的合法性。

②数据加密服务。SSL 协议采用各种数据加密技术，包括对称密钥、公钥等，还用数字证书鉴别，以防止非法用户破译。

③数据完整性服务。SSL 协议采用 Hash 函数和机密共享的方法，提供完整信息性的服务，来建立客户机和服务器之间的安全通道，使所有经过 SSL 协议处理的业务，在传输过程中都能完整、准确地到达目的地。

SSL 协议运行的过程可分为六个阶段：接通阶段→密码交换阶段→产生会谈密码阶段

→检验阶段→客户认证阶段→结束阶段。在电子商务交易过程中，按照 SSL 协议，客户的购买信息首先发往商家，商家再将信息转发给银行，银行验证客户信息合法后，通知商家付款成功，商家再通知客户购买成功，并将商品发货给客户。目前的 B2C 网上支付大多基于此协议实现。

（2）SSL 协议体系结构　如图 8-7 所示。

HTTP	TELNET	SMTP	FTP
SSL 握手协议	SSL 修改密文协议	SSL 报警协议	SSL 应用数据协议
SSL 记录协议			
TCP			
IP			

图 8-7　SSL 协议体系结构示意图

其中，上层是被封装的协议，即 SSL 握手协议（SSL Handshake Protocol）、SSL 修改密文协议（SSL Change Cipher Spec Protocol）、SSL 报警协议（SSL Alert Protocol）和 SSL 应用数据协议，他们用于管理 SSL 的信息交换，让服务器和客户机在传输应用数据之前，协商加密算法和加密密钥，即由客户机提出自己能够支持的全部加密算法，再由服务器选择最适合它的算法。下层是 SSL 记录协议（Record Protocol），用于封装不同的上层协议，为不同的更高层协议提供基本的安全服务。在 SSL 协议中，最主要的两个协议就是 SSL 握手协议和 SSL 记录协议。

①SSL 握手协议。在传送信息之前，先发送握手信息以相互确认对方的身份。确认身份后，双方共同持有一个共享密钥。

②SSL 记录协议。即 SSL 握手协议结束双方握手后，实际的数据传输通过 SSL 记录协议来实现。SSL 记录协议的大致工作流程为：数据分段→数据压缩→增加 MAC 码→对压缩的数据和 MAC 码加密→附加 SSL 记录首部，然后发送数据信息。接收方的 SSL 接收后，采用相同的加密算法解密成压缩数据，然后用相同的 Hash 函数计算出压缩数据的 MAC 码，将之与接收到的 MAC 码进行比较，以判断数据是否在传输过程中被篡改。最后 SSL 将压缩数据解压，得到原始数据。

（3）SSL 协议的局限　虽然 SSL 握手协议可以用于双方互相确认身份，但实际上基本只使用客户认证服务器身份，即单方面认证。这一协议不能防止心术不正的商家的欺诈。因为该商家掌握了客户的信用卡号，不能保证对客户信息保密。商家欺诈是 SSL 协议所面临的最严重的问题之一。SSL 还缺乏数字签名能力，不能实现提供交易的不可否认性。而且，由于加密算法受到美国加密出口的限制，浏览器和 Web 服务器都存在所谓的"512/40"的问题。即我国的 SSL 产品只能提供 512 位的 RSA 公钥和 40 位的对称密钥，加密强度不够，使得 B2C 的 SSL 协议难于推广到有更高要求的 B2B 领域。

知识链接

B2B 模式指商家对商家的电子商务，即企业与企业之间通过互联网进行产品、服务和信息交换。B2C 模式指企业与消费者之间的电子商务，这是我国最早的电子商务模式。

2. SET 协议 是实现在开放的网络（Internet 或公众多媒体网）上使用付款卡（信用卡、借记卡和取款卡等）支付的安全事务处理协议，支持 B2C 电子商务，即消费者持卡在网上购物与交易的模式。SET 协议于 1997 年 5 月，为了避免 SSL 协议在应用中存在的一些安全风险，保护商家和客户等电子支付参与方的隐私信息及对各方真实身份进行认证，由 VISA 和 MasterCard 两大信用卡公司联合推出，目前已经获得 IETF 标准的认可，成为事实上的工业标准。SET 交易过程分为三个阶段：①购买请求阶段。用户与商家确定所用支付方式的细节。②支付的认定阶段。商家通过支付网关与银行核实请求支付认可。然后向用户发送订单确认信息，配送货物，完成订购。③收款阶段。商家向银行出示所有交易的细节，然后银行以适当方式从用户的账号转移货款到商家。

（1）SET 协议在交易过程提供的服务

①确保各方信息的相互隔离。持卡人的资料加密或者打包后到达银行，商家看不到持卡人的账户和密码信息，银行看不到持卡人的购物信息。有效保证了持卡人的信息、支付系统中支付信息和订购信息的安全性。

②确保数据在传输过程中的完整性，即数据不被篡改。

③进行对各方的验证。不仅对持卡者和商家的身份合法性进行验证，还有持卡者、商家和银行之间的认证，保证支付的安全。

④确保网上交易的实时性，使得所有的支付过程都是在线的。

⑤提供了一个开放式的标准、规范协议和消息格式，促使不同厂家开发的软件具有兼容和互操作功能，并且可运行在不同的硬件和操作系统平台上。

（2）SET 协议的组成 包括电子钱包软件、商家软件、支付网关软件和签发证书软件等。

（3）SET 协议涉及的主要安全技术 有加密和认证技术。加密技术是 SET 协议的核心技术。在 SET 协议主要使用了对称加密、非对称加密、数字签名、消息摘要、数字信封、双重签名等加密技术，以提供交易过程中身份的认证、交易信息的完整性、信息的机密性和交易的不可否认性。认证技术主要认证各方身份的合法性，保证交易的可靠性。

3. SSL 和 SET 的分析比较 SET 是一个多方的消息报文协议，SET 定义了银行、商户、持卡人之间必需的报文规范；SSL 只是简单地在两方之间建立了一条安全链接。SSL 是面向连接的，而 SET 允许各方之间的报文交换不是实时的。SET 报文能够在银行内部网或者其他网上传输，而 SSL 之上的卡支付系统只能与 Web 浏览器捆绑在一起。

（1）认证方面 SET 的安全需求较高，因此所有参与 SET 交易的成员都必须先申请数字证书来识别身份，而在 SSL 中只有商户端的服务器需要认证，客户认证是有选择性的。

（2）消费者方面 SET 保证了商家的合法性，并且用户的信用卡号不会被窃取。SET 替消费者保护了更多的隐私，使得在线购物更轻松。

（3）安全性方面 公认的 SET 比 SSL 的安全性更高。SET 在整个交易过程中，从持卡人到商家、商家到支付网关再到银行网络，都受到严密的保护；而 SSL 的安全范围只限于持卡人和商家的信息交流。

（4）网络层协议位置与应用领域 SSL 是基于传输层基础上通用的安全协议，而 SET 位于应用层，且对网上的其他层也涉及。因此，如果电子商务主要是通过网络协同工作，可以使用 SSL 协议，不用 SET 协议。如果电子商务涉及多方面的交易，则 SET 更加安全和通用。

（5）普及率方面　SET 要求在银行网络、商家服务器、客户机上安装相应的软件并向各方发放证书，由此给交易各方带来许多附加的费用。SET 的设置成本比 SSL 高很多，并且进入国内的时间尚短，所以比 SSL 的普及率低。但是随着网上交易安全的需求不断提高，SET 的市场占有率不断增加。

知识拓展

　　扩展验证 SSL 证书（Extended Validation SSL Certificates）经过最彻底地身份验证，确保证书持有机构的真实性。使用扩展验证 SSL 证书的新一代高安全浏览器 IE7.0、Firefox3.0、Opera9.5等的浏览器地址栏会自动呈现绿色，并在临近绿色地址栏的区域显示网站所有者的名称和颁发证书 CA 机构名称。以此告诉用户正在访问的网站是经过严格认证的，身份可信，信息传递安全，而非钓鱼网站。

（四）黑客防范技术

电子商务在计算机互联网上运行，会经常遇到黑客。黑客利用自己在计算机方面的高超技术，篡改、伪造电子商务活动中的一些重要信息，造成重大的经济损失和极坏的社会影响。

1. 防火墙　是一种加强网络之间访问控制的特殊网络设备，按照一定的安全策略对网络之间传输的数据包和联结方式进行检查，来决定网络之间的通信是否被允许，从而保护内部网络的信息不受外部非授权用户的访问和过滤不良信息。

由于所有的访问都需要经过防火墙，防火墙还可以对网络存取和访问进行监控审计。当发生可疑动作时，防火墙进行适当的报警，并提供网络是否受到检测和攻击的详细信息，探测防火墙是否能够抵挡攻击者的探测和攻击，并统计网络的需求和威胁分析。以防火墙为中心的安全方案，将所有安全软件（如口令、加密、身份认证）等配置在防火墙上进行安全集中管理，比较经济。同时，防火墙对于内部网络还进行划分，实现内部网重点网段的隔离，以控制局部重点或敏感网络安全问题对全局网络造成的影响。

知识拓展

　　按照防范的方式和侧重点不同，防火墙可以分为三大类：包过滤型、代理服务器型和监测型防火墙。其中包过滤型防火墙以以色列的 Check point 防火墙和 Cisco 公司的 PIX 防火墙为代表，代理服务器型防火墙以美国的 Gauntlet 为代表。三类防火墙各有长处，如何选择看具体需要。

2. 入侵检测技术　是通过对行为、安全日志或审计数据或其他网络上可以获得的信息进行操作，检测到对系统的闯入或闯入的企图。入侵检测技术包括特征检测技术和异常检测技术。进行入侵检测的软件和硬件的组合称为入侵检测系统，被认为是防火墙之后的第二道安全闸门。入侵检测系统主要从网络中的若干关键点收集信息，完成以下具体功能：①监视、分析用户及系统活动；②检测系统配置的正确性和安全漏洞，并提示管理员修补漏洞；③识别、反映已知进攻的活动模式，向网关人员报警；④统计分析异常行为模式，发现入侵行为的规律；⑤评估重要系统和数据文件的完整性；⑥审计、跟踪、管理操作系统，并识别用户违反安全策略的行为。

3. 网络安全评估技术 采用各种先进的检测技术，完成科学合理的扫描工作，发现安全漏洞、检验系统是否有可能被攻击，同时建立科学的评估标准，对各项评估信息进行及时反馈和处理，完成综合系统的评估工作，为后面的行动提供指导性意见。

（五）病毒防范技术

网络病毒具有巨大的破坏性，而且一旦破坏，难以恢复甚至不能恢复。所以高效的网络病毒防范技术对于保障电子商务的安全尤其重要。病毒防范技术主要包括病毒预防技术、病毒检测技术和病毒清除技术。

1. 病毒预防技术 通过自身常驻系统内存优先获得系统的控制权，监视和判断系统中是否有病毒存在，进而阻止计算机病毒进入计算机系统和对系统进行破坏。对于已知病毒，病毒预防技术采用特征判定技术；对于未知病毒，病毒预防技术是一种行为规则的判定技术，即动态判定技术。病毒预防技术包括磁盘引导区保护、加密可执行程序、读写控制技术、系统监控技术等。

2. 病毒检测技术 是通过一定的技术手段判定计算机病毒的一种技术。

（1）在特征分类基础上建立的病毒检测技术 即根据病毒的关键字、特征程序段内容、病毒特征及传染方式、文件长度的变化等检测病毒。

（2）不针对具体病毒的自身校验技术 即对某个文件或数据段进行检验和计算，并保存结果。然后不定期地以保存的结果对该文件或数据段进行检验。若出现差异，则表示该文件或数据段完整性已遭到破坏，感染了病毒。从而检测到病毒的存在。

3. 病毒清除技术 往往在某种病毒出现后，通过对其进行分析研究而研制出来。清除病毒技术有其局限性，对于一些变种病毒是无能为力的。

（六）虚拟专网技术

虚拟专网VPN（Virtual Private Network）技术将物理上分布在不同地点的网络通过互联网联接形成逻辑上的虚拟"私"网，依靠互联网服务提供商ISP（Internet Server Provider）或者网络服务提供商NSP（Network Server Provider），使用安全隧道、认证、防火墙、密钥管理、加密数据和访问控制等相关技术达到与专用网络相类似的安全性能，从而实现安全地传输信息和资源共享。

由于虚拟专网技术能够授权用户与企业内部网的自由连接，不同分支机构之间的资源共享，又能够确保企业数据在互联网和内部网上安全传输，所以VPN对于电子商务企业来说建网成本低、完全控制主动权、网络之间可扩充性好且灵活性高、以及网络安全性好。

任务三 药品管理信息系统

一、药品管理信息系统概述

随着医疗改革的不断深入，药品集中招标的进一步实施，对医院的药品管理提出了新的要求。为了确保病人用药安全、有效，必须加强药库对于药品质量的管理。要想提高药库管理水平，必须严格把好药品质量关，控制药品积压、加快资金周转，完善药学服务。信息技术的应用为药品管理和药品信息的现代化提供了技术保障。药库管理信息系统的作用有以下几方面。

1. 简化日常工作流程，加快了信息处理速度，提高了工作效率。

2. 为医院相关科室的药品管理提供实时、准确、完整的数据保证。

3. 使药品由经验管理转为量化管理，促进了药剂科规范化、标准化、系统化管理。

规范了药学人员的操作并提高其综合素质，使整个药品流通从总金额为主转为以品种数量为主，实现了金额与数量的双重管理。

二、药品字典管理

所谓药品基本信息初始化就是建立一个药品字典，药品字典就是所有药品的"身份"，是医院使用所有药品品种的目录，它为医生工作站、收费、配发药等系统提供相关的药品信息，一切系统的连接和运作也基于这些信息。因此，药品字典包括 4 个方面的信息。①基础信息。即药品的通用名、商品名、助记码、规格、分类等；②公共属性。基本含量、千克体重、毒麻药标志；③药库信息。来源标志、毛利率、最高限价等；④门诊、住院信息。发药方式、节约标志、公自费标志等。药品字典的信息庞大，其中任何一个信息的设定不正确，将直接影响整个系统的运行，因此，药品字典是医院信息系统建立的核心与基础，是整个系统运行的坚实平台。如表 8-1 药品字典。

表 8-1 药品字典

序号	编码	规格名称	拼音码	常用名称
1	31101001	艾叶	ay	艾叶
2	126015	10% 硫乳膏	101rg	10% 硫乳膏
3	126017	青霉素水杨酸町	1mssysd	青霉素水杨酸町
4	126020	复方薄荷脑滴鼻液	ffbhndby	复方薄荷脑滴鼻液
5	126021	制霉菌素搽剂	zmjscj	制霉菌素搽剂
6	126022	0.5% 复合碘溶液	05fhdry	0.5% 复合碘溶液
7	126024	水合氯醛口服溶液	shlqkfry	水合氯醛口服溶液
8	126025	氯霉素地塞米松滴眼液	msdsmsdvv	氯霉素地塞米松滴眼液
9	126026	曲氯乳膏	qlrg	曲氯乳膏

（一）单位描述

1. 计价单位 是指药库药品采购入库时，以计算零售价的单位，一般为"盒""瓶"。

2. 计量单位 是指药房发药时的计算单位，一般为"粒""片""包""支""丸"等。

3. 剂量单位 是指医生开处方时的单位，用于病人服用，一般为"ml""mg""g"。

（二）术语解释

1. 最小剂量 并非指医生开处方时的最小剂量值，而是为了对应计量单位和剂量单位之间数量关系而设置的。

2. 包装规格 是计价单位和计量单位之间换算的关系值，1 个计价单位＝计价规格个计量单位。

（三）单位之间的关系

1. 分装规格×计量单位＝1×计价单位

例如：规格为"0.25g＊24 粒/盒"的"阿莫西林胶囊"，计价单位是"盒"，计量单位是"粒"，分装规格是"24"，即 24 粒＝1 盒。

2. 最小剂量×剂量单位＝1×计量单位

例如：规格为"0.25g＊24 粒/盒"的"阿莫西林胶囊"，最小剂量是"0.25"，剂量单位是"g"，计量单位是"粒"，就表示 0.25g＝1 粒。

（四）可拆标志描述

1. 计量拆分　是指药房发药时计算某药品总量时。可以理解为该药品是否可以服用 0.5 粒或 0.5 片后（这里的'粒'和'片'就是计量单位，也可以是'盒''瓶'），剩下的 0.5 粒或 0.5 片是否可以留到下次服用。如果可以就是"可拆"；如果不可以就是"不可拆"。

2. 门诊价拆　是指某药品在门诊是否在计价单位上拆开来发药。如果计价单位上可拆，则最后以计量单位来发药，发药量以计量单位上取整出的量来发药；如例 1 和例 2 的药品都是门诊可拆，所以最后就是发 5 粒和 9 支，不是以"盒"来发药。如果计价单位上不可拆，则最后以计价单位来发药，发药量要取整到计价单位。如果前面两个例子中的药品的门诊计价单位是不能拆分，那么就都要发 1 盒给病人。

3. 病区价拆　是指某药品在病区是否在计价单位上拆开来发药。可能有某些特殊药品在门诊不可拆，在住院可拆。

（五）一般的规则

1. 西药拆分药　一般是指西药的片剂、胶囊剂等，如"阿莫西林胶囊""654-2 片"这一类的药品，三个可拆标志都为"可拆"。

2. 西药整装药　一般指用于注射、静滴的以"瓶""支"为计价单位的注射剂、粉针剂，如"5% 葡萄糖"这一类的药品，三个可拆标志都为"不可拆"。

3. 西药注射剂　大部分西药注射剂都是以"支"为计量单位，以"盒"为计价单位，如"0.5% 盐酸布比卡因注射液"这一类的药品，计量上"不可拆"，其余两个标志都为"可拆"。

4. 外用药品　外用药品大都以"支""瓶""包"为计价单位，如"皮炎平软膏""润舒滴眼液"这一类的药品。

5. 中成药　一般来说，中成药都是门诊住院在计价单位上都不可拆，都是以"盒""瓶"为单位出售；在计量单位上是否可拆分需根据实际情况来定。

6. 中草药　中草药都是全部可拆的。

7. 中颗粒　全部不可拆。计价单位、计量单位、剂量单位全部都为"包"，分装规格、最小剂量全部都是"1"。

三、药库管理信息系统

药库管理信息系统主要模块包括："药房管理""门诊管理""数据查询"等，如图 8-8 所示。

图 8-8　药库管理信息系统主界面

（一）药库管理

药房管理主要是针对药房药品进行管理，包括药品进药、退药、门诊药品的发药、药库盘点等。

1. 药房进药管理　操作方法为选择"药房管理"菜单，如图 8-9 所示，选择"药房接收调拨"，如图 8-10 所示。

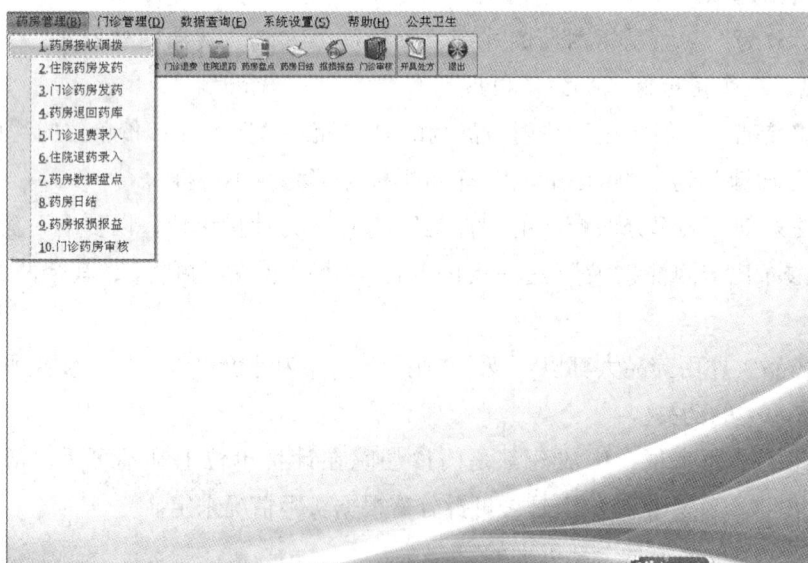

图 8-9　药房管理界面

2. 门诊退药管理　操作方法为进入药房管理界面，选择"药房退回药库"，如图 8-11 所示，选择【增加】按键，输入"退库编码""退库药房""退库金客额"等。

3. 门诊药品的发药　操作方法为进入药房管理界面，选择"门诊发药"，如图 8-12 所示，选择【门诊编码】按钮，选择"病人姓名"，选择要发入药品的记录，单击【全部发放按钮】。

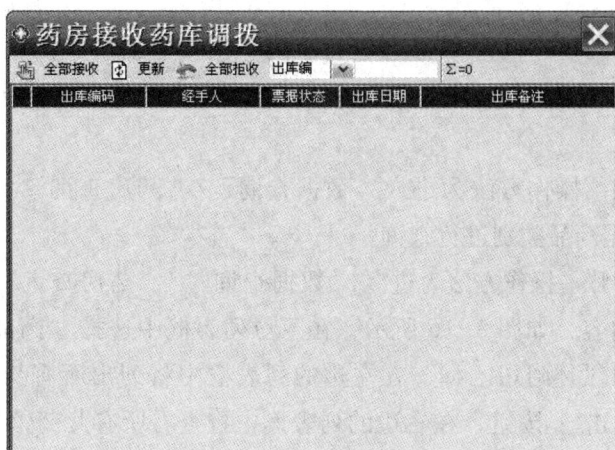

图 8-10　药房接收调拨

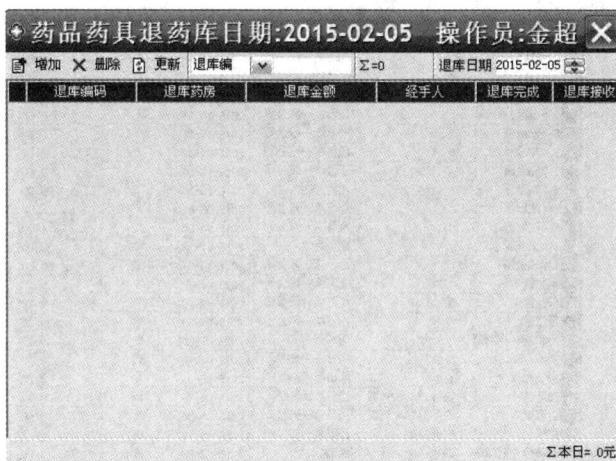

图 8-11　区药房退回药库

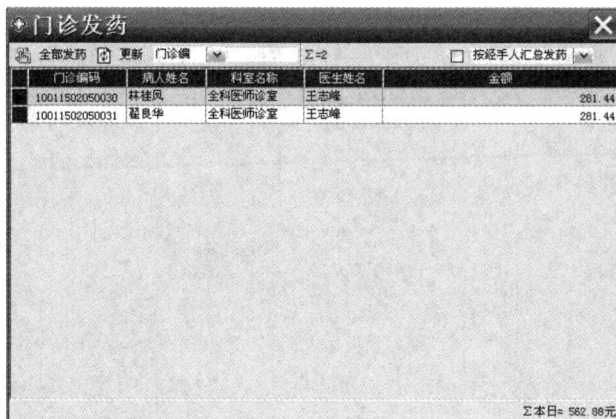

图 8-12　门诊发药

4. 药库盘点　操作方法为进入药房管理界面，选择"药房数据盘点"，如图 8-13 所示，根据类别选择需要盘点药品的类别。

（二）数据查询

药房查询是针对药房中药品的信息进行查询，主要包括"药房信息查询""药房出入库台账""门诊及住院发药查询""药房盘点查询""药房退药查询"等，如图 8-14 所示。

1. 药房信息查询　操作方法为进入"数据查询"／"药房查询"／"药房信息查询"，如图 8-15 所示，根据药品类别进行查询。

2. 药房出入库台账　操作方法为进入"数据查询"／"药房查询"／"药房出入库台账"选择要检索的内容，如图 8-16 所示，在下拉列表框中选择"药品名称"，在编辑框中输入药品名称，如"拜阿司匹林"在左边的列表框中将列出所有与之有关的内容，选择其中一条记录，单击 » 按钮，在右边的列表框中将查看所有此药销售情况。

图 8-13　药房数据盘点

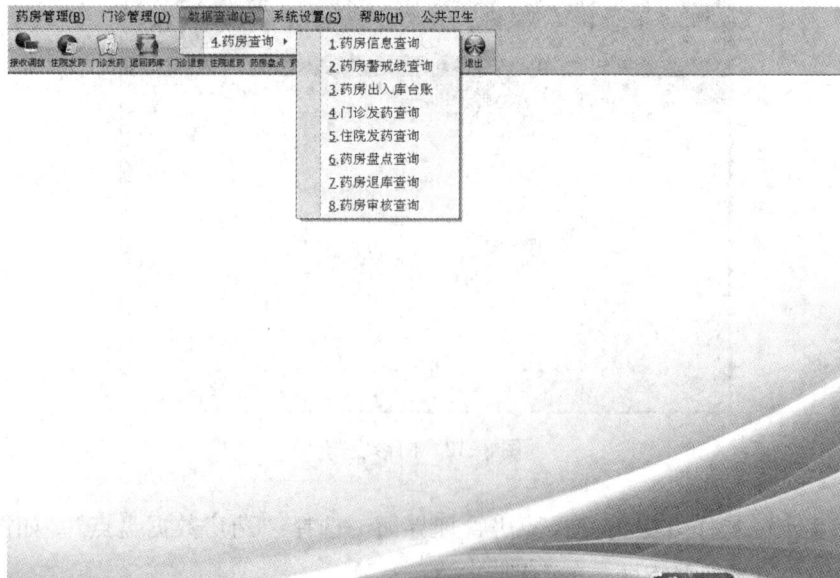

图 8-14　数据查询界面

图 8-15　药房信息查询

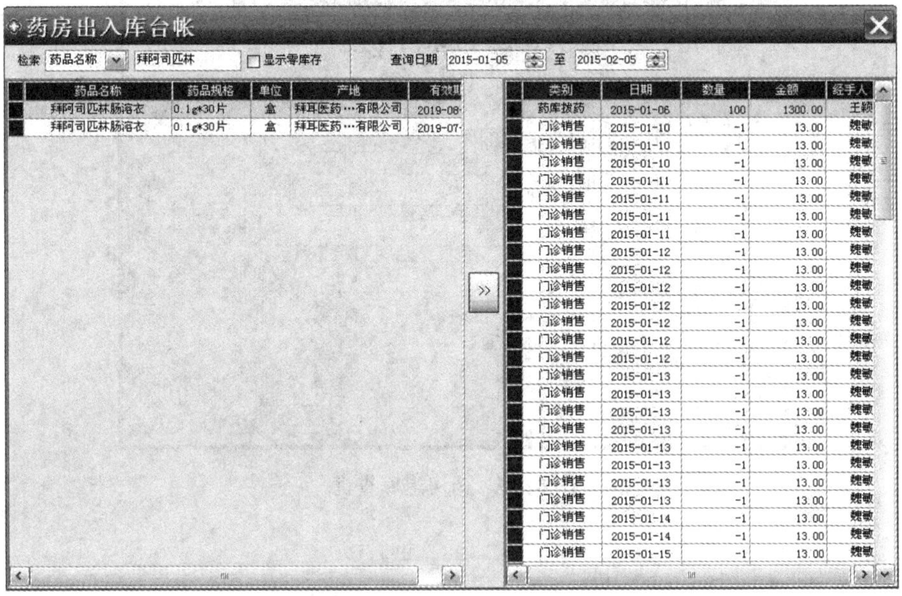

图 8-16　药房出入库台账

3. 门诊及住院发药查询

（1）门诊发药查询　操作方法为进入"数据查询"/"药房查询"/"门诊发药及查询"，如图 8-17 所示，选择"发药日期"或"门诊科室"或"诊察医生"或输入"病人姓名"；如果进行发药查询选择【发药记录查询】按钮，并单击【查询】。

（2）住院发药查询　操作方法为进入"数据查询"/"药房查询"/"住院发药及查询"，如图 8-18 所示，选择"发药日期"或"发药科室"或"诊察医生"或输入"病人姓名"；单击【查询】按钮。

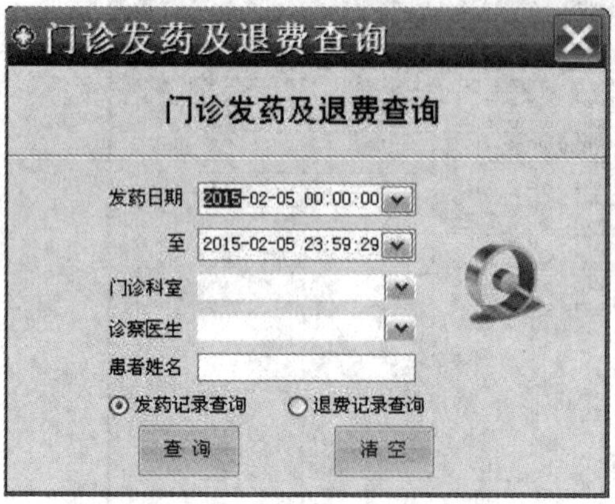

图 8-17　门诊发药及查询 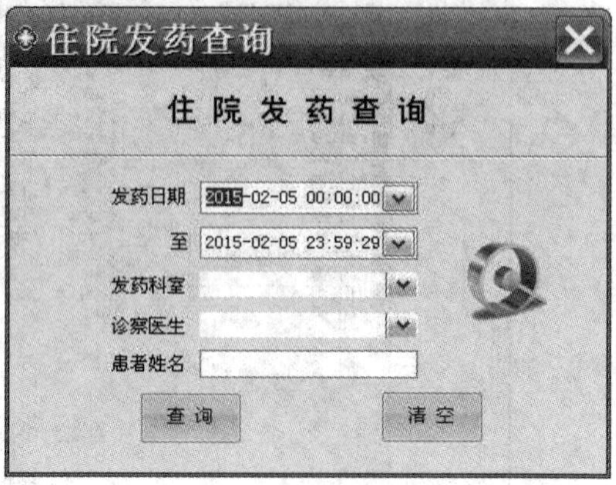　　　　　　　　图 8-18　住院发药查询

4. 药房退药查询　操作方法为进入"数据查询"/"药房查询"/"药房退库查询",如图 8-19 所示,根据查询条件选择"退库日期"或"药品类别"或"票据编码"或"药品名称",单击【查询】按钮。

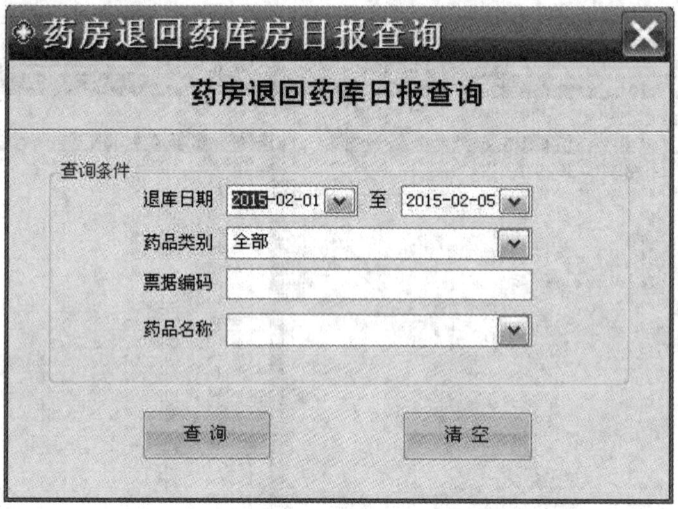

图 8-19　药房退库查询

扫码"练一练"

目标检测

一、单选题

1. 药品字典包括的信息（　　　）

　　A. 基础信息　　　　　　　　　　　B. 公共属性

　　C. 药库信息、门诊、住院信息　　　D. 以上都对

2. 药品字典包装规格的 1 个计价单位计算公式（　　　）

　　A. =计价规格个计量单位　　　　　B. =计价规格 * 计量单位

　　C. =计价规格+计量单位　　　　　　D. =计价规格/计量单位

二、简答题

1. 试述如何检索医药信息网络资源。

2. 简述电子商务的定义。

3. 电子商务的安全技术主要有哪些？

4. 简述药库管理信息系统的作用。

5. 药品字典包括几个方面的信息？

参考答案

项目一

一、单选题
1. A　2. A　3. D　4. D　5. A　6. D

项目二

一、单选题
1. C　2. B　3. D　4. C　5. A　6. B　7. B　8. B　9. A　10. A

二、多选题
1. ABD　2. BCD　3. ABCD　4. ABCD　5. ABCD　6. ABCD　7. AC　8. ABCD　9. ACD
10. ABCD

三、判断题
1. 对　2. 错　3. 错　4. 对　5. 错　6. 错　7. 对　8. 对　9. 错　10. 错

项目三

单选题
1. D　2. B　3. B　4. B　5. A　6. D　7. B　8. A　9. C　10. D

项目四

一、单选题
1. C　2. B　3. B　4. A　5. D　6. A　7. A　8. C　9. B　10. B　11. D
12. A　13. C　14. A　15. B　16. D　17. C　18. D　19. D　20. C　21. B　22. A
23. B　24. D　25. C　26. D　27. D　28. B　29. C　30. B　31. C　32. B　33. D
34. D　35. B　36. C　37. B　38. C　39. A　40. D

二、多选题
1. ABCDE　2. ABCDE　3. ACE　4. BDE　5. CD

项目五

1. C　2. C　3. A　4. D　5. A　6. D　7. C　8. B　9. B　10. B　11. A
12. A　13. A　14. D　15. D

项目六

1. B　2. B　3. A　4. B　5. C　6. D　7. A　8. C　9. D　10. C　11. D
12. C　13. D　14. C　15. D　16. C　17. D　18. C　19. C　20. C

项目七

一、单选题

1. C　2. D　3. D　4. B　5. A　6. B　7. B　8. B　9. C　10. D　11. B
12. B　13. C　14. D　15. A　16. C　17. C　18. D　19. D　20. C　21. C　22. A
23. A　24. A　25. D　26. B　27. A　28. A　29. D　30. C　31. C　32. C　33. B
34. C　35. D　36. C　37. C　38. C　39. B　40. D　41. B　42. D　43. B　44. C
45. A

项目八

一、单选题

1. D　2. A

参考文献

［1］ 黄山．数据挖掘技术在医药研究中的应用［J］．中华中医药学刊，2008，（26）2：52.

［2］ 王建华．常用现代办公设备的使用与维护［M］．北京．电子工业出版社，2012.

［3］ 张强，杨玉明．Access 2010 入门与实例教程［M］．北京：电子工业出版社，2011.

［4］ 李媛，王小平．无纸化专用教程·二级 Access［M］．北京：北京理工大学出版社，2013.

［5］ 庞津．医学计算机应用［M］．北京：中国医药科技出版社，2018.

［6］ 教育部考试中心．全国计算机等级考试二级教程 Access 数据库程序设计（2018 年版）．北京：高等教育出版社，2017.

［7］ 教育部考试中心．全国计算机等级考试二级教程计算机基础及 MS Office 应用（2018 年版）．北京：高等教育出版社，2017.

［8］ 曾文权，郭永玲．计算机技术基础［M］．北京：高等教育出版社，2014.

［9］ 陈涛，庞津．医学计算机应用基础［M］．北京：高等教育出版社，2012.